I0121221

EXPLANATORY DICTIONARY OF POLITICS
Bilingual core terms and definitions in political science

VERKLARENDE POLITIEKE WOORDEBOEK
Tweetalige kernterme en -definisies in politieke wetenskap

EXPLANATORY DICTIONARY OF POLITICS
Bilingual core terms and definitions in political science

VERKLARENDE POLITIEKE WOORDEBOEK
Tweetalige kernterme en -definisies in politieke wetenskap

TERMS AND DEFINITIONS

TERME EN DEFINISIES

First Edition • Eerste Uitgawe

ALBERT VENTER
SUSAN BOTHA
LOUIS DU PLESSIS
MARIËTTA ALBERTS

JUTA

Published 2017
Gepubliseer 2017

© Juta and Company (Pty) Ltd, First Floor, Sunclare Building, 21 Dreyer Street, Claremont, 7708, Cape Town
www.jutalaw.co.za

This book is copyright under the Berne Convention. In terms of the copyright Act 98 of 1978, no part of this book may be reproduced or transmitted in any form or by any means, electronic or mechanical, including photocopying, recording or by any information storage and retrieval system, without permission from the publisher.

The author and the publisher believe on the strength of due diligence exercised that this work does not contain any material that is the subject of copyright held by another person. In the alternative, they believe that any protected pre-existing material that may be comprised in it has been used with appropriate authority or has been used in circumstances that make such use permissible under the law.

Alle regte voorbehou. Geen gedeelte van hierdie boek mag sonder die skriftelike verlof van die uitgewer gereproduseer of versend word in enige vorm of op enige manier, elektronies of meganies, insluitend fotokopiëring, opname, of enige stelsel vir inligtingsbewaring nie.

Die skrywer en uitgewer het alles moontlik gedoen om toestemming vir die gebruik van kopieregmateriaal te bekom en erkenning daarvoor te gee. Indien enige materiaal sonder toestemming of erkenning gebruik is, stel asseblief die uitgewer in kennis sodat die nodige regstelling tydens herdruk gedoen kan word.

ISBN: 9781485119944

Typesetting by: CBT Typesetting & Design
Cover designed by/Buiteblad ontwerp deur: Matthew Bubear-Craemer

EXPLANATORY DICTIONARY OF POLITICS

BILINGUAL CORE TERMS AND DEFINITIONS IN POLITICAL SCIENCE

VERKLARENDE POLITIEKE WOORDEBOEK

TWEETALIGE KERNTERME EN -DEFINISIES IN POLITIEKE WETENSKAP

First edition ◆ Eerste uitgawe

Authors/Outeurs

Prof Albert J Venter, Emeritus Professor, Department of Politics and International Relations, University of Johannesburg / Departement Politiek en Internasionale Verhoudinge, Universiteit van Johannesburg

Prof Susan Botha, Department of Political Sciences, University of South Africa / Departement Politieke Wetenskappe, Universiteit van Suid-Afrika

Prof Louis du Plessis, Centre for Military Studies, University of Stellenbosch / Sentrum vir Militêre Studie, Universiteit Stellenbosch

Terminologist/Terminoloog

Dr Mariëtta Alberts, Research Unit for Languages and Literature in SA Context, North-West University/ Navorsingseenheid vir Tale en Literatuur in die SA Konteks, Noordwes-Universiteit

The compilers wish to express their sincere thanks and appreciation to the following:

• The National Terminology Services (now: Terminology Coordination Section) of the then Department of Arts, Culture, Science and Technology (now: Department of Arts and Culture) for its logistic support from 1991 to 1997

• Prolingua for its financial support from 1999 to 2000

• Die Taalsekretariaat for its sustained financial support as well as advice and guidance between 2000 and 2005

• The University of Johannesburg for its financial support in developing and printing the bilingual Modern Political Dictionary of 2011

• The Governing Committee of the Centre for Political and Related Terminology in Southern African Languages (CEPTSA), the Dean of the Faculty of Arts and the Pro Vice-Chancellor of the University of Johannesburg

• The South African Reserve Bank Social Responsibility Fund

• TshwaneDJE for computer and technical support during the compilation of the explanatory dictionary.

Die samestellers wil graag hulle besondere dank en waardering teenoor die volgende betuig:

• Die Nasionale Terminologiediens (tans: Terminologiekoördineringsafdeling) van die destydse Departement van Kuns, Kultuur, Wetenskap en Tegnologie (tans: Department van Kuns en Kultuur) vir sy logistieke steun van 1991 tot 1997

• Prolingua vir sy finansiële steun van 1999 tot 2000

• Die Taalsekretariaat vir sy volgehoue finansiële steun asook advies en leiding tussen 2000 en 2005

• Die Universiteit van Johannesburg vir sy finansiële steun om die vertalende woordeboek van 2011 te ontwikkel en te druk

• Die Sentrum vir Politieke en Verwante Terminologie in Suider-Afrikaanse Tale (CEPTSA) se Beheerkomitee, die Dekaan van die Fakulteit Lettere en Wysbegeerte en die Pro-visekanselier van die Universiteit van Johannesburg vir hulle ondersteuning

• Die Suid-Afrikaanse Reserwebank Sosialeverantwoordelikheidsfonds

• TshwaneDJE vir rekenaar- en tegniese ondersteuning tydens die samestelling van die woordeboek.

This dictionary is dedicated in memory of

BRIG GEN PIERRE LE CLUS

FORMER DIRECTOR: CENTRE FOR POLITICAL AND RELATED TERMINOLOGY IN
SOUTHERN AFRICAN LANGUAGES

Hierdie woordeboek is ter nagedagtenis opgedra aan

BRIG GENL PIERRE LE CLUS

VOORMALIGE DIREKTEUR: SENTRUM VIR POLITIEKE EN VERWANTE TERMINOLOGIE IN
SUIDER-AFRIKAANSE TALE

PREFACE

The Centre for Political and Related Terminology in Southern African languages (CEPTSA) was established when the Department of Arts, Culture, Science and Technology (successor to the Department of National Education) ceased all support for the political terminology project in 1998. The original publication by the then Department of National Education was titled *Political and Related Terminology* (1989) and since then served as basis for several revised versions of political dictionaries.

The idea for an explanatory dictionary originated in CEPTSA which has as main goal to facilitate a proper understanding of the political realm by compiling subject-related dictionaries in the various languages used in Southern Africa and particularly the official languages of South Africa. The argument is that political dictionaries assist with conceptualisation within the subject area and enhance the process of developing the official South African languages into functional languages (eg for higher learning and in the working environment). The Centre therefore provides assistance to subject specialists and language practitioners. The disciplines involved, which are loosely referred to as the political sciences, include politics, international politics, international relations, Africa politics, strategic studies, as well as aspects of political development, political administration and political economy. The political sciences as discipline is a dynamic field where subject specialists, language practitioners and the general public are confronted with new terms on a daily basis. These terms originate globally.

The purpose with the original bilingual translating dictionary publications of the Centre was to facilitate the comprehension of the subject-related terminology of the political sciences, to assist with text reception and text production as well as to standardise translation of texts from English to Afrikaans and vice versa. Many of the dictionary entries are, however, from foreign languages and it also includes terms from the other official languages of South Africa. The database is updated regularly and several updated and revised versions were published between official editions.

A further project of CEPTSA is the compilation of explanatory dictionaries. The *Modern Political Dictionary* (MPD) (2011), from which the terms in the *Explanatory Dictionary of Politics* (EDP) were excerpted, was always intended eventually to result in a multilingual, explanatory dictionary incorporating the other official languages of South Africa. Since the origination of the explanatory project, CEPTSA at UJ has become dormant. The compilers, however, decided to continue on their own with the explanatory project regardless of CEPTSA. The work was done voluntarily without any monetary compensation. After thoroughly thrashing out the political concepts underlying the terms in the MPD the bilingual Explanatory Dictionary of Politics (EDP) appears as an interim edition and the long march to the eventual multilingual version could be undertaken on the basis of the bilingual edition.

The compilers of the Explanatory Dictionary of Politics selected 2 500 core terms for inclusion in the EDP. The original 2 500 core English terms were extended to 2 620 core terms which were defined. The authors translated the English terms and definitions into Afrikaans. The authors decided to publish the EDP English-Afrikaans/Afrikaans-English version of the multilingual dictionary project first for the utilisation of stakeholders and target users while the multilingual version also containing the other official South African languages is being finalised.

It is difficult to find the required funding for the multilingual project and there is still a long way to go to completing work on the final multilingual edition. Two major problems along this route had to be solved: firstly a system had to be established for translating the terms and their definitions and then verifying the translations as linguistically correct in the target languages, and secondly the funding required for the project had to be found.

In conclusion it gives me pleasure, as always, to express my sincere appreciation and thanks to my editorial team. As always their work has been selfless, objective and of the highest quality. It has been a privilege to collaborate with them on this project.

We would also like to thank the publishing staff at Juta for their support and willingness to publish this bilingual version of the EDP.

PROF ALBERT VENTER
Co-author

VOORWOORD

Die Sentrum vir Politieke en Verwante Terminologie in Suider-Afrikaanse Tale (CEPTSA) is gestig toe die Departement van Kuns, Kultuur, Wetenskap en Tegnologie (opvolger van die Departement van Nasionale Opvoeding) in 1998 alle steun aan die politieke terminologieprojek staak. Die oorspronklike publikasie deur die destydse Departement van Kuns, Kultuur, Wetenskap en Tegnologie met die titel *Staatkundige en Verwante Terminologie* (1989) het sedertdien as grondslag gedien vir verskeie hersiene weergawes van politieke woordeboeke.

Die idee vir 'n verklarende woordeboek het by CEPTSA ontstaan wie se hoofdoel is om behoorlike begrip van die politieke bestel moontlik te maak deur vakwoordeboeke saam te stel in die verskillende tale wat in Suid-Afrika gebruik word, en veral in die amptelike tale van Suid-Afrika. Daar word veronderstel dat politieke woordeboeke met konseptualisering binne die vakgebied help en die proses bevorder om die amptelike Suid-Afrikaanse tale in funksionele tale te ontwikkel (bv vir hoër onderwys en in die werksplek). Die Sentrum verleen dus hulp aan vakspesialiste en taalpraktisyns. Die dissiplines betrokke en waarna breedweg as die politieke wetenskappe verwys word, sluit politiek, internasionale politiek, internasionale verhoudinge, Afrikapolitiek, stategiese studies, sowel as aspekte van politieke ontwikkeling, politieke administrasie en politieke ekonomie in. Die politieke wetenskappe as dissipline is 'n dinamiese veld waar vakspesialiste, taalpraktisyns en die algemene publiek feitlik daagliks gekonfronteer word met nuwe terme. Hierdie terme kom vanoor die hele wêreld.

Die doel met die oorspronklike vertalende vakwoordeboekpublikasies van die Sentrum was om die begrip van vakgerigte terminologie van die politieke wetenskappe te fasiliteer, om met teksontvangs en -produksie te help en om die vertaling van teks vanuit Engels na Afrikaans, en andersom, te standaardiseer. Baie van die woordeboekinskrywings spruit egter uit vreemde tale en dit sluit ook terme in wat uit die ander amptelike Suid-Afrikaanse tale kom. Die databasis word deurgaans bygewerk en verskeie bygewerkte hersiene weergawes het tussen amptelike uitgawes verskyn.

'n Ander projek van CEPTSA is die samestelling van verklarende vakwoordeboeke. Die *Nuwerwetse Politieke Woordeboek* (NPW) (2011), waaruit die terme in die *Verklarende Politieke Woordeboek* (VPW) geëkserpeer is, was nog altyd bedoel om uiteindelik op 'n veeltalige, verklarende politieke woordeboek uit te loop waarin die ander amptelike tale van Suid-Afrika opgeneem is. Sedert die oorspronklike verklarende projek aangepak is, het CEPTSA aan die UJ dormant geraak. Die samestellers van die verklarende projek het egter toe besluit om alleen voort te gaan, ten spyte van CEPTSA. Die werk is vrywillig en sonder vergoeding gedoen. Nadat die politieke konsepte onderliggend aan die terme in die NPW deeglik uitgepluis is, kon die VPW as 'n tussentydse uitgawe verskyn en kan die tog na die uiteindelike veeltalige weergawe op die grondslag van die tweetalige weergawe aangepak word.

Aanvanklik is 2 500 kernterme uitgekies om in die VPW opgeneem te word. Die oorspronklike 2 500 kernterme in Engels is uitgebrei tot 2 620 kernterme wat verklaar is. Die spanlede het die Engelse terme en definisies in Afrikaans vertaal. Die span het besluit om die VPW Engels-Afrikaans/Afrikaans-Engelse weergawe van die veeltalige woordeboekprojek eerste te publiseer vir gebruik deur belanghebbendes en doelgebruikers terwyl die meertalige weergawe wat die ander amptelike Suid-Afrikaanse tale bevat, gefinaliseer word.

Dit is moeilik om die nodige befondsing vir die meertalige projek te vind en baie werk is nog nodig om die finale veeltalige uitgawe te voltooi. Daar was twee groot probleme op hierdie tog waarvoor oplossings gevind moes word: eerstens moes 'n stelsel gevestig word om die terme en hulle definisies te vertaal en die vertalings as taalkundig korrek in die doeltaal te verifieer, en tweedens moes die nodige befondsing vir die projek gevind word.

Ten slotte is dit soos altyd vir my 'n genoeë om 'n opregte woord van waardering en dank aan my kollegas in die redaksionele span te rig. Soos altyd was hulle werk onbaatsugtig, objektief en van die hoogste gehalte. Dit was 'n voorreg om saam met hulle aan hierdie uitgawe te werk.

Ons wil graag die uitgewers by Juta bedank vir hulle ondersteuning en bereidwilligheid om die tweetalige weergawe van die VPW te publiseer.

PROF ALBERT VENTER
Medeouteur

THE ORIGINS OF THIS EXPLANATORY DICTIONARY OF POLITICS (EDP)

In 1998 the Centre for Political and Related Terminology in Southern African Languages (CEPTSA) was located in the Department of Politics of first the Rand Afrikaans University and subsequently the University of Johannesburg. Its aim was to promote the usage of political and related terminology in Southern Africa. Research was done on these subject fields, and relevant concepts and terms were harvested, defined and translated.

During its time of active operation at RAU/UJ, various dictionaries were published by CEPTSA. The Centre had as its ultimate goal the compilation and publishing of political dictionaries in all the official languages of South Africa. As a starting point the Centre excerpted some 16 000 subject specialist terms in English and translated these terms into Afrikaans. This project was completed and the first edition of the Modern Political Dictionary (MPD) was published in the course of 2002. The next phase was to start with the African languages on the basis of the need from the various linguistic communities and the disciplinary expertise available. A start was made by defining 250 core terms in English and Afrikaans and translating them into Zulu and Northern Sotho as a trial run; this was followed by a further 750 terms with definitions that were translated into the same languages. These terms and their definitions were subsequently translated into Xhosa and Tswana and a glossary of 1 000 key political terms was published in the six languages.

Establishing authoritative translations for the 1 000 terms was effected with the kind collaboration of the Department of African Languages at the University of Johannesburg and the Language Unit of the University of Stellenbosch and it is a privilege to thank them for this contribution. Terminologists at the Terminology Coordination Section, National Language Service, Department of Arts and Culture also already provided term equivalents in the remaining African languages.

The glossary of 1 000 key political terms was expanded by the current compilers to 2 620 core political terms and definitions in the official South African languages. That project culminated in the current EDP which is now published by Juta.

A third, revised edition of the full bilingual Modern Political Dictionary was published in May 2011. Various annexures were developed for inclusion in the final bilingual product published in 2011, ie:

- *Acronyms and abbreviations commonly used in this field.*
- *Parliaments of the world.*
- *Titles and offices of the nobility.*
- *Classical Latin and Greek political terms.*
- *British and American ministerial hierarchy and administrative offices.*
- *Typical military ranks.*
- *Intelligence and security services.*
- *Nicknames of political personalities.*
- *Rank structure of the SA Police Service.*
- *Parliamentary Committees of South Africa.*

BILINGUAL EXPLANATORY AND TRANSLATING DICTIONARY

The Centre for Political and Related Terminology in Southern African Languages (CEPTSA) published the revised and amended bilingual translating version of the Modern Political Dictionary (MPD) in 2011, and immediately thereafter the current compilers started to define 2 500 core political terms. The *Explanatory Dictionary of Politics* (EDP) is the end product of this phase of the project and contains 2 620 key political terms and definitions. The ultimate product will be a concise explanatory, multilingual political dictionary in English, Afrikaans and the other official South African languages.

DATABASE

A computerised database is maintained, giving total flexibility in printing the dictionary as a whole or desired selections from it according to demand, for example the dictionary in specific languages only or *ad hoc* glossaries for particular purposes.

BENEFICIARIES AND TARGET USERS

- *Members of Parliament*
- *Translators in government service as well as the private sector*
- *Teachers at academic institutions*
- *Students whose mother tongue is not English*
- *Journalists, researchers, speech writers*
- *Lexicographical institutions*
- *Language practitioners in Dutch and Flemish*

FUNDING

The University did not fund the Centre, which was required to generate its own income. Since the proceeds from the sale of the dictionaries and glossaries were totally insufficient to cover the costs of their production, the project was dependent on grants and donations for the compilation work. While fulfilling a real need, the products are subject-specialised with a limited circulation and thus do not provide high visibility for sponsors, which makes it extremely difficult to obtain financial contributions.

The terms were defined and translated by the compilers (Susan Botha, Louis du Plessis and Albert Venter, aided by our terminologist Mariëtta Alberts). Through the auspices of Mariëtta Alberts, Juta was prepared to publish the EDP.

AWARDS

The team received several awards for the bilingual dictionaries already published, namely the Dictionary category of the South African Translators' Institute (SATI) (2003), the 'Woordfees' award of the Afrikaanse Taal- en Kultuurvereniging (ATKV) (Afrikaans Language and Cultural Association) (2006), and the Stals award of the Suid-Afrikaanse Akademie vir Wetenskap en Kuns (South African Academy for Science and the Arts) (2010).

TEAM MEMBERS

Various academics over the years were members of CEPTSA, and these were acknowledged in the various editions of the MPD. During most of this time, Brig Gen Pierre le Clus was the Director. However, he passed away in 2012 and the EDP team subsequently consisted of the following members:

Prof Albert Venter – Final editorial board: Chairperson
Prof Susan Botha
Prof Col Louis du Plessis
Dr Mariëtta Alberts
Ms Marleen Lemmer – Secretary

DIE OORSPRONG VAN DIE VERKLARENDE POLITIEKE WOORDEBOEK (VPW)

Die Sentrum vir Politieke en Verwante Terminologie in Suider-Afrikaanse Tale (CEPTSA) is sedert 1998 deel van die Departement Politiek van, eers die Randse Afrikaanse Universiteit, en later, die Universiteit van Johannesburg. Tydens die aktiewe werksaamhede van CEPTSA aan RAU/UJ was die doel daarvan om die gebruik van politieke en verwante terminologie in Suider-Afrika te bevorder. Navorsing is dus op hierdie vakterreine gedoen en relevante konsepte en terme is versamel, gedefinieer en vertaal.

Tydens die bovermelde werksaamhede is verskeie woordeboeke deur CEPTSA gepubliseer. Die Sentrum het as uiteindelike doelwit die samestelling en publisering van politieke woordeboeke in al die amptelike tale van Suid-Afrika gehad. As beginpunt het die Sentrum ongeveer 16 000 vakspesifieke terme in Engels geëkserpeer en die terme in Afrikaans vertaal. Hierdie projek is voltooi en die eerste uitgawe van die Nuwerwetse Politieke Woordeboek (NPW) is gedurende 2002 gepubliseer. Die volgende fase was om met die Afrikatale te begin op grond van die behoeftes van die verskillende taalgemeenskappe en die beskikbaarheid van kundigheid. Daar is aanvanklik begin met die definiëring van 250 kernterme in Engels en Afrikaans en die vertaling daarvan, as oefenlopie, in Zulu en Noord-Sotho; dit is gevolg deur 'n verdere 750 terme met definisies wat in dieselfde tale vertaal is. Hierdie terme is later ook in Xhosa en Tswana vertaal en 'n sestalige glossarium van 1 000 politieke kernterme is gepubliseer.

Die vaslê van gesaghebbende vertalings van die 1 000 terme is moontlik gemaak deur die vriendelike samewerking van die Departement van Afrikatale by die Universiteit van Johannesburg en die Taaleenheid by die Universiteit Stellenbosch en dit is 'n voorreg om hulle daarvoor te bedank. Terminoloë by die Terminologiekoördinerings-afdeling, Nasionale Taaldiens, Departement van Kuns en Kultuur het ook reeds termekwivalente vir die orige Afrikatale verskaf.

Die termlys van 1 000 politieke kernterme is deur die huidige samestellers uitgebrei na 2 620 politieke kernterme en -definisies in die amptelike Suid-Afrikaanse tale. Daardie projek kom nou tot 'n hoogtepunt in die huidige VPW wat nou deur Juta gepubliseer is.

'n Derde, hersiene uitgawe van die volledige Nuwerwetse Politieke Woordeboek (NPW) is in Mei 2011 gepubliseer. Verskeie bylaes is ontwikkel wat by die finale tweetalige produk ingesluit is wat in 2011 gepubliseer is, bv:

* *Akronieme en Afkortings wat algemeen in hierdie veld gebruik word.*

* *Parlemente van die wêreld.*

* *Adellike titels en ampte.*

* *Klassieke Latynse en Griekse politieke terme.*

* *Britse en Amerikaanse ministeriële en administratiewe ampte.*

* *Tipiese militêre range.*

* *Inligtings-/veiligheidsdienste.*

* *Byname van prominente politieke persoonlikhede.*

* *Range van die Suid-Afrikaanse Polisiediens.*

* *Parlementêre komitees van Suid-Afrika.*

TWEETALIGE VERKLARENDE EN VERTALENDE WOORDEBOEK

Die Sentrum vir Politieke en Verwante Terminologie in Suider-Afrikaanse Tale (CEPTSA) het die hersiene en bygewerkte tweetalige vertalende weergawe van die Nuwerwetse Politieke Woordeboek (NPW) in 2011 gepubliseer en die huidige samestellers het dadelik begin om 2 500 politieke kernterme te definieer. Die *Verklarende Politieke Woordeboek* (VPW) is die eindproduk van hierdie fase van die projek en bevat 2 620 politieke kernterme en -definisies. Die uiteindelike produk sal 'n beknopte verklarende meertalige politieke woordeboek in Engels, Afrikaans en die ander amptelike Suid-Afrikaanse tale wees.

DATABASIS

'n Gerekenariseerde databasis word bygehou wat totale buigsaamheid verskaf aan die druk van die woordeboek as geheel of verlangde dele wat op versoek daaruit onttrek kan word, byvoorbeeld die woordeboek in spesifieke tale of ad hoc-termlyste vir spesiale doeleindes.

BEGUNSTIGDES EN DOELGEBRUIKERS

- *Lede van die Parlement*
- *Vertalers in die staatsdiens en die private sektor*
- *Leerkragte aan akademiese instellings*
- *Studente wie se moedertaal nie Engels is nie*
- *Joernaliste, navorsers en toespraakskrywers*
- *Leksikografiese instellings*
- *Nederlandse en Vlaamse taalpraktisyns*

BEFONDSING

Die Universiteit het nie die Sentrum befonds nie en daar is van die Sentrum verwag om sy eie inkomste te genereer. Aangesien die inkomste van die verkope van die woordeboeke en termlyste onvoldoende is om die koste van hul publikasie te dra, is die projek afhanklik van toekennings en skenkings vir sy werk. Hoewel die produkte aan werklike behoeftes voldoen, het die produkte 'n beperkte vakgerigte sirkulasie en het dus nie hoë sigbaarheid vir donateurs nie, 'n aspek wat dit uiters moeilik maak om finansiële bydraes te bekom.

Die terme is gedefinieer en vertaal deur die samestellers (Susan Botha, Louis du Plessis en Albert Venter), bygestaan deur ons terminoloog, Mariëtta Alberts. Met die tussenkoms van Mariëtta Alberts was Juta bereid om die VPW te publiseer.

TOEKENNINGS

Die samestellers het verskillende toekennings gekry vir die tweetalige publikasies wat reeds die lig gesien het, naamlik die Woordeboekkategorie van die Suid-Afrikaanse Vertalersinstituut (SAVI) (2003), die Woordfeestoekenning van die Afrikaanse Taal- en Kultuurvereniging (ATKV) (2006) en die Stalprys van die Suid-Afrikaanse Akademie vir Wetenskap en Kuns (SAAWK) (2010).

SPAN VAN SAMESTELLERS

Verskeie akademici was oor die jare heen medewerkers van CEPTSA en hulle is in die verskeie uitgawes van die NPW erken. Brigadier-generaal (afgetree) Pierre le Clus was tot 2011 direkteur van CEPTSA. Hy is egter in 2012 oorlede en die VPW-span bestaan sedertdien uit:

Prof Albert Venter – Eindredaksie: Voorsitter
Prof Susan Botha
Prof Kol Louis du Plessis
Dr Mariëtta Alberts
Me Marleen Lemmer – Sekretaris

EXPLANATORY NOTES AND LAY-OUT OF THE DICTIONARY

Terminography comprises the principles and practice of the compilation of technical dictionaries or special purpose dictionaries. It uses the same basic lexicographical processes of general dictionary compilation, but the point of departure is subject or domain rather than language. The aim of terminography is to denote a specific concept with a term. The primary term creation process is unilingual and the source language term is defined to capture the essence of the concept. There should be a one to one relationship between concept and term. The next step (ie secondary term creation) is to provide term equivalents and definitions in a target language or languages. The aim is to standardise the concept, term and term equivalent to allow exact communication and avoid confusion. Standardisation is a process that can only succeed once these terms penetrate the subject field and language(s) through frequent usage.

source language (SL): the language that contains the information to be translated into another language. English was chosen as source language.

target language (TL): the language into which information is translated. Afrikaans was chosen as target language.

lemma: the headword (entry word, title word or catch word) in a dictionary is the main term of a dictionary entry that contains certain information about it. It is the preferred version of the term, and it is typed in bold type, eg

absolute majority

definition: an explanation of the concept depicted by a certain term, eg

More than 50% of the votes cast for a motion or candidate.

equivalent: the term in the target language, typed in bold italics, that denotes the same concept as the lemma in the source language, eg

volstrekte meerderheid

synonym: a term having an overlapping or partial overlapping meaning as the lemma. The synonym is added before the definition and placed in round brackets ( ) and typed in roman type, eg

absolute majority n. (simple majority <USA usage>, outright majority).

The synonym is added at its alphabetical place but the dictionary article is not repeated at the synonym, the synonym refers to the preferred term, eg

outright majority → **absolute majority**

simple majority → **absolute majority**

homonym: a term having the same spelling and with the same pronunciation as another, but with a different meaning.

Homonyms do not have homonym numbers, are entered in succession and dealt with as separate articles, eg

chauvinism n. <personal>.
Smug irrational belief in the superiority of one's own cause or gender.

chauvinism n. <political>.
Vainglorious and aggressive nationalism, based on a belief in superiority and glory of one's own nation.

circuit court n.
An intermediate court in the USA state court system.

circuit court n. <South Africa>.
A high court that moves from place to place in order to serve rural areas.

polyseme: a term with two or more related meanings, eg

cohort n.
1. A subunit of a Roman legion, consisting of some 500 infantrymen. 2. A group of people sharing a common statistical factor.

mandate n.
1. An authoritative command from a superior. 2. Authorisation to act on behalf of another; eg the authority given by electors to parliament.

Latin terms: the Latin term is supplied as lemma, eg

intra vires adj. <Latin>, <see also ultra vires>.
Within the powers of jurisdiction.

modus vivendi n. <Latin>.

A working arrangement between conflicting interests, eg an agreement between the Pope and a government regarding relations between that state and the Roman Catholic Church.

loan words/borrowings: the loan words or borrowings are supplied as lemmas, eg

imbongi n. <Zulu> (praise singer).

A traditional African praise singer for a political leader.

infanta n. <Spanish, Portuguese>.

The title of any of the legal daughters of a Spanish or Portuguese king, except the crown princess of Spain; sometimes also awarded to a relation of a Spanish sovereign.

realpolitik n. <from German>.

Politics based on realities of power relationships and material needs rather than on morals or ideals.

cross-referncing: the user is referred to relevant information at another lemma, eg

combat fatigue → **battle fatigue**

Great War → **World War I**

invalid vote n. <see also spoilt ballot>.

A ballot that, due to accidental or deliberate errors of marking on the part of voters, may not be included in the count.

Master of the High Court n. <South Africa 1996–2013; Afrikaans equivalent obsolete>, <see Master of the High Court>.

labels: a label is definite, additional information pertaining to a specific term. It contains information on the suitability of a term in a given situation. This additional information may indicate geographical usage, term acceptability and register.

language labels:	<Portuguese>
	<Indian languages>
	<from German>
	<Latin>
timeline labels:	<obsolete>
	<obsolescent>
	<historical>
offensiveness:	<pejorative>
	<offensive>
desirability:	<deprecated>
	<strongly deprecated>
	<preferred term>
geographical label:	<UK>
	<USA usage>
cross reference:	→
	<see ... >
	<see also ... >
formality:	<informal>
	<slang>

abbreviation: the abbreviated form is supplied at its alphabetical place and it is cross-referenced to the full form where all relevant information is supplied, eg

GWOT → **long war**

HDI → **historically disadvantaged individual**

HDI → **human development index**

usage of gender: it was decided to use he/she; his/her; him/her, himself/herself to indicate gender.

parts of speech: where parts of speech are indicated the following sequence was followed:

- *noun*   n.
- *verb*   v.
- *adjective*   adj.
- *adverb*   adv.
- *preposition*   prep.

VERDUIDELIKENDE AANTEKENINGE EN UITLEG VAN DIE WOORDEBOEK

Terminografie bestaan uit die beginsels en praktyk van die saamstelling van vakwoordeboeke. Dit gebruik dieselfde basiese leksikografiese prosesse van algemene woordeboeksamestelling, maar die vertrekpunt is vakgebied of terrein eerder as taal. Die doel van terminografie is om 'n bepaalde begrip met 'n term te benoem. Die primêre termskeppingsproses is eentalig en die brontaalterm word gedefinieer om die kern van die begrip te omvat. Daar behoort 'n een-tot-een-verhouding te wees tussen begrip en term. Die volgende stap (sekondêre termskepping) is om termekwivalente en definisies in 'n doeltaal of doeltale te verskaf. Die doel is om die begrip, term en termekwivalent te standaardiseer ten einde eksakte kommunikasie te verseker en mistasting te vermy. Standaardisasie is 'n proses wat slegs kan slaag wanneer hierdie terme die vakgebied en taal/tale deur herhaalde gebruik penetreer.

brontaal (BT): die taal wat die inligting bevat wat in 'n ander taal vertaal moet word. Engels is gekies as brontaal.

doeltaal (DT): die taal waarin die inligting vertaal word. Afrikaans is as doeltaal gebruik.

lemma: die hoofwoord (trefwoord) in 'n woordeboek is die hoofterm van 'n woordeboekinskrywing waaroor daar bepaalde inligting gegee word. Dit is die voorkeurweergawe van die term, en dit word in vetdruk gedruk, bv

volstrekte meerderheid

definisie: 'n verklaring van die begrip wat deur 'n bepaalde term benoem is, bv

Meer as 50% van die stemme wat vir 'n mosie of 'n kandidaat uitgebring is.

ekwivalent: die term in die doeltaal, gedruk in kursiewe vetdruk, wat dieselfde begrip benoem as wat die lemma in die brontaal benoem, bv

absolute majority

sinoniem: 'n term wat 'n oorkoepelende of deelsoorkoepelende betekenis as die lemma het. Die sinoniem word voor die definisie in ronde hakies geplaas ( ) en ingewone druk gedruk, bv

volstreke meederheid n. (absolute meerderheid)

Die sinoniem word op sy alfabetiese plek geplaas, maar die woordeboekinskrywing word nie by die sinoniem herhaal nie, die sinoniem verwys slegs na die voorkeurterm, bv

absolute meerderheid → **volstrekte meerderheid**

homoniem: 'n term met dieselfde spelvorm en dieselfde uitspraak as 'n ander, maar met 'n ander betekenis.

Homonieme kry nie homoniemnommers nie, word onder mekaar ingeskryf en as aparte woordeboekinskrywings behandel, bv

chauvinisme n. <persoonlik>
'n Selfvoldane irrasionele geloof in die meerderwaardigheid van jou eie saak of gender.

chauvinisme n. <polities>.
'n Verwaande en aggressiewe nasionalisme, gegrond op 'n geloof in die meerderwaardigheid en roem van jou eie volk.

kanselary n. <VSA-gebruik>.
Die politieke afdeling van 'n diplomatieke missie.

kanselary n.
Die gebou of deel van 'n gebou wat die kantore van 'n diplomatieke missie bevat.

kanselary n. <Britse gebruik>.
Die politieke afdeling van 'n diplomatieke missie.

poliseem: 'n term met twee of meer verwante betekenisse, bv

kohort n.
1. 'n Subeenheid van 'n Romeinse legioen wat uit sowat 500 voetsoldate bestaan. 2. 'n Groep mense wat 'n gemeenskaplike statistiese faktor deel.

mandaat n.
1. 'n Gesaghebbende opdrag van 'n meerdere. 2. Magtiging om namens iemand anders op te tree, bv die gesag wat kiesers aan die parlement opdra.

Latynse terme: die Latynse term is as lemma opgeneem, bv

intra vires adj. <Latyn>, <kyk ook ultra vires>.
Binne die bevoegdheid van 'n jurisdiksie.

modus vivendi n. <Latyn>.

'n Werkende reëling tussen teenstrydige belange, bv 'n ooreenkoms tussen die pous en 'n regering oor die verhoudinge tussen daardie staat en die Rooms-Katolieke Kerk.

leenwoorde/ontlenings: the leenwoord of ontlening word as lemmas opgeneem, bv

imbongi n. <Zoeloe> (lofsanger).

'n Tradisionele Afrikalofsanger vir 'n politieke leier.

infanta n. <Spaans, Portugees>.

Die titel van enige van die wettige dogters van 'n Spaanse of Portugese koning, behalwe die kroonprinses van Spanje; ook soms aan 'n familielid van 'n Spaanse vors toegeken.

realpolitik n. <uit Duits>.

Politiek gebaseer op die werklikhede van magsverhoudings en materiële behoeftes eerder as op morele waardes of ideale.

kruisverwysing: die gebruiker word na tersaaklike inligting by 'n ander lemma verwys, bv

disekwilibrium → **onewewigtigheid**

dissidensie → **andersdenkendheid**

Meester van die Hoë Hof n. <Suid-Afrika 1996–2013; verouderd>., <kyk Meester van die Hooggeregshof>.

ongeldige stem n. <kyk ook bedorwe stembrief>.

'n Stembrief wat as gevolg van toevallige of doelbewuste kiesermerkfoute nie in die stemtotaal ingesluit mag word nie.

etikette: 'n etiket is besliste, addisionele inligting wat op 'n spesifieke term van toepassing is. Dit bevat inligting oor die toepaslikheid van 'n term in 'n gegewe situasie. Hierdie addisionele inligting kan geografiese gebruik, aanvaarbaarheid van die term en register aandui.

taaletikette:	<Portugees>
	<Indiese tale>
	<uit Duits>
	<Latyn>
tydlynetikette:	<verouderd>
	<verouderend>
	<histories>
aanstootlikheid:	<pejoratief>
	<aanstootlik>
aanvaarbaarheid:	<af te keur>
	<sterk af te keur>
	<voorkeurterm>
geografiese etiket:	<VK>
	<VSA-gebruik>
kruisverwysing:	→
	<kyk ... >
	<kyk ook ... >
formaliteit:	<informeel>
	<sleng>

afkorting: die afgekorte vorm word op sy alfabetiese plek verskaf en word kruisverwys na die volvorm waar alle tersaaklike inligting verskaf word, bv

EGA → **Ekonomiese Gemeenskap van Afrika**

GOP → **Grand Old Party**

GOP → **geïntegreerde ontwikkelingsplan**

gebruik van gender: daar is besluit om hy/sy; syne/hare; hom/haar, homself/haarself te gebruik om geslag aan te dui.

woordsoorte: waar woordsoorte aangedui word, word die volgende volgorde gebruik:

- *selfstandige naamwoord*   n.
- *werkwoord*   v.
- *adjektief*   adj.
- *adverbum*   adv.
- *preposisie*   prep.

Part I
English/Afrikaans

Aa

abdicate v.
Renounce an office or responsibility, eg a throne.
+ **abdikeer** v.
Afstand doen van 'n amp of verantwoordelikheid, bv 'n troon.

abdication n.
The renunciation of an office or responsibility, eg a throne.
+ **abdikasie** n.
Die afstanddoening van 'n amp of verantwoordelikheid, bv 'n troon.

abolition n.
The act of doing away with a practice such as capital punishment or slavery.
+ **afskaffing** n.
Die handeling om 'n praktyk soos die doodstraf of slawerny tot niet te maak.

absentee voter n.
An elector who, often out of protest, does not turn up to exercise his/her vote when entitled to.
+ **wegblykieser** n.
'n Kieser wat, dikwels uit protes, nie opdaag om sy/haar stemreg uit te oefen nie al is hy/sy daarop geregtig.

absolute majority n. (simple majority <USA usage>, outright majority).
More than 50% of the votes cast for a motion or candidate.
+ **volstrekte meerderheid** n. (absolute meerderheid).
Meer as 50% van die stemme wat vir 'n mosie of 'n kandidaat uitgebring is.

absolute monarch n.
A hereditary sovereign of a state with total personal powers of governance.
+ **absolute monarg** n.
'n Erflike vors van 'n staat met algehele persoonlike regeringsmag.

absolute monarchism n.
The doctrine that the monarchy is the sole source of governing power in a state.
+ **absolute monargisme** n.
Die leerstelling dat die monargie die alleenbron van regeringsmag in 'n staat is.

absolute poverty n.
A level of poverty where the minimum needs of food, clothing and shelter cannot be met.
+ **absolute armoede** n. (volslae armoede).
'n Armoedevlak waar daar nie aan die minimum behoefte aan voedsel, klere en beskutting voldoen kan word nie.

absolute separation of powers theory n. (theory of absolute separation, trias politica).
A doctrine advocating a complete separation of legislative, executive and judicial institutions and functions.

+ **absolute magskeidingsteorie** n. (trias politica).
'n Leerstelling wat 'n algehele skeiding van wetgewende, uitvoerende en regsprekende instellings en funksies voorstaan.

absolutism n.
The unbridled exercise of power by the authorities, eg in an absolute monarchy or a dictatorship.
+ **absolutisme** n.
Die onbeteuelde uitoefening van mag deur die owerheid, bv in 'n absolute monargie of diktatuur.

abstain from voting v.
A decision by an elector or delegate not to exercise a vote.
+ **buite stemming bly** v.
'n Besluit deur 'n stemgeregtigde of afgevaardigde om nie 'n stem uit te bring nie.

abstention n.
Refraining from participation in a vote.
+ **weerhouding** n.
Onthouding van deelname aan 'n stemming.

abuse of a motion n.
The use of an opportunity to table a motion for a different purpose to what was initially put forward.
+ **misbruik van 'n mosie** n.
Die benutting van 'n geleentheid om 'n mosie ter tafel te lê vir 'n ander doel as waarvoor dit aanvanklik ingedien is.

abuse of power n.
The misapplication of government power.
+ **magsmisbruik** n.
Die wanaanwending van regeringsmag.

academic freedom n.
The right of a person in an intellectual environment to pursue knowledge, enter into discourse, teach and conduct research without fear of interference by the authorities or any other person or institution.
+ **akademiese vryheid** n.
Die reg van 'n persoon in 'n intellektuele omgewing om kennis na te streef, rede te voer, te onderrig en navorsing te doen sonder vrees vir inmenging deur die owerheid of enige ander persoon of instelling.

Accelerated and Shared Growth Initiative of South Africa n. (ASGISA).
A national programme to achieve shared economic growth, initiated by the South African government in 2004.
+ **Inisiatief vir Versnelde en Gedeelde Groei van Suid-Afrika** n. (IVEGGSA).
'n Nasionale program om gedeelde ekonomiese groei te bewerkstellig, in 2004 deur die Suid-Afrikaanse regering op tou gesit.

accession n.
The act of coming to an office, eg accession to the presidency of a state.

◆ **toetrede** n.
Die handeling om 'n amp te aanvaar, bv toetrede tot die presidentskap van 'n staat.

accession to office n.
Act of coming into a position of authority.
◆ **ampsaanvaarding** n.
Die handeling om tot 'n gesagsposisie toe te tree.

accommodation n.
The bringing of differences into harmony or agreement, eg accommodating cultural differences in a constitution or accommodating political differences in a cabinet.
◆ **akkommodering** n.
Die verwerking van verskille na 'n toestand van harmonie of instemming, bv om kultuurverskille in 'n grondwet of om politieke verskille in 'n kabinet te akkommodeer.

accord n.
An agreement or contract between conflicting states or parties aimed at settling a dispute, eg the National Peace Accord signed in September 1991 by 27 parties to end the conflict in South Africa.
◆ **akkoord** n.
'n Ooreenkoms of kontrak tussen botsende state of partye met die doel om 'n geskil te besleg, bv die Nasionale Vredesakkoord wat in September 1991 deur 27 partye onderteken is om die konflik in Suid-Afrika te beëindig.

accountability n.
1. A duty to explain, to answer to an elected body, a higher authority or the electorate. 2. Being subject to direction or scrutiny by a superior.
◆ **verantwoordingspligtigheid** n.
1. 'n Plig om te verduidelik, verantwoording te doen aan 'n verkose instelling, 'n hoër gesag of die kiesers. 2. Onderworpe wees aan die leiding of toesig van 'n meerdere.

accountable government n.
An executive whose conduct and actions are subject to monitoring and evaluation by a higher authority; these could be the electorate or a legislature.
◆ **verantwoordingspligtige regering** n.
'n Uitvoerende owerheid wie se optrede en handelinge aan die monitering en evaluering van 'n hoër gesag onderworpe is; dit kan die kiesers of 'n wetgewer wees.

accountable political order n.
A polity in which the exercise of power is subject to the monitoring and evaluation by a higher authority.
◆ **verantwoordingspligtige politieke orde** n.
'n Politie waar die uitoefening van mag aan die monitering en evaluering van 'n hoër gesag onderworpe is.

accountable to adj.
Having to report and explain to a higher authority.
◆ **verantwoordingspligtig aan** adj.
Om aan 'n hoër gesag verslag te doen en te verduidelik.

accounting officer n.
An official charged in terms of the provisions of an act with accounting for all state moneys received and spent by him/her.

◆ **rekenpligtige beampte** n.
'n Beampte volgens wetsvoorskrifte belas met die verantwoording van alle staatsgeld deur hom/haar ontvang en bestee.

accreditation n.
The process by which a person is appointed the official representative of a state to another state or international institution.
◆ **akkreditering** n.
Die proses waardeur 'n persoon as amptelike verteenwoordiger van 'n staat by 'n ander staat of internasionale instelling aangestel word.

accredited diplomatic representative n.
A person whom the receiving state recognises as a representative of the sending state and is accorded diplomatic privileges and immunities but not necessarily full diplomatic status.
◆ **geakkrediteerde diplomatieke verteenwoordiger** n.
'n Persoon wat deur die ontvangerstaat as 'n verteenwoordiger van die sendstaat erken word en aan wie diplomatieke voorregte en immuniteit, maar nie noodwendig volle diplomatieke status nie, toegeken word.

acculturation n.
The adoption of aspects of a foreign culture by an individual, group or community.
◆ **akkulturasie** n.
Die oorname van aspekte van 'n vreemde kultuur deur 'n individu, groep of gemeenskap.

acquit v.
To discharge a person from a criminal accusation.
◆ **vryspreek** v.
Om 'n persoon van 'n misdaadbeskuldiging te onthef.

acting head of government n.
A person temporarily charged with the responsibility of leading the executive of a state until such time as a permanent incumbent is appointed or resumes office.
◆ **waarnemende regeringshoof** n.
'n Persoon wat tydelik met die verantwoordelikheid belas word om die uitvoerende owerheid van 'n staat te lei tot tyd en wyl 'n permanente posbekleër aangewys word of die pos hervat.

acting head of state n.
A person temporarily charged to represent a state until such time as a permanent incumbent is appointed or the present permanent incumbent resumes office.
◆ **waarnemende staatshoof** n.
'n Persoon wat tydelik 'n staat verteenwoordig totdat 'n permanente ampsbekleder aangestel word of die permanente amptenaar weer sy/haar ampspligte hervat.

action committee n.
A group appointed or elected to pursue a specific aim.
◆ **aksiekomitee** n.
'n Groep wat aangestel of verkies is om 'n bepaalde doel na te streef.

active measures n.

A term used by the former USSR to denote clandestine operations aimed at extending Soviet influence and power in the world; they include disinformation, agents of influence, infiltration of political parties, support for communist front organisations and forgeries.
- *aktiewe maatreëls* n.

'n Term wat deur die voormalige USSR gebruik is vir heimlike operasies wat daarop gemik is om Sowjetinvloed en -mag in die wêreld uit te brei; dit sluit disinformasie, beïnvloedingsagente, binnesypeling van politieke partye, steun vir kommunistiese frontorganisasies en vervalsings in.

activism n.

The active endeavour by individuals or groups to achieve or oppose radical changes in the existing political, social and economic order.
- *aktivisme* n.

Die aktiewe beywering deur individue of groepe om radikale veranderings in die bestaande politieke, maatskaplike en ekonomiese bestel te bewerkstellig of teen te staan.

act of parliament n.

A decision of a legislative assembly promulgated into law and enforcable on the whole of society.
- *wet van die parlement* n.

'n Besluit van 'n wetgewende vergadering wat in wetgewing gepromulgeer word en op die hele samelewing afdwingbaar is.

actor → **role player**

actor-orientated approach n. (actor-oriented approach).

An approach in which the major actors and their preferences, as well as the flow of information among them, are identified and used for analytical purposes; eg in international relations the actions of individuals or states proffered as an explanation for state behaviour.
- *rolspelergeoriënteerde benadering* n.

'n Benadering waarin die belangrike rolspelers en hulle voorkeure, asook die vloei van informasie tussen hulle, uitgeken en vir ontledingsdoeleindes gebruik word; bv waar die optrede van individue of state in internasionale betrekkinge as 'n verduideliking vir staatsgedrag aangebied word.

actor-oriented approach → **actor-orientated approach**

actual head of state n. <see also ceremonial head of state; nominal head of state>.

The person at the helm of the state entrusted with the exercise of real and extensive political power, usually including ceremonial duties, eg the president of the USA.
- *werklike staatshoof* n. <kyk ook nominale staatshoof; seremoniële staatshoof>.

Die persoon aan die hoof van die staat wat met werklike en omvangryke politieke mag beklee word, wat gewoonlik seremoniële pligte insluit, bv die president van die VSA.

adaptation n.

A process of adjustment in order to fit into the environment.
- *aanpassing* n.

'n Proses van verstelling om in die omgewing in te pas.

additional budget n. <see also main budget; supplementary budget>.

The budget submitted to parliament in which further funds are requested for existing activities that were inadequately funded in the main budget.
- *addisionele begroting* n. <kyk ook aanvullende begroting; hoofbegroting>.

Die begroting wat aan die parlement voorgelê word waarin verdere fondse versoek word vir bestaande aktiwiteite wat nie voldoende in die hoofbegroting befonds is nie.

additional grant n.

An amount supplemented by a later budget during the current or a following financial year.
- *aanvullende bewilliging* n.

'n Bedrag wat deur 'n latere begroting gedurende die lopende of 'n volgende boekjaar aangevul word.

ad hoc committee n.

A temporary committee appointed by one or both houses of parliament for a specific purpose. When the task has been completed the committee is dissolved. A South African example is the Ad Hoc Committee on Youth Intelligence Legislation.
- *ad hoc-komitee* n.

'n Tydelike komitee wat deur een of albei huise van die parlement aangestel word vir 'n bepaalde doelwit. Wanneer die taak van die komitee afgehandel is, word die komitee ontbind. 'n Suid-Afrikaanse voorbeeld is die Ad Hoc-Komitee oor Jeugintelligensiewetgewing.

ad hoc diplomacy n.

Diplomacy not conducted through permanent missions but organised to deal with a specific situation, eg by means of a roving envoy or specially constituted mission.
- *ad hoc-diplomasie* n.

Diplomasie wat nie deur permanente missies gevoer word nie maar wat georganiseer word om 'n bepaalde situasie te hanteer, bv deur middel van 'n reisende gesant of spesiaal saamgestelde afvaardiging.

adhocism n.

An approach in which policy makers respond to every subject or occurrence as something separate, irrespective of specific policies.
- *adhockisme* n.

'n Benadering waarin beleidmakers op elke onderwerp of voorval as iets afsonderliks reageer, ongeag uitdruklike beleid.

adhocracy n.

The exercise of political power by persons or by an establishment which adopt adhocism as an executive style.

A

◆ *adhockiasie* ii.
Die uitoefening van politieke mag deur persone of deur 'n gevestigde orde wat adhockisme as 'n uitvoerende styl aanvaar.

adjourn v.
To temporarily suspend a meeting which would be resumed at an agreed time.
◆ *verdaag* v.
Om 'n vergadering tydelik op te skort wat weer op 'n afgesproke tyd voortgesit sal word.

adjournment n.
The temporary suspension of a meeting to be resumed at an agreed time.
◆ *verdaging* n.
Die tydelike opskorting van 'n vergadering om weer op 'n afgesproke tyd voortgesit te word.

adjudicate v.
To hear, try and determine a case sensibly by applying the relevant law.
◆ *bereg* v.
Om 'n saak verstandig aan te hoor, te verhoor en uitspraak te gee deur die tersaaklike regsbepalings toe te pas.

administration n.
1. The process of organising, coordinating, financing and managing the affairs of a government or a political authority. 2. (USA) The person or institution entrusted with the ultimate execution of public policy in a state; the executive.
◆ *administrasie* n.
1. Die proses om die sake van 'n regering of politieke owerheid te organiseer, koördineer, finansier en bestuur. 2. (VSA) Die persoon of instelling aan wie die uiteindelike uitvoering van openbare beleid in 'n staat toevertrou word; die uitvoerende gesag.

administration of state debt n.
The management, investment and control of money owed by state institutions.
◆ *staatskuldadministrasie* v.
Die bestuur, belegging en beheer van geld wat deur staatsinstellings geskuld word.

administrative act n.
A legal action carried out by an institution exercising administrative authority.
◆ *administratiewe handeling* n.
'n Regshandeling uitgevoer deur 'n instelling wat administratiewe gesag uitoefen.

administrative area n.
The geographical extent of the jurisdiction of a public institution.
◆ *administrasiegebied* n.
Die geografiese omvang van die jurisdiksie van 'n openbare instelling.

administrative authority n. (administrative powers).
The competence of a public institution to carry out allocated functions by virtue of legislation or prerogative.
◆ *administratiewe bevoegdheid* n.
Die bevoegdheid van 'n openbare instelling om toegekende funksies ingevolge wetgewing of prerogatief uit te oefen.

administrative authority n.
All the persons and institutions in the state invested with administrative competence.
◆ *administratiewe owerheid* n.
Al die persone en instellings in die staat wat met administratiewe bevoegdheid beklee word.

administrative capacity n.
The competence in terms of which administrative actions take place.
◆ *administratiewe hoedanigheid* n.
Die bevoegdheid ingevolge waarvan administratiewe handelinge plaasvind.

administrative capacity n.
The quality and achievable extent of administrative actions.
◆ *administratiewe vermoë* n.
Die gehalte en haalbare omvang van administratiewe handelinge.

administrative development n.
1. Development due to administrative action. 2. The development of administrative structures and functions.
◆ *administratiewe ontwikkeling* n.
1. Ontwikkeling vanweë administratiewe optrede. 2. Die ontwikkeling van administratiewe strukture en funksies.

administrative personnel n. (administrative staff).
That part of an institution's work force employed on administrative duties.
◆ *administratiewe personeel* n.
Daardie deel van 'n instelling se arbeidsmag wat administratiewe pligte verrig.

administrative power n.
The power of administrative institutions and/or public officials in terms of legislation or prerogative.
◆ *administratiewe mag* n.
Die mag van administratiewe instellings en/of openbare amptenare ingevolge wetgewing of prerogatief.

administrative powers → **administrative authority**

administrative staff → **administrative personnel**

administrative staff n. <military>.
The group of officers with administrative functions specifically detailed to assist a commander in exercising his/her command.
◆ *administratiewe staf* n. <militêr>.
Die groep offisiere met administratiewe funksies wat spesifiek aangesê is om 'n bevelvoerder in sy/haar bevelsuitoefening by te staan.

administrative state n.
The view originated by Dwight Waldo that public administration is not a value-free science but a political theory that can prescribe administrative action as well as describe it. By extension, 'administrative state' describes the administration of a state in terms of this perspective.

A

administratiewe staat n.
Die siening wat by Dwight Waldo ontstaan het dat publieke administrasie nie 'n waardevrye wetenskap is nie maar 'n politieke teorie wat administratiewe optrede sowel kan voorskryf as beskryf. By wyse van uitbreiding beskryf 'administratiewe staat' die administrasie van 'n staat ingevolge hierdie perspektief.

administrative tribunal n.
An institution that, independently from other administrative institutions, renders an administrative decision after the investigation of a matter.
• **administratiewe tribunaal** n.
'n Instelling wat onafhanklik van ander administratiewe instellings, na 'n ondersoek van 'n aangeleentheid, 'n administratiewe beslissing gee.

administrator n.
The political chief executive officer of a specified territory.
• **administrateur** n.
Die politieke hoof- uitvoerende beampte van 'n bepaalde gebied.

administrator general n.
The political plenipotentiary appointed by a government to govern and administer a specified territory.
• **administrateur-generaal** n.
Die politieke gevolmagtigde deur 'n regering aangestel om 'n bepaalde gebied te regeer en administreer.

administrator-in-executive committee n.
<historical; pl. administrators-in-executive committee>.
The administrator of a South African province acting in consultation with the members of the executive committee.
• **administrateur-in-uitvoerende komitee** n.
<histories; mv administrateurs-in-uitvoerende komitee>.
Die administrateur van 'n Suid-Afrikaanse provinsie wat in oorleg met die lede van die uitvoerende komitee optree.

adopt a bill v. (enact a bill, pass a bill).
To formally approve a bill in accordance with the constitution.
• **wetsontwerp aanneem** v. (wetsontwerp aanvaar).
Om 'n wetsontwerp formeel ingevolge die grondwet goed te keur.

adopt the minutes v. (approve the minutes, confirm the minutes).
To officially accept the record of the proceedings of a meeting as being true and correct.
• **notule goedkeur** v.
Om die rekord van die verrigtinge van 'n vergadering amptelik as waar en korrek te aanvaar.

ad valorem adv.
According to value.
• **ad valorem** adv.
Volgens waarde.

ad valorem customs duty n.
A levy imposed by a government as a tax on imported goods according to their monetary value.

ad valorem-doeanereg n.
'n Heffing wat deur 'n regering as 'n belasting op ingevoerde goedere opgelê word volgens die monetêre waarde daarvan.

adversarial court procedure n. <see also inquisitorial court procedure>.
A procedure in which the presiding officer of a court, eg a judge, does not intervene in the arguments of the opposing sides and in which the relationship between the contending parties is hostile. The judge is impartial and the contending parties each has different and conflicting obligations.
• **adversatiewe hofprosedure** n. <kyk ook inkwisitoriale hofprosedure>.
'n Prosedure waarin die voorsittende beampte van 'n hof, bv 'n regter, nie in die argumente van die opponerende kante inmeng nie en waarin die verhouding tussen die mededingende partye opposisioneel is. Die regter is onpartydig en die mededingende partye het verskillende en teenstrydige verpligtinge.

adversarial politics n. (adversary politics).
A style of politics in which opposing parties take antagonistic positions regarding public policy and electoral issues.
• **teenstanderpolitiek** n. (adversatiewe politiek).
'n Politieke styl waarin opponerende partye antagonistiese standpunte inneem in verband met openbare beleid en verkiesingsvraagstukke.

adversary politics → **adversarial politics**

advisory council n.
An assembly, constituted by various means, which has the power to offer advice, but not to enforce its advice or decisions.
• **adviesraad** n.
'n Vergadering wat op verskeie maniere saamgestel word en wat die bevoegdheid het om advies te lewer maar nie om sy advies of besluite af te dwing nie.

AEC → **African Economic Community**

aerospace n. <see also airspace>.
A comprehensive term referring to the atmosphere and to space as a whole.
• **lugruimte** n. <kyk ook lugruim>.
'n Omvattende term wat na die atmosfeer en die ruimte as een geheel verwys.

affidavit n. (sworn statement).
A statement under oath regarding events of which the person making the assertion has personal knowledge.
• **beëdigde verklaring** n.
'n Verklaring onder eed oor gebeure waarvan die persoon wat die stelling maak persoonlik kennis dra.

affiliated member n.
An associate of an organisation or institution.
• **geaffilieerde lid** n.
'n Assosiaat van 'n vereniging of instelling.

A

affinal ties n.
Emotional ties based on a belief in shared identities, eg Afro-Americans' ties with Africa.
• **affiniteitsbande** n.
Emosionele bande wat op 'n geloof in gedeelde identiteite berus, bv Afro-Amerikaners se bande met Afrika.

affirm v. <verbal form related to the compound term affirmative action>.
To assert positively or to ratify the status of, for example, minorities in a society.
• **tot sy reg laat kom** v.
Om die status van byvoorbeeld minderhede in 'n samelewing positief te beklemtoon of te bekragtig.

affirmative action n.
The formal redressing of imbalances considered to exist among certain sections of society, eg imbalances between different races, ethnic groups, genders and those with disabilities.
• **regstellende handeling** n. (inhaalaksie).
Die formele herstel van vermeende ongelykhede tussen sekere dele van die gemeenskap, bv ongelykhede tussen verskillende rasse, etniese groepe, genders en diegene met gestremdhede.

affirmism n.
The inclination of respondents to answer positively to simple statements, even if these may be contradictory. It may affect the credibility of opinion surveys.
• **instemmingsneiging** n.
Die inklinasie van respondente om positief op eenvoudige stellings te antwoord, al sou dit teenstrydig wees. Dit mag die geloofwaardigheid van meningsopnames beïnvloed.

Africa culture n.
The total of the inherited ideas, beliefs and values that constitute the bases of social action shared by the people indigenous to Africa.
• **Afrikakultuur** n.
Die totaal van die oorgeërfde idees, oortuigings en waardes wat die grondslae van sosiale optrede uitmaak wat deur die mense inheems aan Afrika gedeel word.

African n.
1. An inhabitant of Africa; term often reserved for a black person of Africa. 2. In Pan-Africanism a person who identifies with the history of Africa and who is dedicated to the future of Africa.
• **Afrikaan** n. <mv Afrikane>.
'n Inwoner van Afrika; term dikwels gereserveer vir 'n swart persoon van Afrika. 2. In Pan-Afrikanisme 'n persoon wat met die geskiedenis van Afrika identifiseer en aan die toekoms van Afrika toegewy is.

African Charter on Human and Peoples' Rights n. <1981; also known as the Banjul Charter>.
A document recognising specific rights of all African people, as well as committing signatories to the eradication of all forms of colonialism from Africa, the coordination of efforts to achieve a better quality of life for the peoples of Africa and the promotion of international cooperation.

• **Afrikahandves oor Mense- en Volkereregte** n. <1981; ook bekend as die Banjul-handves>.
'n Dokument wat spesifieke regte van alle Afrikamense erken asook die ondertekenaars verbind tot die uitwissing van alle vorms van kolonialisme in Afrika, die koördinering van pogings om 'n beter lewensgehalte vir die volke van Afrika te verwerf en die bevordering van internasionale samewerking.

African Common Market n.
A proposed African economic association permitting the free movement of capital, labour, goods and services between signatories, as well as providing access to African stock exchange centres in an effort to empower and stimulate trade.
• **Afrikagemeenskapsmark** n.
'n Voorgestelde ekonomiese vereniging van Afrika wat die vrye beweging van kapitaal, arbeid, goedere en dienste tussen die ondertekenaars toelaat asook toegang tot aandelebeurssentrums in Afrika verskaf in 'n poging om handel te bemagtig en te stimuleer.

African communalism n.
The African practice of communal living, common ownership and tribal loyalty within cultural or racial groups.
• **Afrikakommunalisme** n.
Die Afrikapraktyk van 'n kommunale lewenswyse, gemeenskaplike eienaarskap en stamgetrouheid binne kulturele of rassegroepe.

African diaspora n.
The scattering of people from Africa, mainly blacks, across the globe.
• **Afrikadiaspora** n.
Die verstrooiing van mense van Afrika, hoofsaaklik swartes, oor die aardbol.

African Economic Community n. (AEC).
An association of African states, operationalised by formal treaty in 1994, to promote social and cultural cooperation among them in order to accelerate transformation and sustained development. Successor to the African Common Market.
• **Ekonomiese Gemeenskap van Afrika** n. (EGA).
'n Assosiasie van Afrikastate, wat deur 'n formele verdrag in 1994 in werking gestel is, om sosiale en kulturele samewerking tussen hulle te bevorder ten einde transformasie en volhoubare ontwikkeling te versnel. Dit is 'n opvolger van die Afrikagemeenskapsmark.

African Growth and Opportunities Act n. (AGOA).
USA legislation that allows African states to export goods and produce to the USA without having to pay USA import duties.
• **Wet op Groei en Geleenthede vir Afrika** n. (WGGA).
VSA-wetgewing wat Afrikastate toelaat om goedere en produkte na die VSA uit te voer sonder om VSA-invoerbelasting te betaal.

A

African High Command n.
A Pan-African army first proposed to the OAU (predecessor to the African Union) in the early 1960s by President Kwame Nkrumah of Ghana, followed by various proposals during the 1960s and 1970s based on the concept of a continental defence agreement, but never realising in practice.
+ **Afrika-opperbevel** n.
'n Pan-Afrikaleër wat aanvanklik in die vroeë 1960's deur President Kwame Nkrumah van Ghana by die OAE (voorganger van die Afrika-unie) aanhangig gemaak is, en waarop daar gedurende die 1960's en 1970's verskeie voorstelle op die grondslag van 'n kontinentale verdedigingsooreenkoms gevolg het, maar wat nooit prakties uitgevoer is nie.

Africanisation n.
The process of interpretation, promotion and transmission of African thought, philosophy, identity and culture.
+ **Afrikanisering** n. (Afrikanisasie).
Die proses vir die vertolking, bevordering en oordra van Afrikadenke, -filosofie, -identiteit en -kultuur.

Africanism n.
A doctrine according to which African people should determine their own destiny; adopted by the ANC Youth League, PAC and Black Consciousness Movement in South Africa.
+ **Afrikanisme** n.
'n Leerstelling waarvolgens Afrikamense hulle eie lotsbestemming behoort te bepaal; deur die ANC-jeugliga, PAC en Black Consciousness Movement (swartbewustheidsbeweging) in Suid-Afrika aanvaar.

African language n.
1. In South Africa, any one of the languages used as a mother language by Bantu-speaking people.
2. Internationally, any language indigenous to the African continent.
+ **Afrikataal** n.
1. In Suid-Afrika, enige een van die tale wat deur Bantoetaalsprekers as moedertaal gebruik word.
2. Internasionaal, enige taal wat inheems aan die Afrikakontinent is.

African management style n.
An Afrocentric management approach that includes teamwork down to grassroots level and encourages team members or followers to sacrifice their personal gain/goals for those of the group.
+ **Afrikabestuurstyl** n.
'n Afrosentriese bestuursbenadering wat spanwerk tot op voetsoolvlak insluit en wat spanlede of volgelinge aanmoedig om hulle persoonlike gewin/doelstellings vir dié van die groep op te offer.

African people n.
All people indigenous to the African continent, but it is often used exclusively to refer to people of black African descent.
+ **Afrikamense** n.
Alle mense wat inheems aan die vasteland Afrika is, maar dit word dikwels uitsluitlik gebruik om na mense van swart Afrika-afkoms te verwys.

African renaissance n.
A movement for the regeneration of Africa.
+ **Afrikarenaissance** n.
'n Beweging vir die herlewing van Afrika.

African socialism n.
A variant of the ideology of socialism, ostensibly better suited to African traditions and being more humane than the Western alternative.
+ **Afrikasosialisme** n.
'n Variant van die ideologie van sosialisme, wat oënskynlik meer geskik vir Afrikatradisies en meer menslik as die Westerse alternatief is.

African Union n. <formerly Organization of African Unity> (AU).
Launched at the Durban summit of 2002, as successor to the Organization of African Unity, with a mission to promote and accelerate the social, economic and political integration of states on the African continent in order to enable Africa to play its rightful role in the world and to address a variety of problems experienced on the continent.
+ **Afrika-unie** n. <voorheen Organisasie vir Afrika-eenheid> (AU).
Van stapel gestuur tydens die Durbanse beraad van 2002, as opvolger van die Organisasie vir Afrika-eenheid met 'n missie om die sosiale, ekonomiese en politieke integrasie van die state van die Afrikakontinent te bevorder en te versnel sodat Afrika in staat gestel kan word om sy regmatige rol in die wêreld te speel en om aan 'n verskeidenheid probleme wat die kontinent ervaar, aandag te gee.

Afrikaanses n.
A term embracing all Afrikaans-speaking people.
+ **Afrikaanses** n.
'n Term wat alle Afrikaanssprekende mense omvat.

Afrocentrism n.
A pseudo-historical political movement that, in order to promote black nationalism, emphasises the African ancestry and heritage of black peoples as an inescapable element of their lives.
+ **Afrosentrisme** n.
'n Skynhistoriese politieke beweging wat, ten einde swart nasionalisme te bevorder, die Afrika-afkoms en -erfenis van swart volke as 'n onontkombare element van hulle lewens beklemtoon.

Afropessimism n.
A gloomy frame of mind, particularly among non-Africans, which holds that Africa is doomed to bad governance, turmoil and failed states.
+ **Afropessimisme** n.
'n Mismoedige ingesteldheid, in besonder onder nie-Afrikane, wat die standpunt huldig dat Afrika gedoem is tot swak regeerpraktyk, oproer en mislukte state.

Afropolitan adj.
With regard to the contemporary generation of cosmopolitan Africans.
+ **Afropolitaans** adj.
Met betrekking tot die eietydse geslag kosmopolitiese Afrikane.

A

Afropolitan n.
A person who embraces a cosmopolitan African identity and experience.
 • *Afropolitaan* n.
'n Persoon wat 'n kosmopolitiese Afrika-identiteit en -ervaring aanneem.

Afropolitanism n.
The striving towards a cosmopolitan African identity and experience.
 • *Afropolitanisme* n.
Die strewe na 'n kosmopolitiese Afrika-identiteit en -ervaring.

aged population n.
A population consisting of a relatively high ratio of middle-aged and older persons.
 • *bejaarde bevolking* n.
'n Bevolking wat uit 'n relatief hoë verhouding van middeljarige en ouer persone bestaan.

agenda n.
A formalised list of points for discussion that is used to determine the proceedings of a meeting.
 • *sakelys* n. (agenda).
'n Geformaliseerde lys besprekingspunte wat gebruik word om die verrigtinge van 'n vergadering te bepaal.

agent → secret agent

agent net n.
A group of secret agents controlled by a chief agent working under the direction of an intelligence service.
 • *agentnet* n.
'n Groep geheime agente wat beheer word deur 'n hoofagent wat onder leiding van 'n inligtingsdiens werk.

agent of change n.
A person in another state who, wittingly or unwittingly, is used by an intelligence service to bring about changes in that state desired by the home state.
 • *veranderingsagent* n.
'n Persoon in 'n ander staat wat, wetend of onwetend, deur 'n inligtingsdiens gebruik word om die veranderinge in daardie staat teweeg te bring wat deur die tuisstaat verlang word.

agent of confusion → confusion agent

agent of influence n.
A person in another state who, wittingly or unwittingly, is used by an intelligence service to influence public opinion in that state in favour of the interests of the home state.
 • *beïnvloedingsagent* n.
'n Persoon in 'n ander staat wat, wetend of onwetend, deur 'n inligtingsdiens gebruik word om die openbare mening in daardie staat ten gunste van die tuisstaat se belange te beïnvloed.

agent provocateur n. <French; pl agents provocateurs>.
A person employed, usually by an intelligence service, to incite a target group to injurious actions through pretended identification with the target group's goals. An example is the agents of the East German Stasi who incited the West German police

to excessive violence against the Bader-Meinhoff-activists.
 • *agent provocateur* n. <Frans; mv agents provocateurs>.
'n Persoon wat, gewoonlik deur 'n inligtingsdiens, aangewend word om 'n teikengroep tot skadelike optrede aan te hits deur oënskynlike vereenselwiging met die teikengroep se doelstellings. 'n Voorbeeld is die agente van die Oos-Duitse Stasi wat die Wes-Duitse polisie tot buitensporige geweld teen die Bader-Meinhoff-aktiviste aangehits het.

agglomeration forces n. (forces of agglomeration).
Forces behind the geographic clustering of populations and economic activity in a relatively small area.
 • *agglomerasiekragte* n.
Magte agter die geografiese saamtrek van bevolkings en ekonomiese aktiwiteit in 'n relatiewe klein gebied.

agitator n.
A person who stirs up social, industrial and political disturbances, or who is influential in mobilising public opinion.
 • *aanhitser* n. (agiteerder, opstoker).
'n Persoon wat sosiale, nywerheids- en politieke oproerigheid aanhits, of wat invloedryk in die mobilisering van die openbare mening is.

agnosticism n.
The belief that neither the existence nor the non-existence of God is humanly knowable.
 • *agnostisisme* n.
Die opvatting dat nóg die bestaan nóg die niebestaan van God menslik kenbaar is.

AGOA → African Growth and Opportunities Act

agrarian society n.
A society which bases its material wellbeing on agriculture.
 • *landbousamelewing* n. (agrariese samelewing).
'n Samelewing wat sy stoflike welvaart op landbou grond.

agreement n.
An understanding and commitment between states and other entities resulting from consensus over specific goals.
 • *ooreenkoms* n.
'n Verstandhouding en verbintenis tussen state en ander entiteite wat uit eenstemmigheid oor spesifieke doelstellings ontstaan.

agrément n. <French>.
Approval by a head of state for the appointment of the head of a foreign diplomatic mission.
 • *agrément* n. <Frans>.
Goedkeuring deur 'n staatshoof vir die aanstelling van 'n buitelandse hoof van 'n diplomatieke missie.

agricultural interest group n.
A collection of people connected with agriculture and organised to achieve certain goals considered advantageous to the members.

A

◆ *landboubelangegroep* n.
'n Groep mense wat aan die landbou verbonde is en georganiseer is om bepaalde doelstellings, wat as voordelig vir die lede beskou word, te verwesenlik.

ahimsa n.
A doctrine of nonviolence in Hinduism and Buddhism.
◆ *ahimsa* n.
'n Leerstelling van nie-gewelddadigheid in Hindoeïsme en Boeddhisme.

aide-de-camp n. <French>.
A military officer serving as personal assistant to a general officer or head of state.
◆ *aide-de-camp* n. <Frans>.
'n Militêre offisier wat as persoonlike assistent vir 'n generale offisier of staatshoof dien.

aircraft carrier n.
A ship equipped with a flight deck for take-offs and landings by military aircraft plus internal hangar space and maintenance facilities to form a mobile air base as the core of a naval attack force.
◆ *vliegdekskip* n.
'n Skip wat toegerus is met 'n vliegdek vir opstygings en landings deur militêre vliegtuie tesame met interne loodsruimte en onderhoudsfasiliteite om 'n mobiele lugbasis as die kern van 'n vlootaanvalsmag te vorm.

airlift n.
The transportation of persons and/or freight by air to a given destination when surface transportation is obstructed or does not meet the purpose.
◆ *lugbrug* n.
Die vervoer van persone en/of vrag per lug na 'n gegewe bestemming wanneer oppervlaktevervoer versper word of nie aan die doel beantwoord nie.

air power n.
The ability to project power through the air and through space in order to achieve a desired purpose. It encompasses the entire spectrum of a state's existing and potential military, civilian and industrial aviation capabilities.
◆ *lugkrag* n.
Die vermoë om mag deur die lug en die ruimte te projekteer ten einde 'n gewenste doel te bereik. Dit omvat die algehele spektrum van 'n staat se bestaande en potensiële militêre, burgerlike en industriële lugvaartvermoëns.

airspace n. <see also aerospace>.
That portion of the atmosphere extending vertically above a specified surface, especially with reference to the air above a state or demarcated portion of a state.
◆ *lugruim* n. <kyk ook lugruimte>.
Daardie gedeelte van die atmosfeer wat vertikaal bokant 'n bepaalde oppervlak strek, veral met verwysing na die lug bokant 'n staat of afgebakende deel van 'n staat.

alarmist n.
A person given to spreading needless alarm or to being easily alarmed.

◆ *spookopjaer* n. (alarmis).
'n Persoon wat geneig is om andere onnodig die skrik op die lyf te jaag of wat self maklik skrik.

aldeamento n. <Portuguese; pl. aldeamentos>.
In the conflict between Portugal and Frelimo in Mozambique from 1964–1974 the aldeamentos were protected villages to which the local population was forcibly relocated to protect them against the insurgents and to deny the insurgents a support base.
◆ *aldeamento* n. <Portugees; mv. aldeamentos>.
In die konflik tussen Portugal en Frelimo in Mosambiek van 1964–1974 was die aldeamentos beskermde dorpies waar die plaaslike bevolking onder dwang hervestig is om hulle teen die insurgente te beskerm en om die insurgente 'n steunbasis te ontsê.

alliance n.
Friendly cooperation, usually established by an agreement, of states/political parties/groups towards the attainment of common interests and goals.
◆ *alliansie* n. (bondgenootskap).
Vriendskaplike samewerking, gewoonlik deur 'n ooreenkoms ingestel, van state/politieke partye/groepe tot die bereiking van gemeenskaplike belange en doelstellings.

Allies n. <World War II; see also Axis powers>.
The great powers which formed an alliance during World War II to defeat Nazi Germany and its Axis alliance. They include France and her colonies, Britain and her dominions and colonies, and the USA, the Soviet Union and various smaller powers.
◆ *Geallieerdes* n. <Tweede Wêreldoorlog; kyk ook Spilmoondhede>.
Die grootmoondhede wat 'n alliansie gevorm het tydens die Tweede Wêreldoorlog om Nazi-Duitsland en sy Spilmoondheidalliansie te oorwin. Dit sluit in Frankryk en sy kolonies, Brittanje en sy dominiums en kolonies, die VSA, die Sowjet Unie en verskillende kleiner moondhede.

allochthonous constitution n. <see also autochtonous constitution>.
A constitution of foreign origin that is not in harmony with societal characteristics, traditions or values.
◆ *uitheemse grondwet* n. <kyk ook autochtone grondwet> (allochtone grondwet, uitheemse konstitusie, allochtone konstitusie).
'n Grondwet van vreemde oorsprong wat nie met die samelewing se kenmerke, tradisies of waardes in harmonie is nie.

ally n.
A person, institution or state bound by an agreement to actions in the common interest of the associates.
◆ *bondgenoot* n. (geallieerde).
'n Persoon, instelling of staat wat deur 'n ooreenkoms tot optrede in die gemeenskaplike belang van die genote verbind word.

A

al Qaeda n. <Arabic>
A multinational organisation established to assist Muslims in Afghanistan; transformed by Osama bin Laden circa 1989 to promote the principles of Islam by uniting the Muslims of the world and by opposing non-Islamic governments and especially those seen to interfere in the affairs of predominantly Muslim states.
* *al-Kaïda* n.
'n Multinasionale organisasie wat gestig is om Moslems in Afghanistan te help; is deur Osama bin Laden circa 1989 omvorm om die beginsels van Islam te bevorder deur die Moslems van die wêreld te verenig en om nie-Islamitiese regerings teen te staan, veral diegene wat na hulle mening met die sake van oorheersend Moslemstate inmeng.

alternat n.
The practice in international agreements of alternating the recorded sequence of signatory states so that each signatory is named first in the preamble to its copy.
* *alternat* n.
Die praktyk in internasionale ooreenkomste om die aangetekende volgorde van die ondertekenende state af te wissel sodat elke ondertekenaar se naam eerste in die aanhef tot sy afskrif verskyn.

ambassador n. <see also High Commissioner>.
The highest diplomatic envoy accredited to a state or international organisation.
* *ambassadeur* n. <kyk ook Hoë Kommissaris>.
Die hoogste diplomatieke gesant geakkrediteer by 'n staat of internasionale organisasie.

amendment n.
An addition, alteration, or improvement to a motion, or a document.
* *wysiging* n. (amendement).
'n Byvoeging, verandering of verbetering van 'n mosie of 'n dokument.

amendment bill n.
Proposed legislation altering or adding to a law, constitution or regulation.
* *wysigingswetsontwerp* n.
Voorgenome wetgewing wat 'n wet, grondwet of regulasie wysig of iets daaraan toevoeg.

American Civil War n. <1861–1865>.
In the USA the war between the northern states and the southern states after the latter seceded from the federation, inter alia because of the anti-slavery policies of the northern states.
* *Amerikaanse Burgeroorlog* n. <1861–1865>.
In die VSA die oorlog tussen die noordelike state en die suidelike state nadat laasgenoemde van die federasie afgeskei het, onder andere as gevolg van die antislawernybeleid van die noordelike state.

American Revolution → **American Revolutionary War**

American Revolutionary War n. <1775–1783> (American War of Independence, American Revolution).
The war of the 13 American colonies against Britain through which independence from the English crown was gained.
* *Amerikaanse Rewolusie* n. <1775–1783> (Amerikaanse Onafhanklikheidsoorlog).
Die oorlog van die 13 Amerikaanse kolonies teen Brittanje waardeur onafhanklikheid van die Britse kroon verwerf is.

American War of Independence → **American Revolutionary War**

amnesty n.
A state's granting of absolution from prosecution and/or punishment for offences committed, especially those of a political nature.
* *amnestie* n.
'n Staat se kwytskelding van vervolging en/of straf vir oortredings begaan, veral dié van 'n politieke aard.

anachronistic adj. <from anachronism>.
Out of place in the context of time.
* *anachronisties* adj. <van anachronisme>.
Misplaas in die konteks van tyd.

anarch n.
An instigator of anarchy.
* *anarg* n.
'n Aanstigter van anargie.

anarchism n.
An ideology stressing unqualified liberty and equality, as well as the belief in the ability of humans to function in a societal context without establishing a political authority.
* *anargisme* n.
'n Ideologie wat ongekwalifiseerde vryheid en gelykheid beklemtoon, sowel as die geloof in die vermoë van mense om in 'n samelewingskonteks te funksioneer sonder om 'n politieke owerheid te vestig.

anarchist n.
A person adhering to the tenets of anarchism and/or advocating the abolition of political power.
* *anargis* n.
'n Persoon wat die leerstellings van anargisme aanhang en/of die afskaffing van politieke mag voorstaan.

anarchy n.
1. Literally an absence of goverment. 2. General social lawlessness and disorder, usually as a result of the absence or failure of a political order.
* *anargie* n.
1. Letterlik die afwesigheid van 'n regering.
2. Algemene sosiale wetteloosheid en wanorde, gewoonlik as gevolg van die afwesigheid of mislukking van 'n politieke orde.

ancien régime n. <French>.
1. An outmoded government that immediately predates a new political system. 2. The political system prior to the French revolution of 1789 which was overthrown by revolutionary forces.

A

• *ancien régime* n. <Frans> (ou orde).
1. 'n Oudmodiese regering wat 'n nuwe politieke orde onmiddellik voorafgaan. 2. Die politieke stelsel voor die Franse rewolusie van 1789, wat deur rewolusionêre magte omvergewerp is.

anglicisation n.
A process of adopting English as language as well as accepting the mores and values of the English culture.
• *verengelsing* n. (anglisering).
'n Proses waardeur Engels as taal, sowel as die sedes en waardes van die Engelse kultuur, aangeneem word.

Anglophone Africa n. <see also Arab Africa; Francophone Africa; Lusophone Africa> (English-speaking Africa).
The areas in Africa that use mainly English as public language of communication.
• *Engelssprekende Afrika* n. <kyk ook Arabies-Afrika; Franssprekende Afrika; Portugeessprekende Afrika>.
Die gebiede in Afrika wat hoofsaaklik Engels as openbare kommunikasietaal gebruik.

annexation n.
Action through which territory belonging to another state is made part of the territory over which the annexing state exercises sovereignty.
• *anneksasie* n.
Optrede waardeur grondgebied wat aan 'n ander staat behoort, deel gemaak word van die grondgebied waaroor die annekserende staat soewereiniteit uitoefen.

anomic interest group n. <see also associational interest group; institutional interest group; interest group; nonassociational interest group>.
An unorganised group of individuals arising spontaneously around an issue; originally defined by Gabriel Almond and Bingham Powell.
• *anomiese belangegroep* n. <kyk ook assosiatiewe belangegroep; belangegroep; institusionele belangegroep; nieassosiatiewe belangegroep>.
'n Ongeorganiseerde groep individue wat spontaan rondom 'n kwessie ontstaan; oorspronklik deur Gabriel Almond en Bingham Powell gedefinieer.

anomie (anomy) n.
A lack of social or moral standards, literally lawlessness.
• *anomie* n.
'n Gebrek aan sosiale of morele standaarde, letterlik wetteloosheid.

anomy → **anomie**

antagonism n.
Active opposition or resistance between two or more entities, eg antagonism between two states.
• *antagonisme* n. (vyandiggesindheid).
Aktiewe teenstand of weerstand tussen twee of meer entiteite, bv antagonisme tussen twee state.

anthropocentrism n.
The doctrine that assumes human beings to be at the centre of creation, interpreting reality in terms of human experience.

• *mensgerigtheid* n. (antroposentrisme).
Die leerstelling wat aanvaar dat die mens in die middelpunt van die skepping is, en die werklikheid in terme van menslike ervaring vertolk.

anticlericalism n.
A school of thought opposed to excessive influence or interference by church officials in political or state matters.
• *antigeestelikheid* n. (antiklerikalisme).
'n Denkskool wat teen buitengewone invloed of inmenging van kerklike beamptes in politieke of staatsaangeleenthede gekant is.

anticolonialism n.
Thinking and actions against establishing control over foreign territories and the subsequent creation and maintenance of subject territories by a colonial power.
• *antikolonialisme* n.
Denke en optrede teen die vestiging van beheer oor vreemde gebiede en die daaropvolgende skepping en handhawing van onderhorige gebiede deur 'n koloniale moondheid.

anticorruption measures n.
Steps or actions aimed at increasing transparency and eradicating dishonest practices and favouritism, especially in government.
• *teenkorrupsiemaatreëls* n.
Stappe of optrede bedoel om deursigtigheid te verhoog en oneerlike praktyke en begunstiging, veral in die regering, uit te roei.

anticrime campaign n.
A series of activities organised to prevent criminal actions.
• *veldtog teen misdaad* n.
'n Reeks aktiwiteite wat georganiseer word om misdadige optrede te voorkom.

anticyclical measure n.
Actions taken by governments and/or central banks to ensure a constant flow in supply and demand in order to address fluctuations in the economy of a state.
• *antisikliese maatreëls* n.
Handelinge deur regerings en/of sentrale banke om 'n konstante vloei in vraag en aanbod te verseker ten einde skommelings in die ekonomie van 'n staat te hanteer.

antidefection clause n.
A section of an act which prohibits members of a legislative assembly to change their party affiliation, often known as crossing the floor.
• *klousule teen oorloop* n. (oorloopsperklousule).
'n Artikel van 'n wet wat lede van 'n wetgewende vergadering verbied om hulle partyverband te verander, bekend as oorloop.

antidiscrimination legislation n.
Legal measures imposed by a state to ensure equity for all citizens, regardless of gender, ethnicity, religion or culture.

• wetgewing teen diskriminasie n
(antidiskriminasiewetgewing).
Regsmaatreëls wat deur 'n staat neergelê word om
gelykberegtiging vir alle burgers ongeag gender,
etnisiteit, geloof of kultuur te verseker.

anti-imperialist n.
A person opposed to the exploitation of foreign
states and the expansion of national interests
through the establishment of political and economic
hegemony by an imperial state over other states and
territories.
• anti-imperialis n.
'n Persoon wat gekant is teen die uitbuiting van
vreemde state en die uitbreiding van nasionale
belange deur 'n imperiale staat se vestiging van
politieke en ekonomiese hegemonie oor ander state
en grondgebiede.

antipersonnel mine n.
A mine which is designated to be exploded by the
presence, proximity or contact of a person and that
will incapacitate, injure or kill.
• teenpersoneelmyn n.
'n Myn wat deur die teenwoordigheid, nabyheid of
kontak deur 'n persoon afgesit sal word en wat die
persoon buite aksie sal stel, beseer of dood.

anti-Semitism n.
A social attitude, school of thought or ideology
hostile to people of the Jewish faith or ethnicity.
• anti-Semitisme n.
'n Sosiale houding, denkskool of ideologie wat
mense van die Joodse geloof of etnisiteit vyandig
gesind is.

antiziganism n.
A social attitude, school of thought or ideology
hostile to the Roma (Gypsies).
• antisigeunerisme n.
'n Sosiale houding, denkskool of ideologie wat die
Roma (Sigeuners) vyandig gesind is.

ANZUS Treaty n. (Pacific Security Treaty).
Pacific Ocean security treaty between Australia,
New Zealand and the USA, signed in 1951.
• ANZUS-verdrag n. (Stille
Oseaan-veiligheidsverdrag).
Verdrag tussen Australië, Nieu-Seeland en die VSA
oor Stille Oseaan-veiligheid, onderteken in 1951.

apartheid n. <South Africa>, <see also separate
development>.
A political ideology based on the notion that
different races in a state should formally be
separated in private as well as public life. It formed
the basis of the National Party's racial policies from
1948–1994 and was enforced through extensive
legislation.
• apartheid n. <Suid-Afrika>, <kyk ook
afsonderlike ontwikkeling>.
'n Politieke ideologie wat op die idee gebaseer is
dat verskillende rasse in 'n staat formeel in die
private sowel as openbare lewe geskei moet word.
Dit het die grondslag van die Nasionale Party se
rassebeleid van 1948–1994 gevorm en is deur
uitgebreide wetgewing afgedwing.

apolitical adj.
The absence of any involvement, or even interest,
in politics by an individual or group.
• apolities adj.
Die afwesigheid van enige betrokkenheid, of selfs
belangstelling, in die politiek deur 'n individu of
groep.

apostolic delegate n. <see also Apostolic
Nuncio>.
1. De facto envoy from the Holy See to a state that
has no full or regular diplomatic relations with the
Holy See. 2. An ecclesiastical representative of the
Holy See to the Catholic hierarchy of another state.
• apostoliese afgevaardigde n. <kyk ook
Apostoliese Nuntius>.
1. De facto-gesant van die Heilige Stoel na 'n staat
wat nie volle en vaste diplomatieke verhoudinge
met die Heilige Stoel het nie. 2. 'n Kerklike
verteenwoordiger van die Heilige Stoel by die
Katolieke hiërargie van 'n ander staat.

apostolic delegation n.
Permanent representation of the Holy See in a state
with whom it does not have formal diplomatic
relations.
• apostoliese afvaardiging n.
Permanente verteenwoordiging van die Heilige
Stoel in 'n staat waarmee hy nie formele
diplomatieke betrekkinge het nie.

Apostolic Nuncio n. <see also apostolic
delegate>.
The official title of the head of a diplomatic mission
of the Holy See (the Vatican).
• Apostoliese Nuntius n. <kyk ook
apostoliese afgevaardigde>.
Die amptelike titel van 'n diplomatieke missie van
die Heilige Stoel (die Vatikaan).

appease v.
To pacify by conceding to demands. Applied in
foreign policy to avoid conflict or war, based on the
conciliation of demands by rival states. The term is
often used to denigrate those that strive to placate
their enemies.
• paai v.
Om vrede te maak deur aan eise toe te gee. In
buitelandse beleid word dit toegepas om konflik of
oorlog te vermy, op die grondslag van die
versoening van eise deur mededingende state. Die
term word dikwels gebruik om diegene wat daarna
streef om hulle vyande tevrede te stel, af te kraak.

appeasement n.
Action to pacify by conceding to demands. Applied
in foreign policy to avoid conflict or war, based on
the conciliation of demands by rival states. The
term is often used to denigrate those that strive to
placate their enemies. An example of appeasement
is British prime minister Neville Chamberlain's
concessions to Adolf Hitler prior to World War II.
• paaiing n.
Optrede om vrede te maak deur aan eise toe te gee.
In buitelandse beleid word dit toegepas om konflik
of oorlog te vermy, op die grondslag van die
versoening van eise deur mededingende state. Die
term word dikwels gebruik om diegene wat daarna
streef om hulle vyande tevrede te stel, af te kraak.

'n Voorbeeld van paaiing is Britse eerste minister Neville Chamberlain se toegewings aan Adolf Hitler voor die Tweede Wêreldoorlog.

approve the minutes → **adopt the minutes**

Arab Africa n. <see also Anglophone Africa; Black Africa; Francophone Africa; Lusophone Africa>.
States mainly in North Africa in which the population is predominantly Arabic-speaking.
+ *Arabies-Afrika* n. <kyk ook Engelssprekende Afrika; Franssprekende Afrika; Portugeessprekende Afrika; Swart Afrika>.
State, hoofsaaklik in Noord-Afrika, waar die bevolking oorwegend Arabiessprekend is.

arbitration n.
The resolution or settlement of a dispute by a final and binding decision made by designated neutral persons agreed to by the parties in the dispute.
+ *arbitrasie* n.
Die oplossing of skikking van 'n geskil deur 'n finale en bindende besluit van aangewysde neutrale persone op wie die partye in die geskil ooreengekom het.

Archbishop of Canterbury n.
The chief bishop of the Anglican Church in England.
+ *Aartsbiskop van Kantelberg* n.
Die hoofbiskop van die Anglikaanse Kerk in Engeland.

-archy.
Rule by . . .
+ *-argie.*
Heerskappy deur . . .

area of friction n.
A political domain in which actors are in tension or conflict with one another.
+ *wrywingsgebied* n.
'n Politieke domein waarin rolspelers in spanning of konflik met mekaar verkeer.

area of influence n.
A geographical, economic, symbolic or political area in which a state is directly capable of influencing events.
+ *invloedsgebied* n.
'n Geografiese, ekonomiese, simboliese of politieke gebied waarin 'n staat regstreeks die vermoë het om gebeure te beïnvloed.

area of interest n.
An area in which a state maintains its interests and protects it againt threats.
+ *belangegebied* n.
'n Gebied waarin 'n staat sy belange handhaaf en dit teen bedreigings beskerm.

area of jurisdiction n.
A geographically defined area in which a governmental institution may exercise its powers.
+ *jurisdiksiegebied* n. (regsgebied).
'n Geografies omskrewe gebied waarbinne 'n owerheidsinstelling sy bevoegdheid mag uitoefen.

area of responsibility n.
A defined area in which responsibility for specific functions is assigned to a specified authority.
+ *verantwoordelikheidsgebied* n.
'n Omskrewe gebied waarin die verantwoordelikheid vir spesifieke funksies aan 'n bepaalde owerheid toegeken word.

area of war → **war theatre**

aristocracy n.
A social estate that has obtained inherited or acquired status and puts itself at the top of the structure of estates.
+ *aristokrasie* n.
'n Sosiale stand wat oorgeërfde of verworwe status verkry het en hom bo aan die standestruktuur plaas.

armageddonist n.
A Christian fundamentalist who deliberately promotes the end of the world in order to fulfil Biblical prophecy.
+ *armageddonis* n.
'n Christenfundamentalis wat doelbewus die einde van die wêreld bevorder ten einde die Bybel se profesie te vervul.

armaments n.
Weapons and equipment required for warfare or other defence purposes.
+ *krygstuig* n.
Wapens en toerusting wat vir oorlogvoering of ander verdedigingsdoeleindes benodig word.

armed conflict n.
Conflict between states, or states and organisations, involving the threat or actual employment of armed force.
+ *gewapende konflik* n.
Konflik tussen state, of state en organisasies, wat die dreigement of werklike aanwending van wapengeweld behels.

armed forces n.
The military forces of a state, comprising land, air and (where applicable) naval components.
+ *weermag* n. (gewapende magte).
Die militêre magte van 'n staat, bestaande uit land-, lug- en (waar toepaslik) vlootkomponente.

armed intervention n.
1. Military intervention by one state into the affairs of another. 2. Intervention by the armed forces of a state in the civilian government.
+ *gewapende ingryping* n.
1. Militêre ingryping deur een staat in die aangeleenthede van 'n ander. 2. Ingryping deur 'n staat se weermag in die burgerlike regering.

armistice n. <see also cease-fire>.
The suspension of hostilities through an agreement between belligerent parties in anticipation of a possible peace agreement.
+ *wapenstilstand* n. <kyk ook skietstilstand>.
Die opskorting van vyandelikhede deur 'n ooreenkoms tussen oorlogvoerende partye in afwagting van 'n moontlike vredesooreenkoms.

arms cache n.
A place where arms are secretly stored, normally for illegal use.

A

• *wapenwegsteekplek* n. (wapenoplagplek <af te keur>)
'n Plek waar wapens in die geheim weggebêre word, normaalweg vir onwettige gebruik.

arms control n.
Deliberate arrangement(s) between states that impose limitations on weapons and weapon systems regarding type, numbers, and deployment in order to reduce the probability of war.
• *wapenbeheer* n.
Doelbewuste reëling(s) tussen state wat beperkings op wapens en wapenstelsels plaas ten opsigte van tipe, getal, en ontplooiing ten einde die waarskynlikheid van oorlog te verminder.

arms embargo n.
The suspension of the supply of armaments to a state or states.
• *wapenverbod* n.
Die opskorting van die verskaffing van wapentuig aan 'n staat of state.

arms limitation n.
Agreement between states aimed at imposing qualitative and/or quantitative limitations on certain armaments, eg Strategic Arms Limitations Talks (SALT).
• *wapenbeperking* n.
Tussenstaatlike ooreenkoms wat ten doel het om kwalitatiewe en/of kwantitatiewe beperkings op bepaalde wapentuig te plaas, bv Samesprekings oor die Beperkings van Strategiese Wapens (SBSW).

arms spiral n.
The phenomenon in an arms race whereby each side increases its force levels in reaction to an increase by its opponent.
• *wapenspiraal* n.
Die verskynsel in 'n wapenwedloop waardeur elke kant sy magspeile verhoog in reaksie op 'n verhoging deur sy opponent.

arsenal n.
1. A facility for the storage of arms and ammunition. 2. The total armament of armed forces.
• *arsenaal* n.
1. 'n Fasiliteit vir die bewaring van wapens en ammunisie. 2. Die totaal van 'n weermag se wapentuig.

articulation of interests n.
In structural functional theory, especially that of Gabriel Almond and Bingham Powell, the action by which organised social groups express their concerns and apprehensions to political decision makers.
• *belangeartikulasie* n.
In struktureel funksionele teorie, veral dié van Gabriel Almond en Bingham Powell, die aksie waardeur georganiseerde sosiale groepe hulle wense en vrese aan politieke besluitnemers oordra.

ASEAN → **Association of South East Asian Nations**

ASGISA | **Accelerated and Shared Growth Initiative of South Africa**

Ashkenazim n. <Hebrew; sing Ashkenazi; see also Beta Israel; Mizrahim; Sephardim>.
Jews of central, eastern and northern Europe.
• *Asjkenasim* n. <Hebreeus; ekv Asjkenasi; kyk ook Beta-Israel; Misrahim; Sefardim>.
Jode van Sentraal-, Oos- en Noord-Europa.

Asian Tigers n.
The East Asian economies of Singapore, Hong Kong, South-Korea and Taiwan characterised by a high economic growth rate particularly between the 1960s and 1990s. Also sometimes referred to as Asian dragons.
• *Asiatiese Tiere* n.
Die Oos-Asiatiese ekonomieë van Singapoer, Hong Kong, Suid-Korea en Taiwan wat deur 'n hoë ekonomiese groeikoers veral tussen die 1960's en 1990's gekenmerk is. Soms ook die Asiatiese drake genoem.

askari n.
1. An ANC activist recruited by the security forces during the freedom struggle (1960–1990) and used against his/her former comrades. 2. An African recruited by a colonial power, mostly in East Africa, to act as a soldier or police officer.
• *askari* n.
1. 'n ANC-aktivis wat gedurende die vryheidstryd (1960–1990) deur die veiligheidsmagte gewerf en teen sy/haar voormalige kamerade gebruik is. 2. 'n Afrikaan wat deur 'n koloniale moondheid, veral in Oos-Afrika, gewerf is om as soldaat of polisiebeampte op te tree.

assassination n.
The secretly planned and unexpected murder of a public figure.
• *sluipmoord* n.
Die heimlik beplande en onverwagse moord op 'n openbare figuur.

assemblage n. <see also assembly>.
A gathering of a multitude or a group of individuals, eg for a political purpose.
• *samekoms* n. <kyk ook vergadering> (saamtrek).
'n Byeenkoms van 'n menigte of 'n groep individue, bv met 'n politieke doel.

assembly n. <see also assemblage>.
An institution for debating matters of importance and usually accorded the legal competence to pass laws and make authoritative rules for a polity, eg a parliament.
• *vergadering* n. <kyk ook samekoms>.
'n Instelling vir debatvoering oor sake van belang en wat gewoonlik met regsbevoegdheid beklee word om wette vir 'n politie aan te neem en gesaghebbende reëls te maak, bv 'n parlement.

Assembly of Heads of State and Government n.
The supreme organ of the African Union composed of heads of state or their accredited representatives.

A

• *Byeenkoms van Staats- en Regeringshoofde* n.
Die hoofinstelling van die Afrika-unie bestaande uit staatshoofde of hulle geakkrediteerde verteenwoordigers.

assembly of heads of state and government n.
An international meeting of leaders of states to discuss matters of grave and important concern to the world.
• *byeenkoms van staats- en regeringshoofde* n.
'n Internasionale vergadering van staatsleiers om aangeleenthede van groot en ernstige belang vir die wêreld te bespreek.

assent to bill n.
The written approval by signature of the head of state of a law already accepted by a competent legislature.
• *bekragtiging van wetsontwerp* n.
Die geskrewe goedkeuring van 'n wet wat alreeds deur 'n bevoegde wetgewer aanvaar is, deur middel van die handtekening van die staatshoof.

assimilation n.
The absorption of persons into a group by which the cultural characteristics of the group are adopted.
• *assimilasie* n.
Die absorbering van persone in 'n groep waardeur die kulturele kenmerke van die groep aangeneem word.

associated state n.
The minor partner in a formal relationship with another state, in which the associated state retains full authority over its own affairs but typically delegates matters such as foreign affairs and defence to the other state in exchange for certain social, economic or military advantages.
• *assosiaatstaat* n. (geassosieerde staat).
Die mindere vennoot in 'n formele verhouding met 'n ander staat, waarin die assosiaatstaat volle gesag oor sy eie sake behou maar tipies aangeleenthede soos buitelandse beleid en verdediging aan die ander staat delegeer in ruil vir bepaalde sosiale, ekonomiese of militêre voordele.

association n.
A voluntary group of persons, organisations or states formed to pursue common interests.
• *vereniging* n.
'n Vrywillige groep persone, organisasies of state wat tot stand gebring is om gemeenskaplike belange na te streef.

associational interest group n. <see also anomic interest group; institutional interest group; interest group; nonassociational interest group>.
An interest group that is organised on a permanent basis with the explicit purpose of articulating and promoting the interests, values and beliefs of its members, eg trade unions and Gun Free South Africa.

• *assosiatiewe belangegroep* n. <kyk ook anomiese belangegroep; belangegroep; institusionele belangegroep; nieassosiatiewe belangegroep>.
'n Groep wat op 'n permanente grondslag georganiseer is met die uitdruklike doel om die belange, waardes en opvattings van sy lede te artikuleer en bevorder, bv vakbonde en Gun Free South Africa.

Association of South East Asian Nations n. (ASEAN).
An alliance of South East Asian states founded in 1967 to collaborate on economic growth and regional stability.
• *Vereniging van Suidoos-Asiatiese Nasies* n. (VESOAN).
'n Alliansie van Suid-Oos Asiatiese state wat in 1967 gestig is om saam te werk oor ekonomiese groei en streekstabiliteit.

assume office v.
Formally take on the responsibilities of a public position.
• *amp aanvaar* v.
Om die verantwoordelikheid van 'n openbare posisie formeel te aanvaar.

asylum-seeker n.
A person seeking refugee status in another state.
• *asielsoeker* n.
'n Persoon wat om vlugtelingstatus in 'n ander staat aansoek doen.

asymmetrical warfare → asymmetric warfare

asymmetric warfare n. (asymmetrical warfare).
A form of warfare in which the unequal resources of two belligerents prevent the head-on battles of conventional military campaigns and lead to operations by disparate forces often employing unconventional means to exploit the characteristic weaknesses of their opponents. Guerrilla warfare is an example of asymmetric warfare.
• *asimmetriese oorlogvoering* n.
'n Soort oorlogvoering waarin die ongelyke hulpbronne van twee oorlogvoerendes die trompop gevegte van konvensionele militêre veldtogte verhoed en aanleiding gee tot operasies deur ongelyksoortige magte wat dikwels onkonvensionele middele aanwend om die kenmerkende swakhede van hulle teenstanders uit te buit. Guerillaoorlogvoering is 'n voorbeeld van asimmetriese oorlogvoering.

atavism n.
Reversion to a primitive or earlier characteristic or type of behaviour.
• *atavisme* n.
Terugval na 'n primitiewe of vroeëre eienskap of tipe gedrag.

atomisation n.
The complete individualisation of a society as a consequence of political diversity, as opposed to social cohesion.

Λ

+ *atomisering* n.
Die algehele individualisering van 'n samelewing as
gevolg van politieke diversiteit, in teenstelling met
sosiale kohesie.

attaché n.
A member of a foreign mission who performs a
specific functional aspect of relations between the
mission and the host state, eg a military attaché,
cultural attaché.
+ *attaché* n.
'n Lid van 'n buitelandse missie wat 'n bepaalde
funksionele aspek van betrekkinge tussen die missie
en die gasheerstaat behartig, bv 'n militêre attaché
of kulturele attaché.

attainment of independence n.
A process by which a new state achieves
sovereignty and the right to national
self-determination that is generally recognised
internationally.
+ *onafhanklikheidsverkryging* n.
'n Proses waarvolgens 'n nuwe staat soewereiniteit
en die reg op nasionale selfbeskikking verkry wat
algemeen internasionaal erken word.

at the head of the poll v. (at the top of the poll).
Gaining the most votes in an election or a ballot.
+ *voorloop met stemme* v.
Om die meeste stemme in 'n verkiesing of
stemming te behaal.

at the head of the poll v. (at the top of the poll).
Ranking at the top or coming first in a survey or
opinion poll.
+ *voorloop in meningspeiling* v.
Om eerste of die hoogste, geplaas te wees in 'n
opname of meningspeiling.

at the pleasure of the president adv.
Such action as may be determined by the president
as head of state.
+ *solank dit die president behaag* adv.
Sodanige optrede as wat die president as staatshoof
mag bepaal.

at the top of the poll → at the head of the poll
at the top of the poll → at the head of the poll
AU → African Union
audi alteram partem n. <Latin>.
Also hear the other side; legal principle that each
party must have the full opportunity of stating its
case.
+ *audi alteram partem* n. <Latyn>.
Hoor ook die ander kant aan; regsbeginsel dat elke
party die volle geleentheid moet hê om sy saak te
stel.

autarchy n.
A form of rule in which the rulers enjoy unlimited
power over the subjects of a polity; not to be
confused with autarky.
+ *outargie* n.
'n Vorm van bewind waarin die bewindhebbers
onbeperkte mag oor die onderdane van die politie
geniet; moet nie met outarkie verwar word nie.

autarky n.
A national or regional policy of self-sufficiency and
nonreliance on imports or economic aid.

+ *outarkie* n. (selfgenoegsaamheid).
'n Nasionale of streeksbeleid van selfvoorsiening en
niestaatmaking op invoere of ekonomiese hulp.

authentic leader n.
A leader accepted by followers as being their true
leader, in contrast to being a puppet leader forced
on followers by an outside power.
+ *outentieke leier* n. (egte leier).
'n Leier wat as ware leier deur volgelinge aanvaar
word, in teenstelling met 'n marionetleier wat deur
'n vreemde moondheid op volgelinge afgedwing
word.

authorisation n.
The legal permitting or sanctioning of an action.
+ *magtiging* n.
Die wettige toelaat of goedkeuring van 'n optrede.

authorised representative n.
An empowered, accredited delegate or agent who
acts on behalf of another person or institution.
+ *gemagtigde verteenwoordiger* n.
'n Afgevaardigde of agent wat met bevoegdheid
beklee en geakkrediteer is en wat ten behoewe van
'n ander persoon of instelling handel.

authoritarian government n.
The top-down exercise of political power through
which the ruling authority imposes its will on the
governed regardless of their wishes.
+ *outoritêre regering* n.
Die bo-na-onder uitoefening van politieke mag
waardeur die regerende owerheid sy wil op dié wat
regeer word, afdwing, ongeag hulle wense.

authoritarianism n. <see also democracy; totalitarianism>.
The top-down and non-accountable exercise of
political power by a person or small elite requiring
obedience and loyalty from those ruled, regardless
of the wishes of the latter, but allowing some
private political space.
+ *outoritarisme* n. <kyk ook demokrasie; totalitarisme>.
Die bo-na onder en nieverantwoordbare uitoefening
van politieke mag deur 'n persoon of klein elite wat
gehoorsaamheid en lojaliteit vereis van diegene oor
wie regeer word, ongeag die wense van
laasgenoemde, maar wat 'n mate van private
politieke ruimte toelaat.

authoritative decision n.
A final pronouncement regarding a matter that can
be enforced by legal means.
+ *gesaghebbende besluit* n.
'n Finale uitspraak met betrekking tot 'n saak wat
met wettige middele afgedwing kan word.

authority n.
1. The locus or seat of power that may be
legitimately exercised, eg a local authority. 2. A
collection of persons or institutions invested with
legal powers in a defined area of jurisdiction, eg
local authorities, port authorities.
+ *owerheid* n.
1. Die plek of setel van mag wat wettiglik
uitgeoefen mag word, bv 'n plaaslike owerheid.
2. 'n Versameling persone of instellings beklee met

wetlike bevoegdheid in 'n omskrewe regsgebied, bv plaaslike owerhede, hawe-owerhede.

authority n. <see also power>.
Legitimated power, or the right to exercise power.
♦ *gesag* n. <kyk ook mag>.
Gelegitimeerde mag, of die reg om mag uit te oefen.

authority of the state n. (state authority).
The right of the state to enforce obedience and final decisions, even using physical coercion if the need arises.
♦ *gesag van die staat* n. (staatsgesag).
Die reg van die staat om gehoorsaamheid en finale besluite af te dwing, selfs deur die gebruik van fisieke dwang as dit nodig word.

autochthonous constitution n. <see also allochthonous constitution> (home-grown constitution).
A constitution developed indigenously, not imported.
♦ *outochtone grondwet* n. <kyk ook allochtone grondwet> (outochtone konstitusie, inheemse grondwet, inheemse konstitusie).
'n Grondwet wat inheems ontwikkel is, nie ingevoer is nie.

autocracy n.
The exercise of rule with unrestricted power and by the suppression of political participation, associated with a single ruler.
♦ *outokrasie* n.
Die uitoefening van heerskappy met onbeperkte mag en deur die onderdrukking van politieke deelname, vereenselwig met 'n enkele heerser.

autocrat n. <see also despot; tyrant>.
A ruler that exercises unrestricted power.
♦ *outokraat* n. <kyk ook despoot; tiran>.
'n Heerser wat onbeperkte mag uitoefen.

autonomous area n.
A self-governing area which does not meet the requirements set for a state, but enjoys limited, independent legislative and executive powers.
♦ *outonome gebied* n.
'n Selfregerende gebied wat nie aan die vereistes van 'n staat voldoen nie, maar oor beperkte onafhanklike wetgewende en uitvoerende magte beskik.

autonomy n. <from Greek>.
1. Self-government exercised by groups, institutions communities and countries; usually does not imply sovereignty. 2. The self-realisation of an individual independent of an external authority.
♦ *outonomie* n. <uit Grieks>.
1. Selfregering wat deur groepe, instellings, gemeenskappe en lande uitgeoefen word; gewoonlik impliseer dit nie soewereiniteit nie. 2. Die selfverwesenliking van 'n individu onafhanklik van 'n eksterne owerheid.

auxiliary services n.
Emergency transport, warning and communication services for civil protection.
♦ *bystandsdienste* n.
Noodvervoer-, noodwaarskuwings- en noodkommunikasiedienste vir burgerlike beskerming.

Axis powers n. <see also Allies>.
Germany, Italy and Japan together with their minor collaborators such as Romania, Croatia and Hungary during World War II.
♦ *Spilmoondhede* n. <kyk ook Geallieerdes>.
Duitsland, Italië en Japan saam met hulle mindere bondgenote soos Roemenië, Kroasië en Hongarye tydens die Tweede Wêreldoorlog.

ayatollah n. <see also grand ayatollah>.
An honorific title given to the highest ranking Shiite Islamic experts who provide religious interpretations on matters of law and rituals.
♦ *ajatollah* n. <kyk ook groot ajatollah>.
'n Eretitel wat aan die hoogste Sjiïetiese Islamitiese deskundiges toegeken word wat religieuse interpretasies in sake van die reg en rituele verskaf.

ayatollah-al-uzma → **grand ayatollah**

Bb

baby boom n.
A dramatic increase in the fertility rate and thus the total number of births of a country; usually with reference to the period 1946–1964 after World War II.
* *geboortegolf* n.
'n Dramatiese toename in die fertiliteitskoers en dus in die totale getal geboortes van 'n land; gewoonlik met verwysing na die tydperk 1946–1964 na die Tweede Wêreldoorlog.

baby bust n.
The period immediately after a baby boom, characterised by a fast decline in birth rate.
* *geboorteval* n.
Die tydperk onmiddellik na 'n geboortegolf, gekenmerk deur 'n vinnige afname in die geboortekoers.

backbencher n.
A member of a legislature who is relatively junior and does not hold office in government or opposition.
* *agterbanker* n.
'n Lid van 'n wetgewer wat betreklik junior is en nie 'n amp in die regering of opposisie beklee nie.

back channel n.
A high-level line of diplomatic communication that bypasses the normal diplomatic channels and is used to discuss sensitive matters in maximum secrecy in order to move ahead in the face of obstacles encountered in the normal channel.
* *agterkanaal* n.
'n Hoëvlak diplomatieke kommunikasielyn wat die gewone diplomatieke kanale omseil en gebruik word om sensitiewe aangeleenthede met die maksimum geheimhouding te bespreek ten einde vordering te maak waar versperrings in die normale kanaal ervaar word.

balance of payments n.
A financial summary of all transactions between a state and its foreign trading partners during a specified period, usually compiled quarterly or annually.
* *betalingsbalans* n.
'n Finansiële opsomming van alle transaksies tussen 'n staat en sy buitelandse handelsvennote gedurende 'n gespesifiseerde periode, wat gewoonlik kwartaalliks of jaarliks saamgestel word.

balance of power n. <see also bipolar balance of power; equilibrium of power>.
A system of relations between individuals/groups/states in which an approximate equilibrium of power is sought among contending rivals, thus preventing the hegemony of any one person/group/state. Should the balance be disturbed a disequilibrium of power occurs.

* *magsbalans* n. <kyk ook magsewewig; tweepolige magsbalans>.
'n Stelsel van verhoudings tussen individue/groepe/state waarin na 'n benaderde magsewewig tussen wedywerende mededingers gesoek word, en die hegemonie van enige persoon/groep/staat sodoende voorkom word. Sou die balans versteur word, vind 'n disekwilibrium van mag plaas.

balkanisation n.
The fragmentation of a larger territory into smaller and usually competing territories.
* *balkanisering* n.
Die fragmentering van 'n groter grondgebied in kleiner en gewoonlik mededingende grondgebiede.

Balkan states n.
States situated in the Balkan peninsula in South Eastern Europe, such as Albania, Bosnia, Croatia, Macedonia, Kosovo, Serbia, Slovenia and sometimes European Turkey.
* *Balkanstate* n.
State wat in die Balkanskiereiland in Suidoos-Europa geleë is, soos Albanië, Bosnië, Kroasië, Masedonië, Kosovo, Serwië, Slowenië en soms Europees-Turkye.

ballistic missile n. <see also cruise missile; guided missile>.
A missile that does not utilise aerodynamic surfaces for guidance and follows a parabolic trajectory to its target.
* *ballistiese missiel* n. <kyk ook geleide missiel; kruismissiel>.
'n Missiel wat nie aërodinamiese oppervlakke vir leiding benut nie en wat 'n paraboliese baan na sy teiken volg.

ballot n. (ballot paper, voting paper).
A document on which voters express their preference for candidates and parties.
* *stembrief* n.
'n Dokument waarop kiesers hulle voorkeur vir kandidate en partye aandui.

ballot n. (poll).
Any voting, whether secret or not, for a candidate or a motion.
* *stemming* n.
Enige stemming vir 'n kandidaat of mosie, of dit geheim is al dan nie.

ballot n. (poll).
The number of votes cast in an election.
* *stemmetal* n.
Die hoeveelheid stemme wat in 'n verkiesing uitgebring word.

ballot box n. (poll).
The container in which ballot papers are placed after casting a vote.

⬧ stembus n.
Die houer waarin stembriewe geplaas word nadat 'n stem uitgebring is.

ballot paper → **ballot**

ballot-rigging n.
The manipulation of the voting process in order to produce a desired outcome through false results.
⬧ stemknoeiery n.
Die manipulasie van die stemproses ten einde 'n gewenste resultaat deur vals uitslae voort te bring.

ballot splitting n. <see also vote splitting>.
1. The action of a voter that supports different parties or issues on the same ballot. 2. The construction of the ballot in such a manner that a voter can support different parties or candidates in the same election.
⬧ stembriefsplitsing n. <kyk ook stemsplitsing>.
1. Die handeling van 'n kieser waardeur hy verskillende partye of vraagstukke op dieselfde stembrief ondersteun. 2. Die konstruksie van die stembrief op so 'n wyse dat 'n kieser verskillende partye of kandidate in dieselfde verkiesing kan ondersteun.

bamboo curtain n.
The self-imposed isolation of the communist People's Republic of China, analogous to the iron curtain of the USSR ca 1949–1989.
⬧ bamboesgordyn n.
Die selfopgelegde isolasie van die kommunistiese Volksrepubliek van China, analoog aan die ystergordyn van die USSR ca 1949–1989.

ban v.
To officially forbid or outlaw organisations or literature.
⬧ verbied v.
Om organisasies of literatuur amptelik onwettig te maak.

ban v.
To place persons and organisations under a government order, restricting their activities, movement and contacts.
⬧ inperk v.
Om mense of organisasies deur 'n regeringsbevel in hulle aktiwiteite, beweging of kontakte te beperk.

ban n.
In the feudal system a call-up of the king's vassals for military service.
⬧ ban n.
In die feodale stelsel 'n oproep van die koning se leenmanne vir militêre diens.

bandwagon fallacy n.
In logic, the fallacy that a statement is true because people believe it to be true, instead of that it is true because the facts prove it.
⬧ tamboerwadenkfout n.
(tamboerwadrogredenasie).
In logika, die denkfout dat 'n stelling waar is omdat mense glo dis waar, pleks daarvan dat dit waar is omdat die feite dit bewys.

banish v.   **B**
To expel a person by official decree from a territory, often to a foreign state or territory; sometimes a synonym for exile.
⬧ verban v.
Om 'n persoon deur 'n amptelike dekreet uit 'n grondgebied te verdryf, dikwels na 'n buitelandse staat of grondgebied.

banned organisation n.
An organisation whose actions and contact with other institutions or people have been prohibited by a government order on the grounds of activities considered prejudicial to state security and the national interest.
⬧ verbode organisasie n.
'n Organisasie wie se handelinge en kontak met ander instellings of persone deur middel van 'n regeringsbevel verbied word op grond van aktiwiteite wat tot nadeel van staatsveiligheid en die nasionale belang beskou word.

bantustan n.
A negative reference to traditional black tribal areas designated by the National Party government as 'Bantu homelands' during the apartheid era.
⬧ bantoestan n.
'n Negatiewe verwysing na tradisionele swart stamgebiede wat in die apartheidsera deur die Nasionale Party-regering as 'Bantoetuislande' aangewys is.

bare majority n.
A form of majority where the winning number of votes only just exceeds 50% of the total vote.
⬧ skrale meerderheid n.
'n Vorm van meerderheid waar die getal wenstemme net-net 50% van die stemtotaal oorskry.

bar from exercising office v.
To stop a person from exercising his/her powers of office.
⬧ in amp stuit v.
Om 'n persoon te verhoed om die bevoegdheid van sy/haar amp uit te oefen.

bargain n.
A transaction, negotiated between various stakeholders, stipulating the obligations and entitlements of each stakeholder.
⬧ ooreenkoms n.
'n Transaksie, beding tussen verskeie belanghebbendes, waarin die verpligtinge en dit waarop elke belanghebbende geregtig is, bepaal is.

bargain v.
To negotiate different demands and positions in order to reach an outcome to which all stakeholders may agree.
⬧ beding v.
Om verskillende eise en posisies te onderhandel ten einde 'n uitslag te bereik waaroor al die belanghebbendes kan saamstem.

bar of the house n.
A rail or line demarcating the boundary in a house of parliament beyond which nonmembers may not pass.

B

Bullic van die huis n.
'n Reling of streep wat die grenslyn in 'n huis van die parlement afmerk waar nielede nie verby mag beweeg nie.

barricade n.
A hastily erected fortification to obstruct the advance or entrance of undesirables or a hostile force.
+ **versperring** n. (barrikade).
'n Haastig opgestelde verskansing om die aanmars of binnekoms van ongewenstes of 'n vyandelike mag te verhinder.

barricade v.
To fortify or close with a barricade in order to obstruct the entry or advance of undesirables or a hostile force.
+ **versper** v. (barrikeer).
Om te verskans of met 'n hindernis toe te maak ten einde die binnekoms of aanmars van ongewenstes of 'n vyandelike mag te verhinder.

barrio n. <Spanish>.
1. A village or subdivision of a municipality in a Spanish-speaking state. 2. The Spanish-speaking quarter of a city or town in the USA.
+ **barrio** n. <Spaans>.
1. 'n Dorpie of onderverdeling van 'n munisipaliteit in 'n Spaanssprekende staat. 2. Die Spaanssprekende kwartier van 'n stad of dorp in die VSA.

barter v.
To trade by the direct exchange of one commodity for another.
+ **ruil** v.
Om handel te dryf deur middel van die regstreekse verwisseling van een kommoditeit vir 'n ander.

basic human needs n.
Fundamental requirements to sustain human life, such as water, food and shelter.
+ **basiese menslike behoeftes** n.
Fundamentele middele om menslike lewe in stand te hou, soos water, kos en blyplek.

basic needs n.
That without which people, individually or in group context, cannot live meaningfully.
+ **basiese behoeftes** n.
Dit waarsonder mense, individueel of in groepsverband, nie sinvol kan lewe nie.

basic right n.
A fundamental claim without which human existence becomes difficult, eg the right to life.
+ **basiese reg** n. (grondreg).
'n Fundamentele aanspraak waarsonder menslike voortbestaan bemoeilik word, bv die reg op lewe.

basket state n.
A state in a situation where its resources are so inadequate that it is compelled to look to other institutions or states for assistance towards a meaningful existence.
+ **bakhandstaat** n.
'n Staat in 'n situasie waar sy hulpbronne so ontoereikend is dat hy verplig word om hom na ander instellings of state te wend vir hulp om 'n sinvolle bestaan te verwesenlik.

battle fatigue n. (combat fatigue).
A mental disorder caused by the stress of fighting operations and characterised by acute anxiety, depression and demotivation.
+ **vegmatheid** n. (gevegsmoegheid).
'n Geesteskwaal wat deur die stres van gevegsoperasies veroorsaak word en deur akute beangstheid, neerslagtigheid en demotivering gekenmerk word.

battlefield n.
1. The terrain where a battle is fought. 2. A nonphysical area of conflict, eg a severe struggle between political parties.
+ **slagveld** n.
1. Die terrein waar 'n veldslag plaasvind. 'n Niefisieke konflikgebied, bv 'n hewige stryd tussen politieke partye.

battleground state n.
A swing state in the USA that is characterised by intense campaigning by political parties, particularly during presidential campaigns, in order to win the electoral votes for that state.
+ **slagveldstaat** n.
'n Swaaistaat in die VSA wat gekenmerk word deur intense partypolitieke veldtogte, veral tydens presidensiële verkiesings, in 'n poging om die kieskollegestemme van daardie staat te verwerf.

battleship n. <see also corvette; cruiser; destroyer; frigate>.
A large, heavily armoured warship armed with a main battery of very large calibre guns. Before the advent of the aircraft carrier and submarine it was the main means of naval dominance.
+ **slagskip** n. <kyk ook korvet; kruiser; torpedodraer; fregat>.
'n Groot, swaar gepantserde oorlogskip gewapen met 'n hoofbattery kanonne van baie groot kaliber. Voor die koms van die vliegdekskip en duikboot was dit die hoofmiddel tot oorheersing ter see.

BEE → **black economic empowerment**

Beefeater → **Yeoman of the Guard**

Beehive n.
Popular name of the executive wing of New Zealand's Parliament buildings and thus by extension also the New Zealand government.
+ **Byekorf** n.
In die volksmond die naam van die uitvoerende vleuel van Nieu-Seeland se parlementsgebou en by wyse van uitbreiding dus ook Nieu-Seeland se regering.

behavioralism → **behaviouralism**

behaviouralism n. (behavioralism).
An approach in the discipline of politics that focuses on the scientific study of human behaviour.
+ **behavioralisme** n.
'n Benadering in die politieke vakgebied wat op die wetenskaplike studie van menslike gedrag fokus.

behind the scenes diplomacy n.
Diplomacy conducted clandestinely. Its existence is known but not its content.

♦ *agter-die-skerms-diplomasie* n.
Diplomasie wat heimlik bedryf word. Die bestaan daarvan is bekend, maar nie die inhoud nie.

belief system n.
A coherent set of attitudes, values and ideas regarding life.
♦ *oortuigingstelsel* n.
'n Samehangende stel houdings, waardes en idees rakende die lewe.

bellicose state n.
A state that is eager to go to war and therefore adopts an aggressively hostile stance, eg Napoleonic France.
♦ *veglustige staat* n.
'n Staat wat gretig is om oorlog te maak en derhalwe 'n aggressief vyandige houding inneem, bv Napoleontiese Frankryk.

belligerent n.
The person or state participating in a war.
♦ *oorlogvoerende* n.
Die persoon of staat wat aan 'n oorlog deelneem.

belligerent state n.
A state that is inclined to achieve its objectives through military means and plans and equips its armed forces to that end, eg Nazi Germany.
♦ *oorlogsugtige staat* n.
'n Staat wat geneig is om sy doelwitte deur middel van militêre middele en planne te bereik en sy gewapende magte vir daardie doel beplan en toerus, bv Nazi-Duitsland.

Berlin Conference n.
An international conference held in Berlin in 1884–1885 to regulate the European colonisation of Africa. The partitioning of Africa among European powers was a particularly important outcome.
♦ *Berlynse Konferensie* n.
'n Internasionale konferensie wat in 1884–1885 in Berlyn gehou is om die Europese kolonisering van Afrika te reguleer. Die verdeling van Afrika tussen die Europese moondhede was 'n besonder belangrike uitkoms.

Berlin Wall n.
A concrete wall dividing East and West Berlin from 1961 to 1989, erected and guarded to prevent unauthorised movement between the two zones
♦ *Berlynse Muur* n.
'n Betonmuur wat Oos- en Wes-Berlyn van 1961 tot 1989 verdeel het; dit is opgerig en bewaak om ongemagtigde beweging tussen die twee sones te verhoed.

Beta Israel n. <see also Ashkenazim; Mizrahim; Sephardim> (Falasha <pejorative>).
Jews of Ethiopian origin. Sometimes pejoratively referred to as Falashas.
♦ *Beta-Israel* n. <kyk ook Asjkenasim; Misrahim; Sefardim> (Falasja <pejoratief>).
Jode van Ethiopiese herkoms. Soms pejoratief na verwys as Falasjas.

Bible belt n.
An area, especially in the Southern USA, characterised by a strict and ardent interpretation of the Bible, its resultant conservatism often exercising a strong political influence in elections.
♦ *Bybelgordel* n.
'n Gebied, veral in die suidelike VSA, wat gekenmerk word deur 'n streng en vurige vertolking van die Bybel, met 'n gevolglike konserwatisme wat dikwels 'n sterk politieke invloed op verkiesings uitoefen.

bicameral legislature n.
A legislative assembly that consists of two houses of which one usually represents the electorate (eg House of Representatives in the USA) and the other represents designated interests, eg constituent regions in the USA Senate or classes in the UK House of Lords.
♦ *tweekamerwetgewer* n. (bikamerale wetgewer).
'n Wetgewende vergadering wat uit twee huise bestaan waarvan die een gewoonlik die kiesers verteenwoordig (bv die Huis van Verteenwoordigers in die VSA) en die ander een aangewysde belange verteenwoordig, bv die konstituerende streke in die VSA of klasse in die Britse Hoërhuis in die VK.

bidonville n. <French>.
A poor neighbourhood consisting of shanties built mainly from tins and boxes.
♦ *bidonville* n. <Frans>.
'n Arm buurt wat bestaan uit plakkershutte wat meestal van blikplaat en kissies gebou is.

Big Brother n.
A government that tries to observe the behaviour and attitudes of all its citizens carefully and to manipulate it in its own interest. The term alludes to the state Oceania in George Orwell's work '1984' and is used to express disapproval of totalitarian actions by any government.
♦ *Boelieboet* n.
'n Regering wat probeer om die gedrag en houdings van al sy burgers noukeurig dop te hou en in sy eie belang te manipuleer. Die term sinspeel op die staat Oseanië in George Orwell se werk '1984' en word gebruik om afkeur van totalitêre optrede deur enige regering uit te spreek.

Big Brother n.
A journalistic term for the patron state in a patron-client state relationship.
♦ *Ouboet* n.
'n Joernalistieke term vir die begunstigerstaat in 'n begunstiger-kliëntstaatverhouding.

big business n.
Large commercial enterprises considered as a collective entity capable of influencing political and social events.
♦ *grootsake* n.
Groot handelsondernemings gesien as 'n kollektiewe entiteit wat in staat is om politieke en sosiale gebeure te beïnvloed.

Big Seven → **Group of Seven**

B

bilateral diplomacy n. <see also multilateral diplomacy; unilateral>.
Diplomacy involving two states or one state and one international organisation.
+ **bilaterale diplomasie** n. <kyk ook eensydig; multilaterale diplomasie>.
Diplomasie waarby twee state of een staat en een internasionale organisasie betrokke is.

bilateralism n. <see also multilateralism; unilateralism>.
1. The doctrine in international relations that holds that relations should primarily be conducted between two states at a time. 2. The practice of trade and other relations between two specific states.
+ **bilateralisme** n. <kyk ook eensydigheid; multilateralisme>.
1. Die leerstelling in internasionale verhoudinge wat bepaal dat verhoudings hoofsaaklik tussen twee state op 'n slag moet plaasvind. 2. Die praktyk van handel en ander verhoudinge tussen twee spesifieke state.

bilateral relations n.
The official interaction between two states regarding matters of common interest.
+ **bilaterale betrekkinge** n.
Die amptelike wisselwerking tussen twee state in van sake van gemeenskaplike belang.

Bilderberg Club → **Bilderbergers**

Bilderbergers n. (Bilderberg Club).
An unofficial, annual, invitation-only conference of some 130 persons of influence mainly in the fields of politics, business and banking, established in 1954 to promote understanding between the cultures of the USA and Western Europe.
+ **Bilderbergers** n. (Bilderberg-klub).
'n Nieamptelike, jaarlikse op-uitnodiging-alleenkonferensie van omtrent 130 invloedryke persone, hoofsaaklik in die kennisvelde van politiek, sake en bankwese, wat in 1954 gestig is om begrip tussen die kulture van die VSA en Wes-Europa te bevorder.

bill n.
A draft of proposed legislation submitted for approval to a legislature.
+ **wetsontwerp** n.
'n Konsep van voorgestelde wetgewing wat vir goedkeuring aan 'n wetgewer voorgelê word.

bill of rights n.
A constitutional document naming and establishing the fundamental rights of individuals and groups within society.
+ **handves van regte** n. (akte van regte).
'n Grondwetlike dokument wat die fundamentele regte van individue en groepe binne 'n samelewing benoem en instel.

biological warfare n. (germ warfare <obsolete>).
Warfare using organisms as a weapon to attack people.

+ **biologiese oorlogvoering** n.
(kiemoorlogvoering <verouderd>).
Oorlogvoering wat organismes as wapen gebruik om mense aan te val.

biological weapon n.
A weapon that releases organisms that attack people.
+ **biologiese wapen** n.
'n Wapen wat organismes vrystel wat mense aanval.

bioterrorist n.
A person using biological weapons to commit an act or acts of terror.
+ **bioterroris** n.
'n Persoon wat biologiese wapens gebruik om 'n terreurdaad of -dade te pleeg.

bipolar balance of power n. <see also multipolar balance of power; unipolar balance of power>.
Circumstances in which the balance of power in the international political system is held by two dominant states, in contrast to a multiple balance of power.
+ **tweepolige magsbalans** n. <kyk ook multipolêre magsbalans; eenpolige magsbalans> (bipolêre magsbalans).
Omstandighede waarin die magsbalans in die internasionale politieke stelsel deur twee dominante state gehou word, in teenstelling met 'n veelvuldige magsbalans.

birth rate n. (natality).
The number of births per one thousand of the population per annum.
+ **geboortekoers** n. (nataliteit).
Die getal geboortes per duisend van die bevolking per jaar.

Bittereinder n.
An Afrikaner opposed to the peace conditions set by the British in the Anglo-Boer War, 1899–1902 and thus determined to fight to the bitter end.
+ **Bittereinder** n.
'n Afrikaner wat teen die vredesvoorwaardes gekant was wat in die Anglo-Boereoorlog, 1899–1902, deur die Britte gestel is en dus vasberade was om tot die bitter einde te veg.

bittereinder n.
Anyone that holds out to the last or keeps on to the last.
+ **bittereinder** n.
Enigeen wat tot die laaste uithou of aanhou.

Black Africa n. <see also Arab Africa>.
States in Africa in which the population is predominantly black.
+ **Swart Afrika** n. <kyk ook Arabies-Afrika>.
State in Afrika waarin die bevolking oorwegend swart is.

black consciousness n.
A philosophy requiring a new attitude among black people of African origin in which they have to rid themselves of any inferiority complexes and acquire a social identity of their own in order to gain political ascension and power.

B

* *swartbewustheid* n. (swartbewussyn <af te keur>).
'n Filosofie wat 'n nuwe houding onder swart mense van Afrika-oorsprong vereis waarin hulle hulle van enige minderwaardigheidskomplekse bevry en 'n sosiale identiteit van hul eie verkry sodat hulle politieke opgang en mag kan verwerf.

black economic empowerment n. (BEE).
The policy of the South African government post-1994 aimed at enabling black people to fully participate in the economy and material benefits of society.
* *swart ekonomiese bemagtiging* n. (SEB).
Die beleid van die Suid-Afrikaanse regering sedert 1994 wat daarop gemik is om swart mense in staat te stel om ten volle aan die ekonomie en materiële voordele van die samelewing deel te neem.

black empowerment n.
Enabling black people to excel and take up positions at all levels and in all spheres of society.
* *swart bemagtiging* n.
Instaatstelling van swart mense om te presteer en hulle plek op alle vlakke en in alle sfere van die samelewing in te neem.

blackleg n. (scab).
A worker who works while others strike.
* *onderkruipwerker* n.
'n Werker wat werk terwyl ander staak.

Black Manifesto n.
A South African document, issued on 28 January 1929 by three leaders of the National Party, criticising gen Jan Smuts for his plea for greater cooperation between South Africa and African states in the interests of the British Empire.
* *Swart Manifes* n.
'n Suid-Afrikaanse dokument wat op 28 Januarie 1929 deur drie leiers van die Nasionale Party uitgereik is. Daarin word genl Jan Smuts gekritiseer vir sy pleidooi vir groter samewerking tussen Suid-Afrika en Afrikastate in belang van die Britse Ryk.

black nationalism n.
An ideology that gained momentum in the USA at the beginning of the twentieth century and is based on solidarity among black Africans and their identity as a separate group who should strive for economic and political freedom from whites.
* *swart nasionalisme* n.
'n Ideologie wat aan die begin van die twintigste eeu in die VSA momentum gekry het en gebaseer is op solidariteit onder swart Afrikane en hulle identiteit as 'n aparte groep wat daarna behoort te streef om ekonomies en polities vry van wittes te wees.

black power n.
The assertion and expression of racial consciousness and solidarity among black people; originated in the USA circa middle 1960s.
* *swart mag* n. (swartmag).
Die handhawing en uiting van rasbewustheid en solidariteit onder swart mense; ontstaan in die VSA circa middel 1960's.

black propaganda n. <see also grey propaganda, white propaganda>.
Propaganda that purports to emanate from a source other than its true one.
* *swart propaganda* n. <kyk ook grys propaganda; wit propaganda>.
Propaganda wat voorgee dat dit uit 'n ander bron as die werklike een kom.

Black Rod n.
In Britain an officer of the House of Lords and of the Order of the Garter, whose duties include maintaining security of the House of Lords, access control and order in the House, as well as, summoning the Commons at the opening and proroguing of Parliament.
* *Swart Roede* n.
In Brittanje 'n beampte van die Hoërhuis en van die Orde van die Kousband, wie se pligte insluit die handhawing van sekuriteit van die Hoërhuis, toegangsbeheer tot en orde in die Huis, asook om die Laerhuis te ontbied tydens die opening en prorogering van die Parlement.

Black Sash n. (Women's Defence of the Constitution League).
An association of mostly liberally orientated women against the racial policies of the South African government from 1955 until 1994. Since 1994 their focus has been on human rights.
* *Black Sash* n. (Women's Defence of the Constitution League).
'n Vereniging van meestal liberaalgesinde vroue teen die rassebeleid van die Suid-Afrikaanse regering vanaf 1955 tot 1994. Sedertdien is hulle fokus op menseregte.

Black September n.
A Palestinian freedom movement that used violence circa 1970–1973 to further its aims. Responsible for the massacre of Israeli athletes at the 1972 Summer Olympics at Munich.
* *Swart September* n.
'n Palestynse vryheidsbeweging wat circa 1970–1973 geweld gebruik om sy doelwitte te bevorder. Verantwoordelik vir die slagting van Israelse atlete by die 1972 Somer Olimpiese Spele in München.

black spot n.
An apartheid term used to specify areas inhabited by black people in predominantly white group areas; these 'black spots' were usually eliminated by the policy of forced removals.
* *swart kol* n.
'n Apartheidsterm wat gebruik is om gebiede aan te dui wat deur swart mense in hoofsaaklik wit groepsgebiede bewoon is; hierdie 'swart kolle' is gewoonlik uitgeskakel deur die beleid van gedwonge verskuiwing.

bleeding heart liberal n.
A person deeply committed to liberal values and deeds, and generally regarded as being soft on social issues such as the death penalty.

B

♦ *jammerhartliberaal* n.
'n Persoon wat hom/haar inniglik aan liberale waardes en dade verbind het, en wat algemeen beskou word as iemand wat weekhartig oor sosiale kwessies soos die doodstraf is.

blitzkrieg n.
A method of offensive warfare based on speed, surprise and large-scale concentrated attacks by armour supported by infantry and air power.
♦ *blitsoorlog* n.
'n Metode van offensiewe oorlogvoering gegrond op spoed, verrassing en grootskaalse gekonsentreerde aanvalle deur pantsermagte ondersteun deur infanterie en lugkrag.

bloc n.
A group of states, political parties or interest groups associated for a common political purpose, eg the European bloc, the African bloc and the gun control bloc.
♦ *blok* n.
'n Groep state, politieke partye of belangegroepe wat vir 'n gemeenskaplike politieke doel saamgestel is, bv die Europese blok, die Afrikablok, die vuurwapenbeheerblok.

blockade n.
Military action aimed at preventing the supply of the armed forces and/or the civilian population of the enemy.
♦ *blokkade* n.
Militêre optrede met as doel die voorkoming van die bevoorrading van die vyand se gewapende magte en/of sy burgerlike bevolking.

block vote n.
An arrangement in which individual delegates vote as a whole and do not have an individual choice, eg delegates to the National Council of Provinces (NCOP) in South Africa in certain circumstances exercise one vote per provincial delegation.
♦ *blokstem* n.
'n Reëling waardeur individuele afgevaardigdes in die geheel stem en nie 'n individuele keuse het nie, bv die afgevaardigdes in die Nasionale Raad van Provinsies (NRVP) in Suid-Afrika het in sommige gevalle een stem per provinsiale afvaardiging.

blow v.
To act in a way that wrecks the cover of an intelligence agent.
♦ *blaas* v.
Om op 'n wyse op te tree wat die dekking van 'n inligtingsagent verbreek.

blow a cover v.
To act in a way that exposes an intelligence agent.
♦ *blaas 'n dekking* v.
Om op 'n wyse op te tree wat 'n inligtingsagent ontbloot.

blow the whistle v.
To expose corruption or other illegal activity.
♦ *aan die kaak stel* v.
Om korrupsie of ander onwettige aktiwiteite bloot te lê.

blue-collar worker n.
An employee in a trade or manual work whose duties call for the wearing of work clothes or protective clothing.
♦ *blouboordjiewerker* n. (bloukraagwerker).
'n Werknemer in 'n ambag of handewerk wie se pligte die dra van werksklere of beskermende kleredrag vereis.

Blue House n.
The official residence of the President of South Korea and by extension a symbol of the president and his/her administration.
♦ *Blouhuis* n.
Die ampswoning van die President van Suid-Korea en by wyse van uitbreiding 'n simbool van die president en sy/haar administrasie.

blue state n. <see also purple state; red state>.
Since 2000 the USA electoral map colour code for states in which the majority of the electorate support the Democratic Party.
♦ *bloustaat* n. <kyk ook persstaat; rooistaat>.
Sedert 2000 in die VSA die kleurkode op verkiesingskaarte vir state waarin die meerderheid van die kiesers die Demokratiese Party steun.

boat people n.
1. Refugees that flee their state by boat to settle elsewhere, eg from Vietnam. 2. People living permanently on boats.
♦ *bootmense* n.
1. Vlugtelinge wat per boot uit hulle staat vlug om hulle êrens anders te vestig, bv uit Viëtnam.
2. Mense wat permanent op bote woon.

body → **institution**

body bag n.
A special bag in which the corpse of a soldier is returned from the area of operations for burial.
♦ *lyksak* n.
'n Spesiale sak waarin die lyk van 'n soldaat van die operasionele gebied af teruggebring word vir begrafnis.

body politic n.
The people of a political entity seen as a collective.
♦ *politieke korpus* n. (politieke bestel, politieke entiteit).
Die mense van 'n politieke entiteit as 'n kollektief gesien.

Bolshevik n. <Russian>, <see also Menshevik>.
A member of the radical majority faction of the Russian Social Democratic Labour Party, the predecessor of the Communist Party of the Soviet Union (CPSU).
♦ *Bolsjewiek* n. <Russies>, <kyk ook Mensjewiek>.
'n Lid van die radikale meerderheidsfaksie van die Russiese Sosiaal-demokratiese Party, voorloper van die Kommunisteparty van die Sowjetunie (KPSU).

bomber diplomacy n. <see also gunboat diplomacy>.
Bombing an opponent, or threatening to do so, in order to compel him to comply with a state's demands.

♦ **bomwerperdiplomasie** n. <kyk ook kannonneerbootdiplomasie>.
'n Opponent onder die bomme steek, of dreig om dit te doen, ten einde hom te verplig om aan 'n staat se eise toe te gee.

border n. <see also boundary; frontier>.
The area where two separate states are joined.
♦ **grens** n. <kyk ook grensgebied; grenslyn>.
Die gebied waar twee afsonderlike state bymekaar kom.

border crosser n.
A person frequently crossing a border for legal purposes.
♦ **grensloper** n.
'n Persoon wat 'n grens dikwels om wettige redes oorsteek.

border farmer n. <see also trekboer; Voortrekker>.
In the early expansion of the European settlement of South Africa, a semi-nomadic pastoralist and subsistence farmer who settled on the Eastern frontier of the Cape Colony.
♦ **grensboer** n. <kyk ook trekboer; Voortrekker>.
Tydens die vroeë uitbreiding van die Europese nedersetting van Suid-Afrika, 'n seminomadiese vee- en bestaansboer wat hom op die oostelike voorpos van die Kaapkolonie gevestig het.

border hopping n.
A form of border crossing involving regular illegal movements across borders.
♦ **grenswip** n.
'n Vorm van grensoorsteking bestaande uit gereelde onwettige bewegings oor grense.

border jumping v.
Leaving a country by illegally crossing its border.
♦ **grensdros** v.
'n Land verlaat deur die grens onwettiglik oor te steek.

bosberaad n. <Afrikaans> (bush summit).
An unconventional, and often informal, meeting to discuss issues and to come up with possible solutions and strategies relating to those issues.
♦ **bosberaad** n.
'n Onkonvensionele, en dikwels informele, vergadering om vraagstukke te bespreek en met moontlike oplossings en strategieë vir daardie vraagstukke te kom.

bottom-up approach n.
A method in political decision-making where ordinary people are given a chance to make their views known before a decision is taken.
♦ **opwaartse benadering** n. (onder-na-bobenadering).
'n Metode in politieke besluitneming waarvolgens gewone mense die geleentheid gegun word om hulle menings bekend te maak voordat 'n besluit geneem word.

boundary n. <see also border; frontier>.
A line demarcating the territory and by extension the sovereignty of a state. A boundary can be natural, eg a river, or it can be artificial, eg a line linking two points on a map.

♦ **grenslyn** n. <kyk ook grens; grensgebied>
'n Lyn wat die gebied en by uitbreiding die soewereiniteit van 'n staat afbaken. 'n Grenslyn kan natuurlik wees, bv 'n rivier, of dit kan kunsmatig wees, bv 'n lyn op 'n kaart wat twee punte verbind. **B**

boycott n.
1. A form of protest characterised by the refusal to have any dealings with a person, organisation, government or state. 2. In international relations often a means of applying pressure.
♦ **boikot** n.
1. 'n Vorm van protes wat gekenmerk word deur die weiering om enigiets te doen te hê met 'n persoon, organisasie, regering of staat. 2. In internasionale verhoudinge is dit dikwels 'n manier om druk uit te oefen.

brain drain n.
A loss of talented and skilled people from their home state to a foreign state.
♦ **breinkwyn** n. (kundigheidsverlies).
'n Verlies van talentvolle en vaardige persone van hulle tuisstaat aan 'n vreemde staat.

brain gain n.
The permanent or temporary entry of large numbers of skilled or professional workers in a state to the benefit of that state.
♦ **kundigheidswins** n. (breinwins).
Die permanente of tydelike binnekoms van groot getalle geskoolde of professionele werkers in 'n staat tot voordeel van daardie staat.

brain train n.
The high level training of local people in order to compensate for the effects of a brain drain.
♦ **kundigheidsopleiding** n.
Die hoëvlakopleiding van plaaslike mense ten einde te kompenseer vir die gevolge van breinkwyn.

breach of the peace n.
1. The criminal offence of disrupting the public order through rowdy behaviour. 2. Belligerent action by one or more powers in contravention of behaviour required to maintain the nonviolent conduct of international relations.
♦ **vredesbreuk** n.
1. Die kriminele oortreding wat die openbare orde deur rumoerige gedrag skend. 2. Strydlustige optrede deur een of meer moondhede in stryd met die gedrag wat vereis word om die niegewelddadige voer van internasionale betrekkinge te handhaaf.

bridge-building politics n.
Political action aimed at lowering conflict and promoting trust between enemies/adversaries.
♦ **brugboupolitiek** n.
Politieke optrede wat daarop gemik is om konflik te verlaag en vertroue tussen vyande/teenstanders aan te wakker.

brief v.
To present a concise oral summary of the relevant facts to one or more persons preparatory to a discussion or decision.

B

♦ *voorlig* v.
Om 'n kernagtige mondelinge opsomming van die tersaaklike feite aan 'n persoon of groep persone aan te bied ter voorbereiding vir 'n bespreking of besluit.

brief → **briefing**

briefing n. (brief).
A concise oral summary of the relevant facts, presented to one or more persons preparatory to a discussion or decision.
♦ *voorligting* n.
'n Kernagtige mondelinge opsomming van die tersaaklike feite, aangebied aan 'n persoon of groep persone ter voorbereiding vir 'n bespreking of besluit.

brinkmanship n.
In politics, the art of taking big risks, even to the verge of war, to test the resolve of the adversary in the hope that the adversary will back down.
♦ *waagpolitiek* n.
In die politiek is dit die kuns om groot risiko's te waag, selfs tot die randjie van oorlog, ten einde die vasbeslotenheid van 'n teenstander te toets met die hoop dat die teenstander sal toegee.

British imperialism n.
The expansion of the British empire, particularly in the nineteenth century, as well as its underlying policy and values.
♦ *Britse imperialisme* n.
Die uitbreiding van die Britse Ryk, in besonder in die negentiende eeu, sowel as die onderliggende beleid en waardes daarvan.

budget n.
A document containing a yearly estimate of revenue and expenditure.
♦ *begroting* n.
'n Dokument wat 'n jaarlikse raming van inkomste en uitgawes bevat.

budget control n.
The use of budgets to control an institution's operations and provide a basis for adjustments in order to achieve the required results.
♦ *begrotingsbeheer* n.
Die gebruik van begrotings om 'n instelling se bedryf te beheer en 'n grondslag vir verstellings te verskaf ten einde die vereiste resultate te bereik.

budget cycle n.
The regular recurrence of practices and processes involved in drawing up a state's financial plan.
♦ *begrotingsiklus* v.
Die gereelde herhaling van praktyke en prosesse wat in die opstel van 'n staat se finansiële plan betrokke is.

budget debate n.
A discussion in a legislative assembly regarding the general budget of a state or the budget portfolio of a minister.
♦ *begrotingsdebat* n.
'n Bespreking in 'n wetgewende vergadering van die algemene begroting van 'n staat of die begrotingsportefeulje van 'n minister.

budget deficit n.
The amount by which the budget's expenditure exceeds the available income.
♦ *begrotingstekort* n.
Die bedrag waarmee die begrotingsuitgawe die beskikbare inkomste oorskry.

budget speech n.
The address of a minister of finance to a legislative assembly in which he sets out the government's estimates of expenditure and sources of revenue.
♦ *begrotingsrede* n.
Die toespraak van 'n minister van finansies aan 'n wetgewende vergadering waarin hy die regering se raming van uitgawes en inkomstebronne uiteensit.

buffer state n. <see also client state; satellite state>.
A smaller state between stronger and larger rival states, often maintained by one of the parties that prevents direct confrontation between the rivals, eg Poland between Germany and Russia in the 19th and 20th centuries.
♦ *bufferstaat* n. <kyk ook kliëntstaat; satellietstaat>.
'n Kleiner staat tussen sterker en groter mededingende state, wat dikwels deur een van die partye in stand gehou word en wat direkte konfrontasie tussen die mededingers voorkom, bv Pole tussen Duitsland en Rusland in die 19de en 20ste eeue.

buffer zone n.
A neutral area separating hostile forces and forming a barrier to clashes between them.
♦ *buffersone* n.
'n Neutrale gebied wat twee vyandige magte skei en 'n skans teen botsings tussen hulle vorm.

bug n.
A concealed electronic eavesdropping device commonly used by intelligence and security services to acquire information.
♦ *oor* n.
'n Versteekte elektroniese afluisterapparaat wat algemeen deur inligtings- en veiligheidsdienste gebruik word om informasie te bekom.

bug v.
To install an electronic eavesdropping device.
♦ *ore installeer* v.
Om 'n elektroniese afluisterapparaat te installeer.

bureau n.
A government agency or office.
♦ *buro* n.
'n Regeringsagentskap of -kantoor.

bureaucracy n.
1. A system of government characterised by the specialisation of functions, adherence to fixed rules, and a hierarchy of authority. 2. The body of government officials that are appointed rather than elected, ie the public service. 3. An apparently inflexible system of administration marked by rigid adherence to rules and official procedures.

+ *burokrasie* n. (amptenary, amptenaarsregering <minder gebruiklik>).
1. 'n Regeringstelsel wat deur die spesialisasie van funksies, navolging van vaste reëls en 'n gesagshiërargie gekenmerk word. 2. Die versameling regeringsamptenare wat aangestel eerder as verkies word, dws die staatsdiens. 3. 'n Skynbaar onbuigsame administrasiestelsel gekenmerk deur 'n starre verkleefdheid aan reëls en amptelike prosedures.

bureaucrat n.
An official that is appointed, and thus not elected, at municipal, provincial or national level to execute continuous administrative tasks.
+ *burokraat* n.
'n Amptenaar wat op munisipale, provinsiale of nasionale vlak aangestel word, en dus nie verkies word nie, om deurlopende administratiewe take te verrig.

bush summit → **bosberaad**

business of parliament n.
What parliament has to do during any sitting of a particular day; the day-to-day discussions and decisions by parliament.
+ *werksaamhede van die parlement* n.
Dit wat die parlement gedurende enige sitting van 'n bepaalde dag moet doen; die dag-tot-dagbesprekings en besluite van die parlement.

business of the state n.
The performance of an act for which the state is specifically responsible, eg education and health.
+ *taak vir die staat* n.
Die uitvoering van 'n handeling waarvoor die staat uitdruklik verantwoordelik is, bv onderwys en gesondheid.

business of the state n.
A matter that falls within the ambit of a state's responsibility, eg foreign relations and defence.
+ *saak van die staat* n.
'n Saak wat binne die trefwydte van 'n staat se verantwoordelikheid val, bv buitelandse betrekkinge en verdediging.

bye-law n.
Rule or regulation promulgated by a local government and enforced in a way similar to parliamentary legislation.
+ *verordening* n. (bywet <af te keur>).
Reëls of regulasies wat deur 'n plaaslike regering uitgevaardig en op soortgelyke wyse as parlementêre wetgewing afgedwing word.

by-election n. <see also general election; national election>.
Selecting a representative in between general elections in order to fill a vacancy that has arisen as a result of death, resignation or expulsion.
+ *tussenverkiesing* n. <kyk ook algemene verkiesing; nasionale verkiesing>.
Kies van 'n verteenwoordiger tussen algemene verkiesings ten einde 'n vakature te vul wat weens sterfte, bedanking of uitsetting ontstaan het.

bywoner n. <from Afrikaans>.
1. Historically in South Africa a non-landowning white man on a farm, who in exchange for his services, was accorded privileges such as free lodging, use of land, or even a share in the crop. The man and his dependants were collectively referred to as bywoners. 2. When figuratively used a person who, because of limited resources, is dependent on the support of a patron to whom allegiance is owed.
+ *bywoner* n.
1. Histories in Suid-Afrika 'n wit man op 'n plaas, wat nie grond besit het nie en in ruil vir sy dienste sekere voordele soos gratis inwoning, grondgebruik en selfs deelsaai geniet het. Die man en sy afhanklikes is gesamentlik bywoners genoem.
2. Wanneer dit figuurlik gebruik word, 'n persoon wat vanweë beperkte hulpbronne afhanklik is van die steun van 'n begunstiger aan wie hy dan trou verskuldig is.

B

Cc

cabal n.
A secret group involved in plots and intrigues, aimed at advancing its own agenda such as the overthrow of a power structure.
♦ **geheime kliek** n. (kabaal).
'n Geheime groep wat in komplotte en intriges gewikkel is met die doel om hulle eie agenda te bevorder, soos om 'n magstruktuur omver te werp.

cabinet n.
An executive committee tasked with the governmental functions of a state and whose members are, as a rule, selected by the head of government; in a democratic state the head of government is usually the leader of the strongest political party.
♦ **kabinet** n.
'n Uitvoerende komitee wat met die regeringsfunksies van 'n staat belas is en waarvan die lede normaalweg deur die regeringshoof aangewys word; in 'n demokratiese staat is die regeringshoof gewoonlik die leier van die sterkste politieke party.

cabinet n. <French>.
A coterie of close personal, political, policy and professional advisers appointed by French ministers of state.
♦ **cabinet** n. <Frans>.
'n Koterie hegte persoonlike, politieke, beleids- en professionele raadgewers wat deur Franse ministers aangestel word.

cabinet minister n.
A person serving as a full member of the executive committee (cabinet) of a state.
♦ **kabinetsminister** n.
'n Persoon wat as 'n volle lid van die uitvoerende komitee (kabinet) van 'n staat dien.

cabinet portfolio n.
The set of functions or department for which a minister is responsible.
♦ **kabinetsportefeulje** n.
Die groep funksies of departement waarvoor 'n minister verantwoordelik is.

cabinet reshuffle n.
The reorganisation of the head of government's committee of ministers.
♦ **kabinetskommeling** n.
Die herorganisasie van die regeringshoof se komitee van ministers.

cacique democracy n.
The exercise of political power by a clique of local politicians, particularly in Latin America and the Philippines.
♦ **oligargiese demokrasie** n.
Die uitoefening van politieke mag deur 'n kliek plaaslike politici, in die besonder in Latyns-Amerika en die Filippyne.

cadre n.
A tightly knit group of people who are active in advancing the interests and aims of, often, a revolutionary party.
♦ **kader** n.
'n Hegte groep mense wat die belange en doelstellings van 'n dikwels rewolusionêre party aktief bevorder.

cadre deployment n.
The strategy of the South African ANC government since 1994 to appoint loyal members of the party to posts in administrative departments in all three spheres of state as well as to parastatal institutions.
♦ **kaderontplooiing** n.
Die strategie van die Suid-Afrikaanse ANC-regering sedert 1994 om lojale lede van die party aan te stel in poste in administratiewe departemente in al drie sfere van die staat sowel as in parastatale instellings.

calabash n.
A portfolio or a set of functions pertaining to a particular issue, eg security or development.
♦ **kalbas** n.
'n Portefeulje of groep funksies wat op 'n bepaalde vraagstuk, bv veiligheid of ontwikkeling, betrekking het.

calif → **caliph**

califate → **caliphate**

caliph n. <from Arabic khalifah> (khalif, calif, kalif).
The head of state in an Islamic caliphate.
♦ **kalief** n.
Die staatshoof in 'n Islamitiese kalifaat.

caliphate n. <from Arabic khilafah> (khalifate, califate).
A state governed or ruled by a caliph according to Islamic law.
♦ **kalifaat** n. <van Arabies khilafah>.
'n Staat wat volgens Islamitiese reg deur 'n kalief regeer word.

call an election v. (go to the country, go to the polls).
The action whereby a head of state or government announces and arranges an election.
♦ **'n verkiesing uitroep** v. ('n verkiesing hou, na die stembus gaan).
Die aksie waardeur 'n staatshoof of regering 'n verkiesing aankondig en reël.

callarchy n.
Rule by the good people.
♦ **kallargie** n.
Heerskappy deur die goeie mense.

callocracy n.
The exercise of political power by the good people.

C

♦ *kallokrasie* n.
Die uitoefening van politieke mag deur die goeie mense.

campaign of terror n.
A series of actions, related in time and space, using acts of violence, sabotage and other methods of intimidation to achieve a given aim.
♦ *terreurveldtog* n.
'n Reeks handelinge wat in tyd en ruimte verwant is en dade van geweld, sabotasie en ander intimidasiemetodes gebruik om 'n gegewe doel te bereik.

Camp David Accords n.
The peace agreement between Egypt and Israel, brokered by President Jimmy Carter of the USA at the president's weekend retreat, Camp David, in 1978.
♦ *Camp David-akkoorde* n.
Die vredesooreenkoms tussen Egipte en Israel, bemiddel deur President Jimmy Carter van die VSA by die president se naweekverblyf, Camp David, in 1978.

candidature n.
The position of someone who has been put forward as an aspirant for public office.
♦ *kandidatuur* v. (kandidaatskap).
Die posisie van iemand wat homself/haarself beskikbaar stel as 'n aanspraakmaker op 'n openbare pos.

candonga n.
The Mozambican black market.
♦ *candonga* v.
Die Mosambiekse swartmark.

canton n.
A constituent unit of the Swiss federation.
♦ *kanton* n.
'n Deeleenheid van die Switserse federasie.

canvass n. (canvassing).
The solicitation of sympathy and support for a particular issue and/or candidate.
♦ *steunwerwing* n.
Die verwerwing van simpatie en steun vir 'n bepaalde saak en/of persoon.

canvass v.
To make contact with the electorate to solicit political support and/or votes.
♦ *steun werf* v.
Om met die kiesers kontak te maak ten einde politieke steun en/of stemme te verwerf.

canvassing → canvass

capacity building v.
Purposeful instruction to improve the ability, performance and power of a group and/or an institution.
♦ *vermoëbou* v.
Doelgerigte onderrig om die vermoë, prestasie en mag van 'n groep en/of instelling te verbeter.

CAPEX → capital expenditure

capital account n.
In public finance, the set of books that are kept regarding capital expenditure, in contrast with recurrent expenditure.

♦ *kapitaalrekening* n.
In openbare finansies, die stel boeke wat gehou word oor kapitale uitgawes, in teenstelling met herhalende uitgawes.

capital expenditure n. (CAPEX).
The investment of money in acquiring or improving fixed assets such as property, plant and equipment.
♦ *kapitaalbesteding* n. (kapitaaluitgawe).
Die investering van geld in die aanskaffing of verbetering van vaste bates soos eiendom, fabrieksaanlegte en toerusting.

capitalism n.
An economic system based on private ownership and the free market.
♦ *kapitalisme* n.
'n Ekonomiese stelsel wat op privaatbesit en die vrye mark gebaseer is.

Capitol Hill n. (Hill <the Hill; informal usage>).
The area in Washington DC where the USA Congress buildings are situated.
♦ *Capitol Hill* n. (Hill <the Hill; informele gebruik>).
Die gebied in Washington DC waar die VSA-kongresgeboue geleë is.

capitulate v.
To yield to demands under irresistible pressure, eg a government abandoning a proposed course of action in the face of a huge public outcry.
♦ *oorgee* v. (kapituleer).
Om onder onweerstaanbare druk aan eise toe te gee, bv 'n regering wat 'n voorgestelde handelwyse weens hewige openbare verset laat vaar.

capitulation n.
The act of ceasing resistance or surrendering either unconditionally or upon agreed terms.
♦ *oorgawe* n. (kapitulasie).
Die handeling om weerstand te staak of om onvoorwaardelik of op ooreengekome voorwaardes in te skik.

card-carrying member n.
An openly admitted official member of an organisation, eg of the ANC in South Africa or the Conservative Party in the UK.
♦ *kaartlid* n. (ingeskrewe lid).
'n Openlik erkende, amptelike lid van 'n organisasie, bv van die ANC in Suid-Afrika of die Konserwatiewe Party in die VK.

carpetbagger n.
A political opportunist seeking personal gain, especially in unsettled situations.
♦ *politieke muntsoeker* n.
'n Politieke opportunis wat persoonlike gewin nastreef, veral in onstabiele situasies.

carpetbagger n. <USA>.
An itinerant person from the Northern USA moving to the vanquished South after the American civil war in the 19th century, seeking personal commercial advantage.

C

◆ *lelssakuppartunie* n. (VSA).
'n Rondreisende persoon van die noordelike VSA
wat na afloop van die Amerikaanse burgeroorlog in
die 19de eeu na die oorwonne Suide toe beweeg het
op soek na persoonlike finansiële voordele.

carry a motion v.
Adopt a matter that has been put to the vote in an
assembly.
◆ *mosie aanneem* v. <'n mosie aanneem>.
'n Saak wat in 'n vergadering tot stemming gebring
is, aanvaar.

carte blanche n.
Permission for complete freedom of action.
◆ *carte blanche* n. (bevoegdheid om na
goeddunke te handel).
Toestemming vir volkome handelingsvryheid.

casting vote n. (deciding vote).
The vote of a presiding officer in an assembly or
committee used to break a tie.
◆ *beslissende stem* n.
Die stem van 'n voorsittende beampte in 'n
vergadering of komitee wat gebruik word om 'n
staking van stemme op te los.

Castroism n. (Fidelism).
Adherence to, or advocacy of the principles of Fidel
Castro.
◆ *Castroïsme* n. (Fidelisme).
Aanhang en voorstaan van die beginsels van Fidel
Castro.

catch-all party n. (catch-all political party).
A political party that tries to elicit support from as
many sources as possible.
◆ *alles-vir-almalparty* n. (alles-vir-almal-
politieke party).
'n Politieke party wat steun uit soveel oorde as
moontlik probeer werf.

catch-all political party → **catch-all party**

caucus n.
A closed group of persons, eg members of a
legislature belonging to a particular political party
or interest group, meeting in private to decide on
matters such as tactics, strategy and coordination
prior to a general debate.
◆ *koukus* n.
'n Geslote groep persone, bv lede van 'n wetgewer
wat aan 'n bepaalde politieke party of belangegroep
behoort, wat voor 'n algemene debat privaat
vergader om oor sake soos taktiek, strategie en
koördinering te besluit.

CBM → **confidence-building measures**

CBO → **community-based organisation**

CE → **counterespionage**

cease-fire n. <see also armistice>.
A temporary cessation of hostilities by agreement
between belligerents at local, regional or national
level.
◆ *skietstilstand* n. <kyk ook wapenstilstand>
(vuurstaking, staakvuur).
'n Tydelike staking van vyandelikhede deur
ooreenkoms tussen oorlogvoerendes op plaaslike,
streeks- of nasionale vlak.

Cedar Revolution n. <known in Lebanon as the
Independence Intifada>.
The large-scale protest in Lebanon in 2005 against
Syrian domination, especially with demands for the
withdrawal of all Syrian troops from Lebanon.
◆ *Sederrevolusie* n. <in Libanon bekend as die
Onafhanklikheidsintifada>.
Die grootskaalse protes in Libanon in 2005 teen
Siriese oorheersing, veral met eise dat alle Siriese
soldate aan Libanon onttrek word.

cell n.
1. A small group of persons working together for
clandestine purposes. 2. A small unit forming part
of the organisational network of a political party,
particularly of communist political parties.
◆ *sel* n.
1. 'n Klein groepie persone wat vir heimlike
doeleindes saamwerk. 2. 'n Klein eenheid wat deel
van die organisatoriese netwerk van 'n politieke
party vorm, veral in kommunistepartye.

censor n.
A person authorised to examine documents,
publications, theatrical presentations, films, etc in
order to suppress or prohibit those considered
unacceptable or undesirable.
◆ *sensor* n.
'n Persoon wat gemagtig is om dokumente,
publikasies, toneelopvoerings, rolprente, ens te
ondersoek ten einde dié wat onaanvaarbaar of
onwenslik is te onderdruk of verbied.

census n. (population census).
The counting of the total population in a specific
area and compiling the concomitant demographic,
social and economic information.
◆ *sensus* n. (volkstelling).
Die tel van die totale bevolking in 'n bepaalde
gebied en die saamstel van die gepaardgaande
demografiese, sosiale en ekonomiese inligting.

centralisation n.
Control from a central point over decision-making,
and the execution and adjudication thereof in
society.
◆ *sentralisasie* n.
Beheer vanaf 'n sentrale punt oor besluitneming, en
die uitvoering en beregting daarvan in die
gemeenskap.

centre of power n. (power centre).
A metaphor that portrays the locality of influence
and authority in a state/polity such as a capital city
or a political party.
◆ *magsentrum* n.
'n Metafoor wat die ligging van invloed en gesag in
'n staat/politie soos 'n hoofstad of 'n politieke
party, uitbeeld.

centre party n.
A party that follows a middle-of-the-road policy
and takes a position approximately midway between
the reactionary parties of the extreme right and the
radical parties on the extreme left.

◆ **senterparty** n. (sentrumparty).
'n Party wat 'n middelgrondbeleid volg en wat 'n posisie ongeveer in die middel tussen die uiters regse reaksionêre en die uiters linkse radikale partye handhaaf.

ceremonial head of state n. <see also actual head of state; constitutional head of state; constitutional monarch; nominal head of state>.
A head of state who fulfils mostly ceremonial and symbolic functions in a state, is politically powerless and is usually a hereditary monarch, such as the Swedish king or Japanese emperor.
◆ **seremoniële staatshoof** n. <kyk ook grondwetlike monarg; konstitusionele staatshoof; nominale staatshoof; werklike staatshoof>.
'n Staatshoof wat hoofsaaklik seremoniële en simboliese funksies in 'n staat vervul, sonder politieke mag is en gewoonlik 'n erflike monarg, soos die Sweedse koning of Japanse keiser is.

cession of territory n. <the short form cession is often used>.
The transfer of sovereignty over state territory by the owner state to another state, eg the cession of Alaska to the USA by Russia in 1867.
◆ **afstaan van grondgebied** n. (sessie van grondgebied).
Die oordrag van soewereiniteit oor staatsgrondgebied deur die eienaarstaat aan 'n ander staat, bv die afstaan (sessie) van Alaska aan die VSA deur Rusland in 1867.

chamber of deputies n.
The name of a unicameral parliament in some states, for example Luxembourg, or the lower house of a bicameral parliament in some states, for example Italy and Mexico.
◆ **kamer van afgevaardigdes** n.
Die naam van 'n eenkamerparlement in sommige state, soos Luxemburg, of van die laerhuis in 'n tweekamerparlement in sommige state, soos Italië en Meksiko.

chamber of parliament n.
A legislative subdivision (house) of parliament, eg a national assembly or senate.
◆ **kamer van die parlement** n.
'n Wetgewende onderverdeling (huis) van die parlement, bv 'n nasionale vergadering of senaat.

champagne socialist n.
A person of ostensibly socialist persuasion who belies the ideology by enjoying a comfortable life without contributing actively to the cause of socialism.
◆ **sjampanjesosialis** n.
'n Persoon van skynbaar sosialistiese oortuiging wat die ideologie verloën deur 'n gemaklike lewe te lei sonder om aktief tot die saak van sosialisme by te dra.

chancellery n.
1. Sometimes used to denote the ministries of foreign affairs of European and Latin American states. 2. The office, as well as the building housing the head of government, when that person

is known as a chancellor, eg the chancellery of the German chancellor.
◆ **kanselary** n.
1. Soms gebruik om die ministeries van buitelandse sake van Europese en Latyns-Amerikaans state aan te dui. 2. Die amp, sowel as die gebou wat die regeringshoof huisves, wanneer daardie persoon bekend is as kanselier, bv. die kanselary van die Duitse kanselier.

chancellery n. <USA usage>.
The political section of a diplomatic mission.
◆ **kanselary** n. <VSA-gebruik>.
Die politieke afdeling van 'n diplomatieke missie.

chancellor n.
The title of various official government positions in some states, eg in Germany and Austria the title of the head of government.
◆ **kanselier** n.
Die titel van verskeie amptelike regeringsposisies in sommige state, bv in Duitsland en Oostenryk die titel van die regeringshoof.

chancery n.
The building or part of a building that houses the offices of a diplomatic mission.
◆ **kanselary** n.
Die gebou of deel van 'n gebou wat die kantore van 'n diplomatieke missie bevat.

chancery n. <British usage>.
The political section of a diplomatic mission.
◆ **kanselary** n. <Britse gebruik>.
Die politieke afdeling van 'n diplomatieke missie.

chargé d'affaires n. <French, full title chargé d'affaires en titre and also chargé d'affaires en pied>.
The head of a diplomatic mission that is neither an embassy nor a legation.
◆ **saakgelastigde** n. (chargé d'affaires).
Die hoof van 'n diplomatieke sending wat nie 'n ambassade of 'n gesantskap is nie.

chargé d'affaires n. <French>.
The person charged with the business of an embassy in the absence of the ambassador.
◆ **diensgelastigde** n.
Die persoon wat in die afwesigheid van die ambassadeur verantwoordelik is vir die funksionering van 'n ambassade.

charisma n.
Influential personal power that charms and inspires loyalty and devotion among people and followers, often to the point of emotional dependence.
◆ **charisma** n.
Invloedryke persoonlike mag wat bekoor en lojaliteit en toewyding onder mense en volgelinge inspireer, dikwels tot die punt van emosionele afhanklikheid.

charter n.
A concession from constituted authorities to form a privileged order, society or profession such as chartered accountancy, or to conduct specific privileged activities such as trading in a specific area.

C

C

♦ **oktrooi** n.
'n Toegewing van 'n gekonstitueerde owerheid om
'n bevoorregte orde, vereniging of professie soos
die geoktrooieerde rekenmeestersberoep te vorm, of
om spesifieke bevoorregte aktiwiteite soos handel in
'n bepaalde gebied te bedryf.

charter n.
A document in which founding principles are
stipulated and in particular one stating the
principles pertaining to an important institution such
as the United Nations, or specifying human rights.
♦ **handves** n.
'n Dokument waarin stigtingsbeginsels uitgestippel
word en in die besonder een wat die beginsels van
toepassing op 'n belangrike instelling soos die
Verenigde Nasies vermeld, of menseregte
spesifiseer.

Charterist n.
A supporter of the Freedom Charter adopted by the
ANC.
♦ **Charteris** n.
'n Ondersteuner van die Vryheidsmanifes wat die
ANC aanvaar het.

charter of human rights n.
A formal written statement of universal, egalitarian
and inalienable fundamental rights to which a
person is entitled by virtue of being a human being.
♦ **handves van menseregte** n.
(menseregtehandves).
'n Formele, skriftelike stelling van universele,
egalitariese en onvervreembare fundamentele regte
wat 'n persoon toekom op grond daarvan dat hy 'n
mens is.

Chartism n.
The principles of the constitutional reform
movement in England, 1838–1848.
♦ **Chartisme** n.
Die beginsels van die grondwetlike
hervormingsbeweging in Engeland, 1838–1848.

Chartist n.
A supporter of the constitutional reform movement
in England, 1838–1848.
♦ **Chartis** n.
'n Ondersteuner van die grondwetlike
hervormingsbeweging in Engeland, 1838–1848.

chauvinism n. <personal>.
Smug irrational belief in the superiority of one's
own cause or gender.
♦ **chauvinisme** n. <persoonlik>.
'n Selfvoldane irrasionele geloof in die
meerderwaardigheid van jou eie saak of gender.

chauvinism n. <political>.
Vainglorious and aggressive nationalism, based on a
belief in superiority and glory of one's own nation.
♦ **chauvinisme** n. <polities>.
'n Verwaande en aggressiewe nasionalisme, gegrond
op 'n geloof in die meerderwaardigheid en roem
van jou eie volk.

checks and balances n.
The theory that the exercise of political power
should be controlled by institutional mechanisms
such as the separation of the legislative, executive

and judicial branches of authority and the related
practice.
♦ **wigte en teenwigte** n. (kontrole en balans).
Die teorie dat die uitoefening van politieke mag
deur institusionele meganismes soos die skeiding
van die wetgewende, uitvoerende en regsprekende
gesagsvertakkings beheer behoort te word en die
gepaardgaande praktyk.

chemical weapon n.
A weapon employing chemical agents harmful to
humans, animals and/or vegetation.
♦ **chemiese wapen** n.
'n Wapen wat chemiese middele gebruik wat
skadelik vir mense, diere en/of plantegroei is.

chequebook diplomacy n.
The use of monetary rewards to advance the
interests of a state in international affairs.
♦ **tjekboekdiplomasie** n.
Die gebruik van geldelike belonings om die belange
van 'n staat in internasionale sake te bevorder.

Chequers n.
The country residence of the British Prime Minister.
♦ **Chequers** n.
Die landelike woning van die Britse Eerste
Minister.

chicano n.
Originally an American citizen of Mexican origin,
the meaning has now expanded to include people
who believe and participate in the 'struggle' for the
selfdetermination of all Latino people.
♦ **chicano** n.
Oorspronklik 'n Amerikaanse burger van
Meksikaanse herkoms; die betekenis het later
uitgebrei om mense in te sluit wat glo in en
deelneem aan die 'stryd' om selfbeskikking vir alle
Latynse mense.

chicken run n.
An exodus of faint-hearted people.
♦ **wegholstroom** n.
'n Uittog van moedverloorders.

chiefdom n.
A traditional political entity under the reign of a
chief or headman.
♦ **stamhoofgebied** n. (kapteinsgebied).
'n Tradisionele politieke entiteit onder die bewind
van 'n hoof of hoofman.

chief of staff n. <military>.
The senior or principal member of a commander's
staff, assisting the commander by advising him/her
and coordinating the activities of that particular staff
function.
♦ **stafhoof** n. <militêr; personeelhoof vir hierdie
begrip is foutief en sterk af te keur>.
Die senior of hooflid van 'n bevelvoerder se staf,
wat die bevelvoerder bystaan deur hom/haar te
adviseer en die aktiwiteite van daardie besondere
staffunksie te koördineer.

chief whip n.
A member of legislature responsible for party
discipline and ensuring the presence of colleagues
in the party when there is to be a vote, usually
assisted by a number of whips.

* **hoofsweep** n.
'n Lid van 'n wetgewer wat verantwoordelik is vir partydissipline en om te verseker dat sy/haar partykollegas teenwoordig is wanneer daar 'n stemming gaan wees, gewoonlik met die hulp van 'n aantal swepe.

child mortality rate n.
Mortality per one thousand children in the age group of 1–4 for a given period.
* **kindersterftekoers** n.
Sterftes per duisend kinders in die leeftydsgroep 1–4 vir 'n gegewe periode.

children/women ratio n. (ratio of children to women).
The number of children under five years per one thousand women in the age group 15–49 in a population.
* **kinders/vroue-verhouding** n. (verhouding van kinders tot vroue).
Die getal kinders onder vyf jaar per duisend vroue in die ouderdomsgroep 15–49 in 'n bevolking.

Chiltern Hundreds n.
A nominal office that a member of the British Parliament applies for as a way of resigning from the House of Commons.
* **Chiltern-honderde** n.
'n Nominale amp waarvoor 'n lid van die Britse parlement aansoek doen as 'n manier om uit die laerhuis te bedank.

choke point n.
A passage along which military forces and strategic supplies are compelled to move due to geographic or infrastructure limitations; it not only slows such movements but also renders them vulnerable.
* **wurgpunt** n.
'n Deurgang waarlangs militêre magte en strategiese voorrade deur geografiese en infrastruktuurbeperkings verplig word om te beweeg; dit vertraag nie net die bewegings nie maar maak hulle ook kwesbaar.

Christian fundamentalism n. <see also fundamentalism; Islamic fundamentalism; Jewish fundamentalism; religious fundamentalism>.
A style of thought or an ideology that holds the principles of Christianity to be essential and unchallengeable.
* **Christenfundamentalisme** n. <kyk ook fundamentalisme; Islamitiese fundamentalisme; Joodse fundamentalisme; religieuse fundamentalisme>.
'n Denkstyl of 'n ideologie wat die beginsels van die Christendom as essensieel en onbevraagtekenbaar beskou.

CI → **counterintelligence**

cipher n.
A cryptographic system in which arbitrary groups of symbols are used to represent units of plain text of regular length in order to render the text meaningless.
* **syferskrif** n.
'n Kriptografiese stelsel waarin arbitrêre groepe simbole gebruik word om eenhede gewone teks met

'n vaste lengte voor te stel ten einde die teks niksseggend te maak.

circuit court n.
An intermediate court in the USA state court system.
* **kringhof** n.
'n Tussenhof in die VSA se staatshofstelsel.

circuit court n. <South Africa>.
A high court that moves from place to place in order to serve rural areas.
* **rondgaande hof** n. <Suid-Afrika>.
'n Hoë hof wat rond trek van plek tot plek om plattelandse gebiede te bedien.

citizenship n.
The legal status of a person as a member of a state. It confers rights such as voting and protection by the law and can also impose responsibilities such as military service.
* **burgerskap** n.
Die regstatus van 'n persoon as lid van 'n staat. Dit verleen regte soos om te stem asook beskerming deur die reg en kan ook verantwoordelikhede soos militêre diens oplê.

city council n.
A legislature at local level responsible for the governing of a city.
* **stadsraad** n.
'n Wetgewer op plaaslike vlak verantwoordelik om 'n stad te regeer.

city renewal → **urban renewal**

city state n.
A sovereign territory of relatively small geographic size concentrated around a single city, eg the present Singapore and ancient Athens.
* **stadstaat** n.
'n Soewereine gebied van relatief klein geografiese omvang wat om 'n enkele stad gekonsentreer is, bv teenswoordige Singapoer en antieke Athene.

civic council n.
An institution established at grassroots level by members of a community to manage their common interests, such as cultural and educational interests at, for example, local government in the USA. The powers of a civic council are determined by its political context.
* **burgerraad** n.
'n Instelling wat op grondvlak tot stand gebring word deur lede van 'n gemeenskap om hulle gemeenskaplike belange te behartig, soos kulturele en opvoedkundige belange op byvoorbeeld plaaslike regeringsvlak in die VSA. Die magte van 'n burgerraad word deur sy politieke konteks bepaal.

civic culture n.
According to Almond and Verba, a political culture characterised by most citizens' acceptance of the authority of a state and a belief in participation of civic duties.
* **burgerkultuur** n.
Volgens Almond en Verba, 'n politieke kultuur wat daardeur gekenmerk word dat die meeste burgers die gesag van 'n staat aanvaar en in deelname aan burgerpligte glo.

C

civil disobedience n. <see also nonviolent resistance; passive resistance; satyagraha>.
Nonviolent protests against government in which the participants refuse to obey rules, laws and orders made by government.
• *burgerlike ongehoorsaamheid* n. <kyk ook geweldlose verset; lydelike verset; satjagraha>.
Niegewelddadige protes teen die regering waarin die deelnemers weier om reëls, wette en opdragte te gehoorsaam wat deur die regering gemaak is.

civilian government n.
Government of a state or area by nonmilitary persons.
• *burgerlike regering* n.
Regering van 'n staat of gebied deur niemilitêre persone.

civilianisation n.
Replacing military personnel with civilians.
• *verburgerliking* n.
Die vervanging van militêre personeel met burgerlikes.

civil list n.
An official list in the UK that designates most expenses associated with the monarchy in the execution of royal duties, including staffing, state visits, official entertainment, public engagements and upkeep of the royal household.
• *burgerlike lys* n.
'n Amptelike lys in die VK wat die meeste uitgawes aandui wat in die uitvoering van koninklike pligte aan die monargie verbonde is, insluitend personeelvoorsiening, staatsbesoeke, amptelike onthale, openbare afsprake en die instandhouding van die koninklike huishouding.

civil-military relations n.
The interaction between the armed forces and civilian groups in a society.
• *burgerlik-militêre betrekkinge* n.
Die wisselwerking tussen die weermag en burgerlike groepe in 'n samelewing.

civil rights n.
The individual's rights to liberty and equality of treatment under the law, safeguarded by the state.
• *burgerregte* n.
Die individu se regte op vryheid en gelyke behandeling onder die reg, beskerm deur die staat.

civil society n.
Groups and institutions in the private domain that function at the level between the authorities (public domain) and the individual and family.
• *burgerlike samelewing* n.
Groepe en instellings in die private domein wat op die vlak tussen die owerheid (openbare domein) en die individu en gesin funksioneer.

civil war n.
War between citizens of the same state.
• *burgeroorlog* n.
'n Oorlog tussen burgers van dieselfde staat.

clandestine adj.
Hidden in great secrecy.
• *heimlik* adj. (klandestien).
Versteek in groot geheimhouding.

class action n. <law>.
A legal proceeding by which persons can approach a court of law on behalf of a member of, or in the interests, of a group or class of persons.
• *groepsgeding* n. <in die reg>.
'n Regsprosedure waarin persone 'n hof kan nader namens 'n lid van, of in die belang van, 'n groep of klas persone.

class conflict n.
1. A social theory which has the basic premise that the interests of various socio-economic groups are inherently contradictory. 2. In Marxist theory the tension between, and the ensuing struggle emanating from, two opposing groups as defined by their relationship to the means of production, most notably between the capitalists (a ruling class who owns the means of production) and the proletariat (a class of wage slaves).
• *klassekonflik* n. (klassebotsing).
1. 'n Sosiale teorie met die basiese uitgangspunt dat die belange van die verskillende sosio-ekonomiese groepe inherent teenstrydig is. 2. In Marxistiese teorie die spanning tussen, en die gevolglike stryd voortvloeiend uit, twee opponerende groepe soos gedefinieer deur hulle verhouding tot produksiemiddele, veral tussen die kapitaliste ('n heersersklas wat die produksiemiddele besit) en die proletariaat ('n loonslaweklas).

class struggle n.
Conflict arising from the attempts of one economic stratum of society to dominate another or to end such domination.
• *klassestryd* n.
Konflik wat ontstaan weens die pogings van een ekonomiese stratum van die samelewing om 'n ander te domineer of om so 'n dominering te beëindig.

clean weapon n.
A nuclear weapon that explodes without producing intensive radio-active fall-out.
• *skoon wapen* n.
'n Kernwapen wat ontplof sonder om intensiewe radioaktiewe neerslag voort te bring.

clear majority n.
A form of majority where the winning number of votes handsomely exceeds 50% of the total vote.
• *duidelike meerderheid* n.
'n Meerderheidvorm waarin die wennende getal stemme 50% van die stemtotaal maklik oortref.

clientela group n. <see also parentela group>.
An interest group that develops a close relationship with a related government agency involving mutual favours or obligations, eg an association of pharmaceutical manufacturers may become a clientela group to a department of health.
• *kliëntistiese groep* n. <kyk ook verwantskapsgroep>.
'n Belangegroep wat 'n hegte verhouding met 'n verwante staatsagentskap ontwikkel wat wedersydse gunste of pligte meebring, byvoorbeeld 'n assosiasie

van farmaseutiese produsente wat 'n kliëntistiese groep vir die departement van gesondheid word.

clientelism n.

A mutually benefitting relationship between politicians (patrons) and citizens (clients) in which the latter trade political support, particularly at the polls, for various material benefits and outputs in the policy process; often found in developing states.
* **kliëntisme** n.

'n Wedersyds voordelige verhouding tussen politici (beskermhere) en burgers (kliënte) waar laasgenoemde politieke steun, veral by die stembus, verruil vir verskeie materiële voordele en uitsette in die beleidsproses; dikwels in ontwikkelende state aangetref.

client state n. <see also clientelism; buffer state; satellite state>.

A state subordinated to a patron state in international relations.
* **kliëntstaat** n. <kyk ook kliëntisme; bufferstaat; satellietstaat>.

'n Staat wat in internasionale verhoudings aan 'n patronaatstaat ondergeskik is.

climate of violence n.

A situation where the exercise of uncontrolled and often devastating physical force prevails and is nurtured in society.
* **geweldsklimaat** n.

'n Situasie waar die uitoefen van onbeheerde en dikwels verwoestende fisiese geweld in swang is en in die samelewing gevoed word.

closed agenda n.

An agenda that is finally set and may not be added to.
* **geslote agenda** n. (geslote sakelys).

'n Sakelys wat finaal vasgestel is en nie uitgebrei mag word nie.

closed-ended question n.

A question in a questionnaire that limits the respondent to predetermined options.
* **geslote vraag** n.

'n Vraag in 'n vraelys wat die respondent tot voorafbepaalde keuses beperk.

closed-shop agreement n.

An agreement in a labour sector where only one trade union is recognised by the management or authorities. In some states membership of or dues to the union are obligatory.
* **geslote-geledere-ooreenkoms** n.

'n Ooreenkoms in 'n arbeidsektor waar die bestuur of owerheid net een vakbond erken. In sommige state is lidmaatskap van of ledegeld vir die vakbond verpligtend.

closed society n. <often referred to as a closed political system; see also open society>.

A society marked by an official ideology, a rigid social hierarchy, an absence of democratic institutions and of the rule of law, a lack of freedom of speech and association and an authoritarian executive.

* **geslote samelewing** n. <dikwels na verwys as 'n geslote politieke stelsel; kyk ook oop samelewing>.

'n Samelewing gekenmerk deur 'n amptelike ideologie, 'n rigiede sosiale hiërargie, 'n afwesigheid van demokratiese instellings en van die oppergesag van die reg, 'n gebrek aan vryheid van spraak en assosiasie, en 'n outoritêre uitvoerende gesag.

closet communist n.

A communist who hides his/her political persuasions.
* **doekvoetkommunis** n.

'n Kommunis wat sy/haar politieke oortuigings verberg.

closing address n.

An address delivered to conclude the proceedings of a gathering such as a meeting, seminar or conference.
* **slotrede** n. (sluitingsrede).

'n Rede wat gelewer word om die verrigtinge van 'n byeenkoms soos 'n vergadering, seminaar of konferensie af te sluit.

closing session n.

The sitting that concludes the proceedings of gathering such as a meeting, seminar or conference and normally announces the final decisions.
* **sluitingsitting** n.

Die sitting wat die verrigtinge van 'n byeenkoms soos 'n vergadering, seminaar of konferensie afsluit en gewoonlik die finale besluite bekend maak.

closing speech n.

The last speech in the proceedings of a gathering such as a meeting, seminar or conference.
* **slottoespraak** n.

Die laaste toespraak tydens die verrigtinge van 'n byeenkoms soos 'n vergadering, seminaar of konferensie.

Club of Rome n.

A global think tank founded in 1968 that deals with a number of international political issues. It is perhaps best known for its 1972 report 'Limits to Growth' and follow-up publications on the same theme.
* **Klub van Rome** n.

'n Wêreldwye dinkstigting wat in 1968 opgerig is en wat 'n aantal internasionale politieke kwessies hanteer. Dit is miskien veral bekend vir die 1972-verslag 'Groeiperke' en opvolgpublikasies oor dieselfde tema.

coalesce

To come together in one institution.
* **saamgroei** v. (koaliseer).

Om in een instelling byeen te kom.

coalition cabinet n.

A cabinet formed from an alliance of several political groups, usually when no single party is able to obtain a bare majority of votes.
* **koalisiekabinet** n.

'n Kabinet wat uit 'n bondgenootskap van verskeie politieke groepe saamgestel is, gewoonlik wanneer geen enkele party in staat is om 'n skrale meerderheid stemme te verwerf nie.

C

C

coalition government n.
A temporary joining of forces by two or more political parties with the explicit aim to rule, but on the understanding that neither party abandons its distinctive principles and identity.
• *koalisieregering* n.
'n Tydelike samevoeging van kragte deur twee of meer politieke partye met die uitsluitlike doel om te regeer, maar met die verstandhouding dat geen party sy eiesoortige beginsels en identiteit prysgee nie.

coalitionist n.
An advocate of coalition government.
• *koalisionis* n.
'n Voorstander van koalisieregering.

coalition politics n.
Achieving political ends by means of alliances between distinct parties or states.
• *koalisiepolitiek* n.
Om politieke oogmerke deur middel van bondgenootskappe tussen onderskeie partye of state te bereik.

coalition theory n.
A systematic framework setting out the preconditions under which the coming together of political interests will take place.
• *koalisieteorie* n.
'n Sistematiese raamwerk wat die voorvereistes vir die saamvoeging van politieke belange uiteensit.

coastal navy n. <see also littoral navy; oceangoing navy; global navy>.
A navy whose primary function embraces coastguard duties.
• *kusvloot* n. <kyk ook kusstrookvloot; diepseevloot; aardbolvloot>.
'n Vloot waarvan die primêre funksie kuswagpligte behels.

coconut n. <South African usage>.
A phenomenon in South Africa in which black people ostensibly control an institution such as a company while in reality it is run by whites, ie black outside but white inside.
• *kokosneut* n. <Suid-Afrikaanse gebruik>.
'n Verskynsel in Suid-Afrika waarin swart mense oënskynlik 'n instelling soos 'n maatskappy beheer terwyl dit in werklikheid deur blankes bestuur word, dit is swart buite maar wit binne.

coconut n. (whites under cover, WUC).
1. A nonwhite person whose culture and behaviour resemble that which is mostly associated with white people. 2. A term often used to accuse someone of betraying his/her heritage.
• *kokosneut* n. (wittes onder dekking, WOD).
1. 'n Niewit persoon wie se kultuur en gedrag ooreenkom met dit wat meestal met die optrede van wit persone geassosieer word. 2. 'n Term dikwels gebruik om iemand daarvan te beskuldig dat hy/sy sy/haar erfenis verraai.

code n.
A system of communication in which arbitrary symbols are used to represent units of plain text of varying length, eg the Morse code.

• *kode* n.
'n Kommunikasiestelsel waarin arbitrêre simbole gebruik word om gewone tekseenhede van wisselende lengte te verteenwoordig, bv morsekode.

code of conduct n.
A set of rules establishing ethical behaviour for individuals or institutions.
• *gedragskode* n.
'n Stel reëls wat etiese gedrag vir individue of instellings neerlê.

codified law n.
Law which has been written down and enacted by a legislative assembly, as opposed to common law which is not codified or enacted.
• *gekodifiseerde reg* n.
Reg wat neergeskryf is en deur 'n wetgewende vergadering uitgevaardig is, in teenstelling met die gemenereg wat nie gekodifiseer of uitgevaardig is nie.

coerce v.
To compel compliance with the wishes of a person, institution or state by the indirect application of force.
• *dwing* v.
Om, deur die onregstreekse gebruik van mag, instemming met die wense van 'n persoon, instelling of staat af te forseer.

coercion n.
The action of compelling compliance by the indirect application of force.
• *dwang* n.
Die handeling om instemming af te forseer deur die onregstreekse gebruik van mag.

coercive diplomacy n.
The indirect application of force to achieve diplomatic ends.
• *dwangdiplomasie* n.
Die onregstreekse aanwending van mag om diplomatieke oogmerke te bereik.

coercive measure n.
Action taken to apply force indirectly in order to compel compliance.
• *dwangmaatreël* n.
Optrede om mag onregstreeks aan te wend ten einde instemming af te dwing.

coercive power n.
The capacity to apply force indirectly in order to compel compliance of an opponent.
• *dwangmag* n.
Die vermoë om mag onregstreeks aan te wend ten einde 'n teenstander tot instemming te verplig.

cohabitation n.
A situation in semi-presidential systems, such as in France, where the executive president and prime minister belong to different political parties and have separate political mandates from the electorate.
• *kohabitasie* n.
'n Situasie in semipresidensiële stelsels, soos dié in Frankryk, waar die uitvoerende president en die eerste minister aan verskillende politieke partye behoort en afsonderlike politieke mandate van die kieserskorps het.

cohesion n. (cohesiveness).
In political sociology a solidarity and/or a shared feeling of unity among individuals, groups, communities or in society in general.
• *kohesie* n. (saamklewing).
In die politieke sosiologie 'n samehorigheid en/of gedeelde eenheidsgevoel onder individue, groepe, gemeenskappe of die samelewing in geheel.

cohesiveness → cohesion

cohort n.
1. A subunit of a Roman legion, consisting of some 500 infantrymen. 2. A group of people sharing a common statistical factor.
• *kohort* n.
1. 'n Subeenheid van 'n Romeinse legioen wat uit sowat 500 voetsoldate bestaan. 2. 'n Groep mense wat 'n gemeenskaplike statistiese faktor deel.

cohort analysis n.
In statistics an investigation in which some defined group is studied over time, eg an age cohort which is studied every five years over a period of 20 years.
• *kohortontleding* n. (kohortanalise).
In statistiek, 'n ondersoek waarin 'n gedefinieerde groep oor tyd bestudeer word, byvoorbeeld 'n ouderdomskohort wat elke vyf jaar oor 'n periode van 20 jaar bestudeer word.

COIN → counterinsurgency

Cold War n. <the Cold War>.
A state of extreme hostility between the USA and USSR with their respective allies, circa 1947–1991.
• *Koue Oorlog* n. <die Koue Oorlog>.
'n Toestand van uiterste vyandigheid tussen die VSA en USSR met hulle onderskeie bondgenote; circa 1947–1991.

cold war n.
A state of protracted and extreme political hostility and military tension between states, power blocs or alliances, stopping short of all out war, inter alia consisting of: propaganda, subversion. threats, surrogate hostilities and diplomatic maneuvering.
• *koue oorlog* n.
'n Toestand van uitgerekte en ekstreme politieke vyandigheid en militêre spanning tussen state, magsblokke en alliansies, kort duskant volledige oorlogvoering, dit bestaan onder meer uit: propaganda, ondermyning, dreigemente, surrogaatvyandigheid en diplomatieke maneuvrering.

collaboration agreement n.
A contract or accord in which two or more parties consent to work together.
• *medewerkingsooreenkoms* n.
'n Kontrak of ooreenkoms waarin twee of meer partye instem om saam te werk.

collaborator n.
A person who is willing to cooperate with the enemy against the interests of his/her own state, especially in occupied territory.

• *vyandheuler* n.
'n Persoon wat gewillig is om teen die belang van sy/haar eie staat met die vyand saam te werk, veral in besette gebied.

collaborator n.
1. A person who assists an intelligence service in the covert collection of information without being a full-blown agent. 2. A person who works with others to achieve a joint purpose, eg to establish a new political party.
• *medewerker* n.
1. 'n Persoon wat 'n inligtingsdiens help met die bedekte insameling van informasie sonder om 'n volwaardige agent te wees. 2. Iemand wat met ander saamwerk om 'n gesamentlike doel te bereik, bv om 'n nuwe politieke party te stig.

collapsed state n. <see also failed state; fragile state>.
A state in which all the institutions of government — military, police, courts, bureaucracy — cease to function and the state consequently loses all its coercive powers.
• *ineengestorte staat* n. <kyk ook mislukte staat; brose staat>.
'n Staat waarin al die regeringsinstellings — weermag, polisie, howe en burokrasie — ophou funksioneer en waarin die staat dus al sy dwangmag verloor.

collateral casualties n.
Unintended casualties caused by weapons aimed at military targets.
• *kollaterale verliese* n.
Onbedoelde verliese veroorsaak deur wapens wat op militêre teikens gerig is.

collateral damage n.
Damage inflicted on civilian or other unintended targets by weapons aimed at a nearby military target.
• *kollaterale skade* n.
Skade berokken aan burgerlike of ander onbedoelde teikens deur wapens wat op 'n nabygeleë militêre teiken gerig is.

collateral utilisation n.
The employment of the capabilities of state institutions in supplementary roles that stem from their design for their primary roles, eg when the military provide rescue services to the population during natural disasters.
• *kollaterale benutting* n.
Die aanwending van staatsinstellings se vermoëns in aanvullende rolle wat uit hulle ontwerp vir hulle primêre rolle voortspruit, bv hulpverlening deur die militêr aan die bevolking tydens natuurrampe.

collateral utility n.
The usefulness of state institutions in roles which are supplementary to their primary roles.
• *kollaterale nut* n.
Die bruikbaarheid van staatsinstellings in rolle wat aanvullend tot hulle primêre rolle is.

collective n.
An enterprise in which people work communally, such as Soviet collective farms or industrial cooperatives.

C

C

• **kollektief** n.
'n Onderneming waarin mense kommunaal werk, soos die Sowjet kollektiewe plase of nywerheidskoöperasies.

collective accountability n.
The answerability borne by everyone who participates in a decision, eg collective cabinet accountability.
• **kollektiewe verantwoordingspligtigheid** n.
Die aanspreeklikheid wat almal dra wat aan 'n besluit deelneem, byvoorbeeld kollektiewe kabinetsaanspreeklikheid.

collective agreement n.
A contract negotiated between an employer and a labour union on behalf of all the employees, setting out wages and conditions of service.
• **kollektiewe ooreenkoms** n.
'n Kontrak tussen 'n werkgewer en 'n vakbond wat namens al die werknemers onderhandel is en wat lone en diensvoorwaardes uiteensit.

collective bargaining n.
A method of determining wages and working conditions through negotiations between management and labour unions.
• **kollektiewe bedinging** n.
'n Manier om lone en werksomstandighede deur middel van onderhandelinge tussen die bestuur en vakbonde vas te stel.

collective consciousness n.
A mutual awareness of reality and symbols by everyone in a given group.
• **kollektiewe bewustheid** n.
'n Onderlinge bewustheid van die werklikheid en simbole by almal in 'n gegewe groep.

collective defence n. <see also collective security; mutual defence pact>.
The system and actions of engaging in the joint defence of any member of an alliance under attack, including preparing for such action, eg NATO.
• **kollektiewe verdediging** n. <kyk ook kollektiewe veiligheid; onderlingeverdedigingsverdrag>.
Die stelsel en optrede om mee te doen aan die gesamentlike verdediging van enige lid van 'n bondgenootskap wat aangeval word, insluitend voorbereiding vir sodanige optrede, bv NAVO.

collective guilt n.
Blame borne by everyone in society, eg the alleged guilt of the German people for the Holocaust.
• **kollektiewe skuldlas** n.
Blaam wat almal in 'n samelewing dra, bv die beweerde skuld van die Duitse volk vir die Jodemoord.

collective identity n.
The characteristics, attitudes and symbols of a collective unit such as a group, class or people, with which the members identify irrespective of other individual differences.
• **kollektiewe identiteit** n.
Die kenmerke, houdings en simbole van 'n kollektiewe eenheid soos 'n groep, klas of volk, waarmee die lede hulle vereenselwig ongeag ander individuele verskille.

collective refugee protection n.
Sharing amongst states of the burden to bear responsibility for refugee protection.
• **kollektiewe vlugtelingbeskerming** n.
Die verdeling tussen state van die verantwoordelikheidslas om vlugtelinge te beskerm.

collective responsibility n.
A principle that requires members of a group, eg a cabinet, to be individually and jointly accountable for their conduct.
• **kollektiewe verantwoordelikheid** n.
'n Beginsel wat vereis dat lede van 'n groep, bv 'n kabinet, individueel en gesamentlik vir hulle optrede verantwoordingspligtig is.

collective security n. <see also collective defence; mutual defence pact>.
The condition of safety resulting from a multilateral system, usually expressed in formal agreements, in which all members are pledged to settle issues peacefully among themselves and jointly to defend any member under attack, thus deterring potential aggressors. NATO is a well known example of such a system at regional level, and the UN as well as League of Nations at international level.
• **kollektiewe veiligheid** n. <kyk ook kollektiewe verdediging; onderlingeverdedigingsverdrag>.
Die toestand van sekerheid voortvloeiend uit 'n multilaterale stelsel, gewoonlik in formele ooreenkomste vasgelê, waarin alle lede hulle daartoe verbind om onderlinge kwessies vreedsaam op te los en om enige lid wat aangeval word gesamentlik te verdedig, sodat potensiële aggressors afgeskrik word. NAVO is 'n bekende voorbeeld van so 'n stelsel op streekvlak, en die VN sowel as die Volkebond op internasionale vlak.

collective solidarity n.
In socialism, the unity, harmony and cohesion of the working class against capitalist exploitation.
• **kollektiewe solidariteit** n.
In sosialisme, die eenheid, harmonie en samehorigheid van die werkersklas teen kapitalistiese uitbuiting.

collectivisation n.
In Marxism-Leninism, the abolition by the state of private property and the establishment of a comprehensive system of public ownership.
• **kollektivisering** n.
In Marxisme-Leninisme, die afskaffing deur die staat van privaat eiendom en die vestiging van 'n omvattende stelsel van openbare besit.

collectivism n.
The view and activities that give preference to the group, such as a community, class, people, nation, race, society, party or state, above the individual, in contrast with individualism and liberalism. Collectivism ranges from extreme varieties, such as communism and totalitarian nationalism, to moderate varieties, such as social democracy.
• **kollektivisme** n.
Die beskouing en aktiwiteite wat voorkeur gee aan die groep, soos 'n gemeenskap, klas, volk, nasie, ras, samelewing, party of staat, bo die individu in teenstelling met individualisme en liberalisme.

Kollektivisme strek vanaf uiterste variasies soos kommunisme en totalitêre nasionalisme tot by matige variasies soos sosiale demokrasie.

colonial era n.
A period in history during which powerful European states such as Britain, Portugal, Spain and France possessed foreign territories, using them as sources of raw materials and exploiting them in various other ways.
• *koloniale era* n. (koloniale tydperk).
'n Tydperk in die geskiedenis toe magtige Europese state soos Brittanje, Portugal, Spanje en Frankryk buitelandse gebiede besit het wat hulle as grondstofbronne gebruik het en op verskillende ander maniere uitgebuit het.

colonialism n.
The policy and practice of conquering and occupying territories as well as inhabitants to further the interests of a colonial power.
• *kolonialisme* n.
Die beleid en praktyk om gebiede en inwoners te verower en te beset om die belange van 'n koloniale moondheid te bevorder.

colonial power n.
A state possessing foreign subject territories. Britain, France and Portugal were prime examples in the nineteenth and early twentieth centuries.
• *koloniale moondheid* n.
'n Staat wat buitelandse onderworpe gebiede besit. Brittanje, Frankryk en Portugal was belangrike voorbeelde daarvan in die negentiende en vroeë twintigste eeue.

colony n.
A dependent territory functioning as a political unit under the direct political control of a state that is usually geographically separate from it. A colony has no independent international relations and is often exploited by the controlling state for financial gain.
• *kolonie* n.
'n Afhanklike grondgebied wat as 'n politieke eenheid onder die regstreekse politieke beheer funksioneer van 'n staat wat gewoonlik geografies daarvan geskei is. 'n Kolonie het geen onafhanklike internasionale betrekkinge nie en word dikwels ter wille van ekonomiese voordeel deur die beherende staat uitgebuit.

colour bar n.
The policy of excluding people of colour from full social privileges.
• *kleurslagboom* n. (kleurgrens).
Die beleid om mense van kleur van volle sosiale voorregte uit te sluit.

combat n.
Actual fighting operations between two or more people or military forces.
• *geveg* n.
Werklike vegoperasies tussen twee of meer persone of militêre magte.

combat fatigue → **battle fatigue**

Comintern n. (Communist International, Komintern, Third International).
A Communist organisation founded in Russia in 1919 with the purpose of promoting rewolutionary Marxism and overthrowing the so-called international bourgeoisie.
• *Komintern* n. (Kommuniste Internasionaal, Derde Internasionaal).
'n Kommunistiese organisasie wat in 1919 in Rusland gestig is met die doel om rewolusionêre Marxisme te bevorder en die sogenaamde internasionale bourgeoisie omver te werp.

command post n.
A headquarters where the commander and his/her staff control their operational activities.
• *bevelspos* n.
'n Hoofkwartier waar die bevelvoerder en sy/haar staf operasionele aktiwiteite beheer.

commission of enquiry → **commission of inquiry**

commission of inquiry n. (commission of enquiry).
A person or persons formally appointed and tasked to investigate an issue of public importance.
• *kommissie van ondersoek* n. (ondersoekkommissie).
'n Persoon of persone wat formeel aangestel en getaak is om 'n vraagstuk van openbare belang te ondersoek.

committee n.
A group of persons appointed or elected to perform a specified function such as investigating some matter or controlling the performance of some task.
• *komitee* n.
'n Groep persone wat aangestel of verkies word om 'n bepaalde funksie uit te voer, soos om een of ander aangeleentheid te ondersoek of die uitvoering van een of ander taak te beheer.

common n.
A tract of open public land, especially one now used as a recreation area.
• *meent* n.
'n Stuk oop openbare grond, veral een wat nou as ontspanningsgebied gebruik word.

commonage n.
A piece of land held and used in common, not individually owned.
• *meentgrond* n.
'n Stuk grond wat gemeenskaplik besit en gebruik word, nie individueel besit word nie.

common good n. (commonweal <rare>).
The welfare or interests of everyone in a given society.
• *algemene welsyn* n.
Die welsyn of belange van almal in 'n samelewing.

common ground n.
In political or diplomatic negotiations, an area that is not in dispute and can be used as a basis for developing further agreement.

C

C

♦ gemeenskaplike grond n.
In politieke of diplomatieke onderhandelings, 'n gebied wat nie betwis word nie en wat as grondslag gebruik kan word om verdere eenstemmigheid te ontwikkel.

common law n.
The body and system of law derived from custom and judicial decisions, as opposed to acts of a legislature.
♦ gemenereg n.
Die regskorpus en -stelsel wat uit gebruike en regterlike beslissings spruit, in teenstelling met wette van 'n wetgewer.

common market n.
In international political economy, a market shared by a group of states in which trade barriers are greatly reduced or eliminated.
♦ gemeenskapsmark n.
In die internasionale politieke ekonomie, 'n mark wat 'n groep state deel en waarin handelsversperrings grootliks verminder of uitgeskakel word.

Commons → **House of Commons**

common voters' roll n.
A record of voters on which all citizens may register without discrimination regarding race, class, gender or belief.
♦ gemeenskaplike kieserslys n.
'n Rekord van kiesers waarop alle burgers mag registreer sonder diskriminasie ten opsigte van ras, klas, gender of geloof.

commonweal → **common good**

Commonwealth n. <official name The Commonwealth of Nations>.
An international institution consisting of Great Britain and mainly her former colonies and dependencies.
♦ Statebond n. <amptelike naam The Commonwealth of Nations>.
'n Internasionale instelling wat bestaan uit Brittanje en hoofsaaklik sy voormalige kolonies en afhanklike gebiede.

commonwealth n.
1. A body of people organised into a polity in the common interest of its members, eg the Commonwealth of Massachusetts, a constituent state of the USA. 2. An association of independent states formed for the mutual benefit of its members, eg the Commonwealth of Independent States consisting of a number of the former Soviet republics after the demise of the USSR.
♦ gemenebes n.
1. 'n Groep mense wat ter wille van die gemeenskaplike belang van sy lede in 'n politie georganiseer is, bv die Gemenebes Massachusetts, 'n deelstaat van die VSA. 2. 'n Vereniging van onafhanklike state wat tot die onderlinge voordeel van sy lede gestig is, bv die Gemenebes van Onafhanklike State, bestaande uit 'n aantal van die voormalige Sowjetrepublieke ná die ondergang van die USSR.

communal land n.
Territory owned by a community as a whole.
♦ gemeenskapsgrond n.
Grondgebied wat deur die gemeenskap as geheel besit word.

communal rights n.
Entitlements of a community resulting from knowledge, property and other goods held collectively by that community, such as intellectual property rights, mineral rights and land.
♦ kommunale regte n.
Aansprake van 'n gemeenskap wat voortspruit uit kennis, eiendom en ander goedere wat kollektief deur daardie gemeenskap besit word, soos intellektuelegoedereregte, mineraalregte en grond.

communal system n.
A small-scale collective organisation based on the sharing of possessions and responsibilities.
♦ gemeenskapstelsel n. (kommunale stelsel).
'n Kleinskaalse kollektiewe organisasie gegrond op die deel van besittings en verantwoordelikhede.

communiqué n. <French>.
An official notification or piece of information issued by a government, usually to the media or the public.
♦ communiqué n. <Frans> (amptelike mededeling).
'n Amptelike mededeling of stuk informasie wat 'n regering uitreik, gewoonlik aan die media of die publiek.

communism n. <see also socialism>.
An extreme form of socialist ideology that stresses the communal nature of humans and their development, common ownership of property and the means of production; an intermediate dictatorship of the proletariat, and the eventual withering away of the state.
♦ kommunisme n. <kyk ook sosialisme>.
'n Uiterste vorm van sosialistiese ideologie wat klem lê op die kommunale aard van mense en hulle ontwikkeling, gemeenskaplike eienaarskap van eiendom en produksiemiddele, 'n intermediêre diktatuur van die proletariaat, en die uiteindelike wegkwyning van die staat.

Communist International → **Comintern**

communitarianism n.
The belief that the self or person is constituted through the community in the sense that there are no 'unencumbered selves'.
♦ kommunitarisme n.
Die oortuiging dat die self of persoon deur middel van die gemeenskap saamgestel word in die sin dat daar geen 'losstaande selwe' is nie.

community → **gemeinschaft**

community-based organisation n. (CBO).
A non-profit institution providing social services at the local level, eg in a city or a district.
♦ gemeenskapsgebaseerde organisasie n. (GBO).
'n Niewinsgewende instelling wat maatskaplike dienste op plaaslike vlak verskaf, bv in 'n stad of distrik.

community development n.
The process of empowering a settlement and improving its living conditions.
• *gemeenskapsontwikkeling* n.
Die proses om 'n nedersetting te bemagtig en sy lewensomstandighede te verbeter.

community empowerment n.
Endowing the community with official authority or legal powers in order to make possible the exercising of specific social and civil functions.
• *gemeenskapsbemagtiging* n.
Die skenk van amptelike gesag of regsbevoegdheid aan die gemeenskap ten einde die uitoefening van bepaalde sosiale en burgerlike funksies moontlik te maak.

community worker n.
Any person working to improve the quality of life in a community.
• *gemeenskapswerker* n.
Enige persoon wat werk om die lewensgehalte van 'n gemeenskap te verhoog.

comparative politics n.
The field of study in politics in which phenomena such as states, political systems, political parties and political institutions are studied and analysed on a comparative basis.
• *vergelykende politiek* n.
Die studieveld in die politiek waarin politieke verskynsels soos state, politieke stelsels, politieke partye en politieke instellings op 'n vergelykende grondslag bestudeer en ontleed word.

completed birth rate n.
The number of children born per woman who has survived the reproductive period.
• *voltooidegeboortekoers* n.
Die getal kinders gebore per vrou wat die reproduktiewe periode oorlewe het.

compound system n.
In South Africa, the practice of single-sex hostels to house black migrant workers.
• *kampongstelsel* n.
In Suid-Afrika, die praktyk van enkelgeslaghostelle waarin swart trekarbeiders gehuisves word.

comprehensive development plan n.
A detailed and all-inclusive proposal regarding the social, economic and political improvement of the conditions of life of a community.
• *omvattende ontwikkelingsplan* n.
'n Gedetailleerde en allesinsluitende voorstel oor die maatskaplike, ekonomiese en politieke verbetering van die lewensomstandighede van 'n gemeenskap.

compromise n.
A settlement between conflicting demands, achieved through mutual concessions, that contains as much of the original demands as feasible. A state budget is for example often a compromise between conflicting needs of state departments.
• *kompromis* n. (kompromie).
'n Skikking tussen botsende eise, wat deur wedersydse toegewings bereik word en soveel van die aanvanklike eise insluit as wat haalbaar is. 'n Staatsbegroting is byvoorbeeld dikwels 'n

kompromis tussen botsende behoeftes van staatsdepartemente.

compromiser n.
Someone who settles disputes by mutual concessions to avoid conflict and obtain the best possible result.
• *skipperaar* n.
Iemand wat geskille besleg deur wedersydse toegewings om konflik te vermy en die beste moontlike resultaat te verkry.

compromist n.
A supporter of the settlement of disputes by give and take.
• *kompromisgesinde* n.
'n Ondersteuner van die skikking van geskille deur te gee en te neem.

comrade n. (comrade in arms).
A person who closely shares the activities of his/her companions in a fighting force.
• *kameraad* n. (wapenbroer).
'n Persoon wat die aktiwiteite van sy/haar makkers in 'n gevegsmag ten nouste deel.

comrade n.
In Marxist parlance a fellow member of a communist party or communist inspired party.
• *kameraad* n.
In Marxistiese spraakgebruik 'n medelid van 'n kommunistiese party of 'n kommunisties geïnspireerde party.

comrade n. <political radical, from Marxism>.
A fellow member of a trade union or a communist-oriented political party or society; later extended to mean any political activist who was a participant in the political struggle against apartheid in South Africa.
• *comrade* n. <politieke radikalis, uit Marxisme>.
'n Medelid van 'n vakbond of 'n kommunistiesgeoriënteerde politieke party of vereniging; later uitgebrei na enige politieke aktivis wat 'n deelnemer was aan die politieke stryd teen apartheid in Suid-Afrika.

comrade in arms → comrade

concentration camp n.
A site at which enemy non-combatants are confined during hostilities between two or more belligerents, eg the camps established by the British during the Anglo-Boer war of 1899–1902.
• *konsentrasiekamp* n.
'n Terrein waar die vyand se nievegtendes tydens vyandelikhede tussen twee of meer oorlogvoerendes ingeperk word, bv die kampe wat die Britte tydens die Anglo-Boere-oorlog 1899–1902 gevestig het.

concession n.
A grant by a government to persons, businesses or another state to use land, conduct a business, establish a military base or similar actions.
• *konsessie* n. (vergunning).
'n Reg wat 'n regering aan persone, sakeondernemings of 'n ander staat gee om grond te gebruik, 'n onderneming te bedryf, 'n militêre basis te vestig of soortgelyke handelinge te verrig.

C

conciliar movement n.

A 14th century movement in the Roman Catholic Church which held that final authority in the Church rests with a general council of the Church rather than with the Pope.
* **konsiliebeweging** n.

'n Veertiende-eeuse beweging van die Rooms-Katolieke Kerk wat aangevoer het dat die finale gesag van die kerk by 'n algemene raad van die kerk eerder as by die pous berus.

conciliation n.

The process or result of getting two or more sides in a dispute to work towards an agreement, usually by way of compromise. The process of conciliation does not compel the disputants to accept the proposed solution.
* **versoening** n. (konsiliasie).

Die proses of resultaat daarvan om twee of meer partye in 'n dispuut so ver te kry om 'n ooreenkoms te bereik, gewoonlik deur 'n kompromis. Die proses van versoening dwing nie die disputante om die voorgestelde oplossing te aanvaar nie.

conciliation politics n.

A style of politics aimed at reducing conflict. In South Africa this is exemplified by the policy of Generals Louis Botha and Jan Smuts to reconcile the white English and Afrikaans-speaking people in the aftermath of the bitterness and resentment of the Anglo-Boer War.
* **versoeningspolitiek** n.

'n Politieke styl wat op konflikvermindering gerig is. In Suid-Afrika word dit geïllustreer deur die beleid van generaals Louis Botha en Jan Smuts om die blanke Engels- en Afrikaanssprekendes in die nasleep van die bitterheid en gekrenktheid van die Anglo-Boereoorlog te versoen.

concurrence n.

The act of agreeing on an issue or case, eg a senate concurring that a secretary of defence be appointed by the president.
* **instemming** n.

Die aksie om saam te stem oor 'n kwessie of geval, bv 'n senaat wat instem dat die president 'n minister van verdediging aanstel.

concurrence n.

The simultaneous and parallel existence of events, circumstances or powers, eg a central and provincial government both having powers of legislation in certain common areas, such as policing.
* **gelyklopendheid** n.

Die gelyktydige en parallelle bestaan van gebeure, omstandighede of bevoegdheid, bv 'n sentrale en provinsiale regering wat albei wetgewende bevoegdheid op bepaalde gemeenskaplike terreine het, soos polisiëring.

concurrent majority rule n.

A decision-making rule in deeply divided societies in which legislation or decisions can only be passed if supported by both the majority group and a majority of affected minority groups. It provides a mutual veto.

* **gelyklopendemeerderheidsreël** n.

'n Besluitnemingsreël in diep verdeelde samelewings waardeur wetgewing of besluite slegs aanvaar kan word as dit deur sowel die meerderheidsgroep as 'n meerderheid van die betrokke minderheidsgroepe ondersteun word. Sodoende word 'n wedersydse veto daargestel.

concurrent powers n. <see also exclusive legislative powers; residual legislative powers>.

Where two or more governmenetal authorities have the same constitutional or legal competence over a given state function, such as education or social welfare, particularly in a federal state.
* **gelyklopende bevoegdheid** n. <kyk ook eksklusiewe wetgewende bevoegdheid; residuele wetgewende bevoegdheid> (konkurrente bevoegdheid <af te keur>).

Waar twee of meer owerheidsinstellings dieselfde konstitusionele of regsbevoegdheid oor 'n gegewe staatsfunksie het soos onderwys of sosiale welsyn, in besonder in 'n federale staat.

condominium n.

In international law a country, region or polity jointly governed by two or more powers, eg Anglo-Egyptian Sudan 1899–1956 and Bosnia-Herzegovina between Austria and Hungary 1908–1918.
* **kondominium** n.

In die internasionale reg, 'n land, streek of politieke entiteit wat gesamentlik deur twee of meer moondhede regeer word, byvoorbeeld Anglo-Egiptiese Soedan 1899–1956 en Bosnië-Herzegowina deur Oostenryk en Hongarye 1908–1918.

confederacy n. (confederation).

1. The act or process of confederating or the state of being confederated. 2. A loose alliance of political units. The union of the Swiss cantons is the oldest surviving confederation. 3. A formal cooperation between two or more states in which each state retains its sovereignty and which is more cohesive than an alliance but less so than a federation. It can be guaranteed by the principle of reciprocal veto in decision-making.
* **konfederasie** n.

1. Die handeling of proses om te konfedereer of die toestand van gekonfedereer te wees. 2. 'n Losse alliansie van politieke eenhede. Die eenheid van Switserse kantons is die oudste oorblywende konfederasie. 3. 'n Formele samewerking tussen twee of meer state waarin elke staat sy soewereiniteit behou en wat meer saambindend as 'n alliansie is maar minder as 'n federasie. Dit kan deur die beginsel van wederkerige veto in besluitneming gewaarborg word.

confederation → confederacy

confidence-building measures n. (CBM).

Actions by parties in a dispute designed to increase trust, reduce tension and pave the way for diplomatic solutions.

* **maatreëls wat vertroue bou** n. (MVB).
Optrede deur partye tot 'n geskil met die doel om vertroue te verhoog, spanning te verminder en die weg vir diplomatieke oplossings te baan.

confidential agenda n.
A private, secret or off-the record list of items to be discussed at a meeting.
* **vertroulike agenda** n. (vertroulike sakelys).
'n Private, geheime of ongedokumenteerde lys items wat by 'n vergadering bespreek sal word.

confirm the minutes → **adopt the minutes**

conflict escalation n.
A rapid increase in the gravity, intensity or extent of hostilities in a quarrel, struggle or war.
* **konflikeskalasie** n.
'n Vinnige toename in die erns, intensiteit of omvang van vyandelikhede in 'n geskil, stryd of oorlog.

conflict resolution n.
A process whereby conflicting parties eventually enter into an agreement that solves their central incompatiblities and whereby they cease mutual hostilities.
* **konflikoplossing** n.
'n Proses waardeur strydende partye uiteindelik 'n ooreenkoms aangaan wat hulle sentrale onversoenbaarhede oplos en waardeur hulle onderlinge vyandelikhede staak.

conflict settlement n.
Achieving an end to overt conflict through sustainable win-win solutions.
* **konflikskikking** n.
Die einde van openlike konflik deur volhoubare wen-wenoplossings bewerkstellig.

conflict spill-over n.
The spreading of hostilities from its previous confines.
* **oorspoel van konflik** n.
Die verspreiding van vyandelikhede buite sy oorspronklike perke.

Confucianism n.
A Chinese ethical system, attributed to Confucius, regarding the state, its administration as well as other social systems and which emphasises devotion to family (including ancestral spirits), loyalty, education, peace, justice, and treating others as one would want to be treated.
* **Confucianisme** n.
'n Chinese etiese stelsel, toegeskryf aan Confucius, oor die staat, sy administrasie asook ander sosiale stelsels en wat klem lê op toewyding aan die gesin (insluitend voorouergeeste), trou, opvoeding, vrede, geregtigheid en om ander te behandel soos jy behandel wil word.

confusion agent n. <see also deception agent> (agent of confusion).
An agent used by an intelligence service to confuse the intelligence or counterintelligence service of another state rather than to obtain information.
* **waragent** n. <kyk ook misleidingsagent>.
'n Agent wat deur 'n inligtingsdiens gebruik word om die inligtingsdiens of teeninligtingsdiens van 'n

ander staat te verwar eerder as om informasie te bekom.

Congress n.
Collective term for the two houses of the USA legislature, ie the House of Representatives and the Senate.
* **Kongres** n.
Kollektiewe term vir die twee huise van die VSA-wetgewer, nl die Huis van Verteenwoordigers en die Senaat.

congressional aide n. <USA>.
An assistant on the staff of a USA member of Congress.
* **kongresspesialisassistent** n. <VSA>.
'n Assistent in die staf van 'n VSA-kongreslid.

conscientious objector n.
A person who refuses to participate in any activity contrary to his/her religious or moral principles, eg to bear arms or take part in military service.
* **gewetensbeswaarde** n.
'n Persoon wat weier om aan enige bedrywigheid deel te neem wat strydig met sy/haar godsdienstige of morele beginsels is, bv om die wapen op te neem of militêre diens te verrig.

conscientisation n.
Developing critical consciousness as a form of emancipatory learning in order to critically assess ideas, contexts and relationships which are usually taken for granted.
* **gewete-aanwakkering** n.
Ontwikkeling van kritiese bewustheid as 'n vorm van bevrydende geleerdheid ten einde idees, verbande en verwantskappe wat gewoonlik as vanselfprekend aanvaar word, krities te beskou.

conscript n.
A person who is compelled to enlist in the armed forces.
* **dienspligtige** n.
'n Persoon wat verplig word om by die gewapende magte aan te sluit.

conscription n.
Compulsory enlistment in the armed forces.
* **diensplig** n. (konskripsie).
Verpligte aansluiting by die gewapende magte.

consensus democracy → **consociational democracy**

consensus politics n.
Conducting politics in such a way that agreement is fostered and division and confrontation avoided; a search for a middle ground or compromise.
* **konsensuspolitiek** n.
Die bedryf van politiek op so 'n wyse dat ooreenstemming gekweek word en verdeling en konfrontasie vermy word; 'n soeke na middelgrond of kompromie.

conservatism n.
A political ideology and related behaviour exemplified by support for tradition, duty, authority, private property and free enterprise.

C

* **konserwatisme** n.
'n Politieke ideologie en verwante gedrag wat
gekenmerk word deur steun vir tradisie, plig, gesag,
privaateiendom en vrye onderneming.

consociational democracy n. <Lijphart>
(consensus democracy).
A form of democracy found in deeply divided
societies. It is based on the principles of
proportional representation, the political autonomy
of minorities, grand coalition government and the
right of minorities to veto decisions that affect their
vital interests.
* **konsosiatiewe demokrasie** n. <Lijphart>
(konsensusdemokrasie).
'n Vorm van demokrasie wat in diepverdeelde
samelewings aangetref word. Dit is gegrond op die
beginsels van proporsionele verteenwoordiging, die
politieke outonomie van minderheidsgroepe,
grootkoalisieregering en die reg van
minderheidsgroepe om besluite wat hulle
deurslaggewende belange raak, te veto.

consolidation of democracy n. (democratic
consolidation <deprecated>).
The process by which democracy in a newly
democratised state becomes so deeply ingrained in
society that a regression to authoritarianism is
unlikely.
* **konsolidasie van demokrasie** n.
(demokratiese konsolidasie <af te keur>).
Die proses waardeur demokrasie in 'n nuut
gedemokratiseerde staat so diep in die samelewing
ingewortel raak dat 'n terugval na outoritarisme
onwaarskynlik is.

consort n.
The spouse of a monarch.
* **gemaal** n. <vr. gemalin>.
Die eggenoot/eggenote van 'n monarg.

constituency n. (voter's district).
An area demarcated for the election of public
representatives.
* **kiesafdeling** n. (kiesdistrik).
'n Gebied wat vir die verkiesing van openbare
verteenwoordigers afgebaken is.

constituency n. <see also power base>.
The supporters of a particular political
representative, or a particular political party.
* **kiesergevolg** n. <kyk ook magsbasis>.
Die ondersteuners van 'n bepaalde politieke
verteenwoordiger, of 'n bepaalde politieke party.

constituent → **voter**

constituent assembly n.
A group of persons charged with the task of
drawing up a constitution or establishing a
government.
* **grondwetgewende vergadering** n.
(grondwetskrywende vergadering).
'n Groep persone belas met die taak om 'n
grondwet op te stel of 'n regering daar te stel.

constituents n.
Persons entitled to vote in an electoral district.

* **kieserspubliek** n.
Persone wat daarop geregtig is om in 'n kiesdistrik
te stem.

constituent state n. (federal territorial unit).
A constituent political entity of a federal state,
variously known as state (USA), province (Canada),
land (Germany) and canton (Switzerland).
* **deelstaat** n. (federale territoriale eenheid,
konstituerende staat).
'n Samestellende politieke entiteit van 'n federale
staat, met verskillende benamings soos staat (VSA),
provinsie (Kanada), land (Duitsland) en kanton
(Switserland).

constitution n.
The fundamental rules and political principles
according to which a state is governed, including
the duties, powers and functions of government as
well as the relationship between the state and its
citizens.
* **grondwet** n. (konstitusie).
Die fundamentele reëls en politieke beginsels
waarvolgens 'n staat regeer word, insluitend die
regering se pligte, bevoegdhede en funksies asook
die verhouding tussen die staat en sy burgers.

constitutional assembly n.
A representative congregation tasked with the
drafting of a constitution.
* **grondwetgewende vergadering** n.
'n Verteenwoordigende vergadering wat met die
opstel van 'n grondwet belas is.

constitutional government n.
A government that operates within a set of legal
and institutional constraints that both limits its
powers and protects individual human rights.
* **grondwetlike regering** n. (konstitusionele
regering).
'n Regering wat binne 'n stel regs- en institusionele
beperkings optree wat beide die bevoegdhede
daarvan beperk sowel as individuele menseregte
beskerm.

constitutional head of state n. <see also actual
head of state; ceremonial head of state;
constitutional monarch; nominal head of state>.
A head of state with constitutionally limited
political and administrative powers, who could be a
hereditary monarch or a directly/indirectly elected
president; eg the British monarch or the German
federal president.
* **konstitusionele staatshoof** n. <kyk ook
grondwetlike monarg; nominale staatshoof;
seremoniële staatshoof; werklike staatshoof>.
'n Staatshoof met grondwetlik beperkte politieke en
administratiewe bevoegdhede, wat as 'n erflike
monarg of 'n direk/indirek verkose president bekend
kan staan; bv. die Britse monarg of Duitse federale
president.

constitutionalism n.
The legal and political doctrine that holds that a
government is subject to a higher law or
constitution and which limits governmental powers.

♦ konstitusionalisme n.
Die wetlike en politieke doktrine wat aanvoer dat 'n regering aan 'n hoër wet of grondwet onderworpe is en wat regeringsmag beperk.

constitutional monarch n. <see also ceremonial head of state; constitutional head of state; nominal head of state>.
A monarch whose powers of governance are limited by law, eg the British monarch.
♦ grondwetlike monarg n. <kyk ook seremoniële staatshoof; konstitusionele staatshoof; nominale staatshoof> (konstitutionele monarg).
'n Monarg wie se regeringsbevoegdheid deur die reg beperk word, bv die Britse monarg.

constitutional monarchy n. <see also kingdom; monarchy>.
A form of rule where a hereditary monarch's powers are restricted to those granted by a constitution or laws and conventions of a state, eg Britain.
♦ grondwetlike monargie n. <kyk ook koninkryk; monargie> (konstitusionele monargie).
'n Regeervorm waar die magte van 'n erflike monarg beperk word tot dié wat toegestaan word deur 'n grondwet en wette of konvensies van 'n staat, bv Brittanje.

constitution-making process n.
The procedures whereby the governing principles of a state are drawn up.
♦ grondwetskeppende proses n. (konstitusieskeppende proses).
Die prosedures waarvolgens 'n staat se regeerkundige beginsels opgestel word.

consul n.
An official representative of a sovereign state, resident in a foreign city and appointed to further that state's commercial interests and assist its citizens locally.
♦ konsul n.
'n Amptelike verteenwoordiger van 'n soewereine staat, wat in 'n buitelandse stad woon en aangestel is om daardie staat se handelsbelange te bevorder en sy burgers plaaslik by te staan.

containment n.
A strategic policy aimed at preventing the expansion of the sphere of influence of an adversary, eg the USA government's policy to prevent the expansion of the sphere of influence of the Soviet Union after World War II.
♦ indamming n.
'n Strategiese beleid wat ten doel het om die uitbreiding van die invloedsfeer van 'n teenstander te voorkom, bv die VSA-regering se beleid om te voorkom dat die Sowjetunie sy invloedsfeer na afloop van Tweede Wêreldoorlog uitbrei.

contraband n. (contraband goods).
Illegally held goods, smuggled goods or goods that may not be supplied to parties engaged in a conflict.

♦ kontrabande n. (smokkelgoedere, smokkelware).
Goedere wat onwettig besit word, gesmokkelde goedere of goedere wat nie aan partye tot 'n konflik verskaf mag word nie.

contraband goods → contraband

contract migrant n.
A person who travels across borders for work under the terms of a fixed contract of employment with an employer.
♦ kontrakmigreerder n. (kontrakmigrant).
Iemand wat vir werk oor grense heen reis ingevolge die voorwaardes van 'n vaste indiensnemingskontrak met 'n werkgewer.

controlled source n.
A source over which an intelligence service excercises control, eg photographic reconnaissance.
♦ beheerde bron n.
'n Bron waaroor 'n inligtingsdiens beheer uitoefen, bv fotografiese verkenning.

controller n.
An officer charged with monitoring, inspecting and regulating the expenditure of public funds.
♦ kontroleur n.
'n Beampte wat daarmee belas is om die besteding van openbare fondse te moniteer, te inspekteer en te reguleer.

convention n.
1. In politics an unwritten practice that has become tradition and is accepted as a fundamental rule even though it may not necessarily be enforced by a court. 2. In international relations an agreement acceded to by states to regulate accepted practices, eg the Geneva Convention on warfare.
♦ konvensie n.
1. In die politiek 'n ongeskrewe praktyk wat tradisie geword het en as 'n fundamentele reël aanvaar word, hoewel dit nie noodwendig deur 'n hof afgedwing sou word nie. 2. In internasionale betrekkinge 'n wettige ooreenkoms waartoe state toetree om aanvaarde praktyke te reguleer, bv die Geneefse Konvensie oor oorlogvoering.

convoy n.
1. A group of merchant ships with an escort of warships, assembled and organised to travel together. 2. A group of vehicles assembled and organised to travel together for security purposes, with or without escort protection.
♦ konvooi n.
1. 'n Groep handelskepe met 'n geleide van oorlogskepe, byeengebring en georganiseer om saam te vaar. 2. 'n Groep voertuie byeengebring en georganiseer om vir veiligheidsdoeleindes saam te reis, met of sonder die beskerming van 'n geleide.

cordon n.
A line of security personnel such as members of police and military forces with their equipment, including their vehicles and vessels, enclosing an area to control access to it and enable operations within it.

C

• kordon n.
'n Linie veiligheidspersoneel soos lede van polisie-
en militêre magte, met hulle toerusting, insluitend
hulle voertuie en vaartuie, rondom 'n area wat
toegang beheer en operasies daarbinne moontlik
maak.

cordon off v.
Placing a line of security personnel such as
members of police and military forces, including
vehicles and vessels, around an area to control
access to it and enable operations within it.
• kordon span v. (afkordonneer).
Die plasing van 'n linie veiligheidspersoneel soos
lede van polisie- en militêre magte, met hulle
toerusting, insluitend hulle voertuie en vaartuie,
rondom 'n area wat toegang beheer en operasies
daarbinne moontlik maak.

cordon sanitaire n. <French>.
1. Originally a border drawn next to an area to
prevent an epidemic from spreading into the area,
eg the 1821 control by the French, of the
French/Spanish border to prevent a fever from
spreading from Spain to France. 2. In international
relations, an area consisting of buffer states to
protect a region against its enemies, or ideological
contamination, eg the Baltic States and Poland that
were supposed to have protected Europe from the
Soviet Union and communism since 1919. 3. The
policy according to which a political organisation
refuses to cooperate with an organisation that it
regards as a threat to its interests and principles.
Over several decades especially European political
parties drew a strict dividing line between
themselves and others that they condemned, for
example as extremely communist or as
extrememely racist.
• kwarantynlyn n. (cordon sanitaire <Frans>).
1. Oorspronklik 'n grens wat langs 'n gebied getrek
word om 'n epidemie buite die gebied te hou, bv
die grens met Spanje wat Franse eenhede in 1821
bewaak het om te voorkom dat 'n koors uit Spanje
na Frankryk versprei. 2. In internasionale
verhoudings, 'n grens wat bestaan uit bufferstate om
'n streek teen sy vyande, of ideologiese
kontaminasie, te beskerm, bv die Baltiese state en
Pole wat veronderstel was om Europa teen die
Sowjetunie en kommunisme sedert 1919 te
beskerm. 3. Die beleid waarvolgens 'n politieke
instelling weier om met 'n ander saam te werk
omdat hy dit as 'n bedreiging vir sy eie belange
beskou. Oor verskeie dekades heen het veral
Europese politieke partye 'n streng skeidslyn getrek
tussen hulleself en ander wat hulle veroordeel het,
bv as ekstreem kommunisties of as ekstreem
rassisties.

corpocracy n.
The exercise of power by the corporate
bureaucracy.
• korpokrasie n.
Magsuitoefening deur die korporatiewe burokrasie.

corporatism n.
The incorporation of organised interest groups, such
as labour unions and business associations into the
processes of government policy making;
corporatism may have a liberal or fascist nature.
• korporatisme n.
Die inlywing van georganiseerde belangegroepe
soos vakbonde en sakeverenigings in die proses van
regeringsbeleidmaking; korporatisme kan 'n liberale
of fascistiese aard hê.

corralling → kettling

corruption n. <see also graft>.
The act of receiving or giving an illegal reward or
bribe for unwarranted preferential treatment in
business or government affairs.
• korrupsie n. <kyk ook omkopery>.
Die handeling om 'n onwettige beloning of
omkoopgeld vir ongemagtigde voorkeurbehandeling
in besigheids- of regeringsake te ontvang of te gee.

**corvette n. <see also battleship; cruiser;
destroyer; frigate>.**
A heavily armed warship usually displacing
between 500 and 1 000 tonnes.
**• korvet n. <kyk ook slagskip; kruiser;
torpedodraer; fregat>.**
'n Swaargewapende oorlogskip wat gewoonlik
tussen 500 en 1 000 ton verplaas.

cosmocrat n.
A member of a supposed global ruling elite of
cosmopolitan business people and administrators.
• kosmokraat n.
'n Lid van 'n veronderstelde wêreldwye
heerserselite van kosmopolitiese sakelui en
administrateurs.

cost of war n. (COW).
The financial expenditure on waging war, often with
reference to a given war or campaign.
• koste van oorlog n. (KVO).
Die finansiële besteding aan die voer van oorlog,
dikwels met verwysing na 'n spesifieke oorlog of
veldtog.

Council on Foreign Relations n.
A nonpartisan USA foreign policy think tank
founded in 1921. Members include high-ranking
individuals from the USA political elite.
• Raad op Buitelandse Betrekkinge n.
'n Niepartygebonde VSA-dinkstigting vir
buitelandse beleid wat in 1921 gestig is. Lede sluit
hooggeplaaste individue van die VSA se politieke
elite in.

counsellor n.
A diplomatic rank below minister and above first
secretary.
• raad n.
'n Diplomatieke rang onder minister en bokant
eerste sekretaris.

counterespionage n. (CE).
A subcategory of counterintelligence, directed at
detecting and neutralising foreign espionage
activities.

teenspioenasie n. (TS).
'n Subkategorie van teeninligting, gerig op die opsporing en neutralisering van buitelandse spioenasiebedrywighede.

counterinsurgence → **counterinsurgency**

counterinsurgency n. (counterinsurgence, COIN).
The political, socio-economic, cultural, military, paramilitary and psychological actions taken by a government to defeat insurgency.
+ **teeninsurgensie** n. (TEIN).
Die politieke, sosio-ekonomiese, kulturele, militêre, paramilitêre en sielkundige aksies wat 'n regering onderneem om insurgensie die hoof te bied.

counterintelligence n. (CI).
All security measures aimed at safeguarding information, personnel, equipment and installations against espionage, subversion and sabotage.
+ **teeninligting** n. (TI).
Alle sekerheidsmaatreëls wat daarop gemik is om informasie, personeel, toerusting en installasies teen spioenasie, ondermyning en sabotasie te beveilig.

counterrevolution n.
Actions, usually by conservatives, aimed at undoing the gains of a revolutionary movement or the effects of a revolution.
+ **teenrewolusie** n.
Optrede, gewoonlik deur behoudendes, wat daarop gerig is om die winste van 'n rewolusionêre beweging of die gevolge van 'n rewolusie ongedaan te maak.

countersabotage n.
A subcategory of counterintelligence, directed at the safeguarding of equipment and installations against sabotage.
+ **teensabotasie** n.
'n Subkategorie van teeninligting, gerig op die beveiliging van toerusting en installasies teen sabotasie.

countersubversion n.
A subcategory of counterintelligence, directed at the safeguarding of personnel against subversion.
+ **teenondermyning** n.
'n Subkategorie van teeninligting, gerig op die beveiliging van personeel teen ondermyning.

coup d'état n. <French>, <coups d'état>.
A sudden, violent or illegal seizure of government, almost invariably by the armed forces.
+ **staatsgreep** n. (coup d'état <Frans, coups d'état>).
'n Skielike, gewelddadige of onwettige oorname van die regering, byna sonder uitsondering deur die gewapende magte.

cover n.
The protective guise adopted by a person or institution to prevent his/her/its involvement in clandestine activities from being revealed.
+ **dekking** n.
Die beskermende gedaante wat 'n persoon of instelling aanneem om te verhoed dat sy/haar betrokkenheid by heimlike aktiwiteite ontbloot word.

covert adj.
Hidden by protective measures from becoming known or being attributable.
+ **kovert** adj. (bedek).
Versteek deur beskermingsmaatreëls om nie bekend of toeskryfbaar te raak nie.

covert collection n.
The clandestine procurement of information for intelligence purposes.
+ **bedekte insameling** n. (koverte insameling).
Die heimlike verkryging van informasie vir inligtingsdoeleindes.

cover-up n.
Actions or attempts to prevent the true facts from becoming known.
+ **toesmering** n.
Optrede of pogings om te verhoed dat die werklike feite bekend word.

COW → **cost of war**

cowboy diplomacy n.
Diplomatic conduct characterised by brashness, risk-taking and intimidation.
+ **roekelose diplomasie** n.
Diplomatieke handelwyse wat deur astrantheid, waaglustigheid en intimidasie gekenmerk word.

-cracy.
The exercise of power by . . .
+ **-krasie.**
Die uitoefening van politieke mag deur . . .

credentials n. (letter of credence).
A letter, from the head of state of the sending state, presented by a newly appointed diplomatic envoy to the head of state of the receiving state in order to establish his/her status and give credence to his/her official statements.
+ **geloofsbrief** n.
'n Brief, van die staatshoof van die stuurstaat, wat 'n nuut aangestelde diplomatieke gesant aan die staatshoof van die ontvangstaat oorhandig om sy/haar status te vestig en geloofwaardigheid aan sy/haar amptelike uitsprake te gee.

credentials n. (letters of credence).
A collective name for the letter of credence of the newly appointed ambassador as well as the letter of recall of his/her predecessor which are handed over to the receiving head of state.
+ **geloofsbriewe** n.
'n Versamelnaam vir sowel die brief van geloofwaardigheid van 'n nuut aangestelde ambassadeur as die brief van herroeping van sy/haar voorganger, wat aan die ontvangende staatshoof oorhandig word.

crimes against humanity n.
At the Nuremburg trials of senior Nazi officials in 1946 crimes against humanity were contextually defined as actions by a government or its officials which result in murder, extermination and other inhumane acts against any civilian population before or during a war, or persecutions on political, racial or religious grounds.

C

C

• misdade teen die mensdom n

Tydens die Nürembergverhore van senior Nazi-amptenare in 1946 is misdade teen die mensdom kontekstueel gedefinieer as handelinge deur 'n regering of sy amptenare wat moord, uitwissing en ander onmenslike optrede tot gevolg het teen enige burgerlike bevolking voor of gedurende 'n oorlog, of vervolging op grond van politieke, rasse- of religieuse oorwegings.

crisis n.

A tense situation in which difficult, dangerous and fateful decisions must be made in a relatively short period of time.

• krisis n.

'n Gespanne situasie waarin moeilike, gevaarlike en beslissende besluite in 'n betreklike kort tydjie geneem moet word.

crisis management n.

Conduct aimed at resolving a crisis situation through peaceful means.

• krisisbestuur n.

Optrede wat daarop gemik is om 'n krisissituasie met vreedsame middele op te los.

cronyism n.

The appointment or preferential advancement of persons to government posts and the awarding of contracts on the basis of friendship and without regard to their qualifications.

• kornuitbegunstiging n.

Die aanstelling of voorkeurbevordering van persone tot regeringsposte en die toekenning van kontrakte op 'n vriendskapsbasis en sonder inagneming van hulle kwalifikasies.

cross-border operations n.

Military operations from within a state across its boundaries with contiguous states, aimed at an enemy harboured or permitted passage by those states, but not at such states per se. Hot pursuit is a form of this type of operation.

• oorgrensoperasies n.

Militêre operasies vanuit 'n staat oor sy grense met aanliggende state heen, gerig op 'n vyand wat deur daardie state gehuisves word of aan wie daardie state deurgang verleen, maar nie teen sodanige state per se nie. Hakkejag is 'n voorbeeld van hierdie soort operasie.

crown prince n.

The male heir to a sovereign throne.

• kroonprins n.

Die manlike erfgenaam van 'n soewereine troon.

crown prince/crown princess → **heir apparent/heiress apparent**

crown princess n.

The female heir to a sovereign crown.

• kroonprinses n.

Die vroulike erfgenaam van 'n soewereine troon.

cruise missile n. <see also ballistic missile; guided missile>.

A guided missile that does not follow a ballistic trajectory to the target but mainly flies through the atmosphere at a constant speed and altitude.

• kruismissiel n. <kyk ook ballistiese missiel; geleide missiel> (kruisermissiel <sterk af te keur>).

'n Geleide missiel wat nie 'n ballistiese vlugbaan na die teiken volg nie maar grotendeels teen 'n konstante spoed en hoogte deur die atmosfeer vlieg.

cruiser n. <see also battleship; corvette; destroyer; fregat>.

A fast warship, smaller than a battleship and traditionally larger than a destroyer, designed for various roles such as air defence, attacks on enemy warships, commerce raiding and shore bombardment. In the late 20th century cruisers started being phased out in favour of large destroyers.

• kruiser n. <kyk ook slagskip; korvet; torpedodraer; frigat>.

'n Vinnige oorlogskip, kleiner as 'n slagskip en tradisioneel groter as 'n torpedojaer, ontwerp vir 'n verskeidenheid rolle soos lugverdediging, aanvalle op vyandelike oorlogskepe, strooptogte op handelskepe en kusbestoking. In die laat 20ste eeu is daar begin om kruisers ten gunste van groot torpedojaers uit te faseer.

cryptanalysis n. <see also cryptography; cryptology>.

The process of studying unknown codes and ciphers in order to convert encrypted messages into plain text. This is sometimes popularly referred to as codebreaking.

• kriptoanalise n. <kyk ook kriptografie; kriptologie>.

Die proses om onbekende kodes en syfers te bestudeer ten einde gekripteerde berigte in gewone teks om te skakel. Dit word soms in die volksmond kodebreek genoem.

cryptography n. <see also cryptanalysis; cryptology>.

The science or study of analysing and deciphering codes, cyphers, etc. The process of converting plain text into codes and cyphers to render it unintelligible to unauthorised recipients. It includes decrypting after transmission.

• kriptografie n. <kyk ook kriptoanalise; kriptografie>.

Die wetenskap of studie van die ontleding en ontsyfering van kodes, syfers, ens. Die proses om gewone teks in kodes en syfers om te skakel om dit onleesbaar vir ongemagtigde ontvangers te maak. Dit sluit dekriptering ná oorsending in.

cryptology n. <see also cryptanalysis; cryptography>.

The science of secret communications, including codes and cyphers. It also embraces communications security and communications intelligence.

• kriptologie n. <kyk ook kriptoanalise; kriptografie>.

Die wetenskap van geheime kommunikasie, insluitend kodes en syfers. Dit omvat ook kommunikasiesekerheid en -inligting.

Cultural Revolution n. <Great Proletarian
Cultural Revolution>.
Nationwide populistic, ideological and bloody
revolts in the 1960s and 1970s (circa 1966–1976)
by the youth, especially the Red Guards, in the
People's Republic of China against traditional
culture and leaders, fuelled by Mao Zedong and his
wife Jiang Qing.
♦ *Kulturele Rewolusie* n.
Landwye populistiese, ideologiese en bloedige
opstande in die 1960's en 1970's (circa 1966–1976)
deur die jeug in die Volksrepubliek van China, veral
die Rooi Wagte, teen die tradisionele kultuur en
leiers, aangevuur deur Mao Zedong en sy vrou
Jiang Qieng.

customary law n.
In South Africa the customs and usages traditionally
observed among the indigenous black African
people and which form part of the culture of those
people.
♦ *gewoontereg* n.
In Suid-Afrika die gebruike en gewoontes wat die
inheemse swart Afrikavolke tradisioneel navolg en
wat deel vorm van die kultuur van dié volke.

cycle of poverty → **poverty cycle**

czar n. <Russian> (tsar).
The emperor of Russia until 1917.
♦ *tsaar* n.
Die keiser van Rusland tot 1917.

czarevitch n. (tsarevitch).
Son of a Russian tsar, especially the eldest son.
♦ *tsarewitsj* n.
Seun van 'n Russiese tsaar, veral die oudste seun.

czarevna n. (tsarevna).
Daughter of a Russian tsar or wife of a tsarevitch.
♦ *tsarewna* n.
Dogter van 'n Russiese tsaar of vrou van 'n
tsarewitsj.

czarina n. (czaritsa, tsarina, tsaritsa).
Wife of a Russian tsar; Russian empress.
♦ *tsarina* n. (tsaritsa).
Vrou van 'n Russiese tsaar; Russiese keiserin.

czaritsa → **czarina**

C

Dd

Dalai Lama n.
The Grand Lama and spiritual leader of the
Buddhist monks of Tibet, also the secular leader of
Tibet until the Chinese occupation of Tibet in
1959.
+ *Dalai Lama* n.
Die Groot Lama en geestelike leier van die
boeddhistiese monnike van Tibet, wat ook die
sekulêre leier van Tibet was voor die Chinese
besetting van Tibet in 1959.

dauphin n. <French>.
Eldest son of a French monarch.
+ *dauphin* n. <Frans>.
Oudste seun van 'n Franse monarg.

dauphine n. <French> (dauphiness).
The wife of a French dauphin.
+ *dauphine* n. <Frans> (dauphiness).
Vrou van 'n Franse dauphin.

dauphiness → **dauphine**

deadlock n.
A situation where opposing parties are halted in
their search for a solution that would be acceptable
to all parties.
+ *dooiepunt* n.
'n Situasie waar opponerende partye gestuit word in
hul soeke na 'n oplossing wat vir alle partye
aanvaarbaar sou wees.

Dean of the Diplomatic Corps → **Doyen of the
Diplomatic Corps**

Dean of the Diplomatic Corps → **Doyenne of
the Diplomatic Corps**

death squad n.
A clandestine group of killers used illegally to
eliminate purported enemies of authoritarian states.
+ *moordbende* n.
'n Geheime groep moordenaars wat onwettig
gebruik word om vermeende vyande van outoritêre
state uit te skakel.

debate of no confidence n.
A deliberation in an assembly, such as the British
House of Commons, on a motion questioning
whether the executive of the day has majority
support.
+ *wantrouedebat* n.
'n Bespreking in 'n vergadering, soos die Britse
Laerhuis, oor 'n voorstel wat dit betwyfel dat die
bestaande uitvoerende gesag meerderheidsteun
geniet.

deception agent n. <see also confusion agent>.
A person used by an intelligence service to deceive
the enemy by supplying false but plausible
information. The German agents who were turned
into double agents by the Allies in World War II
and used to mislead the Germans with regard to the
intended landing places of the invasion force in
1944, is an example of deception agents.

+ *misleidingsagent* n. <kyk ook waragent>.
'n Persoon wat deur 'n inligtingsdiens gebruik word
om die vyand te mislei deur vals maar aanneemlike
informasie te verskaf. Die Duitse agente wat
gedurende die Tweede Wêreldoorlog deur die
Geallieerdes in dubbelagente omgedraai is en
gebruik is om die Duitsers oor die voorgenome
landingsplekke van die invalsmag in 1944 te fop, is
'n voorbeeld van misleidingsagente.

deciding vote → **casting vote**

decision-making n.
The process of reaching a decision.
+ *besluitneming* n.
Die proses om tot 'n besluit te kom.

decode v.
To transform a coded message into plain text.
+ *dekodeer* v.
Om 'n gekodeerde berig in gewone teks om te sit.

decolonise v.
To withdraw from (a colony); to grant independence
(to a colony).
+ *dekoloniseer* v.
Om te onttrek uit ('n kolonie); om onafhanklikheid
toe te ken (aan 'n kolonie).

de facto recognition n. <see also de jure
recognition; recognition>.
The factual acknowledgment of the government of a
state, irrespective of the form, legality or
acceptability of its regime.
+ *de facto-erkenning* n. <kyk ook de
jure-erkenning; erkenning>.
Die feitelike aanvaarding van die regering van 'n
staat, ongeag die vorm, wetlikheid of
aanneemlikheid van daardie staat se bewind.

defector n.
A person who abandons his/her allegiance to a state
or cause by fleeing to an adversarial state and
refusing to return to the state of origin.
+ *oorloper* n.
'n Persoon wat sy/haar trou aan 'n staat of saak laat
vaar deur na 'n teenstanderstaat te vlug en te weier
om na die oorspronklike staat terug te keer.

defence force n.
The official military organisation of a state.
+ *weermag* n. (verdedigingsmag).
'n Staat se amptelike militêre organisasie.

defenestrate v. <literally: throw out of a
window>.
To expel political opponents from a party, a ruling
elite or a government, usually in a swift action. The
term originated from the defenestration (throwing
out of the window) of Roman Catholic nobles in
Prague in 1618, leading to the Thirty Years War.
+ *defenestreer* v. <letterlik: by 'n venster
uitgooi>.
Om politieke opponente uit 'n party, regerende elite
of regering te skop, gewoonlik dmv snelle optrede.

Die term vind sy ontstaan in die defenestrasie (by die venster uitgooi) van Rooms-Katolieke adellikes in Praag in 1618, wat tot die Dertigjarige Oorlog aanleiding gegee het.

defensive strategy n.
A form of strategy where the main lines of action are defensive by nature without excluding offensive operations.
* *defensiewe strategie* n.
'n Vorm van strategie waar die hoofhandelwyses defensief van aard is maar offensiewe operasies nie uitgesluit word nie.

defensive war n.
A war fought to contain aggression and defend specific values, including territorial integrity. It does not exclude the application of offensive operations.
* *defensiewe oorlog* n.
'n Oorlog wat geveg word om aggressie hok te slaan en bepaalde waardes te verdedig, insluitend gebiedsintegriteit. Dit sluit nie die aanwending van offensiewe operasies uit nie.

de iure recognition → **de jure recognition**

de jure recognition n. <see also de facto recognition; recognition> (de iure recognition).
The acknowledgement of the government of a state as lawful, granted only if the regime is legally constituted, legitimate and acceptable to the recognising government.
* *de jure-erkenning* n. <kyk ook de facto-erkenning; erkenning> (de iure-erkenning).
Die aanvaarding van die regering van 'n staat as regmatig, wat slegs gegee word as die bewind wettig saamgestel, legitiem en vir die erkennende regering aanneemlik is.

delegated powers n.
Powers that have been granted to a person or a body, acting as trustee of such powers and not as the beneficiary in his/her/its own right, eg the grant of emergency powers by the USA Congress to the president.
* *gedelegeerde bevoegdheid* n.
Bevoegdheid wat verleen is aan 'n persoon of liggaam wat as trustee van sodanige bevoegdheid optree en nie in eie reg as bevoordeelde daarvan nie, bv die verleen van noodbevoegdheid deur die VSA-kongres aan die president.

demiurg n.
A public magistrate in a number of ancient Greek poleis (city states), eg in Athens; literally someone who works for the people.
* *demiurg* n.
'n Publieke magistraat in 'n aantal antieke Griekse poleis (stadstate), bv. in Athene; letterlik iemand wat vir die mense werk.

democracy n. <see also authoritarianism; totalitarianism>.
A form of rule in which the people, and not the government, are the ultimate source of political power. Various forms of democracy may be identified; nevertheless, popular participation in decision-making and government in the public interest constitute its most basic precepts.

* *demokrasie* n. <kyk ook outoritarisme; totalitarisme>.
'n Owerheidsvorm waarin die mense die uiteindelike bron van politieke mag is en nie die regering nie. Verskeie vorme van demokrasie kan geïdentifiseer word; bevolkingsdeelname aan besluitneming en regering in openbare belang is nietemin die mees basiese grondreëls daarvan.

D

democratic consolidation → **consolidation of democracy**

democratic election n.
The process whereby a representative government is chosen by the enfranchised people of a state.
* *demokratiese verkiesing* n.
Die proses waardeur 'n verteenwoordigende regering deur die stemgeregtigde mense van 'n staat gekies word.

democratic process n.
A system whereby government is accountable to its citizens, and in which citizens freely participate in the social, political and economic affairs of the state.
* *demokratiese proses* n.
'n Stelsel waarvolgens die regering verantwoording aan sy burgers verskuldig is en waarin die burgers vryelik aan die sosiale, politieke en ekonomiese sake van die staat deelneem.

democratisation n.
The transition from an authoritarian regime to democracy.
* *demokratisering* n.
Die oorgang van 'n outoritêre regime na 'n demokrasie.

democratise v.
To follow a process in which the ultimate source of political power is transferred from authoritarian rules to adult people who have a universal franchise.
* *demokratiseer* v.
Om 'n proses te volg waarin die uiteindelike bron van politieke mag van outoritêre regeerders oorgeplaas word na volwasse mense wat oor universele stemreg beskik.

demographic transition n.
In a developing society, the shift from high mortality and high fertility to low mortality and low fertility.
* *demografiese oorgang* n.
In 'n ontwikkelende samelewing, die verskuiwing van hoë sterfte en hoë vrugbaarheid na lae sterfte en lae vrugbaarheid.

demography n.
The statistical study of populations, covering aspects such as births, mortality, marriages, health, and racial and gender composition.
* *demografie* n. (bevolkingstudie).
Die statistiese bestudering van bevolkings, wat aspekte dek soos geboortes, sterflikheid, huwelike, en rasse- en gendersamestelling.

demonstrate v.
Publicly manifesting a feeling, often in the form of a procession and mass meeting showing solidarity and support for a particular cause.

D

♦ *betoog* v. (demonstreer)

In die openbaar aan 'n gevoel uiting gee, dikwels in die vorm van 'n optog en massavergadering, ten einde solidariteit en steun vir 'n bepaalde saak te toon.

demonstration n.

A public manifestation of support for a cause, or to air grievances.

♦ *betoging* n. (demonstrasie).

'n Openbare manifestasie van steun vir 'n saak, of ter uiting van griewe.

demotic nation n.

A nation whose identity is based on shared administrative, political and military institutions, as well as the common territorial boundaries of the state.

♦ *demotiese nasie* n.

'n Nasie waarvan die identiteit gegrond is op gedeelde administratiewe, politieke en militêre instellings sowel as die gemeenskaplike territoriale grense van die staat.

densification n.

The process by which an existing town development is adapted to accommodate a higher concentration of population.

♦ *verdigting* n.

Die proses waardeur 'n bestaande dorpsontwikkeling aangepas word om 'n hoër bevolkingskonsentrasie te akkommodeer.

department n.

A branch or subdivision of the public service.

♦ *departement* n.

'n Tak of onderafdeling van die staatsdiens.

departmentalese → **officialese**

dependency n.

A colony, protectorate, outpost or settlement of a colonial power, eg Natal before 1910, and the Isle of Man as a dependency of the UK.

♦ *afhanklike gebied* n.

'n Kolonie, protektoraat, buitepos of nedersetting van 'n koloniale moondheid, bv Natal voor 1910 en die eiland Man as 'n afhanklike gebied van die VK.

dependency ratio n. (ratio of dependency).

The ratio of the aged (65 and older) plus youth (younger than 15) to the population in the productive age group (15 to 64).

♦ *afhanklikheidsverhouding* n.

Die verhouding van die bejaardes (65 en ouer) plus die jeug (jonger as 15) tot die bevolking in die produktiewe leeftyd (15 tot 64).

dependency theory n.

1. The theory that former colonies, once politically independent, tend to remain economically dependent on their former capitalist colonial masters. 2. The theory that developing states remain dependent on, and are exploited by, the capitalist powers of the world.

♦ *afhanklikheidsteorie* n.

1. Die teorie dat voormalige kolonies, wanneer hulle polities onafhanklik geword het, neig om ekonomies afhanklik van hulle voormalige kapitalistiese koloniale meesters te bly. 2. Die teorie dat ontwikkelende state afhanklik bly van, en

uitgebuit word deur, die kapitalistiese moondhede van die wêreld.

depoliticise v.

An action whereby a public issue is taken out of partisan and divisive politics and placed in a nonpartisan arena for deliberation and decision making, eg to depoliticise the question of abortion on demand.

♦ *depolitiseer* v.

Optrede waardeur 'n openbare kwessie uit aanhanger- en verdelende politiek gehaal word en vir besinning en besluitneming in 'n niepartydige arena geplaas word, bv om die kwessie van aborsie op aanvraag te depolitiseer.

depopulate v.

To reduce the number of peole living in a physical space or geographic area.

♦ *ontvolk* v.

Om die aantal mense te verminder wat in 'n fisiese ruimte of geogafiese gebied woon.

depopulation n.

A decrease in the population in a specific geographical area.

♦ *ontvolking* n. (depopulasie).

'n Bevolkingsafname in 'n bepaalde geografiese gebied.

deport v.

To banish or expel an undesirable foreigner from a country/state.

♦ *deporteer* v. (uitsit).

Om 'n ongewenste vreemdeling te verban of uit 'n staat weg te stuur.

deportation n.

Banishment or expulsion of an undesirable foreigner from a state to the state of origin.

♦ *deportasie* n. (uitsetting).

Verbanning of wegstuur van 'n ongewenste vreemdeling uit 'n staat uit na die staat van oorsprong.

depose v.

To remove a ruler from power.

♦ *onttroon* v. (afsit).

Om 'n heerser af te sit.

depression n. <see also recession>.

In an economy, a prolonged slump in business activity, a reduction in production and little capital investment, resulting in mass unemployment and falling wages.

♦ *depressie* n. <kyk ook resessie>.

In 'n ekonomie, 'n langdurige afname in sake-aktiwiteite, 'n vermindering van produksie en min kapitale belegging, wat massawerkloosheid en dalende lone tot gevolg het.

deputation n.

1. A group of representatives assembled to influence a decision, present an argument or lobby an interest. 2. A group of representatives sent to a meeting or conference to present or argue their government's position.

♦ *afvaardiging* n.

1. 'n Groep verteenwoordigers wat byeenkom om 'n besluit te beïnvloed, 'n argument aan te voer of vir belange te beding. 2. 'n Groep

verteenwoordigers wat na 'n vergadering of konferensie gestuur word om hulle regering se standpunt aan te bied of te beredeneer.

deracialise v.
Doing away with race as a factor in an issue, institution or a particular situation.
* *ontras* v.

Om ras te verwyder as 'n faktor in 'n vraagstuk, instelling of bepaalde situasie.

deracination n.
The act of removing people from their native environment or culture.
* *ontworteling* n.

Die handeling om mense uit hulle ingebore omgewing of kultuur te verwyder.

deregulation n.
The process by which unnecessary or cumbersome regulations in public administration are repealed and simplified in order to cut costs to the taxpayer and remove obstacles to economic growth.
* *deregulering* n.

Die proses waardeur onnodige of omslagtige regulasies in openbare administrasie herroep en vereenvoudig word ten einde koste vir die belastingbetaler te besnoei en struikelblokke vir ekonomiese groei te verwyder.

designated city n. <see also prefecture>.
A Japanese city with a population greater than 500 000 and officially designated as such by the Japanese cabinet, with certain powers delegated to it by the local government.
* *aangewysde stad* n. <kyk ook prefektuur>.

'n Japannese stad met 'n bevolking groter as 500 000 en amptelik so deur die Japannese kabinet aangewys, met bepaalde bevoegdhede wat deur die plaaslike regering aan hom gedelegeer is.

despot n. <see also autocrat and tyrant>.
A ruler that exercises unlimited power in an oppressive manner.
* *despoot* n. <kyk ook outokraat en tiran>.

'n Heerser wat onbeperkte mag op 'n onderdrukkende manier uitoefen.

despotocracy n.
The exercise of unlimited political power by a person oppressing and suppressing people.
* *despotokrasie* n.

Die uitoefening van onbeperkte politieke mag deur 'n persoon wat mense verdruk en onderdruk.

destroyer n. <see also battleship; corvette; cruiser; frigate>.
A fast warship displacing 5 000 to 10 000 tonnes and mainly used to protect convoys and task forces against air and submarine attack.
* *torpedojaer* n. <kyk ook slagskip; korvet; kruiser; fregat>.

'n Vinnige oorlogskip wat 5 000 tot 10 000 metrieke ton verplaas en hoofsaaklik aangewend word om konvooie en taakmagte teen lug- en duikbootaanvalle te beskerm.

detainment without trial → detention without trial

détente n. <French>.
The process by which strained relations between antagonistic states are eased or relaxed, eg détente between the USA and the USSR during the Nixon presidency in the 1970s.
* *détente* n. <Frans> (ontspanningspolitiek).

Die proses waardeur gespanne verhoudings tussen vyandige state verlig of ontspan word, bv détente tussen die VSA en die USSR tydens die Nixonpresidentskap in die 1970's.

detention order n.
An official writ or summons by which a person is arrested and subsequently incarcerated.
* *aanhoudingsbevel* n. (detensiebevel).

'n Amptelike bevel of opdrag waardeur iemand gearresteer en daarna opgesluit word.

detention without trial n. (detainment without trial).
Holding a person in custody without the opportunity for defence in a court of law.
* *aanhouding sonder verhoor* n.

Om 'n persoon in hegtenis te hou sonder die geleentheid om hom/haar in 'n geregshof te verdedig.

determination of refugee status → refugee status determination

deterrent n.
A means of coercion in the hands of a state to dissuade another state or organisation from injurious actions.
* *afskrikmiddel* n.

'n Dwangmiddel in die hande van 'n staat om skadelike optrede deur 'n ander staat of organisasie te ontmoedig.

developing country n.
A country in the process of advancement in the primary, secondary and tertiary sectors of the economy with a view to improving the living standards of the population as a whole.
* *ontwikkelende land* n.

'n Land in die proses van vordering in die primêre, sekondêre en tersiêre sektore van die ekonomie met die oog op die verhoging van die lewenstandaard van die bevolking as 'n geheel.

developing world n. <preferred term> (Third World <obsolescent>)., <see also First World; Second World; Fourth World>).
Collective term for the the the developing states of Africa, Asia, and Latin America.
* *ontwikkelende wêreld* n. <voorkeurterm> (Derdewêreld <raak uitgedien>)., <kyk ook Eerstewêreld; Tweedewêreld; Vierdewêreld>).

Versamelterm vir die ontwikkelende state van Afrika, Asië en Latyns-Amerika.

development aid n.
Assistance granted to disadvantaged states to promote economic development on the basis of self-help and mutual cooperation, eg by supplying investment capital for both specific public and private projects, at low interest rates and on generally favourable terms, including repayment in local currency.

D

D

• *Ontwikkelingshulp* n.
Hulp wat aan benadeelde state verleen word ten einde ekonomiese ontwikkeling te bevorder op die grondslag van selfhelp en onderlinge samewerking, bv deur die voorsiening van beleggingskapitaal vir sowel bepaalde openbare as private projekte, teen lae rentekoerse en teen algemeen gunstige voorwaardes, insluitende terugbetaling in plaaslike valuta.

development initiative n.
Actions launched to improve the quality of life of society through economic growth and employment opportunities, as well as social and intellectual development.
• *ontwikkelingsinisiatief* n.
Aksies geloods om die lewensgehalte van die samelewing te verbeter deur ekonomiese groei en werkgeleenthede, asook sosiale en intellektuele ontwikkeling.

deviant state n.
A state that strays from accepted international norms in its internal and external policies, eg Iraq under Saddam Hussein or North Korea under Kim Il-sung. Deviant state policies are often depicted as being criminal or near criminal, and are marked by abuses of human rights.
• *afwykstaat* n. (afwykende staat).
'n Staat wat in sy binnelandse en buitelandse beleid van aanvaarde internasionale norme afdwaal, bv Irak onder Saddam Hoessein of Noord-Korea onder Kim Il-soeng. Afwykstate se beleid word dikwels as misdadig of amper misdadig uitgebeeld en word deur die skending van menseregte gekenmerk.

devolution of functions n.
The process of transferring power from central/national government to a lower or regional (provincial, local) government.
• *afwenteling van funksies* n. (devolusie van funksies).
Die proses om mag van die sentrale/nasionale regering na 'n laer of streeksregering (provinsiaal of plaaslik) oor te dra.

DEW → **distant early warning**

diachronic analysis n.
A study or investigation of a series of occurrences which follows a sequential time frame, eg daily, monthly, yearly.
• *diakroniese ontleding* n. (diachroniese analise).
'n Studie of ondersoek van 'n reeks voorvalle wat 'n opvolgende tydraam volg, bv daagliks, maandeliks, jaarliks.

dialectics n.
An art of argument or method of inquiry that proceeds by question and answer, conforming to a process of thesis, antithesis and synthesis.
• *dialektiek* n.
'n Redeneerkuns of ondersoekmetode wat deur vraag en antwoord verloop, en daardeur aan 'n proses van stelling, teenstelling en samestelling voldoen.

diarchy n.
Rule by two equal rulers in the same polity, eg San Marino.
• *diargie* n.
Heerskappy deur twee gelyke bewindhebbers in dieselfde politie, bv San Marino.

Diaspora n.
1. The dispersion of the Jews in the 5th century BC after their exile by the Babylonians and again after the conquest of Palestine by the Romans, particularly after the destruction of the temple in Jerusalem in 70 AD. 2. The Jewish communities in exile.
• *Diaspora* n.
1. Die verstrooiing van die Jode in die 5de eeu vC na hulle wegvoering in ballingskap deur die Babiloniërs en weer na die Romeine se verowering van Palestina, veral na die vernietiging van die tempel in Jerusalem in 70 nC. 2. Die Joodse ballinggemeenskappe.

diaspora n.
Originally the dispersal of a population, often as a result of colonisation; later the collective trauma of being exiled, coupled with an intense longing to return home; currently the emotional relationship between migrants and their homeland.
• *diaspora* n. (volksverstrooiing).
Oorspronklik die verstrooiing van 'n bevolking, dikwels weens kolonisering; later die kollektiewe trauma van ballingskap saam met 'n intense verlange om terug te keer huis toe; tans die emosionele verhouding tussen migreerders en hulle tuisland.

dictator n.
An absolute, authoritarian ruler.
• *diktator* n.
'n Absolute, outoritêre heerser.

dictatorship n.
A form of rule in which a single person exercises supreme authority.
• *diktatuur* n.
'n Vorm van heerskappy waarin een persoon die oppergesag uitoefen.

Diet → **Kokkai**

Diet n. <also known as Reichstag>.
The assembly of the estates of the Holy Roman Empire quite often held at Nürnberg.
• *Ryksdag* n. <ook bekend as Reichstag>.
Die vergadering van die stande van die Heilige Romeinse Ryk, dikwels in Nürnberg gehou.

diet n.
Historically a legislative assembly in feudal Europe, originally only meeting for a day; now a generic term for the legislative assembly of various states, most notably that of Japan, called the Kokkai.
• *ryksdag* n.
Histories 'n wetgewende vergadering in feodale Europa, oorspronklik het dit net vir een dag vergader; nou 'n generiese term vir die wetgewende vergadering van verskillende state, die bekendste is dié van Japan, wat die Kokkai genoem word.

difaqane → **mfecane**

diplomacy n.
1. The conduct of relations between a state and other states or international organisations, employing peaceful means and managed by official representatives appointed for that purpose. 2. The skill with which such relations are managed.
♦ *diplomasie* n.
1. Die voer van betrekkinge tussen 'n staat en ander state of internasionale organisasies deur die aanwending van vreedsame middele en behartig deur amptelike verteenwoordigers wat vir daardie doel aangestel word. 2. Die vaardigheid waarmee sodanige betrekkinge behartig word.

diplomat n. (diplomatist <obsolescent>).
A member of the diplomatic service of a state.
♦ *diplomaat* n.
'n Lid van die diplomatieke diens van 'n staat.

diplomatic agent n.
The head of a diplomatic mission or a member of the mission who has been accorded diplomatic status.
♦ *diplomatieke agent* n.
Die hoof van 'n diplomatieke missie of 'n lid van die missie aan wie diplomatieke status verleen is.

diplomatic bag n. (diplomatic pouch).
A container of some kind moving between a sending state and a diplomatic mission and containing official correspondence or articles specifically intended for diplomatic use. According to international custom a diplomatic bag is immune to any form of tampering by any person or institution except the sending state and its diplomatic mission.
♦ *diplomatieke sak* n.
'n Houer van die een of ander aard wat tussen 'n sendstaat en 'n diplomatieke missie beweeg en wat amptelike korrespondensie of artikels spesifiek vir diplomatieke gebruik bevat. Volgens internasionale gebruik word 'n diplomatieke sak gevrywaar van enige soort peutering deur enige persoon of instelling behalwe die sendstaat en sy diplomatieke missie.

diplomatic compound n.
A protected area containing the offices and/or residential quarters of a diplomatic mission.
♦ *diplomatieke laer* n.
'n Beskermde area wat die kantore en/of die woonkwartier van 'n diplomatieke missie bevat.

diplomatic corps n.
A group consisting of all the diplomats accredited to a particular state, led by a doyen and functioning as an institution.
♦ *diplomatieke korps* n.
'n Groep bestaande uit al die diplomate wat by 'n bepaalde staat geakkrediteer is en onder leiding van 'n doyen as 'n instelling funksioneer.

diplomatic immunity n. <diplomatic privileges and immunities>.
The special legal position that diplomatic missions and diplomatically accredited staff in a receiving state enjoy in order to facilitate the execution of their functions in that state.

♦ *diplomatieke immuniteit* n. <diplomatieke voorregte en immuniteit>.
Die spesiale regsposisie wat diplomatieke missies en diplomatiek geakkrediteerde personeel in 'n ontvangstaat beklee ten einde die uitvoering van hulle funksies in daardie staat te vergemaklik.

D

diplomatic law n.
That part of international law that governs the conduct of diplomatic relations.
♦ *diplomatieke reg* n.
Daardie deel van die internasionale reg wat die voer van diplomatieke betrekkinge beheer.

diplomatic list n.
A list of all persons enjoying diplomatic status in a receiving state, usually published by the receiving state.
♦ *diplomatieke lys* n.
'n Lys van alle persone wat diplomatieke status in 'n ontvangstaat geniet en wat gewoonlik deur die ontvangstaat gepubliseer word.

diplomatic mission n.
The diplomatic entity representing a sending state or international organisation in a receiving state or organisation. The head of mission usually but not necessarily resides in the capital of the receiving state.
♦ *diplomatieke missie* n.
Die diplomatieke entiteit wat 'n sendstaat of internasionale organisasie in 'n ontvangstaat of -organisasie verteenwoordig. Die hoof van missie woon gewoonlik, maar nie noodwendig nie, in die hoofstad van die ontvangstaat.

diplomatic note n.
A formal written communication between a diplomatic mission and the receiving state or international organisation.
♦ *diplomatieke nota* n.
'n Formele geskrewe kommunikasie tussen 'n diplomatieke missie en die ontvangstaat of internasionale organisasie.

diplomatic officer n.
A person exercising an official function in the diplomatic service of a state.
♦ *diplomatieke beampte* n.
'n Persoon wat 'n amptelike funksie in die diplomatieke diens van 'n staat uitoefen.

diplomatic passport n.
A travel document issued by a sending state to members of its diplomatic service, certain other government officials and their accompanying dependants in order to facilitate their official travelling. In practice this also facilitates their private travelling.
♦ *diplomatieke paspoort* n.
'n Reisdokument wat deur 'n sendstaat aan lede van sy diplomatieke diens, sekere ander regeringsbeamptes en hulle afhanklikes wat hulle vergesel, uitgereik word ten einde hulle ampsreise te vergemaklik. In die praktyk vergemaklik dit ook hulle private reise.

diplomatic pouch → **diplomatic bag**

D

diplomatic privileges and immunities n. <also referred to as diplomatic immunity>.

The special legal position that diplomatic missions and diplomatically accredited staff in a receiving state enjoy in order to facilitate the execution of their functions in that state. This comprises firstly the inviolability of the persons, offices, residences and documentation of the mission and diplomatic staff; secondly immunity from the criminal and most of the civil jurisdiction of the receiving state; and thirdly certain privileges such as exemption of taxes and customs duties.

+ *diplomatieke voorregte en immuniteit* n. <ook na verwys as diplomatieke immuniteit>.

Die spesiale regsposisie wat diplomatieke missies en diplomatiek geakkrediteerde personeel in 'n ontvangstaat beklee ten einde die uitvoering van hulle funksies in daardie staat te vergemaklik. Dit behels eerstens die onskendbaarheid van die persone, kantore, wonings en dokumentasie van die missie en diplomatieke personeel; tweedens immuniteit ten opsigte van die kriminele en meeste van die siviele jurisdiksie van die ontvangstaat; en derdens sekere voorregte soos die vrystelling van belasting en aksynsreg.

diplomatic rank n.

Any of a number of hierarchical grades in a diplomatic mission allocated to members of the sending state's foreign service, starting with the ambassador as the most senior and followed in descending order by minister, counsellor, first secretary, second secretary and third secretary. The rank of attaché is accorded to members of other departments of the sending state attached to the diplomatic mission as well as to specialist members of the sending state's foreign service.

+ *diplomatieke rang* n.

Enige van 'n aantal hiërargiese graderings in 'n diplomatieke missie wat aan lede van die sendstaat se buitelandse diens toegeken word, beginnende by ambassadeur as die mees senior, in dalende orde gevolg deur minister, raad, eerste sekretaris, tweede sekretaris en derde sekretaris. Die rang attaché word toegeken aan lede van ander departemente van die sendstaat wat by die diplomatieke missie toegevoeg word asook aan spesialislede van die sendstaat se buitelandse diens.

diplomatic relations n.

Relations between states that are of such a nature that they enjoy unhampered communication with each other, usually through their diplomats.

+ *diplomatieke betrekkinge* n.

Die verhouding tussen state wat van so 'n aard is dat hulle onverhinderde kommunikasie met mekaar geniet, gewoonlik deur hulle diplomate.

diplomatic representative n.

A duly accredited member of a diplomatic mission.

+ *diplomatieke verteenwoordiger* n.

'n Behoorlik geakkrediteerde lid van 'n diplomatieke missie.

diplomatic service n.

The functioning of the whole complement of the machinery engaged in the conduct of a state's diplomacy.

+ *diplomatieke diens* n.

Die funksionering van die geheel van die masjinerie betrokke by die voer van 'n staat se diplomasie.

diplomatic status n.

The standing of a member of the diplomatic staff of a mission who has been accredited as a diplomatic agent by the receiving state.

+ *diplomatieke status* n.

Die stand van 'n lid van die diplomatieke personeel van 'n missie wat deur die ontvangstaat as 'n diplomatieke agent geakkrediteer is.

diplomatist → diplomat

direct dial diplomacy n.

The conduct of direct relations with a foreign institution by a government ministry other than the state's own foreign ministry, bypassing the foreign ministry in the process.

+ *direkteskakeldiplomasie* n.

Die bedryf van regstreekse betrekkinge met 'n buitelandse instelling deur 'n staatsministerie anders as die staat se eie buitelandse ministerie, en wat die buitelandse ministerie in die proses opsy skuif.

directive n.

An order from higher authority containing directions for execution.

+ *direktief* n.

'n Opdrag van hoër gesag wat voorskrifte vir uitvoering bevat.

direct representation n. <see also indirect representation>.

An electoral system in which representatives are chosen directly by voters.

+ *direkte verteenwoordiging* n. <kyk ook indirekte verteenwoordiging> (regstreekse verteenwoordiging).

'n Kiesstelsel waarin verteenwoordigers regstreeks deur kiesers gekies word.

disadvantaged n. <the disadvantaged>.

People who cannot compete equally with others or enjoy equal opportunities, usually as a result of pre-existing factors such as social and political discrimination.

+ *benadeeldes* n. <die benadeeldes> (agtergeblewenes <die agtergeblewenes; af te keur>).

Mense wat nie op gelyke voet met ander kan meeding of gelyke geleenthede geniet nie, gewoonlik weens vooraf bestaande faktore soos maatskaplike en politieke diskriminasie.

disciplinary code n.

A set of instructions detailing procedures for dealing with infractions of an institution's rules, including the rights of the parties, punishments and appeal procedures.

+ *dissiplinêre kode* n. (tugkode).

'n Stel instruksies wat prosedures uiteensit om oortredings van 'n instelling se reëls te hanteer, insluitend die regte van die partye, strawwe en appèlprosedures.

disciplinary committee n.

A committee empowered to take disciplinary action.

♦ *dissiplinêre komitee* n. (tugkomitee).
'n Komitee met die bevoegdheid om tug toe te pas.

discrimination n.
Promoting the interests of one group at the cost of the rights of other groups.
♦ *diskriminasie* n.
Bevordering van die belange van een groep ten koste van die regte van ander groepe.

discriminatory policy n.
Policy that affects certain people unfairly or has unequal consequences for specific groups of people.
♦ *diskriminerende beleid* n.
Beleid wat sekere mense onbillik raak of ongelyke gevolge vir bepaalde groepe mense het.

discussion document n.
A paper setting out ideas and tentative proposals as a foundation for a process of consultation and negotiation.
♦ *besprekingsdokument* n.
(gespreksdokument).
'n Geskrif wat idees en tentatiewe voorstelle uiteensit as 'n grondslag vir 'n proses van oorlegpleging en onderhandeling.

disenfranchise v. (disfranchise).
An action of a government by which a citizen is deprived of the right to vote in elections.
♦ *stemreg ontneem* v. (ontkieser).
'n Handeling deur 'n regering waardeur 'n burger van sy/haar reg ontneem word om in 'n verkiesing te stem.

disenfranchised person n. <see also unenfranchised>.
A person who has been deprived of the right to vote.
♦ *ontkieserde* n. <kyk ook niestemgeregtig>
(ontkieserde persoon).
'n Persoon wie se reg om te stem hom/haar haar ontneem is.

disengagement n.
Breaking off combat without necessarily ending hostilities.
♦ *afbreking* n.
Ontkoppeling van 'n geveg sonder om noodwendig vyandelikhede te beëindig.

disengagement n.
Withdrawal from active diplomatic interaction without necessarily breaking off diplomatic relations, eg by recalling the state's negotiating team at arms reduction talks.
♦ *onttrekking* n.
Die terugtrek uit aktiewe diplomatieke interaksie sonder om noodwendig diplomatieke betrekkinge te verbreek, bv deur 'n staat se onderhandelingspan by wapenverminderingsamesprekings te herroep.

disequilibrium n.
A condition in which the state or polity has been destabilised to such an extent that a political imbalance is created.

♦ *onewewigtigheid* n. (disekwilibrium).
'n Toestand waarin die staat of politie in so 'n mate gedestabiliseer is dat 'n politieke wanbalans geskep word.

disfranchise → **disenfranchise**

D

disinformation n. <see also **misinformation**>.
Information that is deliberately distorted or falsified to influence the actions of others, especially in intelligence operations.
♦ *disinformasie* n. <kyk ook **waninformasie**>.
Informasie wat doelbewus verwring of vervals is om die optrede van andere te beïnvloed, veral in inligtingsoperasies.

disintegration n.
The result of the segregation of an integrated community, such as a mixed race suburb, on the basis of racial classification.
♦ *disintegrasie* n.
Die resultaat van die segregasie van 'n geïntegreerde gemeenskap, soos 'n voorstad van gemengde rasse wat op die grondslag van rasseklassifikasie geskei word.

disinvestment n.
The deliberate, concerted shedding of investments in order to exert pressure on a government or other institution to change undesirable policies or actions.
♦ *disinvestering* n.
Die doelbewuste, ooreengekome afskud van beleggings ten einde druk op 'n regering of ander instelling uit te oefen om ongewenste beleid of optrede te verander.

disorder n.
A public disturbance resulting from the absence of effective public order.
♦ *wanorde* n.
'n Openbare steurnis wat uit die afwesigheid van effektiewe openbare orde spruit.

dispersed settlement n. (scattered settlement).
An often unplanned human settlement that is spread out, strewn or scattered over a given geographic area.
♦ *verspreide nedersetting* n.
'n Dikwels onbeplande menslike nedersetting wat oor 'n gegewe geografiese gebied uitgesprei, verstrooi of versnipper is.

displaced person n.
An individual who has been forced to migrate from his/her usual domicile.
♦ *ontwortelde* n. (ontheemde).
'n Individu wat gedwing is om van sy/haar gebruiklike blyplek af weg te trek.

dispute resolution n.
An act or the process of solving a problem or argument.
♦ *geskilbeslegting* n.
'n Handeling of die proses om 'n probleem of argument op te los.

dissenting opinion n. <juridical>.
The legal opinion of a judge who disagrees with the decision of the majority of a court.

D

* *afwykende opinie* n. <juridies>
  (teendenkende opinie)
Die regsmening van 'n regter wat nie met die
beslissing van die meerderheid van 'n hof saamstem
nie.

dissenting vote n.
Opposing choice or opinion.
* *afwykende stem* n. (teendenkende stem).
'n Opponerende keuse of mening.

dissidence n.
Expressed disagreement with officially held ideas
and beliefs.
* *andersdenkendheid* n. (dissidensie).
Uitgesproke nie-instemmigheid met idees en
oortuigings wat amptelik geldig word.

dissolution of parliament n.
An action to end the term of office of a parliament.
* *ontbinding van die parlement* n.
'n Aksie om die termyn van 'n parlement te
beëindig.

distant early warning n. (DEW).
A system of tracking devices that the USA manages
a long distance away from its borders and linked
into the North American air defence system to warn
against enemy air attacks.
* *verre vroeëwaarskuwing* n. (VVW).
'n Stelsel van volgtoestelle wat die VSA ver van sy
grense af bestuur en by die Noord-Amerikaanse
lugverdedigingstelsel inskakel om teen vyandelike
lugaanvalle te waarsku.

distribution of income n. (income distribution).
The division of wealth between people in a state.
The division is almost always unequal, creating
economic classes such as wealthy, middle class and
poor people.
* *inkomsteverspreiding* n.
  (inkomstedistribusie).
Die verdeling van rykdom tussen mense in 'n staat.
Die verdeling is bykans altyd ongelyk, wat
ekonomiese klasse soos welgestelde, middelklas en
arm mense tot stand bring.

distribution of land n. (land distribution).
The allocation of land to individuals or groups.
* *grondverdeling* n.
Die toekenning van grond aan individue of groepe.

distribution of wealth n.
The extent of the spread of resources in a given
society, state or polity.
* *welvaartverspreiding* n.
Die graad van hulpbronverspreiding in 'n gegewe
samelewing, staat of politie.

distribution of wealth n.
The apportionment of the ownership of assets
amongst the members of a polity.
* *welvaartverdeling* n.
Die toedeling van die eienaarskap van bates tussen
die lede van 'n politie.

distribution of wealth n.
The manner in which affluence in a society is
divided between individuals or economic entities
such as private firms and public enterprises.

* *verdeling van rykdom* n.
Die wyse waarop welvaart in 'n samelewing
toegewys word tussen individue of ekonomiese
entiteite soos privaat firmas en openbare
ondernemings.

distribution of wealth n.
The spread of the total income of a polity among
its members, eg between labour and property.
* *rykdomverspreiding* n.
Die verspreiding van die totale inkomste van 'n
politie tussen sy lede, bv tussen arbeid en eiendom.

diverse society n.
A culturally, religiously, socially or ethnically varied
group of people living in a particular area under the
governance of the same political authority.
* *veelsoortige samelewing* n. <voorkeurterm>
  (diverse samelewing).
'n Kultureel, godsdienstig, sosiaal of etnies
uiteenlopende groep mense wat in 'n bepaalde
gebied onder die regering van dieselfde politieke
owerheid woon.

di-vestiture → **divestment**

divestment n. (di-vestiture).
The reduction of investments on the basis of
financial or ethical considerations.
* *ontdoening* n. (disinvestering).
Die vermindering van beleggings op grond van
finansiële of etiese oorwegings.

doctrine n. <see also dogma>.
A creed or body of teachings of a religious,
political, or philosophical group presented for
acceptance or belief.
* *doktrine* n. <kyk ook dogma> (leer).
'n Belydenis of korpus van leerstellings van 'n
religieuse, politieke of filosofiese groep wat
aangebied word om te aanvaar of te glo.

dogma n. <see also doctrine>.
A principle or body of principles that is taught or
advocated with resolution and conviction.
* *dogma* n. <kyk ook doktrine> (leer).
'n Beginsel of korpus van beginsels wat met
sekerheid en oortuiging geleer of voorgestaan word.

dogmatic adj.
Pertaining to rigid adherence to an ideology or a set
of beliefs.
* *dogmaties* adj.
Verwys na die onbuigsame navolging van 'n
ideologie of 'n stel oortuigings.

dollarisation n.
The extensive use of USA dollars by the people of
a state because of the instability of the local
currency.
* *dollarisering* n.
Die omvattende gebruik van VSA-dollars deur die
mense van 'n staat weens die onstabiliteit van die
plaaslike geldeenheid.

domestic affairs n.
The internal business of a state.
* *binnelandse aangeleenthede* n.
Die interne sake van 'n staat.

domestic intelligence n.
Intelligence relating to activities or conditions within the state which threaten internal security, including intelligence relating to the activities of individuals or organisations potentially or actually dangerous to the security of the nation.
• *binnelandse inligting* n. (binnelandse intelligensie).
Inligting oor aktiwiteite of toestande binne die staat wat binnelandse veiligheid bedreig, insluitend inligting oor die aktiwiteite van persone of organisasies wat potensieel of werklik gevaar vir die nasie se veiligheid inhou.

domestic law n. <current usage> (municipal law).
The internal law of a specific state, as opposed to international law, and not to be confused with a municipal bye-law.
• *binnelandse reg* n. (staatlike reg, landsreg, munisipale reg).
Die interne reg van 'n bepaalde staat, in teenstelling met die internasionale reg, en moet nie met 'n munisipale verordening verwar word nie.

dominant-party system n.
A system of political parties in which a particular party is not only the strongest, but also dominates the entire opposition and the political life of a state.
• *oorheersendepartystelsel* n. (dominantepartystelsel).
'n Stelsel van politieke partye waarin 'n bepaalde party nie net die sterkste party is nie, maar ook die hele opposisie en politieke lewe van 'n staat oorheers.

donor agency n.
An institution that provides financial contributions and/or other aid to developing states or NGOs.
• *skenkeragentskap* n.
'n Instelling wat finansiële bydraes en/of ander hulp aan ontwikkelende state of NRO's verskaf.

donor fatigue n.
An expression used in the analysis of foreign aid, particularly by advanced industrial countries, to denote an adverse and critical climate of informed public opinion about the principles and purposes of aid programmes.
• *skenkeruitputting* n.
'n Uitdrukking wat veral deur leidende nywerheidslande in die ontleding van buitelandse hulp gebruik word om 'n ongunstige en kritiese klimaat van ingeligte openbare mening rakende die beginsels en oogmerke van hulpprogramme aan te dui.

dormitory suburb n.
An area or even a city from where people commute to a major and nearby economic centre where they spend most of their daytime; also referred to as a bedroom community.
• *slaapvoorstad* n.
'n Gebied of selfs 'n stad van waar mense na 'n groot en naburige ekonomiese sentrum pendel waar hulle die grootste deel van hulle dag deurbring; word ook na verwys as 'n slaapkamergemeenskap.

double agent n. <see also dual agent>.
An agent of an intelligence service of one state or organisation who has been recruited secretly by an intelligence or security service of another state to work against his/her original service.
• *dubbelagent* n. <kyk ook wisselagent>.
'n Agent van 'n inligtingsdiens van een staat of organisasie wat in die geheim deur 'n inligtings- of veiligheidsdiens van 'n ander staat gewerf is om teen sy/haar oorspronklike diens te werk.

dowager empress n.
The widow of an emperor.
• *keiserinweduwee* n.
Die weduwee van 'n keiser.

downside n.
The drawback, shortcoming or disadvantage of a matter.
• *minuskant* n.
Die belemmering, tekortkoming of nadeel van 'n saak.

downsize v.
Reducing the number of employees, amount of equipment or property and/or the scope of functions or services performed.
• *afskaal* v. (kleiner maak).
Die getal werknemers, hoeveelheid toerusting of eiendom en/of die bestek van funksies of dienste wat gelewer word, verminder.

doyen n.
The most senior member of a profession or activity on the grounds of experience and respect, eg the Doyen of the Diplomatic Corps.
• *doyen* n.
Die mees senior lid van 'n beroep of aktiwiteit op grond van ondervinding en respek, bv die Doyen van die Diplomatieke Korps.

Doyenne of the Diplomatic Corps n. <male form Doyen of the Diplomatic Corps> (Dean of the Diplomatic Corps).
The title of the most senior diplomatic, female representative in a receiving state.
• *Doyenne van die Diplomatieke Korps* n. <manlike vorm Doyen van die Diplomatieke Korps> (Dekaan van die Diplomatieke Korps).
Die titel van die mees senior vroulike, diplomatieke verteenwoordiger in 'n ontvangstaat.

Doyen of the Diplomatic Corps n. <female form Doyenne of the Diplomatic Corps> (Dean of the Diplomatic Corps).
The title of the most senior diplomatic representative of all states represented in a receiving state.

Doyen van die Diplomatieke Korps n. <vroulike vorm Doyenne van die Diplomatieke Korps> (Dekaan van die Diplomatieke Korps).
Die titel van die mees senior diplomatieke verteenwoordiger van al die verteenwoordigers in 'n ontvangstaat.

draconian measures n.
Extremely severe or harsh actions taken by a state in its internal or external relations.
drakoniese maatreëls n.
Uiters strawwe of hardvogtige aksies deur 'n staat in sy binnelandse of buitelandse verhoudings.

draft v.
To select and call up for compulsory military service.
oproep v.
Om te keur en vir verpligte militêre diens op te roep.

draft bill n.
A preliminary proposal for a bill.
konsepwetsontwerp n.
'n Voorlopige voorstel vir 'n wetsontwerp.

draft dodger n.
A person who evades compulsory military service.
dienspligontduiker n.
'n Persoon wat verpligte militêre diens ontwyk.

drug boss n.
The head of a gang that illegally deals in addictive drugs.
dwelmbaas n.
Die hoof van 'n bende wat onwettig met verslawende dwelms handel dryf.

drug bust n.
The destruction by the police of a drug peddling operation.
dwelmplettering n.
Die vernietiging deur die polisie van 'n dwelmhandelbedryf.

drug runner n. (drug smuggler <less used>).
A person who illegally and secretly brings addictive drugs into a country.
dwelmsmokkelaar n.
'n Persoon wat verslawende dwelms onwettig en in die geheim in 'n land inbring.

drug smuggler → **drug runner**

dual agent n. <see also double agent>.
An agent in the simultaneous and independent employ of two or more intelligence services.
wisselagent n. <kyk ook dubbelagent>.
'n Agent in die gelyktydige en onafhanklike diens van twee of meer inligtingsdienste.

dual citizenship n.
The possession of simultaneous citizenship of two states, for example country of birth and country of residence.
dubbele burgerskap n.
Die besit van gelyktydige burgerskap in twee state, bv geboorteland en land waarin woonagtig.

dual monarchy n.
A monarchy which is recognised in two separate states in which the union of the two states resides in the person of the monarch, ie Austria-Hungary between 1867 and 1918.
tweedelige monargie n.
'n Monargie wat in twee afsonderlike state erken word waarin die unie van die twee state vestig in die persoon van die monarg, bv Oostenryk-Hongarye tussen 1867 en 1918.

due process n.
Legal procedures intended to protect the rights and liberties of individuals, eg a person accused of a crime has to be charged in a court of law and afforded the opportunity of presenting a defence and having legal representation.
behoorlike prosedure n.
Regsprosedures wat bedoel is om die regte en vryhede van individue te beskerm; bv 'n persoon wat van 'n misdaad beskuldig word, moet in 'n geregshof aangekla word en die geleentheid gegun word om sy/haar verdediging aan te bied en regsverteenwoordiging te hê.

Duma n.
The Russian parliament.
Doema n.
Die Russiese parlement.

dumping n.
The action of a state or company by which goods are sold to a foreign state at far below cost or far below the price of the goods in the state of origin.
dumping n.
Die optrede van 'n staat of maatskappy waardeur goedere aan 'n vreemde staat verkoop word teen ver onder die koste of ver onder die prys van die goedere in die staat van oorsprong.

duocracy n.
The exercise of political power by two centres of power where a powerful monarch is balanced by a powerful parliament, eg the Mogul Empire in India during certain periods of the 16th and 17th centuries.
duokrasie n.
Die uitoefening van politieke mag deur twee magsentrums waar 'n magtige monarg deur 'n magtige parlement gebalanseer word, bv die Moegoelryk in Indië gedurende bepaalde tydperke van die 16de en 17de eeue.

duress n.
The use of threats to coerce a state or person to follow a desired line of action.
dwangdruk n.
Die gebruik van dreigemente om 'n staat of persoon te forseer om 'n gewenste gedragslyn te volg.

dynasty n.
A sequence of hereditary rulers, eg the Ming dynasty in China.
dinastie n.
'n Opeenvolging van erflike vorste, bv die Miengdinastie in China.

dystopia n.
A society in which the conditions of life are miserable, such as poverty, disease, oppression, violence and pollution, as opposed to utopia.

♦ *distopie* n.
'n Samelewing waarin die lewensomstandighede erbarmlik is, soos armoede, siekte, onderdrukking, geweld en besoedeling, teenoor utopie.

D

Ee

East n. <the East>, <see also the West>.
The continent of Asia regarded as culturally distinct
from Europe and the West; the Orient.
• **Ooste** n. <die Ooste>, <kyk ook die Weste>.
Die Asiatiese kontinent wat as kultureel verskillend
van Europa en die Weste beskou word; die Oriënt.

eavesdropping n. <see also monitoring>.
In intelligence operations, listening to conversations
carried by sound waves without the speakers'
knowledge.
• **afluistering** n. <kyk ook meeluistering>.
In inligtingsoperasies, luister na gesprekke wat deur
klankgolwe gedra word sonder dat die sprekers
daarvan bewus is.

ecclesia n. <Greek>.
The assembly of citizens of an ancient Greek state.
• **volksvergadering** n.
Die vergadering van die burgers van antieke
Griekse state.

echelon n.
1. A hierarchical level in an institution, eg the
national head office of a political party is a higher
echelon than a local party office. 2. In the armed
forces, a physical or functional separation of
components of a headquarters or command, eg a
forward echelon, support echelon and rear echelon.
• **echelon** n.
1. 'n Hiërargiese vlak in 'n instelling, bv die
nasionale hoofkantoor van 'n politieke party is 'n
hoër echelon as 'n plaaslike partykantoor. 2. In die
weermag, 'n fisiese of funksionele skeiding van
komponente van 'n hoofkwartier of
kommandement, bv 'n voorechelon, steunechelon
en agterechelon.

eclectic approach n.
An approach to systematic inquiry that makes use
of more than one or multiple methods.
• **eklektiese benadering** n.
'n Benadering tot sistematiese ondersoek wat meer
as een of veelvuldige metodes gebruik.

ecological fallacy n. <see also individualistic
fallacy>.
An error in informal logic where an inference is
made about an individual based on aggregate data
for a group, eg American society is capitalistic in
orientation, therefore my American colleague is a
follower of capitalism.
• **ekologiese denkfout** n. <kyk ook
individualistiese denkfout>.
'n Fout in informele logika waar 'n afleiding oor 'n
individu op grond van versamelde gegewens vir 'n
groep gemaak word, bv die Amerikaanse
samelewing het 'n kapitalistiese inslag, daarom is
my Amerikaanse kollega 'n aanhanger van
kapitalisme.

ecologism n.
An ideology based on the belief that there is an
essential link between humankind and the natural
world, and that the health of the ecosystem should
have priority over human interests.
• **ekologisme** n.
'n Ideologie wat op die oortuiging gegrond is dat
daar 'n essensiële skakel tussen die mensdom en
die natuurlike wêreld is, en dat die gesondheid van
die ekostelsel voorrang bo menslike belange
behoort te geniet.

economically active population n.
That segment of the populace that is involved in the
production of goods and services, in contrast to
people who are not engaged in active work, such as
pensioners and children.
• **ekonomies bedrywige bevolking** n.
Daardie segment van die bevolking wat by die
produksie van goedere en dienste betrokke is, in
teenstelling met mense wat nie by aktiewe werk
betrokke is nie, soos pensioenarisse en kinders.

economic diplomacy n.
The use of economic resources as rewards or
punishment to further the national interest of a
state.
• **ekonomiese diplomasie** n.
Die gebruik van ekonomiese hulpbronne as
aansporing of straf om die nasionale belang van 'n
staat te bevorder.

economic force n.
The use of a state's economic capacity to enforce or
influence behaviour in another, often a rival or
rogue state, eg an oil embargo.
• **ekonomiese dwang** n.
Die gebruik van 'n staat se ekonomiese vermoë om
gedrag in 'n ander staat, dikwels 'n teenstander of
skurkstaat te beïnvloed of af te dwing, bv 'n
olie-embargo.

economic migrant n.
A person who travels across borders for a purpose
that is expressly economic, such as employment,
trading or self-employment.
• **ekonomiese migreerder** n. (ekonomiese
migrant).
'n Persoon wat oor grense reis met 'n uitsluitlik
ekonomiese doelwit, soos indiensneming, handel of
selfindiensneming.

economic society n.
A segment of the social order that pursues material
interests.
• **ekonomiese samelewing** n.
'n Segment van die sosiale orde wat materiële
belange nastrewe.

economic viability n. <of a state>.
The ability of a state to achieve sustained economic
growth and development.

• **ekonomiese lewensvatbaarheid** n. <van 'n staat>.
Die vermoë van 'n staat om volgehoue ekonomiese groei en ontwikkeling te handhaaf.

economic warfare n.
The coercive use of economic means to achieve national objectives.
• **ekonomiese oorlogvoering** n.
Die toepassing van dwang met ekonomiese middele om nasionale doelwitte te bereik.

economy n.
1. The art of managing the resources of a people and of its government. 2. The economic system of a state.
• **ekonomie** n.
1. Die kuns om die hulpbronne van 'n volk en sy regering te bestuur. 2. Die ekonomiese stelsel van 'n staat.

EEZ → **exclusive economic zone**

egalitarianism n. (equalitarianism).
An ideology stressing economic, social and political equality.
• **egalitarisme** n. (gelykheidsleer).
'n Ideologie wat ekonomiese, sosiale en politieke gelykheid beklemtoon.

elder statesman n.
A statesman of stature, usually retired, who is consulted by current office-bearers and whose advice and services are often used in conflict resolution, eg President Julius Nyerere in Burundi, circa 1992 to 1994.
• **ringkopstaatsman** n.
'n Staatsman van formaat, gewoonlik afgetree, wat deur huidige ampsbekleërs geraadpleeg word en wie se raad en dienste dikwels in konflikbeslegting gebruik word, bv President Julius Nyerere in Burundi, circa 1992 tot 1994.

election n.
1. The selection of a person for an office or position, by direct or indirect vote, eg a president. 2. The selection by popular vote of members of a representative assembly.
• **verkiesing** n. (eleksie).
1. Die selektering van 'n persoon vir 'n pos of posisie, deur direkte of indirekte stemming, bv 'n president. 2. Die kies, deur algemene stemming, van lede van 'n verteenwoordigende vergadering.

election campaign n.
Activities to gain public support for particular candidates and/or political parties in a forthcoming election.
• **verkiesingsveldtog** n.
Aktiwiteite om openbare steun te verkry vir besondere kandidate en/of politieke partye in 'n komende verkiesing.

election manifesto n.
A public statement of the principles, values and plans of a political party contesting an election.

• **verkiesingsmanifes** n.
'n Openbare verklaring van die beginsels, waardes en planne van 'n politieke party wat aan 'n verkiesing deelneem.

elective monarch n.
A monarch who is elected to the office instead of inherited succession only, eg the Holy Roman Emperor or the king of Swaziland.
• **verkose monarg** n.
'n Monarg wat tot die amp verkies word pleks van erfopvolging alleen, bv die keiser van die Heilige Romeinse Ryk of die koning van Swaziland.

elector → **voter**

elector n.
A member of an electoral college such as the assembly that elects the president of the USA.
• **verkieser** n.
'n Lid van 'n kieskollege soos die vergadering wat die president van die VSA verkies.

elector n.
Historically a noble ruler who had the right to vote in the election of the emperor of the Holy Roman Empire.
• **keurvors** n.
Histories, 'n adellike regeerder met die reg om in die verkiesing van die keiser van die Heilige Romeinse Ryk te stem.

electoral college n.
A body of electors constituted as a deliberative body to elect someone for a particular office, eg the president of the USA.
• **kieskollege** n.
'n Groep kiesers as 'n beraadslagende liggaam saamgestel om iemand vir 'n besondere amp te verkies, bv die president van die VSA.

electoral fusion n.
An arrangement where two or more political parties jointly support a particular candidate by pooling their votes.
• **verkiesingsversmelting** n.
'n Reëling waar twee of meer politieke partye gesamentlik 'n bepaalde kandidaat ondersteun deur hulle stemme saam te voeg.

electoral list → **voters' roll**

electoral system n.
The method used to elect representatives for positions in parliament or a legislature
• **kiesstelsel** n. (verkiesingstelsel).
Die metode wat gebruik word om verteenwoordigers vir posisies in die parlement of in 'n wetgewer te verkies.

electoral system quota n.
A mechanism used in proportional electoral systems to establish the number of seats to which a party is entitled in a legislative assembly, using one of various quota formulae, such as Hare and Droop.
• **kiesstelselkwota** n.
'n Meganisme waardeur verskeie kwotaformules, soos Hare en Droop, gebruik word om in proporsionele verkiesingstelsels die getal setels te bepaal waarop 'n party in 'n wetgewende vergadering geregtig is.

E

electorate n.
The collection of citizens who are eligible to vote in elections.
• **stemgeregtigdes** n.
Die versameling burgers wat in verkiesings mag stem.

E

elite n.
The leading minority with influence, status and authority within a group or society.
• **elite** n.
Die toonaangewende minderheid met invloed, status en gesag binne 'n groep of samelewing.

elitism n.
1. The belief that society should be governed by a select group of gifted and highly educated individuals. 2. Pride in or awareness of being one of an elite group.
• **elitisme** n.
1. Die oortuiging dat die samelewing deur 'n uitgesoekte groep begaafde en hoogs opgevoede individue regeer behoort te word. 2. Trots op of bewustheid daarvan om lid van 'n uitsoekgroep te wees.

embargo n.
1. Prohibition of the publication or disclosure of the contents of a document before a set date and time. 2. The official suspension of specified commercial or other reciprocal relations as a punitive measure against another state or states. 3. An official order of a state forbidding ships or aircraft of another state or states to use its ports or airports.
• **embargo** n. (verbod).
1. 'n Voorskrif dat die inhoud van 'n dokument nie voor 'n bepaalde datum en tyd gepubliseer of bekend gemaak mag word nie. 2. Die amptelike opskorting van gespesifiseerde handels- of ander wederkerende betrekkinge as 'n strafmaatreël teen 'n ander staat of state. 3. 'n Amptelike bevel van 'n staat wat skepe of vliegtuie van 'n ander staat of state verbied om sy hawes of lughawes te gebruik.

embassy n. <see also High Commission>.
1. An ambassador and his/her entourage collectively. 2. The building or part of a building containing the offices of a diplomatic mission that is headed by an ambassador.
• **ambassade** n. <kyk ook Hoë Kommissariaat>.
1. 'n Ambassadeur en sy/haar personeel. 2. Die gebou of gedeelte van 'n gebou wat die kantore bevat van 'n diplomatieke missie wat 'n ambassadeur aan die hoof het.

emigrant n.
A person who permanently leaves his/her native state in order to settle in another state.
• **emigrant** n.
'n Persoon wat sy/haar geboortestaat permanent verlaat ten einde hom/haar in 'n ander staat te vestig.

emigrate v.
To leave one's state, especially a native state, to permanently settle in another state.

• **emigreer** v.
Om jou eie staat, veral jou staat van geboorte, te verlaat om jou permanent in 'n ander staat te gaan vestig.

émigré n. <French>.
An emigrant, especially a person forced to leave his/her native country for political reasons.
• **émigré** n. <Frans>.
'n Emigrant, in besonder 'n persoon wat sy/haar geboorteland om politieke redes verlaat.

emir n. <Arabic>.
1. A ruler, commander or governor in the Islamic world. 2. In some cases a title for a descendant of the Prophet Mohammed.
• **emir** n. <Arabies>.
1. 'n Regeerder, bevelvoerder of goewerneur in die Islamitiese wêreld. 2. In sommige gevalle 'n titel vir 'n nasaat van die Profeet Mohammed.

emirate n.
The government, jurisdiction, or territory of an emir.
• **emiraat** n.
Die regering, jurisdiksie of grondgebied van 'n emir.

emissary n.
A representative, especially of a government, sent on a mission to accomplish a specific task.
• **afgesant** n.
'n Verteenwoordiger, veral van 'n regering, wat op 'n sending gestuur word om 'n spesifieke taak te verrig

emperor n.
A hereditary ruler who rules over an empire.
• **keiser** n.
'n Erflike vors wat oor 'n imperium of ryk heers.

empire n.
A political unit with a single supreme authority exercising power over a number of colonies, territories and dependencies, eg the Roman and British Empires.
• **ryk** n.
'n Politieke eenheid met 'n enkele oppergesag wat mag oor 'n aantal kolonies, gebiede en afhanklike streke uitoefen, bv die Romeinse en Britse ryke.

empire n.
1. A pejorative reference to the British empire, especially in the twentieth century. 2. Within organisations, the institutionalisation of self-interest.
• **empaaier** n.
1. 'n Neerhalende verwysing na die Britse Ryk, veral in die twintigste eeu. 2. In organisasies, die institusionalisering van eiebelang.

employment equity n.
The practice of ensuring that the action of employing occurs in an even-handed way to be fair and nondiscriminatory.

+ *gelykberegtiging by indiensneming* n.
(indiensnemingsgelykberegtiging).
Die praktyk om te verseker dat die aksie van
indiensneming op onpartydige wyse geskied ten
einde billik en niediskriminerend te wees.

empower v.
To provide with authority and resources.
+ *bemagtig* v.
Om met gesag en hulpbronne te beklee.

empowering legislation n.
Laws allowing for the provision of power and
authority.
+ *bemagtigingswetgewing* n.
Wette wat vir bekleding met mag en gesag
voorsiening maak.

empowerment n.
The distribution of power to previously
disempowered sectors of society.
+ *bemagtiging* n.
Die verspreiding van mag na voorheen ontmagtigde
sektore van die samelewing.

empress n.
1. A female emperor. 2. The title of the wife of an
emperor.
+ *keiserin* n.
1. 'n Vroulike keiser. 2. Die titel van die vrou van
'n keiser.

empress dowager n.
The widow of an emperor.
+ *keiserinweduwee* n.
Die weduwee van 'n keiser.

enact v.
Make into law.
+ *verwetlik* v.
In wetgewing vaslê.

enact a bill → **adopt a bill**

encipher v.
To transform plain text into secret form by means
of a cipher.
+ *insyfer* v.
Om gewone teks deur middel van syferskrif in 'n
geheime vorm te omskep.

enclave n. <see also exclave>.
A relatively small tract of land or territory of one
state enclosed by the territory of a single foreign
state, eg prior to the unification of East and West
Germany, Berlin was an enclave because it was
completely surrounded by territory of East
Germany.
+ *enklave* n. <kyk ook eksklave> (omringde
grondgebied).
'n Betreklike klein strook land of grondgebied van
'n staat wat deur die gebied van 'n enkele
buitelandse staat omsluit word, bv voor die
hereniging van Oos- en Wes-Duitsland was Berlyn
'n enklave omrede dit volkome omring was deur
Oos-Duitse gebied.

encode v.
To transform plain text into secret form by means
of a code.

+ *enkodeer* v.
Om gewone teks dmv 'n kode in geheime vorm om
te sit.

encroachment n.
An intrusion on the rights or property of another, eg
extending one's garden to a sidewalk belonging to
the municipality.
+ *oorskryding* v.
Inbreuk op die regte of eiendom van iemand anders,
bv om jou tuin uit te brei na 'n sypaadjie wat aan
die munisipaliteit behoort.

E

enfranchise v.
To grant a statutory right to a person to vote.
+ *stemreg verleen* v.
Om 'n statutêre reg aan 'n persoon te verleen om te
kan stem.

English-speaking Africa → **Anglophone Africa**

entitlement n.
A claim or a right to a privilege, power or monetary
perquisite such as a pension or disability grant.
+ *aanspraak* n.
'n Eis of 'n reg op 'n voorreg, mag of geldelike
voordeel soos 'n pensioen of ongeskiktheidstoelaag.

entrench v.
To establish firmly certain norms or conditions that
cannot be changed easily or may not be changed at
all, such as the entrenchment of human rights in a
constitution.
+ *verskans* v.
Om bepaalde norme of voorwaardes wat nie maklik
of glad nie verander mag word nie, stewig te vestig,
bv die verskansing van menseregte in 'n grondwet.

environmentalism n.
The doctrine that gives priority to the maintenance
and protection of the natural environment for the
economic benefit of humans.
+ *omgewingsbewustheid* n.
Die leerstuk wat voorrang gee aan die handhawing
en beskerming van die natuurlike omgewing tot die
ekonomiese voordeel van mense.

envoy n.
1. A representative of a state accredited with the
head of another state. 2. Diplomatic representative,
in rank just lower than an ambassador.
+ *gesant* n.
1. Verteenwoodiger van 'n staat by die hoof van 'n
ander staat geakkrediteer. 2. Diplomatieke
verteenwoordiger, in rang net laer as 'n
ambassadeur.

equalitarianism → **egalitarianism**

equality before the law n.
The principle or doctrine that every individual
should be treated in a similar manner on legal
questions, irrespective of his/her origin and status,
as well as irrespective of whether it is in a trial
before a court of law, a civil suit or a matter of
human rights.
+ *gelykheid voor die reg* n.
Die beginsel of leerstelling dat elke individu op
dieselfde manier in regskwessies behandel moet
word, ongeag sy/haar herkoms en status, en ook

E

ongeag of dit 'n verhoor in 'n hof, 'n siviele saak of 'n geval van menseregte is.

equal opportunities n.
Opportunities for all persons that are identical in numbers, magnitude, value, intensity, neither less nor greater, on the same level in dignity, power and excellence.
• *gelyke geleenthede* n.
Geleenthede vir alle persone wat identies is ten aansien van getalle, omvang, waarde, intensiteit, nie minder of meer nie, op dieselfde vlak van waardigheid, mag en uitnemendheid.

equerry n.
An officer in the royal household responsible for the horses.
• *koninklike stalmeester* n.
'n Offisier in die koninklike huishouding wat verantwoordelik is vir die perde.

equerry n.
An officer attendant upon the British sovereign.
• *koninklike adjudant* n.
'n Offisier wat diens doen vir die Britse monarg.

equilibrium of power n. <see also balance of power>.
In international relations, a state of affairs in which opposing powers excercise equal power, eg the USA and its allies against the Soviet Union and its allies during the Cold War.
• *magsewewig* n. <kyk ook magsbalans>.
In internasionale verhoudings, 'n toedrag van sake waarin opponerende moondhede gelyke mag uitoefen, bv die VSA en sy bondgenote teenoor die Sowjetunie en sy bondgenote tydens die Koue Oorlog.

equitable dispensation n.
A fair and impartial ordering of society.
• *billike bedeling* n.
'n Billike en onpartydige ordening van die samelewing.

ergatocracy → **ergotocracy**

ergotocracy n. (ergatocracy).
The exercise of political power by the workers.
• *ergotokrasie* n.
Die uitoefening van politieke mag deur die werkers.

escalate v. <intransitive>.
In the context of the gravity, intensity and extent of a conflict situation, to become greater in stages that often occur in rapid sequence.
• *eskaleer* v.
In die konteks van die erns, intensiteit en bestek van 'n konfliksituasie, om te verhoog in stadiums wat dikwels kort op mekaar voorkom.

escalate v. <transitive>.
To cause the gravity, intensity and extent of a conflict situation to increase in stages that often occur in rapid sequence.
• *eskaleer* v.
Om die erns, intensiteit en bestek van 'n konfliksituasie te laat verhoog in stadiums wat dikwels kort op mekaar voorkom.

escalation n.
A rapid increase in the gravity, intensity and extent of a conflict situation.
• *eskalasie* n. (eskalering).
'n Snelle toename in die erns, intensiteit en omvang van 'n konflik.

escort n.
Troops or other forces assigned to accompany and protect persons, groups and their assets.
• *geleide* n.
Troepe of ander magte met die opdrag om persone, groepe en hulle bates te vergesel en te beskerm.

espionage n.
Clandestine activities directed at the acquisition of information that is not otherwise accessible.
• *spioenasie* n.
Heimlike aktiwiteite gerig op die inwin van informasie wat nie andersins toeganklik is nie.

established church n.
A church that is recognised as the official church of a state and supported by the government, eg the Anglican Church in England.
• *gevestigde kerk* n.
'n Kerk wat as die amptelike kerk van 'n staat erken word en deur die regering gesteun word, byvoorbeeld die Anglikaanse Kerk in Engeland.

establishment n. <the establishment>.
A group of people with vested interests having institutional authority within a society, eg those who control government institutions.
• *establishment* n. <die establishment>.
'n Groep mense met gevestigde belange en institusionele gesag binne 'n samelewing, bv diegene wat regeringsinstellings beheer.

estate n. <in feudalism>.
An order or class of persons in a political community, regarded collectively as a part of the body politic, eg in feudal England the lords temporal, lords spiritual and commons were held as three distinctive estates.
• *stand* n. <in feodalisme>.
'n Orde of klas persone in 'n politieke gemeenskap wat kollektief as deel van die politieke gemeenskap beskou word, bv in feodale Engeland die wêreldlike lords, kerklike lords en die laerstand beskou as drie verskillende stande.

ethnarchy n.
A form of rule in which an ethnic group or groups form the basis of political power, in contrast to individuals who form the basis of political power in a democracy.
• *etnargie* n.
'n Vorm van heerskappy waarin 'n etniese groep of groepe die grondslag van politieke mag vorm, in teenstelling met individue wat die grondslag van politieke mag in 'n demokrasie vorm.

ethnic adj.
With regard to a group in society sharing distinctive cultural characteristics.

♦ *etnies* adj.
Met betrekking tot 'n samelewingsgroep wat eiesoortige kulturele kenmerke deel.

ethnic cleansing n.
A deliberate effort, based on cultural prejudice and social discrimination, to eliminate a particular cultural, linguistic or religious group from a society.
♦ *etniese suiwering* n.
'n Doelbewuste poging, gebaseer op kulturele vooroordeel en sosiale diskriminasie, om 'n bepaalde kulturele, taalkundige of godsdiensgroep uit 'n gemeenskap te verwyder.

ethnic diversity n.
The presence of various cultural groups within a particular society.
♦ *etniese diversiteit* n.
Die teenwoordigheid van verskeie kulturele groepe binne 'n bepaalde samelewing.

ethnic extermination n.
Attempts to rid an area and society of the unwanted presence of particular cultural groups through genocide.
♦ *etniese uitwissing* n.
Pogings om 'n gebied en die samelewing van die ongewenste teenwoordigheid van bepaalde kulturele groepe deur middel van volksmoord te bevry.

ethnic group n.
A group identified on the basis of various cultural traits and customs, eg Zulus and Japanese.
♦ *etniese groep* n.
'n Groep wat op die grondslag van verskillende kulturele eienskappe en gebruike geïdentifiseer word, bv Zoeloes en Japannese.

ethnie n.
A prenational ethno-cultural group with a distinctive name and shared culture.
♦ *etnie* n. <mv etnieë>.
'n Voornasionale etnokulturele groep met 'n eiesoortige naam en gedeelde kultuur.

ethnocentric nationalism n. (ethnonationalism).
A nationalism based on the concept of statehood for a specific people or ethnos.
♦ *etnosentriese nasionalisme* n. (etnonasionalisme).
'n Nasionalisme gegrond op die begrip van staatskap vir 'n spesifieke volk of etnos.

ethnocentrism n.
An intense identification with one's own ethnic group, culture or people.
♦ *etnosentrisme* n.
'n Intense vereenselwiging met jou eie etniese groep, kultuur of volk.

ethnocracy n.
The exercise of political power by members of a particular ethnic group.
♦ *etnokrasie* n.
Die uitoefening van politieke mag deur lede van 'n bepaalde etniese groep.

ethnogeny n.
The field in ethnology dealing with the study of the origin of races and people.

♦ *etnogenie* n.
Die veld in etnologie wat die studie van die oorsprong van rasse en volke dek.

ethnonationalism → **ethnocentric nationalism**

ethnos n.
A group of people forming a unit on the grounds of a real or imagined common descent as well as a common sense of identity and culture developed over a long period of coexistence and recognised by others.
♦ *etnos* n.
'n Groep mense wat 'n eenheid vorm op grond van 'n werklike of vermeende gemeenskaplike afkoms asook 'n gemeenskaplike identiteitsbesef en kultuur wat oor 'n lang periode van samewoon ontwikkel is en deur andere erken word.

eurocracy n.
The bureaucracy of the European Union.
♦ *eurokrasie* n.
Die burokrasie van die Europese Unie.

European Recovery Programme n. (Marshall Plan <general usage>).
The scheme of the USA State Department under Secretary of State George Marshall to recapitalise and revitalise the economies of Europe after the devastation of World War II, informally called the Marshall Plan and in operation from 1948 to 1952.
♦ *Europese Herstelprogram* n. (Marshallplan <algemene gebruik>).
Die skema van die VSA se departement van buitelandse sake onder buitelandse minister George Marshall om Europa se ekonomieë na die verwoesting van die Tweede Wêreldoorlog te herkapitaliseer en nuwe lewe in hulle te blaas, informeel bekend as die Marshallplan en in bedryf van 1948 tot 1952.

Euroscepticism n.
Antipathy towards the European Union (EU), consisting mainly of criticism of specific EU policies (known as soft Euroscepticism); while opposition to the existence or membership of the EU is known as hard Euroscepticism.
♦ *Euroskeptisisme* n.
Afkeer van die Europese Unie (EU), wat hoofsaaklik bestaan uit kritiek op spesifieke EU-beleidsaspekte (bekend as sagte Euroskeptisisme); terwyl teenkanting teen die bestaan of lidmaatskap van die EU bekend is as harde Euroskeptisisme.

eutopia n.
A vision of an imaginary place where the political and social order is as good as it can be.
♦ *eutopie* n.
'n Visie van 'n denkbeeldige plek waar die politieke en sosiale orde so goed is as wat dit kan wees.

evacuate v.
To withdraw troops or inhabitants from a threatened area or place.
♦ *ontruim* v.
Om troepe of inwoners aan 'n bedreigde gebied of plek te onttrek.

E

E

evacuate v.
To remove casualties, prisoners of war and other personnel from a given locality.
• *afvoer* v.
Om ongevalle, krygsgevangenes en ander personeel van 'n gegewe plek af te verwyder.

eviction order n.
Legal instruction to expel an individual or group from property or office.
• *uitsettingsbevel* n.
'n Wettige instruksie om 'n individu of groep uit eiendom of 'n amp te sit.

Excellency n.
Preceded by Your, His or Her, a title used to address or to refer to some heads of state, as well as ambassadors and some high ranking officials.
• *Eksellensie* n.
Voorafgegaan deur U, Sy of Haar, 'n aanspreekvorm of titel wat gebruik word vir sowel sommige staatshoofde as ambassadeurs en ander hooggeplaaste beamptes.

exchequer n.
Official British institution under the control of a Controller and Auditor General that audits all public accounts and reports its findings to the Public Accounts Committee of the House of Commons.
• *tesourie* n.
Amptelike Britse instelling onder die beheer van 'n Kontroleur- en Ouditeur-generaal wat alle openbare rekeninge ouditeer en oor sy/haar bevindinge aan die Komitee vir Openbare Rekeninge van die Laerhuis verslag doen.

excise n. (excise-duty, excise tax).
A charge on certain locally manufactured, sold or consumed goods, eg cigarettes and spirits.
• *aksyns* n. (aksynsbelasting).
'n Heffing op sekere plaaslik vervaardigde, verkoopte of verbruikte goedere, bv sigarette en spiritualieë.

excise-duty → **excise**

excise tax → **excise**

exclave n. <see also enclave>.
The territory of a state which cannot be accessed directly since it is completely surrounded by territory of other states, or water, eg Cabinda is an exclave of Angola.
• *eksklave* n. <kyk ook enklave>.
Die grondgebied van 'n staat wat nie direk toeganklik is nie omdat dit algeheel deur die grondgebied van ander state of deur water omring is, bv Cabinda is 'n eksklave van Angola.

exclusive economic zone n. <see also territorial waters> (EEZ).
An area from the coast up to 200 nautical miles seaward in which the coastal state has the right to explore, exploit and conserve all living and nonliving resources.
• *eksklusiewe ekonomiese sone* n. <kyk ook gebiedswater> n (EES).
'n Gebied van die kus tot 200 seemyl seewaarts waarin die kusstaat die reg het om alle lewende en nielewende hulpbronne te eksploreer, ontgin en bewaar.

exclusive interest group n.
An organisation that solely advances specific social, economic or political interests of its members.
• *eksklusiewe belangegroep* n.
'n Organisasie wat alleenlik die spesifieke sosiale, ekonomiese of politieke belange van sy lede bevorder.

exclusive legislative powers n. <see also concurrent powers; residual legislative powers>.
Legislative powers that are exercised only by a specified legislature, excluding other legislative institutions in a state; eg a provincial legislature could have legislative authority that is not granted to the national parliament.
• *eksklusiewe wetgewende bevoegdheid* n. <kyk ook gelyklopende bevoegdheid; residuele wetgewende bevoegdheid>.
Wetgewende bevoegdheid wat slegs deur 'n gespesifiseerde wetgewer uitgeoefen word, tot uitsluiting van ander wetgewende instellings in 'n staat, bv 'n provisiale wetgewer kan oor wetgewende bevoegdhede beskik wat nie aan die nasionale parlement gegee word nie.

exclusive pressure group n.
According to Maurice Duverger an organisation that is solely concerned with taking action in the political domain and thus does not have other reasons for its existence or other means of action.
• *eksklusiewe drukgroep* n.
Volgens Maurice Duverger, 'n organisasie wat uitsluitlik gerig is op handelinge in die politieke domein en dus nie ander redes vir sy bestaan het nie en ook nie oor ander handelswyses beskik nie.

EXCO → **executive committee**

execute v.
To end the life of a person as authorised by the law.
• *teregstel* v.
Om die lewe van 'n persoon soos gemagtig deur die reg te beëindig.

execute v.
To implement decisions, laws or regulations.
• *uitvoer* v.
Om besluite, wette en regulasies te implementeer.

executive n.
The component of individuals in an organisation where executive responsibilities are vested.
• *bestuur* n.
Die komponent individue in 'n organisasie waar uitvoerende verantwoordelikhede setel.

executive n.
A person charged with the execution of policies, strategies.
• *uitvoerende beampte* n.
'n Persoon wat met die uitvoering van beleid, strategieë belas is.

executive n.
That branch of the government which is charged with the execution of legislation.

♦ *uitvoerende gesag* n.
Daardie tak van die regering wat met die uitvoering van wetgewing belas is.

executive n.
Any administrative institution charged with executive duties.
♦ *uitvoerende instelling* n.
Enige administratiewe instelling wat met uitvoerende pligte beklee is.

executive n.
The person or persons in whom the supreme authority for the execution of policy in a state or region is vested.
♦ *uitvoerende owerheid* n.
Die persoon of persone in wie die hoogste gesag vir die uitvoering van beleid in 'n staat of gebied setel.

executive body → **executive institution**

executive committee n. (EXCO).
A panel appointed or elected from a plenary assembly for the administration and supervision of a project, activity or implementation of a law.
♦ *uitvoerende komitee* n. (UK).
'n Paneel wat uit 'n volle vergadering vir die administrasie van of toesig oor 'n projek, aktiwiteit of uitvoering van 'n wet aangestel of gekies is.

executive dominance n.
The domination of the legislative and judicial branches of a state by the executive branch.
♦ *uitvoerende oorheersing* n.
Die oorheersing van die wetgewende en regsprekende gesag van 'n staat deur die uitvoerende gesag.

executive head of state n. <see also head of state>.
The head of a state, with authority to implement laws and policy, eg the president of the USA.
♦ *uitvoerende staatshoof* n. <kyk ook staatshoof>.
Die hoof van 'n staat, met die bevoegdheid om wette en beleid te implementeer, bv die president van die VSA.

executive institution n. (executive body <deprecated>).
An institution charged with the implementation of law and policy.
♦ *uitvoerende instelling* n. (uitvoerende liggaam <af te keur>).
'n Instelling belas met die uitvoering van die reg en beleid.

executive mayor n.
The political head of a local government who has executive powers and responsibilities and is normally elected to that office.
♦ *uitvoerende burgemeester* n.
Die politieke hoof van 'n plaaslike regering wat uitvoerende bevoegdheid en verantwoordelikheid het en normaalweg tot daardie amp verkies word.

Executive Office of the President n.
The official bureau of the president of a state charged with policy research, oversight of ministries and implementation of the executive orders of the president.

♦ *Uitvoerende Kantoor van die President* n.
Die amptelike buro van die president van 'n staat wat met beleidsnavorsing, toesig oor ministeries en implementering van die uitvoerende opdragte van die president belas is.

executive power n.
The ability to implement and enforce laws.
♦ *uitvoerende mag* n.
Die vermoë om wette uit te voer en af te dwing.

executive powers n.
The authority to implement laws and policy.
♦ *uitvoerende bevoegdheid* n.
Die gesag om wette en beleid uit te voer.

exequatur n.
The official document in which a head of state acknowledges the appointment of a foreign consular official in a particular city, and with a specific area of jurisdiction.
♦ *exequatur* n.
Die amptelike dokument waarin 'n staatshoof die aanstelling van 'n buitelandse konsulêre beampte in 'n bepaalde stad, en met 'n bepaalde regsgebied, erken.

exercise the franchise v.
To make use of the right to choose a public representative.
♦ *stemreg uitoefen* v.
Om gebruik te maak van die reg om 'n openbare verteenwoordiger te kies.

exfiltrate v. <irregular warfare or conflict>.
To move clandestinely out of an area under hostile control; usually by irregular forces.
♦ *uitsypel* v. <ongereelde oorlogvoering of konflik>.
Om heimlik uit 'n gebied onder vyandige beheer uit te beweeg, gewoonlik deur ongereelde magte.

exigencies of the service n.
Certain circumstances within an institution of the authorities that compel the institution to take specific actions.
♦ *dwingende diensvereistes* n. (dwingende vereistes van die diens).
Bepaalde omstandighede binne 'n owerheidsinstelling wat hom tot spesifieke optrede verplig.

exilarchy n.
Rule over an ethnic or religious diaspora rather than over a given territory, usually only with powers such as with regard to cultural matters. Examples are the governance of the Jews in exile in the 6th century BC and the religious powers of the Pope over people of the Roman Catholic faith irrespective of where they live.
♦ *eksilargie* n.
Heerskappy oor 'n etniese of godsdienstige diaspora eerder as oor 'n gegewe grondgebied, gewoonlik slegs met bevoegdheid ten opsigte van aangeleenthede soos kultuur. Voorbeelde is die regering van die Jode in ballingskap in die 6de eeu vC en die godsdienstige bevoegdheid van die Pous oor lede van die Rooms-Katolieke geloof ongeag waar hulle woon.

E

E

exile n.
A person banished from one place to another.
* *balling* n. (banneling).
'n Persoon wat van een plek na 'n ander verban is.

exile v.
To banish a person from the jurisdiction of a state, eg Napoleon to St Helena.
* *verban* v.
Om 'n persoon in ballingskap uit die jurisdiksie van 'n staat weg te stuur, bv Napoleon na St Helena toe.

exit permit n.
A document which allows a person to leave the jurisdiction (boundaries) of a state or other competent authority.
* *vertrekpermit* n.
'n Dokument wat 'n persoon toelaat om die jurisdiksie (grense) van 'n staat of ander bevoegde owerheid te verlaat.

exit poll n.
An opinion survey of people after they have cast their votes in an election to determine what party or candidate they voted for.
* *uitgangstempeiling* n.
'n Meningsopname onder mense nadat hulle in 'n verkiesing gestem het, om te bepaal vir watter party of kandidaat hulle gestem het.

exit strategy n.
The planned disengegement of armed forces from a conflict area.
* *vertrekstrategie* n.
Die beplande afbreking van gewapende magte vanuit 'n konflikgebied.

ex officio adj. <Latin>.
By virtue of the office held by a person, eg the state president being ex officio commander in chief of the armed forces.
* *ampshalwe* adj. (ex officio <Latyn>).
Uit hoofde van die amp wat 'n persoon beklee, bv die staatspresident is ampshalwe die opperbevelvoerder van die weermag.

exogenous development n.
A development process or activity initiated by a person or institution who is not an integral part of a community or region.
* *eksogene ontwikkeling* n.
'n Ontwikkelingsproses of -aktiwiteit wat deur 'n persoon of instelling aan die gang gesit word wat nie 'n integrale deel van 'n gemeenskap of streek is nie.

expansionism n.
A doctrine or practice in international relations by which a state tries to increase its sphere of influence and power over other states, regions and international institutions.
* *ekspansionisme* n. (uitbreidingsdrang).
'n Leerstelling of praktyk in internasionale verhoudinge waardeur 'n staat poog om sy invloedsfeer en mag oor ander state, streke en internasionale instellings uit te brei.

expatriate n.
A person who quits his/her country, usually because of political or social conditions.
* *uitgewekene* n.
'n Persoon wat uit sy/haar land padgee, gewoonlik weens politieke of maatskaplike toestande.

expiry of term of office n.
The time at which the tenure of a publicly held position ceases.
* *verstryking van ampstermyn* n.
Die tydstip waarop die bekleding van 'n openbare betrekking ten einde loop.

exploitation n.
The unfair or selfish use of people for personal advantage.
* *eksploitasie* n. (uitbuiting).
Die onbillike of selfsugtige gebruik van mense vir persoonlike voordeel.

exploitation n.
Realising value from a natural resource, eg exploiting minerals.
* *ontginning* n.
Waarde uit 'n natuurlike hulpbron ontsluit, bv die ontginning van minerale.

exploratory discussion n.
An introductory or initial debate to investigate possibilities.
* *verkenningsgesprek* n.
'n Inleidende of aanvangsdebat om moontlikhede te ondersoek.

exploratory meeting n.
A consultation to canvass preliminary points for discussion.
* *verkennende vergadering* n.
'n Konsultasie om voorlopige besprekingspunte uit te pluis.

exploratory talks n.
Preliminary discussions held to gather information and investigate possibilities.
* *verkennende samesprekings* n.
Voorlopige samesprekings wat gehou word om informasie in te samel en moontlikhede te ondersoek.

expropriation n.
An act of state in which a person is deprived of his/her title to a property.
* *onteiening* n. (ekspropriasie <af te keur>).
'n Handeling van die staat waardeur 'n persoon van sy/haar reg tot 'n eiendom ontneem word.

extended family n.
A social group consisting of closely related individuals.
* *uitgebreide familie* n.
'n Sosiale groep wat uit nouverwante individue bestaan.

extended sanctuarisation n.
Concept in French nuclear strategy, first mooted in 1976, postulating that France could participate in tactical nuclear operations to a limited extent while remaining aloof from general nuclear war.

♦ *uitgebreide toevlugskepping* n.

Opvatting in Franse kernstrategie, wat die eerste maal in 1976 voorgehou is, dat Frankryk in 'n beperkte mate aan taktiese operasies kon deelneem en steeds 'n algemene kernoorlog kan vermy.

extending the franchise v.

Granting the right to exercise the vote to people who have been denied this right.

♦ *stemreg uitbrei* v.

Die verlening van die reg om te stem aan mense wat voorheen hierdie reg ontsê is.

extermination camp n.

A site at which political opponents or persons deemed to be undesirable to a regime or occupying power are put to death; eg in Nazi Germany.

♦ *uitwiskamp* n.

'n Terrein waar politieke opponente of persone wat as ongewens vir 'n regime of besettingsmoondheid geag word, doodgemaak word; bv in Nazi-Duitsland.

external affairs → **foreign affairs**

external military aggression n.

Unprovoked, offensive military action against another state.

♦ *eksterne militêre aggressie* n.

Onuitgelokte, offensiewe militêre optrede teen 'n ander staat.

external self-determination n.

The ability to determine the nature of relations with other states without the intervention or mediation of third parties.

♦ *eksterne selfbeskikking* n.

Die vermoë om die aard van verhoudinge met ander state sonder die tussenkoms of bemiddeling van derde partye te bepaal.

extractive capability n.

The capacity of a state through its government to obtain natural and human resources from the domestic and international environment.

♦ *onttrekkingsvermoë* n. (ekstraktiewe vermoë).

Die kapasiteit van 'n staat om deur sy regering natuurlike en menslike hulpbronne vanuit die plaaslike en internasionale omgewing te bekom.

extradite v.

To deliver an alleged criminal to another state.

♦ *uitlewer* v.

Om 'n vermeende misdadiger aan 'n ander staat te oorhandig.

extradition n.

The surrender of an alleged criminal by one state to another for trial and/or punishment.

♦ *uitlewering* n.

Die oorhandiging van 'n beweerde misdadiger deur een staat aan 'n ander vir verhoor en/of straf.

extraordinary rendition n.

The covert transfer of suspects of terrorism to third states or USA-run detention centres.

♦ *buitengewone oorhandiging* n.

Die bedekte oordra van persone wat van terrorisme verdink word aan derde state of aanhoudingsentrums onder VSA-beheer.

extraparliamentary adj.

That which is relevant to the political system but takes place outside of parliament.

♦ *buiteparlementêr* adj.

Dit wat ter sake vir die politieke stelsel is, maar buite die parlement plaasvind.

extraparliamentary body

→ **extraparliamentary institution**

extraparliamentary executive n.

(nonparliamentary executive, presidential executive).

A form of government in which executive authority is concentrated in the hands of a president whose office is politically and constitutionally separate from the legislature. The president does not need the confidence of the legislature to remain in office, nor is he/she accountable to the legislature.

♦ *buiteparlementêre uitvoerende gesag* n.

(nieparlementêre uitvoerende gesag, presidensiële uitvoerende gesag).

'n Regeringsvorm waarin die uitvoerende gesag in die hande van 'n president gekonsentreer is, wie se amp polities en grondwetlik van die wetgewer geskei is. Die president benodig nie die vertroue van die wetgewer om aan bewind te bly nie en is ook nie verantwoordingspligtig aan die wetgewer nie.

extraparliamentary institution n.

(extraparliamentary body <deprecated>).

Relating to a sphere of power or organisation outside of parliamentary authority.

♦ *buiteparlementêre instelling* n.

(buiteparlementêre liggaam <af te keur>).

Het betrekking op 'n magsfeer of organisasie buite parlementêre gesag.

extraparliamentary opposition n.

Opposition to a governing or ruling political party that is situated outside of parliament, or an opposition that does not have parliamentary representation.

♦ *buiteparlementêre opposisie* n.

Die opponering van 'n regering of regerende party wat buite die parlement plaasvind, of 'n opposisie wat nie parlementêre verteenwoordiging het nie.

extraterritorial area n.

Land belonging to a state outside the normal boundaries of the main territory, eg South Africa and Walvis Bay between 1910 and 1996 and Marion island.

♦ *buiteterritoriale gebied* n. (ekstraterritoriale gebied).

Grondgebied wat aan 'n staat behoort, maar buite die grense van die hoofgrondgebied geleë is, bv Suid-Afrika en Walvisbaai tussen 1910 en 1996 en Marioneiland.

extreme conservatism n.

A dogmatic version of conservatism that advocates strict conformism to family values, religious rules, maintenance of public law and order, low taxes and minimal corporate and environmental regulation; and automatically rejects any change that may threaten the existing order, such as certain forms of workers' rights and animal rights.

E

• **_uiterste konserwatisme_** n. (ekstreme
konserwatisme).

'n Dogmatiese weergawe van konserwatisme wat 'n
streng konformisme voorstaan aan gesinswaardes,
religieuse reëls, behoud van openbare wet en orde,
lae belasting en minimale korporatiewe en
omgewingsregulering; en outomaties enige
verandering verwerp wat die bestaande orde mag
bedreig, soos sekere vorms van werkerregte en
diereregte.

extreme left n.

In political ideology it denotes persons who hold
tough-minded opinions and progressive views on
the role of the state in the economy, ie that no
private property or enterprise should be
countenanced in a state.

• **_uiterste linkses_** n. (ekstreme linkses).

In politieke ideologie dui dit op persone wat
ontoegeeflike menings en progressiewe sienings oor
die staat se rol in die ekonomie handhaaf, dws dat
geen privaat besit of onderneming in 'n staat geduld
behoort te word nie.

extreme right n.

In political ideology persons that hold tough
minded, conservative opinions and reactionary
views, often preaching a return to earlier and better
times.

• **_uiterste regses_** n. (ekstreme regses).

In politieke ideologie dui dit op persone wat
ontoegeeflike, reaksionêre sienings handhaaf en wat dikwels 'n
terugkeer na vervloë en beter tye verkondig.

extremist n.

A person who holds excessive, tough-minded and
uncompromising views regarding politics,
economics and society.

• **_ekstremis_** n.

'n Persoon wat oordrewe, ontoegeeflike en
onbuigsame sienings met betrekking tot die politiek,
ekonomie en samelewing huldig.

Ff

façade democracy n.
A form of regime which in form complies with the tenets of democracy but does not live up to these in practice, democracy being merely a front or a sham.
  ♦ **skyndemokrasie** n. (fasadedemokrasie).
'n Owerheidsvorm wat formeel aan die vereistes van die demokrasie voldoen, maar dit nie in die praktyk handhaaf nie; die demokrasie is 'n blote rookskerm of front.

factionalism n.
The persistence of factions or divisions within a party, state or other political institution.
  ♦ **faksionalisme** n.
Die hardnekkige bestaan van faksies of verdelings binne 'n party, staat of ander politieke instelling.

faction fighting n.
1. Rivalries and conflict among sections and communities within a larger formation. 2. Fighting among various clans and families in a tribe.
3. Infighting among divisions within a particular political party.
  ♦ **faksiegevegte** n.
1. Wedywering en konflik tussen seksies en gemeenskappe binne 'n groter samestelling.
2. Bakleiery tussen verskeie sibbes en families van 'n stam. 3. Binnegevegte tussen afdelings binne 'n bepaalde politieke party.

fact-value dichotomy n.
The doctrine that facts and values have inherently contradictory truth status and that values cannot be deduced from empirical observation, eg in logical positivism.
  ♦ **feit-waardedigotomie** n.
  (feit-waardetweedeling).
Die leerstelling dat feite en waardes inherent teenstrydige waarheidstatus het en dat waardes nie van empiriese waarneming afgelei kan word nie, bv in logiese positivisme.

failed state n. <see also collapsed state; fragile state>.
A state that has little practical control over much of its territory and is unsuccessful in maintaining its integrity, sovereignty, internal law and order, and economic viability, eg Somalia at the end of the twentieth century.
  ♦ **mislukte staat** n. <kyk ook ineengestorte staat; brose staat>.
'n Staat wat weinig praktiese beheer oor 'n groot deel van sy grondgebied uitoefen en nie daarin slaag om sy integriteit, soewereiniteit, binnelandse reg en orde, en ekonomiese lewensvatbaarheid te handhaaf nie, bv Somalië aan die einde van die twintigste eeu.

fail-safe n.
Positive control procedures to prevent the unauthorised or accidental discharge of nuclear weapons.

  ♦ **weierveilig** n.
Positiewe beheermaatreëls om die ongemagtigde of toevallige afvuur van kernwapens te verhoed.

fair discrimination n.
The differentiated treatment of people that is defended as justified, eg affirmative action or job reservation.
  ♦ **billike diskriminasie** n.
Die gedifferensieerde behandeling van mense wat as geregverdig verdedig word, bv regstellende handeling en werkreservering.

fair election n.
An election that takes place in such a manner that each participating party has a just chance to conduct its campaign.
  ♦ **regverdige verkiesing** n.
'n Verkiesing wat op so 'n wyse plaasvind dat elke deelnemende party 'n billike kans het om sy veldtog te voer.

fair labour practice n.
The just conduct of employer-employee relations in a political institution, company or corporation.
  ♦ **billike arbeidspraktyk** n.
Die regverdige uitvoering van werkgewer-werknemerverhoudinge in 'n politieke instelling, maatskappy of korporasie.

Falangism n.
A nationalist, authoritarian and church supported political movement, usually associated with Generalissimo Fransisco Franco between 1936 and 1975, but also found in Lebanon and some Latin American dictatorships.
  ♦ **Falangisme** n.
'n Nasionalistiese, outoritêre en kerklik gesteunde politieke beweging wat gewoonlik met Spanje se generaal Fransisco Franco tussen 1936 en 1975 geassosieer word maar ook in Libanon en sommige Latyns-Amerikaanse diktatorskappe aangetref word.

Falasha → Beta Israel

false consciousness n.
A Marxist concept often used to justify political action, and which holds that the proletariat is misguided as to its own desires, wants and needs, and will not properly understand its true beliefs and desires until it is enlightened.
  ♦ **vals bewustheid** n.
'n Marxistiese begrip wat dikwels gebruik word om politieke optrede te regverdig en wat glo dat die proletariaat op 'n dwaalspoor is met sy eie begeertes, gebreke en behoeftes, en nie sy ware oortuigings en begeertes behoorlik sal verstaan totdat iemand hom inlig nie.

falsificationism n.
Karl Popper's philosophy of science held as an attitude or doctrine, as opposed to verificationism.

F

♦ *falsifikasionisme* n.
Karl Popper se wetenskapsfilosofie wat as 'n houding of doktrine aanvaar word, in teenstelling met verifikasionisme.

falsificationist n.
A person who views Karl Popper's philosophy of science as a doctrine, as opposed to a verificationist.
♦ *falsifikasionis* n.
'n Persoon wat Karl Popper se wetenskapsfilosofie as leerstelling of doktrine beskou; in teenstelling met 'n verifikasionis.

falsify v.
Applying the method originated by Karl Popper as a philosophy of science, ie that propositions are tested by falsification rather than confirmed by verification.
♦ *falsifieer* v.
Die aanwend van die metode wat deur Karl Popper as 'n wetenskapsfilosofie ontwerp is, dws dat proposisies deur falsifikasie getoets word eerder as om deur verifikasie bevestig te word.

faqih n. <Arabic>.
An expert in Islamic law or jurisprudence.
♦ *faki* n. <Arabies>.
'n Deskundige in Islamreg of regsleer.

fascism n.
A political ideology characterised by a belief in antirationalism, struggle, charismatic leadership, elitism, state totalitarianism and extreme nationalism. It is particularly associated with Benito Mussolini's regime in Italy circa 1922–1945.
♦ *fascisme* n.
'n Politieke ideologie wat deur 'n geloof in antirasionalisme, stryd, charismatiese leierskap, elitisme, staatstotalitarisme en uiterste nasionalisme gekenmerk word. Dit word in besonder met Benito Mussolini se bewind in Italië circa 1922–1945 geassosieer.

fat cat n.
A person who goes out of his/her way to benefit from a position which offers opportunities to enjoy extraordinary privileges and monetary advantages.
♦ *roomvraat* n. (geiljan, vetkat <af te keur>).
'n Persoon wat uit sy/haar pad gaan om voordeel te trek uit 'n posisie wat geleenthede bied om buitengewone voorregte en geldelike voordele te behaal.

fatwah n.
A decree or a legal opinion or ruling issued by a recognised Islamic scholar.
♦ *fatwa* n.
'n Dekreet of 'n regsmening of bevinding deur 'n erkende Islamitiese geleerde.

FDI → **foreign direct investment**

fedayeen n. <pl; Arabic>.
Freedom fighters or self-sacrificers linked to militant groups, particularly in the Arab world at different times in history.
♦ *fedajien* n. <mv; Arabies>.
Vryheidsvegters of selfopofferaars wat aan militante groepe gekoppel is, veral in die Arabiese wêreld op verskillende tye in die geskiedenis.

federal congress n.
1. The national legislature of a federal state. 2. A national meeting of the autonomous constituent units of regionally organised institutions such as a labour federation or a political party.
♦ *federale kongres* n.
1. Die nasionale wetgewer van 'n federale staat. 2. 'n Nasionale byeenkoms van selfstandige deeleenhede van streekgeorganiseerde instellings soos 'n vakverbond of 'n politieke party.

federal constitution n.
The constitution of a federal state. It is usually rigid, organises the relationship between the federal state and its constituent states and is justifiable.
♦ *federale grondwet* n. (federale konstitusie).
Die grondwet van 'n federale staat. Dit is gewoonlik onbuigsaam, reël die verhoudings tussen die federale en deelstate en kan beregtig word.

federal council n.
1. The executive (government) in some federal states, eg Switzerland. 2. An executive committee on which a number of autonomous parts or units are represented.
♦ *federale raad* n.
1. Die uitvoerende gesag (regering) in sommige federale state, bv Switserland. 2. 'n Uitvoerende komitee waarop 'n aantal outonome dele of eenhede verteenwoordig word.

federal court n.
The court of a federal state with jurisdiction only in federal matters.
♦ *federale hof* n.
Die hof van 'n federale staat met slegs jurisdiksie oor federale aangeleenthede.

federal government n.
The national or central government of a federal state as distinct from the individual governments of the constituent states.
♦ *federale regering* n.
Die nasionale of sentrale regering van 'n federale staat wat onderskei word van die individuele regerings van die deelstate.

federal institution n.
A national institution of a federal state, eg its government, legislature and administration.
♦ *federale instelling* n.
'n Nasionale instelling van 'n federale staat, bv die regering, wetgewer en staatsadministrasie.

federalism n.
The doctrine as well as practice that teaches that a federal system or form of state is the preferred way of organising a state consisting of various constituent units and possibly diverse population groups.
♦ *federalisme* n.
Die leerstuk sowel as praktyk dat 'n federale stelsel of staatsvorm die voorkeurmanier is om 'n staat te organiseer wat uit verskillende samestellende eenhede en moontlik uiteenlopende bevolkingsgroepe bestaan.

federal state n. \<see also unitary state\> (federation).

A state consisting of various regional governments, each enjoying some measure of autonomy, eg with regard to education.

♦ *federale staat* n. \<kyk ook uniale staat\> (federasie).

'n Staat wat uit verskeie regionale regerings bestaan, waarvan elk 'n sekere mate van outonomie geniet, bv met betrekking tot onderwys.

federal territorial unit → **constituent state**

federation → **federal state**

federation n. \<see also union\>.

1. A political entity made up from a number of smaller units or states where the federal government's powers are limited to constitutionally specified national issues such as foreign policy and defence and the individual states, regions or provinces retain a high degree of legal and political autonomy. Examples are the USA, Canada, Australia, India, and the Federal Republic of Germany. 2. A national institution consisting of an amalgamation of various autonomous units, eg a labour federation or a political party.

♦ *federasie* n. \<kyk ook unie\>.

1. 'n Politieke entiteit wat uit 'n aantal kleiner eenhede of state saamgestel word waar die federale regering se bevoegdheid beperk word tot grondwetlik bepaalde nasionale kwessies soos buitelandse beleid en verdediging en die individuele state, streke of provinsies 'n hoë mate van regs- en politieke outonomie behou. Voorbeelde is die VSA, Kanada, Australië, Indië en die Bondsrepubliek Duitsland. 2. 'n Nasionale instelling wat bestaan uit 'n amalgamasie van verskillende outonome eenhede, bv 'n vakverbond of 'n politieke party.

feint n.

A deceptive move carried out to draw the opponent's attention away from the real attack that is impending.

♦ *afleiding* n.

'n Misleidingskuif wat uitgevoer word om die opponent se aandag van die werklike aanval wat op hande is, af te trek.

fellow traveller n.

An individual who shares and often furthers the views or goals of a group but is not a member and does not regularly participate in its activities.

♦ *meeloper* n.

'n Individu wat die sienings of doelstellings van 'n groep deel en dit dikwels bevorder maar nie 'n lid is nie en nie gereeld aan die bedrywighede daarvan deelneem nie.

femicide n.

The killing of women.

♦ *vrouemoord* n.

Die doodmaak van vroue.

feminism n.

An ideology and political movement, focusing on gender politics, power relations and sexuality by criticising a male dominated social system in which males have advantages over women and by

promoting gender equality and women's rights and issues.

♦ *feminisme* n.

'n Ideologie en politieke beweging wat op genderpolitiek, magsverhoudinge en seksualiteit fokus deur 'n manoorheerste sosiale stelsel waarin mans voordele bo vrouens het, te kritiseer en deur gendergelykheid en vroueregte en -kwessies te bevorder.

feudalism n.

1. A political order based on a system of rights and duties in terms of which the political head lets land to subordinates (feudal lords) in return for their performing certain services, such as military support. Feudal lords in turn have the right to judge, tax and command their subordinates. 2. In Marxist ideology, an agrarian mode of production.

♦ *feodalisme* n.

1. 'n Politieke orde gebaseer op 'n stelsel van regte en verpligtinge waarvolgens die politieke hoof grond aan ondergeskiktes (feodale lords) verhuur in ruil vir sekere dienste wat hulle verrig, soos militêre steun. Feodale lords het op hulle beurt die reg om hulle ondergeskiktes te oordeel, te belas en oor hulle bevel te voer. 2. In Marxistiese ideologie 'n landelike wyse van produksie.

fiat n. \<Latin\>.

Official authorisation of an action, such as the deportation of illegal immigrants.

♦ *magtiging* n.

Amptelike instemming verleen tot 'n optrede, soos die deportasie van onwettige immigrante.

fictitious vote n.

A fabricated vote exercised by impersonating a non-existing person.

♦ *fiktiewe stem* n.

'n Stem wat valslik uitgeoefen word deur 'n niebestaande persoon se identiteit te versin.

Fidelism → **Castroism**

fief n.

A feudal estate of land.

♦ *leengrond* n.

'n Feodale landgoed.

fifth column n.

A clandestine group working for the enemy within a country at war.

♦ *vyfde kolonne* n.

'n Heimlike groep wat vir die vyand werk binne 'n staat wat in 'n oorlog betrokke is.

fifth force n. \<see also fourth estate\>.

The public service as real power in the state.

♦ *vyfde mag* n. \<kyk ook vierde stand\>.

Die staatsdiens as werklike mag in die staat.

Fifth Republic n.

The French state under the constitution adopted in 1958 under the rule of General Charles de Gaulle.

♦ *Vyfde Republiek* n.

Die Franse staat onder die grondwet wat in 1958 gedurende die bewind van Generaal Charles de Gaulle aanvaar is.

F

F

filibuster n.
A tactic used by members of a legislature to obstruct action and decisions in the institution by the use of meeting procedure, such as speaking merely to consume time or using delaying motions.
+ *parlementêre vrybuitery* n. (parlementêre obstruksievoering).
'n Taktiek wat deur lede van 'n wetgewer gebruik word om handelinge en besluite van die insteling te vertraag of te vermy deur die vindingryke gebruik van vergaderingsprosedure, soos om bloot te praat om die tyd te laat omgaan of om vertragende mosies te stel.

financial year n. <see also fiscal year>.
In the private sector the uniform period between one annual balancing of financial accounts and the next.
+ *finansiële jaar* n. <kyk ook fiskale jaar>.
In die privaatsektor die eenvormige tydperk tussen een jaarlikse balansering van finansiële rekeninge en die volgende.

finlandisation n.
Obliging a lesser power to act in accordance with the wishes of a greater power; derived from Finnish-USSR relations during the Cold War.
+ *finlandisasie* n. (finlandisering).
Om 'n mindere moondheid te verplig om in ooreenstemming met die wense van 'n groter moondheid op te tree; afgelei van die Fins-USSR-betrekkinge gedurende die Koue Oorlog.

first-generation rights n. <see also second-generation rights, third-generation rights>.
Human rights that mainly involve liberty and political participation, such as freedom of speech, freedom of the press, freedom of religion and voting rights.
+ *eerstegenerasieregte* n. <kyk ook tweedegenerasieregte, derdegenerasieregte>.
Menseregte wat hoofsaaklik te make het met vryheid en politieke deelname, soos vryheid van spraak, persvryheid, godsdiensvryheid en stemreg.

first-level authority n. (first-tier authority).
In a hierarchy of authorities, the highest level of authority, eg national level.
+ *eersteviakowerheid* n.
In 'n hiërargie van owerhede, die hoogste owerheidsvlak, bv die nasionale vlak.

first minister n. <see also prime minister; premier>.
The head of government in a parliamentary system who is appointed by the head of state by virtue of his/her leadership of the largest party or coalition of parties in the assembly of a non-independent territory such as Scotland or Wales in the UK.
+ *primariusminister* n. <kyk ook eerste minister; premier>.
Die regeringshoof in 'n parlementêre stelsel wat deur die staatshoof aangestel word uit hoofde van sy/haar leierskap van die grootste party of koalisie van partye in die vergadering van 'n

nie-onafhanklike gebied soos Skotland of Wallis in die VK.

first past the post electoral system n
An electoral system in which the candidate with the most votes wins the election, ie the winning majority is relative and not absolute or outright.
+ *eerste-oor-die-wenstreep-kiesstelsel* n.
'n Kiesstelsel waarin die kandidaat met die meeste stemme die verkiesing wen, dws die wenmeerderheid is relatief en nie volstrek nie.

first strike n.
The first attack with nuclear weapons in a war, normally as a pre-emptive act.
+ *eerste slaanaanval* n.
Die eerste aanval met kernwapens tydens 'n oorlog, gewoonlik as 'n voorspringhandeling.

first-tier authority → **first-level authority**

First World n. <see also Second World; Third World; Fourth World>.
A collective name for the industrialised noncommunist states of the world, usually perceived to be the states of North America and Western Europe, as well as Japan, Australia and New Zealand.
+ *Eerste Wêreld* n. <kyk ook Tweedewêreld; Derdewêreld; Vierdewêreld>.
'n Versamelnaam vir die geïndustrialiseerde, niekommunistiese state van die wêreld, wat gewoonlik as die state van Noord-Amerika en Wes-Europa asook Japan, Australië en Nieu-Seeland gesien word.

First World War → **World War I**

fisc → **fiscus**

fiscal year n. <see also financial year>.
In state finances the uniform period between one annual balancing of financial accounts and the next.
+ *begrotingsjaar* n. <kyk ook finansiële jaar> (fiskale jaar).
In staatsfinansies die eenvormige tydperk tussen een jaarlikse balansering van finansiële rekeninge en die volgende.

fiscus n. (fisc <rare>, fisk <rare>).
1. Treasury of the state. 2. Collectively officers of the state charged with the gathering of revenue.
+ *fiskus* n.
1. Skatkis van die staat; staatskas 2. Gesamentlik amptenare wat belasting invorder.

fisk → **fiscus**

flashpoint n.
An area of apparent political stability where violent conflict can occur momentarily, without prior warning.
+ *flitspunt* n.
'n Gebied van oënskynlike politieke stabiliteit waar gewelddadige konflik oombliklik, sonder voorafwaarskuwing, kan plaasvind.

flexible constitution n. <see also rigid constitution>.
A constitution that can be amended similar to any other act, usually through a simple majority.

+ *buigsame grondwet* n. <kyk ook onbuigsame grondwet> (buigsame konstitusie).
'n Grondwet wat op dieselfde wyse as enige ander wet verander kan word, gewoonlik deur middel van 'n gewone meerderheid.

FLS → **Frontline States**

follow-up force n.
A force that was not part of the initial attack but is required to support and sustain the attack by preventing the enemy from disengaging and by inflicting maximum casualties.
+ *opvolgmag* n.
'n Mag wat nie deel van die aanvanklike aanval was nie maar wat vereis word om die aanval te ondersteun en daarmee vol te hou deur te voorkom dat die vyand die geveg afbreek en deur hom die maksimum verliese toe te dien.

foray n.
A short incursion into enemy territory, typically to gather intelligence or attack targets of opportunity.
+ *geleentheidsinvalletjie* n.
'n Kort inlopie in vyandelike gebied, tipies om inligting in te samel of geleentheidsteikens aan te val.

forbidden area n. <see also prohibited area>.
A demarcated geographical area to which no entry is permitted except for a very small number of specific authorised persons.
+ *spergebied* n. <kyk ook verbode gebied>.
'n Afgebakende geografiese gebied waartoe geen toegang verleen word nie, behalwe vir 'n baie klein aantal spesifiek gemagtigde persone.

forced migrant n.
A person compelled to move away from his/her home or state to another region or state due to circumstances imposed upon him/her.
+ *gedwonge migrant* n.
'n Persoon wat verplig word om van sy/haar tuiste of staat na 'n ander streek of staat te verskuif weens omstandighede wat op hom/haar afgedwing word.

forced migration n.
The involuntary movement of people away from their homes or state to another region or state due to circumstances imposed upon them.
+ *gedwonge migrasie* n.
Die onvrywillige verskuiwing van mense weg van hulle tuistes of staat na 'n ander streek of staat toe weens omstandighede wat op hulle afgedwing word.

forced relocation → **forced resettlement**

forced removal n.
An official resettlement policy compelling people to move to and live in a new area designated for that purpose, eg people of colour in apartheid South Africa in the 20th century.
+ *gedwonge verskuiwing* n.
'n Amptelike hervestigingsbeleid wat mense verplig om na 'n nuwe area wat vir daardie doel aangewys is, te verhuis en daar te woon, bv mense van kleur in apartheid Suid-Afrika in die 20ste eeu

forced resettlement n. (forced relocation).
The compulsory resettlement of people from their customary habitat to another location, eg Native Americans in the USA during the 19th century and aldeamentos in Mocambique in the late 20th century.
+ *gedwonge hervestiging* n.
Die verpligte hervestiging van mense van hulle gewone verblyfplek af na 'n ander plek toe, bv Amerikaanse inboorlinge in die VSA gedurende die 19de eeu en aldeamentos in Mosambiek in die laat 20ste eeu.

forced segregation n.
Compulsory separation between members of different races and genders.
+ *gedwonge segregasie* n.
Verpligte skeiding tussen lede van verskillende rasse en genders.

force of arms n.
The coercing of an opponent through the threat or application of armed force.
+ *wapendwang* n.
Die dwing van 'n teenstander dmv die dreigement of aanwending van wapengeweld.

forces of agglomeration → **agglomeration forces**

forecast n.
The prediction of an event by using covariate variables as key indicators of the event, eg imagining a future political risk event.
+ *vooruitskouing* n.
Die voorspelling van 'n gebeurtenis deur die gebruik van kovariënde veranderlikes as sleutelindikatore van die gebeurtenis, bv die uitbeelding van 'n toekomstige politieke risikogebeurtenis.

foreign affairs n. (external affairs <mainly Commonwealth usage>).
The diplomatic, political, trade and military relationships of a state with other states and international organisations.
+ *buitelandse sake* n.
Die diplomatieke, politieke, handels- en militêre betrekkinge van 'n staat met ander state en internasionale organisasies.

foreign agent n.
1. An agent in the employ of a foreign service. 2. A person operating in the political or quasi-political interests of a foreign power.
+ *buitelandse agent* n.
1. 'n Agent in diens van 'n buitelandse diens. 2. 'n Persoon wat optree in die politieke of kwasipolitieke belang van 'n buitelandse moondheid.

foreign aid n.
Various types of assistance across the borders of states.
+ *buitelandse hulp* n.
Verskillende soorte bystand oor staatsgrense heen.

foreign direct investment n. (FDI).
Investment by commercial enterprises directly in fixed assets in a state, such as landed property,

F

instead of merely investing in shares, debentures or bonds.

buitelandse direkte investering n. (BDI).
Direkte belegging deur kommersiële ondernemings in vaste bates in 'n staat, soos grond, pleks van bloot beleggings in aandele, leningseffekte of effekte.

foreign minister n.
A minister of cabinet rank who directs the conduct of the foreign relations of a state. The actual title varies among states, eg secretary of state (USA), foreign secretary (UK), minister of international relations and cooperation (RSA) and minister of foreign affairs in other states.

buitelandse minister n.
'n Minister met kabinetsrang wat die buitelandse betrekkinge van 'n staat rig. Die werklike titel wissel tussen state, bv staatsekretaris (VSA), buitelandse sekretaris (VK), minister van internasionale betrekkinge en samewerking (RSA) en minister van buitelandse sake in ander state.

foreign policy n.
Objectives pursued by sovereign states in their dealings with other states as well as international organisations and methods of attaining them.

buitelandse beleid n.
Doelwitte wat deur state in hulle omgang met ander state sowel as internasionale organisasies nagestreef word en maniere om dit te bereik.

foreign policy analysis n.
A subdivision of the political sciences that concerns itself with the theory and processes of foreign policy, including how a state develops its foreign policy.

buitelandsebeleidsontleding n.
'n Onderafdeling van die politieke wetenskappe wat hom met die teorie en prosesse van buitelandse beleid besig hou, insluitend hoe 'n staat sy buitelandse beleid ontwikkel.

foreign policy doctrine n.
A set of guidelines for the handling of foreign policy matters to ensure a uniform approach in policy and implementation.

buitelandsebeleidsdoktrine n.
(buitelandsebeleidsleer, doktrine vir buitelandse beleid).
'n Stel riglyne vir die hantering van buitelandsebeleidsaangeleenthede om 'n eenvormige benadering in beleid en uitvoering te verseker.

foreign portfolio investment n. (FPI).
Investment by commercial enterprises indirectly in shares, debentures or bonds, instead of investing in fixed assets.

buitelandseportefeuljebelegging n. (BPB).
Indirekte belegging deur handelsondernemings in aandele, skuldbriewe en effekte, pleks daarvan om in vaste bates te belê.

foreign voting station n.
A voting station in another state where expatriates, other voters and foreign service officials can exercise their vote.

buitelandse stemburo n.
'n Stemburo in 'n ander staat waar landsverhuisers, ander stemgeregtigdes en amptenare in buitelandse diens hulle stem kan uitbring.

forfeit v.
To surrender or lose something as a penalty for not meeting a requirement, such as a political party losing a deposit, paid before an election, due to gaining less than a required number of votes.

verbeur v.
Om iets prys te gee of te verloor as 'n straf daarvoor dat 'n vereiste nie nagekom is nie, soos 'n politieke party wat 'n deposito wat voor 'n verkiesing betaal is, verloor omdat dit minder as die vereiste getal stemme ontvang het.

formal sector n. <see also informal sector>.
That part of a national economy which is properly and legally organised, subject to government laws and regulation.

formele sektor n. <kyk ook informele sektor>.
Daardie deel van 'n nasionale ekonomie wat behoorlik en regtens georganiseer is, onderhewig aan owerheidswette en regulasies.

form of authority → **form of regime**

form of government n. (form of the executive).
The way in which the executive in a state is formally organised, usually a parliamentary or an extra-parliamentary (presidential) type of executive.

regeringsvorm n. (vorm van die uitvoerende gesag).
Die wyse waarop die uitvoerende gesag in 'n staat formeel georganiseer is, gewoonlik 'n parlementêre of buiteparlementêre (presidensiële) vorm van uitvoerende gesag.

form of government → **form of regime**

form of regime n. (form of authority, form of government, form of rule <all deprecated>).
The way in which the fundamental political order of a state is formally organised, eg democratic, authoritarian, dictatorial.

owerheidsvorm n. (vorm van bewind, bewindsvorm <minder gebruiklik>, regeervorm, regeringsvorm <af te keur>).
Die wyse waarop die fundamentele politieke orde van 'n staat formeel georganiseer is, bv demokraties, outoritêr, diktatoriaal.

form of rule → **form of regime**

form of state n.
The organisational form of a state and its governmental structure, which is either unitary or federal.

staatsvorm n.
Die organisasievorm van 'n staat en sy regeringstruktuur, wat óf uniaal óf federaal is.

form of the executive → **form of government**

forum n.
A place of assembly, or a meeting where an address may be delivered or business be conducted.

◆ *forum* n.
'n Plek van samekoms, of 'n vergadering waar 'n
redevoering gehou mag word of sake bedryf word.

Four Modernisations n.
The initiative of Deng Shao Ping from 1978
onwards to create a more open Chinese society for
the sake of the modernisation of industry,
agriculture, science and technology, as well as
national defence in China.
◆ *Vier Moderniserings* n.
Die inisiatief van Deng Sjao Ping vanaf 1978 om 'n
oper Chinese samelewing te skep ter wille van die
modernisering van nywerhede, landbou, wetenskap
en tegnologie, sowel as die nasionale verdediging in
China.

Fourteen Points n.
A peace programme advocated by President
Woodrow Wilson of the USA after World War I.
◆ *Veertien Punte* n.
'n Vredesprogram wat deur President Woodrow
Wilson van die VSA na die Eerste Wêreldoorlog
voorgestaan is.

fourth estate n. <see also fifth force>.
The media seen as a group of institutions exerting
political influence.
◆ *vierde stand* n. <kyk ook vyfde mag>.
Die media gesien as 'n groep instellings wat
politieke invloed uitoefen.

Fourth World n. <see also First World; Second
World; Third World>.
1. The poorest countries in Africa, Asia and Latin
America. 2. The unrepresented indigenous
somewhat traditional groups who are now
organising themselves politically on the
international scene, eg those from the jungles of
South America. 3. The 'pariah states' such as Cuba,
and South Africa prior to 1994.
◆ *Vierde Wêreld* n. <kyk ook Derdewêreld;
Eerstewêreld; Tweedewêreld>.
1. Die armste lande in Afrika, Asië en
Latyns-Amerika. 2. Die onverteenwoordigde,
inheemse, ietwat tradisionele groepe wat hulle nou
op die internasionale toneel polities organiseer, bv
dié uit die woude van Suid-Amerika. 3. Die
'muishondstate' soos Kuba, en Suid-Afrika voor
1994.

FPI → foreign portfolio investment

fragile state n. <see also collapsed state; failed
state>.
A low-income state that is highly vulnerable to
economic shocks and internal or international
conflict due to its limited capacity or legitimacy.
◆ *brose staat* n. <kyk ook ineengestorte staat;
mislukte staat>.
'n Lae-inkomstestaat wat, weens sy beperkte
kapasiteit of legitimiteit, hoogs kwesbaar is vir
ekonomiese skokke en binnelandse of internasionale
konflik.

franchise n.
The right to participate and vote in an election for
public officials.

◆ *stemreg* n.
Die reg om deel te neem en in 'n verkiesing vir
openbare amptenare te stem.

Francophone Africa n. <see also Anglophone
Africa; Arab Africa; Lusophone Africa>
(French-speaking Africa).
The area in Africa where the official language of
states or the main language of communication is
French.
◆ *Franssprekende Afrika* n. <kyk ook
Arabies-Afrika; Engelssprekende Afrika;
Portugeessprekende Afrika>.
Die gebied in Afrika waar state se ampstaal of die
hoofkommunikasietaal Frans is.

Francophone states n.
States where the official language or the main
language of communication is French.
◆ *Franssprekende state* n.
State waar die ampstaal of die
hoofkommunikasietaal Frans is.

fratricide n.
The killing of people by people of the same
nationality or ethnicity.
◆ *broedermoord* n.
Die doodmaak van mense deur mense van dieselfde
nasionalteit of etnisiteit.

free and fair election n.
A legitimate process of exercising political choice
without undue influence, intimidation or violence,
and the accurate and truthful representation of the
results.
◆ *vrye en regverdige verkiesing* n.
'n Legitieme proses om politieke keuse sonder
onbehoorlike beïnvloeding, intimidasie of geweld
uit te oefen, en die akkurate en eerlike aanbieding
van die uitslae.

freeburgher n. <literally: free citizen>.
An official of the Dutch East India Company at the
Cape, who was released from his Company contract
enabling him to work as an independent farmer and
trader in order to provide much needed supplies to
the company. The free burghers were the first true
white colonists at the Cape.
◆ *vryburger* n.
'n Amptenaar van die Verenigde Oos-Indiese
Kompanjie wat van sy werkskontrak vrygestel is
sodat hy as onafhanklike boer en handelaar
noodsaaklike voorraad aan die Kompanjie kon
verskaf. Die vryburgers was die eerste werklike
blanke nedersetters aan die Kaap.

free city n.
A city administered by an international institution,
eg Memel and modern day Gdansk after World
War I.
◆ *vrystad* n.
'n Stad wat deur 'n internasionale instelling
geadministreer word, bv Memel en Danzig (in
Pools Gdansk) na die Eerste Wêreldoorlog.

freedom n.
The state of being exempt from arbitrary control;
enjoying personal liberty, liberty of action and the
right to self-determination.

F

♦ **vryheid** n.
Die toestand om nie aan arbitrêre beheer
onderworpe te wees nie; die genieting van
persoonlike onafhanklikheid, handelingsvryheid en
selfbeskikkingsreg.

Freedom Charter n.
A document pertaining to human rights in South
Africa; adopted by the ANC in 1955.
♦ **Vryheidsmanifes** n.
'n Dokument oor menseregte in Suid-Afrika; in
1955 deur die ANC aanvaar.

freedom fighter n.
A person fighting against what he/she considers to
be an oppressive and/or illegitimate government, as
part of a struggle for liberation.
♦ **vryheidsvegter** n.
'n Persoon wat veg teen wat hy/sy as 'n
onderdrukkende en/of nielegitieme regering beskou,
as deel van 'n stryd om bevryding.

freedom movement n. <see also liberation
movement>.
Activists organised to act collectively in order to
remove real or perceived constraints in society and
to maintain and strengthen achieved freedoms.
♦ **vryheidsbeweging** n. <kyk ook
bevrydingsbeweging>.
Aktiviste wat georganiseer is om kollektief op te
tree ten einde werklike of waargenome
gedwongenhede in die samelewing te verwyder en
om vryhede wat verwerf is te onderhou en versterk.

freedom of action n.
The ability to maintain the initiative in selecting
any of a series of alternative courses of action.
♦ **handelingsvryheid** n. (vryheid van optrede).
Die vermoë om die inisiatief by die kies van enige
van 'n reeks alternatiewe handelwyses te handhaaf.

freedom of association n.
The right to form relationships with people and
institutions of one's own preference and choice.
♦ **vryheid van assosiasie** n.
Die reg om sonder beperking verhoudings met
mense en instellings van eie voorkeur en keuse te
vorm.

freedom of religion n.
The right to worship according to one's own
conscience and value system.
♦ **godsdiensvryheid** n.
Die reg om sonder beperking volgens eie gewete en
waardestelsel te aanbid.

freedom of speech n.
The right to express opinions and beliefs without
undue restraints by the state.
♦ **vryheid van spraak** n. (spraakvryheid).
Die reg om menings en oortuigings sonder
onbehoorlike beperkings deur die staat uit te spreek.

freedom of the press n. (liberty of the press,
press freedom).
The right to print or publish newspapers,
magazines, books, pamphlets and the like, as well
as to broadcast electronically, without undue
interference or censorship by the state.

♦ **persvryheid** n.
Die reg om koerante, tydskrifte, boeke, pamflette en
dies meer te druk of uit te gee, asook om
elektronies uit te saai, sonder buitensporige
inmenging of sensorskap deur die staat.

freedom of worship n.
The right to worship according to individual beliefs
without interference from the state.
♦ **vryheid van aanbidding** n.
(aanbiddingsvryheid).
Die reg om volgens individuele gelowe te aanbid,
sonder inmenging van die staat.

free election n.
An election in which no coercion was exercised on
the electorate, either by the government or by civil
society.
♦ **vrye verkiesing** n.
'n Verkiesing waarin geen dwang op die
kieserskorps uitgeoefen is nie — nóg deur die
owerheid nóg deur die burgerlike samelewing.

free enterprise n.
A form of private economic activity with minimal
interference from government.
♦ **vrye onderneming** n.
'n Vorm van private ekonomiese aktiwiteit met
minimale inmenging van die owerheid.

Free French n. <The Free French Forces>.
A military organisation formed by General Charles
de Gaulle in June 1940 to continue to fight from
abroad against the Axis powers after the
Franco-German armistice.
♦ **Vrye Franse** n. <Die Vrye Franse Magte>.
'n Militêre organisasie wat in Junie 1940 deur
Generaal Charles de Gaulle op die been gebring is
om ná die Frans-Duitse wapenstilstand van buite
Frankryk af teen die Spilmoondhede voort te veg.

freehold n. <see also leasehold>.
A form of fixed-property ownership in which the
owner has a formal title to the property, ie the
property is not leased but held under a
governmentally recognised designation or title.
♦ **vrypag** n. <kyk ook huurbesit>.
'n Vorm van vaste-eiendomsbesit waarin die eienaar
'n formele titel op die eiendom hou, dws die
eiendom word nie gehuur nie, maar onder 'n
owerheidserkende benoeming of titel besit.

freeman n.
1. A citizen of a feudal town, borough or polity.
2. A person not bound by an oath of allegiance to a
feudal lord.
♦ **vryburger** n.
1. 'n Burger van 'n feodale dorp, burg of politie.
2. 'n Persoon wat nie gebonde is aan 'n eed van
getrouheid aan 'n feodale lord nie.

free market n.
The economic principle of unfettered market
competition and limited government interference in
economic decisions.
♦ **vrye mark** n.
Die ekonomiese beginsel van onbelemmerde
markmededinging en beperkte regeringsinmenging
in ekonomiese besluite.

free trade n.
The mutually beneficial exchange of goods and services between states, without restrictions such as tariffs and quotas.
* **vryhandel** n.

Die onderling heilsame uitruiling van goedere en dienste tussen state, sonder beperkings soos tariewe en kwotas.

French-speaking Africa → Francophone Africa

friendly fire n.
Fire inadvertently brought to bear on own or allied forces.
* **vriendskaplike vuur** n.

Vuur wat per abuis op eie of geallieerde magte neergebring word.

frigate n. <see also battleship; corvette; cruiser; destroyer>.
A warship displacing between 1 000 and some 3 600 tonnes and mainly designed for antisubmarine or anti-air warfare.
* **fregat** n. <kyk ook slagskip; korvet; kruiser; torpedodraer>.

'n Oorlogskip wat tussen 1000 en sowat 3 600 ton verplaas en hoofsaaklik vir duikbootjag- of lugafweeroorlogvoering ontwerp is.

frontier n. <see also border; boundary; national frontier>.
1. The region where a state borders on another.
2. The region at the edge of a settled area in a country.
* **grensgebied** n. <kyk ook grens; grenslyn; nasionale grensgebied>.

1. Die streek waar 'n staat aan 'n ander grens.
2. Die streek aan die soom van 'n gevestigde gebied in 'n land.

frontier defence n.
Measures to protect expanding border settlements against attack.
* **grensverdediging** n.

Maatreëls om uitbreidende nedersettings in 'n grensgebied teen aanvalle te beskerm.

frontier society n.
A society marked by the rapid expansion of territorial borders and consequently a society in which governmental authority is not readily recognised or accepted and where rugged individualism tends to rule the roost.
* **voorpossamelewing** n.

'n Samelewing wat deur die vinnige uitbreiding van territoriale grense gekenmerk word en gevolglik 'n samelewing waarin regeringsgesag nie maklik erken of aanvaar word nie en waar ruwe individualisme neig om aan die orde van die dag te wees.

fronting n.
Acting as a respectable cover for forbidden, secret or illegal activities, eg black directors who serve as a cover for a firm with mainly white employees, while the latter is illegal according to South African racial laws.
* **fronting** n.

Om as 'n gerespekteerde dekmantel vir verbode, geheime of onwettige aktiwiteite op te tree, bv

swart direkteure wat as dekmantel vir 'n firma met hoofsaaklik blanke werknemers dien, terwyl laasgenoemde kragtens Suid-Afrikaanse rassewette onwettig is.

frontline leaders n.
The leaders of Angola, Botswana, Lesotho, Mozambique, Tanzania, Zambia and Zimbabwe who supported the liberation struggle against the then South African government.
* **frontlinieleiers** n.

Die leiers van Angola, Botswana, Lesotho, Mosambiek, Tanzanië, Zambië en Zimbabwe wat die bevrydingstryd teen die destydse Suid-Afrikaanse regering ondersteun het.

Frontline States n. (FLS).
Angola, Botswana, Lesotho, Mozambique, Tanzania, Zambia and Zimbabwe who acted jointly to oppose the South African apartheid government, 1980–1994.
* **Frontliniestate** n. (FLS).

Angola, Botswana, Lesotho, Mosambiek, Tanzanië, Zambië en Zimbabwe wat gesamentlik opgetree het om die Suid-Afrikaanse apartheidsregering te opponeer, 1980–1994.

front organisation n.
An organisation acting as a cover for forbidden, secret or illegal activities, eg the United Democratic Front which, as a legal political movement, was a cover for several ANC activities while the latter organisation was illegal in South Africa before 1990.
* **frontorganisasie** n.

'n Organisasie wat optree as 'n dekmantel vir verbode, geheime of onwettige aktiwiteite, bv die United Democratic Front wat, as 'n wettige politieke beweging, 'n dekmantel vir verskeie ANC-aktiwiteite was terwyl laasgenoemde organisasie voor 1990 in Suid-Afrika onwettig was.

fruits of office n.
The benefits accruing to the holder of a government or administrative position.
* **ampsopbrengs** n. (ampsprofyt).

Die voordele wat die bekleër van 'n regerings- of administratiewe pos toeval.

functionary n.
An official of a state institution.
* **funksionaris** n.

'n Amptenaar van 'n staatsinstelling.

fundamentalism n. <see also Christian fundamentalism; Islamic fundamentalism; Jewish fundamentalism; religious fundamentalism>.
A deeply held conviction in the primary and most basic doctrine of a creed, often linked to an intense commitment and obsessive passion.
* **fundamentalisme** n. <kyk ook Christenfundamentalisme; Islamitiese fundamentalisme; Joodse fundamentalisme; religieuse fundamentalisme>.

'n Diepgesetelde oortuiging van die primêre en mees basiese opvattings van 'n leerstelling, dikwels gekoppel aan 'n intense toewyding en obsessiewe passie.

F

F

fundamental rights n.
Basic rights of all people as enshrined in for example the United Nations Universal Declaration of Human Rights, such as the right to dignity and the right to vote.

• *fundamentele regte* n.
Basiese regte van alle mense soos in byvoorbeeld die Verenigde Nasies se Deklarasie van die Universele Regte van die Mens vasgelê, soos die reg op waardigheid en die reg om te stem.

fusion government n.
A government in which two or more political parties come together to rule and eventually form a new merged party, eg the National Party and South African Party forming the United South African National Party in 1933.

• *smelterregering* n.
'n Regering waarin twee of meer politieke partye saamkom om te regeer en uiteindelik 'n nuwe saamgesmelte party te vorm, bv die Nasionale Party en Suid-Afrikaanse Party wat die Verenigde Suid-Afrikaanse Nasionale Party in 1933 gevorm het.

Gg

G5 → **Group of Five**

G7 → **Group of Seven**

G8 → **Group of Eight**

G10 → **Group of Ten**

G15 → **Group of Fifteen**

G18 → **Group of Eighteen**

G20 → **Group of Twenty**

G77 → **Group of Seventy Seven**

GAMAP → **generally accepted municipal accounting practices**

ganbu n. <Chinese>.
Leading bureaucrats in the People's Republic of China.
* **ghanboe** n. <Chinees>.
Leidende burokrate in die Volksrepubliek van China.

gangster state n.
A state ruled by criminal elements or according to criminal principles.
* **boefstaat** n. (rampokkerstaat).
'n Staat wat deur kriminele elemente of ooreenkomstig kriminele beginsels regeer word.

garrison n.
Troops stationed in a city, town or fort to provide a permanent military presence.
* **garnisoen** n.
Troepe wat in 'n stad, dorp of fort gestasioneer is om 'n vaste militêre teenwoordigheid te bied.

garrison state n.
A state in which the military establishment enjoys high status and influences public policy directly, using a climate of fear to perpetuate the position of the military. The whole of society is conceptualised as a stronghold against the perceived enemies of the state.
* **garnisoenstaat** n.
'n Staat waarin die militêre establishment hoë status geniet en openbare beleid direk beïnvloed deur die gebruik van 'n angsklimaat om die posisie van die militêre voort te sit. Die hele samelewing word gekonseptualiseer as 'n vesting teen gewaande staatsvyande.

gas warfare n.
Warfare in which gas in various forms is used as a weapon.
* **gasoorlogvoering** n.
Oorlogvoering waarin gas in verskillende vorms as wapen gebruik word.

gated community n.
A group of people who live in a securely fenced and access controlled area for the sake of their personal privacy, safety and exclusive privileges.
* **gehekte gemeenskap** n.
'n Groep mense wat ter wille van hulle persoonlike privaatheid, veiligheid en eksklusiewe voorregte binne 'n veilig omheinde en toegangsbeheerde gebied woon.

GEAR → **Growth, Employment and Redistribution Strategy**

gemeinschaft n. <from German; see also gesellschaft> (community).
A social group where people share both the benefits and misfortunes of life and the relationships are involuntary.
* **gemeinschaft** n. <uit Duits; kyk ook gesellschaft> (gemeenskap).
'n Sosiale groep waar mense beide die voordele en die teenspoed van die lewe deel en die verhoudings onwillekeurig is.

gendarmerie n.
A branch of the armed forces with certain policing functions. The best known example is that of France but there are also gendarmeries in other states, eg the Carabinieri in Italy.
* **gendarmerie** n.
'n Tak van die gewapende magte met bepaalde polisiëringsfunksies. Die bekendste voorbeeld is dié van Frankryk maar daar is ook gendarmerieë in ander state, bv die Carabinieri in Italië.

gender n.
The state of being male or female.
* **gender** n.
Die toestand van manlik of vroulik wees.

gender gap n.
The statistical disparity between the male and female genders, usually in favour of males.
* **gendergaping** n.
Die statistiese ongelykheid tussen die manlike en vroulike genders, gewoonlik ten gunste van mans.

gender politics n.
A movement aimed at demasculinising life and granting the same scope to women in order to make a serious impact on the political, economical and social fibre of a society.
* **genderpolitiek** n.
'n Beweging wat daarop gerig is om die lewe minder man-gedrewe te maak, en om dieselfde ruimte aan vroue te gun om 'n ernstige impak op die politieke, ekonomiese en sosiale aard van 'n samelewing te maak.

gender theory n.
A description of socially constructed norms of masculine and feminine roles and traits.
* **genderteorie** n.
'n Beskrywing van sosiaal gekonstrueerde norme van manlike en vroulike rolle en karaktertrekke.

General Assembly n. <United Nations> (United Nations General Assembly, UNGA).
The main representative, deliberative, and policymaking organ of the United Nations which comprises representatives of all member states.

G

♦ *Algemene Vergadering* n. <Verenigde Nasies> (Verenigde Nasies Algemene Vergadering, VNAV).
Die hoof verteenwoordigende, oorlegplegende en beleidmakende liggaam van die Verenigde Nasies wat uit verteenwoordigers van alle lidstate bestaan.

general assembly n.
The legislature in some states or constituent units of a state, eg the bicameral legislatures of Virginia and Illinois as constituent states of the USA.
♦ *algemene vergadering* n.
Die wetgewer in sommige state of samestellende eenhede van 'n staat, bv die tweekamerwetgewers van Virginia en Illinois as deelstate van die VSA.

general election n. <see also by-election; national election>.
A procedure in which the whole electorate of a state participates in the selection of representatives to form a legislative assembly and a government.
♦ *algemene verkiesing* n. <kyk ook nasionale verkiesing; tussenverkiesing>.
'n Prosedure waarin al die stemgeregtigdes in 'n staat deelneem aan die kies van verteenwoordigers om 'n wetgewende vergadering en 'n regering te vorm.

generally accepted municipal accounting practices n. (GAMAP).
A set of accounting guidelines and standards promulgated by the South African Minister of Finance to ensure effective and transparent accounting by municipalities.
♦ *algemeen aanvaarde munisipale rekeningkundige praktyk* n. (AAMRP).
'n Stel rekeningkundige riglyne en standaarde wat deur die Suid-Afrikaanse Minister van Finansies gepromulgeer is om doeltreffende en deursigtige rekenpligtigheid deur munisipaliteite te verseker.

general staff n.
A group of officers in the headquarters of a division or higher formation that assists the commander in planning, preparing for, conducting and coordinating operations.
♦ *generale staf* n.
'n Groep offisiere in die hoofkwartier van 'n divisie of hoër formasie wat die bevelvoerder in die beplanning, voorbereiding vir, voer en koördinering van operasies bystaan.

general war n.
Armed conflict between major powers plus their allies in which all weapons at the disposal of the belligerents, including nuclear weapons, are used.
♦ *algemene oorlog* n.
Gewapende konflik tussen meerdere moondhede saam met hulle bondgenote waarin alle wapens tot die strydendes se beskikking, insluitend kernwapens, gebruik word.

general will n. (volonté générale <French>).
1. Jean-Jacques Rousseau: The collective decision of all the people in a state, taking into consideration only matters that are good for the whole of society and excluding the selfish desires of all. 2. General meaning: The desires, wishes, or preferences of the overwhelming majority in society.

♦ *algemene wil* n.
1. Jean-Jacques Rousseau: Die kollektiewe besluit van al die mense in 'n staat, wat slegs aangeleenthede in ag neem wat goed vir die samelewing as geheel is en die selfsugtige begeertes van almal uitsluit. 2. Algemene betekenis: Die begeertes, wense of voorkeure van die oorweldigende meerderheid in 'n samelewing.

genocide n.
The premeditated and methodical annihilation of an ethnic, racial, national or religious group, such as the extermination of Jews during World War II.
♦ *volksmoord* n.
Die voorbedagte en metodiese uitdelging van 'n etniese, rasse-, nasionale of religieuse groep, soos die uitwissing van Jode tydens die Tweede Wêreldoorlog.

gentrify v.
The renovation and restoration of rundown urban areas to conform to middle class standards, often resulting in the displacement of lower class inhabitants.
♦ *gentrifiseer* v.
Die opknapping en restourasie van vervalle stedelike gebiede om aan middelklasstandaarde te voldoen, dikwels met die ontworteling van laerklasinwoners tot gevolg.

gentry n.
1. Persons of high social standing. 2. Those just below the nobility.
♦ *hoë burgerstand* n.
1. Persone van 'n hoë sosiale stand. 2. Diegene net onder die adelstand.

geopolitics n.
1. The influence of geographic factors in international politics, such as the location, size, natural resources, topography and terrain of a state; eg Britain as an island state has had a geopolitical advantage against foreign attack. 2. Analysing history, society and politics with reference to geographical factors.
♦ *geopolitiek* n.
1. Die invloed van geografiese faktore in die internasionale politiek soos die ligging, grootte, natuurlike hulpbronne, topografie en terrein van 'n staat; as eilandstaat is Brittanje bv geopolities teen aanvalle van buite bevoordeel. 2. Die ontleding van geskiedenis, samelewing en politiek met verwysing na geografiese faktore.

germ warfare → **biological warfare**

gerontocracy n.
The exercise of political power by elderly people.
♦ *gerontokrasie* n.
Die uitoefening van politieke mag deur bejaardes.

gerontocratic adj.
Pertaining to a form of rule in which the aged hold final power in a polity.
♦ *gerontokraties* adj.
Met verwysing na 'n bewindsvorm waarin die bejaardes die finale bron van mag in 'n politie is.

gerrymander n. (gerrymandering).
The process of manipulating electoral districts in such a way as to give an undue advantage to a specific political party.
* *afbakeningsgeknoei* n.
Die proses om kiesafdelings op so 'n wyse te manipuleer dat dit 'n buitensporige voorsprong aan 'n bepaalde politieke party gee.

gerrymandering → gerrymander

gesellschaft n. <from German; see also gemeinschaft>.
A society in which relationships are specific, contractual and utilitarian (mutually useful). Benefits and misfortunes are only shared in so far as the relationships are contractual/voluntary.
* *gesellschaft* n. <uit Duits; kyk ook gemeinschaft>.
'n Samelewing waarin verhoudings spesifiek, kontraktueel en utilitaries (onderling voordelig) is. Voordele en teenspoed word slegs gedeel in die mate dat die verhoudings kontraktueel/vrywillig is.

Gestapo n.
Acronym for Geheime Staatspolizei, the secret state police in Nazi Germany, 1933–1945.
* *Gestapo* n.
Akroniem vir Geheime Staatspolizei, die geheime staatspolisie in Nazi-Duitsland, 1933–1945.

ghetto n.
1. A slum area of a city inhabited by socially and economically deprived people. 2. Originally the area in which Jews were compelled to live.
* *ghetto* n.
1. 'n Krotbuurt van 'n stad wat deur maatskaplik en ekonomies behoeftige mense bewoon word.
2. Oorspronklik die gebied waar die Jode gedwing was om te bly.

ghettoisation n.
The decline of inner city suburbs to ghetto conditions.
* *ghettoïsering* n.
Die agteruitgang van binnestedelike voorstede tot krotbuurttoestande.

ghost civil servant n.
A fictitious official for whom a salary is unlawfully drawn.
* *spookstaatsamptenaar* n.
'n Fiktiewe amptenaar vir wie 'n salaris wederregtelik getrek word.

ghost state n.
1. A political entity functioning and acting as a state but not universally recognised as a state, eg Taiwan and Kosovo. 2. A state that is recognised by at least some international actors but is struggling to perform the functions of a state, eg Somalia.
* *spookstaat* n.
1. 'n Politieke entiteit wat as 'n staat funksioneer en optree, maar nie universeel as 'n staat erken word nie, bv Taiwan en Kosovo. 2. 'n Staat wat deur minstens sommige internasionale rolspelers erken word, maar wat sukkel om die funksies van 'n staat te vervul, bv Somalië.

Gini coefficient n.
A measure of the economic inequalities in a society. A Gini coefficient of 1 means complete economic inequality, a Gini coefficient of 0 means complete equality. The nearer to zero a Gini measures, the more evenly wealth is spread in society. The nearer to 1, the more unequal the spread of wealth and the greater the class differences. Thus a Gini coefficient of 0,25 would point to a reasonably even spread of wealth, and one of 0,75 would point to extreme inequalities of wealth in a society.
* *Gini-koëffisiënt* n.
'n Maatstaf van die ekonomiese ongelykheid in 'n samelewing. 'n Gini-koëffisiënt van 1 beteken algehele ekonomiese ongelykheid, 'n Gini-koëffisiënt van 0 beteken algehele gelykheid. Hoe nader aan 0 'n Gini meet, des te meer gelyk is die welvaart in 'n samelewing verdeel. Hoe nader aan 1, hoe meer ongelyk is die verdeling van welvaart en hoe groter is die klasseverskille. 'n Gini-koëffisiënt van 0,25 sal dus 'n aanduiding van 'n betreklik gelyke verdeling van welvaart wees, en een van 0,75 sou aandui dat daar uiterste ongelykhede in welvaartsverdeling in 'n samelewing is.

Girondins n.
A republican group that led France into war in 1793, leading to conflict with the Jacobins.
* *Girondyne* n.
'n Republikeinse groep wat Frankryk in 1793 in 'n oorlog gedompel het, wat tot konflik met die Jakobyne aanleiding gegee het.

global adj.
Relating to or affecting the entire world, eg global economy, global terrorism.
* *globaal* adj. <voorkeurterm>
(wêreldomvattend, geheelwêreld-, mondiaal).
Wat met die hele wêreld verband hou of dit affekteer, bv globale ekonomie, globale terrorisme.

global economy n.
An economy that encapsulates or represents the entire physical earth.
* *globale ekonomie* n. (wêreldomvattende ekonomie, mondiale ekonomie).
'n Ekonomie wat die hele fisiese aarde omvat of verteenwoordig.

globalisation n.
The process of treating matters and issues of crucial importance and concern to all states of the world within a multilateral context.
* *globalisering* n. <voorkeurterm>
(geheelverwêreldliking, geheelwêreldwording, mondialisering).
Die proses om sake en kwessies van kernbelang en wat alle state van die wêreld raak, binne 'n multilaterale konteks te behandel.

global navy n. <see also coastal navy; littoral navy; oceangoing navy>.
A navy that is capable of maintaining forces on a protracted and worldwide basis and carrying out more than one priority mission simultaneously.

G

G

+ **aardbolvloot** n. <kyk ook kusvloot; kusstrookvloot; diepseevloot> (globale vloot).
'n Vloot wat daartoe in staat is om magte op 'n langdurige en wêreldwye grondslag in stand te hou en meer as een prioriteitsending gelyktydig uit te voer.

global politics n.
The worldwide system of states, their economies and their interactions, that affects the power and wealth of all states.
+ **globale politiek** n. (geheelwêreldpolitiek, mondiale politiek).
Die wêreldwye stelsel van state, hulle ekonomieë en hulle wisselwerking, wat die mag en rykdom van alle state raak.

global security → **international security**

global war on terror → **long war**

global war on terrorism → **long war**

globetrotting politics n.
Attempts to increase power and influence in international relations by means of regular official trips to foreign states by government representatives.
+ **wêreldreisigerpolitiek** n.
Pogings om mag en invloed in internasionale betrekkinge te vergroot deur middel van gereelde amptelike reise na vreemde state deur regeringsverteenwoordigers.

GOP → **Grand Old Party**

go to the country → **call an election**

go to the polls → **call an election**

governance n.
1. The art of governing a state. 2. The process of directing, controlling and administering a polity; and public accountability for those actions.
3. Rarely used to refer to the study of the state.
4. Sometimes used to refer to government (deprecated).
+ **regeerkunde** n. (regeerpraktyk, staatsbestuur).
1. Die kuns om 'n staat te regeer. 2. Die proses om 'n politie te rig, beheer en administreer; en openbare verantwoordingspligtigheid vir daardie optrede. 3. Soms gebruik om na die studie van die staat te verwys.

governing class n.
1. The social group from which those that exercise power are drawn. 2. In Marxist ideology, the class that owns the means of production.
+ **regerende klas** n.
1. Die sosiale groep waaruit diegene wat mag uitoefen, getrek word. 2. In Marxistiese ideologie, die klas wat die produksiemiddele besit.

governing committee n.
A group of people elected or appointed to manage the affairs of an institution.
+ **beheerkomitee** n.
'n Groep mense wat verkies of aangestel is om die sake van 'n instelling te bestuur.

governing council n.
A group of people elected or appointed to exercise control in an administrative, legislative or advisory capacity.
+ **beheerraad**
'n Groep mense wat verkies of aangestel is om in 'n administratiewe, wetgewende of raadgewende hoedanigheid beheer uit te oefen.

governing elite n.
The select few who dominate the exercise of political power within a society.
+ **regerende elite** n.
Die uitverkose handjievol wat die uitoefening van politieke mag binne 'n samelewing oorheers.

governing party → **ruling party**

government n.
The judicial, executive and legislative functions of a state. In USA usage it also refers to the public service.
+ **owerheid** n.
Die regsprekende, uitvoerende en wetgewende funksies van 'n staat. In VSA-gebruik verwys dit ook na die staatsdiens.

government n.
The executive of a state.
+ **regering** n.
Die uitvoerende gesag van 'n staat.

governmental institution n. (governmental organ <deprecated>).
An organisation established to exercise specified functions in the governance of the state.
+ **regeringsinstelling** n. (regeringsorgaan <af te keur>).
'n Organisasie wat tot stand gebring is om bepaalde funksies in staatsbestuur te verrig.

governmental organ → **governmental institution**

government corporation → **state corporation**

government department n.
An official structure of the central or provincial government with supportive executive responsibilities, focussed on a specific area of government such as education, and with the ultimate control vested in a political office bearer.
+ **staatsdepartement** n.
'n Amptelike struktuur van die sentrale of provinsiale regering met ondersteunende uitvoerende verantwoordelikhede, gerig op 'n spesifieke regeringsgebied soos onderwys, en waar die hoogste beheer by 'n politieke ampsbekleër berus.

government in exile n.
A government that governs or claims to govern its home state from a foreign state, usually in extraordinary circumstances, such as a war or civil war during which the government is banished or takes voluntary banishment to a friendly state.
+ **regering in ballingskap** n. (ballingregering).
'n Regering wat sy tuisstaat uit 'n vreemde staat regeer of daarop aanspraak maak dat hy dit regeer, gewoonlik in buitengewone omstandighede soos oorlog of burgeroorlog ten tyde waarvan die

regering verban word of vrywillige ballingskap in 'n vriendskaplike staat aanvaar.

government interference n.
Meddling by the state in economic and social affairs, such as the regulation of markets, as well as in the affairs of other states.
+ *regeringsinmenging* n.
Bemoeiing van die staat met ekonomiese en sosiale aangeleenthede, soos die regulering van markte, asook met die sake van ander state.

governor general n.
The representative of the British monarch in some Commonwealth states, eg Canada and Australia, and who is tasked to perform most of the constitutional and ceremonial duties of the monarch.
+ *goewerneur-generaal* n.
Die verteenwoordiger van die Britse monarg in sommige Gemenebesstate, bv in Kanada en Australië, en wat verantwoordelik is vir die uitvoering van die meeste van die konstitusionele en seremoniële pligte van die monarg.

gradualism n. <see also incrementalism>.
An approach to policy making which prefers stepwise or piecemeal implementation, as against radical plans of action.
+ *geleidelikheid* n. <kyk ook inkrementalisme> (gradualisme).
'n Benadering tot beleidmaking wat stuksgewyse of stapsgewyse implementering bo radikale aksieplanne verkies.

graduated deterrence n.
A theory in nuclear strategy that aggression could be prevented by the threat of tactical nuclear warfare without escalation to general nuclear war.
+ *gegradeerde afskrikking* n.
'n Teorie in kernstrategie dat aggressie voorkom kan word deur die dreigement van taktiese kernoorlogvoering sonder eskalasie na algemene kernoorlog.

graft n. <see also corruption>.
The acquisition of money, power and favours by dishonest means, usually by taking advantage of a position of authority.
+ *omkopery* n. <kyk ook korrupsie>.
Die verkryging van geld, mag en gunste op oneerlike maniere, gewoonlik deur uit 'n posisie van gesag voordeel te trek.

grand apartheid n.
The major policies of apartheid in South Africa before 1994, eg the establishment of bantustans, as against the petty everyday practices such as separate public amenities.
+ *grootapartheid* n.
Die hoofbeleidsaspekte van apartheid in Suid-Afrika voor 1994, bv die stigting van bantoestans, teenoor die kleinlike alledaagse praktyk soos afsonderlike openbare geriewe.

grand ayatollah n. <'grand' not used in form of address>, <see also ayatollah> (marja-e taqlid, ayatollah-al-uzma).
A supreme theologian in Shiite Islam, often with political influence, eg ayatollah Khomeini, who was Iran's head of state between 1979 and 1989.

+ *groot ajatollah* n. <'groot' nie gebruik in aanspreekvorm>, <kyk ook ajatollah> (mardja-e taqlid, ajatollah-al-uzma).
'n Opperteoloog in Sjiïtiese Islam wat dikwels oor politieke invloed beskik, bv ajatollah Khomeini, wat tussen 1979 en 1989 die staatshoof van Iran was.

grand coalition n.
An all-encompassing coalition of political parties which represents an overwhelming majority in a legislature, eg in consociational democracy.
+ *grootkoalisie* n.
'n Allesomvattende koalisie van politieke partye wat die oorgrote meerderheid in 'n wetgewer verteenwoordig, bv in konsosiatiewe demokrasie.

G

Grand National Assembly n.
The unicameral parliament of Turkey.
+ *Groot Nasionale Vergadering* n.
Die eenkamerparlement van Turkye.

Grand Old Party n. (GOP).
The nickname of the Republican Party in the USA.
+ *Grand Old Party* n. (GOP).
Die bynaam van die Republikeinse Party in die VSA.

grapevine n.
A means of transmitting unofficial information or rumours by relaying it from person to person.
+ *bostelegraaf* n.
'n Manier om nieamptelike informasie of gerugte oor te dra deur dit van persoon tot persoon deur te gee.

grassroots n. (grassroots level).
The ordinary members of a society who are usually not strongly organised, but who may exert political influence.
+ *voetsoolvlak* n. (grondvlak).
Die gewone lede van 'n gemeenskap wat normaalweg nie sterk georganiseer is nie, maar wat politieke invloed kan uitoefen.

grassroots level → **grassroots**

gravy train n.
A privileged position in which a person finds himself/herself, presenting the possibility to enjoy extraordinary privileges and exceptional monetary advantages to an extent that the general public would regard as objectionable.
+ *soustrein* n. (heuningtrein).
'n Bevoorregte posisie waarin 'n persoon homself/haarself bevind, wat die moontlikheid bied om buitengewone voorregte en uitsonderlike geldelike voordele te geniet, in 'n mate wat die algemene publiek as aanstootlik beskou.

Great Leap Forward n.
A programme of Mao Zedong, from the end of 1957 to the beginning of the 1960s, to develop a typical Chinese, rather than Russian, form of socialism in the People's Republic of China, with the emphasis on communal decision making, collective farming and manual labour. More than fifteen million citizens died during the programme.
+ *Groot Sprong Vorentoe* n.
'n Program van Mao Zedong, einde 1957 tot begin 1960's, om 'n tipies Chinese, eerder as 'n Russiese, vorm van sosialisme in die Volksrepubliek van

G

China te ontwikkel, met die klem op kommunale besluitneming, kollektiewe boerdery en handearbeid. Meer as vyftien miljoen burgers is tydens die program dood.

great power n. <see also superpower> (major power).
A state deemed to rank amongst the most powerful states in the international hierarchy of states and is powerful enough to influence events throughout the world.
• *grootmoondheid* n. <kyk ook supermoondheid> (meerdere moondheid).
'n Staat wat onder die magtigste state in die internasionale hiërargie van state gereken word en wat sterk genoeg is om gebeure dwarsoor die wêreld te beïnvloed.

Great Satan n.
Pejorative reference in Iran to the USA, first used by the ayatollah Khomeini.
• *Groot Satan* n.
Pejoratiewe verwysing in Iran na die VSA, die eerste keer gebruik deur die ajatollah Khomeini.

Great War → **World War I**

green ideology n.
A doctrine stressing the importance and conservation of the natural environment.
• *groenideologie* n.
'n Leerstelling wat die belangrikheid en bewaring van die natuurlike omgewing beklemtoon.

green paper n.
A document setting out proposed government policy, published to allow discussion and consultation with interested parties before the final policy is published in a white paper. The colour of the paper is no longer of consequence.
• *groenskrif* n.
'n Dokument wat voorgestelde regeringsbeleid uiteensit en gepubliseer word om bespreking en raadpleging met belanghebbende groepe moontlik te maak voordat die finale beleid in 'n witskrif gepubliseer word. Die kleur van die papier is nie meer van belang nie.

grey area n.
Historically a residential area in South Africa occupied by people of more than one race group.
• *gemengde woonbuurt* n.
Histories 'n buurt in Suid-Afrika wat deur mense van meer as een rassegroep bewoon word.

grey propaganda n. <see also black propaganda; white propaganda>.
Propaganda that does not specifically identify any source.
• *grys propaganda* n. <kyk ook swart propaganda; wit propaganda>.
Propaganda wat nie spesifiek enige bron identifiseer nie.

ground attack n.
An air attack on ground targets or attack by ground forces.
• *grondaanval* n.
'n Lugaanval op grondteikens of 'n aanval deur grondmagte.

group area n.
An area demarcated exclusively for a specified race group as part of the apartheid government's policy of separate development.
• *groepsgebied* n.
'n Gebied wat uitsluitlik vir 'n bepaalde rassegroep afgebaken is as deel van die apartheidsregering se beleid van afsonderlike ontwikkeling.

group consciousness n.
In political theory the awareness of people regarding matters of common interest such as ethnicity, culture, origin and economic interests.
• *groepsbewustheid* n. (groepsbewussyn <af te keur>).
In politieke teorie, die bewustheid van mense met betrekking tot sake van gemeenskaplike belang soos etnisiteit, kultuur, oorsprong en ekonomiese belange.

group interests n.
Matters beneficial to a group as a whole and providing the basis for the actions of the group.
• *groepsbelange* n.
Sake wat tot voordeel van 'n groep as geheel is en wat die grondslag vir die optrede van die groep bied.

Group of 63 n.
A South African group of intellectuals, founded in May 2000 who are concerned about the phasing out of the higher functions of Afrikaans, eg in courts, schools and universities.
• *Groep van 63* n.
'n Suid-Afrikaanse groep intellektuele wat in Mei 2000 gestig is en wat besorg is oor die uitfasering van die hoër funksies van Afrikaans in Suid-Afrika, bv in howe, skole en universiteite.

Group of Eight n. (G8).
The G7 states plus Russia.
• *Groep van Agt* n. (G8).
Die G7-state plus Rusland.

Group of Eighteen n. (G18).
The 18 EU member states that by mid-2009 had ratified the European constitution.
• *Groep van Agtien* n. (G18).
Die 18 EU-lidstate wat teen die middel van 2009 die Europese grondwet goedgekeur het.

Group of Fifteen n. (G15).
Group of developing states from Asia, Africa and Latin America to promote the interests of developing states.
• *Groep van Vyftien* n. (G15).
'n Groep van ontwikkelende state uit Asië, Afrika en Latyns-Amerika om die belange van ontwikkelende state te bevorder.

Group of Five n. (G5).
A group of industrialised states comprising the USA, UK, France, Germany and Japan.
• *Groep van Vyf* n. (G5).
'n Groep geïndustrialiseerde state wat bestaan uit die VSA, VK, Frankryk, Duitsland en Japan.

Group of Seven n. (Big Seven, G7).
A group of the most industrialised states in the world, comprising the USA, UK, France, Germany, Japan, Canada and Italy.

• *Groep van Sewe* n. (Groot Sewe, G7).
'n Groep van die mees geïndustrialiseerde state in die wêreld, wat bestaan uit die VSA, VK, Frankryk, Duitsland, Japan, Kanada en Italië.

Group of Seventy Seven n. (G77).
A group of developing states founded in 1964 to promote their collective economic interests. Its membership grew from 77 at its inception to 134 in 2013.
• *Groep van Sewe en Sewentig* n. (G77).
'n Groep ontwikkelende state wat in 1964 gestig is met die doel om hulle kollektiewe ekonomiese belange te bevorder. Die ledetal het toegeneem van 77 tydens die stigting tot 134 in 2013.

Group of Ten n. (G10).
A group of major economic powers comprising Belgium, Canada, France, Germany, Italy, Japan, the Netherlands, Sweden, the UK, the USA, founded in 1962 and joined by Switzerland in 1984.
• *Groep van Tien* n. (G10).
'n Groep belangrike ekonomiese moondhede wat bestaan uit België, Frankryk, Duitsland, Italië, Japan, Kanada, Nederland, Swede, die VK en die VSA, wat in 1962 gestig is waarby Switserland in 1984 aangesluit het.

Group of Twenty n. (G20).
An informal forum of the European Union and 19 other industrial and emerging market states that promotes dialogue on key issues of global economic stability.
• *Groep van Twintig* n. (G20).
'n Informele forum van die Europese Unie en 19 ander nywerheids- en ontluikende state wat dialoog bevorder oor sleutelvraagstukke van globale ekonomiese stabiliteit.

group representation n.
The representation of a defined set of people, a faction, or a selection of people in a legislature.
• *groepsverteenwoordiging* n.
Die verteenwoordiging van 'n omskrewe samestelling van persone, 'n faksie of 'n geselekteerde groep mense in 'n wetgewer.

group rights n. <see also rights of the individual>.
Those things that a group may legitimately claim as due to it, such as the right to its own education and to the use of its own language.
• *groepsregte* n. <kyk ook regte van die individu>.
Daardie dinge waarop 'n groep met reg mag aanspraak maak as dit wat hom toekom, soos die reg op sy eie onderwys en op die gebruik van sy eie taal.

group voters' roll n.
A register of voters kept on a group or factional basis, as against a common voters' roll, eg the Maori voters' roll in New Zealand.
• *groepskieserslys* n.
'n Register van kiesers wat op 'n groeps- of faksionele basis bygehou word teenoor 'n gemeenskaplike kieserslys, bv die Maori-kieserslys in Nieu-Seeland.

Growth, Employment and Redistribution Strategy n. (GEAR).
The economic policy of the ANC-led government in South Africa between 1996 and 2004.
• *Strategie vir Groei, Werkverskaffing en Herverdeling* n. (GEAR).
Die ekonomiese beleid van die ANC-geleide regering in Suid-Afrika tussen 1996 en 2004.

gubernatorial election n.
The election of a governor of a state of the USA, eg governor of California.
• *goewerneursverkiesing* n.
Die verkiesing van 'n goewerneur van 'n deelstaat in die VSA, bv goewerneur van Kalifornië.

guerrilla n.
Member of an irregular armed force, especially one fighting an established armed force.
• *guerrilla* n.
Lid van 'n ongereelde gewapende mag, veral een wat teen 'n gevestigde weermag veg.

guerrilla war n.
A war conducted through military and paramilitary operations, mainly of an unconventional nature, conducted in enemy-held or hostile territory by irregular, predominantly indigenous forces.
• *guerrillaoorlog* n.
'n Oorlog gevoer deur militêre en paramilitêre operasies, hoofsaaklik onkonvensioneel van aard, wat in vyandbesette of vyandelike gebied deur ongereelde, oorwegend inheemse magte gevoer word.

guerrilla warfare n.
Military and paramilitary operations, mainly of an unconventional nature, conducted in enemy-held or hostile territory by irregular, predominantly indigenous forces.
• *guerrillaoorlogvoering* n.
Militêre en paramilitêre operasies, hoofsaaklik onkonvensioneel van aard, wat in vyandbesette of vyandelike gebied deur ongereelde, oorwegend inheemse magte gevoer word.

guided democracy n.
A limited form of democracy in which the government leadership guides the people regarding their interests.
• *geleide demokrasie* n.
'n Beperkte vorm van demokrasie waarin die regeringsleierskap die mense lei met betrekking tot hulle belange.

guided missile n. <see also ballistic missile; cruise missile>.
A rocket that is guided to its target by some form of technical device, usually an electronic or infra-red system.
• *geleide missiel* n. <kyk ook ballistiese missiel; kruismissiel>.
'n Vuurpyl wat deur een of ander soort tegniese toestel, gewoonlik 'n elektroniese of infrarooistelsel, na sy teiken gelei word.

guillotine n.
1. A mechanical device with a sharp blade used in France to behead convicted persons.

G

G

2. A parliamentary device whereby a time limit is placed on a debate.

• **valbyl** n.
1. 'n Meganiese toestel met 'n skerp lem wat in Frankryk gebruik is om veroordeelde persone te onthoof. 2. 'n Parlementêre meganisme waardeur 'n tydsbeperking op 'n debat geplaas word.

gunboat diplomacy n. <see also bomber diplomacy>.
Originally using the presence of warships to convince a foreign power of the force of a diplomatic argument; broadening in time to diplomacy conducted by threats of military intervention, especially by a major power against a weaker state.

• **kanonneerbootdiplomasie** n. <kyk ook bomwerperdiplomasie>.
Oorspronklik die gebruik van die teenwoordigheid van oorlogskepe om 'n vreemde moondheid van die krag van 'n diplomatieke argument te oortuig; brei mettertyd uit na die voer van diplomasie deur dreiging van militêre ingryping, veral deur 'n belangrike moondheid teenoor 'n swakker staat.

gut feeling n.
An instinctive judgment, decision or opinion based on intuition.

• **kropgevoel** n.
'n Instinktiewe oordeel, besluit of mening wat op intuïsie gegrond is.

GWOT → **long war**

gynaecocracy n. (gynocracy).
A system in which the exercise of political power is dominated by women.

• **ginokrasie** n.
'n Stelsel waarin die uitoefening van politieke mag deur vroue oorheers word.

gynocracy → **gynaecocracy**

Hh

habatsu n. <Japanese>.
The factions in the Japanese parliament, eg in the Liberal Democratic Party.
♦ **habatsoe** n. <Japannees>
Die faksies in die Japannese parlement, bv in die Liberale Demokratiese Party.

habeas corpus n. <Latin>.
A legal writ ordering that a detainee or prisoner be brought before a judge in a court of law.
♦ **habeas corpus** n. <Latyn>.
'n Geregtelike bevelskrif dat 'n aangehoudene of gevangene voor 'n regter in 'n geregshof gebring word.

hagiocracy n.
The exercise of political power by holy persons in terms of eternal and sacred principles.
♦ **hagiokrasie** n.
Die uitoefening van politieke mag deur heilige persone in terme van ewige en heilige beginsels.

hands-off policy n.
Nonintervention, especially in foreign policy.
♦ **handetuisbeleid** n.
Nie-ingryping, veral in buitelandse beleid.

Hanseatic city n.
A member city of the Hanseatic League.
♦ **Hansestad** n.
'n Lidstad van die Hansebond.

Hanseatic League n.
An alliance of North German trading cities that dominated trade along the coast of Northern Europe; formed in 1241, it survived until the 19th century.
♦ **Hansebond** n. <Hanseatiese Bond kom ook voor>.
'n Bondgenootskap van Noord-Duitse handelstede wat handel langs die kus van Noord-Europa oorheers het; dit is in 1241 gestig en het tot die 19de eeu voortbestaan.

hard-line politics n.
Politics based on unyielding policies and persistently firm courses of action.
♦ **hardgebakte politiek** n.
Politiek gegrond op ontoegeeflike beleid en hardnekkige handelwyses.

hardliner n.
A person with rigid opinions, absolutely unyielding in situations calling for compromise.
♦ **hardgebakte** n.
'n Persoon met onbuigsame menings, absoluut ontoegeeflik in situasies waar 'n kompromis aangewese sou wees.

hard services n.
Municipal services such as water, sewerage and electricity.

♦ **harde dienste** n.
Munisipale dienste soos water, riolering en elekrisiteit.

hawks and doves n.
Hawks is most often used to describe politicians and individuals who favour a hardline approach to the resolution of political conflict. This could include violent mass action, armed struggle or conventional military force. The term doves refers to those who believe that the use of force is uncalled for. They tend to favour nonviolent protest, diplomacy and a peaceful resolution to a conflict.
♦ **vuurvreters en vredemakers** n.
Vuurvreters word meesal gebruik om politici en individue te beskryf wat 'n hardgebakte benadering voorstaan om politieke konflik op te los. Dit kan gewelddadige massaoptrede, gewapende stryd of konvensionele militêre mag insluit. Die term vredemakers verwys na diegene wat glo dat die gebruik van dwang onvanpas is. Hulle staan eerder niegewelddadige protes, diplomasie en 'n vreedsame konflikoplossing voor.

HDI → historically disadvantaged individual

HDI → human development index

head of government n. <see also head of state>.
The person who has final executive authority in a state, eg a prime minister who is in charge of a cabinet.
♦ **regeringshoof** n. <kyk ook staatshoof>.
Die persoon wat oor die finale uitvoerende gesag in 'n staat beskik, bv 'n eerste minister wat in beheer van 'n kabinet is.

head of state n. <see also executive head of state; head of government>.
The formal or titular head of a state, eg a monarch or president, with or without executive powers.
♦ **staatshoof** n. <kyk ook regeringshoof; uitvoerende staatshoof>.
Die formele of titulêre hoof van 'n staat, bv 'n monarg of president, met of sonder uitvoerende bevoegdheid.

head of the poll <see at the head of the poll>.

hegemony n. <International relations>.
The ascendancy and domination of one state in the international state system over one or more states or a region of states.
♦ **hegemonie** n. <Internasionale verhoudinge>.
Die opkoms en oorheersing van een staat in die internasionale statestelsel oor een of meer state of 'n streek state.

heir apparent/heiress apparent n. <see also heir designate; heir presumptive> (crown prince/crown princess).
A royal heir whose right to succeed the ruling monarch cannot be defeated provided he/she survives his/her ancestor.

H

* *erfopvolger* n. <kyk ook aangewese erfgenaam; vermoedelike opvolger> (kroonprins/kroonprinses, regmatige erfgenaam).

'n Koninklike erfgenaam wie se reg op opvolging nie getroef kan word nie, op voorwaarde dat hy/sy sy/haar voorsaat oorleef.

heir designate n. <see also heir apparent; heir presumptive>.

The son or daugter of a reigning monarch who has been named to succeed their parent upon his/her demise or abdication.

* *aangewese erfgenaam* n. <kyk ook erfopvolger; vermoedelike opvolger>.

Die seun of dogter van 'n regerende monarg wat benoem is om die ouer op te volg in die geval van sy/haar oorlye of abdikasie.

heir presumptive n. <see also heir apparent; heir designate>.

A person in line to a throne, but whose position may be changed by the birth of eg an heir apparent.

* *vermoedelike opvolger* n. <kyk ook aangewese erfgenaam; erfopvolger>.

'n Aanspraakmaker op 'n troon, maar wie se opvolgposisie deur die geboorte van bv 'n erfopvolger sal verander.

heir to the throne/heiress to the throne n. (royal heir).

The child of a monarch who will inherit the royal office once the ruling parent dies or is legally incapacitated to execute the office.

* *koninklike erfgenaam* n.

Die kind van 'n monarg wat die koninklike amp sal erf wanneer die regerende ouer sterf of regtens ongeskik is om die amp te beklee.

henchman n.

A political follower that serves a leader for personal advantage.

* *trawant* n.

'n Politieke volgeling wat 'n leier vir persoonlike voordeel dien.

hereditary peer n.

An aristocrat in the UK who inherits his/her title and in some cases has the right to sit in the House of Lords.

* *erflike adellike* n.

'n Aristokraat in die VK wat sy/haar titel erf en in sommige gevalle die reg het om in die Hoërhuis te sit.

hermit state n.

A state that chooses to isolate itself from the rest of the international community of states and often has an autarkic economic policy.

* *kluisenaarstaat* n.

'n Staat wat hom van die res van die internasionale stategemeenskap isoleer en dikwels 'n outarkiese ekonomiese beleid navolg.

heterarchy n.

An organisational structure resembling a network rather than the top-down pattern of a hierarchy.

* *heterargie* n.

'n Organisasiestruktuur wat met 'n netwerk eerder as die bo na onderpatroon van 'n hiërargie ooreenstem.

hidden agenda n. <see also secret agenda>.

Undisclosed aims in proposals during negotiations between adversaries, such as the arms reduction talks between the USA and the former USSR.

* *verskuilde agenda* n. <kyk ook geheime agenda>.

Bedekte doelwitte in voorstelle tydens onderhandelinge tussen teenstanders, soos in die wapenverminderingsamesprekings tussen die VSA en die voormalige USSR.

hierarchical political system n.

A form of polity that is organised according to social layers, classes or estates ranked in power and seniority.

* *hiërargiese politieke stelsel* n. (hiërargiese politieke sisteem).

'n Vorm van politie wat sosiale lae, klasse of stande volgens mag en senioriteit rangskik.

hierocracy n.

The exercise of political power by priests or ecclesiastics.

* *hiërokrasie* n.

Die uitoefening van politieke mag deur priesters of kerklikes.

high command n. (supreme command).

The senior military staff of the armed forces of a state, with overall responsibility for military policy, strategy and operations.

* *opperbevel* n.

Die senior militêre staf van die gewapende magte van 'n staat, met die oorkoepelende verantwoordelikheid vir militêre beleid, strategie en operasies.

High Commission n. <see also embassy>.

In Commonwealth states the embassy of a Commonwealth state to another.

* *Hoë Kommissariaat* n. <kyk ook ambassade>.

In Statebondstate die ambassade van 'n Statebondstaat in 'n ander staat.

High Commissioner n. <see also ambassador>.

The highest diplomatic envoy, in charge of the diplomatic mission of one Commonwealth state to another.

* *Hoë Kommissaris* n. <kyk ook ambassadeur>.

Die hoogste diplomatieke gesant in bevel van die diplomatieke missie van een Statebondstaat aan 'n ander.

High Court n. <South Africa 1996–2013>.

A superior court that hears both civil and criminal cases, as well as appeals from lower courts.

* *Hoë Hof* n. <Suid-Afrika 1996–2013>.

'n Hoër hof wat beide siviele en kriminele sake, sowel as appèlsake van laer howe aanhoor.

high court n.

A court of first instance inherently empowered to protect and regulate its own procedures and to develop common law.

hoë hof n.
'n Hof van eerste instansie wat inherent die bevoegdheid het om sy eie prosedures te beskerm en te reguleer en die gemenereg te ontwikkel.

higher-order town n.
A town that provides extensive services and has access to superior resources.
+ **hoërordedorp** n.
'n Dorp wat uitgebreide dienste verskaf en toegang tot meerdere hulpbronne het.

Highness n. <preceded by Your or His or Her>.
Title used to address or refer to a royal person except kings and queens.
+ **Hoogheid** n. <voorafgegaan deur U of Sy of Haar>.
Titel wat gebruik word om 'n koninklike persoon, behalwe 'n koning en 'n koningin, aan te spreek of na hom/haar te verwys.

high-power microwave weapon n. (HPM).
An airborne weapon that discharges very high powered energy pulses to damage or destroy enemy electronic apparatus; colloquially called an e-bomb.
+ **hoëkrag-mikrogolfwapen** n. (HMW).
'n Lugboordwapen wat baie kragtige energiepulse uitstuur om vyandelike elektroniese apparate te beskadig of vernietig; 'n e-bom in omgangstaal.

high-rise development n.
A set of buildings with multiple storeys in a town or city.
+ **toringbou-ontwikkeling** n.
(hoogbou-ontwikkeling).
'n Stel geboue met meervoudige verdiepings in 'n dorp of stad.

Hill → **Capitol Hill**

hinterland n.
The remote or rural areas of a state, usually economically underdeveloped.
+ **hinterland** n.
Die verafgeleë of plattelandse gebiede van 'n staat, wat gewoonlik ekonomies onderontwikkel is.

historically disadvantaged n. <the historically disadvantaged>, <see also previously disadvantaged individual>.
People who, in the course of history, have been placed in unfavourable circumstances through lack of normal social opportunities, eg women, the disabled and certain ethnic groups. In South Africa specifically citizens who had no franchise in national elections prior to the introduction of the constitution of 1983 or the constitution of 1993.
+ **histories benadeeldes** n. <die histories benadeeldes>, <kyk ook voorheen benadeelde individu> (histories agtergeblewenes <die histories agtergeblewenes af te keur>).
Mense wat met verloop van die geskiedenis in 'n ongunstige situasie geplaas was weens 'n gebrek aan normale sosiale geleenthede, bv vroue, gestremdes en sekere etniese groepe. In Suid-Afrika spesifiek burgers wat nie voor die instelling van die 1983-grondwet, of die 1993-grondwet stemreg in nasionale verkiesings gehad het nie.

historically disadvantaged individual n. (HDI).
A South African citizen who had no franchise in national elections prior to the introduction of the constitution of 1983 or the constitution of 1993 or who is a female or who has a disability.
+ **histories benadeelde individu** n. (HBI).
'n Suid-Afrikaanse burger wat voor die instelling van die grondwet van 1983 of die grondwet van 1993 nie stemreg gehad het nie of 'n vroulike persoon is of gestrem is.

Holocaust n.
The large-scale killing of Jews and other 'undesireable" elements by German state functionaries during World War II.
+ **Joodse massamoord** n. (Jodeslagting).
Die grootskaalse doodmaak van Jode en ander 'ongewenste elemente' deur Duitse staatsfunksionarisse gedurende die Tweede Wêreldoorlog.

Holy See n. <International Law>.
The central government of the Roman Catholic Church, often referred to as the Vatican which is not in actual fact correct. Ambassadors are accredited to the Holy See, not the Vatican City State, and its diplomatic representatives in states and international organisations represent the Holy See, not the Vatican.
+ **Heilige Stoel** n. <Internasionale Reg>.
Die sentrale regering van die Rooms-Katolieke Kerk, waarna dikwels as die Vatikaan verwys word, maar dit is feitelik nie korrek nie. Ambassadeurs word by die Heilige Stoel geakkrediteer, nie die Vatikaanstadstaat nie, en sy diplomatieke verteenwoordigers in state en internasionale organisasies verteenwoordig die Heilige Stoel, nie die Vatikaan nie.

Holy See n. <ecclesiastic>.
The seat of the Bishop of Rome, namely the seat of the Roman Catholic Pope.
+ **Heilige Stoel** n. <kerklik>.
Die setel van die Biskop van Rome, naamlik die setel van die Rooms-Katolieke Pous.

home affairs n.
State department which administers laws relating to citizenship. Sometimes known as internal affairs.
+ **binnelandse aangeleenthede** n.
(binnelandse sake).
Staatsdepartement wat wette oor burgerskap administreer.

home-grown constitution → **autochthonous constitution**

home rule n.
1. A form of rule in the British empire in which a colony or dependency enjoyed limited self-government, subject to the authority of the Colonial Office in London. Under British colonial rule the Cape Colony and Natal functioned under this system. 2. A form of rule in which a constituent unit of a state enjoys self-government subject to the authority of the central authority, eg Scotland and Wales in the UK.

H

H

• *selfregering* n. (tuisregering).
'n Regeringsvorm in die Britse ryk waarin 'n kolonie of afhanklike gebied beperkte selfregering geniet het, onderworpe aan die gesag van die Koloniale Kantoor in Londen. Onder Britse koloniale heerskappy het die Kaapkolonie en Natal onder hierdie stelsel gefunksioneer. 2. 'n Vorm van heerskappy waarin 'n deeleenheid van 'n staat selfregering onderhewig aan die gesag van die sentrale owerheid geniet, bv Skotland en Wallis in die VK.

honest broker n. <see also mediator>.
A person or institution considered to be neutral in a dispute between two or more political actors, particularly international actors, and who attempts to resolve the conflict by playing a mediating role, eg Otto van Bismarck at the Congress of Berlin in 1878 or the USA in Northern Ireland circa 2005–2007.
• *eerlike makelaar* n. <kyk ook bemiddelaar>.
'n Persoon of instelling wat as neutraal beskou word in 'n geskil tussen twee of meer politieke rolspelers, veral internasionale rolspelers, en wat die konflik probeer oplos deur 'n bemiddelingsrol te speel, bv Otto von Bismarck by die Kongres van Berlyn in 1878 of die VSA in Noord-Ierland circa 2005–2007.

honey trap n.
Sexual entrapment used by security services, often applied to opposing services' personnel.
• *heuningstrik* n.
Seksuele verstrikking wat deur veiligheidsdienste gebruik word en dikwels teen opponerende dienste se personeel aangewend word.

horizontal intergovernmental relations n.
Formal interaction between governments at the same level in a state, for example between regional governments, or between local governments.
• *horisontale tussenowerheidsverhoudinge* n. (horisontale interowerheidsverhoudinge).
Formele wisselwerking tussen regerings op dieselfde vlak in 'n staat, bv tussen streeksregerings, of tussen plaaslike regerings.

hostage n.
A person illegally held in custody against his/her will, subject to a pledge or security being given by allies of the captive individual for the fulfilment of a particular undertaking, in response to which the person held captive would be released.
• *gyselaar* n.
'n Persoon wat teen sy/haar wil onwettig aangehou word, onderhewig aan die gee van 'n waarborg of sekerheidstelling deur bondgenote van die gevange individu dat aan 'n bepaalde onderneming voldoen sal word, in reaksie waarop die aangehoue persoon vrygelaat sal word.

hot pursuit n.
A doctrine according to which a state has the right to reply to a violation of its territorial integrity with the immediate pursuit of the transgressor, even into the territory of the state harbouring the transgressor or permitting his/her passage, in order to take him/her prisoner or destroy the transgressor.

• *hakkejag* n.
'n Doktrine waarvolgens 'n staat die reg het om die skending van sy gebiedsintegriteit met die onmiddellike agtervolging van die oortreder te beantwoord, selfs tot binne-in die gebied van die staat wat die oortreder huisves of sy/haar deurgang toelaat, met die doel om hom/haar te vang of uit te wis.

House of Assembly n.
In South Africa prior to the 1983 constitution, the lower house of Parliament to which only the white population could elect representatives. Between 1984 and 1994, after the 1983 Constitution came into effect, the largest legislative house of the tricameral parliament that was reserved for the elected representatives of the white population.
• *Volksraad* n.
In Suid-Afrika vóór die 1983-grondwet, die laerhuis van die parlement waarheen slegs die wit bevolking verteenwoordigers kon verkies. Tussen 1984 en 1994, nadat die 1983-grondwet in Suid-Afrika van krag geword het, die grootste wetgewende huis van die driekamerparlement wat opsygesit is vir die verkose verteenwoordigers van die wit bevolking.

house of assembly n.
The name of an elected lower house in the bicameral parliament of some states, such as the Bahamas, or the name of the unicameral parliament on provincial level of certain states, such as some Canadian provinces.
• *wetgewende vergadering* n.
Die naam van 'n verkose laerhuis in die tweekamerparlement van sommige state, soos die Bahamas, of die naam van die eenkamerparlement op provinsiale vlak in sekere state, soos sommige Kanadese provinsies.

House of Commons n. (Commons <the Commons>).
The lower house of the British Parliament, the members of which are elected on a first past the post electoral system.
• *Britse Laerhuis* n.
Die laerhuis van die Britse parlement, waarvan die lede volgens 'n eerste-oor-die-wenstreepkiesstelsel verkies word.

House of Delegates n.
Between 1984 and 1994, after the 1983 Constitution came into effect in South Africa, the legislative house of the tricameral parliament to which the Indian population elected their representatives.
• *Raad van Afgevaardigdes* n.
Tussen 1984 en 1994, nadat die 1983-grondwet in Suid-Afrika van krag geword het, die wetgewende huis van die driekamerparlement waartoe die Indiese bevolking hulle verteenwoordigers verkies het.

house of delegates n.
An elected lower house, such as in several states of the USA.
• *huis van afgevaardigdes* n.
'n Verkose laerhuis, soos in verskeie state van die VSA.

house of deputies n.
An alternative term for the elected lower house of a bicameral legislature, such as in Jordan.
- *huis van afgevaardigdes* n.
Alternatiewe term vir die verkose laerhuis van 'n tweekamerwetgewer, bv Jordanië.

House of Lords n.
The upper house of the British Parliament, the members of which are either hereditary or appointed by the monarch as well as the Lords Appointments Commission.
- *Britse Hoërhuis* n.
Die hoërhuis van die Britse parlement, waarvan die lede erflik is of aangestel word deur sowel die monarg as die Hoërhuis se Aanstellingskommissie.

House of Representatives n.
Between 1984 and 1994, after the 1983 Constitution came into effect in South Africa, the legislative house of the tricameral parliament to which the coloured population elected their representatives.
- *Raad van Verteenwoordigers* n.
Tussen 1984 en 1994, nadat die 1983-grondwet in Suid-Afrika van krag geword het, die wetgewende huis van die driekamerparlement waartoe die bruin bevolking hulle verteenwoordigers verkies het.

House of Representatives n.
The lower house of the USA Congress, the members of which are elected on a first past the post electoral system.
- *Huis van Verteenwoordigers* n.
Die laerhuis van die VSA se Kongres, waarvan die lede verkies word volgens 'n eerste-oor-die-wenstreepkiesstelsel (relatiewe meerderheidkiesstelsel).

house of representatives n.
The name of the lower house in many states with a bicameral parliament, such as Australia and the USA, or the name of the only house in states with a unicameral parliament, such as Cyprus and New Zealand.
- *huis van verteenwoordigers* n.
Die naam van die laerhuis in talle state met 'n tweekamerparlement, soos Australië en die VSA, of die naam van die enigste huis in state met 'n eenkamerparlement, soos Ciprus en Nieu-Seeland.

House of Traditional Leaders n. <South Africa>, <see also National House of Traditional Leaders>.
A government nominated assembly which represents the interest of heridatary tribal chiefs.
- *Huis van Tradisionele Leiers* n. <Suid-Afrika>, <kyk ook Nasionale Huis van Tradisionele Leiers>.
'n Regeringsgenomineerde vergadering wat die belange van erflike stamhoofde verteenwoordig.

housing authority n.
A government institution tasked with the provision of housing, accommodation or shelter.
- *behuisingsowerheld* n.
'n Regeringsinstelling wat met die voorsiening van behuising, akkommodasie of skuiling belas is.

housing policy n.
Guidelines designed to provide shelter and accommodation to people.
- *behuisingsbeleid* n.
Riglyne wat ontwerp is om skuiling en akkommodasie aan mense te verskaf.

HPM → **high-power microwave weapon**

human development index n. (HDI).
A statistical measuring instrument to gauge the extent of the quality of life of a given human population.
- *mensontwikkelingsindeks* n. (MOI).
'n Statistiese meetinstrument om die omvang van die lewensgehalte van 'n gegewe bevolking te bepaal.

human intelligence n. (HUMINT).
Intelligence gathered by means of human sources.
- *menslike inligting* n. (MENSIN).
Inligting wat deur middel van menslike bronne versamel word.

humanitarian intervention n.
Intercession by a state or government, usually through military means, in the internal affairs of another state on alleged compassionate grounds.
- *humanitêre ingryping* n. (humanitêre intervensie).
Tussenkoms deur 'n staat of 'n regering, gewoonlik met militêre middele, in die binnelandse aangeleenthede van 'n ander staat om beweerde menslikheidsredes.

human rights n.
Inalienable rights to which people are universally entitled by virtue of being human.
- *menseregte* n.
Die onvervreembare regte waarop mense geregtig is op grond van menswees.

human rights violation → **violation of human rights**

human trafficking n. <see also slave trade>.
The illegal trade in human beings for the purpose of exploitation, eg forced labour, prostitution and the removal of organs. It is considered to be a modern form of slavery.
- *mensehandel* n. <kyk ook slawehandel>.
Die onwettige handel in mense ter wille van uitbuiting, bv dwangarbeid, prostitusie en die verwydering van organe. Dit word as 'n moderne vorm van slawerny beskou.

HUMINT → **human intelligence**

H

II

ICBM → intercontinental ballistic missile

ideological divide n.
Irreconcilable ideological beliefs, attitudes, points of view or dogma.
+ *ideologiese kloof* n.
Onversoenbare ideologiese opvattings, houdings, gesigspunte of dogma.

ideologist n.
An adherent of a given ideology.
+ *ideoloog* n.
'n Aanhanger van 'n gegewe ideologie.

ideologist n.
A person learned and specialising in the study of ideologies
+ *ideologis* n.
'n Geleerde wat in die bestudering van ideologieë spesialiseer.

ideologue n.
A person attaching an exaggerated importance to a given ideology.
+ *ideoloog* n.
'n Persoon wat 'n oordrewe waarde aan 'n gegewe ideologie heg.

ideology n.
A complete and coherent set of assumptions and ideas regarding politics, economics and society, that provides the basis of organised political action by for example political parties, states and freedom movements. Examples are liberalism, socialism, feminism and communism.
+ *ideologie* n.
'n Volledige en samehangende stel aannames en idees ten opsigte van die politiek, die ekonomie en die samelewing en wat die grondslag van georganiseerde politieke optrede deur byvoorbeeld politieke partye, state en vryheidsbewegings, uitmaak. Voorbeelde is liberalisme, sosialisme, feminisme en kommunisme.

IDP → integrated development plan

IDP → internally displaced person

illegal immigrant n.
A person who migrates into a country as a settler, without respecting the receiving country's laws regarding migration.
+ *onwettige immigrant* n.
'n Persoon wat as 'n setlaar na 'n land migreer sonder om die gasheerland se wetgewing rakende migrasie te respekteer.

imbizo n. <Zulu>.
Originally a gathering called by the traditional leader of the nation to discuss serious or important issues. Now refers to a variety of meetings called by government or political and community leaders to brainstorm on pressing issues of the day.

+ *imbizo* n. <Zoeloe>.
Oorspronklik 'n vergadering deur die tradisionele leier van die nasie byeengeroep om ernstige of belangrike kwessies te bespreek. Verwys nou na 'n verskeidenheid van vergaderings wat deur 'n regering of politieke en gemeenskapsleiers byeengeroep word om oor dringende sake van die dag 'n dinkskrum te hou.

imbongi n. <Zulu> (praise singer).
A traditional African praise singer for a political leader.
+ *imbongi* n. <Zoeloe> (lofsanger).
'n Tradisionele Afrikalofsanger vir 'n politieke leier.

immigrant n.
A foreigner who moves into a state for purposes of permanent residence and eventual citizenship.
+ *immigrant* n.
'n Buitelander wat 'n staat binnekom met die doel om permanent daar te woon en uiteindelik burgerskap te verkry.

immunity n.
Freedom or exemption from an obligation or penalty; not subject to some undesirable duty or circumstance. One of the most well known examples is diplomatic immunity.
+ *immuniteit* n.
Vryheid of vrystelling van 'n verpligting of straf; nie onderhewig aan die een of ander onwenslike plig of omstandigheid nie. Een van die bekendste voorbeelde is diplomatieke immuniteit.

impeach v.
To charge an incumbent of a public office, eg the president of the USA, with gross misconduct.
+ *ampsaanklag instel teen* v. (staat van beskuldiging plaas <in 'n>).
Om die bekleër van 'n openbare amp, bv die president van die VSA, aan te kla van growwe wangedrag.

impeachment n.
A charge of gross misconduct brought against the incumbent of a public office, eg the president of the USA.
+ *ampsaanklag* n.
'n Aanklag van growwe wangedrag wat teen die bekleër van 'n openbare amp, bv die president van die VSA, ingebring word.

imperial dynasty → monarchial dynasty

imperial family n.
The extended family of an emperor or empress, usually parents, children and grandchildren.
+ *keiserlike gesin* n.
Die uitgebreide familie van 'n keiser of keiserin, gewoonlik ouers, kinders en kleinkinders.

Imperial Highness n. <preceded by Your or His or Her>.
Title used to address or refer to an emperor or empress.

• **_Keiserlike Hoogheid_** n. <voorafgegaan deur U of Sy of Haar>.
Titel wat gebruik word om 'n keiser of keiserin aan te spreek of na hom/haar te verwys.

imperialism n.
The policy of seeking to extend the power, dominance or territories of a state in order to further its own interests.
• **_imperialisme_** n.
Die beleid om die mag, oorheersing of gebiede van 'n staat uit te brei om sy eie belange te bevorder.

imperialist n.
A person advocating or supporting imperialism.
• **_imperialis_** n.
'n Persoon wat imperialisme voorstaan en ondersteun.

imperial political community n.
An association of states and dependencies of an imperial power, eg the British Commonwealth of Nations circa 1918–1939.
• **_imperiale politieke gemeenskap_** n.
'n Assosiasie van state en afhanklike gebiede van 'n imperiale moondheid, bv die Britse Gemenebes van Nasies circa 1918–1939.

impimpi n. <Zulu; pl izimpimpi>, <see also informant; informer>.
A person who provides information against his/her own group, usually in a security context, eg betraying a resistance cell.
• **_impimpi_** n. <Zoeloe; mv izimpimpi>, <kyk ook informant; verklikker>.
'n Persoon wat inligting teen sy/haar eie groep verskaf, gewoonlik in 'n veiligheidskonteks, bv om 'n weerstandsel te verraai.

inaugural address n.
A speech by a newly elected office bearer on the occasion of his/her formal installation in the position, such as that of the USA President on taking office.
• **_intreerede_** n.
'n Toespraak deur 'n nuut verkose ampsbekleër ten tye van sy/haar formele bevestiging in die pos, soos dié van die VSA-president tydens ampsaanvaarding.

in camera n.
Behind closed doors, eg a meeting in camera.
• **_in camera_** n.
Agter geslote deure, bv 'n vergadering in camera.

income distribution → **distribution of income**

incremental change → **incrementalism**

incrementalism n. <see also gradualism> (incremental change).
A cautious style of decision-making in which a limited number of gradual changes to a given policy are considered and subsequently tested by implementation one at a time.
• **_inkrementalisme_** n. <kyk ook geleidelikheid> (inkrementele verandering).
'n Versigtige styl van besluitneming waarin 'n beperkte aantal stadige veranderinge aan 'n gegewe beleid oorweeg word en mettertyd getoets word deur een-op-'n-keeraanpassings.

incumbent n.
A person who is currently in office or holds a position.
• **_posbekleër_** n.
'n Persoon wat op 'n bepaalde tydstip 'n amp of pos beklee.

incumbent of a political role n.
In structural functionalism a person occupying a particular office in a political system.
• **_politieke rolbekleër_** n.
In struktureel-funksionalisme 'n persoon wat 'n bepaalde amp in 'n politieke stelsel beklee.

indaba n. <Zulu>.
A meeting to discuss serious business.
• **_indaba_** n. <Zoeloe>.
'n Vergadering om 'n belangrike saak te bespreek.

independence n.
The condition of a state being free from external control and internationally recognised as sovereign.
• **_onafhanklikheid_** n.
Die toestand waarin 'n staat vry is van eksterne beheer en internasionaal as soewerein erken word.

independence n.
The process or moment of gaining freedom from external control and international recognition of sovereignty.
• **_onafhanklikwording_** n.
(onafhanklikheidswording <af te keur>).
Die proses of oomblik wanneer vryheid van eksterne beheer bekom word en soewereiniteit internasionaal erken word.

independence struggle n.
A drawn out campaign by a freedom movement to obtain self-determination for its polity from a colonial power.
• **_onafhanklikheidstryd_** n.
'n Uitgerekte veldtog deur 'n vryheidsbeweging om selfbeskikking vir hul politie van 'n koloniale moondheid te verkry.

independence war → **war of independence**

independent church n.
A church that does not belong to a specific organised religious denomination.
• **_onafhanklike kerk_** n.
'n Kerk wat nie aan 'n spesifieke georganiseerde godsdienstige denominasie behoort nie.

independent state n.
A sovereign state which owes no allegiance, fealty or subservience to another state.
• **_onafhanklike staat_** n.
'n Soewereine staat wat geen trou of ondergeskiktheid aan 'n ander staat verskuldig is nie.

indigene n.
An original inhabitant of a colonised state; a native or aborigine.

+ *inboorling* n.
'n Oorspronklike of oerinwoner van 'n
gekoloniseerde staat.

indigenous adj.
Born or produced naturally in a state, country or
region.
+ *inheems* adj.
Gebore of van nature voortgebring in 'n staat, land
of streek.

indigenous law n.
Law pertaining to native or aboriginal people in a
colonised or previously colonised state, eg African
indigenous law in South Africa.
+ *inheemse reg* n.
Die reg wat op inboorlinge of oorspronklike mense
in 'n gekoloniseerde of voorheen gekoloniseerde
staat van toepassing is, bv inheemse Afrikareg in
Suid-Afrika.

indirect representation n. <see also direct
representation>.
A form of representation where an electorate do not
choose their own representatives to a legislature.
Delegates are instead selected by another electoral
group to represent the first group of voters, eg
segregationist and apartheid South Africa and
British colonial rule.
+ *indirekte verteenwoordiging* n. <kyk ook
direkte verteenwoordiging> (onregstreekse
verteenwoordiging).
'n Vorm van verteenwoordiging waar die kiesers nie
hulle eie verteenwoordigers vir 'n wetgewer verkies
nie. Pleks daarvan word afgevaardigdes deur 'n
ander kiesersgroep verkies om die genoemde kiesers
te verteenwoordig, bv segregasionistiese en
apartheid Suid-Afrika en Britse koloniale bewind.

indirect strategy n.
Strategy that emphasises the use of political,
economic and psychological actions as the primary
means of coercion rather than the direct application
of military force.
+ *onregstreekse strategie* n. (indirekte
strategie).
Strategie wat die gebruik van politieke, ekonomiese
en sielkundige optrede as primêre dwangmiddele
beklemtoon, eerder as die direkte aannwending van
militêre mag.

individual accountability n.
Responsibility in law, pertaining to an individual
office holder to report on and render explanations
for his/her conduct, such as the individual
responsibility of a cabinet minister or a senior
public official.
+ *individuele verantwoordingspligtigheid* n.
Regspligtige verantwoordelikheid van 'n individuele
ampsbekleër om verslag te doen oor en
verduidelikings van sy/haar optrede te verskaf, soos
die individuele verantwoordelikheid van 'n
kabinetsminister of 'n senior openbare amptenaar.

individualistic fallacy n. <see also ecological
fallacy>.
An error in informal logic where aggregate-level
generalisations are made from data on individuals,
eg, my colleague is American and a follower of

communism, therefore American society is
communist.
+ *Individualistiese denkfout* n. <kyk ook
ekologiese denkfout>.
'n Fout in informele logika waar oorkoepelende
veralgemenings uit data oor individue gemaak
word, bv, my kollega is Amerikaans en 'n
aanhanger van kommunisme, daarom is die
Amerikaanse samelewing kommunisties.

individual rights → **rights of the individual**

individuocracy n.
A system in which the exercise of political power is
personalised.
+ *individuokrasie* n.
'n Stelsel waarin die uitoefening van politieke mag
verpersoonlik word.

induna n. <Zulu>.
The traditional counsellor of a Zulu ruler or king
appointed because of his allegiance and who
sometimes manages certain of the affairs of the
ruler or king.
+ *indoena* n.
Die tradisionele raadgewer van 'n Zoeloeregeerder
of koning wat as gevolg van sy getrouheid
aangestel is en soms sekere van die sake van die
regeerder of koning bestuur.

industrial area n.
That part of a town or city in which industries are
settled.
+ *nywerheidsgebied* n. (industriële gebied).
Daardie deel van 'n dorp of stad waarin nywerhede
gevestig is.

industrial espionage n.
Actions by an industrial firm to ferret out and
acquire the trade secrets of others; it usually
includes the use of illegal means.
+ *nywerheidspioenasie* n. (industriële
spioenasie).
Optrede deur 'n nywerheidsonderneming om die
handelsgeheime van andere uit te snuffel en te
bekom; gewoonlik sluit dit die gebruik van
onwettige metodes in.

infanta n. <Spanish, Portuguese>.
The title of any of the legal daughters of a Spanish
or Portuguese king, except the crown princess of
Spain; sometimes also awarded to a relation of a
Spanish sovereign.
+ *infanta* n. <Spaans, Portugees>.
Die titel van enige van die wettige dogters van 'n
Spaanse of Portugese koning, behalwe die
kroonprinses van Spanje; ook soms aan 'n
familielid van 'n Spaanse vors toegeken.

infante n. <Spanish, Portuguese>.
The title of any of the legal sons of a Spanish or
Portuguese king, except the crown prince of Spain;
sometimes also awarded to a relation of a Spanish
sovereign.
+ *infante* n. <Spaans, Portugees>.
Die titel van enige van die wettige seuns van 'n
Spaanse of Portugese koning, behalwe die
kroonprins van Spanje; ook soms aan 'n familielid
van 'n Spaanse vors toegeken.

inflexible constitution → **rigid constitution**

influx n.
A sudden increase in the arrival of large numbers of people in a given area, such as job seekers in cities or tourists in a country.
+ *toestroming* n.
'n Skielike toename in die aankoms van groot getalle mense in 'n gegewe gebied, soos werksoekers in stede of toeriste in 'n land.

informal sector n. <see also formal sector>.
Economic activities that usually take place outside the legally regulated economy, such as sidewalk fruitsellers, roadside catering or household hairdressing.
+ *informele sektor* n. <kyk ook formele sektor>.
Ekonomiese aktiwiteite wat buite die wetlik gereguleerde ekonomie plaasvind, soos sypaadjievrugtesmouse, padlangse kosverkopery of huishoudelike haarkappery.

informal settlement n.
The settling of people, often illegal, in an area not prepared for settlement and not equipped with basic amenities such as drinking water, electricity and sanitation; it typically occurs on the outskirts of cities and comprises poorly constructed buildings and a lack of order.
+ *informele nedersetting* n.
Die vestiging van mense, dikwels onwettig, in 'n gebied wat nie vir vestiging voorberei is nie en nie met basiese geriewe soos drinkwater, elektrisiteit en sanitasie toegerus is nie; dit gebeur tipies aan die buitewyke van stede en bevat swak geboude bousels asook 'n gebrek aan orde.

informant n. <see also informer; impimpi>.
A person recruited to pass information secretly in a confidential relationship with his/her handler; frequently utilised by agents, diplomatic personnel and security officials.
+ *informant* n. <kyk ook verklikker; impimpi>.
'n Persoon wat gewerf is om informasie in die geheim oor te dra in 'n vertroulike verhouding met sy/haar hanteerder; dikwels benut deur agente, diplomatieke personeel en veiligheidsbeamptes.

informatisation n.
The describing and classifying of administration with reference to information and communication technology.
+ *informatisering* n.
Die beskrywing en klassifisering van administrasie met verwysing na inligtings- en kommunikasietegnologie.

informer n. <see also informant; impimpi>.
1. A person who, usually for a financial reward, intentionally discloses to the police or a security service information about persons or activities that he/she considers suspect. 2. A person offering classified or inside information for reward.
+ *verklikker* n. <kyk ook informant; impimpi>.
1. 'n Persoon wat, gewoonlik vir finansiële beloning, doelbewus informasie oor persone of bedrywighede wat hy/sy as verdag beskou aan die polisie of 'n veiligheidsdiens oordra. 2. 'n Persoon wat geklassifiseerde of binne-informasie vir beloning aanbied.

inner city n.
The older, often more populated and sometimes poorer section of a city.
+ *binnestad* n.
Die ouer, dikwels digter bevolkte en soms armer deel van 'n stad.

inner-city decay n.
The degeneration of the central core of a city.
+ *binnestadverval* n.
Die degenerasie van die sentrale stadskern.

inquisitorial court procedure n. <see also adversarial court procedure>.
A procedure in which the presiding officer of a tribunal, eg a judge, acts as both adjudicator and investigating officer. The relationship between the litigating parties is not oppositional and all parties involved have a duty to find the facts and the law.
+ *inkwisitoriale hofprosedure* n. <kyk ook adversatiewe hofprosedure>.
'n Prosedure waarin die voorsittende beampte van 'n tribunaal, bv 'n regter, as beide beregter en ondersoekbeampte optree. Die verhouding tussen die litigerende partye is nie opposisioneel nie en alle betrokke partye het 'n plig om die feite en die reg te bepaal.

institution n. (body <deprecated>, organ <deprecated>).
A set of well established interactions, roles and relations to promote a particular objective, generally organised in a formal structure. Examples are a court, a civil service department or a provincial government.
+ *instelling* n. (liggaam <af te keur>, orgaan <af te keur>).
'n Stel goed gevestigde interaksies, rolle en verhoudinge om 'n bepaalde doelwit te bevorder, gewoonlik in 'n formele struktuur georganiseer. Voorbeelde is 'n hof, 'n staatsdiensdepartement of 'n provinsiale regering.

institutional interest group n. <see also anomic interest group; associational interest group; nonassociational interest group>.
An organisation established for purposes other than interest promotion and political actiivity, but that act from time to time to promote its own interests and/or those of a client group, eg a department of agriculture.
+ *institusionele belangegroep* n. <kyk ook anomiese belangegroep; assosiatiewe belangegroep; nieassosiatiewe belangegroep>.
'n Organisasie wat gestig is vir doeleindes anders as belangebevordering en politieke handelinge, maar wat van tyd tot tyd sy eie belange en/of die belange van 'n kliëntgroep bevorder, bv 'n departement van landbou.

insurgency n.
A form of revolutionary warfare manifesting itself in terrorism, subversion and armed conflict both internally and across a state's borders.

• *insurgensie* n.
'n Vorm van rewolusionêre oorlogvoering wat hom in terrorisme, ondermyning en gewapende konflik, sowel binnelands as oor 'n staat se grense heen, manifesteer.

insurrection n.
The act or an instance of open revolt against a constituted government.
• *insurreksie* n.
Die handeling of 'n geval van openlike opstand teen 'n gekonstitueerde regering.

integrated development plan n. (IDP).
A plan of action in which, for example a local government brings together all strands of demands for goods, services and infrastructure into a single and coherent blueprint for the future.
• *geïntegreerde ontwikkelingsplan* n. (GOP).
'n Plan van aksie waarin byvoorbeeld 'n plaaslike regering alle vereistes met betrekking tot goedere, dienste en infrastruktuur in 'n enkele en samehangende bloudruk vir die toekoms saamvoeg.

intelligence n.
The product resulting from the collection and processing of information relevant to the national security of a state.
• *inligting* n. (intelligensie).
Die produk wat voortvloei uit die versameling en verwerking van informasie wat vir die nasionale veiligheid van 'n staat relevant is.

intelligence community n.
The totality of a state's intelligence institutions.
• *inligtingsgemeenskap* n.
Die totaliteit van 'n staat se inligtingsinstellings.

intelligence officer n.
A professional member of an intelligence service who performs intelligence duties.
• *inligtingsbeampte* n.
'n Professionele lid van 'n inligtingsdiens wat inligtingspligte vervul.

intelligence service n.
An official institution organised to gather information relevant to the security of the state and its institutions, to evaluate and assess such information and to provide the processed product to the relevant users.
• *inligtingsdiens* n.
'n Amptelike instelling wat georganiseer is om informasie relevant tot die veiligheid van die staat en sy instellings in te samel, dit te evalueer en te takseer en om die verwerkte produk aan die betrokke gebruikers te verskaf.

intelligence source n. (source).
A person, institution, system or device from which intelligence information is obtained.
• *inligtingsbron* n. (bron).
'n Persoon, instelling, stelsel of toestel waaruit inligtingsinformasie bekom word.

intelligentsia n.
A category of people in society who are perceived as an intellectual or learned class, and who often act as opinion leaders in society, eg writers and scientists.

• *intelligentsia* n.
'n Kategorie mense in 'n samelewing wat beskou word as 'n intellektuele of geleerde klas en wat dikwels as meningsvormers in die samelewing optree, bv skrywers en wetenskaplikes.

interbellum n.
Literally between wars; usually indicating the period between World War I and World War II, circa 1919–1939.
• *interbellum* n.
Letterlik tussen oorloë; gewoonlik verwys dit na die tydperk tussen die Eerste Wêreldoorlog en die Tweede Wêreldoorlog, circa 1919–1939.

intercontinental ballistic missile n. <see also intermediate range ballistic missile> (ICBM <see also IRBM>).
A ballistic missile with an effective range of 6 000–14 000 km.
• *interkontinentale ballistiese missiel* n. <kyk ook tussenafstand ballistiese missiel> (IKBM <kyk ook TBM>).
'n Ballistiese missiel met 'n effektiewe afstand van 6 000–14 000 km.

interested party n.
A group or person who shows great interest or concern in a specific issue.
• *belanghebbende party* n.
'n Groep of persoon wat groot belangstelling in of besorgdheid oor 'n bepaalde saak toon.

interest group n. <see also associational interest group>.
A usually formally organised set of people who share common traits, attitudes, beliefs and objectives and try to influence public policy to meet their goals.
• *belangegroep* n. <kyk ook assosiatiewe belangegroep>.
'n Gewoonlik formeel georganiseerde versameling mense wat gemeenskaplike karaktertrekke, houdings, oortuigings en doelwitte het en openbare beleid probeer beïnvloed om hulle doelstellings te bereik.

intergenerational equity n.
The idea of fairness or justice in relationships between generations, particularly with reference to the environment and society, eg the responsible utilisation of resources.
• *intergenerasiebillikheid* n.
Die idee van regverdigheid en geregtigheid in die verhouding tussen generasies, veral met verwysing na die omgewing en die samelewing, bv die verantwoordelike benutting van hulpbronne.

intergovernmental equity grant n.
A grant from a central or federal government to regional governments to equalise financial inequalities between different regions of a state.
• *tussenowerheid gelykberegtingstoekenning* n. (interowerheid gelykberegtigingstoekenning).
'n Toekenning van 'n sentrale of federale regering aan regionale regerings om finansiële ongelykhede tussen verskillende streke van 'n staat gelyk te stel.

intergovernmental relations n.
The interaction between central and regional governments, as well as government institutions, in federal states and regionalised unitary states.
• *interowerheidsverhoudinge* n. (tussenowerheidsverhoudinge).
Die interaksie tussen sentrale en streeksowerhede, sowel as regeringsinstellings, in federale state en geregionaliseerde uniale state.

interim constitution n.
An intermediate, provisional set of fundamental political principles and rules by which a state is governed and that applies until a permanent constitution can be drawn up, eg in South Africa in 1993.
• *tussentydse grondwet* n. (tussentydse konstitusie, interimgrondwet, interimkonstitusie).
'n Voorlopige stel fundamenteel-politieke beginsels en reëls waarvolgens 'n staat regeer word en wat geld totdat 'n permanente grondwet opgestel kan word, bv in Suid-Afrika in 1993.

interim municipal manager n.
A temporary administrative head of a local government appointed until such time a permanent appointment to the particular office is made.
• *tussentydse munisipale bestuurder* n. (interim munisipale bestuurder).
'n Tydelike administratiewe hoof van 'n plaaslike regering wat aangestel is totdat 'n permanente aanstelling vir die bepaalde amp gedoen is.

intermediate range ballistic missile n. <see also intercontinental ballistic missile> (IRBM <see also ICBM>).
A ballistic missile with a range of 2 400 to 5 500 km.
• *tussenafstand ballistiese missiel* n. <kyk ook interkontinentale ballistiese missiel> (TBM <kyk ook IKBM>).
'n Ballistiese missiel met 'n trefafstand van 2 400 tot 5 500 km.

intermunicipal service agreement n.
An agreement between two or more municipalities regarding the mutual delivery of services.
• *tussenmunisipale diensooreenkoms* n.
'n Ooreenkoms tussen twee of meer munispaliteite met betrekking tot die onderlinge verskaffing van dienste.

intern v.
To incarcerate enemy citizens, other foreign citizens and even citizens of one's own state perceived to be a risk to the state's security, especially during wartime.
• *interneer* v.
Om vyandelike burgers, ander vreemde burgers en selfs burgers van jou eie staat wat as 'n risiko vir die staat se veiligheid beskou word, op te sluit, veral in oorlogstyd.

internal defence n.
Measures taken by a government to protect its society from subversion, lawlessness and insurgency.

• *binnelandse beveiliging* n. (interne verdediging).
Maatreëls deur 'n regering getref om die staat teen ondermyning, wetteloosheid en insurgensie te beskerm.

internally displaced person n. (IDP).
A person who is forced from his/her place of living by government action, social or political violence or by natural disaster, but remains in his/her state of origin.
• *binnelands ontwortelde persoon* n. (BOP).
'n Persoon wat van sy/haar woonplek af gedwing word deur owerheidshandeling, sosiale of politieke geweld of deur 'n natuurramp, maar binne die grense van sy/haar eie staat bly.

internal revenue n.
Income of a state generated internally, eg through various taxes, as against revenue obtained from foreign loans.
• *binnelandse inkomste* n.
Inkomste van 'n staat wat intern gegenereer word, bv deur verskillende belastings, in teenstelling met inkomste uit buitelandse lenings.

internal security n.
Measures by a government to protect its subjects and institutions against disruption, applied within a framework of law and order.
• *binnelandse veiligheid* n.
Maatreëls deur 'n regering om sy onderdane en instellings teen ontwrigting te beskerm, toegepas binne 'n raamwerk van wet en orde.

international affairs n. <see also international relations>.
1. Matters involving or pertaining to two or more states or other non-state actors. 2. Matters involving or pertaining to two or more states.
• *internasionale aangeleenthede* n. <kyk ook internasionale betrekkinge>.
1. Sake waarby twee of meer state of ander niestaatlike rolspelers betrokke is of wat twee of meer state of ander niestaatlike rolspelers raak. 2. Sake waarby twee of meer state betrokke is of wat twee of meer state raak.

international best practice n.
Policies and their implementation which the dominant states within the international community regard as being worth following.
• *internasionale beste praktyk* n.
Beleid, en die uitvoering daarvan, wat die toonaangewende state in die internasionale gemeenskap as navolgingswaardig beskou.

international election monitoring n.
The observation of and reporting on an election by a panel of internationally appointed electoral witnesses.
• *internasionale verkiesingsmonitering* n.
Die dophou van en verslagdoen oor 'n verkiesing deur 'n paneel verkiesingswaarnemers wat internasionaal aangestel is.

international isolation n.
A state of being cut off from active participation in world affairs.

+ *internasionale isolasie* n.
'n Toestand van om afgesny te wees van aktiewe deelname aan wêreldsake.

international peace force n.
A military force comprising elements from more than one state and operating under some international authority, despatched to an area to prevent further fighting between hostile forces in that area.
+ *internasionale vredesmag* n.
'n Militêre mag bestaande uit elemente van meer as een staat wat onder die vaandel van die een of ander internasionale owerheid optree en wat na 'n gebied gestuur word om verdere gevegte tussen vyandige magte in daardie gebied te voorkom.

International Relations n.
The study of interactions between predominantly state-based actors across state boundaries, including international politics, international law and international economic relations.
+ *Internasionale Verhoudinge* n.
Die studie van interaksies tussen oorwegend staatgebaseerde rolspelers oor staatsgrense heen, insluitend internasionale politiek, internasionale reg en internasionale ekonomiese betrekkinge.

international relations n. <see also international affairs>.
Interactions between predominantly state-based actors across state boundaries, including international politics, international law and international economic relations.
+ *internasionale betrekkinge* n. <kyk ook internasionale aangeleenthede>.
Interaksies tussen oorwegend staatgebaseerde rolspelers oor landsgrense heen, insluitend internasionale politiek, internasionale reg en internasionale ekonomiese betrekkinge.

international security n. (global security).
The totality of security measures taken by states and the international community to ensure mutual safety. These measures include military action and diplomatic agreements such as treaties and conventions.
+ *internasionale veiligheid* n.
Die totaliteit van veiligheidsmaatreëls wat state en die internasionale gemeenskap neem om wedersydse veiligheid te verseker. Hierdie maatreëls sluit in: militêre optrede en diplomatieke ooreenkomste soos verdrae en konvensies.

international terrorist n.
A terrorist that operates on the international scene.
+ *internasionale terroris* n.
'n Terroris wat op die internasionale toneel optree.

international treaty n.
A treaty between two or more international actors that has international standing and validity.
+ *internasionale verdrag* n.
'n Ooreenkoms tussen twee of meer internasionale akteurs wat internasionale status en geldigheid het.

internee n. <see also intern; internment camp>.
A person who is interned, especially an enemy citizen in wartime or a terrorism suspect.

+ *geïnterneerde* n. <kyk ook interneer; interneringskamp>.
'n Persoon wat geïnterneer is, in besonder 'n vyandelike burger tydens 'n oorlog of 'n vermeende terroris.

internment n.
The act of interning or state of being interned, esp of enemy citizens in wartime or of terrorism suspects.
+ *internering* n.
Die handeling van internering of die toestand van internering, in besonder van vyandelike burgers tydens 'n oorlog of van vermeende terroriste.

internment camp n.
A detention centre where persons deemed to be a threat to national security are confined for the duration of the threat. The internees are selected according to general criteria rather than by normal judicial process, a typical example being the detaining of enemy nationals during a war.
+ *interneringskamp* n.
'n Aanhoudingsentrum waar persone wat as 'n bedreiging vir nasionale veiligheid gesien word vir die duur van die bedreiging ingeperk word. Die geïnterneerdes word volgens algemene maatstawwe eerder as deur middel van die normale geregtelike proses uitgekies; 'n tipiese voorbeeld hiervan is die aanhouding van vyandsonderdane tydens 'n oorlog.

interpellation n.
A short debate in parliament emanating from a formal question to a member of cabinet.
+ *interpellasie* n.
'n Kort debat in die parlement wat uit 'n formele vraag aan 'n lid van die kabinet voortspruit.

interstate conflict n.
A clash which arises or prevails either bilaterally or multilaterally between states.
+ *tussenstaatlike konflik* n.
(tussenstaatkonflik, interstaatlike konflik, interstaatkonflik).
'n Stryd wat hetsy bilateraal hetsy multilateraal tussen state ontstaan of heers.

in the national interest → **national interest**

intifada n.
The popular uprising of Palestinians against Israeli presence in contested territory, especially since 1987.
+ *intifada* n.
Die Palestynse volksopstand teen Israelse teenwoordigheid in betwiste grondgebied, veral sedert 1987.

intra vires adj. <Latin>, <see also ultra vires>.
Within the powers of a jurisdiction.
+ *intra vires* adj. <Latyn>, <kyk ook ultra vires>.
Binne die bevoegdheid van 'n jurisdiksie.

invalid ballot n.
A ballot that does not comply with the statutory requirements and therefore is not counted.
+ *ongeldige stembrief* n.
'n Stembrief wat nie aan die wetlike vereistes voldoen nie en derhalwe nie getel word nie.

invalid vote n. <see also spoilt ballot>.

A ballot that, due to accidental or deliberate errors of marking on the part of voters, may not be included in the count.

+ **ongeldige stem** n. <kyk ook bedorwe stembrief>.

'n Stembrief wat as gevolg van toevallige of doelbewuste kiesermerkfoute nie in die stemtotaal ingesluit mag word nie.

IRBM → intermediate range ballistic missile

iron curtain n.

The self-imposed isolation of the former communist East Bloc states.

+ **ystergordyn** n.

Die selfopgelegde isolering van die voormalige kommunistiese Oosblokstate.

irredentism n.

Aspirations to reunite lost territory with the main state. This often involves the quest for unity among territorially divided ethnic groups.

+ **irredentisme** n.

Aspirasies om verlore grondgebied met die hoofstaat te verenig. Dit betrek dikwels die strewe na eenheid onder territoriaal verdeelde etniese groepe.

irregular force n.

A group of armed persons who are not part of the regular armed forces or police.

+ **ongereelde mag** n.

'n Groep gewapende persone wat nie deel van die staande gewapende magte of van die polisie is nie.

Islamic fundamentalism n. <see also Christian fundamentalism; fundamentalism; Jewish fundamentalism; religious fundamentalism>.

A style of thought or an ideology and related behaviour that holds the principles of Islam to be essential and unchallengeable.

+ **Islamitiese fundamentalisme** n. <kyk ook Christenfundamentalisme; fundamentalisme; Joodse fundamentalisme; religieuse fundamentalisme>.

'n Denkstyl of 'n ideologie en verwante gedrag wat die beginsels van Islam as essensieel en onbevraagtekenbaar beskou.

isocracy n.

The exercise of political power by people with equal powers, eg the citizens in ancient Athens, the two consuls in ancient republican Rome and the three consuls in revolutionary France circa 1799–1804.

+ **isokrasie** n.

Die uitoefening van politieke mag deur mense met gelyke bevoegdhede, bv die burgers in ou Athene, die twee konsuls in antieke republikeinse Rome en die drie konsuls in rewolusionêre Frankryk circa 1799–1804.

issue n.

A difficult matter that requires resolution.

+ **vraagstuk** n. (kwessie).

'n Probleemaangeleentheid wat opgelos moet word.

issue n.

A matter that is in dispute between two or more parties; a point of controversy.

+ **strydpunt** n. (strydvraag).

'n Aangeleentheid wat deur twee of meer partye betwis word; 'n twisgeskilpunt.

Jj

Jacobin n.
A member of the most radical republican group, led by Robespierre, during the French Revolution.
• *Jakobyn* n.
'n Lid van die mees radikale republikeinse groep, onder leiding van Robespierre, tydens die Franse rewolusie.

Jacquerie n.
A revolt by peasants. Originally the revolt of peasants against the nobility in France in 1358.
• *Jacquerie* n. (kleinboeropstand).
'n Opstand deur kleinboere. Oorspronklik die opstand van kleinboere teen die adellikes in Frankryk in 1358.

jamuhirya n. <Arabic> (jumhúriyah).
An Islamic republic.
• *djomhoerija* n.
'n Islamitiese republiek.

Jewish fundamentalism n. <see also Christian fundamentalism; fundamentalism; Islamic fundamentalism; religious fundamentalism> (Judaic fundamentalism).
A style of thought or an ideology and related behaviour that holds the principles of Judaism to be essential and unchallengeable.
• *Joodse fundamentalisme* n. <kyk ook Christenfundamentalisme; fundamentalisme; Islamitiese fundamentalisme; religieuse fundamentalisme>.
'n Denkstyl of ideologie en verwante gedrag wat die beginsels van Judaïsme as essensieel en onbevraagtekenbaar beskou.

jihad n. <Arabic>.
A holy Islamic struggle waged as a religious duty.
• *djehad* n. <meer korrekte vorm in Afrikaans> (djihad, jihad <Arabies>).
'n Heilige Islamitiese stryd wat as 'n religieuse plig gevoer word.

jihadist n.
A person of Islamic persuasion who advocates a holy struggle against the adversaries of Islam.
• *djehadis* n.
'n Persoon met Islamitiese oortuigings wat 'n heilige stryd teen Islam se opponente voorstaan.

job creation n.
Policies and practices aimed at increasing employment, eg public works programmes.
• *werkskepping* n.
Beleid en praktyk wat daarop gemik is om indiensneming te verhoog, bv programme vir openbare werke.

job reservation n.
Restricting certain categories of employment to specific racial or ethnic groups.
• *werkreservering* n.
Die beperking van sekere indiensnemingskategorieë tot bepaalde rasse- of etniese groepe.

joint sitting n.
A joint meeting of the houses of a parliament to deliberate, debate, pass resolutions and legislation. The opening of parliament and the reception of foreign heads of state also use joint sittings.
• *gesamentlike sitting* n.
'n Gesamentlike vergadering van die huise van 'n parlement om te beraadslaag, te debatteer, mosies en wetsontwerpe aan te neem. Die parlementsopening en die ontvangs van buitelandse staatshoofde gebruik ook gesamentlike sittings.

Judaic fundamentalism → **Jewish fundamentalism**

judicial authority n. <judiciary>.
The branch of the authorities that is entrusted with adjudicating the law and passing judgment on the law.
• *regsprekende gesag* n.
Die tak van die owerheid wat met die beregting van die reg en die beoordeling daarvan belas is.

judicial function n.
The task of the judiciary that it is duly empowered to exercise.
• *regterlike funksie* n. (regsprekende funksie).
Die taak waartoe die regterlike gesag behoorlik gemagtig is.

judicial review n.
1. A constitutional doctrine that gives a court the power to cancel legislative or executive acts that the judges find to be unconstitutional. 2. A re-examination by judges, eg of the proceedings of a lower court.
• *regterlike hersiening* n.
1. 'n Grondwetlike leerstelling wat 'n hof die mag verleen om wetgewende of uitvoerende handelinge te kanselleer wat die regters ongrondwetlik vind.
2. 'n Herondersoek deur regters, bv van die verrigtinge van 'n laer hof.

judiciary n. <the judiciary>.
The judges and magistrates of a state as a collective institution.
• *regbank* n. <die regbank>.
Die regters en landdroste van 'n staat as 'n kollektiewe instelling.

jumhúriyah → **jamuhirya**

jump on the bandwagon v.
To join a highly popularised cause, often because it is considered fashionable or profitable to do so. The term is often used within the context of unexpected and opportunistic support for a candidate during an election campaign.

• *op die lawaaiwa klim* v. (op die tamboerwa klim).

Om by 'n uiters populêre saak aan te sluit, omdat dit as mode of as voordeel beskou word om dit te doen. Die term word dikwels gebruik in die konteks van onverwagte en opportunistiese steun aan 'n kandidaat tydens 'n verkiesingsveldtog.

junta n.
A group of persons, often consisting of military officers, that holds power after a revolution or coup d'état.

• *junta* n.
'n Groep persone, wat dikwels uit weermagoffisiere bestaan, wat na 'n rewolusie of staatsgreep aan bewind is.

jurisdiction n.
1. The legal right, power or authority to hear or determine a case. 2. The powers of a person or institution to act on a particular matter, eg the jurisdiction of a city council.

• *jurisdiksie* n. (regsbevoegdheid).
1. Die wetlike bevoegdheid, mag of gesag om 'n saak aan te hoor of te besleg. 2. Die bevoegdheid van 'n persoon of instelling om ten opsigte van 'n saak te kan optree, bv die jurisdiksie van 'n stadsraad.

justice n.
The institutions and systems charged with applying and administering the law, eg in South Africa the Department of Justice.

• *gereg* n. (justisie <minder gebruiklik>).
Die instellings en stelsels belas met die toepassing en administrasie van die reg, bv die Departement van Justisie in Suid-Afrika.

justice n.
1. The characteristics of a dispensation in which, according to the evaluator, all constituent components are approached in a just and fair manner. 2. The equitable application of the precepts of the law, including the merited determination of reward or punishment by a court of law.

• *geregtigheid* n.
1. Die kenmerk van 'n bedeling wat, volgens die beoordelaar, alle samestellende dele op 'n regverdige en billike wyse benader. 2. Die billike toepassing van die voorskrifte van die reg, insluitend die verdienstelike bepaling van beloning of straf deur 'n geregshof.

J

justness n.
The condition of actions and judgements being honourable, fair and impartial.

• *regverdigheid* n.
Die toestand van handelinge en beregtigings wat eerbaar, billik en onpartydig is.

just war n. <see also unjust war>.
A war that is, or is claimed to be, justified on moral grounds.

• *regverdigde oorlog* n. <kyk ook onregverdige oorlog>.
'n Oorlog wat op morele grond regverdig is, of voorgee om te wees.

Kk

Kaiser n. <German for emperor>.
A monarch mainly of the Holy Roman Empire
(962–1806), the German Empire (1871–1918), the
Austrian Empire (1804–1867) and the
Austro-Hungarian Empire(1867–1918).
♦ **keiser** n. <in Duits Kaiser>.
'n Monarg hoofsaaklik van die Heilige Romeinse
Ryk (962–1806), die Duitse Ryk (1871–1918), die
Oostenrykse Ryk (1804–1867) en die
Oostenryk-Hongaarse Ryk (1867–1918).

kakistocracy n.
The exercise of political power by the worst people.
♦ **kakistokrasie** n.
Die uitoefening van politieke mag deur die slegstes.

kalif → **caliph**

kangaroo court n.
An informal court or illegal self-appointed tribunal
characterised by contempt of established legal
procedures.
♦ **boendoehof** n.
'n Informele hof of onwettige selfaangestelde
tribunaal gekenmerk deur die minagting van
gevestigde regsprosedures.

Kemalism n.
The secular, modernist ideology that served as the
foundation of modern Turkey under Mustafa Kemal
Ataturk, circa 1923–1938.
♦ **Kemalisme** n.
Die sekulêre, modernistiese ideologie wat as
grondslag gedien het vir die vestiging van die
moderne Turkye onder Moestafa Kemal Ataturk,
circa 1923–1938.

kettling n. (corralling).
A police tactic for controlling a large number of
demonstrators by containing them in a confined
area cordoned off by police officers and controlling
movement from that area.
♦ **inketeling** n.
'n Polisietaktiek om 'n groot aantal betogers te
beheer deur hulle in 'n beknopte gebied binne 'n
kordon polisiebeamptes in te dam en beweging
vanuit daardie gebied te beheer.

key negotiator n.
A person who plays an essential role in a process of
discussions between contending parties which are
aimed at reaching an agreement.
♦ **sleutelonderhandelaar** n.
'n Persoon wat 'n essensiële rol speel in 'n proses
van samesprekings tussen strydende partye wat
daarop gemik is om 'n ooreenkoms te bereik.

Keynesianism n.
The doctrine developed by John Maynard Keynes
according to which state finances are managed and
arranged. It holds that governments should
intervene in economic decision-making during times
of economic crisis.

♦ **Keynesianisme** n.
Die leerstelling wat deur John Maynard Keynes
ontwikkel is waarvolgens staatsfinansies bestuur en
gereël behoort te word. Dit leer dat regerings ten
tyde van ekonomiese krisisse in ekonomiese
besluitneming behoort in te meng.

KGB → **Komitet Gosudarstvennoi
Bezopasnosti**

khalif → **caliph**

khalifate → **caliphate**

khalifate n.
A state governed or ruled by a caliph according to
Islamic law.
♦ **kalifaat** n. (galifaat).
'n Staat wat volgens Islamitiese reg deur 'n kalief
regeer word.

khedive n. <from Persian>.
A viceroy, initially a ruler of Egypt and Sudan who
represented the Ottoman Empire from 1867 to
1914.
♦ **khediev** n. <van Persies>.
'n Onderkoning, oorspronklik 'n regeerder van
Egipte en Soedan wat vanaf 1867 tot 1914 die
Ottomaanse Ryk verteenwoordig het.

king n. <monarch>.
The title of a male head of state who inherits his
position by birth and normally rules for life or until
abdication. Over centuries most kings with absolute
power have been replaced by kings with mainly
ceremonial powers.
♦ **koning** n. <monarg>.
Die titel van 'n manlike staatshoof wat sy posisie
deur geboorte geërf het en normaalweg lewenslank
regeer of totdat hy abdikeer. Deur eeue is die
meeste konings met absolute mag vervang deur
konings met hoofsaaklik seremoniële magte.

kingdom n. <see also constitutional monarchy;
monarchy>.
The territory, population and property that a king
governs.
♦ **koninkryk** n. <kyk ook grondwetlike
monargie; monargie>.
Die grondgebied, bevolking en eiendom waaroor 'n
koning regeer.

king-in-council n. <see also queen-in-council>.
The institution, according to constitutional law,
referring to a king acting with the advice of his
executive council or cabinet.
♦ **koning-in-rade** n. <kyk ook
koningin-in-rade>.
Die instelling, volgens die grondwet, wat verwys na
'n koning wat handel op advies van sy uitvoerende
raad of kabinet.

kingly dynasty → **monarchial dynasty**

king maker n.
Someone who uses his/her influence and power to put a king or queen of his/her own choice on the throne.
* **koningmaker** n.
Iemand wat sy/haar invloed en mag gebruik om 'n koning of koningin van sy/haar eie keuse op die troon te plaas.

king maker n.
Someone who uses his/her influence and power to have his/her own choice of leader elected in a position of authority.
* **koningsalwer** n.
Iemand wat sy/haar invloed en mag benut om sy/haar eie keuse van leier in 'n posisie van gesag verkies te kry.

kingship n.
The nature, powers, style and duration of the rule of a king.
* **koningskap** n.
Die aard, bevoegdhede, styl en duur van die bewind van 'n koning.

kitchen cabinet n.
Informal innermost group of advisers to the head of a government, often but not exclusively including members of the formal cabinet.
* **vertrouelingskabinet** n. (kombuiskabinet).
'n Informele groep binnekringraadgewers vir 'n regeringshoof, wat dikwels maar nie uitsluitlik nie lede van die formele kabinet insluit.

kleptocracy n.
The exercise of political power by plundering and/or thieving persons.

* **kleptokrasie** n.
Die uitoefening van politieke mag deur persone wat plunder en/of steel.

koenkai n. <Japanese>.
Informal campaign organisers and supporters of local politicians in Japan.
* **kôênkai** n. <Japannees>.
Informele veldtogorganiseerders en ondersteuners van plaaslike politici in Japan.

Kokkai n. <Japanese> (Diet).
The Japanese parliament.
* **Kokkai** n. <Japannees>.
Die Japannese parlement.

Komintern → **Comintern**

Komitet Gosudarstvennoi Bezopasnosti n. (KGB).
The USSR/Russian intelligence and security service 1954 to circa 1992.
* **Komitet Gosudarstvennoi Bezopasnosti** n. (KGB).
Die USSR/Russiese inligtings- en veiligheidsdiens van 1954 tot circa 1992.

K

Kremlin n.
A citadel in Moscow housing the central offices of the former Soviet Union and later the Russian Federation, thus also indicating the government.
* **Kremlin** n.
'n Vesting in Moskou wat die sentrale kantore van die voormalige Sowjetunie en later die Russiese Federasie huisves, en dus ook die regering aandui.

LI

labour force n. (work force).
The sum total of the available workers.
• **arbeidsmag** n.
Die somtotaal van die beskikbare werkers.

labour relations n.
The interaction between government, labour unions,
workers and employers.
• **arbeidsverhoudinge** n.
Die wisselwerking tussen die regering, vakbonde,
werkers en werkgewers.

labour union → **trade union**

lackey state n.
A state perceived to be a servile follower of a
hegemon.
• **lakeistaat** n.
'n Staat wat as 'n slaafse volgeling van 'n
hegemoon gesien word.

laisser-faire → **laissez-faire**

laissez-faire n. <French>, <French — preferred
term> (laisser-faire).
An economic theory proposing total freedom in
trade, without state intervention and with market
forces determining supply and demand.
• **laissez-faire** n. <Frans>, <Frans —
voorkeurterm> (laisser-faire).
'n Ekonomiese teorie wat algehele handelsvryheid
voorstaan, sonder staatsingryping en waar
markkragte vraag en aanbod bepaal.

lame-duck president n.
A president rendered ineffectual by being in his/her
final period of office, that is between the election
and inauguration of his/her successor.
• **lamkniepresident** n. (floumakoupresident,
kapaterpresident).
'n President wat kragteloos gemaak is deur in die
laaste fase van sy/haar ampstermyn te wees, dit is
tussen die verkiesing en inhuldiging van sy/haar
opvolger.

land distribution → **distribution of land**

länder n.
The constituent regional units of the German federal
republic.
• **deelstate** n. <vir deelstate as meervoud van
deelstaat, kyk deelstaat> (Länder).
Die samestellende streekeenhede van die Duitse
federale republiek.

land invasion n.
The illegal large-scale occupation of land belonging
to an established owner, especially in viable
farming areas.
• **grondbesetting** n.
Die onwettige, grootskaalse besetting van grond wat
aan 'n gevestigde eienaar behoort, veral in
lewensvatbare landbougebiede.

land issue n.
Controversy concerning the ownership of land,
including land claims by communities evicted under
authoritarian, colonial or dictatorial rule, threats to
act illegally and concerns about proposed legislation
and compensation to present owners, eg in Brazil,
South Africa and Taiwan.
• **grondvraagstuk** n. (grondkwessie).
Twisgeskille rondom die eienaarskap van grond,
insluitend grondeise deur gemeenskappe wat onder
outoritêre, koloniale of diktatoriale heerskappy
uitgesit is, dreigemente om onwettig op te tree en
besorgdheid oor voorgenome wetgewing en
vergoeding aan die huidige eienaars, bv in Brasilië,
Suid-Afrika en Taiwan.

land redistribution n. (redistribution of land).
The reapportionment of land in a state, quite often
after a revolution or a fundamental change in the
form of regime.
• **herverdeling van grond** n.
Die hertoewysing van grond in 'n staat, dikwels na
'n rewolusie of 'n fundamentele verandering in die
owerheidsvorm.

land reform n.
Measures designed to bring about a reorganisation
of land ownership.
• **grondhervorming** n.
Maatreëls bedoel om 'n herorganisasie van
grondbesit teweeg te bring.

land restitution n. (restitution of land).
Returning land to people who have been deprived
of their rightful landownership, usually after a
regime change.
• **grondrestitusie** n.
Die teruggee van grond aan mense wat van hulle
regmatige grondeienaarskap ontneem is, gewoonlik
na 'n verandering in die owerheidsvorm.

landslide victory n.
Winning by an overwhelming majority.
• **wegholoorwinning** n.
Met 'n oorweldigende meerderheid wen.

land use restriction n.
A restriction, in terms of zoning, on the form or
extent of the usage of land, often in municipal
jurisdictions.
• **grondgebruikbeperking** n.
'n Beperking, in terme van sonering, op die vorm
of omvang van grondgebruik, dikwels in munisipale
jurisdiksies.

language equality n.
The equal treatment of two or more languages,
especially with regard to official domains in society
such as legislation, justice, public administration
and instruction.
• **taalgelykheid** n.
Die gelyke behandeling van twee of meer tale, veral
met betrekking tot amptelike domeine van die

samelewing, soos wetgewing, regspraak, publieke administrasie en onderwys.

language equity n.
The fairness of language provision and/or treatment of two or more languages. This may not necessarily be equal.
+ **taalbillikheid** n.
Die regverdigheid van taalvoorsiening en/of -behandeling van twee of meer tale. Dit beteken nie noodwendig die tale word dieselfde behandel nie.

latifundium n. <Latin>.
1. A large agricultural estate in the early centuries of the Roman empire, belonging to absentee owners and worked by slave labour, that supplied grain and other produce to the cities. 2. A large operating estate or plantation in Latin America owned by rich absentee landlords.
+ **latifundium** n. <Latyn>.
1. 'n Groot landgoed in die vroeë eeue van die Romeinse Ryk wat aan elders wonende eienaars behoort het en met slawearbeid bewerk is, wat graan en ander produkte aan die stede gelewer het. 2. 'n Groot landgoed of plantasie in bedryf in Latyns-Amerika wat deur ryk afwesige grondeienaars besit word.

law lords n.
Legally qualified members of the House of Lords who acted as a court of final appeal until 2009, when this function was passed to the new Supreme Court of the UK.
+ **regslords** n.
Regsgekwalifiseerde lede van die Britse Hoërhuis wat as 'n finale appèlhof opgetree het tot 2009, toe dié funksie na die nuwe Hooggeregshof van die VK toe oorgedra is.

leasehold n. <see also freehold>.
A system of tenure whereby the property is held in terms of a lease agreement, always for a fixed period of time, and not owned outright.
+ **huurbesit** n. <kyk ook vrypag> (huurpag).
'n Stelsel van besit waar die eiendom ingevolge 'n huurooreenkoms gehou word, altyd vir 'n vaste tydperk, en nie uit en uit as eienaar nie.

lebensraum n. <from German>.
Territory desired by a state for its growth and development; particularly associated with the Hitler regime in Germany and its expansionary policies towards territories to the east of Germany.
+ **lewensruimte** n. (lebensraum <uit Duits>).
Grondgebied wat deur 'n staat begeer word vir sy groei en ontwikkeling, veral geassosieer met die Hitlerbewind in Duitsland en die bewind se uitbreidingsbeleid na gebiede oos van Duitsland.

left wing n.
1. The socialist parties. 2. The more liberal element of a single party. The term originated in French parliamentary practices, where conservatives sat to the right of the presiding officer, moderates in the centre and radicals to the left.
+ **linkervleuel** n.
1. Die sosialistepartye. 2. Die meer liberale element van 'n enkele party. Die term het sy oorsprong in Franse parlementêre praktyk, waar konserwatiewes

regs van die voorsittende beampte gesit het, gematigdes in die middel en radikales aan sy linkerkant.

legality n. <of a government>, <see also legitimacy>.
Conformity with or permitted by law.
+ **legaliteit** n. <van 'n regering>, <kyk ook legitimiteit> (wetlikheid).
In ooreenstemming met of toegelaat deur die reg.

legislative authority n.
That branch of government which is charged with the making of authoritative and enforceable rules (laws) for a society.
+ **wetgewende gesag** n.
Daardie owerheidsvertakking wat belas is met die maak van gesaghebbende en afdwingbare reëls (wette) vir 'n samelewing.

legislature n.
An organised institution empowered to make laws for a political unit.
+ **wetgewer** n. (wetgewende gesag <af te keur>).
'n Georganiseerde instelling met die bevoegdheid om wette vir 'n politieke eenheid te maak.

legitimacy n. <see also legality>.
Widespread popular belief that a political leader or a government has the moral and legal right to rule and should therefore be obeyed. See also legality.
+ **legitimiteit** n. <kyk ook legaliteit>.
Wydverspreide populêre oortuiging dat 'n politieke leier of regering die morele en wetlike reg het om te regeer en dus gehoorsaam behoort te word. Kyk ook legaliteit.

lekgotla n. <Sotho>.
1. Originally a court or council where men meet; now often used for high-level consultative meetings in general. 2. A troop of warriors.
+ **lekgotla** n. <Sotho>.
1. Oorspronklik 'n hof of raad waar mans ontmoet het; nou dikwels gebruik vir hoëvlak raadplegende vergaderings in die algemeen. 2. 'n Troep krygers.

lend-lease n.
The transfer of goods and services to an ally as aid in a common cause, used especially with reference to the system by which the USA gave material aid to the other Allies in World War II.
+ **leenbruik** n.
Die oordrag van goedere en dienste aan 'n bondgenoot as hulp in 'n gemeenskaplike saak, veral met verwysing na die stelsel waardeur die VSA materiële hulp aan die ander Geallieerdes in die Tweede Wêreldoorlog verleen het.

letter of commission n.
The document of appointment presented to the host head of state by a diplomatic high commissioner or ambassador upon taking up his/her duties.
+ **geloofsbrief** n.
Die aanstellingsdokument wat aan die ontvangerstaatshoof oorhandig word deur 'n diplomatieke hoë kommissaris of ambassadeur wanneer hy/sy die ampspligte aanvaar.

letter of credence → credentials

L

letter of recall n.
A letter in which an emissary of a state in a foreign state is recalled by the sending state.
• *herroepingsbrief* n.
'n Brief waarin die gesant van 'n staat in 'n buitelandse staat deur die sendstaat herroep word.

letters of credence → **credentials**

lettre de cachet n. <French>.
A sealed warrant of arrest and imprisonment issued by the monarch.
• *lettre de cachet* n. <Frans>.
'n Verseëlde lasbrief vir inhegtenisneming en gevangesetting wat deur die monarg uitgereik word.

levée en masse n. <French>.
A large-scale call-up for military service, as in France during the Napoleonic wars.
• *levée en masse* n. <Frans>.
'n Grootskaalse oproep tot krygsdiens, soos in Frankryk tydens die Napoleontiese oorloë.

levelling of the playing field n.
Allowing all participating parties equal opportunities and equal rights.
• *gelykmaking van die speelveld* n.
Alle deelnemende partye word gelyke geleenthede en gelyke regte toegelaat.

levy v.
To raise or collect a tariff or duty.
• *hef* v.
Om 'n tarief of aksynsreg in te stel of in te samel.

liability n.
The state of being bound to, or being obliged to by law to honour, one's obligations, eg with regard to debt and actions; likewise the state is liable for the malfeasance of its officers.
• *aanspreeklikheid* n. (regsaanspreeklikheid).
Om deur die reg gebind of verplig te wees om jou verpligtinge na te kom, bv met betrekking tot skuld en optrede; netso is die staat aanspreeklik vir die ampsoortredings van sy beamptes.

liberalism n. <see also libertarianism; socialism>.
An ideology promoting individual freedoms, tolerance and limited state interference in the economy.
• *liberalisme* n. <kyk ook libertarianisme; sosialisme>.
'n Ideologie wat individuele vryhede, verdraagsaamheid en beperkte staatsinmenging in die ekonomie voorstaan.

liberation front → **liberation movement**

liberation movement n. <see also freedom movement> (liberation front).
In situations of political domination, a popularly based group of people that strives for liberation from the dominating power or ruling elite.
• *bevrydingsbeweging* n. <kyk ook vryheidsbeweging> (bevrydingsfront).
In situasies van politieke oorheersing, 'n volksgebaseerde beweging wat streef na bevryding van die oorheersende moondheid of regerende elite.

liberation struggle n. (struggle for liberation).
The extreme effort to liberate a dominated people from political oppression.
• *bevrydingstryd* n.
Die uiterste poging om 'n volk onder oorheersing van politieke verdrukking te bevry.

liberation theology n.
A doctrine that teaches that Christianity is not only about individual salvation, but also about political, social and economic freedom and emancipation.
• *bevrydingsteologie* n.
'n Leerstuk dat die Christendom nie slegs oor individuele saligmaking handel nie maar ook oor politieke, sosiale en ekonomiese vryheid en emansipasie.

liberation war n. (war of liberation).
A war fought to achieve or restore national independence.
• *bevrydingsoorlog* n.
'n Oorlog wat gevoer word om nasionale onafhanklikheid te verkry of te herwin.

libertarianism n. <see also liberalism>.
A political ideology which advances an extreme form of individual freedom in all spheres of society, including minimal state interference in a person's life.
• *libertarianisme* n. <kyk ook liberalisme>.
'n Politieke ideologie wat 'n ekstreme vorm van individuele vryheid in alle sfere van die samelewing voorstaan, met insluiting van minimale staatsinmenging in 'n persoon se lewe.

liberty of the press → **freedom of the press**

liegstem → **lie vote**

lie vote n. (liegstem <South African English>).
Showing intention to vote in a particular way, but then selecting another on voting day.
• *liegstem* n.
'n Voorneme vertoon om op 'n besondere manier te stem maar dan op stemdag 'n ander een te kies.

life peer n. <UK>.
A person who is elevated to the peerage by the monarch-in-council and whose title cannot be passed on to his/her heirs.
• *lewenslange edelman* n. <VK>.
Iemand wat deur die monarg-in-rade tot die adelstand verhef word en wie se titel nie na sy/haar erfgename oorgedra kan word nie.

line function n.
An activity contributing directly to the output of an organisation.
• *lynfunksie* n.
'n Aktiwiteit wat regstreeks tot die uitset van 'n organisasie bydra.

linkage politics n.
A bargaining tactic in political negotiations in which diverse issues are combined, making agreement on one dependent on agreement with regard to others.
• *koppelingspolitiek* n.
'n Bedingingstaktiek in politieke onderhandelinge waarin uiteenlopende kwessies gekombineer word

en instemming oor een afhanklik van instemming oor ander gemaak word.

littoral navy n. <see also coastal navy; oceangoing navy; global navy>.
A navy with little or no capability to operate outside contiguous waters.
  * *kusstrookvloot* n. <kyk ook kusvloot; diepseevloot; aardbolvloot>.
'n Vloot met weinig of geen vermoë om buite aangrensende waters te opereer.

lobbying n.
Attempts to influence policy makers on behalf of an interest group in order to secure a specific outcome.
  * *invloedwerwing* n. (wandelgangbeïnvloeding).
Pogings om beleidmakers ten behoewe van 'n belangegroep te beïnvloed ten einde 'n bepaalde uitslag te bewerkstellig.

local authority n.
An institution comprising both elected and salaried persons that administers government at the level of local settlements and municipalities.
  * *plaaslike owerheid* n. <plaaslike bestuur word soms in wetgewing en geskrifte gebruik, maar is af te keur>.
'n Instelling wat uit sowel verkose as gesalarieerde persone bestaan en wat regering op die vlak van plaaslike nedersettings en munisipaliteite bestuur.

local government n.
A subdivision of government responsible for governing specified local units such as towns and cities.
  * *plaaslike regering* n.
'n Onderverdeling van die regering wat daarvoor verantwoordelik is om bepaalde plaaslike eenhede soos dorpe en stede te regeer.

local option n.
The extent to which local authorities are empowered to decide on community issues such as trading hours and the sale of liquor and thereby possibly deviating from general policies.
  * *plaaslike opsie* n.
Die mate waarin plaaslike owerhede bemagtig word om oor gemeenskapskwessies soos sake-ure en die verkoop van alkoholiese drank te besluit en sodoende moontlik van die algemene beleid af te wyk.

local veto n.
The right of the electorate within the jurisdiction of a local authority to decide that a particular policy will not apply within that jurisdiction.
  * *plaaslike veto* n.
Die reg van die kiesers binne die jurisdiksie van 'n plaaslike owerheid om te besluit dat 'n bepaalde beleid nie in daardie jurisdiksie toegepas sal word nie.

location n. <informal, deprecated>, <see also township>.
A black residential area, often with inferior facilities and services, during apartheid in South Africa.

  * *lokasie* n. <informeel, af te keur>, <kyk ook township>.
'n Swart woongebied, dikwels met minderwaardige fasilitcite en dienste, gedurende apartheid in Suid-Afrika.

log rolling n. <USA>.
The practice of collusion between politicians involving favours for mutual gain.
  * *wedersydse politieke bevoordeling* n. <VSA>.
Die praktyk dat politici saamspan om mekaar met gunste te bevoordeel.

long war n. <see also Overseas Contingency Operation> (war on terror, war on terrorism, WOT, global war on terror, global war on terrorism, GWOT <pronounced gee-whot>).
The George W Bush government's term for the USA's actions in combating terrorism after the attacks of 11 September 2001, with the aim of defeating terrorist networks, protecting the USA homeland and denying weapons of mass destruction to hostile states and organisations.
  * *lang oorlog* n. <kyk ook Oorsese Gebeurlikheidsoperasie> (oorlog teen terreur, oorlog teen terrorisme, wêreldwye oorlog teen terreur, wêreldwye oorlog teen terrorisme).
Die George W Bush-regering se term vir die VSA se optrede ter bekamping van terrorisme na die aanvalle van 11 September 2001, met die doel om terrorisnetwerke te verslaan, die VSA-tuisland te beskerm en massavernietigingswapens aan vyandelike state en organisasies te ontsê.

loose cannon n.
A political functionary or member of a party who does not submit to control and is potentially a source of unintentional damage to his/her party.
  * *politieke losbreker* n. (los kanon).
'n Politieke funksionaris of lid van 'n party wat hom/haar nie aan die party se beheer onderwerp nie en potensieel 'n bron van onopsetlike skade aan die party is.

lower chamber → **lower house**

lower house n. <see also upper house> (lower chamber).
One of the two houses of a bicameral legislature, usually the larger and more representative house, eg a national assembly.
  * *laerhuis* n. <kyk ook hoërhuis>.
Een van die twee huise van 'n tweekamerwetgewer, gewoonlik die groter en meer verteenwoordigende huis, bv 'n nasionale vergadering.

low intensity war n.
Conflict between contending states or organisations at a level higher than normal peaceful relations but below that of conventional war and employing both military and non-military means in combinations appropriate to the situation.
  * *lae-intensiteitoorlog* n.
Konflik tussen strydende state of organisasies op 'n vlak bokant normale vreedsame verhoudinge maar laer as dié van konvensionele oorlog en wat sowel

L

militêre as niemilitêre middele aanwend in
kombinasies wat toepaslik in die situasie is.

loyal toast n. <the loyal toast>,
The toast to the head of state during a formal
dinner.
+ **staatsheildronk** n. <die staatsheildronk>.
Die heildronk op die staatshoof tydens 'n formele
dinee.

lumpenproletariat n.
In Marxist theory a class of outcast marginalised
workers who are literally held to be a riff-raff.
These workers are unaware of their class position
and their exploitation by the ruling classes.
According to Marxist theory they are particularly
vulnerable to reactionary ideologies.
+ **flenterbroekproletariaat** n.
  (lumpenproletariaat).
In Marxistiese teorie 'n klas uitgeworpe
gemarginaliseerde werkers wat letterlik as
skorriemorries beskou word. Hierdie werkers is
onbewus van hulle klasseposisie en hulle uitbuiting
deur die regerende klas. Volgens Marxistise teorie is
hulle besonder vatbaar vir reaksionêre ideologieë.

Lusophone Africa n. <see also Anglophone
Africa; Arab Africa; Francophone Africa>.
The area in Africa where the official language of
the state or the main language of communication is
Portuguese.
+ **Portugeessprekende Afrika** n. <kyk ook
  Arabies-Afrika; Engelssprekende Afrika;
  Franssprekende Afrika>.
Die gebied in Afrika waar die staat se amptelike
taal of die hooftaal vir kommunikasie Portugees is.

Lusophone states n.
The states where the official language of the state or
the main language of communication is Portuguese.

+ **Portugeessprekende state** n.
Die state waar die staat se amptelike taal of die
hooftaal vir kommunikasie Portugees is

lustration n.
After fundamental regime changes, the purification
of the body politic of influences considered to be
inimical to its interests, eg a new government's
handling of the violators of human rights associated
with the previous regime; eg postcommunist states.
+ **suiweringskeuring** n.
Na fundamentele bewindsveranderings, die reiniging
van die politieke bestel wat as strydig met die
belange van die nuwe bestel beskou word, bv 'n
nuwe regering se hantering van persone wat
menseregte onder die vorige bewind geskend het;
bv postkommunistiese state.

lynch v.
To execute a person by mob action without due
process of law, or to attempt to do so. (After
Charles Lynch, USA.)
+ **lynch** v.
Om 'n persoon sonder 'n behoorlike regsproses
deur gespuisaksie tereg te stel, of te poog om dit te
doen. (Na Charles Lynch, VSA.)

lynch mob n.
An unruly group of people executing a person
without due process of law, or attempting to do so.
Lynching was often associated with white
supremacists in the USA who hanged people who
were in favour of the abolition of slavery.
+ **lynchgespuis** n.
'n Weerbarstige groep mense wat 'n persoon sonder
'n behoorlike regsproses teregstel of poog om dit te
doen. Lynch is dikwels geassosieer met wit
baasskappers in die VSA wat mense opgehang het
wat ten gunste van die afskaffing van slawerny was.

L

Mm

Machiavellianism n. (Machiavellism).
A doctrine attributed to Niccolo Machiavelli, a Florentine public servant from 1498 to 1512, who preached that in politics the end justifies the means.
* *Machiavellianisme* n. (Machiavellisme).
'n Leerstelling wat toegedig word aan Niccolo Machiavelli, 'n Florentynse openbare amptenaar van 1498 tot 1512, wat gepredik het dat in die politiek die doel die middele heilig.

Machiavellism → **Machiavellianism**

machine politics n.
The exercise of discipline and command within a hierarchically and permanently structured political organisation, such as a political party, to ensure obedience and loyalty by its members, often through a strong party whip structure. The permanency and methods of the organisation often result in clientelism, patronage and behind the scenes control.
* *masjienpolitiek* n.
Die uitoefening van dissipline en bevel binne 'n hiërargiese en permanent gestruktureerde politieke organisasie, soos 'n politieke party, ten einde gehoorsaamheid en lojaliteit van die lede te verseker, dikwels deur 'n sterk partysweepstelsel. Die permanentheid en metodes van die organisasie lei dikwels tot kliëntelisme, begunstiging en beheer agter die skerms.

machismo politics n.
A type of political action that is decidedly male dominated and patriarchal; a conservative and hardline approach to political action, and in international relations characterised by a warlike stance in contrast to diplomacy and negotiation.
* *machismopolitiek* n.
'n Vorm van politieke handeling wat bepaald manlik gedomineer en patriargaal is; 'n konserwatiewe en hardekoejawelbenadering tot politieke optrede, en in internasionale verhoudinge gekenmerk deur 'n oorlogsugtige houding in teenstelling met diplomasie en onderhandeling.

machtpolitik → **power politics**

macro-economics n.
The economic policy of a state regarding money supply, credit, inflation, taxes, customs and excise duties. It concerns everyone in the state, in contrast to micro-economics.
* *makro-ekonomie* n.
Die ekonomiese beleid van 'n staat wat te doen het met die geldvoorraad, kredietverlening, inflasie, belasting, doeanereg en aksynsbelasting. Dit raak almal in die staat, in teenstelling met mikro-ekonomie.

macrolevel n.
The level involving eg society in its entirety.
* *makrovlak* n.

Die vlak wat bv die samelewing in sy geheel betrek.

Madiba n.
The traditional name of former South African president, Nelson Mandela.
* *Madiba* n.
Die tradisionele naam van die voormalige Suid-Afrikaanse president, Nelson Mandela.

main budget n. <see also additional budget; supplementary budget>.
The principal estimates of revenue and expenditure of the government that is approved during the course of the annual session of parliament.
* *hoofbegroting* n. <kyk ook aanvullende begroting; addisionele begroting>.
Die hoofskatting van die regering se inkomste en uitgawes wat gedurende die jaarlikse sessie van die parlement goedgekeur word.

maius imperium n. <Latin>.
The supreme authority of the Roman emperor.
* *maius imperium* n. <Latyn>.
Die oppergesag van die Romeinse keiser.

Majesty n. <preceded by Your or His or Her>.
A title used to address or refer to a monarch, sometimes combined with other forms of address such as 'Your Highness'.
* *Majesteit* n. <voorafgegaan deur U of Sy of Haar>.
'n Titel wat gebruik word om 'n monarg aan te spreek of na hom/haar te verwys, soms saam met ander aanspreekvorms soos 'U Hoogheid'.

majoritarian democracy n.
Parliamentary practice in which the majority party takes full control of all executive powers and does not share power with coalition partners.
* *meerderheidsdemokrasie* n.
Parlementêre praktyk waarin die meerderheidsparty volle beheer van alle uitvoerende bevoegdheid oorneem en nie mag met koalisievennote deel nie.

majoritarianism n.
A political system in which a simple majority in parliament leads to a single party capturing the whole of state power to the exclusion of opposition groups — a non-powersharing majority.
* *een-mens-een-stem-meerderheidsleer* n. (meerderheidsbeginsel, meerderheidsheerskappy).
'n Politieke stelsel waarin 'n eenvoudige meerderheid in die parlement daartoe lei dat 'n enkele party die hele staatsmag bekom, met die uitsluiting van opposisiegroepe — 'n niemagsdelende meerderheid.

majority rule n.
The exercise of power according to the will of the majority.

• *meerderheidsheerskappy* n.
Maguuitoefening volgens die wil van die
meerderheid.

major power → great power

management committee n.
A group of persons elected or appointed to
administer a particular task or project.
• *bestuurskomitee* n.
'n Groep persone wat verkies of aangestel is om 'n
besondere taak of projek te administreer.

mandarin n.
1. A member of any of the nine senior grades of the
bureaucracy in the Chinese empires. 2. In modern
usage a high-ranking influential and powerful
official.
• *mandaryn* n.
1. 'n Lid van enige van die nege senior grade van
die burokrasie in die Chinese ryke. 2. In moderne
gebruik, 'n hoë invloedryke en magtige amptenaar.

mandate n.
1. An authoritative command from a superior.
2. Authorisation to act on behalf of another; eg the
authority given by electors to parliament.
• *mandaat* n.
1. 'n Gesaghebbende opdrag van 'n meerdere.
2. Magtiging om namens iemand anders op te tree,
bv die gesag wat kiesers aan die parlement opdra.

marauding raid n.
Sudden surprise attacks by an armed band roving in
search of opportunities to acquire goods by force,
especially in times of war or unrest.
• *plundertog* n.
Skielike verrassingsaanvalle deur 'n gewapende
bende wat rondswerf op soek na geleenthede om
goedere met geweld te bekom, veral ten tyde van
oorlog of onrus.

marginal constituency n.
A constituency in which the support and the
resultant vote for the major political parties are
more or less equal.
• *grenskiesafdeling* n.
'n Kiesafdeling waar die steun en die gevolglike
stemme vir die hoof politieke partye min of meer
gelyk is.

marginalised community n.
A section of a population rendered unimportant and
of lesser value.
• *randstandige gemeenskap* n.
  (gemarginaliseerde gemeenskap).
'n Gedeelte van die bevolking wat onbelangrik en
minderwaardig gerangeer is.

marginalised state n.
A state that has been relegated to the outer limits of
the international system and has very little influence
in international affairs.
• *gemarginaliseerde staat* n.
'n Staat wat tot die buitegrense van die
internasionale stelsel gerangeer is en baie min
invloed in internasionale aangeleenthede uitoefen.

maritime court n.
A court competent to deal with matters related to
the maritime environment.

• *maritieme hof* n.
'n Hof wat bevoeg is om sake met betrekking tot
die maritieme omgewing te hanteer.

maritime power n.
A state possessing the ability to exercise power and
act effectively in the maritime environment.
• *maritieme moondheid* n.
'n Staat met die vermoë om in die maritieme
omgewing mag uit te oefen en effektief op te tree.

maritime security n.
The degree of security of a state's coast and
maritime resources, ports, shipping and trade by
sea, and its ability to safeguard these assets against
threats.
• *maritieme sekerheid* n.
Die graad van veiligheid van 'n staat se kus en
maritieme hulpbronne, hawes, skeepvaart en handel
ter see, en sy vermoë om hierdie bates teen
bedreigings te beskerm.

maritime terrorism n. <see also piracy>.
Violent hostile actions conducted at sea against
vessels and passengers of a nonbelligerent state,
normally by criminal gangs with boats or ships.
• *maritieme terrorisme* n. <kyk ook
  seerowery>.
Gewelddadige vyandige bedrywighede wat ter see
teen vaartuie en passasiers van 'n
nie-oorlogvoerende staat bedryf word, gewoonlik
deur misdaadbendes met bote of skepe.

marja-e taqlid → grand ayatollah

Marshall Plan → European Recovery
Programme

martial law n.
The replacement of civilian rule by military rule
when civil law ceases to function adequately. The
military authorities are then recognised as having
the powers to maintain order by summary means.
• *krygswet* n.
Die vervanging van burgerlike deur militêre
heerskappy wanneer die burgerlike reg ophou om
toereikend te funksioneer. Daar word dan erken dat
die militêre owerheid die bevoegdheid het om orde
deur middel van summiere middele te handhaaf.

Marxism n.
An ideology that originated with Karl Marx and is
based on a belief in historical materialism,
dialectical change and the use of class analysis.
• *Marxisme* n.
'n Ideologie wat by Karl Marx ontstaan het en op
'n geloof in historiese materialisme, dialektiese
verandering en die gebruik van klasseontleding
gebaseer is.

masakhane n. <Sotho>.
A call to build together.
• *masakhane* n. <Sotho>.
'n Oproep om saam te bou.

mass mobilisation n.
Activating large numbers of people for some
political purpose or cause.

massamobilisasie n.
Die aktivering van 'n groot aantal mense vir die een of ander politieke doel of saak.

Master of the High Court n.
In South Africa an official of the High Court charged with the duty to protect the financial interests of persons whose assets or interests, such as in the case of trusts, deceased and insolvent estates, are being managed by others.
 • **Meester van die Hooggeregshof** n.
In Suid-Afrika 'n beampte van die Hooggeregshof belas met die plig om die finansiële belange te beskerm van persone wie se bates of belange, soos in die geval van trusts, bestorwe en insolvente boedels, deur andere bestuur word.

Master of the High Court n. <South Africa 1996–2013; Afrikaans equivalent obsolete>, <see Master of the High Court>.
 • **Meester van die Hoë Hof** n. <Suid-Afrika 1996–2013; verouderd>, <kyk Meester van die Hooggeregshof>.

Master of the Supreme Court n. <South Africa prior to 1996; obsolete>, <see Master of the High Court>.
 • **Meester van die Hooggeregshof** n. <Suid-Afrika voor 1996; Engelse ekwivalent verouderd>, <kyk Meester van die Hooggeregshof>.

matriarchy n.
A sociopolitical system in which female figures play the dominant role.
 • **matriargie** n.
'n Sosiopolitieke stelsel waarin vroulike figure die dominante rol speel.

mediatise v.
To take control of another state while allowing its former ruler to retain his/her title and a limited role in governing the state, eg Napoleon's reorganisation of the German Confederation between 1803 and 1806.
 • **mediatiseer** v.
Om beheer oor 'n ander staat oor te neem terwyl die voormalige regeerder toegelaat word om sy/haar titel en 'n beperkte rol in die regeer van die staat te behou, bv Napoleon se herorganisasie van die Duitse Konfederasie tussen 1803 en 1806.

mediator n. <see also honest broker>.
One who intercedes in a dispute and endeavours to assist the parties to arrive at a mutually acceptable solution.
 • **bemiddelaar** n. <kyk ook eerlike makelaar>.
Iemand wat in 'n geskil tussenby tree en poog om die partye te help om tot 'n onderling aanvaarbare oplossing te kom.

Medieval Period → **Middle Ages**

megacity n.
A city, together with its suburbs, recognised as a metropolitan area with a total population in excess of ten million.
 • **megastad** n.
'n Stad, saam met sy voorstede, wat as 'n metropolitaanse gebied beskou word, met 'n totale bevolking van meer as tien miljoen.

megalopolis n. <see also metropolis>.
A very large urban complex involving several cities and towns, such as Boston-Washington, and Rio de Janeiro-Sao Paolo corridors.
 • **megalopolis** n. <kyk ook grootstad> (reusestad).
'n Baie groot stedelike kompleks wat verskeie stede en dorpe insluit, soos die Boston-Washington-, en Rio de Janeiro-Sao Paolokorridors.

Menshevik n. <Russian; pl Menshiviki; see also Bolshevik>.
A member of the minority faction of the Russian Social Democratic Party, predecessor of the Communist Party of the Soviet Union (CPSU).
 • **Mensjewiek** n. <Russies; mv Mensjiwiki; kyk ook Bolsjewiek>.
'n Lid van die minderheidsfaksie in die Russiese Sosiaal-demokratiese Party, voorloper van die Kommunistiese Party van die Sowjetunie (KPSU).

M

mercenary n.
A professional soldier selling his/her services to a foreign state or organisation.
 • **huursoldaat** n.
'n Beroepsoldaat wat sy/haar dienste aan 'n vreemde staat of organisasie verkoop.

meritocracy n.
The exercise of political power by the meritorious.
 • **meritokrasie** n.
Die uitoefening van politieke mag deur die verdienstelikes.

metropolis n. <see also megalopolis>.
An urban area in local government that comprises a relatively large area and population and presides over a substantial monetary budget and staff. In South Africa it refers to a large city or a combination of a city and towns managed as an entity, such as Johannesburg.
 • **grootstad** n. <kyk ook megalopolis> (metropool, metropolis).
'n Stedelike gebied in plaaslike regering wat uit 'n relatiewe groot grondgebied en bevolking bestaan en oor 'n substantiewe geldelike begroting en personeel beskik. In Suid-Afrika verwys dit na 'n groot stad of kombinasie van 'n stad en aantal dorpe wat as 'n enkele entiteit bestuur word, soos bv Johannesburg.

metropolitan dweller n.
The inhabitant of a large city.
 • **metrobewoner** n.
Die inwoner van 'n grootstad.

metropolitan government n.
Government of a large city or metropolis. In South Africa at present it refers to large cities, or to a combination of cities and towns which jointly form a metropole.
 • **metropolitaanse regering** n.
Regering van 'n groot stad of metropool. In Suid-Afrika verwys dit tans na groot stede, of 'n kombinasie van stede en dorpe wat gesamentlik 'n metropool vorm.

metropolitan local council n.
A form of local government that includes a number
of smaller local governments into a new and greater
local government.
+ *metropolitaanse plaaslike raad* n.
'n Vorm van plaaslike regering wat 'n aantal kleiner
plaaslike regerings in 'n nuwe en groter plaaslike
regering saamsmelt.

mfecane n. <Nguni> (difaqane <Sotho>).
The 19th century population displacement in South
Africa as a consequence of bloody tribal wars, eg
those by Shaka against the Basotho.
+ *mfecane* n. <Nguni> (difaqane <Sotho>).
Die 19de eeuse bevolkingsverstrooiing in
Suid-Afrika as gevolg van bloedige inheemse
stamoorloë, bv dié deur Shaka teen die Basoetoe.

microstate → ministate

Middle Ages n. (Medieval Period).
The period from the fifth to the fifteenth century
AD in European history.
+ *Middeleeue* n.
Die tydperk van die vyfde tot die vyftiende eeu nC
in Europese geskiedenis.

middle class n.
A social stratum that is placed between the upper
and lower strata of a society; in Marxist theory
referred to as the bourgeoisie.
+ *middelklas* n.
'n Sosiale stratum wat tussen die hoër en laer strata
van 'n gemeenskap geplaas word; in Marxistiese
teorie word daarna as die bourgeoisie verwys.

middle of the road politics n.
The practice of finding compromises between
contending political parties and interest groups; an
avoidance of extremism.
+ *middelgrondpolitiek* n.
Die praktyk om kompromieë tussen mededingende
politieke partye en belangegroepe te vind; 'n
wegskram van ekstremisme.

midterm elections n.
Elections for the federal House of Representatives
and Senate, as well as various other political offices
of the USA, that take place midway between
presidential elections.
+ *middeltermynverkiesing* n.
(midtermynverkiesing, halftermynverkiesing).
Verkiesings vir die federale Huis van
Verteenwoordigers en Senaat, asook verskeie ander
politieke ampte in die VSA, wat halfpad tussen
presidensiële verkiesings plaasvind.

migrant labour n. (migratory labour).
1. Workers moving from their homes, usually in
rural areas, for employment elsewhere, usually in
major cities. 2. Casual and unskilled workers who
move on a seasonal basis for temporary
employment.
+ *trekarbeid* n.
1. Werkers wat van hulle huise wegbeweeg,
gewoonlik in plattelandse gebiede, om elders,
gewoonlik in groot stede, te werk. 2. Los en

ongeskoolde werkers wat op 'n seisoensgrondslag
trek vir tydelike indiensneming.

migration n.
The act of people physically moving from one
region or state to another, often in groups or large
numbers.
+ *migrasie* n.
Die handeling waardeur mense fisies vanuit een
streek of staat beweeg na 'n ander, dikwels in
groepe of in groot getalle.

migration regime n.
The legal and policy principles governing
cross-border movements within a regional grouping
of states.
+ *migrasieregime* n.
Die wetlike en beleidsbeginsels wat
oorgrensbewegings binne 'n regionale groepering
van state bepaal.

migratory labour → migrant labour

mikado n. <Japanese>.
The title foreigners use for the Japanese emperor.
The Japanese title is Tennô.
+ *mikadô* n.
Die titel wat buitelanders vir die Japannese keiser
gebruik. Die Japannese titel is Tennô.

militarised state n.
A state that has become organised for military
conflict. It involves a high level of military
preparedness and the subservience of society to
military needs, eg North Korea.
+ *gemilitariseerde staat* n.
'n Staat wat georganiseer geraak het vir militêre
konflik. Dit behels 'n groot mate van gereedheid en
die samelewing se ondergeskiktheid aan militêre
behoeftes, bv Noord-Korea.

militarism n.
The exaltation of military virtues and ideals.
+ *militarisme* n.
Die ophemeling van militêre deugde en ideale.

military-industrial complex n.
Term coined by President Dwight D Eisenhower for
the interlocking, as an interest group, of the military
establishment and the defence-related industrial
sector of a state.
+ *militêr-industriële kompleks* n.
Term geskep deur president Dwight D Eisenhower
vir die ineenskakeling, as één belangegroep, van die
militêre establishment en die verdedigingsverwante
nywerheidsektor van 'n staat.

military intervention n.
A deliberate act of a state or group of states to
introduce its/their military forces into the course of
an existing conflict.
+ *militêre ingryping* n.
'n Doelbewuste handeling deur 'n staat of groep
state om sy/hulle militêre magte in die loop van 'n
bestaande konflik in te voeg.

military occupation n.
A condition in which a territory is under the
effective control of a foreign armed force deployed
on its soil.

M

• _militêre besetting_ n.
'n Toestand waarin 'n grondgebied onder die effektiewe beheer van 'n vreemde gewapende mag is wat op sy bodem ontplooi is.

militia n.
A part-time force consisting of citizens with some military training, supplementing the regular army in exigencies.
• _milisie_ n.
'n Deeltydse mag bestaande uit burgers met 'n mate van militêre opleiding, wat die voltydse mag in dwingende omstandighede aanvul.

mindless voters n.
Voters who do not intelligently consider all options and their implications before making their decision.
• _stemvee_ n.
Kiesers wat nie alle opsies en hulle implikasies intelligent oorweeg voordat hulle besluit nie.

minesweeper n.
A specially designed and equipped vessel that uses a variety of techniques to locate and neutralise sea mines.
• _mynveër_ n.
'n Spesiaal ontwerpte en toegeruste vaartuig wat 'n verskeidenheid tegnieke gebruik om seemyne op te spoor en te neutraliseer.

ministate n. (microstate).
An independent state with either a very small population or a small land area, or both eg Monaco and the Vatican City.
• _ministaat_ n. (mikrostaat).
'n Onafhanklike staat met óf 'n baie klein bevolking óf baie klein grondgebied óf albei, bv Monaco en die Vatikaanstad.

minister n.
The political head of a government department.
• _minister_ n.
Die politieke hoof van 'n staatsdepartement.

ministerial responsibility n.
Sphere of moral and legal accountability of a minister to a legislative assembly.
• _ministeriële verantwoordelikheid_ n.
'n Minister se sfeer van morele en wetlike aanspreeklikheid teenoor 'n wetgewende vergadering.

ministry n.
1. The office of a minister. 2. A government department. 3. Britain: the cabinet of a prime minister.
• _ministerie_ n.
1. Die kantoor van 'n minister. 2. 'n Staatsdepartement. 3. Brittanje: die kabinet van 'n eerste minister.

minority group n.
A group of people bound by common characteristics or interests that differ from those of the majority of the population, eg with regard to race, ideology or culture.
• _minderheidsgroep_ n.
'n Groep mense wat deur gemeenskaplike eienskappe of belange saamgebind word wat van dié van die meerderheid van die bevolking verskil, bv met betrekking tot ras, ideologie of kultuur.

minority rights n.
The rights of a defined group that differs in a significant way, for example racially or politically, from a larger group of which it is part.
• _minderheidsregte_ n.
Die regte van 'n omskrewe groep wat op 'n betekenisvolle wyse, byvoorbeeld volgens ras of politiek, verskil van 'n groter groep waarvan dit 'n deel uitmaak.

minority veto n.
The power of an individual or smaller group to nullify the majority decision of a larger formal institution.
• _minderheidsveto_ n.
Die mag van 'n individu of kleiner groep om die meerderheidsbesluit van 'n groter, formele instelling te verydel.

misappropriation n. <public finance>.
The unauthorised spending of money, for purposes other than its intended use.
• _wanbesteding_ n. <openbare finansies>.
Die onreëlmatige uitgee van geld, vir 'n doel anders as waarvoor daar magtiging gegee is.

M

misinformation n. <see also disinformation>.
Faulty information, where the faults are not deliberately inserted.
• _waninformasie_ n. <kyk ook disinformasie>.
Foutiewe informasie, waar die foute nie doelbewus aangebring word nie.

mismanagement n.
The improper administration of a given task.
• _wanbestuur_ n.
Die onbehoorlike administrasie van 'n gegewe taak.

mixed member proportionality n. (MMP, partial constituency system, partial constituency electoral system).
An electoral system consisting partly of constituencies and partly of proportionally elected candidates from a party list.
• _gedeeltelikekiesafdelingstelsel_ n. (gemengde kiesstelsel).
'n Kiesstelsel wat deels uit kiesafdelings bestaan en deels uit kandidate wat proporsioneel op 'n partylys verkies is.

Mizrahim n. <Hebrew; sing Mizrahi; see also Ashkenazim; Beta Israel; Sephardim>.
Oriental Jews from mainly Muslim dominated countries.
• _Misrahim_ n. <ekv Misrahi; kyk ook Asjkenasim; Beta-Israel; Sefardim>.
Oosterse Jode uit lande wat hoofsaaklik deur Moslems oorheers word.

MMP → mixed member proportionality

mob violence n.
Disruptive behaviour by large crowds, often involving the senseless destruction of property.
• _gepeupelgeweld_ n.
Ontwrigtende optrede deur groot skares, wat dikwels die sinnelose vernietiging van eiendom meebring.

modus vivendi n. <Latin>.

A working arrangement between conflicting interests, eg an agreement between the Pope and a government regarding relations between that state and the Roman Catholic Church.

• **modus vivendi** n. <Latyn>.

'n Werkende reëling tussen teenstrydige belange, bv 'n ooreenkoms tussen die pous en 'n regering oor die verhoudinge tussen daardie staat en die Rooms-Katolieke Kerk.

monarch n.

A head of state who inherits his/her position by birth and normally rules for life or until abdication. Over centuries most monarchs with absolute power have been replaced by monarchs with mainly ceremonial powers.

• **monarg** n.

'n Staatshoof wat sy/haar posisie deur geboorte erf en normaalweg lewenslank regeer of tot abdikering. Deur die eeue is die meeste absolute monarge vervang deur monarge met hoofsaaklik seremoniële magte.

monarchial dynasty n. <see also royal house> (imperial dynasty, kingly dynasty, royal dynasty).

A succession of regal hereditary rulers emanating from the same family, clan or kinfolk.

• **monargale dinastie** n. <kyk ook koningshuis> (keiserlike dinastie, koninklike dinastie, vorstelike dinastie).

'n Volgry van vorstelike regeerders uit dieselfde familie, sibbe of stam.

monarchy n. <see also constitutional monarchy; kingdom>.

1. The territory, population and property that a hereditary ruler governs. 2. A state ruled by a hereditary leader, such as a king, with powers varying from absolute to constitutionally limited.

• **monargie** n. <kyk ook grondwetlike monargie; koninkryk>.

1. Die grondgebied, bevolking en eiendom waaroor 'n erflike heerser regeer. 2. 'n Staat wat deur 'n erflike leier, soos 'n koning, regeer word met bevoegdhede wat wissel van die absolute tot dit wat grondwetlik beperk is.

money laundering n.

Moving money through banks or other intermediate sources to obscure its origins.

• **geldwassery** n. (geldreiniging).

Die skuif van geld deur banke of ander intermediêre bronne om die oorsprong daarvan te verdoesel.

monism n. <see also pluralism>.

A doctrine of explanation in terms of a single principle; as opposed to pluralism.

• **monisme** n. <kyk ook pluralisme>.

'n Verklaringsleer in terme van 'n enkele beginsel; in teenstelling met pluralisme.

monitoring n.

Regular observation of an action in order to assess its development against a desired standard and provide a basis for corrective action if the need arises, eg monitoring troop movements in a battle or monitoring the outcomes of a public policy.

• **monitering** n.

Gereelde waarneming van 'n aksie ten einde die ontwikkeling daarvan teenoor 'n gewenste standaard te toets en om as grondslag vir regstellende optrede te dien wanneer die noodsaak daarvoor ontstaan, bv die monitering van troepebewegings tydens 'n geveg of die monitering van die uitslag van 'n openbare beleid.

monitoring n. <see also eavesdropping>.

Listening to electromagnetic networks with technical aids to obtain information for intelligence/counterintelligence purposes.

• **meeluistering** n. <kyk ook afluistering>.

Luister met tegniese hulpmiddels na elektromagnetiese netwerke om informasie vir inligtings-/teeninligtingsdoeleindes te verkry.

monocracy n.

The exercise of political power by one person.

• **monokrasie** n.

Die uitoefening van politieke mag deur een persoon.

moratorium n.

A period of temporary suspension of an obligation and/or activity until satisfactory arrangements have been effected for the continuation of the obligation or activity.

• **moratorium** n.

'n Tydperk waartydens 'n verpligting en/of aktiwiteit tydelik opgeskort word totdat bevredigende reëlings vir die voortsetting van die verpligting of aktiwiteit getref is.

mores n.

The fixed customs or practices of a particular group that are morally binding upon all members of the group and necessary to its welfare and preservation including the vast body of community beliefs which shape private action.

• **sedes** n. (sedes en gewoontes, mores).

Die vaste gewoontes of gebruike wat moreel bindend is op alle lede van die groep en noodsaaklik is vir die welsyn en bewaring daarvan insluitende die wye korpus van gemeenskapsopvattings wat privaat optrede rig.

morganatic marriage n.

Marriage, mostly in Europe, contracted between a man and a woman of unequal royal status, so that the privileges and titles of one may not be conferred to the other or to any children born from the marriage.

• **morganatiese huwelik** n.

Huwelik, veral in Europa, gesluit tussen 'n man en vrou met 'n ongelyke koninklike status sodat die een se voorregte en titels nie na die ander een toe oorgedra mag word nie of na enige kinders toe wat uit die huwelike gebore word nie.

motion of confidence n. (vote of confidence).

A formal proposal in an assembly that a functionary or institution is capable of carrying out his/her/its task properly.

♦ *mosie van vertroue* n.
'n Formele voorstel in 'n vergadering dat 'n funksionaris of instelling bevoeg is om sy/haar taak behoorlik te verrig.

motion of no confidence n. (vote of no confidence).
A formal proposal in an assembly that a functionary or institution is not capable of carrying out his/her/its task properly.
♦ *mosie van wantroue* n.
'n Formele voorstel in 'n vergadering dat 'n funksionaris of instelling nie bevoeg is om sy/haar taak behoorlik te verrig nie.

movement n.
Individuals and groups organised to promote or achieve a given end; also the organised actions of such a group.
♦ *beweging* n.
Individue en groepe wat georganiseer is om 'n bepaalde doel na te strewe of te bereik, asook die georganiseerde optrede van so 'n groep.

mugwump n.
A politician in the USA who remains neutral on divisive issues.
♦ *neutraalblyer* n.
'n Politikus in die VSA wat neutraal bly oor verdelende strydpunte.

mujahideen n.
Fundamentalist Muslim fighters for the cause of Islam, eg in Afghanistan.
♦ *moedjahidien* n.
Fundamentalistiese Moslemstryders vir die saak van Islam, bv in Afghanistan.

mullahcracy n.
The exercise of political power by the mullahs, ie Muslim religious leaders.
♦ *moellahkrasie* n.
Die uitoefening van politieke mag deur die moellahs, dit is Moslem religieuse leiers.

multilateral diplomacy n. <see also bilateral diplomacy; unilateral>.
Diplomacy involving more than two states and international institutions.
♦ *multilaterale diplomasie* n. <kyk ook bilaterale diplomasie; eensydig>.
Diplomasie waarby meer as twee state en internasionale instellings betrokke is.

multilateralism n. <see also bilateralism; unilateralism>.
1. An approach in international relations that actions, decisions and policies should be based on the participation of the international community, preferably through institutions such as the UN.
2. The practice of trade and other relations among more than two states without discrimination with regard to origin or destination and irrespective of the size of trade gaps between them. 3. The doctrine or practice of a number of states working in concert to resolve a given issue or to achieve a desired goal, eg containing the proliferation of nuclear arms.

♦ *multilaterisme* n. <kyk ook bilateralisme; eensydigheid>.
1. 'n Benadering in internasionale betrekkinge dat optrede, besluite en beleid gegrond behoort te wees op die deelname van die internasionale gemeenskap, verkieslik deur instellings soos die VN. 2. Die praktyk van handels- en ander betrekkinge tussen meer as twee state sonder diskriminasie mbt oorsprong of bestemming en ongeag die grootte van handelsgapings tussen hulle. 3. Die leerstelling of praktyk dat 'n aantal state saamwerk om 'n gegewe kwessie op te los of om 'n gewenste doel te bereik, bv om die vermenigvuldiging van kernwapens in toom te hou.

multilateral trade n.
Trade between three or more nations or groups.
♦ *multilaterale handel* n.
Handel tussen drie of meer nasies of groepe.

M

multiparty constitution n.
A system in which the constitution provides for the participation of a number of large and small political parties.
♦ *veelpartygrondwet* n. (veelpartykonstitusie).
'n Stelsel waar die grondwet voorsiening maak vir deelname deur 'n aantal groot en klein politieke partye.

multiparty government n.
A system where a number of parties participate in the government of a state.
♦ *veelpartyregering* n.
'n Stelsel waar 'n aantal partye aan die regering van 'n staat deelneem.

multipolar balance of power n. <see also bipolar balance of power; unipolar world>.
Circumstances in which the balance of power in the international political system is held by more than two dominant states, in contrast to a bipolar balance of power and a unipolar world.
♦ *meerpolige magsbalans* n. <kyk ook tweepolige magsbalans; eenpolige wêreld> (veelvuldige magsbalans, multipolêre magsbalans).
Omstandighede waarin die magsbalans in die internasionale politieke stelsel deur meer as twee dominante state gehou word, in teenstelling met 'n tweepolige magsbalans en 'n eenpolige wêreld.

Munich Agreement n.
The settlement of the Sudeten crisis between Germany, Britain, France and Italy at a conference in Munich on 29 September 1938.
♦ *München-ooreenkoms* n.
Die skikking van die Sudetenlandkrisis tussen Duitsland, Brittanje, Frankryk en Italië by 'n konferensie in München op 29 September 1938.

municipal corporation n.
An entity founded by a municipality; therefore a corporation to deliver municipal services such as refuse collection, water and electricity supply.
♦ *munisipale korporasie* n.
'n Entiteit wat deur 'n munisipaliteit gestig is; dus 'n korporasie om munisipale dienste te lewer soos vullisverwydering en water- en elektrisiteitsvoorsiening.

municipal council n.

The representative institution governing a municipality.

• *munisipale raad* n.

Die verteenwoordigende instelling wat 'n munisipaliteit regeer.

municipal government n.

A form of local government dealing with matters delegated to municipalities and confined to the jurisdiction of the municipality.

• *munisipale regering* n.

'n Vorm van plaaslike regering wat handel met sake wat aan munisipaliteite gedelegeer word en tot die munisipaliteit se jurisdiksie beperk is.

municipality n.

A city, town or district having delegated powers of self-government within the limits of its jurisdiction; also its governing institution.

• *munisipaliteit* n.

'n Stad, dorp of distrik wat binne die perke van sy regsgebied 'n gedelegeerde bevoegdheid van selfregering het, asook sy regeringsinstelling.

municipal law → **domestic law**

municipal manager n.

The chief executive officer of a municipality.

• *munisipale bestuurder* n.

Die hoof- uitvoerende beampte van 'n munisipaliteit.

municipal trading services n. (trading services).

Services provided by a local government on a profitable basis, such as a municipal market and the sale of water, gas and electricity.

• *munisipale handelsdienste* n. (handelsdienste).

Dienste wat deur 'n plaaslike regering vir wins gelewer word, soos 'n munisipale mark en die verkoop van water, gas en elektrisiteit.

mutiny n.

A revolt by personnel of units, vessels and aircraft against constituted authority, especially against the legal commanding officer.

• *muitery* n.

'n Opstand deur personeel van eenhede, vaartuie en vliegtuie teen gekonstitueerde gesag, veral teen die wettige bevelvoerder.

mutual defence pact n. <see also collective security; collective defence>.

An agreement between two or more states aimed at establishing collective security.

• *onderlingeverdedigingsverdrag* n. <kyk ook kollektiewe veiligheid; kollektiewe verdediging>.

'n Ooreenkoms tussen twee of meer state met die doel om kollektiewe veiligheid te vestig.

mutual veto n.

The right of any party or participant to obstruct a cast of votes, even if a majority is obtained for the motion in question.

• *onderlinge veto* n. (wedersydse veto).

Die reg van enige party of deelnemer om 'n stemming te dwarsboom, selfs al word 'n meederheid vir die betrokke mosie verkry.

mythologise v.

To create a myth, eg concerning the founding of a political ideology or foundation of a nation, mainly to legitimate the ideology itself or the party that it serves.

• *mitologiseer* v. (vermitologiseer).

Om 'n mite te skep, bv met betrekking tot die stigting van 'n politieke ideologie of die grondlegging van 'n nasie, hoofsaaklik om die ideologie self of die party wat dit dien te legitimeer.

Nn

NAM → Nonaligned Movement

nanny state n.
A state that interferes excessively in the private behaviour of its citizens, eg providing welfare benefits but prescribing in detail the conditions that have to be met to qualify for such assistance.
+ ***oppasserstaat*** n.
'n Staat wat oormatig in die private gedrag van sy burgers inmeng, bv deur welsynsvoordele te voorsien maar in detail die voorwaardes voor te skryf waaraan voldoen moet word om vir sodanige bystand te kwalifiseer.

natality → **birth rate**

nation n.
A group of people who share a common heritage, such as a common genealogy and/or a common territory, and regard themselves as a political community, usually striving for some form of political self-determination preferably in an own independent state. When only denoting a culturally homogeneous group of people, eg the Zulu, the preferred term is a people.
+ ***nasie*** n.
'n Groep mense wat 'n gemeenskaplike erfenis deel, soos 'n genealogie en/of gebied, hulle as 'n politieke gemeenskap beskou, gewoonlik strewe na 'n vorm van selfbeskikking — verkieslik in 'n eie onafhanklike staat. Wanneer bloot 'n kultureel homogene groep mense beskryf word, bv die Zoeloes, is die voorkeurterm 'n volk.

national assembly n.
1. A legislative assembly in which public issues are debated and laws passed. 2. Alternative term for the legislature in some states or constituent units of a state, or the lower house of a bicameral parliament, eg France.
+ ***nasionale vergadering*** n.
1. 'n Wetgewende vergadering waar openbare kwessies gedebatteer word en wetsontwerpe aangeneem word. 2. 'n Alternatiewe term vir die wetgewer in sommige state of samestellende eenhede van 'n staat, of die laerhuis van 'n tweekamerparlement, bv Frankryk.

national coat of arms n.
A heraldic design which has been accepted as a symbolic representation of the nation.
+ ***nasionale ampswapen*** n.
'n Heraldiese ontwerp wat as 'n simboliese voorstelling van die nasie aanvaar word.

National Council of Provinces n. (NCOP).
The second chamber of the Parliament of South Africa that represents the interests of the nine provinces.
+ ***Nasionale Raad van Provinsies*** n. (NRVP).
Die tweede kamer van die parlement van Suid-Afrika wat die belange van die nege provinsies verteenwoordig.

national defence n.
Defence of the state against external or internal threats.
+ ***nasionale verdediging*** n. (landsverdediging).
Verdediging van die staat teen bedreigings van buite of van binne.

national election n. <see also by-election; general election>.
A regularly scheduled process in which enfranchised voters of a state elect office holders such as representatives and judges.
+ ***nasionale verkiesing*** n. <kyk ook algemene verkiesing; tussenverkiesing>.
'n Gereelde vasgestelde proses waar stemgeregtigde kiesers van 'n staat ampsbekleërs soos verteenwoordigers en regters verkies.

national emblem n.
A visible representation that a state has adopted as symbol, eg in South Africa the national plant is the king protea and the national bird the blue crane.
+ ***nasionale embleem*** n.
'n Sigbare voorstelling wat 'n staat as simbool aanvaar het, bv in Suid-Afrika is die nasionale blom die koningsprotea en die nasionale voël die bloukraanvoël.

national frontier n. <see also frontier>.
An area facing the border between a state and another state, or an unsettled region at the edge of that state. In American history the western edge of the USA where white settlers clashed with indigenous tribes formed part of the national frontier.
+ ***nasionale grensgebied*** n. <kyk ook grensgebied>.
'n Gebied teenoor die grens van 'n staat met 'n ander staat of 'n onbestendige streek aan die rand van daardie staat. In die Amerikaanse geskiedenis het die westelike rand van die VSA waar blanke setlaars met inheemse stamme gebots het, deel van die nasionale grensgebied uitgemaak.

national grant n.
The central funding by the state for a project, or as support to a province or local government authority.
+ ***nasionale toelaag*** n.
Die sentrale befondsing deur die staat vir 'n projek, of as steun aan 'n provinsie of plaaslike regeringsowerheid.

National House of Traditional Leaders n. <see also House of Traditional Leaders> (NHTL).
Since 1998 the name given to the National Council of Traditional Leaders. The NHTL consists of members elected from eight provincial houses of traditional leaders, to excercise certain powers within traditional, normally rural, communities, for the preservation of the customs, language and culture of traditional indigenous African peoples.

Nasionale Huis van Tradisionele Leiers n.
 delyk ook Huis van Tradisionele Leiers>
(NHTI).
Sedert 1998 die naam wat gegee word aan die
Nasionale Raad van Tradisionele Leiers. Die NHTL
bestaan uit lede wat uit agt provinsiale huise van
tradisionele leiers verkies word, om bepaalde magte
in tradisionele, gewoonlik plaaslike, gemeenskappe
uit te oefen, vir die bewaring van die gewoontes,
taal en kultuur van tradisionele inheemse
Afrikavolke.

national income n.
The monetary representation of the total goods and
services produced by the economic activities in a
state, eg gross domestic product.
* **nasionale inkomste** n.
Die monetêre waarde van die totale goedere en
dienste wat deur die ekonomiese aktiwiteite in 'n
staat geproduseer word, bv bruto nasionale produk.

national interest n. (in the national interest).
That which is perceived to be beneficial to the
protection of vital national values.
* **nasionale belang** n. (in nasionale belang,
landsbelang).
Dit wat as bevorderlik vir die beskerming van
deurslaggewende nasionale waardes gesien word.

nationalise v.
To bring under ownership or control of the state, eg
land or industries.
* **nasionaliseer** v.
Om onder die staat se eiendomsreg of beheer te
plaas, bv grond of nywerhede.

nationalism n.
A political ideology and related behaviour that takes
the nation to be the central principle of politics and
society.
* **nasionalisme** n.
'n Politieke ideologie en verwante gedrag wat die
nasie as die sentrale beginsel van die politiek en
samelewing aanvaar.

nationality n.
The status of belonging to a particular state by
origin, birth or naturalisation.
* **nasionaliteit** n.
Die status om weens herkoms, geboorte of
naturalisasie aan 'n bepaalde staat te behoort.

national reconciliation n.
The identification and support of measures and
structures that will promote peace and build trust,
and the facilitation of interaction among former
adversaries in the aftermath of an internal conflict.
* **nasionale versoening** n.
Die identifisering en ondersteuning van maatreëls
en strukture wat vrede sal bevorder en vertroue sal
bou, en die vergemakliking van wisselwerking
tussen voormalige teenstanders in die nasleep van
'n interne konflik.

national salute n.
As a display of honour a ceremony where a guard
of honour presents arms while a military band plays
the national anthem.

* **nasionale saluut** n.
As 'n eerbetoon 'n seremonie waar 'n erewag
wapens presenteer terwyl 'n militêre orkes die
nasionale lied speel.

national security n.
A set of national and international political
conditions favourable to the protection or extension
of vital national values against existing and
potential adversaries. These values are the most
fundamental principles on which the political, social
and physical existence of the state is based.
* **nasionale veiligheid** n.
'n Stel nasionale en internasionale politieke
omstandighede wat gunstig is vir die beskerming en
uitbreiding van deurslaggewende nasionale waardes
teen bestaande en potensiële teenstanders. Hierdie
waardes is die mees fundamentele beginsels waarop
die politieke, sosiale en fisieke bestaan van die staat
gegrond is.

National Socialism n. (Nazism).
A political ideology, advanced by Adolf Hitler circa
1922–1945, that is characterised by state
totalitarianism, the primacy of the German people,
genocidal anti-Semitism, expansionist racism and
state terror.
* **Nasionaal-Sosialisme** n. (Nazisme).
'n Politieke ideologie wat circa 1922–1945 deur
Adolf Hitler voorgestaan is en wat deur
staatstotalitarisme, die voorrang van die Duitse
volk, anti-Semitisme tot die punt van volksmoord,
ekspansionistiese rassisme en staatsterreur
gekenmerk word.

nation-building n.
A process of national integration in a deeply
divided society through which different cultures and
socials groups are joined in a single territorial unit;
the establishment of a national identity and loyalty
to a state, eg as in India or South Africa.
* **nasiebou** n.
'n Proses van nasionale integrasie in 'n diep
verdeelde samelewing waardeur verskillende kulture
en sosiale groepe in 'n enkele territoriale eenheid
saamgevoeg word; die vestiging van 'n nasionale
identiteit en lojaliteit aan 'n staat, soos in Indië of
Suid-Afrika.

nation-state n.
A state in which the overwhelming majority of the
population have a historically developed and shared
identity which generally include attributes like a
common ancestry, language, religion and culture;
such as Japan and Botswana. In these states
nationhood and citizenship tend to coincide.
* **nasiestaat** n.
'n Staat waarin die oorweldigende meerderheid van
die bevolking 'n histories ontwikkelde en gedeelde
identiteit het wat oor die algemeen eienskappe
insluit soos 'n gemeenskaplike afkoms, taal, religie
en kultuur; soos Japan en Botswana. In hierdie state
neig nasieskap en burgerskap om saam te val.

natural borders n.
The boundaries of a state as determined by nature,
such as a river or a mountain range.

+ *natuurlike grense* n.
Die grenslyne van 'n staat soos dit deur die natuur bepaal word, soos 'n rivier of bergreeks.

naturalisation n.
The action by which an immigrant attains citizenship of an adopted state in contrast to obtaining citizenship by birth.
+ *naturalisasie* n. (naturalisering).
Die handeling waardeur 'n immigrant burgerskap van 'n aangenome staat verkry, in teenstelling met die verkryging van burgerskap deur geboorte.

natural law n.
A moral system to which human laws should conform and which lays down universal norms of conduct.
+ *natuurreg* n.
'n Morele stelsel waaraan menslike wette behoort te voldoen en wat universele gedragsnorme voorskryf.

natural monopoly n.
An enterprise which by its nature does not have competitors, such as water, sewerage or electricity supply.
+ *natuurlike monopolie* n.
'n Onderneming wat vanweë sy aard nie mededingers het nie, soos water-, riool- of elektrisiteitsvoorsiening.

Nazism → **National Socialism**

NCOP → **National Council of Provinces**

necklace n.
The execution of a person without due process of law by putting a tyre around his/her neck and setting it alight; this practice took place in the violent black freedom struggle uprisings during the 1980s in South Africa.
+ *halssnoer* n.
Die teregstelling van 'n persoon sonder 'n behoorlike regsproses deur 'n buiteband om sy/haar nek te plaas en dit aan die brand te steek; die praktyk het gedurende die gewelddadige swart bevrydingstryd in die 1980's in Suid-Afrika plaasgevind.

negative rights n. <see also positive rights>.
The rights of a citizen vis à vis a state that are negatively defined, such as the right to free association, meaning that the state may not interfere with one's right to form friendships or organisations.
+ *negatiewe regte* n. <kyk ook positiewe regte>.
Die regte van 'n burger teenoor 'n staat wat negatief gedefinieer word, soos die reg tot vrye assosiasie, wat beteken dat die staat nie in 'n mens se reg om vriendskappe of instellings te vorm mag inmeng nie.

negotiated transition n.
Reaching an agreement between the parties involved on the terms of for example a change from one form of regime to another, such as the democratisation process in South Africa.
+ *onderhandelde oorgang* n.
Bereiking van 'n ooreenkoms tussen die betrokke partye oor die voorwaardes vir byvoorbeeld 'n verandering van een owerheidsvorm na 'n ander

een, soos die demokratiseringsproses in Suid-Afrika.

negotiation n.
The act or process of conferring with others in order to come to terms or reach an agreement, often through compromise.
+ *onderhandeling* n.
Die handeling of proses van beraadslaging met andere ten einde 'n vergelyk te tref of 'n ooreenkoms te bereik, dikwels deur kompromie.

negritude n.
A philosophy relating to pride in the origin, values and culture of black people, especially African black people.
+ *negritude* n.
'n Filosofie met betrekking tot trots op die oorsprong, waardes en kultuur van swart mense, veral Afrika-swartmense.

Neodemocracy → **New Democracy**

NEPAD → **New Partnership for Africa's Development**

N

nepotism n.
Favouritism shown to a relative or close friend by someone with power, eg by appointment to an office not otherwise merited.
+ *nepotisme* n.
Begunstiging van 'n familielid of 'n hegte vriend/vriendin deur iemand met mag, bv deur aanstelling tot 'n amp wat nie andersins verdien word nie.

neutralism n.
A political stance of noninvolvement and nonalignment with competing states.
+ *neutralisme* n.
'n Politieke houding van onbetrokkenheid en onverbondenheid met mededingende state.

neutrality n.
The legal rights and duties of states refusing to take sides during armed conflicts.
+ *neutraliteit* n.
Die wetlike regte en pligte van state wat weier om kant te kies tydens gewapende konflikte.

neutral state n.
A state officially practising a policy of neutrality, eg Switzerland.
+ *neutrale staat* n.
'n Staat wat 'n amptelike beleid van neutraliteit handhaaf, bv Switserland.

New Deal n.
The policy followed by President Franklin Roosevelt from 1933 onwards to revive the USA economy. It consisted mostly of a Keynesian economic style of governmental intervention in the economy, such as deficit financing of the federal budget and public works projects.
+ *Nuwe Bestel* n. (New Deal).
Die beleid wat deur President Franklin Roosevelt van 1933 af gevolg is om die VSA-ekonomie te laat herleef. Dit het meestal uit 'n Keynesiaanse styl van regeringsinmenging in die ekonomie bestaan, soos tekortfinansiering van die federale begroting en openbare werkeprojekte.

New Democracy n. (New Democratic Revolution, Neodemocracy).
In Maoism, a stage of development towards an ideal communist society. The theory eliminates the class struggle as espoused by traditional Marxism.
+ **Nuwe Demokrasie** n. (Nuwe Demokratiese Rewolusie, Neodemokrasie).
In Maoïsme, 'n stadium in die ontwikkeling na 'n ideale kommunistiese samelewing. Die teorie doen weg met die klassestryd soos dit deur die tradisionele Marxisme voorgestaan word.

New Democracy n.
The name of several political parties, usually unrelated to Maoism.
+ **Nuwe Demokrasie** n.
Die naam van verskeie politieke partye, gewoonlik nie aan Maoïsme verwant nie.

New Democratic Revolution → New Democracy

N

newly industrialised country n. (NIC, newly industrialised state).
A state that has experienced rapid economic growth through outward looking macro-economic policies, eg Brazil, Singapore, South Korea and Taiwan in the second half of the twentieth century.
+ **nuut geïndustrialiseerde staat** n. (NGS).
'n Staat wat vinnige ekonomiese groei ervaar deur 'n uitwaartse makro-ekonomiese beleid te volg, bv Brasilië, Singapoer, Suid-Korea en Taiwan in die tweede helfte van die twintigste eeu.

newly industrialised state → newly industrialised country

New Partnership for Africa's Development n. (NEPAD).
Vision and programme of action for the development of the African continent; initiated by the former South African president, Thabo Mbeki.
+ **Nuwe Vennootskap vir Afrika se Ontwikkeling** n. (NUVAO).
Visie en aksieprogram vir die ontwikkeling van die Afrikavasteland; deur die voormalige Suid-Afrikaanse president, Thabo Mbeki, van stapel gestuur.

New Soviet man n. <also referred to as Soviet man; Russian: Novyi Sovetskii chelovek>.
The ideal man/woman allegedly produced by the Soviet system: a devoted adherent of Marxism-Leninism, without nationalist sentiments, selfless, intelligent and disciplined.
+ **Nuwe Sowjetmens** n. <ook na verwys as Sowjetmens; Russies: Novyi Sovetskii chelovek>.
Die ideale man/vrou wat na bewering deur die Sowjetstelsel voortgebring word: 'n toegewyde aanhanger van Marxisme-Leninisme, sonder nasionalistiese sentiment, onbaatsugtig, intelligent en gedissiplineerd.

newspeak n.
Political correct but ambiguous phrases used by a government to ensure submissiveness of citizens. In his work '1984', George Orwell described this phenomenon for the first time.

+ **nuwe koeterwaals** n.
Politiekkorrekte maar dubbelsinnige frases wat 'n owerheid gebruik om onderdanigheid by burgers te verseker. In sy werk '1984' het George Orwell hierdie verskynsel die eerste keer beskryf.

NGO → nongovernmental organisation

NHTL → National House of Traditional Leaders

NIC → newly industrialised country

night-watchman state n.
In the libertarian theory of politics, a state which has an exclusive and limited protective function, ie it only guards its international borders, maintains law and order and defends the value of the currency.
+ **nagwagstaat** n.
In die libertynse politieke teorie, 'n staat wat 'n eksklusiewe en beperkte beskermingsfunksie het, dws dit bewaak slegs sy internasionale grense, handhaaf wet en orde en verdedig die waarde van sy geldeenheid.

no-fly zone n.
A defined airspace in which flights by aircraft are not allowed, eg when flights of a specified power or powers are not permitted over a specified area by the opposing power(s) in a conflict. Unauthorised aircraft flying in this airspace will normally be forced or shot down.
+ **vliegspergebied** n.
'n Omskrewe lugruim waarin vlugte deur vliegtuie nie toegelaat word nie, bv wanneer vlugte van 'n bepaalde moondheid of moondhede deur die opponerende moondheid of moondhede in 'n konflik, oor 'n bepaalde gebied verbied word. Ongemagtigde vliegtuie wat in hierdie lugruim vlieg, sal normaalweg neergedwing of neergeskiet word.

no-go area n.
An area that is controlled by criminals or insurgents and bars normal movement to the extent that the police or armed forces can only enter it by force.
+ **wegblygebied** n. (moeilikheidsoekgebied).
'n Gebied wat deur misdadigers of insurgente beheer word en normale beweging in so 'n mate versper dat die polisie of gewapende magte dit slegs met geweld kan binnegaan.

no man's land n.
1. An area of ground between two opposing military forces which is not physically occupied by either but which both will endeavour to dominate by means of patrols and other operations. 2. Land belonging to nobody.
+ **niemandsland** n.
1. 'n Stuk grond tussen twee opponerende militêre magte wat nie fisies deur enige van die twee beset word nie maar wat albei probeer domineer deur middel van patrollies en ander operasies. 2. Land wat aan niemand behoort nie.

nomenklatura n.
A system of party-vetted privileged appointments in the public service of the Soviet Union.

* *nomenklatura* n.
'n Stelsel van party-goedgekeurde bevoorregte aanstellings in die openbare diens van die Sowjetunie.

nominal constitution n.
A constitution which is ignored in practice.
* *nominale grondwet* n. (nominale konstitusie).
'n Grondwet wat in die praktyk geïgnoreer word.

nominal head of state n. <see also actual head of state; ceremonial head of state; constitutional head of state; constitutional monarch>.
A person at the helm of a state, symbolising the identity of the state and constitutionally entrusted with limited powers, including ceremonial duties, eg the British monarch and the German federal president.
* *nominale staatshoof* n. <kyk ook grondwetlike monarg; konstitusionele staatshoof; seremoniële staatshoof; werklike staatshoof>.
'n Persoon aan die hoof van 'n staat wat die identiteit van die staat simboliseer en grondwetlik met beperkte bevoegdheid beklee word, met insluiting van seremoniële pligte, bv die Britse monarg en die Duitse federale president.

nomination n.
Proposing a person as a candidate for an office.
* *nominasie* n. (nominering).
Benoeming van 'n persoon as 'n kandidaat vir 'n amp.

nomocracy n.
The rigid exercise of political power according to laws.
* *nomokrasie* n.
Die onbuigsame uitoefening van politieke mag volgens wette.

nonagression pact n.
A formal agreement between states not to attack each other or support hostile acts by other states or organisations against the signatory states.
* *nieaanvalsverdrag* n.
'n Formele ooreenkoms tussen state om mekaar nie aan te val nie of vyandige handelinge deur ander state of organisasies teen die ondertekenende state te ondersteun nie.

nonaligned adj.
Not siding with or participating in military, ideological and diplomatic alliances between rival international power blocs.
* *onverbonde* adj.
Nie kant kies vir/teen of deelneem aan militêre, ideologiese en diplomatieke alliansies tussen mededingende internasionale magsblokke nie.

Nonaligned Movement n. (NAM).
A group of states entertaining a policy of neutrality towards the great powers. The movement originated during the Cold War at a conference of Afro-Asian states in Bandung, Indonesia, in 1955.
* *Beweging van Onverbonde Lande* n. (BOL).
'n Groep state wat 'n beleid van neutraliteit teenoor die groot moondhede handhaaf. Die beweging het tydens die Koue Oorlog by 'n konferensie van Afro-Asiatiese state in 1955 in Bandoeng, Indonesië, ontstaan.

nonassociational interest group n. <see also anomic interest group; associational interest group; institutional interest group; interest group>.
An interest group distinguished by its intermittent articulation of interests and absence of a continuous organisational structure, eg kinship, class or economic factions, in a society that lobby their interests on an ad hoc basis.
* *nieassosiatiewe belangegroep* n. <kyk ook anomiese belangegroep; assosiatiewe belangegroep; belangegroep; institusionele belangegroep>.
'n Belangegroep gekenmerk deur die onderbroke artikulering van belange en die afwesigheid van 'n aaneenlopende organisatoriese struktuur, bv verwantskap-, klasse- of ekonomiese faksies in 'n samelewing wat hulle belange op 'n ad hoc-grondslag bevorder.

nonbelligerent adj.
The status of a state that does not participate in hostilities.
* *nie-oorlogvoerend* adj.
Die status van 'n staat wat nie aan vyandelikhede deelneem nie.

noncitizen n. <see also stateless person>.
A person who is not a national of a particular state and therefore does not enjoy the rights of citizenship of that state.
* *nieburger* n. <kyk ook staatlose persoon>.
'n Persoon wat nie 'n burger van 'n bepaalde staat is nie en gevolglik nie die burgerskapregte van daardie staat geniet nie.

noncombatant n.
1. A civilian in time of war. 2. A member or unit of the armed forces whose duties do not include fighting, such as a chaplain or surgeon.
* *nievegtende* n.
1. 'n Burgerlike in oorlogstyd. 2. 'n Lid of eenheid van die gewapende magte wie se pligte nie veg insluit nie, soos 'n kapelaan of sjirurg.

nongovernmental organisation n. (NGO).
An institution that delivers a public service using private funding.
* *nieregeringsorganisasie* n. (NRO).
'n Instelling wat 'n openbare diens lewer deur die gebruik van privaat befondsing.

nonparliamentary executive
→ **extraparliamentary executive**

nonpayment culture n.
The frame of mind of a group of people not to pay for services rendered by state agencies, often associated with civil disobedience.
* *niebetaalkultuur* n.
Die ingesteldheid van 'n groep mense om nie vir dienste te betaal wat deur staatsinstellings gelewer word nie, dikwels met burgerlike ongehoorsaamheid verbind.

N

N

nonperson n.
A person who lacks, loses or is forcibly denied his/her identity, eg a Jew in World War II, or who is forcibly stripped of his/her most basic human rights.
* *niepersoon* n.
'n Persoon wat sy/haar identiteit ontbeer, verloor of deur dwang ontsê is, bv 'n Jood in die Tweede Wêreldoorlog, of wat met geweld van sy/haar mees basiese menslike regte gestroop is.

nonracial adj. <see also racialise>.
The principle that race is not a basis for making a distinction between persons.
* *nierassig* adj. <kyk ook rassifiseer>.
Die beginsel dat ras nie 'n grondslag is waarop daar tussen persone 'n onderskeid gemaak word nie.

nonrefoulement n. <French>.
The international requirement that refugees not be forced to return to their country of origin at the risk of persecution.
* *nie-uitdrywing* n.
Die internasionale vereiste dat vlugtelinge nie gedwing word om na hulle staat van oorsprong terug te keer nie as hulle die risiko van vervolging loop.

nonviolent resistance n. <see also civil disobedience; passive resistance; satyagraha>.
Refusing by all possible means except the use of violence to accept or comply with unpopular decrees issued by a government or occupying power.
* *geweldlose verset* n. <kyk ook burgerlike ongehoorsaamheid; lydelike verset; satjagraha>, (niegeweldadige verset).
Weiering op alle moontlike maniere behalwe die gebruik van geweld om ongewilde dekrete wat deur 'n regering of besettingsmoondheid uitgereik word, te aanvaar of daaraan te voldoen.

nonvoting adj.
Not entitled to vote, eg a council member that has only observer status.
* *niestemgeregtig* adj.
Nie bevoeg om te stem nie, bv 'n raadslid wat slegs waarnemerstatus het.

nonvoting adj.
Not exercising a vote that one is entitled to.
* *niestemmend* adj.
Nie 'n stem uitbring wanneer iemand daarop geregtig is nie.

note verbale n.
An official written communication in the third person between diplomatic missions.
* *verbaalnota* n.
'n Amptelike geskrewe kommunikasie in die derde persoon tussen diplomatieke missies.

NPT → nuclear nonproliferation treaty

nuclear arsenal n.
The store of nuclear weapons and equipment available to a state.
* *kernarsenaal* n.
Die voorraad kernwapens en -toerusting tot 'n staat se beskikking.

nuclear blackmail n.
Attempts to force an opponent into adopting a course of action against his will by threatening the use of nuclear weaponry.
* *kernafpersing* n.
Pogings om 'n teenstander tot 'n handelwyse te dwing wat teen sy sin is deur hom met die aanwending van kernwapentuig te dreig.

nuclear club n.
The collection of states with a nuclear capability.
* *kernklub* n.
Die versameling state wat oor 'n kernvermoë beskik.

nuclear debris n.
Pulverised earth and other fragments of matter created by eg the explosion of a nuclear device.
* *kerngemors* n.
Verpoeierde grond en ander fragmente van materie wat bv deur die ontploffing van 'n kerntoestel geskep is.

nuclear deterrent n.
Nuclear armament of a state posing a credible threat of unacceptable retaliation in case of an attack on that state and/or its allies.
* *kernafskrikmiddel* n.
Kernwapentuig van 'n staat wat 'n geloofwaardige dreigement bied van onaanvaarbare vergelding in geval van 'n aanval op daardie staat en/of sy bondgenote.

nuclear disarmament n.
The abandonment of a state's capability for nuclear warfare through that state's gradual or total reduction of its nuclear weapons.
* *kernontwapening* n.
Die wegdoen met 'n staat se vermoë tot kernoorlogvoering deur daardie staat se geleidelike of algehele vermindering van sy kernwapens.

nuclear energy n.
Energy obtained from a nuclear reaction as a result of fission or fusion.
* *kernenergie* n.
Energie wat as gevolg van splitsing of versmelting uit 'n kernreaksie verkry word.

nuclear equilibrium n.
A state or situation where the nuclear capabilities of opposing states balance each other to the extent that the situation becomes stable.
* *kernewewig* n.
'n Toestand of situasie waar die kernvermoë van opponerende state mekaar so balanseer dat die situasie stabiel word.

nuclear escalation n.
An increase in the scope or intensity of conflict that involves the use or threatened use of nuclear weapons.
* *kerneskalasie* n.
'n Toename in die bestek of intensiteit van konflik wat die gebruik of dreiging met die gebruik van kernwapens behels.

nuclear fall-out n.
Radio-active debris, thrown into the atmosphere by eg a nuclear explosion, that drifts downwind to the surface and contaminates the area where it settles.

♦ **kernneerslag** n.
Radioaktiewe gemors wat deur bv 'n kernontploffing in die atmosfeer opgewerp is en dan windaf na die oppervlak toe neersink en die area waarop dit beland, besmet.

nuclear-free adj.
Not containing nuclear weapons, installations or products.
♦ **kernvry** adj.
Wat nie kernwapens, -installasies of -produkte bevat nie.

nuclear freeze n.
An approach requiring superpowers to stop producing and testing nuclear weapons without the participants getting too bogged down in arms control negotiations.
♦ **kernbevriesing** n.
'n Benadering wat vereis dat supermoondhede ophou om kernwapens te vervaardig en te toets sonder dat die deelnemers te veel in wapenbeheeronderhandelings vasval.

nuclear munitions n.
Nuclear weapons plus their delivery systems.
♦ **kernkrygstuig** n.
Kernwapens plus hulle aflewerstelsels.

nuclear nonproliferation treaty n. (NPT).
A treaty prohibiting the signatories from transferring nuclear weapons to a nonnuclear power or assisting a nonnuclear power to develop nuclear weapons. Nuclear weapons may be deployed in the territory of a nonnuclear power provided the nuclear power retains full control of such weapons.
♦ **kernsperverdrag** n.
'n Verdrag wat die ondertekenaars verbied om kernwapens na 'n niekernmoondheid oor te dra of om 'n niekernmoondheid te help om kernwapens te ontwikkel. Kernwapens mag op die grondgebied van 'n niekernmoondheid ontplooi word mits die kernmoondheid volle beheer oor die kernwapens behou.

nuclear pacifism n.
The belief that nuclear war is a wholly unacceptable form of conflict resolution that should be avoided through diplomatic negotiation.
♦ **kernpasifisme** n.
Die oortuiging dat kernoorlog 'n geheel en al onaanvaarbare vorm van konflikresolusie is wat deur middel van diplomatieke onderhandeling vermy moet word.

nuclear parity n.
A condition at a given point in time when opposing forces possess offensive and defensive nuclear systems approximately equal in combat effectiveness.
♦ **kernpariteit** n. (kerngelykwaardigheid).
'n Toestand op 'n gegewe tydstip wanneer opponerende magte offensiewe en defensiewe kernstelsels besit wat ongeveer gelykwaardig in gevegsdoelmatigheid is.

nuclear power n.
A state possessing nuclear weapons and the

capacity for their employment.
♦ **kernmoondheid** n.
'n Staat wat kernwapens en die vermoë tot hulle aanwending besit.

nuclear proliferation n.
A rapid increase in the number of nuclear weapons and/or the number of states possessing such weapons.
♦ **kernwapenproliferasie** n. (kernwapenvermeerdering).
'n Snelle toename in die getal kernwapens en/of die state wat daaroor beskik.

nuclear state n.
1. A state possessing nuclear weapons and the capability for their deployment. 2. A state producing nuclear energy for peaceful purposes.
♦ **kernstaat** n.
1. 'n Staat wat kernwapens besit en in staat is om dit te ontplooi. 2. 'n Staat wat kernenergie vir vreedsame doeleindes produseer.

nuclear superiority n.
A degree of dominance in the field of nuclear weaponry where a potential enemy is incapable of prohibitive nuclear retaliation.
♦ **kernoormag** n.
'n Graad van oorheersing op die gebied van kernwapentuig waar 'n potensiële vyand nie tot voorkomende kernvergelding in staat is nie.

nuclear supremacy n.
A degree of dominance in the field of nuclear weaponry where a potential enemy is incapable of any effective nuclear retaliation.
♦ **kernoppermag** n.
'n Graad van oorheersing op die gebied van kernwapentuig waar 'n potensiële vyand nie tot enige effektiewe kernvergelding in staat is nie.

nuclear test ban n. (test ban).
Limitations on the testing of nuclear devices.
♦ **kerntoetsverbod** n. (toetsverbod).
Beperkings op die toets van kerntoestelle.

nuclear threshold n.
A point in the escalation of hostilities at which a state is prepared to use nuclear weapons.
♦ **kerndrumpel** n.
'n Punt in die eskalering van vyandelikhede waar 'n staat bereid is om kernwapens aan te wend.

nuclear trigger n.
An event that causes a state to resort to nuclear warfare.
♦ **kernsneller** n.
'n Gebeurtenis wat veroorsaak dat 'n staat tot kernoorlogvoering oorgaan.

nuclear war n. (thermonuclear war <less frequently used>).
War involving the employment of nuclear weapons.
♦ **kernoorlog** n.
Oorlog wat die aanwending van kernwapens behels.

nuclear waste n.
Any useless and unwanted, usually radioactive, material produced by nuclear fission or fusion.

N

N

◆ *kernafval* n.

Enige nuttelose en ongewenste materiaal wat gewoonlik radioaktief is en deur kernsplitsing of -versmelting voortgebring word.

nuclear weapon n.

An explosive device of great destructive power derived from the rapid release of energy through the fission or fusion of atomic nuclei. Nuclear bombs and other nuclear warheads used in a defensive role are all nuclear weapons.

◆ *kernwapen* n.

'n Ploftoestel met groot vernietigingskrag wat verkry word deur die snelle vrystelling van energie deur die klowing of smelting van atoomkerne. Kernbomme en ander kernplofkoppe wat in 'n defensiewe rol aangewend word, is almal kernwapens.

nuncio n.

The diplomatic representative of the Holy See in a foreign state or international organisation, with the rank of ambassador.

◆ *nuntius* n.

Die Heilige Stoel se diplomatieke verteenwoordiger in 'n vreemde staat of internasionale organisasie, met ambassadeursrang.

Nuremberg trials n.

A number of war crimes related judicial trials by Allied military tribunals after World War II; generally known for the trials of the 24 most important arrested leaders of Nazi-Germany during November 1945 to October 1946; it also includes a number of minor trials.

◆ *Neurenbergverhore* n.

'n Reeks oorlogsmisdaadverwante geregtelike verhore deur Geallieerde militêre tribunale na die Tweede Wêreldoorlog, algemeen bekend vir die verhore van die 24 vernaamste gevange leiers van Nazi-Duitsland, November 1945 tot Oktober 1946; dit sluit ook 'n aantal mindere verhore in.

Oo

oath of fealty n.
An oath of allegiance taken by a subordinate person in a feudal system to a superior person or authority.
* **feodale leeneed** n.

'n Getrouheidseed wat deur 'n ondergeskikte persoon in 'n feodale stelsel teenoor 'n hoër persoon of owerheid afgelê word.

obligatory expenditure n.
Expenditure on essential subsistence items, such as housing and food.
* **verpligte besteding** n.

Besteding aan noodsaaklike bestaansitems soos behuising en voedsel.

obstruction politics n.
Politics being conducted in a way that primarily aims at thwarting the actions of an opposing party rather than offering a positive programme of its own.
* **dwarsboompolitiek** n. (obstruksiepolitiek).

Politiek wat gevoer word op 'n wyse wat primêr daarop gemik is om 'n teenstanderparty se optrede te dwarsboom eerder as om 'n positiewe program van sy eie voor te lê.

occupation force n.
A belligerent armed force exercising authority and effective control over a land area belonging to another state.
* **besettingsmag** n.

'n Oorlogvoerende gewapende mag wat gesag en effektiewe beheer oor 'n grondgebied wat aan 'n ander staat behoort, uitoefen.

occupied territory n.
Territory under the effective control of the armed forces of a foreign state.
* **besette gebied** n.

Gebied onder die effektiewe beheer van die gewapende magte van 'n vreemde staat.

oceangoing navy n. <see also coastal navy; littoral navy; global navy>.
A navy that has sufficient strength to contest the sea in distant waters against all but the most powerful opposition but unable to attempt more than one such operation at a time.
* **diepseevloot** n. <kyk ook kusvloot; kusstrookvloot; aardbolvloot>.

'n Vloot met voldoende sterkte om die see in afgeleë waters teen almal behalwe die magtigste opposisie te betwis, maar nie in staat is om meer as een sodanige operasie tegelykertyd aan te pak nie.

ochlocracy n.
The exercise of political power by the rabble.
* **oglokrasie** n.

Die uitoefening van politieke mag deur die gepeupel.

office n.
1. A position of authority, especially in an institution. 2. A position with special duties or responsibilities.
* **amp** n.

1. 'n Gesagsposisie, veral in 'n instelling. 2. 'n Posisie met spesiale pligte of verantwoordelikhede.

office bearer n.
A person holding a position of public office.
* **ampsbekleër** n.

'n Persoon wat 'n openbare amp beklee.

officialdom n.
1. A collective term for officials or bureaucrats.
2. The behaviour of officials rigidly adhering to official regulations and procedures.
* **amptenary** n.

1. 'n Versamelnaam vir amptenare of burokrate.
2. Die gedrag van amptenare wat streng by amptelike regulasies en prosedures hou.

officialese n. (departmentalese).
Often obscure, formal language that is used in official documents.
* **amptenaarstaal** n. (departementstaal).

Dikwels obskure, formele taal wat in amptelike dokumente gebruik word.

official secret n.
Information or material belonging to a state that would cause great damage to that state or its allies if disclosed to unauthorised recipients.
* **amptelike geheim** n.

Informasie of materiaal wat aan 'n staat behoort en groot skade aan daardie staat of sy bondgenote sou berokken as dit aan ongemagtigde ontvangers oorgedra sou word.

offshore balancing n.
The employment of military capabilities by a major power in such a way that regional powers act as allies against hostile powers.
* **uitlandige balansering** n.

Die aanwending van militêre vermoëns deur 'n meerdere moondheid op so 'n wyse dat streeksmoondhede as bondgenote teen vyandige moondhede optree.

Old World n.
The eastern hemisphere, and particularly the colonial powers of Europe.
* **Ou Wêreld** n.

Die oostelike halfrond, en in besonder die koloniale moondhede van Europa.

oligarchy n.
Rule by a small number of people in their own interest.
* **oligargie** n.

Heerskappy deur 'n klein aantal mense in hulle eie belang.

oligopoly n.
A market form dominated by a limited number of producers or firms.

• oligopolie n.
'n Markwrm wat deur 'n beperkte aantal
produsente of firmas oorheers word.

ombudsman n. <from Swedish>, <see also
Public Protector>.
An official appointed to receive and investigate
complaints made by individuals against bad or
dishonest conduct eg by public institutions and
officials.
• ombudsman n. <uit Sweeds>, <kyk ook
Openbare Beskermer>.
'n Amptenaar wat aangestel is om klagtes van
individue oor slegte of oneerlike optrede deur bv
openbare instellings en amptenare te ontvang en te
ondersoek.

one-man-one vote → **one-person-one vote**

one-party dominance n. (single-party
domination).
A political system in which a single party wins
numerous successive general elections with a
substantial majority and faces a weak opposition for
a considerable period of time — usually in the
order of 25 years and longer.
• eenpartyoorheersing n.
(enkelpartyoorheersing).
'n Politieke stelsel waarin 'n enkele party verskeie
opeenvolgende verkiesings met 'n substansiële
meerderheid wen en vir 'n aansienlike tydperk teen
'n swak opposisie te staan kom — gewoonlik in die
orde van 25 jaar en langer.

one-party state n. <see also single-party state>.
A state in which a single political party
monopolises all formal political activity, and other
parties are usually not allowed to participate
effectively in political activities, eg the German
Democratic Republic, 1946–1991. Also sometimes
referred to as a party state.
• eenpartystaat n. <kyk ook enkelpartystaat>.
'n Staat waar een politieke party alle formele
politieke bedrywigheid monopoliseer, en ander
partye gewoonlik nie toegelaat word om effektief
aan politieke aktiwiteite deel te neem nie, bv die
Duitse Demokratiese Republiek, 1946–1991. Ook
soms na verwys as 'n partystaat.

one-person-one vote n. (one-man-one vote
<deprecated>).
A political dispensation in which each adult person
has the right to vote and each vote having the same
weight as that of any other person.
• een-mens-een-stem n.
'n Politieke stelsel waarin elke volwasse persoon
die reg het om te stem en waarin elke stem
dieselfde gewig dra as dié van enige ander persoon.

open-ended question n.
A question in a questionnaire that allows the
respondent to answer it without limiting him/her to
predetermined options.
• oop vraag n.
'n Vraag in 'n vraelys wat die respondent toelaat
om dit te beantwoord sonder om hom/haar tot
voorafbepaalde opsies te beperk.

open government n.
A government that is receptive to a free flow of

information and does not hide its decision-making
from public scrutiny.
• oop regering n.
'n Regering wat ontvanklik is vir 'n vrye vloei van
informasie en wat nie sy besluitneming vir
noukeurige openbare betragting verberg nie.

open society n. <see also closed society>.
A society that is free and democratic, where all are
entitled to express their opinions openly without
fear of prosecution or social exclusion. Open
societies are tolerant of personal differences, eg in
religion and sexual orientation, allow for social
mobility and are in general opposed to social
hierarchies, racial discrimination and elite
favouritism.
• oop samelewing n. <kyk ook geslote
samelewing> (ope samelewing).
'n Samelewing wat vry en demokraties is, waar
almal daarop geregtig is om hulle menings openlik,
sonder vrees vir vervolging of sosiale uitsluiting, uit
te spreek. Oop samelewings is verdraagsaam
teenoor persoonlike verskille, bv in godsdiens en
seksuele oriëntering, hou rekening met sosiale
mobiliteit en is oor die algemeen gekant teen
sosiale hiërargieë, rassediskriminasie en
elitebegunstiging.

Operation Overlord n.
Code name for the invasion of Europe in Normandy
that commenced on 6 June 1944.
• Operasie Overlord n.
Kodenaam vir die inval in Europa in Normandië
wat op 6 Junie 1944 'n aanvang geneem het.

opposition n. <the opposition>.
Party or parties in a legislature opposing the ruling
party.
• opposisie n. <die opposisie>.
Party of partye in 'n wetgewer wat die party aan
bewind opponeer.

opposition party n.
A party that is neither a governing party nor part of
a governing coalition, and who usually differs
ideologically from the government.
• opposisieparty n.
'n Party wat nie die regerende party of deel van 'n
regerende koalisie is nie, en wat gewoonlik
ideologies van die regering verskil.

order motion n. (procedural motion).
In parliamentary procedure a motion regarding the
good order of a meeting, rather than the substance
of the topic being discussed.
• ordemosie n. (prosessuele mosie).
In parlementêre prosedure 'n mosie oor die goeie
orde van 'n vergadering, eerder as die inhoud van
die onderwerp wat bespreek word.

ordinance n.
An authoritative decree, command or order.
• ordonnansie n.
'n Gesaghebbende dekreet, bevel of opdrag.

organ → **institution**

oust v.
To remove from power.

♦ uit die kussings lig v.
Van mag onthef.

oust v.
To force out of a position or place.
♦ uitsit v.
Uit 'n pos of plek dwing.

out of order adv.
Contrary to rules of procedure.
♦ buite orde adv.
Teenstrydig met prosedurereëls.

outright majority → **absolute majority**

outright majority n.
A clear majority without restrictions.
♦ klinkklare meerderheid n.
'n Duidelike meerderheid sonder beperkings.

outright victory n.
A clear victory, without any doubts or reservations.
♦ klinkklare oorwinning n.
'n Duidelike oorwinning, sonder enige twyfel of voorbehoude.

outsourcing n.
Contracting external companies or individuals to provide a service.
♦ uitbesteding n. (uitkontraktering).
Kontraktering van eksterne maatskappye of individue om 'n diens te lewer.

Oval Office n.
The office of the President of the USA in the White House, and by extension the authority of the president.
♦ Ovaalkantoor n.
Die kantoor van die president van die VSA in die Withuis, en by wyse van uitbreiding die gesag van die president.

overrepresentation n.
1. The phenomenon where a political party has more seats in a legislature than warranted by the votes it received. 2. A system in which minority segments in a consociational democracy enjoy a representation in governmental institutions larger than their actual proportion of the population warrants. 3. The result of an electoral system that leads to political parties gaining more seats in an assembly than warranted by the votes cast for those parties.
♦ oorverteenwoordiging n.
1. Die verskynsel dat 'n politieke party meer setels in 'n wetgewer het as wat geregverdig word deur die stemme wat hy verwerf het. 2. 'n Stelsel waarin minderheidsegmente in 'n konsosiatiewe demokrasie verteenwoordiging in regeringsinstellings geniet wat groter is as wat hulle werklike aandeel in die bevolking regverdig. 3. Die resultaat van 'n kiesstelsel wat daartoe lei dat politieke partye meer setels verower in 'n wetgewer as wat die getal stemme wat behaal is, regverdig.

Overseas Contingency Operation n. <see also long war>.
The Obama government's term for the USA government's commitment to combat terrorism.
♦ Oorsese Gebeurlikheidsoperasie n. <kyk ook lang oorlog>.
Die Obama-regering se term vir die VSA-regering se verbintenis om terrorisme te bekamp.

oversight n.
The action by which a committee or similar institution oversees the activities of a given government function, eg foreign affairs.
♦ toesig n.
Die handeling waardeur 'n komitee of soortgelyke instelling oor die aktiwiteite van 'n gegewe regeringsfunksie toesig hou, bv buitelandse sake.

overt adj.
Open, with no concealment.
♦ oop adj. (openlik, overt).
Waarneembaar, met niks weggesteek nie.

overvote v.
Casting more than the required number of votes.
♦ botallig stem v.
Meer as die vereiste getal stemme uitbring.

O

Pp

pacification n.
Restoring peace or order, often by force.
* **pasifikasie** n.
Die herstel van vrede of orde, dikwels dmv dwang.

Pacific Security Treaty → ANZUS Treaty

pacifism n.
The belief that war and violence are morally unjustifiable and that international disputes can be settled by peaceful means.
* **pasifisme** n.
Die oortuiging dat oorlog en geweld nie moreel regverdigbaar is nie en dat internasionale geskille deur middel van vreedsame metodes opgelos kan word.

pacifist n.
Someone who rejects war and violence in favour of peaceful methods to settle disputes.
* **pasifis** n.
Iemand wat oorlog en geweld verwerp ten gunste van vreedsame metodes om geskille op te los.

package deal n.
The practice in politics according to which a number of issues are settled as a whole.
* **pakkettransaksie** n.
Die praktyk in die politiek waarvolgens 'n aantal strydpunte as 'n geheel geskik word.

pacta sunt servanda n. <sometimes pacta servanda sunt; see also rebus sic stantibus>.
The principle that agreements are to be observed in international law.
* **pacta sunt servanda** n. <soms pacta servanda sunt; kyk ook rebus sic stantibus>.
Die beginsel dat ooreenkomste in die internasionale reg nagekom moet word.

Pact Government n.
In South Africa, the coalition government of the National Party of Prime Minister JBM Hertzog and the Labour Party, 1924–1933.
* **Paktregering** n.
In Suid-Afrika, die koalisieregering van die Nasionale Party van Eerste Minister JBM Hertzog en die Arbeidersparty, 1924–1933.

palace revolution n.
The overthrow of a head of state or government by persons in the inner circles of power, usually with little violence.
* **paleisrewolusie** n. (paleisrevolusie).
Die omverwerping van 'n staatshoof of regering deur persone in die binneste magskringe, gewoonlik met min geweld.

Pan-Africanism n.
The doctrine that teaches that all African states should form a political union.
* **Pan-Afrikanisme** n.
Die leerstelling dat alle Afrikastate 'n politieke unie moet vorm.

Pan-Arabism n.
The doctrine that teaches that all Arab states should form a single Arabic union.
* **Pan-Arabisme** n.
Die leerstelling dat alle Arabiese state 'n enkele Arabiese unie behoort te vorm.

pancasila democracy n.
Harmony democracy — the five priciples of state ideology in Indonesia under Suharto.
* **pantjasila-demokrasie** n.
Harmoniedemokrasie — die vyf beginsels van staatsideologie in Indonesië onder Suharto.

pan-germanism n.
The doctrine that teaches that all German-speaking people should unite in a single state or confederation.
* **pangermanisme** n.
Die leerstelling dat alle Duitssprekende mense in 'n enkele staat of konfederasie behoort te verenig.

pan-slavism n.
The doctrine teaching that all Slavic people should unite in a single Slavic state or confederation.
* **panslawisme** n.
Die leerstelling dat alle Slawiese mense in 'n enkele Slawiese staat of konfederasie behoort te verenig.

paradigm n.
An intellectual framework comprising interrelated values, theories and assumptions in terms of which a normal discipline is conducted, such as politics or public administration.
* **paradigma** n.
'n Intellektuele raamwerk bestaande uit onderling verbonde waardes, teorieë en aannames in terme waarvan 'n normale dissipline bedryf word, soos politiek en publieke administrasie.

paradigm shift n.
The process by which an existing paradigm is exchanged for a new, radical and different way in which business, politics or a scientific discipline is conducted. This leads to a new paradigm developing and being accepted.
* **paradigmaskuif** n.
Die proses waarvolgens 'n bestaande paradigma verruil word vir 'n nuwe, radikale en verskillende wyse waarop sake, politiek of 'n wetenskaplike dissipline bedryf word. Dit lei tot 'n nuwe paradigma wat ontwikkel en aanvaar word.

paradiplomacy n.
Relations conducted between sublevels of two or more sovereign states (such as regional or local governments), or with institutions not internationally recognised, in order to further political, cultural, commercial and other interests. The modern practice of city twinning is an example of paradiplomacy.

♦ *paradiplomasie* n.
Betrekkinge wat tussen subvlakke van twee of meer soewereine state (soos streeks- of plaaslike regerings), of met instellings wat nie internasionaal erken word nie, gevoer word ten einde politieke, kulturele, handels- en ander belange te bevorder. Die moderne praktyk van stadsaamkoppeling is 'n voorbeeld van paradiplomasie.

paradox of plenty → resource curse

paramilitary force n.
A force that is distinct from the regular armed forces of a state but resembles them in organisation, equipment, training or mission.
♦ *paramilitêre mag* n.
'n Mag wat van die gereelde weermag van 'n staat onderskei word, maar wie se organsisasie, toerusting, opleiding of taak 'n ooreenkoms daarmee toon.

parastatal n. (parastatal institution).
An organisation founded by the government of a state to fulfil purposes outside the usual state or governmental functions. The institution is usually under the effective political control of the executive. Examples are broadcasting authorities, port authorities and research institutions.
♦ *parastatale instelling* n.
'n Organisasie wat deur die regering van 'n staat gestig word om doelstellings buite die gewone funksies van 'n regering of staat te verwesenlik. Die instelling is gewoonlik onder die effektiewe politieke beheer van die uitvoerende gesag. Voorbeelde is uitsaai-owerhede, haweowerhede en navorsingsinstellings.

parastatal institution → parastatal

parentela group n. <first compounding element Italian>.
A networked group related by bloodline.
♦ *verwantskapsgroep* n. (parentelagroep <eerste samestellende element Italiaans>).
'n Netwerkgroep wat deur bloedlyn verwant is.

pariah state n.
A state shunned by the international community, usually because of disapproval of its conduct.
♦ *muishondstaat* n. (pariastaat, verstote staat).
'n Staat wat deur die internasionale gemeenskap verstoot word, gewoonlik weens 'n afkeur van sy optrede.

parliament n.
The assembly of the political representatives of an electorate having legislative powers and providing a forum for debating matters affecting the people.
♦ *parlement* n.
Die vergadering van politieke verteenwoordigers van 'n kieserskorps wat wetgewende bevoegdheid het en 'n forum bied om debat te voer oor aangeleenthede wat die bevolking raak.

parliament adjourns v. <see also prorogation> (parliament rises).
The event when parliament goes into recess or is dissolved with the aim of holding elections.

♦ *parlement gaan uiteen* v. <kyk ook prorogering>.
Die gebeurtenis wanneer die parlement in reses gaan of ontbind word met die doel om 'n verkiesing te hou.

parliamentary committee n.
A committee consisting of members of parliament, appointed to deal with specific matters assigned to it and to report back to parliament.
♦ *parlementêre komitee* n. (parlementskomitee).
'n Komitee van parlementslede wat aangestel is om bepaalde sake wat aan hom opgedra is te behandel en aan die parlement verslag te doen.

parliamentary executive n. (parliamentary system of government <often shortened to parliamentary system>, parliamentary system of the executive).
A form of government in which members of the executive are members of parliament and hold their office for as long as they enjoy the confidence of the legislature.
♦ *parlementêre uitvoerende gesag* n. (parlementêre stelsel van uitvoerende gesag).
'n Regeringsvorm waarin lede van die uitvoerende gesag lede van die parlement is en hulle ampte behou solank as wat hulle die vertroue van die wetgewer behou.

parliamentary oversight committee n.
A group of members of parliament appointed to handle or supervise a specific issue.
♦ *parlementêre toesigkomitee* n.
'n Groep parlementslede wat aangestel is om 'n bepaalde kwessie te hanteer of daaroor toesig te hou.

parliamentary private secretary n. (PPS).
A backbencher in the British parliament who assists a minister.
♦ *parlementêre privaatsekretaris* n. (PPS).
'n Agterbanker in die Britse parlement wat 'n minister bystaan.

parliamentary privilege n.
Wide freedom of speech in parliament in which members are not subject to normal civil or criminal proceedings, but are bound by parliamentary rules of debate.
♦ *parlementêre privilegie* n.
Ruim spraakvryheid in die parlement waar lede nie aan die gewone privaatregtelike of kriminele vervolging onderworpe is nie, maar deur parlementêre debatsreëls gebind word.

parliamentary select committee n.
Members of Parliament representing the various political parties, appointed to evaluate the work of a ministry or investigate a particular issue, eg a bill.
♦ *parlementêre gekose komitee* n.
Parlementslede wat die onderskeie politieke partye verteenwoordig, aangestel om die werk van 'n ministerie te evalueer of 'n bepaalde vraagstuk te ondersoek, bv 'n wetsontwerp.

parliamentary session n.
The period during which a parliament meets to conduct its business.

P

P

* **parlementêre sessie** n.
Die tydperk woortydens 'n parlement vergader om sy sake te verrig.

parliamentary sovereignty n. (sovereignty of parliament).
The doctrine that holds that parliament is the final legislative authority in a state, and therefore not subject to institutions such as a monarch, constitution or constitutional court. The UK is a prime example.
* **parlementêre soewereiniteit** n.
Die leerstelling en praktyk dat die parlement die finale wetgewende gesag in 'n staat is en dus nie aan instellings soos die monarg, die grondwet of 'n grondwetlike hof onderhorig is nie. Die VK is 'n eersteklas voorbeeld.

parliamentary speech n.
A speech delivered by a member of parliament or specially invited person to the assembled members.
* **parlementêre toespraak** n.
'n Toespraak wat deur 'n parlementslid of spesiaal genooide persoon aan 'n vergadering van die lede gelewer word.

parliamentary study group n.
A group of members of parliament appointed to study a particular matter and make recommendations to parliament.
* **parlementêre studiegroep** n.
'n Groep parlementslede wat aangestel is om 'n bepaalde aangeleentheid te bestudeer en aanbevelings aan die parlement te doen.

parliamentary system of government
→ **parliamentary executive**

parliamentary system of the executive
→ **parliamentary executive**

parliament in recess n. <see also parliament stands prorogued>.
A period of time during which parliament is not in session, eg when members are on leave or attending to constituency affairs.
* **parlement in reses** n. <kyk ook parlement is geprorogeer>.
'n Tydperk waarin die parlement nie in sitting is nie, bv wanneer lede met verlof is of aandag aan kiesafdelingswerk gee.

parliament in session n.
A period of time during which parliament meets, debates issues and passes laws.
* **parlement in sitting** n. (parlement in sessie).
'n Tydperk waarin die parlement bymekaarkom, vraagstukke debatteer en wetgewing aanvaar.

parliament rises → **parliament adjourns**

parliament stands prorogued v. <see also parliament in recess>.
The action by which a legislature is dissolved and consequently a new parliament is elected.
* **parlement is geprorogeer** v. <kyk ook parlement in reses>.
Die handeling waardeur 'n wetgewer ontbind word en 'n nuwe parlement gevolglik verkies word.

parochial political culture n.
A political culture which is mostly concerned with local issues. Moreover, individuals have a low expectation of government and are generally not participating in politics; they are on the fringe of political issues and the central political system.
* **parogiale politieke kultuur** n.
'n Politieke kultuur wat meestal begaan is oor plaaslike vraagstukke. Daarbenewens het individue lae verwagtings van die regering en neem hulle oor die algemeen nie aan die politiek deel nie; hulle is op die rand van politieke strydpunte en die politieke stelsel.

part appropriation budget n.
A provisional budget that funds government programmes until the main annual budget is approved.
* **gedeeltelike begroting** n.
'n Voorlopige begroting wat regeringsprogramme befonds totdat die jaarlikse hoofbegroting goedgekeur is.

partial constituency electoral system
→ **mixed member proportionality**

partial constituency system → **mixed member proportionality**

partial test ban n.
The prohibition of nuclear weapon tests in the atmosphere, in outer space and under water. It is partial in the sense that underground testing is permitted.
* **gedeeltelike toetsverbod** n.
'n Verbod op die toets van kernwapens in die atmosfeer, in die buitenste ruimte en onder water. Dit is gedeeltelik in die sin dat ondergrondse toetse toegelaat word.

Partial Test Ban Treaty n. <1963>.
An agreement entitled the Treaty Banning Nuclear Weapon Tests in the Atmosphere, in Outer Space and Underwater; initially signed by the USA, USSR and UK in 1963 with more than 100 subsequent signatories excepting France and the People's Republic of China.
* **Verdrag oor 'n Gedeeltelike Toetsverbod** n. <1963>.
'n Ooreenkoms met die opskrif Verdrag wat Kernwapentoetse in die Atmosfeer, in die Buitenste Ruimte en Onder Water Verbied; aanvanklik in 1963 deur die VSA, USSR en VK onderteken, met meer as 100 daaropvolgende ondertekenaars uitgesonder Frankryk en die Volksrepubliek van China.

participation crisis n.
The problem of organising a newly formed state in such a way that popular participation is encouraged and institutionalised.
* **deelnamekrisis** n.
Die probleem om 'n nuut gevormde staat op so 'n wyse te organiseer dat populêre deelname aangemoedig en geïnstitusionaliseer word.

participative leadership n. (participatory leadership).
A system in which members of the leadership circle are encouraged to take part as opposed to decisions by the leader only.
* **deelnemende leierskap** n.
'n Stelsel waarin kollektiewe leierskapbesluite aangemoedig word eerder as besluite deur slegs die leier.

participatory culture n.
A general attitude that encourages participation in decision-making.
* **deelnemende kultuur** n.
'n Algemene gesindheid wat deelname aan besluitneming aanmoedig.

participatory democracy n.
A system in which citizens of the state and interest groups directly participate in the democratic decision-making process.
* **deelnemende demokrasie** n.
'n Stelsel waar burgers van die staat en belangegroepe direk aan die demokratiese besluitnemingsproses deelneem.

participatory development n.
Development with inputs from all stakeholders.
* **deelnemende ontwikkeling** n.
Ontwikkeling met insette van alle belanghebbendes.

participatory leadership → **participative leadership**

partisan n.
A person who strongly supports a leader or party and is not inclined to accept views conflicting with this support.
* **aanhanger** n. (partyman).
'n Persoon wat 'n leier of party sterk ondersteun en nie geneig is om sienings te aanvaar wat met sodanige ondersteuning bots nie.

partisan n.
A member of an armed resistance group within a territory occupied by a foreign power.
* **partisaan** n.
'n Lid van 'n gewapende versetgroep binne 'n gebied wat deur 'n vreemde moondheid beset word.

partisan force n.
A group of armed resistance personnel raised to conduct operations against an occupying force.
* **partisanemag** n.
'n Groep gewapende versetpersoneel wat op die been gebring is om operasies teen 'n besetmag te voer.

partisan ideology n.
A system of beliefs, values and opinions that are strongly biased towards the ends of the party being supported.
* **partysugtige ideologie** n.
'n Stelsel van oortuigings, waardes en menings met sterk vooroordeel ten gunste van die einddoel van die party wat ondersteun word.

partisanship n.
The quality of strong and often biased support for a leader or party.

P

* **partysugtigheid** n.
Die eienskap van sterk en dikwels bevooroordeelde ondersteuning van 'n leier of party.

partition n.
Division of a country or a state into parts, eg British India into India and Pakistan in 1947.
* **partisie** n. (verdeling).
Verdeling van 'n land of staat in gedeeltes, bv Brits-Indië in Indië en Pakistan in 1947.

partocracy n.
A form of authority based on the dominance of political parties.
* **partokrasie** n.
'n Owerheidsvorm wat op die oorheersing van politieke partye gebaseer is.

party activist n. (party campaigner).
A person who canvasses support for a party.
* **partyaktivis** n. (partyveldtogwerker, partystryder).
'n Persoon wat steunwerwing vir 'n party doen.

party affiliation n.
The close association with a particular political party by way of membership and support.
* **partyaffiliasie** n.
Die noue verbintenis met 'n party deur lidmaatskap en ondersteuning.

party allegiance n.
Loyal support for a given party.
* **partytrou** n.
Lojale ondersteuning vir 'n gegewe party.

party association n. (party membership).
The party with which a supporter has linked himself/herself.
* **partyverband** n.
Die party waaraan 'n ondersteuner hom/haar gekoppel het.

party attachment n.
The extent to which a supporter has committed himself/herself to the goals of a party.
* **partygehegtheid** n.
Die mate waarin 'n ondersteuner hom/haar aan die doelstellings van 'n party verbind het.

party campaigner → **party activist**

party candidate n.
A person nominated by a party to be appointed or elected to political office as a representative of that party.
* **partykandidaat** n.
'n Persoon wat deur 'n party benoem is om as 'n verteenwoordiger van daardie party in 'n politieke amp aangestel of verkies te word.

party caucus n.
A meeting held by party members to decide issues affecting the party, such as the nomination of candidates or formulating a united stance on forthcoming legislative issues.
* **partykoukus** n.
'n Vergadering van partylede om oor vraagstukke te besluit wat die party raak, soos die benoeming van kandidate of om 'n verenigde standpunt oor komende wetgewende kwessies te formuleer.

party discipline n. <see also party policy discipline>.
Disciplinary action against a member of a political party.
+ *partytug* n. <kyk ook partybeleiddissipline>.
Dissiplinêre optrede teen 'n lid van 'n politieke party.

party election agent n.
A party representative who liaises with the electoral authority on matters concerning his/her party's participation in an election.
+ *partyverkiesingsagent* n.
'n Partyverteenwoordiger wat met die verkiesingsowerheid skakel oor aangeleenthede wat sy/haar party se deelname aan 'n verkiesing raak.

party hack n. (party lackey).
A person that slavishly, uncritically and obtusely follows the party leadership and party policies.
+ *partyslaaf* n. (partylakei, partykneg).
'n Persoon wat die party se leierskap en beleid slaafs, onkrities en insigloos navolg.

party head office n.
The permanent centre from which the affairs of a party are managed.
+ *partyhoofkantoor* n.
Die vaste sentrum vanwaar die sake van 'n party bestuur word.

party headquarters n.
A centre from which the operations of a party in a given area are directed and controlled such as regional and local headquarters.
+ *partyhoofkwartier* n.
'n Sentrum van waar af die verrigtinge van 'n party in 'n gegewe gebied gelei en beheer word soos regionale en plaaslike hoofkwartiere.

party in office → **party in power**

party in power n. (party in office).
The party exercising political control of the state, province or local authority.
+ *maghebbende party* n. (bewindhebbende party, party aan bewind).
Die party wat politieke beheer oor die staat, provinsie of plaaslike owerheid uitoefen.

party interest n.
Any matter that involves the party's existence, progress or success.
+ *partybelang* n.
Enige aangeleentheid waarby die party se bestaan, vooruitgang of sukses betrokke is.

party lackey → **party hack**

party liaison committee n.
A group of persons appointed by the party to maintain contact with one or more other institutions.
+ *partyskakelkomitee* n.
'n Groep persone wat deur die party aangewys is om kontak met een of meer ander instellings te handhaaf.

party line n.
The official view or policy that a party adopts with reference to a particular matter.

+ *partystandpunt* n.
Die amptelike siening of beleid wat 'n party met verwysing na 'n besondere aangeleentheid aanvaar.

party list system n.
An electoral system in which votes are cast for a political party rather than individual candidates, with the party gaining the number of seats corresponding to its proportion of the total votes cast. The corresponding number of party candidates are elected from the list submitted by the party prior to the election.
+ *partylysstelsel* n.
'n Kiesstelsel waarvolgens stemme vir 'n politieke party eerder as individuele kandidate uitgebring word en die party die getal setels verwerf wat sy aandeel van die totale uitgebragte stemme verteenwoordig. Die ooreenstemmende getal partykandidate word verkies uit die lys wat die party voor die verkiesing voorgelê het.

party manifest → **party manifesto**

party manifesto n. (party manifest).
A document produced prior to a general election in which a political party sets out its principal goals and plans of action should it be elected to govern.
+ *partypolitieke manifes* n. (politiekepartymanifes).
'n Dokument wat voor 'n verkiesing opgestel word waarin 'n politieke party sy vernaamste doelwitte en aksieplanne uiteensit indien hy verkies sou word om te regeer.

party membership → **party association**

party membership n.
1.The state of formally belonging to a political party. 2.The total number of persons formally belonging to a political party.
+ *partylidmaatskap* n.
1. Die toestand van formeel aan 'n politieke party behoort. 2. Die totale getal persone wat formeel aan 'n politieke party behoort.

party organisation n.
The way in which a party is structured to operate and achieve its goals.
+ *partyorganisasie* n.
Die wyse waarop 'n party gestruktureer is om op te tree en sy doelstellings te bereik.

party platform n.
A specific policy statement by a political party to distinguish its position from that of other parties.
+ *partyplatform* n.
'n Spesifieke beleidstelling deur 'n politieke party om sy vertrekpunt van dié van ander partye te onderskei.

party policy discipline n. <see also party discipline>.
The maintenance of patterns of behaviour that conform to the party's goals, image and orderly functioning.
+ *partybeleiddissipline* n. <kyk ook partytug>.
Die handhawing van gedragspatrone wat voldoen aan die party se doelstellings, beeld en ordelike funksionering.

party politics n.
In a democratic state, the system through which parties vie and compete for governmental power and influence.
• *partypolitiek* n.
In 'n demokratiese staat, die stelsel waardeur partye om regeringsmag en -invloed wedywer en meeding.

party system n.
The structure of relationships between political parties in a state according to their number, size and political orientation.
• *partystelsel* n.
Die struktuur van verhoudings tussen politieke partye in 'n staat volgens hulle getal, grootte en politieke oriëntasie.

party voting agent n. (voting agent).
A party representative that observes the voting, counting and determination of the results inside the polling station on behalf of his/her party to ensure fairness and correctness.
• *partystemagent* n. (stemagent).
'n Partyverteenwoordiger wat die stemming, telling en bepaling van die uitslag binne die stemlokaal namens sy/haar party dophou om regverdigheid en korrektheid te verseker.

pass a bill → **adopt a bill**

passive defence n.
Measures, such as camouflage and bomb shelters, taken to minimise damage caused by hostile action but excluding offensive action.
• *passiewe verdediging* n.
Maatreëls, soos kamoeflering en bomskuilings, om skade wat deur 'n vyandelike aanval veroorsaak word tot die minimum te beperk, maar sonder offensiewe optrede.

passive resistance n. <see also civil disobedience; nonviolent resistance; satyagraha>.
Nonviolent refusal to obey government decrees, eg by fasting, demonstrating peacefully and refusing to cooperate.
• *lydelike verset* n. <kyk ook burgerlike ongehoorsaamheid; geweldlose verset; satjagraha>.
Niegewelddadige weiering om aan regeringsverordeninge gehoor te gee, bv deur te vas, vreedsaam te betoog en te weier om saam te werk.

patriarch n.
1. The head or a senior bishop of some Christian churches. 2. The male head of a sociopolitical system, particularly a tribally based polity.
• *patriarg* n.
1. Die hoof of 'n senior biskop van sommige Christelike kerke. 2. Die manlike hoof van 'n sosiopolitieke stelsel veral 'n stamgebaseerde politie.

patriarchate n.
1. A social system where descent is traced in the male line. 2. The office or area of jurisdiction of a patriarch.
• *patriargaat* n.
1. 'n Sosiale stelsel waar afkoms in die manlike lyn opgespoor word. 2. Die amp of regsgebied van 'n patriarg.

patriarchy n.
A sociopolitical system in which male figures play the dominant role.
• *patriargie* n.
'n Sosiopolitieke stelsel waarin manlike figure die dominante rol speel.

patrimonial political system n.
A political system in which there are specialised political elites, an administrative staff and offices that are all directly controlled by the ruler, eg the Egyptian pharaohs and the kingdom of Ouagadougou. In modern times known as neo-patrimonialism, where the distinction between private and public interest tend to dissolve, especially where governments utilise both for personal interests.
• *patrimoniale politieke stelsel* n.
'n Politieke stelsel waarin daar gespesialiseerde elites, 'n administratiewe staf en kantore is wat almal direk deur die heerser beheer word, bv die Egiptiese faraos en die koninkryk Ouagadougou. In die moderne tyd bekend as neopatrimonialisme, met die vervaging van die onderskeid tussen die openbare en die privaat belange, veral waar regerings beide vir persoonlike voordeel benut.

patriotism n.
Love of one's country or fatherland, usually characterised by loyalty and a willingness to make sacrifices in its interest, eg to defend it in times of war.
• *patriotisme* n. (vaderlandsliefde).
Liefde vir 'n mens se land of vaderland, gewoonlik gekenmerk deur lojaliteit en 'n gewilligheid om opofferings te maak in belang van die land, bv om dit in oorlogstyd te verdedig.

patronage n.
The practice whereby persons in high government office hand out material gains to trusted followers, such as ambassadorships, government grants to constituents and state contracts to donors.
• *begunstiging* n.
Die praktyk waardeur persone wat hoë regeringsampte beklee stoflike voordele uitdeel aan volgelinge in wie hulle vertroue het, soos ambassadeurskappe, regeringstoelaes aan lede van die kieserpubliek en staatskontrakte aan skenkers.

PC → **political correctness**

PDI → **previously disadvantaged individual**

peace accord n.
General consensus between belligerent parties to settle their differences without further violence.
• *vredesakkoord* n.
Algemene instemming tussen strydende partye om hulle geskille sonder verdere geweld te besleg.

peace agreement n. <see also peace treaty>.
A formal enunciation of arrangements consented to by belligerent parties to end hostilities.
• *vredesooreenkoms* n. <kyk ook vredesverdrag>.
'n Formele uiteensetting van reëlings waartoe strydende partye ingestem het om vyandelikhede te beëindig.

P

Peace and Security Council n.

An institution of the African Union that deals with the resolution of conflict, strives towards a common security policy and addresses matters of common security concern such as civil war, terrorism and the disposal of land mines.

♦ *Vredes- en Veiligheidsraad* n.

'n Instelling van die Afrika-unie wat hom met konflikoplossing besig hou, 'n gemeenskaplike veiligheidsbeleid nastreef en aan aangeleenthede van gemeenskaplike veiligheidsbelang soos burgeroorlog, terrorisme en die beskikking van landmyne aandag gee.

peace building n.

The identification and support of measures and structures designed to promote peace and build trust, as well as facilitating interaction between former enemies in order to prevent a relapse into violent conflict.

♦ *vredebou* n.

Die identifisering en ondersteuning van maatreëls en strukture wat ontwerp is om vrede te bevorder en vertroue op te bou, asook die vergemakliking van wisselwerking tussen voormalige vyande ten einde 'n terugval na gewelddadige konflik te voorkom.

peace campaign n.

A series of related and planned actions aimed at achieving a cessation of hostilities in a given time and area.

♦ *vredesveldtog* n.

'n Reeks verwante en beplande aksies met die doel om 'n staking van vyandelikhede binne 'n bepaalde tyd en gebied te bewerkstellig.

peace corps n.

A group of volunteers trained to work on educational and development projects in areas of potential conflict.

♦ *vredeskorps* n.

'n Groep vrywilligers wat opgelei is om op opvoedkundige en ontwikkelingsprojekte in potensiële konflikgebiede te werk.

peace enforcement n. <see also peacekeeping>.

The threat or application of military force to compel the conflicting parties to comply with international resolutions and to maintain peace under conditions broadly acceptable to the international community.

♦ *vredesafdwinging* n. <kyk ook vredebewaring>.

Die dreigement of aanwending van militêre mag om strydende partye tot die nakoming van internasionale resolusies te verplig en om vrede te handhaaf in omstandighede wat breedweg vir die internasionale gemeenskap aanvaarbaar is.

peace force n. (peacekeeping force).

A force, usually of an international nature, charged with preserving the peace and preventing further fighting between hostile states or communities.

♦ *vredesmag* n.

'n Mag wat gewoonlik internasionaal van aard is en daarmee belas is om die vrede te bewaar en verdere gevegte tussen vyandiggesinde state of gemeenskappe te voorkom.

peaceful change n. <see also peaceful transition>.

Movement from one condition or dispensation to another by nonviolent means.

♦ *vreedsame verandering* n. <kyk ook vreedsame oorgang>.

Beweging van een toestand of bedeling na 'n ander met behulp van niegewelddadige middele.

peaceful coexistence n.

A tacit agreement between two or more states that are in fundamental disagreement or conflict, particularly during the Cold War, that they will not go to war or resort to violent conflict resolution.

♦ *vreedsame naasbestaan* n.

'n Stilswyende ooreenkoms tussen twee of meer state wat fundamenteel van mekaar verskil of in konflik met mekaar is, veral in die Koue Oorlog, dat hulle nie oorlog sal maak of sal oorgaan tot gewelddadige konflikbeslegting nie.

peaceful demonstration n.

A nonviolent public display of support for or against some matter at issue.

♦ *vreedsame betoging* n.

'n Niegewelddadige openbare vertoning van steun vir of teen een of ander twissaak.

peaceful settlement n.

Mutual agreement after negotiation to resolve a dispute without resorting to violence.

♦ *vreedsame skikking* n.

Onderlinge instemming na onderhandeling om 'n geskil sonder toevlug tot geweld te besleg.

peaceful transition n. <see also peaceful change>.

A process of converting from one condition or dispensation to another by nonviolent means.

♦ *vreedsame oorgang* n. <kyk ook vreedsame verandering>.

'n Proses van omskakeling van een toestand of bedeling na 'n ander met behulp van niegewelddadige middele.

peace initiative n.

The first steps of a plan to achieve an end to violence in resolving a dispute between belligerent parties.

♦ *vredesinisiatief* n.

Die eerste stappe van 'n plan om 'n einde te maak aan geweld in die oplossing van 'n geskil tussen strydende partye.

peacekeeper n.

A military or civilian person monitoring and assisting with the implementation of agreements reached between belligerent parties.

♦ *vredebewaarder* n.

'n Militêre of burgerlike persoon wat die implementering van ooreenkomste wat deur die oorlogvoerende partye bereik is, moniteer en daarmee behulpsaam is.

peacekeeping n. <see also peace enforcement>.

Monitoring, and assisting with the implementation of, agreements reached between belligerent parties, using military and civilian personnel with the consent of the parties in conflict.

- *vredebewaring* n. <kyk ook vredesafdwinging>.

Monitering en hulp met die implementering van ooreenkomste wat tussen die strydende partye bereik is, deur die gebruik van militêre en burgerlike personeel met die toestemming van die botsende partye.

peacekeeping capacity n.

The extent to which a state or international institution is capable of monitoring and assisting with the implementation of agreements reached between belligerent parties.

- *vredebewaringsvermoë* n.

Die mate waartoe 'n staat of internasionale instelling in staat is om die implementering van ooreenkomste wat tussen die strydende partye bereik is te moniteer en met die implementering daarvan behulpsaam te wees.

peacekeeping force → peace force

peacekeeping mission n.

A generic term encompassing political and diplomatic activities aimed at preventing, managing and resolving conflict, with the military as a subordinate element of the process. The concept includes preventive diplomacy, peacemaking, peacekeeping, peace enforcement and peace building.

- *vredesending* n.

'n Generiese term wat politieke en diplomatieke aktiwiteite omvat wat die voorkoming, bestuur en oplossing van konflik ten doel het, met die militêre as 'n ondergeskikte element van die proses. Die konsep sluit voorkomingsdiplomasie, vredemaking, vredebewaring, vredesafdwinging en vredebou in.

peacekeeping operations n.

Activities to monitor and assist with the implementation of agreements reached between belligerent parties using military and civilian personnel with the consent of the parties in conflict. It does not involve the use of force by the peacekeepers except in self-defence.

- *vredebewaringsoperasies* n.

Aktiwiteite om die implementering van ooreenkomste wat tussen die strydende partye bereik is te moniteer en met die implementering daarvan te help deur die gebruik van militêre en burgerlike personeel met die toestemming van die botsende partye. Dit behels nie die gebruik van geweld deur die vredebewaarders nie, behalwe ter selfverdediging.

peacemakers n.

Persons or institutions involved in processes aimed at bringing hostile parties to a negotiated agreement through peaceful means.

- *vredemakers* n.

Persone of instellings wat betrokke is in prosesse wat daarop gemik is om vyandige partye met vreedsame middele tot 'n onderhandelde ooreenkoms te bring.

peacemaking n.

A mainly diplomatic process aimed at bringing hostile parties to a negotiated agreement through peaceful means.

- *vredemaking* n. (vredemaak).

'n Hoofsaaklik diplomatieke proses bedoel om vyandige partye met vreedsame middele tot 'n onderhandelde ooreenkoms te bring.

peace movement n.

A relatively large group of persons organised to pursue the nonviolent settlement of conflict

- *vredesbeweging* n.

'n Betreklike groot groep persone wat georganiseer is om die niegewelddadige beslegting van konflik na te streef.

peace operations n.

Activities intended to achieve agreement between belligerent parties to resolve their conflict by nonviolent means.

- *vredesoperasies* n.

Aktiwiteite wat bedoel is om instemming onder strydende partye teweeg te bring om hulle konflik op niegewelddadige maniere te besleg.

peace plan n.

A set of coherent proposals for achieving a sustained end to hostilities between belligerents.

- *vredesplan* n.

'n Stel samehangende voorstelle met die doel om 'n volgehoue einde aan vyandelikhede tussen strydendes teweeg te bring.

peace process n.

A series of related actions aimed at eliminating hostilities between states or communities in conflict.

- *vredesproses* n.

'n Reeks verbandhoudende aksies wat daarop gemik is om vyandelikhede tussen botsende state of gemeenskappe uit te skakel.

peace restoration n.

Actions to re-establish conflict resolution through nonviolent means.

- *vredesherstelling* n.

Optrede om die beslegting van konflik op niegewelddadige maniere te hervestig.

peace summit n.

A meeting between heads of government or other high-ranking representatives to discuss the termination of violent conflict between belligerent parties.

- *vredesberaad* n.

'n Vergadering van regeringshoofde of ander hooggeplaaste verteenwoordigers om die beëindiging van gewelddadige konflik tussen strydende partye te bespreek.

peace support operations n.

All military activities in support of a peace mission. It covers peacekeeping and peace enforcement operations as well as the support of predominantly political activities such as preventive diplomacy, peacemaking and peace building.

- *vredesteunoperasies* n.

Alle militêre aktiwiteite ter ondersteuning van 'n vredesending. Dit dek vredebewarings- en vredesafdwingingsoperasies asook die ondersteuning van hoofsaaklik politieke aktiwiteite soos voorkomingsdiplomasie, vredemaking en vredebou.

P

peace talks n.
Discussions involving the conflicting parties and the international community in order to build peace.
* **vredesamesprekinge** n.
Samesprekings tussen die strydende partye en die internasionale gemeenskap ten einde vrede te bewerkstellig.

peace treaty n. <see also peace agreement>.
A formal agreement between states and/or warring factions to end hostilities.
* **vredesverdrag** n. <kyk ook vredesooreenkoms>.
'n Formele ooreenkoms tussen state en/of oorlogvoerende faksies om vyandelikhede te beëindig.

peer group n.
A group of people who are equal in attributes such as age, rank, profession and social standing.
* **portuurgroep** n.
'n Groep mense wat in kenmerke soos ouderdom, rang, beroep en sosiale stand, gelyk is.

peer pressure n.
Pressure by equals in a group on another member of that group to conform to the norms and behaviour of the group.
* **portuurdruk** n.
Druk deur gelykes in 'n groep op 'n ander lid van daardie groep om in ooreenstemming met die norme en optredes van die groep te handel.

pending motion n.
A motion given notice of but not yet introduced for discussion.
* **hangende mosie** n. (aanhangige mosie).
'n Mosie waarvan kennis gegee is maar wat nog nie ter tafel gelê is vir bespreking nie.

penetration agent n.
An agent tasked to penetrate an opposition intelligence, security or other institution and supply his/her own organisation with classified information while keeping his/her identity secret.
* **penetrasieagent** n. (binnedringagent).
'n Agent met die taak om 'n inligtings-, veiligheids- of ander instelling van 'n teenstander binne te dring en sy/haar eie organisasie van geklassifiseerde informasie te voorsien terwyl die agent sy/haar identiteit geheim hou.

Pentagon n.
The building housing the USA Department of Defence in Washington DC, and by extension the USA defence staff.
* **Pentagon** n.
Die gebou wat die VSA se departement van verdediging in Washington DC huisves, en by wyse van uitbreiding die VSA se verdedigingstaf.

people-centred society n.
A society which is focused on advancing the interests of the ordinary people, eg contemporary New Zealand.
* **mensgerigte samelewing** n.
'n Samelewing wat op die bevordering van die belange van die gewone mense ingestel is, bv teenswoordige Nieu-Seeland.

people's democracy n. <see also popular democracy>.
In communist ideology, a state which represents the real needs of the population. Those who are against communism, regard this term, however, as a front for domination by a communist state.
* **volksdemokrasie** n. <kyk ook populêre demokrasie>.
In kommunistiese ideologie, 'n staat wat die ware belange van die bevolking verteenwoordig. Diegene wat teen kommunisme gekant is, beskou hierdie term egter as 'n dekmantel vir oorheersing deur 'n kommunistiese staat.

people's education n.
In South Africa, an alternative form of education as popular resistance to apartheid driven Bantu education.
* **people's education** n.
In Suid-Afrika, 'n alternatiewe onderwysvorm as populêre weerstand teen apartheidsgedrewe Bantoeonderwys.

people's politics n.
A form of political populism in which the leadership tries to curry favour with the masses in order to be put into power or to legitimise their rule.
* **volkspolitiek** n.
'n Vorm van politieke populisme waarin die leierskap probeer om gewildheid by die massas te verwerf ten einde aan bewind te kom of om hulle bewind te legitimeer.

people's power n.
The organised power of the aggregate of a population, usually centred around single issues, such as access to medicine, health care or jobs.
* **volksmag** n.
Die georganiseerde mag van die hele bevolking, gewoonlik gesentreer rondom enkelvraagstukke soos toegang tot medisyne, gesondheidsorg of werkgeleenthede.

people's power n.
A populist conception of democracy which assumes that all power flows from the people, the population. Sometimes the term also refers to the power of the masses, as in 'people's power brought down the central European communist regimes in 1989'.
* **mensemag** n.
'n Populistiese opvatting oor die demokrasie wat veronderstel dat alle mag van die mense, die bevolking, afkomstig is. Soms verwys die term ook na die mag van die massa, soos in 'mensemag het die Sentraal-Europese kommunistiese regimes in 1989 omvergewerp'.

people's republic n.
In communist ideology a republic that has a Marxist-Leninist constitution and is governed by a party representing the proletariat. Some non-communist states based on populist ideologies, also use the name.
* **volksrepubliek** n.
In kommunistiese ideologie 'n republiek wat 'n Marxisties-Leninistiese grondwet het en deur 'n party wat die proletariaat verteenwoordig, regeer

word. Sommige niekommunistiese state wat op populistiese ideologieë gebaseer is, gebruik ook die naam.

people's war n.
A strategy developed by Mao Zedong: a revolutionary conflict waged under the leadership of a communist party.
+ **volksoorlog** n.
'n Strategie wat deur Mao Zedong ontwikkel is: 'n rewolusionêre stryd wat onder leiding van 'n kommunistiese party gevoer word.

perceived power n.
Power as it is discerned in the mind of an observer, not as it exists objectively.
+ **waargenome mag** n. (gepersipieerde mag).
Mag soos dit in die gedagtes van 'n waarnemer opgemerk word, nie soos dit objektief bestaan nie.

perceived threat n.
The threat as it is discerned in the mind of an institution, not as it exists objectively.
+ **waargenome bedreiging** n.
Die bedreiging soos dit in die gedagtegang van 'n instelling opgemerk word, nie soos dit objektief bestaan nie.

performance budget n.
A form of budgeting that strives for the fastidious, effective use of staff and other government resources in the execution of government goals and objectives. The budget emphasises action and the measuring of performance rather than mere allocation of funds.
+ **prestasiebegroting** n.
'n Vorm van begroting wat streef na die suinige, doelmatige gebruik van personeel en ander regeringshulpbronne in die uitvoering van regeringsdoelstellings en -doelwitte. Die begroting beklemtoon optrede en die meet van prestasie eerder as die blote toewysing van fondse.

perimeter city n.
A city lying on the outer edge of a defined area.
+ **randstad** n.
'n Stad wat aan die buiterand van 'n afgebakende gebied geleë is.

permanent delegate n.
A person representing an institution in a conference, convention or other institution on a non-temporary basis.
+ **vaste afgevaardigde** n.
'n Persoon wat 'n instelling in 'n konferensie, konvensie of ander instelling op 'n nietydelike grondslag verteenwoordig.

permanent force n. (regular force).
A professional, full-time military organisation, usually forming the core of a state's military forces.
+ **staande mag** n.
'n Beroeps-, voltydse militêre organisasie wat gewoonlik die kern van 'n staat se militêre magte uitmaak.

physiocracy n.
An 18th century approach to political economy under the leadership of Francois Quesnay, advocating free trade and laissez-faire as opposed to

mercantilism and where agricultural land was seen as the main resource of state wealth.
+ **fisiokrasie** n.
'n Agtiende-eeuse benadering tot politieke ekonomie onder leiding van Francois Quesnay, wat vryhandel en laissez-faire in teenstelling met merkantilisme voorstaan, en waar landbougrond as die hoofbron van staatswelvaart beskou is.

picket n.
A person or group stationed outside a workplace both to demonstrate and to persuade others not to enter the workplace.
+ **proteswag** n. (betooggroep).
'n Persoon of groep wat buite 'n werkplek gestasioneer is om sowel te betoog as om ander persone te oorreed om nie die werkplek binne te gaan nie.

picket line n.
A line of people picketing a business, factory or other industry
+ **proteswaglinie** n. (betooggroeplinie, betooglinie).
'n Ry mense wat 'n proteswaglinie voor 'n besigheid, fabriek of ander bedryf vorm.

pigmentocracy n.
The exercise of political power by members of a particular colour group.
+ **pigmentokrasie** n.
Die uitoefening van politieke mag deur lede van 'n bepaalde kleurgroep.

piracy n. <see also maritime terrorism>.
Violent and criminal actions at sea or ashore by armed semi-military non-state agents. If they are tracked down, pirates are normally tried by military tribunals.
+ **seerowery** n. <kyk ook maritieme terrorisme>.
Gewelddadige en misdadige aksies ter see of aan wal deur gewapende halfmilitêre niestaatsagente. Indien hulle opgespoor word, word seerowers gewoonlik deur militêre tribunale verhoor.

plant-level agreement n.
An agreement between an employer and representatives of organised labour at the level of a factory or other industrial facility.
+ **aanlegvlakooreenkoms** n.
'n Ooreenkoms tussen 'n werkgewer en verteenwoordigers van georganiseerde arbeid op die vlak van 'n fabriek of ander nywerheidsfasiliteit.

plant-level bargaining n.
Negotiations between labour union and management representatives at the level of the factory or other industrial facility.
+ **aanlegvlakbedinging** n.
Onderhandelinge op fabrieksvlak tussen verteenwoordigers van die vakbond en die bestuur of ander nywerheidsfasiliteit.

plebiscite n. <see also referendum>.
A popular vote in which the electorate can express a view on a question of significant public interest. The outcome is not binding on the government.

P

* **volkstemming** n. <kyk ook referendum> (plebisiet).
'n Populêre stemming waarin die kiesers hulle kan uitspreek oor 'n saak van beduidende openbare belang. Die uitslag is nie bindend op die regering nie.

pluralism n. <see also monism>.
The acknowledgement of more than one factor of importance, as opposed to monism. Pluralism is found where a state ensures a space for a diversity of majorities and minorities, cultures and parties.
* **pluralisme** n. <kyk ook monisme>.
Die erkenning van meer as een faktor van belang, in teenstelling met monisme. Pluralisme kom voor waar 'n staat ruimte verseker vir 'n verskeidenheid van meerderhede en minderhede, kulture en partye.

plurality → **simple majority**

plurality n. <electoral term> (relative majority).
A higher number of votes or representatives than any other candidate or party, but not necessarily more than the votes or representatives of all the other candidates or parties combined.
* **gewone meerderheid** n. <verkiesingsterm> (pluraliteit van stemme).
'n Groter getal stemme of verteenwoordigers as dié van enige ander kandidaat of party, maar nie noodwendig meer as die stemme of verteenwoordigers van al die ander kandidate of partye gesamentlik nie.

plural society n.
A deeply divided society where the divisions are based on ethnic, religious or linguistic group interests.
* **plurale samelewing** n.
'n Diep verdeelde samelewing waar die verdelings op etniese, godsdienstige of linguistiese groepsbelange gegrond is.

plural vote n.
Voting for more than one candidate in an election.
* **meervoudige stem** n.
Stem vir meer as een kandidaat in 'n verkiesing.

plutocracy n.
The exercise of political power by the rich.
* **plutokrasie** n.
Die uitoefening van politieke mag deur die rykes.

pogrom n.
An unprovoked violent attack on an ethnic group, particularly Jews, carried out with official sanction.
* **pogrom** n.
'n Onuitgelokte, gewelddadige aanval op 'n etniese groep, veral Jode, wat met amptelike sanksie uitgevoer word.

police v.
To maintain law and order at an event or place and ensure that activities are carried out within the laid down rules.
* **polisieer** v.
Om wet en orde by 'n geleentheid of plek te handhaaf en te verseker dat aktiwiteite binne die neergelegde reëls geskied.

police force n.
A professional organisation of persons established to maintain law and order and to ensure that society's activities are carried out within the laid down rules.
* **polisiemag** n.
'n Professionele organisasie van persone wat geskep is om wet en orde te handhaaf en om te verseker dat die samelewing se aktiwiteite binne die neergelegde reëls plaasvind.

police raid n.
A sudden pounce by police officers on a group of persons, a place or an institution in order to seize criminals or evidence of criminal activities.
* **polisieklopjag** n.
'n Skielike toeslaan van polisiebeamptes op 'n groep persone, 'n plek of 'n instelling ten einde op misdadigers of bewyse van misdadige aktiwiteite beslag te lê.

police service n.
Another name for a police force, intended to project a more civilian image.
* **polisiediens** n.
'n Ander naam vir 'n polisiemag, bedoel om 'n meer burgerlike beeld voor te hou.

police state n.
A state in which the government erodes the rule of law and makes intensive use of security forces, especially secret police, to control the population.
* **polisiestaat** n.
'n Staat waarin die regering die oppergesag van die reg erodeer en intensiewe gebruik van veiligheidsmagte, veral geheime polisie, maak om die bevolking te beheer.

policy n.
Overall guidelines on a given subject containing general goals and desired procedures, intended to guide and direct present and future decisions and actions.
* **beleid** n. (beleidsrigting).
Oorhoofse riglyne oor 'n gegewe onderwerp wat algemene doelstellings en gewenste prosedures bevat met die doel om huidige en toekomstige besluite en aksies te rig en te bepaal.

policy decision n.
A determination made in terms of relevant policy.
* **beleidsbesluit** n.
'n Bepaling wat ingevolge tersaaklike beleid gemaak is.

policy formulation n.
In the public sector, constructing a series of objectives that a government institution aims to reach, as well as guidelines to achieve them.
* **beleidsformulering** n.
In die openbare sektor is dit die opstelling van sowel 'n reeks doelwitte wat 'n staatsinstelling beoog om te bereik as die riglyne om dit te verwesenlik.

policy framework n.
The ideas and principles providing the context in which a policy is formulated.

♦ *beleidsraamwerk* n.
Die idees en beginsels wat die konteks verskaf
waarbinne 'n beleid geformuleer word.

policy implementation n.
Actions to put policy into effect.
♦ *beleidsimplementering* n. (implementering
van beleid, inwerkingstelling van beleid).
Optrede om uitvoering aan beleid te gee.

policy maker n.
In the public sector a person or group responsible
for formulating the objectives of a state institution
and guidelines for attaining them.
♦ *beleidmaker* n.
In die openbare sektor is dit 'n persoon of groep
verantwoordelik vir die formulering van die
doelwitte van 'n staatsinstelling en die riglyne om
dit te bereik.

policy making n.
Formulating goals and principles as a guide to
courses of action.
♦ *beleidmaking* n.
Die formulering van oogmerke en beginsels as gids
vir handelwyses.

Politburo n. <from Russian Politicheskoe
Byuro>.
1. The executive committee of a number of
communist and revolutionary parties. 2. The
executive committee of the Central Committee of
the former USSR, consisting of the top members of
the Central Committee; also refers to the supreme
policy-making authority in the USSR. 3. The
executive committee of a number of authoritarian
states, such as the People's Republic of China and
Afghanistan, with similar functions to the Politburo
of the USSR. By 2016 China, North Korea, Laos,
Vietnam, and Cuba still had a communist politburo
system.
♦ *Politburo* n. <uit Russies: Politicheskoe
Byuro>.
1. Die uitvoerende komitee van 'n aantal
kommunistiese en rewolusionêre partye. 2. Die
uitvoerende komitee van die Sentrale Komitee van
die voormalige USSR, wat uit die top lede van die
Sentrale Komitee bestaan; verwys ook na die opper
beleidmakende gesag in die USSR. 3. Die
uitvoerende komitee van 'n aantal outoritêre state,
soos die Volksrepubliek van China en Afghanistan,
met soortgelyke funksies aan dié van die Politburo
van die USSR. Teen 2016 het China, Noord-Korea,
Laos, Vietnam en Kuba nog 'n kommunistiese
politburostelsel gehad.

political accommodation n.
Reaching agreement on the settlement of political
differences in a way that is mutually beneficial.
♦ *politieke akkommodering* n.
Die ooreenkoms oor die beslegting van politieke
verskille op 'n wyse wat onderling voordelig is.

political act n.
Something done at political level or based on
political considerations.
♦ *politieke handeling* n.
Iets wat op politieke vlak, of op die grondslag van
politieke oorwegings, gedoen word.

political action n.
The process of doing various things aimed at
achieving a political purpose.
♦ *politieke optrede* n. (politieke aksie).
Die proses om verskeie dinge te doen ten einde 'n
politieke oogmerk te bereik.

political activity n.
The occurrence of acts for a political purpose.
♦ *politieke aktiwiteit* n. (politieke
bedrywigheid).
Die voorkoms van handelinge vir politieke
doeleindes.

political agenda n.
That which is intended to be achieved through
political means.
♦ *politieke agenda* n.
Dit wat bedoel is om deur middel van politieke
middele bereik te word.

political alignment n.
A position or point of view taken by an individual,
a political party, a group of parties, a state or a
group of states with regard to political issues.
♦ *politieke skaring* n.
'n Standpunt of beskouing van 'n individu, 'n
politieke party, 'n groep partye, 'n staat of 'n groep
state met betrekking tot politieke vraagstukke.

political aspirations n.
Goals related to politics that people desire to
achieve.
♦ *politieke aspirasies* n. (politieke strewes).
Oogmerke wat mense op die politieke terrein
nastrewe.

political asylum n.
Refuge given to a person seeking protection on
political grounds and whose extradition is likely to
be sought by a foreign government.
♦ *politieke asiel* n.
Toevlug gegee aan 'n persoon wat om politieke
beweegredes beskerming soek en wie se uitlewering
waarskynlik deur 'n vreemde regering verlang sal
word.

political change n.
1. Change in the political circumstances, situation,
structure and institutions of a society. 2. Transition
from an existing political system or situation to
another.
♦ *politieke verandering* n.
1. Verandering in die politieke omstandighede,
situasie, struktuur en instellings van 'n samelewing.
2. Oorgang van 'n bestaande politieke stelsel of
situasie na 'n ander.

political clout n.
The capability to influence matters in the field of
politics.
♦ *politieke klapkrag* n. (politieke spierkrag).
Die mag om sake op politieke terrein te beïnvloed.

political colours n.
The true political orientation of a person or an
institution.
♦ *politieke kleure* n.
Die ware politieke oriëntasie van 'n persoon of
instelling.

P

political communication n.

The various ways by which political knowledge is transferred.

♦ *politieke kommunikasie* n.

Die verskillende maniere waardeur politieke kennis oorgedra word.

political correctness n. (PC).

Language or conduct that is considered appropriate to current societal and political preferences. This could include avoidance of language or conduct that is considered offensive, particularly with regard to race, gender and sexual orientation.

♦ *politieke korrektheid* n. (PK).

Taal of gedrag wat as toepaslik vir tydgenootlike maatskaplike en politieke voorkeure beskou word. Dit kan insluit vermyding van taal of gedrag wat as aanstootlik beskou word, veral met betrekking tot ras, gender en seksuele oriëntering.

political culture n.

The dominant ideas, beliefs and values that influence the pattern of political behaviour in a society.

♦ *politieke kultuur* n.

Die oorheersende idees, opvattings en waardes wat die politieke gedragspatroon in 'n samelewing beïnvloed.

political cycles n.

The growth and decline of extremes, in the long term, to which a political system is inclined. Short-term excesses in authoritarianism are, for example, often followed by a growth in liberalism.

♦ *politieke siklusse* n.

Die groei en verval van uiterstes, oor die langtermyn, waartoe 'n politieke stelsel neig. Korttermynbuitensporighede in outoritarisme word byvoorbeeld dikwels gevolg deur 'n groei in liberalisme.

political decentralisation n.

Reorganising political structures to remove the concentration of power from one or a few central units and spread it over a larger number of units with more autonomy.

♦ *politieke desentralisasie* n.

Die herorganisering van politieke strukture om die konsentrasie van mag van een of 'n paar sentrale eenhede weg te neem en dit oor 'n groter aantal eenhede met meer outonomie te versprei.

political desert n. <see also political wilderness>.

A situation where a political party or person is marginalised, ineffective and without direction.

♦ *politieke woestyn* n. <kyk ook politieke wildernis>.

'n Situasie waar 'n politieke party of persoon gemarginaliseer, oneffektief en rigtingloos is.

political dinosaur n.

A proponent of extinct political ideas.

♦ *politieke dinosaurus* n.

'n Voorstander van uitgediende politieke idees.

political dispensation n.

The rules and structures for the ordering and management of a political system.

♦ *politieke bedeling* n. (politieke dispensasie).

Die reëls en strukture vir die ordening en bestuur van 'n politieke stelsel.

political divide n.

A metaphorical barrier separating people or groups of people with differing political convictions.

♦ *politieke kloof* n.

'n Metaforiese versperring wat mense of groepe mense met verskillende politieke oortuigings van mekaar skei.

political domination n.

The exercise of political power over other persons, groups or institutions who cannot assert themselves effectively.

♦ *politieke oorheersing* n.

Die uitoefening van politieke mag oor ander persone, groepe of instellings wat hulle nie effektief kan laat geld nie.

Political Dynamics n.

The subject field for the study of political dynamics.

♦ *Politieke Dinamika* n.

Die vakgebied vir die bestudering van politieke dinamika.

political dynamics n.

The comprehensive processes that maintain a political system, drive political culture and include the political behaviour of individuals, groups and institutions.

♦ *politieke dinamika* n.

Die omvattende prosesse wat 'n politieke stelsel in stand hou, 'n politieke kultuur dryf en politieke gedrag van individue en instellings insluit.

Political Economy n.

The study of the interrelationship of political and economic processes.

♦ *Politieke Ekonomie* n.

Die studie van die onderlinge verwantskap tussen politieke en ekonomiese prosesse.

political economy n.

The interaction between political, governmental and economic processes.

♦ *politieke ekonomie* n.

Die wisselwerking tussen politieke, regerings- en ekonomiese prosesse.

political enculturation n. <see also political socialisation>.

The process through which changing values and practices, as well as newcomers, are incorporated into a particular political culture.

♦ *politieke enkulturasie* n. <kyk ook politieke sosialisering>.

Die proses waardeur veranderende waardes en praktyke, sowel as nuwelinge, in 'n bepaalde politieke kultuur opgeneem word.

political entryism n.

The practice of infiltrating organisations such as political parties in order to influence that party's policy from within.

◆ *politieke binnedringing* n.
Die praktyk om instellings soos politieke partye te infiltreer ten einde daardie party se beleid van binne af te beïnvloed.

political expectation n.
The anticipation by the people that certain actions would be performed, eg that the policy and actions of a newly elected leadership will accrue benefits to them.
◆ *politieke verwagting* n.
Die voorbaatverwagting by die bevolking dat bepaalde handelinge verrig sal word, bv dat die beleid en optrede van 'n pas verkose leierskap voordele aan hulle sal laat toeval.

political expediency n.
Acting in a way that provides the greatest political benefit, irrespective of moral considerations.
◆ *politieke dienstigheid* n.
Optrede op 'n wyse wat die grootste politieke voordeel inhou, ongeag morele oorwegings.

political forces n.
Persons, groups or institutions wielding great influence on political events.
◆ *politieke kragte* n.
Persone, groepe of instellings wat groot invloed op politieke gebeure uitoefen.

political freeloading n.
The habit of making the most of the generosity of others to advance one's own political ends without making a commensurate contribution in turn.
◆ *politieke vernietvretery* n.
Die gewoonte om die politieke vrygewigheid van andere uit te buit ten einde jou eie politieke doeleindes te bevorder sonder om 'n ooreenstemmende bydrae in ruil daarvoor te lewer.

political henchman n.
A loyal follower of a politician who does the bidding of his/her master without being critical of the moral issues involved.
◆ *politieke handlanger* n.
'n Getroue volgeling van 'n politikus wat sy/haar meester se opdragte uitvoer sonder om krities teenoor die morele aspekte daarvan te staan.

political inefficacy n.
Inability to produce the required political result.
◆ *politieke ondoelmatigheid* n.
Onvermoë om die vereiste politieke resultaat op te lewer.

political inefficiency n.
Inability to function in a way that produces the required political results effectively and with the least waste of effort.
◆ *politieke ondoeltreffendheid* n.
Onvermoë om so te funksioneer dat die vereiste politieke resultate effektief en met die minste verkwisting van inspanning opgelewer word.

political initiative n.
The initial step in a plan aimed at gaining advantageous political results.
◆ *politieke inisiatief* n.
Die aanvangstap in 'n plan om voordelige politieke resultate te behaal.

political insider n.
A person with access to confidential information due to being accepted into the inner circles of a political organisation.
◆ *politieke binnekringer* n.
'n Persoon met toegang tot vertroulike informasie weens sy/haar aanvaarding in die binnekring van 'n politieke organisasie.

political instability n.
Uncertainty and volatility in the political process resulting from variable and unpredictable behaviour by political role players.
◆ *politieke onstabiliteit* n.
Onsekerheid en onbestendigheid in die politieke proses vanweë veranderlike en onvoorspelbare gedrag deur politieke rolspelers.

political interference n.
1. Unwarranted intervention by politicians in the affairs of persons and institutions. 2. Unwarranted intervention in the political affairs of an institution.
◆ *politieke inmenging* n.
1. Ongeoorloofde inmenging deur politici in die aangeleenthede van persone en instellings.
2. Ongeoorloofde inmenging in die politieke aangeleenthede van 'n instelling.

P

political intolerance n.
Unwillingness to accept or accommodate political views, beliefs and practices other than your own.
◆ *politieke onverdraagsaamheid* n.
Onwilligheid om politieke sienings, oortuigings en praktyke wat nie jou eie is nie te aanvaar of te akkommodeer.

political issue n.
A matter of concern that requires political debate to resolve controversy and disagreement.
◆ *politieke strydvraag* n. (politieke kwessie).
'n Saak van belang wat tot twis en meningsverskil lei en 'n politieke debat vereis om op te los.

political knifework n.
The neutralising of a political adversary or rival in an underhand way.
◆ *politieke sluipstekery* n.
Die neutralisering van 'n politieke teenstander of mededinger op 'n onderduimse manier.

political leadership n.
The person or group of persons at the helm of a state or political party.
◆ *politieke leierskap* n.
Die persoon of groep persone aan die stuur van 'n staat of politieke party.

political leper n.
A politician, party or state spurned on moral or social grounds.
◆ *politieke melaatse* n.
'n Politikus, party of staat wat op morele of sosiale grondslag verwerp word.

political leverage n.
The power to influence or act effectively with regard to a political issue.
◆ *politieke armdraaivermoë* n. (politieke hefboommag).
Die mag om 'n politieke vraagstuk te beïnvloed of doeltreffend daarmee te handel.

politically arbitrary adj.
Characteristic of the behaviour of political leaders or officials who act impulsively, wilfully and high-handedly, contrary to accepted constitutional processes.
• **polities arbitrêr** adj. (polities willekeurig).
Kenmerkend van die gedrag van politieke leiers of ampsdraers wat impulsief, eiesinnig en eiegeregtig optree, strydig met aanvaarde grondwetlike prosesse.

politically inspired adj.
A case where the action was instigated with political motives.
• **polities geïnspireerd** adj.
'n Geval waar die optrede deur politieke dryfvere gestimuleer is.

political minority n.
A group of persons with different characteristics and political beliefs from those of the majority of society and unable to garner sufficient votes for a decisive influence on political events.
• **politieke minderheid** n.
'n Groep persone wie se eienskappe en politieke oortuigings van die meerderheid van 'n samelewing s'n verskil en wat nie in staat is om voldoende stemme vir 'n beslissende invloed op politieke gebeure te verwerf nie.

political model n.
A representation of the way in which a particular political system is structured.
• **politieke model** n.
'n Voorstelling van die manier waarop 'n bepaalde politieke stelsel gestruktureer is.

political modernisation n.
Adjusting a political system or party to contemporary ideals, standards or beliefs.
• **politieke modernisering** n. (politieke modernisasie).
Die aanpassing van 'n politieke stelsel of party by hedendaagse ideale, standaarde of oortuigings.

political mysticism n.
A school of thought as well as an experience of an ultimate non-empirical political reality, eg Joan of Arc and Nonquase had mystical experiences which in turn led to political action against their enemies.
• **politieke mistisisme** n.
'n Skool van denke sowel as 'n ervaring van 'n uiteindelik nie-empiriese politieke werklikheid, bv Johanna van Arkel en Nonquase het mistiese ervarings gehad wat op hulle beurt tot politieke aksie teen hulle vyande gelei het.

political need n.
The drive which individuals and groups experience about how authority should be exercised over them, as well as how they themselves should excercise authority.
• **politieke behoefte** n.
Die dryfveer wat individue en groepe ervaar oor hoe gesag oor hulle uitgeoefen moet word, asook hoe hulle self gesag moet uitoefen.

political nomad n.
A person who wanders from political party to political party.

• **politieke nomade** n.
'n Persoon wat van politieke party na politieke party swerf.

political obligation n.
1. The responsibility of the individual voter, citizen or inhabitant of a given state to obey its laws. 2. The basis of a government's right and responsibility to rule. 3. The requirement to render a service or favour of some kind in return for political support.
• **politieke verpligting** n.
1. Die verantwoordelikheid van die individuele kieser, burger of inwoner van 'n gegewe staat om die wette daarvan te gehoorsaam. 2. Die grondslag van 'n regering se reg en verantwoordelikheid om te regeer. 3. Die vereiste om 'n diens te lewer of guns van die een of ander aard te bewys in ruil vir politieke steun.

political observer n.
A person who watches and reports on political events, sometimes officially and/or by invitation.
• **politieke waarnemer** n.
'n Persoon wat politieke gebeure dophou en daaroor verslag doen, soms amptelik en/of op uitnodiging.

political order n.
The way in which the political life of a society is organised.
• **politieke orde** n.
Die wyse waarop die politieke lewe van 'n samelewing georganiseer is.

political participation n.
Involvement in the political process, eg by voting.
• **politieke deelname** n.
Betrokkenheid in die politieke proses, bv deur te stem.

political party n.
A group of people holding broadly similar views and organized to gain political power.
• **politieke party** n.
'n Groep mense wat breedweg ooreenstemmende menings huldig en wat georganiseer is om politieke mag te verwerf.

political persuasion n.
The particular political beliefs that an individual, a party or a movement maintains.
• **politieke oortuiging** n.
Die spesifieke politieke opvattings wat 'n individu, 'n party of 'n beweging huldig.

political persuasion n.
The activity of converting people to particular political beliefs.
• **politieke oorreding** n.
Die aktiwiteit om mense tot spesifieke politieke opvattings oor te haal.

political power n.
1. The ability to influence the behaviour of others through the exercise of political control. 2. The ability to influence political events.

♦ *politieke mag* n.
1. Die vermoë om die gedrag van andere deur die uitoefening van politieke beheer te beïnvloed.
2. Die vermoë om politieke gebeure te beïnvloed.

political powers n.
The authority to carry out specified political as well as administrative actions.
♦ *politieke bevoegdheid* n.
Die gesag om bepaalde politieke sowel as administratiewe handelinge te verrig.

political prisoner n.
A person imprisoned for an act considered hostile to the political dispensation of a state, including eg in an authoritarian state the expression of criticism towards the regime.
♦ *politieke gevangene* n.
'n Persoon wat in die tronk is weens 'n handeling wat as vyandelik teenoor die politieke bedeling van 'n staat beskou word, bv insluitende die uitspreek van kritiek teen die bewind in 'n outoritêre staat.

political process n.
A series of consecutive actions and proceedings to achieve political ends.
♦ *politieke proses* n.
'n Reeks opeenvolgende handelinge en verrigtinge om politieke oogmerke te verwesenlik.

political pump-priming n.
1. Activating political connections in order to set the agenda of a government or a party.
2. Conditioning a political system to ensure that it runs effectively.
♦ *politieke aanwakkering* n.
1. Aktivering van politieke konneksies om die agenda van 'n regering of party te bepaal.
2. Opknapping van 'n politieke stelsel om te verseker dat dit doeltreffend werk.

political reform n.
The changing of a political system to correct injustices and/or improve the functioning of the system.
♦ *politieke hervorming* n.
Die verandering van 'n politieke stelsel om veronregting te verwyder en/of om die stelsel se funksionering te verbeter.

political relations n.
The understanding and interaction between groups, parties and states that determine how they mutually deal with political matters.
♦ *politieke verhoudinge* n.
Die verstandhouding en interaksie tussen groepe, partye en state wat bepaal hoe hulle politieke aangeleenthede onderling hanteer.

political responsibility n.
Having authority for political action, coupled with the requirement to account for the execution of the action.
♦ *politieke verantwoordelikheid* n.
Met gesag vir politieke optrede beklee wees, gekoppel met die vereiste om rekenskap vir die uitvoering van die optrede te gee.

political rights n.
A person's entitlement to certain political freedoms and other benefits. In a liberal democracy these are often enshrined in the constitution.
♦ *politieke regte* n.
'n Persoon se reg op bepaalde politieke vryhede en ander voordele. In 'n liberale demokrasie word dit dikwels in die grondwet vasgelê.

political road show n.
A campaign to attract political support by holding travelling political meetings.
♦ *politieke ryskouspel* n. (politieke padkampanje).
'n Veldtog om politieke steun te wen deur rondreisende politieke vergaderings te hou.

political role n. <see also role>.
In structural functionalism that particular part of the observable behaviour of individuals which is involved in the political process.
♦ *politieke rol* n. <kyk ook rol>.
In strukturele funksionalisme daardie besondere deel van die waarneembare gedrag van individue wat in die politieke proses betrokke is.

political role player n.
A participant in a political process.
♦ *politieke rolspeler* n. (politieke akteur).
'n Deelnemer aan 'n politieke proses.

political say n.
The right to make one's standpoint heard in order to influence political decisions and actions.
♦ *politieke seggenskap* n.
Die reg om jou standpunt te laat hoor ten einde politieke besluite en optrede te beïnvloed.

Political Science → **Politicology**

political settlement n.
The agreement reached after discussion, negotiation and compromise on a political issue.
♦ *politieke skikking* n.
Die ooreenkoms oor 'n politieke kwessie wat na samesprekings, onderhandeling en kompromie bereik word.

political shenanigans n.
Questionable actions aimed at deceiving opponents in order to achieve political objectives.
♦ *politieke kaskenades* n. (politieke fopgedoentes).
Twyfelagtige optredes met die doel om opponente te mislei ten einde politieke doelwitte te bereik.

political side effect n.
An unintended and usually undesirable secondary consequence of some political action.
♦ *politieke newegevolg* n.
'n Onbedoelde en gewoonlik ongewenste sekondêre gevolg van een of ander politieke handeling.

political signalling n.
Actions designed to convey a specific message to other political role players.
♦ *politieke seingewing* n.
Optrede bedoel om 'n bepaalde boodskap aan ander politieke rolspelers oor te dra.

P

political skill n.
The adroitness with which political matters are handled.
• **politieke behendigheid** n. (politieke vaardigheid).
Die knapheid waarmee politieke aangeleenthede gehanteer word.

political sleight of hand n.
Deception by disguising the true nature of political intentions or actions.
• **politieke goëlery** n.
Misleiding deur die vermomming van die ware aard van politieke voornemens of optrede.

political socialisation n. <see also political enculturation>.
The process through which individuals acquire, from a young age onwards, political attitudes, views, norms and behaviour, and in which parents, educational institutions, gender, race, people and language group, religion, peer groups, workplaces, media and the historical spirit of the times play a key role.
• **politieke sosialisering** n. <kyk ook politieke enkulturasie>.
Die proses waardeur individue, van jongs af, politieke houdings, sienings, norme en gedrag aanleer, en waar ouers, onderwysinstellings, geslag, ras, volk en taalgroep, godsdiens, portuurgroepe, werkkringe, media en die historiese tydgees 'n kernrol speel.

political society n.
That facet of civil society that is organised around different interests that compete for the power of the state. Instruments of the struggle for political power include parties, fronts, political elites, leaders, alliances, elections, legislatures and certain media.
• **politieke samelewing** n.
Daardie faset van die burgerlike samelewing wat georganiseer word rondom verskillende belange wat om die staatsgesag meeding. Werktuie van die stryd om politieke mag sluit in partye, fronte, politieke elites, leiers, alliansies, verkiesings, wetgewers en sekere media.

political stability n.
The steadiness of a political system; its ability to handle demands and change in an orderly manner not leading to disintegration.
• **politieke stabiliteit** n.
Die standvastigheid van 'n politieke stelsel; sy vermoë om eise en verandering ordelik te hanteer sonder dat dit tot verbrokkeling lei.

political stewardship n.
1. The individual or group responsible for providing accountable leadership for a party, committee, or government. 2. The responsibility of an individual or group to provide such leadership.
• **politieke rentmeesterskap** n.
1. Die individu of groep verantwoordelik om verantwoordbare leierskap aan 'n party, komitee of regering te voorsien. 2. Die verantwoordelikheid van 'n individu of groep om sulke leierskap te voorsien.

political supremacy n.
The ability to wield unassailable political power.
• **politieke oppermagtigheid** n.
Die vermoë om onaantasbare politieke mag uit te oefen.

political symbol n.
Something that gives political meaning to that which is represented, eg a flag, national anthem or political leader.
• **politieke simbool** n.
Iets wat politieke betekenis gee aan dit wat verteenwoordig word, bv 'n vlag, volkslied of politieke leier.

political system n.
The form in which various doctrines, institutions and procedures are organised into a coherent whole for making, preserving and amending the general rules under which a society lives.
• **politieke stelsel** n.
Die vorm waarin verskillende doktrines, instellings en prosedures in 'n samehangende geheel georganiseer word om die algemene reëls waarvolgens 'n samelewing lewe, te maak, te bewaar en te wysig.

political tap-dancing n.
Uncertainty, wavering between standpoints, skirting around issues.
• **politieke bontspringery** n.
Onsekerheid, huiwering tussen standpunte, omseiling van vraagstukke.

political tightrope n.
A precarious situation involving difficult political choices and requiring carefully considered actions in order to avoid adverse political consequences.
• **politieke balanseerkoord** n.
'n Ligloopsituasie waarby moeilike politieke keuses betrokke is en wat oorwoë optrede vereis om nadelige politieke nagevolge te vermy.

political turmoil n.
Commotion, confusion and turbulence in the political system.
• **politieke woelinge** n.
Beroering, verwarring en onstuimigheid in die politieke stelsel.

political unison n.
Complete agreement among political leaders and/or parties.
• **politieke eenstemmigheid** n. (politieke eensgesindheid).
Algehele instemming onder politieke leiers en/of partye.

political unity n.
A condition in which the interests of political role players are in sufficient agreement to cause them to act in harmony to further their goals.
• **politieke eenheid** n.
'n Toestand waarin die belange van politieke rolspelers voldoende ooreenstem om hulle te noop om in harmonie op te tree ten einde hulle doelstellings te bevorder.

political unrest n.
Political discontent that spawns action disruptive to the existing order.

P

٠ politieke onrus n.
Politieke ontevredenheid wat optrede voortbring wat ontwrigtend op die bestaande orde inwerk.

political violence n.
The politically inspired application of physical force to cause damage or destruction.
٠ politieke geweld n.
Die politiek geïnspireerde aanwending van fisieke mag om skade of vernietiging teweeg te bring.

political want n.
A wish among the electorate for political action perceived as a need.
٠ politieke begeerte n.
'n Wens onder die kiesers vir politieke optrede wat as 'n behoefte gesien word.

political warfare n.
The use of political means to force a state's will on an opponent in order to achieve national objectives.
٠ politieke oorlogvoering n.
Die gebruik van politieke middele om 'n staat se wil op 'n opponent af te dwing ten einde nasionale doelwitte te bereik.

political wilderness n. <see also political desert>.
A situation where a political party or person has lost support and battles to regain political effectiveness.
٠ politieke wildernis n. <kyk ook politieke woestyn>.
'n Situasie waarin 'n politieke party of persoon ondersteuning verloor het en 'n stryd voer om politieke effektiwiteit te herwin.

politicise v.
1. An action whereby an issue that has previously been located in a nonpartisan arena of deliberation and decision making, is taken into the arena of partisan and divisive politics eg to politicise the question of toll roads. 2. To create political awareness or to draw a matter previously outside politics into the political arena.
٠ politiseer v. (verpolitiseer).
1. 'n Handeling waardeur 'n vraagstuk wat voorheen binne 'n niepartypolitieke arena van bespreking en besluitneming geleë was, na die arena van partydige en verdelende politiek geneem word, bv om die vraagstuk van tolpaaie te politiseer. 2. Om politiekbewustheid te skep of 'n politieke element in 'n saak in te bring wat vantevore buite die politieke arena was.

politicise v.
To create political awareness and form political views, usually in a specific target group.
٠ politiseer v.
Om politiekbewustheid te skep en om politieke menings te vorm, gewoonlik in 'n spesifieke teikengroep.

politicking v.
Engaging in self-serving political activity.
٠ politiekery v.
Om in eie belang in politieke bedrywigheid betrokke te wees.

Politicology n. (Politics, Political Science, Politology).
The study of politics, political systems, political theories, the state, power relations, government, political institutions and political processes.
٠ Politikologie n. (Politiek, Politieke Wetenskap, Politologie, Staatsleer).
Die studie van die politiek, politieke stelsels, politieke teorieë, magsverhoudings, die staat, regering en politieke instellings en prosesse.

Politics → Politicology

politics n.
1. The activity through which people make, preserve and amend the general rules under which they live. These rules can be enforced on a whole society. 2. A process in which people compete for power and authority, recruit supporters (known as a power base), and make and enforce rules within society. 3. Power relations within states and among states in the international community. 4. A popular term for quests of power and control in eg a business enterprise and a rugby union.
٠ politiek n.
1. Die aktiwiteit waardeur mense die algemene reëls maak waarvolgens hulle lewe, hulle in stand hou en verander. Dié reëls kan afgedwing word op 'n hele samelewing. 2. 'n Proses waarin mense om mag en gesag meeding, groepe van ondersteuners (bekend as 'n magsbasis) werf, en reëls vir 'n samelewing maak en afdwing. 3. Magsverhoudings binne state, en tussen state in die internasionale gemeenskap. 4. 'n Populêre term vir strewes na mag en beheer in bv 'n besigheid en 'n rugbyunie.

Politology → Politicology

polity n.
Any politically organised entity such as a state, province, local government and tribal or traditional authority.
٠ politie n.
Enige polities georganiseerde entiteit soos 'n staat, provinsie, plaaslike regering en 'n stam- of tradisionele owerheid.

poll → ballot

poll → ballot

poll → ballot box

poll n.
The surveying of a representative sample of a larger group of people in order to arrive at a conclusion with regard to the larger group's opinions or actions; often used during the run-up to elections.
٠ opname n. (peiling).
Die uitvra van 'n verteenwoordigende steekproef uit 'n groter groep mense ten einde 'n slotsom te bereik rakende die groter groep se menings of optrede; word veral gebruik tydens die aanloop tot 'n verkiesing.

polling booth n. (voting booth).
An enclosed area for the casting of votes.
٠ stemhokkie n.
'n Omslote area vir die uitbring van stemme.

polling day n. (voting day).
The day on which a voter casts his/her ballot.

P

P

⋆ *stemdag* n.
Die dag waarop 'n kieser sy/haar stem uitbring.

polling officer n. (voting officer).
Any electoral official working in the polling station under the supervision of the presiding officer.
⋆ *stembeampte* n.
Enige verkiesingsbeampte wat in die stemburo onder die toesig van die voorsittende beampte werk.

polling station n. (voting station).
1. A building designated as the place where voters are to cast their ballots. 2. A venue where people cast their votes during an election.
⋆ *stemburo* n.
1. 'n Gebou wat aangewys is as die plek waar kiesers hulle stemme gaan uitbring. 2. 'n Plek waar mense hulle stem tydens 'n verkiesing uitbring.

pollster n.
Person conducting a poll.
⋆ *meningsopnemer* n. (meningspeiler).
Persoon wat 'n opname doen.

polyarchy n.
A form of regime which comes close to the ideal of democracy based on public contestation and participation in the political process, as well as the answerability of powerholders to the electorate by recurring and competitive elections.
⋆ *poliargie* n.
'n Owerheidsvorm wat na aan die ideaal van demokrasie kom en wat gegrond is op openbare wedywer en deelname aan die politieke proses sowel as die verantwoordbaarheid van maghebbers aan die kiesers deur gereelde en mededingende verkiesings.

popular decision-making n.
Participation by the general population in the decision-making process.
⋆ *populêre besluitneming* n. (volksbesluitneming).
Deelname deur die algemene bevolking aan die besluitnemingsproses.

popular democracy n. <see also people's democracy>.
A system in which power rests with the people, who elect representatives to rule on their behalf. This is in contrast to elite driven democracy.
⋆ *populêre demokrasie* n. <kyk ook volksdemokrasie>.
'n Stelsel waar die mag by die volk berus wat verteenwoordigers verkies om namens hulle te regeer. Dit is in teenstelling met elitegedrewe demokrasie.

popular front n.
An alliance of usually left-wing, revolutionary, nationalist and/or liberation political parties with a common goal such as opposition to fascism and colonialism; marxists in particular use this term.
⋆ *populêre front* n. (volksfront).
'n Alliansie van gewoonlik linkse, rewolusionêre, nasionalistiese en/of bevrydingspolitieke partye met 'n gemeenskaplike oogmerk soos teenstand teen fascisme en kolonialisme; veral marxiste gebruik die term.

popular initiative n.
The right, especially in the USA and Switzerland, of citizens outside the legislature to initiate legislation by petition.
⋆ *volksinisiatief* n. (burgerlike inisiatief).
Die reg, veral in die VSA en Switserland, van burgers buite die wetgewer om wetgewing deur middel van 'n versoekskrif aan die gang te sit.

popular participation n.
A system whereby the general population takes part in the processes of government, eg through referenda and the election of representatives.
⋆ *populêre deelname* n. (volksdeelname).
'n Stelsel waardeur die algemene bevolking deur middel van bv referenda en die verkiesing van verteenwoordigers aan regeringsprosesse deelneem.

popular vote n.
The will of the general population as expressed at the polling station.
⋆ *populêre stem* n. (volkstem).
Die wil van die algemene bevolking soos by die stemburo uitgedruk.

population census → census

population density n.
The number of people per unit of area, eg per km^2.
⋆ *bevolkingsdigtheid* n.
Die getal persone per eenheid van gebied, bv per km^2.

population exchange n.
The more or less simultaneous transfer of two populations in opposite directions, such as occurred during the partition of India and Pakistan in 1947.
⋆ *bevolkingsruiling* n.
Die nagenoeg gelyktydige verplasing van twee bevolkings in teenoorgestelde rigtings, soos tydens die verdeling van Indië en Pakistan in 1947.

population explosion n.
The uncontrolled rapid increase of a population.
⋆ *bevolkingsontploffing* n.
Die onbeheerde snel toename van 'n bevolking.

population group n.
A segment of the general population considered as a collective unit on the basis of some yardstick, eg culture. Under apartheid in South Africa the population was classified into population groups on the basis of colour and culture.
⋆ *bevolkingsgroep* n.
'n Segment van die algemene bevolking wat aan die hand van een of ander maatstaf, bv kultuur, as 'n kollektiewe eenheid gesien word. Onder apartheid in Suid-Afrika is die bevolking op grond van kleur en kultuur in bevolkingsgroepe ingedeel.

population ratio n.
The number of people in a specified group expressed in proportion to the number of people in the general population.
⋆ *bevolkingsverhouding* n.
Die getal mense in 'n bepaalde groep uitgedruk in verhouding tot die getal mense in die algemene bevolking.

population register n.
An official record of the personal details of the members of the population.
+ *bevolkingsregister* n.
'n Amptelike rekord van die persoonlike besonderhede van die lede van die bevolking.

population removal n.
The act of relocating the people who inhabit an area, region or state to a different area, region or state.
+ *bevolkingsverwydering* n.
Die handeling om die mense wat 'n gebied, streek of staat bewoon, in 'n ander gebied, streek of staat te hervestig.

population transfer n.
A form of migration involving the forced movement of a large number of people from one area to another in terms of a coherent policy to achieve political ends, eg the expulsion of Germans from Eastern Europe after World War II.
+ *bevolkingsoordrag* n.
'n Vorm van migrasie wat die gedwonge verskuiwing behels van 'n groot aantal mense van een gebied na 'n ander ingevolge 'n samehangende beleid om politieke doeleindes te verwesenlik, bv die uitsetting van Duitsers uit Oos-Europa na die Tweede Wêreldoorlog.

populism n.
A doctrine and related behaviour embracing the furthering of the interests of ordinary people.
+ *populisme* n.
'n Leerstelling en verwante gedrag wat die bevordering van die belange van gewone mense behels.

populist regime n. <preferred term> (populist state).
A form of regime in which the ruling elite legitimates its rule in the belief that the needs of the masses are the only legitimate guide to political action. This form of rule appeals to popular instincts, aspirations and resentments.
+ *populistiese bewind* n. <voorkeurterm> (populistiese staat).
'n Owerheidsvorm waarin die regerende elite sy heerskappy legitimeer in die geloof dat die behoeftes van die massas die enigste geloofwaardige gids vir politieke optrede is. Hierdie bewindsvorm doen 'n beroep op populêre instinkte, ambisies en wrokke.

populist state → **populist regime**

pork-barreling n. <USA>.
A form of legal political patronage to lobby support, originally appropriations from the Federal Treasury of the USA that were larger than really necessary to improve government facilities, such as harbours or military bases.
+ *politieke begunstiging* n.
'n Vorm van wettige politieke voortrekkery om steun te werf, oorspronklik toewysings uit die federale skatkis van die VSA wat groter was as wat werklik nodig was om regeringsfasiliteite soos hawens of militêre basisse te verbeter.

portfolio committee n.
In South Africa a committee of the National Assembly established to oversee a specific ministerial portfolio, eg the Portfolio Committee on Foreign Affairs.
+ *portefeuljekomitee* n.
In Suid-Afrika 'n komitee van die Nasionale Vergadering wat ingestel is om oor 'n bepaalde ministeriële portefeulje toesig te hou, bv die Portefeuljekomitee oor Buitelandse Sake.

positive rights n. <see also negative rights>.
The collective obligation of society to act in the interest of the holder of a right, eg the right to a minimum standard of living, public education, national security and health care.
+ *positiewe regte* n. <kyk ook negatiewe regte>.
Die kollektiewe verpligting van die samelewing om in die belang van die houer van 'n reg op te tree, bv die reg op 'n minimum lewenstandaard, openbare onderwys, nasionale veiligheid en gesondheidsorg.

poverty cycle n. (cycle of poverty).
A recurring sequence of events in which poverty leads to further poverty instead of upliftment, due to the intervention of factors outside the control of the persons concerned. The cycle tends to be intergenerational.
+ *armoedekringloop* n.
'n Herhalende opeenvolging van gebeure waarin armoede lei tot verdere armoede in plaas van opheffing, vanweë die tussenkoms van faktore buite die beheer van die betrokke persone. Die kringloop is geneig om tussen generasies voortgesit te word.

power n.
A state with the capacity to exercise authority or control over weaker or less powerful states, eg India is a power in international relations.
+ *moondheid* n.
'n Staat met die vermoë om gesag of beheer oor swakker of minder magtige state uit te oefen, bv Indië is 'n moondheid in internasionale verhoudinge.

power n. <see also authority>.
The capacity to influence the conduct of others, typically to reward or to punish.
+ *mag* n. <kyk ook gesag>.
Die vermoë om die gedrag van andere te beïnvloed, tipies om te beloon of te straf.

power base n. <see also constituency>.
The support of a committed following which allows a person or group to exercise power.
+ *magsbasis* n. <kyk ook kiesergevolg>.
Die steun van toegewyde aanhangers wat 'n persoon of groep toelaat om mag uit te oefen.

power bloc → **power block**

power block n. (power bloc).
Several individuals, groups or states consolidating their power to achieve a specific purpose.

P

P

• *magsblok* n.
Verskeie individue, groepe of state wat hulle mag konsolideer om 'n bepaalde doel te bereik.

power centre → **centre of power**

power elite n.
A minority in society in whose hands power, wealth or status is concentrated.
• *magselite* n.
'n Minderheid in 'n samelewing in wie se hande mag, rykdom of status gekonsentreer is.

power of the vote n.
The capacity to influence the governing of a political unit through the ability to vote.
• *stemkrag* n. (krag van die stem).
Die vermoë om die regeer van 'n politieke eenheid te beïnvloed deur te kan stem.

power politics n. (machtpolitik <from German>).
1. The practice whereby a state furthers its own interests through the use, or threatened use, of military or economic power, usually in the international arena. 2. The way in which a state projects its power in international relations, using overt and covert force to coerce allies and opponents towards a particular point of view.
• *magspolitiek* n.
1. Die praktyk waarvolgens 'n staat sy eie belange bevorder deur die gebruik van militêre of ekonomiese mag, of die dreigement om dit te gebruik, gewoonlik in die internasionale arena. 2. Die manier waarop 'n staat sy mag in internasionale verhoudinge projekteer, deur die gebruik van openlike en bedekte mag om bondgenote en opponente na 'n bepaalde standpunt toe te dwing.

powers n. <law>.
Authority or capacity vested in a person by virtue of an office held to despatch business, to govern and make final decisions.
• *bevoegdheid* n. <reg>.
Gesag of vermoë wat uit hoofde van 'n amp wat beklee word in 'n persoon setel om sake af te handel, te regeer en finale besluite te neem.

power sharing n.
A way of governing in which two or more parties participate in decision-making, division of state revenue and resources. The practice could be by convention or by constitutional prescription.
• *magsdeling* n.
'n Manier van regeer waarin twee of meer partye deelneem aan besluite, verdeling van staatsinkomste en hulpbronne. Die praktyk kan deur konvensie of grondwetlike voorskrif plaasvind.

power state n.
A state in which unfettered political power is exercised by a powerful elite considered to embody the will of the majority.
• *magstaat* n.
'n Staat waarin onbelemmerde politieke mag uitgeoefen word deur 'n magtige elite wat as die beliggaming van die meerderheid se wil gesien word.

powers that be n. <the powers that be>.
Those in established authority.

• *owerheid* n. <die owerheid>.
Diegene in gevestigde gesagsposisies.

power structure n.
The arrangement of power and the interrelationship of those who exercise power within a given entity.
• *magstruktuur* n.
Die rangskikking van mag, en die onderlinge verhouding van diegene wat die mag uitoefen, in 'n gegewe entiteit.

power struggle n.
An intense conflict between contending parties for the control of political resources.
• *magstryd* n.
'n Intense konflik tussen mededingende partye om die beheer van politieke hulpbronne.

PPS → **parliamentary private secretary**

praetorian politics n.
Politics conducted under strong military influence.
• *pretoriaanse politiek* n.
Politiek wat onder sterk militêre beïnvloeding bedryf word.

praise singer → **imbongi**

prebend n.
Originally the right of a member of the clergy of the Roman Catholic Church to a share of a cathedral's income. The term has broadened into politics where it is seen as a share of the revenue of a state claimed as an entitlement by office holders for the benefit of themselves, their next of kin and friends.
• *prebende* n.
Oorspronklik die reg van geestelikes van die Rooms-Katolieke Kerk op 'n deel van 'n gemeente se inkomste. Die term het uitgebrei na die politiek waar dit beskou word as 'n deel van 'n staat se inkomste waarop ampsbekleërs 'n aanspraak het tot voordeel van hulself, hul naasbestaandes en vriende.

pre-empt v.
To act in advance of an imminent action by another state or force in order to prevent that state or force from achieving its purpose.
• *voorspring* v.
Om vroegtydig teen 'n dreigende handeling deur 'n ander staat of mag op te tree ten einde daardie staat of mag te verhoed om sy doel te bereik.

pre-emptive attack n.
An attack initiated on the basis of incontrovertible evidence that an enemy attack is imminent.
• *voorspringaanval* n.
'n Aanval wat geloods word op grond van onweerlegbare getuienis dat 'n vyandelike aanval op hande is.

pre-emptive operation n.
An operation launched on the basis of incontrovertible evidence that an enemy attack is imminent.
• *voorspringoperasie* n.
'n Operasie wat van stapel gestuur word op grond van onweerlegbare getuienis dat 'n vyandelike aanval op hande is.

pre-emptive strike n.
A strike initiated on the basis of incontrovertible evidence that an enemy attack is imminent.
• *voorspringslaanaanval* n.
'n Slaanaanval wat geloods word op grond van onweerlegbare getuienis dat 'n vyandelike aanval op hande is.

prefecture n. <see also designated city>.
A level of local government in France, Japan and a number of other states, varying considerably in extent and powers between these states.
• *prefektuur* n. <kyk ook aangewysde stad>.
'n Plaaslikeregeringsvlak in Frankryk, Japan en 'n aantal ander state, wat aansienlik in omvang en bevoegdheid tussen daardie state wissel.

premier n. <see also first minister; prime minister>.
The chief minister of a government in a parliamentary form of executive. The use of the terms premier, prime minister and first minister depends on the political system concerned.
• *premier* n. <kyk ook primariusminister; eerste minister>.
Die hoofminister van 'n regering in 'n parlementêre vorm van uitvoerende gesag. Die gebruik van die terme premier, eerste minister en primariusminister hang af van die betrokke politieke stelsel.

premier-elect n.
A premier who has been elected but not yet installed in office.
• *aangewese premier* n.
'n Premier wat verkies is, maar nog nie ingehuldig is nie.

president n. <see also prime minister>.
The head of state of a republic. In some instances both head of state and head of government, eg the president of the USA.
• *president* n. <kyk ook eerste minister>.
Die staatshoof van 'n republiek. In sommige gevalle beide die staatshoof en regeringshoof, bv die president van die VSA.

presidential address → **state of the nation address**

presidential contender n.
A strong competitor for election to the office of president.
• *presidensiële aanspraakmaker* n.
'n Sterk mededinger vir verkiesing tot die presidentsamp.

presidential executive → **extraparliamentary executive**

presiding officer n. <electoral term>.
An electoral official charged with coordinating and supervising the voting at a polling station in order to ensure free and fair results.
• *voorsittende beampte* n. <verkiesingsterm>.
'n Verkiesingsbeampte belas met die koördinering van en toesig oor die stemming by 'n stemburo ten einde vrye en regverdige uitslae te verseker.

press freedom → **freedom of the press**

pressure group n.
An organised group that endeavours to advance the interests of its members by influencing government policy through vigorous action.
• *drukgroep* n.
'n Georganiseerde groep wat poog om die belange van sy lede te bevorder deur regeringsbeleid met kragdadige optrede te beïnvloed.

preventive detention n.
Holding in custody a person suspected of intending to commit a crime, eg a terrorism suspect.
• *voorkomingsaanhouding* n.
'n Persoon in hegtenis aanhou wat daarvan verdink word dat hy/sy 'n misdaad gaan pleeg, bv 'n terrorismeverdagte.

preventive diplomacy n.
Attempts to prevent or limit violence by taking diplomatic action in advance of a predictable crisis.
• *voorkomingsdiplomasie* n. (voorkomende diplomasie).
Pogings om geweld te voorkom of te beperk deur vroegtydige diplomatieke optrede in 'n voorspelbare krisis.

preventive measures n.
Precautionary steps taken to keep an undesirable event from happening.
• *voorkomingsmaatreëls* n.
Voorsorgstappe wat gedoen word om te verhoed dat 'n ongewenste gebeurtenis plaasvind.

preventive war n.
War initiated in the belief that armed conflict, while not imminent, is inevitable and that to delay would involve greater risk.
• *voorkomingsoorlog* n.
Oorlog wat van stapel gestuur word weens die oortuiging dat gewapende konflik onvermydelik is al dreig dit nie op die oomblik nie en dat dit 'n groter risiko sal inhou om dit te vertraag.

previously disadvantaged individual n. <see also historically disadvantaged> (PDI).
A person who was excluded from the franchise before the institution of the three chamber parliament in South Africa and only received it in 1994.
• *voorheen benadeelde individu* n. <kyk ook histories benadeeldes> (VBI).
'n Persoon wat van stemreg uitgesluit was voor die instelling van die driekamerparlement in Suid-Afrika en dit eers in 1994 verkry het.

primacy of the constitution n. (supremacy of the constitution).
The doctrine and related behaviour that recognises the constitution as the highest law of the state.
• *oppergesag van die grondwet* n. (oppergesag van die konstitusie).
Die leerstelling en verwante gedrag wat die grondwet as die hoogste wet van die staat erken.

primary n. (primary election).
An election held to nominate candidates of a specific party to contend for public office in forthcoming elections; typical of the USA.

P

voorafverkiesing n.
'n Verkiesing wat gehou word om kandidate van 'n bepaalde party aan te wys om vir openbare ampte te staan in verkiesings wat op hande is; tipies van die VSA.

primary election → **primary**

prime minister n. <see also first minister; premier; president>.
1. The head of government in states with a parliamentary system of the executive, as well as both a head of state and a head of government. Usually the leader of the majority party and/or coalition and often appointed by the head of state. 2. The principal minister and head of a cabinet in a monarchy.

eerste minister n. <kyk ook premier; president; primariusminister>.
1. Die regeringshoof in state met 'n parlementêre stelsel van uitvoerende gesag, sowel as beide 'n staatshoof en 'n regeringshoof. Gewoonlik die leier van die meerderheidsparty en/of koalisie en dikwels deur die staatshoof aangestel. 2. Die hoofminister en hoof van 'n kabinet in 'n monargie.

prince n.
A hereditary title for a male member of the nobility, particularly a son of the king or queen.

prins n.
'n Oorerflike titel vir 'n manlike lid van die adel, veral die seun van 'n koning of koningin.

prince consort n.
Title of the prince who is married to a reigning queen.

prinsgemaal n.
Titel van die prins wat getroud is met 'n heersende koningin.

princedom n. <principality>.
A territory reigned over by a monarch called a prince.

prinsdom n. <prinsipaliteit, vorstedom>.
'n Grondgebied waaroor 'n monarg regeer wat 'n prins genoem word.

Prince of Wales n.
The title of the male successor to the throne of the United Kingdom.

Prins van Wallis n.
Die titel van die manlike troonopvolger van die Verenigde Koningryk.

prince regent n.
A prince who rules on behalf of a monarch because of the monarch's inability or absence.

prins-regent n.
'n Prins wat namens 'n monarg regeer weens laasgenoemde se onvermoë of afwesigheid.

prince royal n.
In some monarchies the title of the crown prince.

vorsteprins n.
In sommige monargieë die titel van die kroonprins.

princess n.
A hereditary title for a female member of the nobility, particularly a daughter of the king or queen.

prinses n.
'n Oorerflike titel vir 'n vroulike lid van die adel, veral die dogter van 'n koning of koningin.

Princess of Wales n.
The courtesy title for the wife of the Prince of Wales.

Prinses van Wallis n.
Die eretitel vir die vrou van die Prins van Wallis.

princess royal n.
The eldest daughter of a British monarch. The title is not always conferred.

vorsteprinses n.
Die oudste dogter van 'n Britse monarg. Die titel word nie altyd toegeken nie.

principles of war n.
The norms that determine how wars are won, and which are analysed and practised by all armed forces. Among these are surprise, mobility and concentration of force.

beginsels van oorlog n.
Die norme wat bepaal hoe oorloë gewen word, en wat deur alle weermagte ontleed en ingeoefen word. Hieronder val verrassing, beweeglikheid en konsentrasie van mag.

prisoner of war n.
A member of the armed forces who is captured by enemy forces while he/she is engaged in military operations under the orders of his/her government.

krygsgevangene n.
'n Lid van die gewapende magte wat deur vyandelike magte gevange geneem word terwyl hy/sy in opdrag van sy/haar regering aan krygsverrigtinge deelneem.

private bill n. <see also private member's bill>.
Proposed legislation of limited concern that is introduced in a parliament and deals with a limited subject such as companies, universities and individuals in contrast to a public bill that is of general concern.

private wetsontwerp n. <kyk ook privaatlidwetsontwerp>.
Voorgestelde wetgewing wat aan 'n parlement voorgelê word en 'n beperkte onderwerp soos maatskappye, universiteite en individue behandel, in teenstelling met 'n openbare wetsontwerp wat van algemene belang is.

private member's bill n. <see also private bill>.
In contrast to a public bill, this is a bill put forward by an individual member of parliament or other assembly in his/her private capacity, dealing with a public topic.

privaatlidwetsontwerp n. <kyk ook private wetsontwerp>.
In teenstelling met 'n openbare wetsontwerp, is hierdie 'n wetsontwerp wat deur 'n individuele lid van die parlement of ander vergadering in sy/haar private hoedanigheid voorgelê word en wat oor 'n openbare saak handel.

privatise v.
1. To transfer or sell public assets to private ownership. 2. To outsource government functions and services to private firms.

♦ privatiseer v.
1. Om openbare bates aan private besit oor te dra of te verkoop. 2. Om owerheidsfunksies en dienste aan privaat ondernemings uit te bestee.

procedural motion → **order motion**

proclamation n.
An official public announcement that usually prescribes certain measures.
♦ proklamasie n.
'n Amptelike, openbare bekendmaking wat gewoonlik bepaalde voorskrifte bevat.

prohibited area n. <see also forbidden area>.
A specified area, including buildings and other structures, to which access is restricted to authorised persons whose duties require it.
♦ verbode gebied n. <kyk ook spergebied>.
'n Omskrewe gebied, insluitend geboue en ander strukture, waartoe toegang slegs verleen word aan gemagtigde persone wie se pligte dit vereis.

prohibited immigrant n.
A person from a foreign state who is forbidden entry into another state.
♦ verbode immigrant n.
'n Persoon van 'n buitelandse staat wat toegang tot 'n ander staat verbied word.

promulgate v.
To put a law or decree into effect by means of a formal announcement.
♦ uitvaardig v. (promulgeer).
Om 'n wet of verordening in werking te stel deur 'n formele aankondiging.

propaganda n.
Any form of communication manipulated to influence the opinions, emotions, attitudes or behaviour of any group in order to benefit the sponsor, directly or indirectly.
♦ propaganda n.
Enige vorm van kommunikasie wat gemanipuleer word om die menings, emosies, houdings of gedrag van enige groep te beïnvloed ten einde die borg regstreeks of onregstreeks te bevoordeel.

proportional electoral system n.
A system of political representation in which the votes received at a poll are translated mathematically into the proportional number of seats allocated to parties in a legislature.
♦ proporsionele kiesstelsel n.
'n Stelsel van politieke verteenwoordiging waarin die stemme wat in 'n verkiesing uitgebring word wiskundig in verhouding omgeskakel word na die getal setels wat aan partye in 'n wetgewer toegeken word.

proportional representation n.
The representation of parties in an assembly based on the allocation of seats in proportion to the share of votes that a party received relative to the total number of votes cast in an election.
♦ proporsionele verteenwoordiging n.
Die verteenwoordiging van partye in 'n vergadering gebaseer op die toekenning van setels volgens die aandeel van die stemme wat 'n party ontvang het relatief tot die totale getal stemme wat in 'n verkiesing uitgebring is.

prorogation n. <see also parliament adjourns>.
The temporary discontinuation of the proceedings of a legislative institution without dissolving it, eg going into recess.
♦ prorogering n. <kyk ook parlement gaan uiteen> (prorogasie).
Die tydelike staking van die verrigtinge van 'n wetgewende instelling sonder om dit te ontbind, bv om in reses te gaan.

proscribe v.
To prohibit or outlaw a person, organisation or an action
♦ verbied v.
Om 'n persoon, organisasie of 'n handeling te belet of onwettig te verklaar.

protective services n.
Institutions that guard persons and property against harm. This service can be from the public sector, funded by tax revenue, or from the private sector, against payment by the customer. Examples are the police, fire brigade and security companies.
♦ beskermingsdienste n.
Instellings wat persone en eiendom teen kwaad beskerm. Hierdie diens kan deur die openbare sektor gelewer word, uit belastinginkomste befonds, of deur die privaat sektor, teen betaling deur die kliënt. Voorbeelde is die polisie, brandweer en sekerheidsmaatskappye.

Protestant Reformation n. <the Protestant Reformation>.
A 16th century religious reform movement in the Roman Catholic Church which led to the establishment of Protestantism as a separate system of Christian beliefs.
♦ Protestantse Hervorming n. <die Protestantse Hervorming>.
'n 16de eeuse godsdienstige hervormingsbeweging in die Rooms-Katolieke Kerk wat gelei het tot die totstandkoming van Protestantisme as 'n afsonderlike vorm van Christelike geloof.

protocol n.
1. Precepts for the correct procedures and behaviour at official functions. This is especially important in the conduct of diplomatic relations. 2. The record of an international agreement or draft agreement, or an amendment to such an agreement, or an appendix clarifying the content of such an agreement.
♦ protokol n.
1. Voorskrifte vir die korrekte prosedures en gedrag by amptelike funksies. Dit is veral belangrik in die voer van diplomatieke betrekkinge. 2. Die rekord van 'n internasionale ooreenkoms of konsepooreenkoms, of 'n wysiging van so 'n ooreenkoms, of 'n aanhangsel wat die inhoud van so 'n ooreenkoms opklaar.

province n.
A geographically demarcated territory functioning as an administrative division of a state.
♦ provinsie n.
'n Geografies afgebakende grondgebied wat as 'n administratiewe afdeling van 'n staat funksioneer.

P

provincial administration n.
The administration pertaining to a provincial government.
• **provinsiale administrasie** n.
Die administrasie van 'n provinsiale regering.

provincial secretary n.
The chief executive official of government in a province of the state.
• **provinsiale sekretaris** n.
Die hoof- uitvoerende beampte van die regering in 'n provinsie van die staat.

proxy forces n. (surrogate forces).
Forces belonging to a third party, employed against a state's adversaries in cases where the principal state cannot or does not wish to commit its own forces to the conflict.
• **surrogaatmagte** n.
Magte wat aan 'n derde party behoort en teen 'n staat se teenstanders aangewend word in gevalle waar die hoofstaat nie sy eie magte in die konflik kan of wil instoot nie.

proxy poll → **proxy vote**

P **proxy vote** n. (proxy poll).
A vote that is exercised by someone other than the original voter but on his/her behalf according to a documentary mandate from the original voter.
• **volmagstem** n.
'n Stem wat deur iemand anders as die oorspronklike stemgeregtigde uitgebring word, maar ten behoewe van hom/haar volgens 'n geskrewe mandaat van die oorspronklike stemgeregtigde.

proxy war n. (war by proxy).
War in which the armed forces of the main protagonists are not directly involved and use is made of surrogate forces.
• **handlangeroorlog** n.
Oorlog waarin die weermagte van die hoofrolspelers nie regstreeks betrokke is nie en waarin daar van surrogaatmagte gebruik gemaak word.

psychological warfare n.
The use of propaganda and other psychological means in order to influence the behaviour of hostile and neutral groups in support of national objectives and security actions.
• **sielkundige oorlogvoering** n.
Die gebruik van propaganda en ander sielkundige middele ten einde die gedrag van vyandige en neutrale groepe ter ondersteuning van nasionale doelwitte en veiligheidsoptrede te beïnvloed.

ptochocracy n.
The exercise of political power by the poor.
• **ptokokrasie** n.
Die uitoefening van politieke mag deur die armes.

public accountability n.
The duty of a political representative or a public official to report his/her actions openly in a civic forum and take responsibility for them.
• **openbare verantwoordingspligtigheid** n.
Die plig van 'n politieke verteenwoordiger of 'n openbare amptenaar om openlik oor sy/haar optrede in 'n burgerforum verslag te doen en om verantwoordelikheid daarvoor te aanvaar.

Public Administration n.
The academic discipline that studies and researches the activities of public or government bureaucracies, government agencies and authorities as well as other institutions that deliver a public service, using public funds.
• **Publieke Administrasie** n.
Die akademiese dissipline wat die aktiwiteite bestudeer en navors van openbare of regeringsburokrasieë, regeringsagentskappe en -owerhede, sowel as ander instellings wat 'n openbare diens lewer deur die gebruik van openbare fondse.

public administration n.
The management, co-ordination and execution of the affairs of a government.
• **openbare administrasie** n. (publieke administrasie).
Die bestuur, koördinering en uitvoering van die sake van 'n regering.

public diplomacy n.
The dissemination of information by diplomats and diplomatic agencies in order to influence public opinion in other states; often considered to be propaganda.
• **publiekgerigte diplomasie** n.
Die verspreiding van informasie deur diplomate en diplomatieke agentskappe ten einde die openbare mening in ander state te beïnvloed; dikwels as propaganda beskou.

public expenditure n.
Money allocated by the legislature to be used or spent by government departments in pursuance of authorised purposes.
• **openbare uitgawe** n. (publieke uitgawe).
Geld wat deur 'n wetgewer toegedeel word om deur staatsdepartemente gebruik of bestee te word ter bevordering van gemagtigde doeleindes.

public finance n.
The processes involved in the financial management of the state, including income, expenditures and administration of funds.
• **openbare finansies** n. (publieke finansies).
Die prosesse betrokke by die finansiële bestuur van die staat, insluitende inkomste, uitgawes en die administrasie van fondse.

public hearing n.
A forum in which arguments are made about an issue under investigation, which the general public may attend.
• **openbare aanhoor** n.
'n Forum waar argumente gevoer word oor 'n vraagstuk wat ondersoek word, wat die algemene publiek mag bywoon.

public institution n.
An organisation or establishment founded for a specific purpose and controlled by the state.
• **openbare instelling** n.
'n Organisasie of instelling wat vir 'n spesifieke doel gestig is en deur die staat beheer word.

public interest n.
That which is to the benefit of the population as a whole.

♦ *openbare belang* n. (publieke belang).
Dit wat tot die voordeel van die bevolking as geheel strek.

public meeting n.
A gathering that functions as a forum for discussion and which may be attended by members of the general population.
♦ *openbare vergadering* n.
'n Samekoms wat as 'n forum vir bespreking dien en wat deur lede van die algemene bevolking bygewoon mag word.

public opinion n.
The opinions of private individuals regarding questions and issues of public interest.
♦ *openbare mening* n.
Die menings van privaat individue met betrekking tot sake en vraagstukke van openbare belang.

public property n.
Property belonging to the state or a lesser public institution.
♦ *openbare eiendom* n.
Eiendom wat aan die staat of 'n mindere openbare instelling behoort.

Public Protector n. <South Africa>, <see also ombudsman>.
An independent official appointed by parliament to investigate complaints against government departments or officials, mediate as appropriate and recommend corrective action where necessary.
♦ *Openbare Beskermer* n. <Suid-Afrika>, <kyk ook ombudsman>.
'n Onafhanklike amptenaar wat deur die parlement aangestel word om klagtes teen staatsdepartemente of -amptenare te ondersoek, te bemiddel en waar nodig regstellende optrede aan te beveel.

public servant n.
An official employed in the government sector, eg the state, province or municipality.
♦ *openbare amptenaar* n. (staatsamptenaar).
'n Beampte in diens van die owerheidsektor, bv die staat, provinsie of munisipaliteit.

public service n.
An institution that employs people to execute the policies of a government.

♦ *staatsdiens* n.
'n Instelling wat mense in diens neem om die beleid van 'n regering uit te voer.

public services n.
The system of labour and materials supplied by national, regional and local authorities to serve the needs of the public. Examples are health, education, roads and transport.
♦ *owerheidsdienste* n. (openbare dienste).
Die stelsel van arbeid en materiaal wat deur nasionale, streeks- en plaaslike owerhede verskaf word om die behoeftes van die publiek te bedien. Voorbeelde is gesondheid, onderwys, paaie en vervoer.

public utility n.
An entity providing an essential service or commodity, usually under state ownership or control, eg water, electricity, transport.
♦ *openbare nutsinstelling* n.
'n Entiteit wat 'n essensiële diens of kommoditeit verskaf, gewoonlik in staatsbesit of onder staatsbeheer, bv water, elektrisiteit, vervoer.

public violence n.
The open and unlawful employment of physical force by members of the public to injure persons and to damage or destroy property.
♦ *openbare geweldpleging* n. (openbare geweld).
Die openlike en wederregtelike aanwending van fisieke mag deur lede van die publiek om persone te beseer en eiendom te beskadig of te vernietig.

puppet regime n.
A regime that is controlled by a powerful external government.
♦ *marionettebewind* n.
'n Bewind wat deur 'n magtige eksterne regering beheer word.

purple state n. <see also blue state; red state>.
Since 2000 the USA electoral map colour code for swing states.
♦ *persstaat* n. <kyk ook bloustaat; rooistaat>.
Sedert 2000 in die VSA die kleurkode vir swaaistate op verkiesingskaarte.

P

Qq

qualified franchise n.
A form of the right to vote that is restricted to certain groups such as men, property owners, or a specific race or class.
* *gekwalifiseerde stemreg* n.
'n Vorm van die reg om te stem wat beperk word tot bepaalde groepe soos mans, eiendomsbesitters, of 'n bepaalde ras of klas.

qualified majority n. <see also special majority>.
A specified number of votes required for the election of a candidate or the adoption of a motion. It is often used interchangeably with the term 'special majority'.
* *gekwalifiseerde meerderheid* n. <kyk ook spesiale meerderheid>.
'n Gespesifiseerde getal stemme wat vereis word vir die verkiesing van 'n kandidaat of die aanvaarding van 'n mosie. Dit word dikwels omgeruil met die term 'spesiale meerderheid'.

quality of life n.
In demography, the standard of living conditions enjoyed by members of a society as measured by a variety of socio-economic indicators.
* *lewensgehalte* n. (lewenskwaliteit).
In demografie, die standaard van die lewensomstandighede van lede van 'n samelewing, soos gemeet deur 'n verskeidenheid sosio-ekonomiese aanwysers.

quasi-agent n.
A person who resembles an agent or informant but is in fact neither.
* *kwasi-agent* n.
'n Persoon wat na 'n agent of informant lyk maar inderwaarheid nie een van die twee is nie.

queen → regina

queen n. <see also queen consort>.
The title of a female head of state who inherits her position by birth and normally rules for life or until abdication. Over centuries most queens with absolute power have been replaced by queens with mainly ceremonial powers.
* *koningin* n. <kyk ook koningsgemalin>.
Die titel van 'n vroulike staatshoof wat haar posisie deur geboorte geërf het en normaalweg lewenslank regeer of totdat sy abdikeer. Deur eeue is meeste koninginne met absolute mag vervang deur koninginne met hoofsaaklik seremoniële magte.

queen consort n. <see also queen>.
The wife of a reigning king; a queen consort normally shares her husband's rank en titles but not his political authority and position as military commander.

koningsgemalin n. <kyk ook koningin>.
Die vrou van 'n regerende koning; 'n koningsgemalin deel gewoonlik haar man se rang en titels, maar nie sy politieke gesag en posisie as militêre bevelvoerder nie.

queen dowager n. <or dowager queen>.
The widow of a deceased king who retains her title as queen.
* *koninginweduwee* n. <of weduweekoningin>.
Die weduwee van 'n afgestorwe koning wat haar titel as koningin behou.

queen-in-council n. <see also king-in-council>.
The institution, according to constitutional law, referring to a queen acting with the advice of her executive council or cabinet.
* *koningin-in-rade* n. <kyk ook koning-in-rade>.
Die instelling, volgens die grondwet, wat verwys na 'n koningin wat handel op advies van haar uitvoerende raad of kabinet.

queen mother n.
A former queen, who is now the mother of the current king/queen. As a former queen consort she is a specific type of queen dowager.
* *koninginmoeder* n.
'n Vorige koningin, wat tans die ma is van die huidige koning/koningin. As 'n vorige koningsgemalin is sy 'n spesifike tipe koninginweduwee.

queen regent n.
A queen who reigns when the head of state is a minor, is debilitated or is absent.
* *koningin-regentes* n.
'n Koningin wat heers as die staatshoof minderjarig is, verswak is of afwesig is.

quiet diplomacy n.
Diplomacy that works in confidence and outside the public eye towards changing a foreign government's policies.
* *stille diplomasie* n.
Diplomasie wat met vertroulikheid en weg van openbare aandag poog om die beleid van 'n buitelandse regering te verander.

quorum n.
The minimum number of members of a meeting required to be present for any valid business to be transacted.
* *kworum* n.
Die minimum getal lede van 'n vergadering wat teenwoordig moet wees om enige geldige sake te verrig.

quota system n.

Used in proportional electoral systems. A quota is used to establish how many seats a party is entitled to in an assembly. Various quota formulae have been developed, inter alia: Hare, Droop and Imperiali.

♦ *kwotastelsel* n.

Gebruiklik in stelsels van proporsionele verkiesing. 'n Kwota word gebruik om vas te stel op hoeveel setels in 'n vergadering 'n party geregtig is. Verskeie kwotaformules is ontwikkel, onder andere: Hare, Droop en Imperiali.

Q

Rr

race classification n. (racial classification).
Formally categorising and/or certifying a person as belonging to a particular race.
• *rasseklassifikasie* n.
Formele kategorisering en/of sertifisering van 'n persoon as lid van 'n bepaalde ras.

race discrimination → **racial discrimination**

racial classification → **race classification**

racial discrimination n. (race discrimination).
The unfair treatment of a person or group on the basis of race.
• *rassediskriminasie* n.
Die onregverdige behandeling van 'n persoon of groep op grond van ras.

racial equality n.
The practice by which members of different race groups enjoy the same social status and are treated in a like manner.
• *rassegelykheid* n.
Die praktyk waardeur lede van verskillende rassegroepe dieselfde sosiale status geniet en op 'n gelykwaardige wyse behandel word.

racialise v. <see also nonracial>.
Without merit bringing race as a variable and explanatory factor into a particular issue.
• *rassifiseer* v. <kyk ook nierassig> (rassialiseer, ver-ras).
Om sonder verdienste ras as 'n veranderlike en verduidelikende faktor in 'n bepaalde kwessie in te bring.

racialism → **racism**

racial segregation n.
1. A policy in which races are segregated or kept separate from one another in many areas of social interaction such as separate schools, separate entrances to public buildings, separate public transport facilities and separate living areas. 2. The separation of people by legislation on the basis of racial classification. 3. Informal social paractices of exclusion based on language, skin colour, religion or ethnic desent, eg Jewish ghettos.
• *rassesegregasie* n.
1. 'n Beleid waardeur rasse geskei word of afsonderlik van mekaar gehou word op baie gebiede van sosiale verkeer soos afsonderlike skole, afsonderlike ingange na openbare geboue, afsonderlike openbare vervoer en afsonderlike woonbuurte. 2. Die skeiding van mense dmv wetgewing op grond van rasseklassifikasie.
3. Informele sosiale praktyke van uitsluiting op grond van taal, velkleur, godsdiens of etniese afkoms, bv Joodse ghetto's.

racism n. (racialism).
The belief or doctrine and related behaviour that political and social conclusions can be drawn from the assumption that races differ as a result of hereditary factors and that some races are superior to others.
• *rassisme* n.
Die opvatting of leerstelling en verwante gedrag dat politieke en maatskaplike afleidings gemaak kan word uit die veronderstelling dat rasse as gevolg van oorerflike faktore verskil en dat sommige rasse beter as ander is.

radical n.
A person holding extreme opinions and favouring extreme or fundamental change in a society.
• *radikalis* n. (radikaal).
'n Persoon wat uiterste menings handhaaf en ten gunste van uiterste of grondliggende verandering in 'n samelewing is.

radiocracy n.
Coined from radio, democracy and development, the term denotes the use of radio as an instrument of empowerment.
• *radiokrasie* n.
Geskep uit radio, demokrasie en ontwikkeling, dui die term op die gebruik van radio as 'n middel tot bemagtiging.

raid n.
A sudden pounce on a group of persons, a place or an institution in order to seize offenders or evidence of illegal activities.
• *klopjag* n.
'n Skielike toeslaan op 'n groep persone, 'n plek of 'n instelling ten einde op oortreders of bewyse van onwettige aktiwiteite beslag te lê.

raja n. <Indian languages> (rajah).
The title of some monarchs or princely rulers in India, Sri-Lanka, Pakistan, Malaysia and Java.
• *radja* n. <Indiese tale>.
Die titel van sommige monarge of prinslike heersers in Indië, Sri-Lanka, Pakistan, Maleisië en Java.

rajah → **raja**

ranee → **rani**

rani n. <Indian languages> (ranee).
The female form of raja and a title mainly given to the wife of a raja.
• *ranie* n. <Indiese tale>.
Die vroulike vorm van radja en gewoonlik die titel van die vrou van die radja.

rank and file n.
The ordinary members comprising the majority of any group, in contrast to those elevated to the leadership.
• *gewone lede* n.
Die gewone lede van enige groep wat die meerderheid van die groep uitmaak, in teenstelling met diegene wat tot die leierskap verhef is.

ratable property n. (rateable property).
Fixed property on which a value can be placed for the purpose of calculating taxation.

♦ *belasbare eiendom* n.
Vaste eiendom waarop 'n waarde geplaas kan word om belasting te kan bereken.

ratable value n. (rateable value).
The amount determined as the value to be used for rating purposes.
♦ *hefbare waarde* n.
Die bedrag wat bepaal is as die waarde wat vir heffingsdoeleindes gebruik moet word.

rateable property → **ratable property**

rateable value → **ratable value**

rate of taxation n.
The portion of a unit of currency or an income category, often expressed as a percentage of the unit or the category, used to calculate the amount of tax to be paid.
♦ *belastingkoers* n.
Die gedeelte van 'n valuta-eenheid of inkomstekategorie, dikwels uitgedruk as 'n persentasie van die eenheid of kategorie, wat gebruik word om die verskuldigde belastingbedrag te bepaal.

ratepayer n. <local government>.
A person or entity who is obliged to pay tax to a local authority.
♦ *belastingbetaler* n. <plaaslike regering>.
'n Persoon of entiteit wat verplig is om belasting aan 'n plaaslike owerheid te betaal.

ratepayers' association n.
An organised entity protecting the interests of those who pay local taxes.
♦ *belastingbetalersvereniging* n.
'n Georganiseerde entiteit wat die belange beskerm van diegene wat plaaslike belasting betaal.

ratify v.
To make an agreement or act valid by formally approving it.
♦ *bekragtig* v. (ratifiseer).
Om 'n ooreenkoms of handeling geldig te maak deur dit formeel goed te keur.

ratio of children to women → **children/women ratio**

ratio of dependency → **dependency ratio**

realpolitik n. <from German>.
Politics based on realities of power relationships and material needs rather than on morals or ideals.
♦ *realpolitik* n. <uit Duits>.
Politiek gebaseer op die werklikhede van magsverhoudings en materiële behoeftes eerder as op morele waardes of ideale.

rebate n. (rebatement).
A portion of an amount payable that is deducted from the total amount as an incentive, eg for early payment or buying in bulk.
♦ *korting* n. (afslag, rabat).
'n Deel van 'n verskuldigde bedrag wat as 'n aansporing van die totale bedrag afgetrek word, bv vir vroeë betaling of grootmaataankope.

rebatement → **rebate**

rebel n.
A person taking part in a rebellion.

♦ *rebel* n.
'n Persoon wat aan 'n rebellie deelneem.

rebellion n. <see also revolution>.
An uprising against the established political order aimed at replacing the rulers rather than the whole political system.
♦ *rebellie* n. <kyk ook rewolusie>.
'n Opstand teen die gevestigde politieke orde wat daarop gemik is om die regeerders te vervang eerder as om die politieke stelsel as geheel omver te werp.

rebus sic stantibus n. <full form: clausula rebus sic stantibus; see also pacta sunt servanda>.
A doctrine in international law providing an exception to pacta sunt servanda by allowing for a treaty to become inapplicable when a totally unforeseen change occurs in the circumstances under which it was entered into. It requires the original circumstances to be essential to the obligations of the treaty and the change to radically affect these obligations.
♦ *rebus sic stantibus* n. <volvorm: clausula rebus sic stantibus; kyk ook pacta sunt servanda>.
'n Leerstelling in die internasionale reg wat 'n uitsondering op pacta sunt servanda bied deur daarvoor voorsiening te maak dat 'n verdrag ontoepaslik word wanneer daar 'n geheel en al onvoorsiene verandering intree in die omstandighede waarin die verdrag aangegaan is. Dit vereis dat die oorspronklike omstandighede wesenlik vir die verpligtinge van die verdrag moet wees en dat die verandering hierdie verpligtinge ingrypend moet aantas.

recant v.
Disavow a former opinion, especially with a public confession of error.
♦ *terugtrek* v.
Jou van 'n voormalige mening distansieer, veral met 'n openbare belydenis van foutering.

recapture v.
To regain control over or possession of something that has been lost.
♦ *herower* v.
Om weer beheer oor of besit van iets te verkry wat afgestaan is.

receiving state n.
The state to which a diplomatic mission is accredited.
♦ *ontvangstaat* n.
Die staat aan wie 'n diplomatieke missie geakkrediteer word.

recess n.
A period when normal business ceases with the intention of resuming at a specified time.
♦ *reses* n.
'n Tydperk waartydens normale verrigtinge tot stilstand kom met die voorneme om dit op 'n bepaalde tydstip te hervat.

recess n.
A brief interruption of proceedings for a rest or refreshments.

R

◆ *pouse* n.
'n kort onderbreking van verrigtinge vir 'n ruspose of verversings.

recession n. <see also depression>.
A short-term slowdown in an economy of economic activity, usually characterised by a contraction in business activity and household income and an increase in unemployment and bankcruptcies
◆ *resessie* n. <kyk ook depressie>.
'n Korttermynverlangsaming in 'n ekonomie van ekonomiese aktiwiteit, gewoonlik gekenmerk deur 'n inkorting van sakeaktiwiteit en verlaging van huishoudelike inkomste en 'n toename in werkloosheid en bankrotskappe.

recognition n. <see also de facto recognition; de jure recognition>.
1. The formal acknowledgement of the sovereignty of a state by another state or international institution. 2. The formal acknowledgment by a state, or by an international institution, of the government of another state as the factual government of that state, often when there has been an overthrow of an existing government by a rebellious or contending group.
◆ *erkenning* n. <kyk ook de facto-erkenning; de jure-erkenning>.
1. Die formele erkenning van die soewereiniteit van 'n staat deur 'n ander staat of internasionale instelling. 2. Die formele erkenning deur 'n staat, of deur 'n internasionale instelling, van die regering van 'n ander staat as die feitelike regering van daardie staat, dikwels wanneer 'n bestaande regering deur 'n rebelle- of mededingende groep omver gewerp is.

record of understanding n.
A document outlining agreement on a particular issue.
◆ *oorkonde van verstandhouding* n.
'n Dokument wat eenstemmigheid oor 'n bepaalde vraagstuk uiteensit.

redistribution n.
The reallotment of wealth, property, material interests or access to political power from an advantaged to a disadvantaged group of people. Redistribution generally takes place when the power relations in a society undergo fundamental realignment.
◆ *herverdeling* n.
Die hertoewysing van welvaart, eiendom, materiële belange of toegang tot politieke mag van 'n bevoordeelde na 'n benadeelde groep mense. Herverdeling vind gewoonlik plaas wanneer magsverhoudinge in 'n samelewing fundamenteel verskuif.

redistribution of land → **land redistribution**

redistribution of wealth n.
The reapportionment of the material assets in a polity by government action, usually by progressive taxation and the provision of social welfare, in order to narrow inequalities.

◆ *herverdeling van rykdom* n.
Die hertoewysing van die stoflike bates in 'n politie deur regeringshandeling, gewoonlik deur progressiewe belasting en die voorsiening van sosiale welsyn, ten einde ongelykhede te verklein.

red state n. <see also blue state; purple state>.
Since 2000 the USA electoral map colour code for states in which the majority of the electorate support the Republican Party.
◆ *rooistaat* n. <kyk ook bloustaat; persstaat>.
Sedert 2000 in die VSA die kleurkode op verkiesingskaarte van state waarin die meerderheid kiesers die Republikeinse Party steun.

red tape n.
Vexatious official procedures regarded as unnecessary or obstructive.
◆ *rompslomp* n.
Ergerlike amptelike prosedures wat as onnodig of belemmerend beskou word.

referendum n. <see also plebiscite>.
A popular vote in which the electorate can express a view on a question of significant public interest. The outcome of the ballot is deemed to be binding on the government.
◆ *referendum* n. <kyk ook volkstemming>.
'n Populêre stemming waarin die kiesers hulle kan uitspreek oor 'n saak van beduidende openbare belang. Die uitslag word as bindend op die regering geag.

reform n.
The improvement of conditions by removing abuses or imposing better values.
◆ *hervorming* n.
Die verbetering van omstandighede deur wangebruike te verwyder of beter waardes in te stel.

refugee n.
Someone who flees from his/her normal abode to seek safety elsewhere, usually across international borders.
◆ *vlugteling* n.
Iemand wat uit sy/haar gewone woonplek padgee om elders veiligheid te soek, gewoonlik oor internasionale grense.

refugee protection n.
The legal institutions and mechanisms put in place by a state, in accordance with relevant international standards, to provide temporary protection for refugees until such time as they may safely return home.
◆ *vlugtelingbeskerming* n.
Die geregtelike instellings en meganismes wat deur 'n staat ooreenkomstig toepaslike internasionale standaarde ingestel is om tydelike beskerming aan vlugtelinge te verskaf totdat hulle veilig huis toe kan gaan.

refugee status n.
A person recognised in domestic law as a bona fide refugee with all attendant rights and privileges.

• *vlugtelingstatus* n.
'n Persoon wat deur plaaslike wetgewing as 'n bona fide vlugteling erken word met al die gepaardgaande regte en voorregte wat daaraan verbonde is.

refugee status determination n. (determination of refugee status).
The domestic legal process for determining the veracity of an individual's application for refugee status in a country.
• *vlugtelingstatusbepaling* n. (bepaling van vlugtelingstatus).
Die plaaslike geregtelike proses om die egtheid van 'n individu se aansoek om vlugtelingstatus in 'n staat te bepaal.

regal adj. (royal).
With reference to a monarch, or befitting a monarch.
• *vorstelik* adj. (koninklik).
Met verwysing na 'n monarg, of gepas vir 'n monarg.

regency n.
Rule by a regent or a regency council; the duration of such rule, as well as the area of jurisdiction thereof.
• *regentskap* n.
Heerskappy deur 'n regent of 'n regentskapraad; die tydperk van sodanige heerskappy, asook die jurisdiksiegebied daarvan.

regency council n.
A group of persons appointed to rule in the absence of a ruler, or on behalf of a ruler who is either still a minor or unable to rule.
• *regentskapsraad* n.
'n Groep persone wat aangewys is om te heers in die afwesigheid van 'n heerser, of namens 'n heerser wat óf minderjarig is óf nie die vermoë het om te heers nie.

regent n.
A person appointed to rule in the absence of a ruler, or on behalf of a ruler who is still a minor, or a ruler who is unable to rule.
• *regent* n.
'n Persoon wat aangewys is om te heers in die afwesigheid van 'n heerser, of namens 'n minderjarige heerser, of 'n heerser wat nie in staat is om te heers nie.

regicide n.
The killing of a monarch.
• *monargsmoord* n.
Die doodmaak van 'n monarg.

regicide n.
The killer of a monarch.
• *monargsmoordenaar* n.
Die persoon wat 'n monarg doodmaak.

regime n. <see also form of regime>.
1. A system of rule. 2. The prevailing political system.
• *bewind* n. <kyk ook owerheidsvorm> (regime <soms neerhalend>).
1. 'n Regeringstelsel. 2. Die geldende politieke stelsel.

regime n. <international relations>.
An organised structure based on an agreed set of principles, norms, rules and decision-making procedures around which international actors agree to cooperate. It covers interaction between formal organisations such as OPEC, the UN and states as well as informal groupings, such as an ad hoc grouping of banks during the 2008 international banking crisis. Actors need not be states. Eg an international regime on climate change.
• *regime* n. <internasionale verhoudinge>.
'n Georganiseerde struktuur gegrond op 'n ooreengekome stel beginsels, norme, reëls en besluitnemingsprosedures waaroor internasionale akteurs instem om saam te werk. Dit dek interaksie tussen formele instellings soos OPUL, die VN en state, sowel as informele groeperinge, soos 'n ad hoc-groepering van banke tydens die 2008 internasionale bankkrisis. Akteurs hoef nie state te wees nie. Bv 'n internasionale regime oor klimaatsverandering.

regina n. <Latin> (queen).
Female monarch
• *regina* n. <Latyn> (koningin).
Vroulike monarg

regional autonomy n.
The extent to which a region is permitted to govern itself and determine its own actions.
• *streeksoutonomie* n.
Die mate waarin 'n streek toegelaat word om homself te regeer en sy eie optrede te bepaal.

regional leader n.
The principal executive of an organisation or institution for a specific region in the state.
• *streekleier* n.
'n Leidende uitvoerende beampte van 'n organisasie of instelling vir 'n bepaalde streek van die staat.

regional power n.
A state whose political and economic influence is restricted to a particular geographic area, eg Nigeria in the Western African region.
• *streeksmoondheid* n. (regionale moondheid).
'n Staat waarvan die politieke en ekonomiese invloed beperk is tot 'n bepaalde geografiese gebied, bv Nigerië in die Wes-Afrikaanse streek.

regional security n.
A condition resulting from measures established to ensure the most effective use of the security resources and facilities of states in a region for purposes of collective security.
• *streeksveiligheid* n. (regionale veiligheid).
'n Toestand wat voortvloei uit maatreëls getref om die doeltreffendste gebruik van state se veiligheidshulpbronne en fasiliteite in 'n streek vir doeleindes van kollektiewe veiligheid, te verseker.

regular force → **permanent force**

Reichstag n. <German>, <see also Diet>.
The legislative assembly of the Holy Roman Empire (ca 1500–1806), Austria (1848–49), the North German Confederation and Germany (1871

R

to 1945). In German also the legislative assemblies of the Scandinavian states.

Reichstag n. <Duits>, <kyk ook Ryksdag> (Ryksdag).
Die wetgewende vergadering van die Heilige Romeinse Ryk (ca 1500–1806), Oostenryk (1848–49), die Noord-Duitse Konferederasie en Duitsland (1871 tot 1945). In Duits ook die wetgewende vergaderings van die Skandinawiese state.

reign of terror n.
The systematic intimidation of a population or group through violence and other terrifying actions in order to maintain dominance over them.
+ **skrikbewind** n.
Die stelselmatige intimidasie van 'n bevolking of groep dmv geweld en ander vreesaanjaende optredes ten einde oorheersing oor hulle te handhaaf.

reinstate in office v.
To put a person or party back in a post it had held before being dismissed from it.
+ **in amp herstel** v.
Om 'n persoon of party terug te plaas in 'n pos wat beklee is voordat dié daaruit ontslaan is.

relative majority → simple majority

relative majority → plurality

relieve v.
To dismiss or suspend someone from office.
+ **onthef** v.
Om iemand uit 'n amp te ontslaan of in die amp te skors.

religious fundamentalism n. <see also Christian fundamentalism; fundamentalism; Islamic fundamentalism; Jewish fundamentalism>.
A style of thought and related behaviour that holds specific religious principles to be essential and unchallengeable.
+ **religieuse fundamentalisme** n. <kyk ook Christenfundamentalisme; fundamentalisme; Islamitiese fundamentalisme; Joodse fundamentalisme>, (geloofsfundamentalisme, godsdiensfundamentalisme).
'n Denkstyl of 'n ideologie en verwante gedrag wat besondere religieuse beginsels as essensieel en onbevraagtekenbaar beskou.

religious state n.
A state governed according to the principles of a specific religion.
+ **godsdiensstaat** n.
'n Staat wat volgens die beginsels van 'n bepaalde godsdiens regeer word.

relinquish office v.
To terminate one's service in a particular capacity.
+ **amp neerlê** v.
Om jou diens in 'n bepaalde hoedanigheid te beëindig.

relocation → resettlement

removal n.
Doing away with a stipulation of some kind, such as a restrictive condition.

+ **opheffing** n.
Die verwydering van die een of ander bepaling, soos bv 'n beperkende voorwaarde.

remove from office v.
The expulsion of an official from office, eg by impeachment.
+ **van amp onthef** v.
Die uitsetting van 'n amptenaar uit sy/haar amp, bv deur 'n ampsaanklag.

renegade n.
A person who relinquishes previous beliefs or loyalty and chooses to live outside the law.
+ **renegaat** n.
'n Persoon wat vorige oortuigings of trou laat vaar en verkies om buite die reg te lewe.

rent boycott n.
Refusal to pay rent, in support of some cause.
+ **huurboikot** n.
Weiering om huur te betaal, ter ondersteuning van die een of ander saak.

reoccupy v.
To retake control of a territory or position that had previously been under the control of a hostile armed force.
+ **herbeset** v.
Om weer beheer oor 'n gebied of stelling te neem wat vantevore onder die beheer van 'n vyandelike gewapende mag was.

reparations → war reparations

repatriate v.
To send a non-citizen, such as a refugee or prisoner of war, back to his/her country of citizenship or birth; naturalised citizens may also be repatriated after their citizenship has been revoked.
+ **repatrieer** v.
Om 'n nieburger, soos 'n vlugteling of krygsgevangene, na sy/haar land van burgerskap of geboorte terug te stuur; genaturaliseerde burgers kan ook gerepatrieer word nadat hul burgerskap herroep is.

representation n.
1. Acting on behalf of another, eg a larger group of people. 2. Speaking for the interests of the group that is represented. 3. The action of speaking or voting for an electorate in a legislative institution.
+ **verteenwoordiging** n.
1. Optrede namens 'n ander, bv 'n groter groep mense. 2. Voorspraak in die naam van die groep wat verteenwoordig word. 3. Die aksie om namens 'n kieserskorps in 'n wetgewende instelling te praat of te stem.

representative government n.
A government that is elected by an electorate, generally to form a legislative assembly to which it is accountable. Through the legislative assembly the government is also accountable to the people or more correctly to the electorate. Sometimes representation is achieved by selection of representatives by indirect means, such as by an aristocratic elite, limited franchise or a colonial power.

• **_verteenwoordigende regering_** n.
'n Regering wat verkies word deur die kiesers,
gewoonlik om 'n wetgewende vergadering te vorm
waaraan dit aanspreeklik is. Deur die wetgewende
vergadering is die regering ook aan die volk of
meer korrek die kiesers aanspreeklik. Soms word
verteenwoordiging bereik deur die aanwys van
verteenwoordigers deur indirekte metodes, soos
deur 'n aristokratiese elite, beperkte stemreg of 'n
koloniale moondheid.

reprisal n. <see also retaliation; retorsion>.
The reaction to use an otherwise unlawful means to
punish an illegal act by an adversary. This can only
be within the context of armed conflict since
reprisals may not be used against civilians and
civilian property.
• **_wraakhandeling_** n. <kyk ook vergelding;
retorsie>.
Die reaksie om 'n andersins ongeoorloofde middel
te gebruik ten einde 'n onwettige handeling deur 'n
teenstander te straf. Dit kan slegs gebeur ten tyde
van gewapende konflik omdat wraakhandelinge nie
teen burgerlikes of burgerlike eiendom gebruik mag
word nie.

republic n.
A state not governed by a monarch, often with a
democratic or representative regime, and with a
head of state known as the president.
• **_republiek_** n.
'n Staat wat nie deur 'n monarg regeer word nie,
dikwels met 'n demokratiese of verteenwoordigende
bewind, en met 'n staatshoof bekend as die
president.

requisition v.
To demand the use or supply of property or
materials, especially for military or public use.
• **_opvorder_** v.
Om die verskaffing van eiendom of goedere te eis,
veral vir militêre of openbare gebruik.

reserved powers n.
1. A provision in constitutional law whereby certain
powers may be exercised only in special
circumstances, eg the appointment and dismissal of
a prime minister by the monarch. 2. In federal
states, where certain powers are reserved for the
constituent states and others for the federal state.
• **_voorbehoue magte_** n. (gereserveerde
magte).
1. 'n Bepaling in die staatsreg waarvolgens
bepaalde bevoegdheid slegs in spesiale
omstandighede uitgeoefen mag word, bv die
aanstelling en ontslag van 'n eerste minister deur
die monarg. 2. In federale state, waar sekere magte
vir deelstate voorbehou word en andere vir die
federale state.

resettle v.
To forcibly relocate people to a different site or
residence.
• **_hervestig_** v.
Om mense onder dwang na 'n ander terrein of
woonplek te verskuif.

resettlement n. (relocation).
The moving of people to a different site or
residence.
• **_hervestiging_** n.
Die verskuiwing van mense na 'n ander terrein of
woongebied toe.

residential area n.
An urban area designated and used for housing
purposes.
• **_residensiële gebied_** n. (woonbuurt,
woongebied).
'n Stedelike gebied aangewys en gebruik vir
behuisingsdoeleindes.

residential rights n.
Rights that the owner or occupier of a residential
property is entitled to.
• **_woonregte_** n.
Regte waarop die eienaar of bewoner van 'n
residensiële eiendom aanspraak kan maak.

residual legislative powers n. <see also
concurrent powers; exclusive legislative
powers>.
In federal states the legislative competencies which
have not specifically been granted to either the
federal legislature or the constituent units.
• **_residuele wetgewende bevoegdheid_** n.
<kyk ook gelyklopende bevoegdheid;
eksklusiewe bevoegdheid> (oorblywende
wetgewende bevoegdheid).
By federale state die wetgewende bevoegdhede wat
nie spesifiek aan die federale wetgewer of die
deeleenhede toegestaan is nie

resignation n.
A formal notification of the intention to leave a post
or the act of leaving the post.
• **_bedanking_** n.
'n Formele kennisgewing van voorneme om 'n pos
te verlaat of die handeling om die pos te verlaat.

resistance movement n.
A usually covert group comprising a portion of the
civilian population of a state, organised to resist a
legal government or an occupying power.
• **_weerstandbeweging_** n. (versetbeweging).
'n Gewoonlik koverte groep bestaande uit 'n
gedeelte van die burgerlike bevolking van 'n staat,
georganiseer om teen 'n wettige regering of
besettingsmoondheid weerstand te bied.

resource curse n. (paradox of plenty).
The contradiction that states with an abundance of
natural and particularly scarce resources are often
characterised by economic underdevelopment and
political instability.
• **_hulpbronvloek_** n.
Die teenstrydigheid dat state met 'n oorvloed
natuurlike en veral skaars hulpbronne dikwels
gekenmerk word deur ekonomiese
onderontwikkeling en politieke onstabiliteit.

responsibility to protect n. (R2P <strongly
deprecated>).
The obligation of the international community to
act as guardian of the human rights, security and
material wellbeing of a given population, region or
state.

R

• **verantwoordelikheid om te beskerm** n.
Die verpligting van die internasionale gemeenskap om as beskermheer van die menseregte, sekerheid en stoflike welsyn van 'n gegewe bevolking, streek of staat op te tree.

restitution of land → **land restitution**

restitution of land rights n.
The restoration to claimants of the usage, ownership and entitlements pertaining to land.
• **herstel van grondregte** n.
Die teruggee aan eisers van die gebruik, eienaarskap en regte met betrekking tot grond.

restorative justice n. <see also retributive justice>.
An approach to crime in which the focus is on rehabilitating the offender and repairing the harm done. The process involves the offender(s), victim(s) and the community.
• **herstellende geregtigheid** n. <kyk ook vergeldende geregtigheid>.
'n Benadering tot misdaad waarin die fokus is op die rehabilitasie van die oortreder en die herstel van die skade wat berokken is. Die proses betrek die oortreder(s), slagoffer(s) en die gemeenskap.

retaliation n. <see also reprisal; retorsion>.
Hitting back as repayment of an attack or other act of injury, by inflicting on the wrongdoer the same injury.
• **vergelding** n. <kyk ook wraakhandeling; retorsie>.
Terugslaan as terugbetaling vir 'n aanval of ander skadelike handeling, deur die oortreder aan dieselfde skade bloot te stel.

retorsion n. <see also reprisal; retaliation>.
In international law, the action taken by a foreign government against another to punish the unfair treatment of its citizens who are within the geographical boundaries of the offending state. In reaction the citizens of the offending state, within the territory of the reacting state, are often subjected to similar unfair treatment.
• **retorsie** n. <kyk ook wraakhandeling; vergelding>.
In die internasionale reg, die strafhandeling deur 'n buitelandse regering teen 'n ander na aanleiding van die onbillike behandeling van sy burgers wat hulself binne die geografiese grense van die staat wat aanstoot gee, bevind. In reaksie word die burgers van die oortredende staat, wat hulself binne die landsgrense van die reaktiewe staat bevind, dikwels aan dieselfde onbillike behandeling onderwerp.

retrenchment package n.
Compensation offered by an institution to employees whose jobs become redundant in the process of reducing expenditure.
• **afleggingspakket** n.
Vergoeding deur 'n instelling aan werknemers aangebied wie se werk in die proses van uitgawevermindering oortollig geraak het.

retribution n.
Punishment inflicted for injury or wrongdoing.
• **weerwraak** n.
Straf toegepas vir onreg of kwaad.

retributive justice n. <see also restorative justice>.
A theory of justice which holds that punishment is the preferred response to crime. Justice is served by taking vengeance on behalf of the aggrieved party as well as society as a whole.
• **vergeldende geregtigheid** n. <kyk ook herstellende geregtigheid>.
'n Teorie van geregtigheid wat bepaal dat straf die voorkeurrespons op misdaad is. Geregtigheid word gedien deur wraak te neem namens die gekrenkte party sowel as die samelewing as geheel.

returning officer n.
The electoral official responsible for verifying results from the polling stations before submitting them to the electoral authority as valid.
• **kiesbeampte** n.
Die verkiesingsbeampte wat verantwoordelik is om uitslae van die stemburo's te verifieer voordat dit as geldig by die verkiesingsowerheid ingedien word.

revenge n.
The action of redressing perceived wrongs or injury through retaliation, or the result of such action.
• **wraak** n.
Optrede om deur vergelding te vergoed vir waargenome onreg of skade, of die resultaat van sodanige optrede.

revenue n.
Income accruing to the state.
• **inkomste** n.
Inkomste wat die staat toeval.

revisionism n.
The advocacy of re-evaluating accepted theory, doctrine, practice or historical events, eg in Marxism.
• **revisionisme** n.
Die bepleiting daarvan dat aanvaarde teorie, doktrine, praktyk of historiese gebeure herevalueer moet word, bv in die Marxisme.

revolt n.
Open, organised and often armed rebellion against an established government.
• **opstand** n.
Openlike, georganiseerde en dikwels gewapende rebellering teen 'n gevestigde regering.

revolution n. <see also rebellion>.
A rapid change in the entire political, social and economic order of a state, usually through a widespread popular uprising involving mass action.
• **rewolusie** n. <kyk ook rebellie> (revolusie).
'n Snelle verandering in die hele politieke, sosiale en ekonomiese orde van 'n staat, gewoonlik deur 'n wydverspreide populêre opstand wat met massa-optrede gepaard gaan.

revolutionary climate n.
The extent to which existing conditions in a state facilitate support for revolutionary ideas and activities.

- ♦ *rewolusionêre klimaat* n.
Die mate waarin heersende omstandighede in 'n staat bevorderlik is vir steun vir rewolusionêre idees en aktiwiteite.

revolutionary forces n.
The fighting forces of a revolutionary movement.
- ♦ *rewolusionêre magte* n.
Die strydmagte van 'n rewolusionêre beweging.

revolutionary movement n.
A group of people with the common aim of bringing about fundamental and far-reaching changes in the existing order, usually associated with violence.
- ♦ *rewolusionêre beweging* n.
'n Groep mense met die gemeenskaplike doel om fundamentele en wydlopende veranderinge in die bestaande orde teweeg te bring, gewoonlik saam met geweld.

revolutionary war n.
A protracted internal war fought between the government of a state on the one hand, and an indigenous revolutionary movement on the other hand, as competitors for political power.
- ♦ *rewolusionêre oorlog* n.
'n Uitgerekte interne oorlog wat tussen die regering van 'n staat aan die een kant, en 'n inheemse rewolusionêre beweging aan die ander kant, gevoer word as mededingers om politieke mag.

rex n.
Latin for a male monarch. Historically sometimes used as a title for a king.
- ♦ *rex* n.
Latyn vir 'n manlike monarg. Is histories soms gebruik as die titel van 'n koning.

rezoning n.
Officially amending the purpose for which land may be used.
- ♦ *hersonering* n.
Die amptelike wysiging van die doel waarvoor grond aangewend mag word.

right n.
An entitlement that is morally just or legally granted to a person to act or be treated in a particular way, eg the right to vote.
- ♦ *reg* n.
Geregtig wees op iets wat moreel geregverdig is of wetlik aan 'n persoon toegestaan is of om op 'n bepaalde manier op te tree of behandel te word, bv die reg om te stem.

right of assembly n. (right of meeting).
The right to bring together a number of people in one place.
- ♦ *reg om te vergader* n.
Die reg om 'n aantal mense op een plek bymekaar te bring.

right of meeting → **right of assembly**

right of occupation n.
The right to settle on some property such as land and to utilise it.
- ♦ *okkupasiereg* n.
Die reg om jou op 'n stuk eiendom soos grond te vestig en dit te benut.

rightsize v.
Adjusting the magnitude of a private enterprise or public institution in order to become financially stable.
- ♦ *pas maak* v. (nommerpas maak).
Aanpassing van die grootte van 'n privaatonderneming of 'n openbare instelling om finansieel stabiel te word.

rights of citizenship n.
The legal duties, rights and entitlements of a national of a state.
- ♦ *regte van burgerskap* n.
Die wetlike pligte, regte en aansprake van 'n staatsburger.

rights of the individual n. <see also group rights> (individual rights).
The legal entitlements of a person.
- ♦ *regte van die individu* n. <kyk ook groepregte> (individuele regte).
Die wetlike aansprake van 'n persoon.

right to know n.
The right to be informed with regard to some matter.
- ♦ *reg om te weet* n.
Die reg om ten opsigte van een of ander aangeleentheid ingelig te wees.

right to residence n.
The right to live in a given place as opposed to being there temporarily.
- ♦ *woonreg* n. (verblyfreg).
Die reg om op 'n plek te woon en nie net tydelik daar te wees nie.

right to self-determination n.
The right of a nation or people to choose their own government and for their government to function without interference from outside.
- ♦ *selfbeskikkingsreg* n.
Die reg van 'n nasie of volk om sy eie regering te kies en van hulle regering om sonder inmenging van buite te funksioneer.

rigid constitution n. <see also flexible constitution> (inflexible constitution <less common usage>).
A constitution of a state that is difficult to amend, requiring special procedures such as special majorities in the assembly and which could include a referendum.
- ♦ *onbuigsame grondwet* n. <kyk ook buigsame grondwet> (rigiede grondwet, onbuigsame konstitusie <minder gebruiklik>).
'n Grondwet van 'n staat wat moeilik is om te verander en wat spesiale prosedures vereis soos spesiale meerderhede in die wetgewende vergadering en wat 'n referendum kan insluit.

riot control n.
Preventing violent disorder from escalating to unmanageable proportions.
- ♦ *onlusbeheer* n.
Voorkoming dat gewelddadige oproer na onhanteerbare afmetings eskaleer.

rioter n.
A participant in a turbulent disturbance by a large number of people.

R

+ *oproermaker* n. (oproerlIng).
'n Deelnemer aan 'n onstuimige oproerigheid deur
'n groot aantal mense.

rioting n. (riots).
A disorderly, turbulent disturbance by a large
number of people.
+ *onluste* n. (oproer).
'n Wanordelike, onstuimige oproerigheid deur 'n
groot aantal mense.

riot leader n.
A person who directs the activities of those
participating in a disorderly, turbulent disturbance.
+ *oproerleier* n.
'n Persoon wat die aktiwiteite rig van diegene wat
aan 'n wanordelike, onstuimige oproerigheid
deelneem.

riotous assembly n.
A disorderly and insubordinate public gathering,
often violent and disruptive.
+ *oproerige byeenkoms* n.
'n Ongeordende en onstuimige openbare
vergadering, dikwels gewelddadig en ontwrigtend.

riots → **rioting**

riot squad n.
Part of a police force that is specially trained and
equipped to deal with disorderly, turbulent
disturbances.
+ *onlusafdeling* n.
Deel van 'n polisiemag wat spesiaal opgelei en
toegerus is om wanordelike, onstuimige
oproerigheid te hanteer.

road show n.
A touring campaign, usually with the aim of
canvassing political support.
+ *ryskouspel* n. (padkampanje).
'n Toerveldtog, gewoonlik met die doel om
politieke steun te werf.

rogue state n.
A state that does not conform to coventional
international standards of behaviour.
+ *skurkstaat* n.
'n Staat wat nie aan konvensionele internasionale
gedragstandaarde voldoen nie.

role n.
The pattern of actions of a participant in the
political process.
+ *rol* n.
Die patroon van handelinge van 'n deelnemer aan
die politieke proses.

role n. <see also political role>.
In structural functionalism a basic unit, such as an
office or position, which makes up all social
systems, including political systems, eg voter and
representative, as formulated by Talcott Parsons and
adapted by Gabriel Almond and Bingham Powell.
+ *rol* n. <kyk ook politieke rol>.
In strukturele funksionalisme, 'n basiese eenheid,
soos 'n amp of posisie, wat alle sosiale stelsels
omvat, insluitend politieke stelsels, bv kieser en
verteenwoordiger, soos deur Talcott Parsons

geformuleer en deur Gabriel Almond en Bingham
Powell aangepas.

role behaviour n.
The actions of individuals as incumbents of a role
such as voting behaviour, motivations, attitudes and
values.
+ *rolgedrag* n.
Die handelinge van individue as bekleërs van 'n rol,
soos in stemgedrag, motiverings, houdings en
waardes.

role differentiation n.
In structural functionalism the process whereby
roles change and become more specialised or more
autonomous, or are newly established, eg voter and
representative, as formulated by Talcott Parsons and
adapted by Gabriel Almond and Bingham Powell.
+ *roldifferensiëring* n.
In strukturele funksionalisme die proses waardeur
rolle verander en meer gespesialiseer of meer
outonoom word, of nuut gevestig word, bv kieser
en verteenwoordiger, soos deur Talcott Parsons
geformuleer en deur Gabriel Almond en Bingham
Powell aangepas.

role expectation n.
In politics the norms and behaviour required by
society of an incumbent of a political office.
+ *rolverwagting* n.
In die politiek die norme en gedrag wat die
samelewing van 'n politieke ampsbekleër verwag.

role orientation n.
The attitude of an incumbent of a political office
towards that role.
+ *roloriëntering* n.
Die houding van 'n politieke ampsbekleër jeens
daardie rol.

role player n. (actor).
A participant in the political system.
+ *rolspeler* n. (akteur).
'n Deelnemer aan die politieke stelsel.

rotten borough n.
An electoral constituency in the pre-1832 UK
which could elect two members to the House of
Commons. The borough decayed because the
boundaries were not adapted to the changing
population size of the constituency, eg as few as
seven voters could elect the two members to the
Commons.
+ *vergane kiesafdeling* n.
'n Kiesafdeling in die VK voor 1832 waar twee
lede tot die Laerhuis verkies kon word. Die
kiesafdeling het vergaan omdat die grense nie by
die veranderende grootte van die kiesersbevolking
aangepas is nie, bv so min as sewe kiesers kon die
twee lede tot die Laerhuis verkies.

royal n.
A member of a royal family.
+ *koninklike* n.
'n Lid van 'n koninklike familie.

royal → **regal**

royal absolutism n.
The doctrine and practice that has as point of
departure that a monarch should have unlimited

R

power over those ruled and should not be bound by law or a constitution.

♦ koninklike absolutisme n.

Die doktrine en praktyk wat as vertrekpunt het dat 'n monarg oor onbeperkte mag oor diegene waaroor geheers word, moet beskik en nie deur die reg of 'n grondwet gebind moet word nie.

royal assent n.

In some constitutional monarchies, the official approval and promulgation of a parliamentary bill into an act of parliament by the monarch.

♦ koninklike bekragtiging n.

In sommige konstitusionele monargieë, die amptelike erkenning en promulgering van 'n wetsontwerp as 'n wet van die parlement deur die monarg.

royal clan n.

A monarchical group of people or families, interrelated by marriage or ancestry.

♦ koninklike sibbe n.

'n Monargale groep mense of families, wat verwant is deur die huwelik of afkoms.

royal demesne n.

The territory claimed by a monarch and over which he/she exercises control.

♦ kroongebied n.

Die gebied waarop 'n monarg aanspraak maak en waaroor hy/sy beheer uitoefen.

royal duke n.

A title traditionally awarded to royal princes, usually the sons of a monarch, particularly in the monarchies of Europe.

♦ koninklike hertog n.

'n Titel wat tradisioneel aan koninklike prinse, gewoonlik die seuns van 'n monarg, veral in die monargieë van Europa gegee word.

royal dynasty → **monarchial dynasty**

royal exchequer n.

An administrative state department in charge of income and expenditure in a monarchy.

♦ koninklike skatkis n.

'n Administratiewe staatsdepartement wat in beheer van die inkomste en uitgawes in 'n monargie is.

royal family n.

The group of close relatives of a monarch; those included may vary from one polity to another.

♦ koninklike familie n.

Die groep nabye familielede van 'n monarg; diegene wat ingesluit word, kan varieer van die een politie na 'n ander.

royal head of state n.

A head of state that is a monarch, eg Queen Elizabeth II of Britain.

♦ koninklike staatshoof n.

'n Staatshoof wat 'n monarg is, bv Koningin Elizabeth II van Brittanje.

royal heir → **heir to the throne/heiress to the throne**

Royal Highness n. <preceded by Your or His or Her>.

The title used to address or refer to a royal person.

♦ Koninklike Hoogheid n. <voorafgegaan deur U of Sy of Haar>.

Die titel wat gebruik word om 'n koninklike persoon aan te spreek of na hom/haar te verwys.

royal house n. <see also imperial dynasty; royal dynasty>.

A monarch, or a succession of related monarchs, as well as their non-reigning descendants and spouses.

♦ koningshuis n. <kyk ook keiserlike dinastie; koninklike dinastie> (vorstehuis).

'n Monarg, of 'n opeenvolging van verwante monarge, asook hul nieheersende afstammelinge en eggenotes.

royal insignia n.

A badge or emblem belonging to a royal family and used as a distinguishing mark.

♦ koninklike onderskeidingstekens n.

'n Wapen of embleem wat aan 'n koninklike familie behoort en as kenteken gebruik word.

royalist n.

A supporter of a monarch or a monarchy.

♦ koningsgesinde n. (rojalis).

'n Ondersteuner van 'n monarg of 'n monargie.

royals → **royalty**

royal salute n. <military>.

A ceremony where a guard of honour presents arms while a military band plays the royal or national anthem.

♦ koninklike saluut n. <militêr>.

'n Seremonie waar 'n erewag wapens presenteer terwyl 'n militêre orkes die koninklike of nasionale lied speel.

royal standard n.

The personal flag of a monarch, or other members of a royal family which is only displayed in the presence of the relevant royal.

♦ koninklike vlag n.

Die persoonlike vlag van 'n monarg of ander lede van die koninklike familie wat net vertoon word in die teenwoordigheid van die betrokke koninklike.

royalty n. (royals <colloquial>).

A collective reference to a monarchical family that rules by hereditary right.

♦ koninklikes n.

'n Kollektiewe verwysing na 'n monargiese familie wat volgens erfopvolging heers.

royal writ n.

The main written instrument of government in a monarchy, used in a variety of business, eg to command a person to appear before a court of law.

♦ koninklike bevelskrif n.

Die hoof geskrewe instrument van 'n regering in 'n monargie wat gebruik word in 'n verskeidenheid aangeleenthede, bv om 'n persoon opdrag te gee om voor 'n hof te verskyn.

R2P → **responsibility to protect**

rule n.

The exercise of governmental power and authority.

♦ heerskappy n.

Die uitoefening van regeringsmag en -gesag.

R

rule n.

The period of time in which a head of state or government exercises power.

+ **bewind** n.

Die tydperk waartydens 'n staatshoof of regering die mag uitoefen.

rule v.

1. To exercise control over. 2. To dominate by powerful influence.

+ **heers** v.

1. Om beheer uit te oefen oor. 2. Om deur sterk invloed te domineer.

rule v.

To exercise the sovereign powers of government.

+ **regeer** v.

Om soewereine regeringsbevoegdheid uit te oefen.

rule of law n. <see also supremacy of the law>.

The doctrine and practice that no person is above the law, thus providing a framework to which all conduct or behaviour should conform, including that of high political officers and leaders.

+ **oppergesag van die reg** n. <kyk ook oppergesag van die reg> (regsonderhorigheid, regsvoorrang).

Die leerstelling en praktyk dat niemand bo die wet verhewe is nie en wat sodoende 'n raamwerk verskaf waaraan alle gedrag en optrede moet voldoen, ook dié van hoë politieke amptenare en leiers.

rules of engagement n.

Directives issued by a competent military authority that specify the circumstances and limitations under which its forces operate in neutral territory or waters and engage other forces in combat. These directives are normally subservient to international law.

+ **kontakreëls** n. (reëls vir gevegsaanknoping).

Voorskrifte wat deur 'n bevoegde militêre owerheid uitgereik word en wat die omstandighede en beperkings spesifiseer waaronder hulle magte in neutrale gebied of water opereer en met ander magte mag slaags raak. Hierdie voorskrifte is gewoonlik ondergeskik aan internasionale reg.

ruling class n.

In Marxist ideology the class that dominates society through the ownership of productive wealth.

+ **heersersklas** n.

In Marxistiese ideologie die klas wat die samelewing oorheers deur die besit van produktiewe welvaart.

ruling party n. (governing party).

The political group governing a state.

+ **regerende party** n.

Die politieke groep wat 'n staat regeer.

rump state n.

The part that remains after the departure or removal of a large part or parts of the territory of a state. A rump may be weaker than the original state.

+ **restantstaat** n.

Daardie deel van 'n staat wat oorbly na die vertrek of wegneming van 'n groot deel of dele van die grondgebied van 'n staat. 'n Restant kan swakker as die oorspronklike staat wees.

R

Ss

sabotage n.
Deliberate act(s) with intent to damage the interests of a state or other institution by destroying or disrupting equipment, services and resources.
  • *sabotasie* n.
Doelbewuste handeling(e) met die doel om die belange van 'n staat of ander instelling deur die vernietiging of onderbreking van toerusting, dienste en hulpbronne te skaad.

sabre rattling n.
An aggressive display of military power in order to intimidate an opponent.
  • *sabelklettering* n.
'n Aggressiewe vertoning van militêre mag ten einde 'n opponent te intimideer.

safeguard n.
A protective stipulation, eg in a treaty.
  • *beskermingsbepaling* n.
'n Beskermende bepaling, bv in 'n verdrag.

safe seat n.
A seat that is sure to be won by the incumbent party in an election.
  • *veilige setel* n.
'n Setel wat vir seker deur die sittende party in 'n verkiesing gewen sal word.

sanctions n.
Measures imposed against a state to coerce a change in objectionable behaviour.
  • *sanksies* n. (strafmaatreëls, dwangmaatreëls).
Maatreëls teen 'n staat ingestel om 'n verandering van aanstootlike gedrag af te dwing.

satellite state n. <see also buffer state; client state>.
A formally independent state, which is heavily influenced or controlled by a more powerful state, eg the satellite states of the former USSR in Eastern Europe such as Hungary and Romania. Satellite states may sometimes act as buffer states.
  • *satellietstaat* n. <kyk ook bufferstaat; kliëntstaat>.
'n Formeel onafhanklike staat, wat sterk beïnvloed of beheer word deur 'n magtiger staat, bv die satellietstate van die voormalige USSR soos Hongarye en Roemenië. Satellietstate dien soms ook as bufferstate.

satyagraha n. <Indian languages>, <see also civil disobedience; nonviolent resistance; passive resistance>.
Form of passive resistance as espoused by Mahatma Gandhi, with reference to the 'Passive Resistance Campaign of Indians' against oppression in South Africa

  • *satjagraha* n. <Indiese tale>, <kyk ook burgerlike ongehoorsaamheid; geweldlose verset; lydelike verset>.
Vorm van lydelike verset soos voorgestaan deur Mahatma Gandhi, met verwysing na die lydelike versetkampanje van Indiërs teen onderdrukking in Suid-Afrika.

SBM → **security building measures**

scab → **blackleg**

scalawag n.
A derogatory term for a white Southerner acting in support of the federal government during reconstruction after the American Civil War, often for private gain and in cooperation with carpetbaggers.
  • *oorwinnaarswernoot* n.
'n Minagtende term vir 'n wit Suiderling wat gedurende die heropbou na afloop van die Amerikaanse Burgeroorlog ter ondersteuning van die federale regering opgetree het, dikwels vir eie gewin en in samewerking met reissakopportuniste.

scattered settlement → **dispersed settlement**

scenario n.
A postulated situation to forecast future events.
  • *scenario* n.
'n Gepostuleerde situasie om toekomstige gebeure te voorsien.

Schengen states n.
The European states that are bound by an agreement, originated at Schengen in Luxembourg in 1985, to eliminate border controls between the signatories while tightening border controls with other states. The number of states obligated by the agreement can vary.
  • *Schengenstate* n.
Die Europese state wat gebind is deur 'n ooreenkoms wat oorspronklik in 1985 by Schengen in Luxemburg onderteken is om grensbeheer tussen die ondertekenaars uit te skakel en terselfdertyd grensbeheer met ander state strenger te maak. Die getal state so verbonde kan wissel.

SDU → **self-defence unit**

seat n.
A constituency represented by a member of a legislature.
  • *setel* n.
'n Kiesafdeling wat deur 'n lid van 'n wetgewer verteenwoordig word.

seat of parliament n.
The physical place where the parliamentary buildings are situated and where the members of parliament meet regularly, eg the seat of parliament in South Africa is in Cape Town.
  • *setel van die parlement* n.
Die fisiese plek waar die parlementsgebou geleë is en waar die lede van die parlement gereeld

vergader. In Suid-Afrika is die setel van die
parlement by in Kaapstad.

secession n.
The act of formally withdrawing, either peacefully
or with violence, from a political entity or
association, eg in the establishment of South Sudan
as a new state.
+ *afskeiding* n. (sesessie).
Die handeling om jou formeel aan 'n politieke
entiteit of genootskap te onttrek, sy dit vreedsaam
of met geweld, bv by die totstandkoming van
Suid-Soedan as 'n nuwe staat.

second a motion v.
To express formal support for a proposal made by
another person in a deliberative assembly for
discussion and arriving at a decision.
+ *mosie sekondeer* v. <'n mosie sekondeer>.
Om amptelike steun te betuig vir 'n voorstel deur
'n ander persoon in 'n beraadslagende vergadering
voorgelê vir bespreking en om tot 'n besluit te kom.

second-class citizen n.
A national with inferior status in a society, ie not
enjoying the full benefits of citizenship.
+ *tweedeklasburger* n.
'n Deelburger met minderwaardige status in 'n
samelewing, dws wat nie die volle voordeel van
burgerskap geniet nie.

second-generation rights n. <see also
first-generation rights, third-generation rights>.
Human rights that mainly deal with the well-being
of whole societies and usually involve equality, viz
equal conditions and treatment, eg education, health
care and an acceptable standard of living.
+ *tweedegenerasieregte* n. <kyk ook
eerstegenerasieregte, derdegenerasieregte>.
Menseregte wat hoofsaaklik te make het met die
welstand van hele samelewings en dikwels
gelykheid betrek, te wete gelyke omstandighede en
behandeling, bv onderwys, gesondheidsorg en 'n
aanvaarbare lewenspeil.

second-level authority n. (second-tier
authority).
In eg a hierarchy of three authorities, the middle
level of authority, which is usually the provincial
authorities. The first level refers to the national
authority, while the third level is usually the local
authorities.
+ *tweedevlakowerheid* n.
In bv 'n hiërargie van drie owerhede, die middelste
owerheidsvlak, wat gewoonlik die provinsiale
owerhede is. Die tweede vlak is die nasionale
owerheid en die derde vlak, die plaaslike owerhede.

second strike n.
The first counterattack with nuclear weapons in a
war, having survived a first strike with sufficient
capability for effective retaliation.
+ *tweede slaanaanval* n.
Die eerste teenaanval met kernwapens in 'n oorlog
nadat 'n eerste slaanaanval met 'n voldoende
vermoë tot effektiewe vergelding oorleef is.

second-tier authority → second-level
authority

Second World n. <see also First World; Third
World; Fourth World>.
The former USSR and its satellite states.
+ *Tweede Wêreld* n. <kyk ook Eerstewêreld;
Derdewêreld; Vierdewêreld>.
Die voormalige USSR en sy satellietstate.

Second World War → World War II

secret n.
A security classification between top secret and
confidential, allocated to actions, information and
material in order to prevent damage to the national
security.
+ *geheim* n.
'n Sekerheidsklassifikasie tussen uiters geheim en
vertroulik wat aan handelinge, informasie en
materiaal toegeken word ten einde skade aan die
nasionale veiligheid te voorkom.

secret agenda n. <see also hidden agenda>.
Intentions hidden in apparently innocuous
programmes, public statements and the like.
+ *geheime agenda* n. <kyk ook verskuilde
agenda>.
Voornemens wat in skynbaar onskadelike
programme, openbare verklarings en dies meer
versteek word.

secret agent n. <see also spy> (agent).
A person employed by an intelligence service for
the purpose of clandestine intelligence collection.
+ *geheime agent* n. <kyk ook spioen> (agent).
'n Persoon wat vir die doeleindes van heimlike
inligtinginsameling deur 'n inligtingsdiens
aangewend word.

secret ballot n.
Voting where an individual's choice is not known
but the overall results are made public.
+ *geheime stemming* n.
Stemming waar 'n individu se keuse nie bekend is
nie, maar waar die algehele resultaat geopenbaar
word.

secret police n. <see also security police>.
A police force that operates in secret, sometimes by
illegal methods, to guard against subversion and
ensure the security of the state.
+ *geheime polisie* n. <kyk ook
veiligheidspolisie>.
'n Polisiemag wat in die geheim optree, somtyds
deur onwettige metodes, om teen ondermyning te
waak en die veiligheid van die staat te verseker.

secret service n.
1. A government department that gathers
intelligence through espionage. 2. In the USA the
Secret Service is a branch of the Department of
Homeland Security charged with protecting the
President and other high ranking public figures as
well as with countering counterfeiting.
+ *geheime diens* n.
1. 'n Staatsdepartement wat inligting deur
spioenasie insamel. 2. In die VSA is die geheime
diens 'n vertakking van die Departement van
Binnelandse Veiligheid belas met die beskerming
van die president en ander hooggeplaaste openbare
persone asook met die bekamping van
geldvervalsing.

secular state n.
A state not ruled according to the principles of any specific religion.
+ *sekulêre staat* n.
'n Staat wat nie volgens die beginsels van enige bepaalde godsdiens regeer word nie.

security n.
The condition resulting from the establishment of measures designed to protect a state and its institutions against hostile acts.
+ *sekerheid* n. (sekuriteit).
Die toestand wat ontstaan uit die daarstelling van maatreëls om die staat en sy instellings teen vyandelike handelinge te beskerm.

security building measures n. (SBM).
Procedures, equipment and contingency plans aimed at preventing or deterring attacks.
+ *maatreëls wat veiligheid bou* n. (MVB).
Prosedures, toerusting en gebeurlikheidsplanne wat daarop gemik is om aanvalle te voorkom of af te skrik.

security clearance n.
A written declaration by an authorised official that a specific person may be granted access to material of a specified security classification.
+ *sekerheidsklaring* n.
'n Geskrewe verklaring deur 'n gemagtigde beampte dat toegang tot materiaal van 'n gespesifiseerde sekerheidsklassifikasie aan 'n spesifieke persoon verleen mag word.

security community n.
The group of institutions that are charged with a security function.
+ *veiligheidsgemeenskap* n.
Die groep instellings wat met 'n veiligheidsfunksie belas is.

security forces n. (SF).
The military and paramilitary forces of a state, normally in the context of internal security.
+ *veiligheidsmagte* n. (VM).
Die militêre en paramilitêre magte van 'n staat, normaalweg in die konteks van binnelandse veiligheid.

security legislation n.
Acts of a competent legislature that deal with security matters.
+ *veiligheidswetgewing* n.
Wette van 'n bevoegde wetgewer wat oor veiligheidsaangeleenthede handel.

security measures n.
Methods applied to protect personnel, information and material from subversion, espionage and damage.
+ *sekerheidsmaatreëls* n.
Metodes wat toegepas word om personeel, informasie en materiaal teen ondermyning, spioenasie en beskadiging te beskerm.

security police n. <see also secret police>.
A branch of a police force dealing with the internal security of the state.

+ *veiligheidspolisie* n. <kyk ook geheime polisie>.
'n Tak van 'n polisiemag wat met die binnelandse veiligheid van die staat handel.

security risk n.
A person who is refused a security clearance through not meeting all of the requirements for the clearance.
+ *sekerheidsrisiko* n.
'n Persoon vir wie 'n sekerheidsklaring geweier word omdat hy nie aan al die vereistes vir 'n klaring voldoen nie.

security screening n. (security vetting).
A process to determine a person's suitability for access to classified material.
+ *sekerheidskeuring* n.
'n Proses om 'n persoon se geskiktheid vir toegang tot geklassifiseerde materiaal te bepaal.

security vetting → **security screening**

securocrat n.
A senior official who is able to influence government policy and actions with regard to matters of security.
+ *sekurokraat* n.
'n Senior amptenaar wat in staat is om regeringsbeleid en -optrede met betrekking tot sekerheidsaangeleenthede te beïnvloed.

sedition n.
Speech or actions intended to undermine the authority of the government of a state.
+ *sedisie* n.
Spraak of optrede wat bedoel is om die gesag van die regering van 'n staat te ondergrawe.

segregation n.
A policy in which races and genders are segregated or kept separate from one another in many areas of social interaction such as separate schools, separate entrances to public buildings, separate public transport facilities and separate living areas.
+ *segregasie* n.
'n Beleid waardeur rasse en genders geskei word of afsonderlik van mekaar gehou word op baie gebiede van sosiale verkeer soos afsonderlike skole, afsonderlike ingange na openbare geboue, afsonderlike openbare vervoer en afsonderlike woonbuurte.

select committee n.
A legislative, parliamentary or special committee appointed for a specific purpose.
+ *gekose komitee* n.
'n Wetgewende, parlementêre of spesiale komitee wat vir 'n bepaalde doel aangestel is.

self-defence n.
All measures, including the use of military force, to ward off an unprovoked physical attack on any component of a state.
+ *selfverdediging* n.
Alle maatreëls, insluitend die gebruik van militêre mag, om 'n onuitgelokte fisieke aanval op enige deel van 'n staat af te weer.

S

self-defence unit n. (SDU).
One of a number of units formed in the South
African townships from late 1984 onwards at the
behest of the ANC to defend their area against the
security forces.
• **selfverdedigingseenheid** n. (SVE).
Een van 'n aantal eenhede wat na laat 1984 in
opdrag van die ANC in die townships gestig is om
hulle gebied teen die veiligheidsmagte te verdedig.

self-determination n.
A principle permitting ethnic, linguistic, social,
national or religious groups the right to govern
themselves without interference by others.
• **selfbeskikking** n. (selfdeterminasie).
'n Beginsel wat toelaat dat etniese, linguistiese,
sosiale, nasionale of religieuse groepe die reg het
om oor hulleself te regeer sonder inmenging deur
andere.

self-elected adj.
Assuming a position not by vote but through one's
own actions, it is tantamount to usurping legitimate
authority.
• **selfgekose** adj.
Wanneer 'n posisie nie deur stemming nie, maar
deur eie optrede ingeneem word, is dit gelyk aan
ondermyning van legitieme gesag.

self-government n.
A government under the control of the people of a
town, province or state rather than that of an
outside authority.
• **selfregering** n.
'n Regering onder die beheer van die mense van 'n
dorp, provinsie of staat eerder as dié van 'n
buite-owerheid.

sell-out n.
A person who betrays a cause or principle for the
sake of personal gain.
• **uitverkoper** n.
'n Persoon wat 'n saak of beginsel vir eie gewin
verraai.

semiproportional representation n.
A type of representation in a legislative assembly
which results in a partial proportional allocation of
seats, ie there could still be some overrepresented
parties or groups in that particular body.
• **semiproporsionele verteenwoordiging** n.
'n Tipe verteenwoordiging in 'n wetgewende
vergadering wat 'n gedeeltelik eweredige toedeling
van setels tot gevolg het, dws daar kan steeds
oorverteenwoordigde partye of groepe in die
besondere instelling wees.

senate n.
In a bicameral legislature, the upper house, that
normally represents specific interests, such as those
of the constituent states in the USA.
• **senaat** n.
In 'n tweekamerwetgewer, die hoërhuis, wat
gewoonlik spesifieke belange verteenwoordig, soos
van die deelstate in die VSA.

sending state n.
The state sending a diplomatic mission for
accreditation to another state or international
organisation.

• **sendstaat** n.
Die staat wat 'n diplomatieke missie vir
akkreditasie na 'n ander staat of internasionale
organisasie stuur.

separation of powers (trias politica).
The principle or doctrine that legislative, executive
and judicial power in a state should be detached
from each other by the establishment of three
different institutions.
• **skeiding van magte** (magskeiding, trias
politica, skeiding van gesag).
Die beginsel of leerstelling dat die wetgewende,
uitvoerende en regsprekende gesag in 'n staat
geskei moet word deur die vestiging van drie
afsonderlike instellings.

Sephardim n. <Hebrew; sing Sephardi; see also
Ashkenazim; Beta Israel; Mizrahim>.
Jews who are descendants of Jews from the Iberian
peninsula (Spain and Portugal) and northern Africa.
• **Sefardim** n. <Hebreeus; ekv Sefardi; kyk ook
Asjkenasim; Beta-Israel; Misrahim>.
Jode wat nasate van Jode van die Iberiese
skiereiland (Spanje en Portugal) en Noord-Afrika is.

Serene Highness n. <preceded by Your or His
or Her>.
Form of address used as part of certain royal titles.
• **Deurlugtige Hoogheid** n. <voorafgegaan
deur U of Sy of Haar>.
Aanspreekvorm gebruik as gedeelte van sekere
koninklike titels

settlement n.
A newly established group of structures populated
by a small but expanding community of permanent
residents.
• **nedersetting** n.
'n Pas gevestigde groep strukture wat deur 'n klein
maar uitbreidende gemeenskap van permanente
inwoners bevolk word.

settlement n.
The act of establishing a group of structures
populated by a small but expanding community of
permanent residents.
• **vestiging** n.
Die handeling om 'n groep strukture wat deur 'n
klein maar uitbreidende gemeenskap van permanente
inwoners bevolk word, tot stand te bring.

SF → **security forces**

shadow cabinet n.
A committee consisting of leading party members
of the official opposition to act as shadow (ie not
real) ministers.
• **skadukabinet** n.
'n Komitee bestaande uit vooraanstaande partylede
van die amptelike opposisie wat as skaduministers
(dws nie regte ministers nie) optree.

shah n.
Historically the title of the emperor of Persia, Iran
and some parts of India.

◆ **sjah** n.
Histories die titel van die keiser van Persië, Iran en dele van Indië.

shamocracy n.
The exercise of political power in which a government pretends to comply with principles that it does not in reality subscribe to, usually with reference to democracy.
◆ **fopkrasie** n. (skyndemokrasie).
Die uitoefening van politieke mag waardeur 'n regering voorgee dat dit aan beginsels voldoen wat dit in werklikheid nie onderskryf nie, gewoonlik met verwysing na die demokrasie.

shanty town n. <see also squatters' settlement>.
A collection of shacks made of discarded materials that serve as housing for the poor, usually found on the outskirts of cities.
◆ **blikkiesdorp** n. <kyk ook plakkersdorp>.
'n Versameling plakkershutte van weggooimateriaal gemaak wat as behuising vir die armes dien en gewoonlik aan die buitewyke van stede aangetref word.

sharecropper n.
A person who works on a farm and is compensated by a share in the crop and not with money.
◆ **deelsaaier** n. (deelboer).
'n Persoon wat op 'n plaas werk en vergoed word deur 'n deel van die oes en nie met geld nie.

shave-tail minister n.
Derogatory term for a deputy or assistant minister in a governing executive.
◆ **kortbroekminister** n.
Neerhalende term vir 'n adjunk- of assistentminister in 'n regerende uitvoerende instelling.

shebeen n.
An informal socialising and drinking place in townships; sometimes also a venue for illicit consumption of liquor.
◆ **sjebien** n.
'n Informele kuier- en drinkplek in townships; soms ook 'n smokkelkroeg.

shooting war n.
A war during which weapons are actually fired.
◆ **skietoorlog** n.
'n Oorlog waarin wapens inderdaad afgevuur word.

shop steward n.
A worker elected by fellow trade union members to represent them in dealings with the management.
◆ **werkplekverteenwoordiger** n. (vloerleier).
'n Werker wat deur medevakbondlede verkies word om hulle in handelinge met die bestuur te verteenwoordig.

show of force n.
An ostentatious display of military personnel and weaponry in order to create a desired perception in an enemy's mind.
◆ **magsvertoon** n.
'n Opvallende vertoning van militêre personeel en wapentuig ten einde 'n gewenste persepsie in die gedagtes van 'n vyand te skep.

shuttle diplomacy n.
The conduct of negotiations between two or more states by a diplomatic representative who travels back and forth between those states.
◆ **pendeldiplomasie** n.
Die voer van onderhandelinge tussen twee of meer state deur 'n diplomatieke verteenwoordiger wat heen en weer tussen daardie state reis.

silent majority n.
An ostensibly greater part of the electorate that does not noticeably voice its support of or opposition to political issues, especially during electoral campaigns.
◆ **stille meerderheid** n. (stilswyende meerderheid).
'n Vermeende groter gedeelte van die kiesers wat nie merkbaar hulle steun verleen aan, of in opposisie verkeer tot politieke vraagstukke nie, veral gedurende verkiesingsveldtogte.

silent voting n.
A form of voting which is unspoken, not open.
◆ **stilswyende stemming** n.
'n Soort stemming wat onuitgesproke, nie openlik is nie.

simple majority → **absolute majority**

simple majority n. (relative majority, plurality).
A higher number of votes or representatives than any other candidate or party, but not necessarily more than the votes or representatives of all the other candidates or parties combined.
◆ **gewone meerderheid** n. (relatiewe meerderheid).
'n Groter getal stemme of verteenwoordigers as dié van enige ander kandidaat of party, maar nie noodwendig meer as die stemme of verteenwoordigers van al die ander kandidate of partye gesamentlik nie.

single-member representation n.
A system where one person represents a constituency or voting district.
◆ **enkellidverteenwoordiging** n.
'n Stelsel waar een persoon 'n kiesafdeling of stemdistrik verteenwoordig.

single-party domination → **one-party dominance**

single-party state n. <see also one-party state>.
A state in which a single political party is exclusively in charge of the body politic.
◆ **enkelpartystaat** n. <kyk ook eenpartystaat>.
'n Staat waar een politieke party uitsluitlik in beheer van die politieke bestel is.

sister city → **twin city**

sit-down strike n. (sit-in strike).
Industrial action in which workers refuse to leave their place of work until their demands are met or negotiations are agreed to.
◆ **besettingstaking** n. (besetstaking).
Nywerheidsaksie waarin werkers weier om hulle werkplek te verlaat totdat daar aan hulle eise gehoor gegee word of daar op onderhandelinge ooreengekom word.

S

sit-in n.

A form of protest in which demonstrators sit down in a public place and refuse to move until their demands are met or negotiations are agreed to.

• *sitprotes* n.

'n Soort protes waarin betogers op 'n openbare plek gaan sit en weier om hulle te verroer totdat daar aan hulle eise gehoor gegee word of daar op onderhandelinge ooreengekom word.

sit-in strike → **sit-down strike**

sitting of parliament n.

The meeting of parliament, eg the first sitting of parliament after a general election or the annual sitting of parliament.

• *parlementsitting* n.

Die vergadering van die parlement, bv die eerste sitting van die parlement na 'n algemene verkiesing of die jaarlikse sitting van die parlement.

slave trade n. <see also human trafficking>.

The practice of buying and selling human beings into obligatory bondage.

• *slawehandel* n. <kyk ook mensehandel>.

Die praktyk om mense tot verpligte knegskap te koop en te verkoop.

sleeper n. (sleeper agent).

An agent under deep cover who refrains from any intelligence activities in order to remain undetected and is only activated when a specific need arises.

• *slaper* n. (slaperagent).

'n Agent onder diep dekking wat hom/haar van enige inligtingsaktiwiteite weerhou ten einde nie opgespoor te word nie en wat slegs geaktiveer word wanneer 'n spesifieke behoefte ontstaan.

sleeper agent → **sleeper**

sleight of hand politics n.

Deceptive tricks, devices or moves in the political process.

• *goëlpolitiek* n.

Misleidende toertjies, sinspreuke of skuiwe in die politieke proses.

slum n.

A dirty, repulsive and usually overcrowded, run-down part of a city characterised by poor living conditions.

• *krotbuurt* n. (slum).

'n Vuil, weersinwekkende en gewoonlik oorbevolkte deel van 'n stad wat deur swak lewensomstandighede gekenmerk word.

smart weapon n.

A programmable bomb or missile that can be guided to its target.

• *slim wapen* n.

'n Programmeerbare bom of missiel wat na sy teiken toe gelei kan word.

smoking gun n.

Indisputable evidence of wrongdoing.

• *skuldverklikker* n.

Onweerlegbare bewys van kwaad.

social accord n.

A compromise or a settlement between various stakeholders in a society.

• *sosiale akkoord* n.

'n Kompromie of skikking tussen verskeie belanghebbendes in 'n samelewing.

social contract n.

1. In political philosophy, the theory that an agreement is made among individuals in an imaginary situation of the absence of the state, known as the state of nature, to form a state in order to escape the disorder of their present position. The three best known variants are those of Thomas Hobbes, John Locke and Jean-Jacques Rousseau. 2. In political dynamics, a metaphorical agreement between a government or political party and their supporters, usually entailing promises by the political leadership to provide a better life for supporters through governmental action should they win a forthcoming election.

• *sosiale kontrak* n.

1. In politieke filosofie, die teorie dat 'n ooreenkoms aangegaan word tussen individue in 'n denkbeeldige situasie waar die staat afwesig is, bekend as die natuurstaat, om 'n staat te vorm ten einde die wanorde van hulle huidige posisie te ontvlug. Die drie bekendste variante is dié van Thomas Hobbes, John Locke en Jean-Jacques Rousseau. 2. In politieke dinamika, 'n metaforiese ooreenkoms tussen 'n regering of politieke party en hulle ondersteuners, gewoonlik met beloftes deur die politieke leierskap om 'n beter lewe vir ondersteuners deur regeringsoptrede te gee, sou hulle 'n komende verkiesing wen.

social democracy n.

A moderate form of regime that favours a balance between the market and the state as opposed to the extremes of both the capitalist nature of liberal democracy and the tenets of revolutionary socialism.

• *sosiale demokrasie* n.

'n Gematigde owerheidsvorm wat 'n balans tussen die mark en die staat voorstaan in teenstelling met die uiterstes van beide die kapitalistitiese aard van liberale demokrasie en die kenmerke van rewolusionêre sosialisme.

social differentiation n.

When distinction is made between people or when they are classified on the basis of certain social attributes such as race, gender, class, ethnicity.

• *sosiale differensiasie* n.

Wanneer onderskeid tussen mense getref word of hulle geklassifiseer word op grond van bepaalde sosiale kenmerke, soos ras, gender, klas, etnisiteit.

social engineering n.

A policy by which a state uses its coercive power contrary to liberal principles to enforce actions by people in order to attain a given ideal. Examples are apartheid, separate schools for different races, enforced nation building or the establishment of a communist economic system.

• *sosiogeniëring* n.

'n Beleid waardeur die staat sy dwangmag teenstrydig met liberale beginsels aanwend om mense te verplig om handelinge te onderneem ten einde 'n gegewe ideaal te bereik. Voorbeelde is apartheid, afsonderlike skole vir verskillende rasse,

S

gedwonge nasiebou of die vestiging van 'n kommunistiese ekonomiese stelsel.

socialism n. <see also communism; liberalism>.
The political ideology that advances social solidarity, a belief in equality, common ownership of property and extensive government interference in the economy.
 • *sosialisme* n. <kyk ook kommunisme; liberalisme>.
Die politieke ideologie wat sosiale solidariteit, 'n geloof in gelykheid, gemeenskaplike besit van eiendom en omvangryke regeringsinmenging in die ekonomie bepleit.

social manipulation n.
A form of public policy making in which a specific ideological point of view is enforced on society, mostly to serve the interests of a specific elite.
 • *sosiale manipulasie* n.
'n Soort openbare beleidmaking waarin 'n spesifieke ideologiese standpunt op die samelewing afgedwing word, meestal om die belange van 'n spesifieke elite te dien.

social movement n.
Organisations, mainly consisting of civilian members, not included in the political process, but involved in bringing about political change.
 • *sosiale beweging* n.
Organisasies wat hoofsaaklik uit burgerlike lede bestaan wat nie deel is van die landspolitiek nie, maar betrokke is in die proses van politieke verandering.

social security n.
Provision of social benefits such as contributions by employers and employees, medical services, unemployment benefits and pensions which can be funded by government and/or employers.
 • *bestaansbeveiliging* n.
Voorsiening van maatskaplike voordele soos bydraes deur werkgewers en werknemers, mediese dienste, werkloosheidsvoordele en pensioene, kan deur die regering en/of werkgewer befonds word.

social welfare n.
Aid and assistance, often financial, provided by state agencies to people in need.
 • *maatskaplike welsyn* n.
Hulp en bystand, gewoonlik finansieel, wat deur staatsinstansies aan behoeftige mense voorsien word.

society n.
The total network of social relationships in a structured community with distinctive values and institutions.
 • *samelewing* n.
Die totaliteit van sosiale verhoudinge in 'n gestruktureerde gemeenskap met onderskeidende waardes en instellings.

soft propaganda n.
Propaganda based on credible factual grounds.
 • *sagte propaganda* n.
Propaganda wat op 'n geloofwaardige feitebasis gegrond word.

soft services n.
Services delivered by a local authority where the benefit is non-tangible, such as library and health services.
 • *sagte dienste* n.
Dienste wat deur 'n plaaslike owerheid gelewer word waar die voordeel nie tasbaar is nie, soos biblioteek- en gesondheidsdienste.

soft target n.
A target that is not well protected against attacks.
 • *sagte teiken* n.
'n Teiken wat nie goed teen aanvalle beskerm word nie.

sortie n.
An attack in which an army leaves its position for a short time to attack the enemy.
 • *uitval* n.
'n Aanval waar 'n weermag sy posisie tydelik verlaat om die vyand aan te val.

source → **intelligence source**

sovereign n.
The supreme ruler in a monarchy
 • *vors* n. <vr. vorstin>.
Die opperheerser in 'n monargie.

sovereignty n.
1. Absolute and unlimited power of a government over its legal jurisdiction, expressed in the state.
2. Also refers to unchallengeable political power, such as of a monarch over subjects.
 • *soewereiniteit* n.
1. Absolute en onbeperkte mag van 'n regering oor sy wetlike jurisdiksie, in die staat uitgedruk.
2. Verwys ook na onomstootlike politieke mag soos dié van 'n monarg oor onderdane.

sovereignty of parliament → **parliamentary sovereignty**

soviet n.
A government council at the local, regional and national level in the former USSR.
 • *sowjet* n.
'n Regeringsraad op plaaslike, streeks- en nasionale vlak in die voormalige USSR.

speaker n.
The presiding officer of a legislative assembly.
 • *speaker* n.
Die voorsittende beampte van 'n wetgewende vergadering.

special agent n. <USA usage>.
The official designation of investigators of a number of US departments.
 • *spesiale agent* n. <VSA-gebruik>.
Die ampsbetiteling van ondersoekbeamptes van 'n aantal VSA-departemente.

special branch n.
A division of a police force charged with investigating matters of national security within the purview of the police force.
 • *veiligheidstak* n.
'n Afdeling van 'n polisiemag belas met die ondersoek van aangeleenthede van nasionale veiligheidsbelang wat binne die bestek van die polisiemag val.

S

special forces n.
Military forces organised, trained and equipped
specifically to conduct special operations.
* **spesiale magte** n.
Militêre magte wat spesifiek georganiseer, opgelei
en toegerus is om spesiale operasies te voer.

special majority n. <see also qualified majority>
(super majority).
A specified number of votes, higher than 50% + 1,
required for any motion or legislation to be
adopted, eg for the amendment of a constitution or
a special motion of no confidence. It is a generic
term for the two familiar special majorities of
two-thirds or three-quarters, but there may also be
other stipulations such as 70% or 80%.
* **spesiale meerderheid** n. <kyk ook
gekwalifiseerde meerderheid>
(supermeerderheid).
'n Gespesifiseerde aantal stemme, meer as 50% + 1
wat vereis word om enige mosie of wetgewing te
aanvaar, bv vir die wysiging van 'n grondwet of 'n
spesiale mosie van wantroue. Dit is 'n generiese
term vir die twee bekende spesiale meerderhede, nl
'n twee derde of 'n driekwart, maar daar mag ook
ander voorskrifte wees, soos 70% of 80%.

special operations n.
Operations conducted by specially organised,
trained and equipped forces for military, political or
psychological purposes.
* **spesiale operasies** n.
Operasies gevoer deur spesiaal georganiseerde,
opgeleide en toegeruste magte vir militêre, politieke
of sielkundige doeleindes.

special vote n.
Voting under special arrangements when normal
voting is not feasible, eg allowing citizens who are
abroad during elections to cast their votes at an
embassy.
* **spesiale stem** n.
Stemming met spesiale reëlings waar normale
stemming nie doenlik is nie, bv om burgers wat in
die buiteland is toe te laat om hulle stemme by 'n
ambassade uit te bring.

sphere of government n.
In South Africa it refers to one of what are
traditionally called the levels of government, ie
national, provincial and local government.
* **regeringsfeer** n.
In Suid-Afrika verwys dit na een van die
tradisionele regeringsvlakke, dws nasionale,
provinsiale of plaaslike regering.

sphere of influence n.
That part of the world in which a state is able to
sway events according to its wishes.
* **invloedsfeer** n.
Daardie deel van die wêreld waar 'n staat die
vermoë het om gebeure na sy sin te laat verloop.

sphere of interest n.
That part of the world in which events have a
bearing on the security or prosperity of a state.

* **belangesfeer** n.
Daardie deel van die wêreld waar gebeure
betrekking het op die veiligheid of welvaart van 'n
staat.

spin doctor n.
A spokesperson employed to present to external
audiences an interpretation of political events that
favours his/her employer, party or government.
* **feitepoetser** n. (feitedraaier, feitemasseerder,
beeldpoetser).
'n Woordvoerder wat aangestel is om aan
buitestaanders 'n vertolking van politieke gebeure te
gee wat sy/haar werkgewer, party of regering
begunstig.

spoils system n.
A system where positions in government or the
public service are distributed according to support
for the winning candidate or political party instead
of the incumbent being recruited on the basis of
merit.
* **buitstelsel** n.
'n Stelsel waarvolgens posisies in die regering of
staatsdiens uitgedeel word volgens steun vir die
wenkandidaat of politieke party wat wen, in plaas
daarvan dat die bekleër op grond van meriete
gewerf word.

spoilt ballot n. <see also invalid vote>.
A ballot that is erroneously or deliberately tarnished
by a voter and is consequently invalid, meaning that
it is not included in the vote count.
* **bedorwe stembrief** n. <kyk ook ongeldige
stem>.
'n Stembrief wat per abuis of doelbewus verkeerd
deur 'n kieser ingevul word en gevolglik ongeldig
is, wat beteken dat dit nie in die stemtotaal ingesluit
word nie.

spy n. <see also secret agent>.
Popular name for a secret agent.
* **spioen** n. <kyk ook geheime agent>.
Populêre naam vir 'n geheime agent.

squat v.
To occupy land or buildings without legal title
thereto or without the permission of the owner.
* **plak** v.
Om grond of geboue sonder wetlike titel daartoe of
sonder die eienaar se toestemming te beset.

squatter n.
A person that occupies land illegally and erects a
shack or some other temporary shelter on it.
* **plakker** n.
'n Persoon wat grond onwettig beset en 'n hut of
ander tydelike skuiling daarop oprig.

squatter camp n.
A community of illegal occupants of land in
supposedly temporary accommodation.
* **plakkerskamp** n.
'n Gemeenskap onwettige okkupeerders van grond
in veronderstelde tydelike huisvesting.

squatters' settlement n. <see also shanty
town>.
Informal housing resulting from the usually
wrongful utilisation of land and often found on the
outskirts of cities.

+ *plakkersdorp* n. <kyk ook blikkiesdorp> (plakkersnedersetting).
Informele behuising wat uit die gewoonlik wederregtelike benutting van grond voortvloei en dikwels aan die buitewyke van stede voorkom.

squatter structure n.
A shack or other construction made of discarded materials such as corrugated iron sheeting.
+ *plakkersbousel* n.
'n Hut of ander konstruksie wat van weggooimateriaal, soos sinkplate, gemaak word.

Stalinism n.
The theory and form of government associated with Stalin, a variant of Marxism-Leninism characterised by totalitarianism, rigid bureaucracy, and loyalty to the Soviet state.
+ *Stalinisme* n.
Die teorie en regeringsvorm wat geassosieer word met Stalin, 'n variant van Marxisme-Leninisme wat deur totalitarisme, rigiede burokrasie en lojaliteit aan die Sowjetstaat gekenmerk word.

standing committee n.
A committee that is permanent for the duration of the appointing institution, typically in parliament.
+ *staande komitee* n.
'n Komitee wat blywend is vir die duur van die aanstellende instelling, tipies in die parlement.

state n.
A permanent political institution that is a juristic person, with population, territory, government and internationally recognised sovereignty.
+ *staat* n.
'n Permanente politieke instelling wat 'n regspersoon is, met bevolking, grondgebied, regering en internasionaal erkende soewereiniteit.

state authority → authority of the state

state corporation n. (government corporation).
An enterprise in which the state or government is the sole shareholder, usually established by legislation.
+ *staatskorporasie* n. (owerheidskorporasie, regeringskorporasie).
'n Onderneming waarvan die staat of regering die alleenaandeelhouer is; dit word gewoonlik deur wetgewing ingestel.

statecraft n.
The art of managing the affairs of state.
+ *staatsmanskuns* n.
Die kuns om staatsake te bestuur.

state intervention n.
Deliberate actions by a state to insert its influence into a matter.
+ *staatsingryping* n.
Doelbewuste optrede van 'n staat om sy invloed in 'n saak te laat geld.

stateless adj.
Having no status with regard to nationality.
+ *staatloos* adj.
Om oor geen status ten opsigte van nasionaliteit te beskik nie.

stateless person n. <see also noncitizen>.
Someone who has no status with regard to nationality.
+ *staatlose persoon* n. <kyk ook nieburger>.
Iemand wat geen status ten opsigte van nasionaliteit het nie.

state obsessed with war → war-obsessed state

state of emergency n.
A condition, declared by a government, in which martial law applies, usually because of civil unrest or natural disaster.
+ *noodtoestand* n.
Toestand wat deur 'n regering verklaar word, waarin krygswet geld, gewoonlik as gevolg van burgerlike onrus of 'n natuurlike ramp.

state of the nation address n. (presidential address).
A speech in parliament in which the president assesses the general living conditions of the population and announces the plans of his/her government for the near future.
+ *staatsrede* n. (presidentsrede).
'n Toespraak in die parlement waartydens die president die algemene lewensomstandighede van die bevolking na waarde skat en die planne van sy/haar regering vir die nabye toekoms aankondig.

statute n.
A law enacted by a legislative assembly and formally recorded in writing.
+ *statuut* n. (wet).
'n Wet wat deur 'n wetgewende vergadering verwetlik is en formeel op skrif gestel is.

statutory institution n.
An institution established and/or regulated by legislation.
+ *statutêre instelling* n. (wetlike instelling).
'n Instelling wat deur wetgewing ingestel en/of gereguleer word.

statutory powers n.
Powers conferred by legislation.
+ *statutêre bevoegdheid* n.
Bevoegdheid wat deur wetgewing verleen word.

stayaway n. (stayaway action).
A form of strike used by workers to express dissatisfaction with some matter, usually related to working conditions or wages, whereby workers do not report for work until the issue is resolved.
+ *wegblyaksie* n. (wegblyery).
'n Soort staking wat deur werkers gebruik word om hulle ontevredenheid oor 'n aangeleentheid te kenne te gee, gewoonlik met werksomstandighede of lone te doen, waar hulle nie vir werk aanmeld nie totdat die strydpunt opgelos is.

stayaway action → stayaway

stealth aircraft n.
An aircraft whose design makes it almost impossible to be detected by radar and other sensors.

S

sluipvliegtuig n.
'n Vliegtuig met 'n ontwerp wat dit vir radar en ander sensors bykans onmoontlik maak om dit op te spoor.

steering committee n.
A committee appointed to decide on the order of business and the general course of operations.
• **loodskomitee** n.
'n Komitee aangestel om oor die sakelys en algemene verloop van verrigtinge te besluit.

sting n.
A carefully orchestrated operation to deceive an opponent and induce a result detrimental to the opponent. It is typically used by police to trap criminals and by security forces to lead hostile forces to false conclusions, such as in Operation Mincemeat during World War II.
• **slenterstrik** n.
'n Sorgvuldig bewimpelde operasie om 'n opponent te mislei en 'n nadelige uitslag vir die opponent te bewerkstellig. Dit word tipies deur die polisie gebruik om misdadigers vas te trek en deur veiligheidsdienste om vyandelike magte verkeerde gevolgtrekkings te laat maak soos in Operasie Mincemeat gedurende die Tweede Wêreldoorlog.

stokvel n.
A cooperative savings club typical of South Africa.
• **stokvel** n.
'n Gesamentlike spaarklub, tipies van Suid-Afrika.

strategy of attrition n.
A way of achieving strategic goals by wearing down the enemy rather than attempting to annihilate the enemy.
• **uitputtingstrategie** n.
'n Manier om strategiese doelstellings te bereik deur die vyand uit te put eerder as om die vyand te probeer vernietig.

stratocracy n.
The exercise of political power by generals.
• **stratokrasie** n.
Die uitoefening van politieke mag deur generaals.

straw poll n. <preferred term> (straw vote).
A vote with nonbinding results, used to assess the likely outcome of a matter. For example, in a meeting subject to rules of order a straw poll can be taken to determine whether there is enough support for an idea to warrant devoting more meeting time to it.
• **stempeiling** n.
'n Stemming met niebindende resultate, wat gebruik word om die waarskynlike uitkoms van 'n aangeleentheid te beoordeel. In 'n vergadering wat onderhewig aan vergaderingsprosedure is, kan 'n stempeiling byvoorbeeld geneem word ten einde te bepaal of daar genoeg steun vir 'n idee is wat verdere vergaderingtyd daaraan regverdig.

straw vote → **straw poll**

strike n.
The cessation of normal activity in a show of protest.
• **staking** n.
Die opskorting van normale werksaamhede om protes aan te teken.

strike call n.
A demand by a labour union for a strike.
• **staakoproep** n.
'n Eis deur 'n vakbond om te staak.

strike pay n.
Payment for workers by their trade unions during a period of strike.
• **staakloon** n.
Betaling aan werkers deur hulle vakbonde gedurende 'n periode van staking.

structural functionalism n.
The theory that a political system can best be understood and analysed in terms of a framework that combines the institutions of a polity with their functions.
• **strukturele funksionalisme** n.
Die teorie dat 'n politieke stelsel ten beste verstaan en ontleed kan word in terme van 'n raamwerk wat die instellings van 'n politie met hulle funksies kombineer.

structure n.
The organisation of human activities according to a form or pattern. A structure is anything that has a recognisable pattern or form, such as an institution.
• **struktuur** n.
Die organisering van menslike aktiwiteite volgens 'n vorm of patroon. 'n Struktuur is enigiets wat 'n herkenbare patroon of vorm het, soos 'n instelling.

structure plan n.
A cohesive document setting out planning policies and guidelines for the development of a specified area, usually produced with as much input from, and consensus among, interested parties from that area as possible.
• **struktuurplan** n.
'n Samehangende dokument wat beplanningsbeleid en riglyne vir die ontwikkeling van 'n bepaalde gebied uiteensit en wat gewoonlik met soveel insette van, en konsensus tussen, die belanghebbende partye uit daardie gebied as wat moontlik is, opgestel word.

struggle n. <the struggle>.
In South Africa it refers to the period circa 1960–1990 in which the black liberation movements conducted a violent revolutionary struggle against the apartheid government.
• **struggle** n. <die struggle>.
In Suid-Afrika verwys dit na die tydperk circa 1960–1990 waarin swart bevrydingsbewegings 'n gewelddadige rewolusionêre stryd teen die apartheidsregering gevoer het.

struggle for liberation → **liberation struggle**

subject n.
A person who owes allegiance to a monarch or sovereign state.
• **onderdaan** n.
'n Persoon wat trou aan 'n monarg of soewereine staat verskuldig is.

submarine n.
A vessel designed for underwater military operations. It forms a formidable component of a navy's strike capabilities, such as locating and destroying enemy ships, but also reconnaissance,

S

transport of special forces, and landward attacks with missiles.

dulkboot n.
'n Vaartuig wat vir onderwateroperasies ontwerp is. Dit is 'n belangrike komponent van 'n vloot se slaankrag, soos die opsporing en vernietiging van vyandelike skepe, maar ook verkenning, vervoer van spesiale magte, en landwaartse aanvalle met missiele.

subsistence level n.
Standard of living that barely supports life.

bestaansvlak n.
Lewenstandaard wat skaars lewe onderhou.

subsistence minimum n.
The most basic means and conditions required to support life.

bestaansminimum n.
Die mees basiese middele en omstandighede wat nodig is om lewe te onderhou.

subversion n.
Actions designed to undermine the political, economic, military and psychological strength of a state, as well as actions designed to undermine the loyalty, morale or discipline of officials of the state.

ondermyning n.
Optrede bedoel om die politieke, ekonomiese, militêre en sielkundige krag van 'n staat te ondergrawe, asook optrede bedoel om die trou, moraal en dissipline van die staat se amptenare te ondergrawe.

succession rights n.
The rights that determine which relative of a monarch has the strongest claim to become the new monarch when the incumbent sovereign dies or vacates the throne.

opvolgregte n.
Die regte wat bepaal watter familielid van 'n monarg die sterkste aanspraak het om die nuwe monarg te word wanneer die dienende posbekleër sterf of die troon ontruim.

suffrage n.
The right to vote.

stemgeregtigheid n. (stemreg).
Die reg om te stem.

summit diplomacy n.
The use of meetings between the heads of government of great powers in order to discuss the relations between their states with a view to diminishing international conflict and tension.

spitsberaaddiplomasie n.
Die gebruik van ontmoetings tussen die regeringshoofde van grootmoondhede met die doel om verhoudinge tussen hulle state te bespreek met die oog op die vermindering van internasionale konflik en spanning.

summit meeting n.
A conference involving heads of government or leading government ministers.

spitsberaad n.
'n Konferensie wat staatsleiers en toonaangewende staatsministers betrek.

sunset clause n.
A clause in an agreement that stipulates at what time a part of the agreement will cease to exist, eg a clause regarding the duration of a forced government of national unity.

uitfaseringsklousule n.
'n Klousule in 'n ooreenkoms wat bepaal wanneer 'n gedeelte van die ooreenkoms ophou om te bestaan, bv 'n klousule oor die tydsduur van 'n gedwonge regering van nasionale eenheid.

super majority → **special majority**

superpower n. <see also great power>.
A powerful and influential state, usually possessing nuclear weapons, that dominates world affairs, eg the USA.

supermoondheid n. <kyk ook grootmoondheid>.
'n Magtige en invloedryke staat wat gewoonlik oor kernwapens beskik en wat wêreldaangeleenthede oorheers, bv die VSA.

supplementary budget n. <see also additional budget; main budget>.
An additional estimate of expenditure to the main budget to cater for expenditure that the government has been obliged to meet after the main budget was approved.

aanvullende begroting n. <kyk ook addisionele begroting; hoofbegroting> (supplementêre begroting).
'n Bykomende skatting van uitgawes tot die hoofbegroting om voorsiening te maak vir uitgawes wat die regering genoodsaak was om aan te gaan nadat die hoofbegroting goedgekeur is.

S

supply ship n.
An auxiliary vessel transporting by sea vital supplies such as fuel, ammunition and stores in support of a task force.

bevoorradingskip n. (voorradeskip).
'n Hulpvaartuig wat lewensnoodsaaklike voorraad soos brandstof, ammunisie en ander voorraad per see vervoer ter ondersteuning van 'n taakmag.

supremacy of the constitution → **primacy of the constitution**

supremacy of the law n. <see also rule of law>.
The principle that the law holds the highest authority in a state.

oppergesag van die reg n. <kyk ook oppergesag van die reg> (regsoewereiniteit).
Die beginsel dat die reg die hoogste gesag in 'n staat inhou.

supreme command → **high command**

Supreme Court of Appeal n. <South Africa since 2013>.
The highest court of appeal for criminal and civil cases, but not for constitutional related appeals.

• *Hoogste Hof van Appèl* n. <Suid-Afrika
oodort 2012>
Die hoogste hof wat kriminele en siviele appèlsake
aanhoor, maar nie appèlsake wat verband hou met
die grondwet nie.

surrogate forces → **proxy forces**

suspend a member v.
To temporarily bar a member from office or a
position of privilege, as a punishment.
• *lid tydelik skors* v. <'n lid tydelik skors>.
Om 'n lid, as strafmaatreël, tydelik sy/haar amp of
bevoorregte posisie te belet.

sustainable democracy n.
A democratic system that is able to maintain its
existence.
• *volhoubare demokrasie* n.
'n Demokratiese stelsel wat in staat is om sy
bestaan te handhaaf.

suzerainty n.
The dominion exercised by a state over another
state in relation to which it is sovereign, usually
characterised by selfgovernment of the dependent
state. It became less prevalent in the second half of
the twentieth century. The relationship between
Britain and Swaziland circa 1890–1966 is an
example of suzerainty.
• *susereiniteit* n.
Die dominium wat 'n staat uitoefen oor 'n ander
staat ten opsigte waarvan dit soewerein is,
gewoonlik gekenmerk deur selfregering van die
afhanklike staat. Die voorkoms daarvan het in die
tweede helfte van die twintigste eeu afgeneem. Die
verhouding tussen Brittanje en Swaziland circa
1890–1966 is 'n voorbeeld van susereiniteit.

swing state n.
A constituent state of the USA in which no political
party has sufficient support to be confident of
winning that state in an election, and influencing
voter choice is therefore critical.
• *swaaistaat* n.
'n Deelstaat van die VSA waarin geen politieke
party voldoende steun het om te glo dat hy daardie
staat in 'n verkiesing sal wen nie, en die
beïnvloeding van die kieserkeuse is derhalwe van
kritieke belang.

sworn appraiser n.
A person who assesses the monetary value of
property, usually for taxation purposes, and whose
valuation is legally binding.
• *beëdigde waardeerder* n. (beëdigde
taksateur).
'n Persoon wat die geldwaarde van eiendom na
waarde skat, gewoonlik vir belastingdoeleindes en
wie se waardering regtens bindend is.

sworn statement → **affidavit**

systems theory n.
The set of ideas that regards politics as the
interaction between the societal environment from
which inputs in the form of demands and support
are made and an abstract set of interrelated parts
that converts the inputs into authoritative decisions
or outputs.
• *stelselteorie* n.
Die stel idees wat die politiek beskou as die
wisselwerking tussen die samelewingsomgewing
waaruit insette in die vorm van eise en steun
gemaak word en 'n abstrakte stel onderling
verwante dele wat die insette in gesaghebbende
besluite of uitsette omskep.

S

Tt

tactical voting n.
This occurs when a voter does not express his/her sincere preferences in order to gain a more desirable outcome.
+ **taktiese stemming** n.
Dit kom voor wanneer 'n kieser nie sy/haar eerlike voorkeur aandui nie ten einde 'n gunstiger uitslag te bekom.

talent spotter n.
A member or agent of an intelligence service who identifies potential sources of information, especially persons who may be developed as sources.
+ **talentspeurder** n.
'n Lid of agent van 'n inligtingsdiens wat potensiële bronne van informasie identifiseer, veral persone wat as bronne ontwikkel kan word.

talks about talks n.
Negotiating terms and conditions before actual discussions take place.
+ **voorgesprekke** n. (ysbreekgesprekke).
Onderhandeling oor bepalings en voorwaardes voordat daadwerklike samesprekings plaasvind.

targeted procurement n. (TP).
Preferential public purchasing from designated groups or contractors, often without formal tender procedures, in order to achieve policy objectives.
+ **beteikende verkryging** n. (BV).
Voorkeur openbare aankope van aangewese groepe of kontrakteurs, dikwels sonder formele tenderprosedures, ten einde beleidsdoelwitte te bereik.

task force n.
A temporary grouping of military units under a single operational commander, formed to carry out a specific operation or series of operations.
+ **taakmag** n.
'n Tydelike groepering van militêre eenhede onder een operasionele bevelvoerder, wat saamgestel word om 'n bepaalde operasie of reeks operasies uit te voer.

task team n.
A group of persons with specific qualifications, put together under one leader on a non-permanent basis, to investigate and report on a specified matter and often to oversee its implementation.
+ **taakspan** n.
'n Groep persone met bepaalde kwalifikasies, wat onder een leier op 'n niepermanente grondslag saamgestel word om 'n spesifieke aangeleentheid te ondersoek en daaroor verslag te doen, en dikwels om oor die uitvoering daarvan toesig te hou.

tax avoidance n.
Lawful measures to reduce tax payments to the minimum.

+ **belastingvermyding** n.
Wettige maatreëls om belastingbetalings tot die minimum te verminder.

tax base n.
The number of persons and institutions that are liable to pay tax.
+ **belastingbasis** n.
Die getal persone en instellings wat belastingpligtig is.

tax dodging → tax evasion

tax evasion n. (tax dodging).
Illegal methods of avoiding tax payments that are in fact due.
+ **belastingontduiking** n.
Onwettige metodes om belastingbetalings te vermy wat in werklikheid verskuldig is.

taxpayer n.
A legal entity making a compulsory financial contribution as imposed by a state to raise revenue.
+ **belastingbetaler** n.
'n Regspersoon wat 'n verpligte finansiële bydrae maak soos deur 'n staat gehef om inkomste in te win.

tax revenue n.
The income generated by the payment of taxes.
+ **belastinginkomste** n.
Die inkomste wat deur die betaling van belasting opgewek word.

technocracy n.
The exercise of political power by technical experts.
+ **tegnokrasie** n.
Die uitoefening van politieke mag deur tegniese deskundiges.

telephone tapping n.
Secretly listening to telephone conversations by means of electronic devices.
+ **telefoontapping** n.
In die geheim deur middel van elektroniese middele na telefoongesprekke luister.

temporary resident n.
A person who is a citizen of a state but who has acquired the legal right to reside for a limited period in another state.
+ **tydelike inwoner** n.
'n Persoon wat 'n burger is van 'n staat wat die wetlike reg verkry het om vir 'n beperkte tyd in 'n ander staat te woon.

tenure of office n.
The duration of a particular office, eg a president being elected for a period of four years.
+ **ampstermyn** n.
Die tydsduur van 'n bepaalde amp, bv 'n periode van vier jaar waarvoor 'n president verkies word.

tenure of office n. <USA>.
Permanence of position, granted to an employee or official after a fixed number of years.

* *permanente aanstelling* n. (vaste
aanstelling).

Permanentheid van ampsposisie, wat na 'n
vasgestelde aantal jare aan 'n werknemer of
beampte verleen word.

term of office n.
The length of time that an incumbent spends in the
post or is prescribed for that post.
* *ampstermyn* n.
Die tydperk wat 'n ampsbekleër in die pos
deurbring of wat vir daardie pos voorgeskryf word.

territorial integrity n.
A principle under international law that states
should not promote secessionist movements or
boundary changes in other states.
* *grondgebiedsintegriteit* n. (territoriale
integriteit).
'n Beginsel in internasionale reg dat state nie
afskeidingsbewegings of grensveranderinge in ander
state moet bevorder nie.

territorial waters n. <see also exclusive
economic zone>.
As defined by the United Nations, it is the belt of
coastal waters extending 12 nautical miles
(22.2 km) from the shoreline of a coastal state and
which is legally regarded as the territory of the
state.
* *gebiedswater* n. <kyk ook eksklusiewe
ekonomiese sone> (territoriale water).
Soos deur die Verenigde Nasies omskryf, is dit die
strook kuswater wat 12 seemyl (22.2 km) van die
kuslyn van 'n kusstaat af strek en wat regtens as die
gebied van daardie staat beskou word.

terrorism n.
The calculated use of violent means such as bombs,
firearms and biological agents to intimidate, shock,
horrify and demoralise persons at all levels of
society in order to achieve political, religious or
ideological goals.
* *terrorisme* n.
Die berekende aanwending van gewelddadige
metodes soos bomme, vuurwapens en biologiese
middele om mense op alle vlakke van die
samelewing te intimideer, skok, met weersin te
vervul en te demoraliseer ten einde politieke,
godsdienstige of ideologiese oogmerke te bereik.

terrorist n.
A person who uses indiscriminate violent means
such as bombs, firearms and biological agents in
order to intimidate, shock, horrify and demoralise
persons at all levels of society. The aims of a
terrorist could be the violent overthrow of a state,
the maintenance of a position of power or the
establishment of a new, separate state.
* *terroris* n.
'n Persoon wat gewelddadige metodes soos bomme,
vuurwapens en biologiese middels sonder
onderskeid aanwend ten einde mense op alle vlakke
van die samelewing te intimideer, skok, met
weersin te vervul en te demoraliseer. Die oogmerke
van 'n terroris kan wees om 'n staat gewelddadig

omver te werp, om mag te behou of om 'n nuwe
staat tot stand te bring.

terrorist network n.
An interconnected group of terrorists operating
under central direction.
* *terroristenetwerk* n.
'n Groep terroriste wat onderling verbind is en
onder sentrale beheer optree.

terrorist state n.
A state that uses intimidation, violence and terror to
achieve political goals.
* *terrorisstaat* n.
'n Staat wat intimidasie, geweld en terreur gebruik
om politieke doelstellings te bereik.

terror weapons n.
Weapons that fill people with great fear or panic.
* *terreurwapens* n. (verskrikkingswapens).
Wapens wat mense met groot vrees of paniek
vervul.

test ban → **nuclear test ban**

tetrarch n.
Ruler of one-fourth of a territory, especially a
fourth of a province in ancient Rome.
* *viervors* n.
Heerser oor een-vierde van 'n grondgebied, veral 'n
vierde van 'n provinsie in antieke Rome.

tetrarchy n.
1. An empire with four rulers. 2. A form of rule in
which power is shared by four monarchs, rulers, or
princes, eg the division into four parts of the
kingdom of Herod the Great from 4 BC to 41 AD
and the system in the Roman Empire from 293 to
circa 313 AD.
* *viervorstedom* n.
1. Ryk met vier heersers. 2. 'n Owerheidsvorm
waarin mag deur vier monarge, heersers of prinse
gedeel word, bv die verdeling van Herodes die
Grote se koninkryk in vier dele van 4 vC tot 41 nC
en die stelsel in die Romeinse Ryk van 293 tot
circa 313 nC.

thalassocracy n.
The exercise of political power based on maritime
supremacy, eg the British Empire in the late 19th
century.
* *talassokrasie* n.
Die uitoefening van politieke mag op grond van
maritieme oppermag.

theatre n. <military; see also theatre of
operations>.
A large geographical area outside a state, assigned
to an overall military commander with specified
military responsibilities.
* *teater* n. <militêr; kyk ook teater van
operasies>.
'n Groot geografiese gebied buite 'n staat, wat aan
'n oorkoepelende militêre bevelvoerder met
bepaalde militêre verantwoordelikhede toegewys is.

theatre of operations n. <see also theatre>.
A large geographical area outside a state, assigned
to an overall military commander with specified
military responsibilities, in which interconnected

military operations are conducted or may be conducted.

• **_teater van operasies_** n. <kyk ook teater>).
'n Groot geografiese gebied buite 'n staat, wat aan 'n oorkoepelende militêre bevelvoerder met bepaalde militêre verantwoordelikhede toegewys is en waarin onderling verbonde militêre operasies gevoer word of gevoer mag word.

theatre of war → **war theatre**

theocracy n.
The exercise of political power by a priestly class claiming divine guidance, eg Iran especially during the time of the ayatollah Khomeini.
• **_teokrasie_** n.
Die uitoefening van politieke mag deur 'n priesterklas wat op goddelike leiding aanspraak maak, bv Iran veral ten tyde van die ajatollah Khomeini.

theory of absolute separation → **absolute separation of powers theory**

thermonuclear war → **nuclear war**

think tank n.
An institution consisting of a group of specialists that undertake research into specificc subjects on behalf of clients and give advice to clients on those subjects.
• **_dinkstigting_** n.
'n Instelling wat uit 'n groep spesialiste bestaan wat ten behoewe van kliënte navorsing oor bepaalde onderwerpe doen en oor daardie onderwerpe aan kliënte raad gee.

third force n.
1. In South Africa alleged agents provocateurs in security context, especially during the political transition in the early 1990s. 2. A formally constituted paramilitary force, eg Carabinieri in Italy and Rijkswacht in Belgium.
• **_derde mag_** n.
1. In Suid-Afrika beweerde agents provocateurs in veiligheidsverband, veral tydens die politieke oorgang in die vroeë 1990's. 2. 'n Formeel saamgestelde paramilitêre mag, bv Carabinieri in Italië en Rijkswacht in België.

third-generation rights n. <see also first-generation rights, second-generation rights>.
A broad spectrum of human rights that involves the right to self-determination, economic and social development, peace, intergenerational equity and a healthy environment.
• **_derdegenerasieregte_** n. <kyk ook eerstegenerasieregte, tweedegenerasieregte>.
'n Breë spektrum van menseregte wat insluit die reg tot selfbeskikking, ekonomiese en maatskaplike ontwikkeling, vrede, intergenerasiebillikheid en 'n gesonde omgewing.

Third International → **Comintern**

third-level authority n. (third-tier authority).
In a hierarchy of three authorities, the lowest level of authority, eg local level.

• **_derdevlakowerheid_** n.
In 'n hiërargie van drie owerhede, die laagste owerheidsvlak, bv. die plaaslike vlak.

third-tier authority → **third-level authority**

Third World → **developing world**

threat n.
An indication of approaching danger or harm.
• **_bedreiging_** n.
'n Aanduiding van naderende gevaar of skade.

threat n.
A declaration of an intention to inflict misery or harm.
• **_dreigement_** n.
'n Verklaring van 'n voorneme om ellende of skade te berokken.

threatmanship n.
Endeavouring to achieve political ends through stated intentions to inflict harm, pain or misery on an adversary who is unwilling to concede to one's demands.
• **_dreigpolitiek_** n.
Pogings om politieke oogmerke te bereik deur middel van verklaarde voornemens om skade, pyn of ellende op 'n teenstander neer te bring wat onwillig is om aan jou eise toe te gee.

threat perception n.
The assessment by the authorities of indications of imminent danger or harm.
• **_bedreigingspersepsie_** n.
Die owerheid se taksering van aanduidings van naderende gevaar of skade.

T

three-line whip n.
Instruction from a political party to its members of parliament that all of them should attend a specific debate and vote in a specified way.
• **_drielynsweep_** n.
Opdrag van 'n politieke party aan sy parlementslede dat almal 'n spesifieke debat sal bywoon en op 'n voorgeskrewe wyse sal stem.

thump and talk approach n.
The use of coercive measures alongside diplomacy to persuade another state to acceed to a state's wishes.
• **_looi-en-praatbenadering_** n.
Die gebruik van dwangmaatreëls saam met diplomasie om 'n ander staat te oorreed om aan 'n staat se wense te voldoen.

timocracy n.
The exercise of political power by persons motivated by principles of honour, while considering that political honour is often distributed according to the rating of property.
• **_timokrasie_** n.
Die uitoefening van politieke mag deur persone wat deur beginsels van eer gemotiveer word, met inagneming dat politieke eer dikwels volgens die aanslaan van eiendom versprei word.

Titoism n.
The variant of Communism practised by Marshall Tito, characterised by independence from the Soviet bloc and neutrality in East-West controversies, a

significant amount of decentralisation, and a large degree of worker control of enterprises.

• *Titoïsme* n.

Die variant van kommunisme wat deur Maarskalk Tito bedryf is, gekenmerk deur onafhanklikheid van die Sowjetblok en neutraliteit in Oos-Wes-geskilpunte, 'n aansienlike mate van desentralisering en 'n groot mate van werkersbeheer oor ondernemings.

titular sovereign n.

A monarch who has ceased to exercise any real authority and is therefore a supreme ruler of a state in name only.

• *titulêre soewerein* n.

'n Monarg wat nie meer werklike gesag uitoefen nie en daarom slegs in naam die opperheerser van 'n staat is.

titular sovereignty n.

Sovereignty in name only.

• *titulêre soewereiniteit* n.

Soewereiniteit in naam alleen.

token appointment n.

The symbolic placement of an individual in a position that he/she may not have earned on merit.

• *skyngebaaraanstelling* n.

Die simboliese plasing van 'n individu in 'n pos wat hy/sy moontlik nie op meriete verdien nie.

topocracy n.

The exercise of political power by intergovernmental power blocks formed by functionaries, usually between levels of economic administration, eg the guidance of the economic growth of the People's Republic of China in the late 20th and early 21st century.

• *topokrasie* n.

Die uitoefening van politieke mag deur tussenregeringsmagsblokke wat deur funksionarisse gevorm word, gewoonlik tussen ekonomiese administrasievlakke, bv die leiding van die ekonomiese groei van die Volksrepubliek van China in die laat 20ste en vroeë 21ste eeu.

totalitarian democracy n.

Absolute rule that masquerades as a democracy, typically based on the leader's claim to a monopoly of ideological wisdom, eg in Nazi Germany.

• *totalitêre demokrasie* n.

Absolute heerskappy wat hom as 'n demokrasie voordoen, tipies gegrond op die leier se aanspraak op die alleenbesit van ideologiese wysheid, bv in Nazi-Duitsland.

totalitarianism n. <see also authoritarianism; democracy>.

The ideology and practice that propounds an all encompassing form of rule in which the state penetrates and controls all social institutions, including abolishing civil society and dominating religious associations, labour movements and private businesses.

• *totalitarisme* n. <kyk ook outoritarisme; demokrasie>.

Die ideologie en praktyk wat 'n allesomvattende bewindsvorm voorstaan waarin die staat alle sosiale instellings binnedring en beheer, met insluiting van

die afskaffing van die burgerlike samelewing en die oorheersing van godsdienstige verenigings, arbeidsbewegings en privaat sakeondernemings.

totalitarian state n.

An all-encompassing form of rule in which the state penetrates and controls all social institutions, including abolishing civil society and dominating religious associations, labour movements and private businesses.

• *totalitêre staat* n.

'n Allesomvattende bewindsvorm waarin die staat alle sosiale instellings binnedring en beheer, met insluiting van die afskaffing van die burgerlike samelewing en die oorheersing van godsdienstige verenigings, arbeidsbewegings en private sakeondernemings.

total war n.

A war in which all means at a state's disposal are employed, including nuclear weapons.

• *totale oorlog* n.

'n Oorlog waarin alle middele tot 'n staat se beskikking aangewend word, insluitend kernwapens.

township n.

A black residential area, particularly in the context of the anti-apartheid struggle in South Africa.

• *township* n.

'n Swart woongebied, veral in die konteks van die anti-apartheidstryd in Suid-Afrika.

township n.

A residential neighbourhood in town planning context.

• *woonbuurt* n.

'n Woongebied in die konteks van stadsbeplanning.

township n.

A small town or other form of residential area in the USA, Canada and the UK.

• *dorpsgebied* n.

'n Dorpie of ander soort woongebied in die VSA, Kanada en die VK.

toyi-toyi v.

A form of marching, dancing and chanting by protesting crowds, occurring in South Africa.

• *toi-toi* v.

'n Manier om te marsjeer, dans en sing deur protesterende skares wat in Suid-Afrika voorkom.

TP → targeted procurement

track one diplomacy n.

Diplomatic actions by states or international organisations contributing to confidence building and conflict resolution.

• *baan-een-diplomasie* n.

Diplomatieke optrede deur state of internasionale organisasies wat tot vertrouebou en konflikoplossing bydra.

track two diplomacy n.

Actions at substate level, typically by esteemed persons and NGOs, contributing to confidence building and conflict resolution.

• *baan-twee-diplomasie* n.

Optrede op substaatvlak, tipies deur gesiene persone en NRO's, wat tot vertrouebou en konflikoplossing bydra.

trade union n. <not used in USA> (labour union).
A voluntary association of wage earners organised to advance the rights and interests of its members through collective bargaining with their employer(s) or employer organisation(s).
• *vakbond* n.
'n Vrywillige vereniging van werknemers wat ten doel het om die belange en regte van die lede deur kollektiewe bedinging en onderhandeling met hulle werkgewer(s) of werkgewervereniging(s) te bevorder.

trading services → municipal trading services

traditional authority n.
A political institution that derives its legitimacy and right to rule from custom.
• *tradisionele owerheid* n.
'n Politieke instelling wat sy legitimiteit en reg om te regeer aan gebruike ontleen.

traditional leader n.
A leader of indigenous people who is invested with power through hereditary or other established means; an example is the tribal leaders of South Africa.
• *tradisionele leier* n.
'n Leier van 'n inheemse volk wat op grond van erflike of ander gevestigde praktyke met mag beklee word; 'n voorbeeld is die tradisionele leiers van Suid-Afrika.

traitor n.
A person who forsakes loyalty to his/her country or service and aids the enemies of his/her country.
• *verraaier* n.
'n Persoon wat trou aan sy/haar land laat vaar en hulp aan die vyande van sy/haar land verleen.

transformation n.
A fundamental change of the structures, practices and power relationships in society or a social institution.
• *transformasie* n. (omvorming).
'n Fundamentele verandering van die strukture, praktyke en magsverhoudinge in 'n samelewing of sosiale instelling.

transformational diplomacy n.
Diplomatic actions aimed at creating democratic, well governed states in the Middle East that will conduct themselves responsibly in the international system. The policy was formulated by Condoleezza Rice, a USA secretary of state under President George W Bush.
• *transformasionele demokrasie* n. (omvormingsdiplomasie).
Diplomatieke optrede met die oog op die skep van demokratiese, goed geregeerde state in die Midde-Ooste wat verantwoordelik in die internasionale stelsel sal optree. Die beleid is deur Condoleezza Rice, 'n VSA-minister van buitelandse sake onder President George W Bush, geformuleer.

transient n.
A person who stays in a given location on a temporary basis for a relatively short duration of time.

• *kortblyer* n.
'n Persoon wat op 'n gegewe plek op 'n tydelike grondslag vir 'n relatiewe kort tydperk bly.

transient resident n.
A person living in a place or state for a short period of time only, usually to perform some specific task or enterprise before moving on.
• *kortblyinwoner* n.
'n Persoon wat slegs vir 'n kort tydperk op 'n bepaalde plek of in 'n bepaalde staat woon, gewoonlik om die een of ander taak of onderneming uit te voer voordat hy/sy weer verder gaan.

transitional government n.
A temporary ruling body that governs a state while a new system is being negotiated and established, eg the former South West Africa 1988/89.
• *oorgangsregering* n.
'n Tydelike regerende instansie wat 'n staat regeer terwyl 'n nuwe stelsel onderhandel en gevestig word, bv die voormalige Suidwes-Afrika 1988/89.

transitional local council n.
A temporary council established to oversee local concerns and ensure continuity of services while a new local governing system is established.
• *plaaslike oorgangsraad* n.
'n Tydelike raad wat ingestel word om oor plaaslike belange toesig te hou en die kontinuïteit van dienste te verseker terwyl 'n nuwe plaaslikeregeringstelsel gevestig word.

transitional process n.
The steps in changing from one dispensation to another.
• *oorgangsproses* n.
Die stappe om van een bedeling na 'n ander om te skakel.

transparent political order n.
A system of government with a low level of secrecy, of which the internal functioning can be observed and judged by citizens.
• *deursigtige politieke orde* n.
'n Regeringstelsel met 'n lae vlak van geheimhouding, waarvan die binnewerking deur die burgers waargeneem en beoordeel kan word.

treasury n.
The government institution charged with the receipt and disbursement of public revenue.
• *tesourie* n.
Die staatsinstelling belas met die ontvangs en uitgee van openbare inkomste.

treaty n.
A formal agreement between two or more states or between states and other political entities.
• *verdrag* n.
'n Formele ooreenkoms tussen twee of meer state of tussen state en ander politieke entiteite.

trekboer n. <see also border farmer; Voortrekker>.
In the early expansion of the European settlement of South Africa, a semi-nomadic pastoralist and subsistence farmer who came from the free burgher class and migrated both northwards and eastwards

T

into the interior to find better farmlands, as well as to escape the restrictive Cape colonial rule.

• *trekboer* n. <kyk ook grensboer; Voortrekker>.

Tydens die vroeë uitbreiding van die Europese nedersetting in Suid-Afrika, 'n seminomadiese vee- en bestaansboer uit die vryburgerklas wat beide noord- en ooswaarts in die binneland in migreer het op soek na beter plaasgrond, asook om te ontsnap van 'n inperkende Kaapse koloniale owerheid.

trias politica → absolute separation of powers theory

trias politica → separation of powers

tribal authority n.

The institution controlling a tribe or clan by virtue of powers derived from the traditional system of tribal government.

• *stamowerheid* n.

Die instelling wat 'n stam of sibbe beheer kragtens bevoegdheid ontleen aan die tradisionele stelsel van stamregering.

tribal government n.

Part of a broader system of government in which tribes are accorded certain governmental powers.

• *stamregering* n.

Deel van 'n wyer regeringstelsel waarin daar 'n bepaalde regeerbevoegdheid aan stamme verleen word.

T **tribalism** n.

1. The organisation and culture of a tribal society
2. The sense of belonging to and loyalty towards a tribe.

• *stamtrou* n.

1. Die organisasie en kultuur van 'n stamsamelewing. 2. Die gevoel van aanhorigheid en lojaliteit tot 'n stam.

tribalism n.

Excessive loyalty to a tribe, often characterised by exclusivity and fuelled by hostility towards rival groups.

• *stambeheptheid* n.

Oordrewe lojaliteit aan 'n stam, dikwels deur eksklusiwiteit gekenmerk en deur vyandigheid teenoor mededingende groepe aangevuur.

Trilateral Commission n.

A private think tank formed in 1973 and representing influential people from Japan, Europe and the USA. It researches and makes public pronouncements and recommendations regarding public policies for the industrialised world that are of international significance.

• *Trilaterale Kommissie* n.

'n Private dinkstigting wat in 1973 gestig is en invloedryke mense uit Europa, Japan en die VSA verteenwoordig. Dit doen navorsing en maak openbare uitsprake en aanbevelings met betrekking tot openbare beleid vir die geïndustrialiseerde wêreld wat van internasionale belang is.

trouble spot n.

A place where a state of disorder or unrest, especially of a political nature, occurs repeatedly.

• *onruskol* n.

'n Plek waar 'n toestand van wanorde of onrus, veral van 'n politieke aard, herhaaldelik voorkom.

tsar → czar

tsarevitch → czarevitch

tsarevna → czarevna

tsarina → czarina

tsaritsa → czarina

turn v.

To turn an agent of another service around to work against his/her original service.

• *draai* v.

Om 'n ander diens se agent om te draai om teen sy/haar oorspronklike diens te werk.

turncoat n.

A person who deserts a cause or group to join the opposition.

• *manteldraaier* n. (oorloper).

'n Persoon wat van 'n saak of groep dros om by die opposisie aan te sluit.

turned agent n.

An agent of an intelligence service, persuaded to turn from his/her original service and work for the present service without the knowledge of the original service.

• *omgedraaide agent* n.

'n Agent van 'n inligtingsdiens wat oorreed is om van sy/haar oorspronklike diens weg te draai en sonder die medewete van die oorspronklike diens vir die huidige diens te werk.

tutelary democracy n.

In development theory, an elite or single leader acting as guardian and protector over a developing and democratising state.

• *voogdemokrasie* n.

In ontwikkelingsteorie, 'n elite of enkele leier wat as voog en beskermer van 'n ontwikkelende en demokratiserende staat optree.

twin cities n. <see also twin city>.

Two cities or urban centres founded in close geographic proximity, growing into each other over time, eg Minneapolis and Saint Paul in the USA, Buda and Pest in Hungary and the cities of London and Westminster in the UK.

• *tweelingstede* n. <kyk ook koppelstad>.

Twee nabygeleë stede of stedelike sentrums wat mettertyd inmekaar groei, bv Minneapolis en Saint Paul in die VSA, Buda en Pest in Hongarye en Londen en Westminster in die VK.

twin city n. <European usage>, <see also twin cities> (sister city <USA and Australasian usage>).

A city linked to another, usually in a different state, for the purposes of reciprocal friendship and cultural exchange.

• *koppelstad* n. <kyk ook tweelingstede> (susterstad).

'n Stad wat met 'n ander een, gewoonlik in 'n ander staat, gekoppel is vir die doel van wederkerende vriendskap en kulturele uitruiling.

twinning n.
The practice of linking two cities for the purpose of reciprocal friendship and cultural exchange.
• *saamkoppeling* n.
Die gebruik om twee stede te koppel ten einde wederkerige vriendskap en kulturele uitruiling te bewerkstellig.

tyranny n.
Rule of a polity that is characterised by the oppressive, unjust and cruel exercise of unlimited power.

• *tirannie* n.
Heerskappy oor 'n politie wat deur die onderdrukkende, onregverdige en wrede uitoefening van onbeperkte mag gekenmerk word.

tyrant n. <see also autocrat and despot>.
A ruler that exercises unlimited power in an oppressive, unjust and cruel manner.
• *tiran* n. <kyk ook outokraat en despoot>.
'n Heerser wat onbeperkte mag op 'n onderdrukkende, onregverdige en wrede manier uitoefen.

T

Uu

ubuntu n. <African languages>.
An African philosophy on collective humanism.
 • *ubuntu* n. <Afrikatale>.
'n Afrikafilosofie oor kollektiewe
humanisme/medemenslikheid.

uhuru n. <Swahili>.
National independence in Africa.
 • *uhuru* n. <Swahili>.
Nasionale onafhanklikheid in Afrika.

ultra vires adj. <Latin>, <see also intra vires>.
Beyond the scope of the powers of a jurisdiction.
 • *ultra vires* adj. <Latyn>, <kyk ook intra
vires>.
Buite die omvang van die bevoegdheid van 'n
jurisdiksie.

UN → **United Nations**

unbanning n.
Lifting the restrictions that previously made a
person or an institution, especially a political
movement, illegal.
 • *ontbanning* n.
Die verwydering van beperkings wat 'n persoon of
'n instelling, veral 'n politieke beweging, vantevore
onwettig gemaak het.

unconstitutional adj.
Not in accordance with, or contrary to, the
provisions of a constitution.
 • *ongrondwetlik* adj. (onkonstitusioneel).
Nie in ooreenstemming nie of strydig met die
bepalings van 'n grondwet.

uncontrolled source n.
A source over which the intelligence service has no
control, eg the radio broadcasts of another state.
 • *onbeheerde bron* n.
'n Bron waaroor 'n inligtingsdiens geen beheer het
nie, bv die radio-uitsendings van 'n ander staat.

unconventional warfare n.
Military and paramilitary operations outside the
ambit of normal combat between the armed forces
of states. It excludes nuclear warfare but includes
guerilla warfare, special operations, sabotage,
subversion and terrorism.
 • *onkonvensionele oorlogvoering* n.
Militêre en paramilitêre operasies buite die omvang
van normale gevegte tussen state se gewapende
magte. Dit sluit kernoorlogvoering uit maar sluit
guerillaoorlogvoering, spesiale operasies, sabotasie,
ondermyning en terrorisme in.

underdeveloped state n.
A state which lacks advancement measured in terms
of education, governance practices, economic
performance, technological capability and standard
of living of the population.
 • *onderontwikkelde staat* n.
'n Staat wat mank gaan aan vooruitgang gemeet in
terme van opvoeding, regeerkundige praktyk,

ekonomiese prestasie, tegnologiese vermoë en
lewenstandaard van die bevolking.

underground → **underground movement**

underground movement n. (underground).
An organisation operating in secret to overthrow an
established political dispensation or as resistance to
hostile occupation forces.
 • *ondergrondse beweging* n.
'n Organisasie wat in die geheim optree om 'n
bestaande politieke bedeling omver te werp of as
weerstand teen vyandelike besettingsmagte.

underprivileged community n.
A community that lacks the basic means and
amenities associated with an acceptable quality of
life.
 • *minderbevoorregte gemeenskap* n.
'n Gemeenskap wat die basiese middele en geriewe
kortkom wat met 'n aanvaarbare lewenskwaliteit
vereenselwig word.

undervote v.
To cast less than the required number of votes.
 • *onderstem* v.
Om minder as die vereiste getal stemme uit te
bring.

unemployment rate n.
In the broader sense, the number of unemployed
persons eligible for work in relation to the total
number of persons in the work force, expressed as a
percentage.
 • *werkloosheidskoers* n.
In die breër betekenis, die getal werklose persone
geskik vir werk, in verhouding tot die totale getal
persone in die arbeidsmark, uitgedruk as 'n
persentasie.

unenfranchised n. <see also disenfranchised
person>.
Not entitled to cast a vote in an election.
 • *niestemgeregtig* n. <kyk ook ontkieserde>.
Nie geregtig om in 'n verkiesing te stem nie.

unfair labour practice n.
Actions and procedures that have been legally
declared as unfair, being discriminatory towards the
work force or competitors.
 • *onbillike arbeidspraktyk* n.
Optrede en prosedures wat deur wetgewing as
onbillik verklaar is, synde diskriminerend teenoor
die werkmag of mededingers.

UNGA → **General Assembly**

ungovernable adj.
Not able to be controlled or ruled.
 • *onregeerbaar* adj.
Nie in staat om beheer of regeer te word nie.

unicameral legislature n. <see also bicameral
legislature>.
A legislative assembly consisting of one chamber in
which representatives meet to legislate.

♦ **eenkamerwetgewer** n. <kyk ook tweekamerwetgewer> (enkelkamerwetgewer, unikamerale wetgewer).
'n Wetgewende vergadering wat uit een kamer bestaan waarin verteenwoordigers vergader om wetgewing te maak.

unicity n.
A unified city, typical of South Africa, that encompasses the city, suburbs and outlying informal settlements.
♦ **unistad** n.
'n Verenigde stad, tipies van Suid-Afrika, wat die stad, voorstede en omliggende informele nedersettings omvat.

unilateral adj. <diplomacy>., <see also bilateral diplomacy; multilateral diplomacy>.
An action undertaken by one party only; a one-sided action, eg President George W Bush's declaration that the USA would act unilaterally against an enemy should the UN refuse a multilateral approach to the problem.
♦ **eensydig** adj. <diplomasie>., <kyk ook bilaterale diplomasie; multilaterale diplomasie> (unilateraal).
'n Handeling wat deur slegs een party onderneem word; eensydige optrede, bv President George W Bush se verklaring dat die VSA eensydig teen 'n vyand sal optree indien die VN sou weier om 'n multilaterale benadering jeens die probleem te volg.

unilateralism n. <see also bilateralism; multilateralism>.
Self-reliant strategy for dealing with issues, as opposed to multilateralism where multiple allies for problem solving are involved.
♦ **eensydigheid** n. <kyk ook bilateralisme; multilateralisme> (unilateralisme).
Selfstandige strategie om vraagstukke te hanteer, teenoor multilateralisme waar meervoudige bondgenote by probleemoplossing betrokke is.

union n.
1. An entity established through the cooperation, merging or unification of individuals or groups with a common and often political purpose, eg a student union. 2. A political entity established through the cooperation and/or unification of separate territories and/or states, eg the Union of South Africa and the African Union.
♦ **unie** n.
1. 'n Entiteit wat ontstaan deur die samewerking, samesmelting of unifikasie van individue of groepe met 'n gemeenskaplike, dikwels politieke oogmerk, bv 'n studenteunie. 2. 'n Politieke entiteit wat ontstaan deur die samewerking en/of unifikasie van aparte gebiede of state, bv die Unie van Suid-Afrika en die Afrika-unie.

union → **unitary state**

unipolar world n.
A world where power is located in the hands of one dominant state.
♦ **eenpolige wêreld** n.
'n Wêreld waar mag in die hande van een dominante staat geleë is.

unitary constitution n.
A system in which power is held by a single central authority.
♦ **uniale grondwet** n. (uniale konstitusie).
'n Stelsel waar 'n enkele sentrale owerheid die mag besit.

unitary state n. <see also federal state> (union <less common>).
An internally united state, where power is centralised in a national government that may delegate such powers as it sees fit to administrative divisions at regional and local levels of government.
♦ **uniale staat** n. <kyk ook federale staat> (eenheidstaat, unie <minder gebruiklik>).
'n Intern verenigde staat, waar die mag in 'n nasionale regering gesentraliseer is en wat sodanige bevoegdheid as wat hy goeddink aan administratiewe afdelings op streeks- en plaaslike regeringsvlakke mag delegeer.

United Nations n. (UN)
The largest and dominant interstate organisation in the world, which was established on 24 October 1945 to promote international cooperation, order, peace and security. Additional aims include the promotion of human rights, social and economic development, international justice and sustainable development.
♦ **Verenigde Nasies** n. (VN)
Die grootste en dominantste interstaat organisasie in die wêreld wat op 24 Oktober 1945 gestig is om internasionale samewerking, orde, vrede en sekuriteit te bevorder. Addisionele oogmerke sluit in die bevordering van menseregte, maatskaplike en ekonomiese ontwikkeling, internasionale geregtigheid en volhoubare ontwikkeling.

United Nations General Assembly → **General Assembly**

United Nations Security Council n. <often shortened to Security Council> (UNSC).
According to the Charter of the United Nations, the UN Security Council is the UN institution that is responsible for maintaining international peace and security through, among other actions, international sanctions, peacekeeping operations and military action. The UNSC has 15 members.
♦ **Verenigde Nasies Veiligheidsraad** n. <dikwels verkort tot Veiligheidsraad> (VNVR).
Kragtens die handves van die Verenigde Nasies is die VN Veiligheidsraad daardie VN-instelling wat verantwoordelik is vir die handhawing van internasionale vrede en veiligheid deur, naas ander aktiwiteite, internasionale sanksies, vredesoperasies en militêre optrede. Die VNVR het 15 lede.

United States Secret Service n.
A branch of the USA Department of Homeland Security charged with protecting the President and other high ranking public figures as well as with countering counterfeiting. Until 1 March 2003 it was a branch of the USA Treasury Department.

U

+ **VSA Geheime Diens** n,
'n Vertakking van die VSA se Departement
Tuislandveiligheid belas met die beskerming van
die president en ander hooggeplaaste openbare
persone asook met die bekamping van
geldvervalsing. Tot 1 Maart 2003 was dit 'n
vertakking van die VSA se Tesouriedepartement.

universal franchise → **universal suffrage**

universal suffrage n. (universal franchise).
The right of all citizens above a certain age to vote,
regardless of sex or race; the criminal or insane
usually being excluded.
+ **universele stemgeregtigheid** n. (universele
stemreg).
Die reg van alle burgers bo 'n sekere ouderdom om
te stem, ongeag geslag of ras; gewoonlik met die
uitsluiting van misdadigers of kranksinniges.

unjust war n. <see also just war>.
A war perceived to be unjustifiable on moral
grounds.
+ **onregverdigde oorlog** n. <kyk ook
regverdigde oorlog>.
'n Oorlog wat gesien word as een wat nie op
morele grond geregverdig kan word nie.

unperson n.
A person whose humanity is denied.
+ **onpersoon** n.
'n Persoon wie se menslikheid ontken word.

UNSC → **United Nations Security Council**

unwritten constitution n.
A constitution that is based on a number of basic
documents and acts, traditions and precedents
instead of being contained in a single formal
document, eg that of the United Kingdom.
+ **ongeskrewe grondwet** n. (ongeskrewe
konstitusie).
'n Grondwet wat gebaseer is op 'n aantal basiese
dokumente en wette, tradisies en presedente instede
daarvan om in 'n enkele formele dokument vervat
te word, bv dié van die Verenigde Koninkryk.

upper chamber → **upper house**

upper house n. <see also lower house> (upper
chamber).
One of the two houses of a bicameral legislature, eg
a senate.
+ **hoërhuis** n. <kyk ook laerhuis> (hoërkamer).
Een van die twee huise van 'n bikamerale
wetgewer, bv 'n senaat.

urban decay n.
Deterioration of the conditions in a city or town,
especially due to the disappearance of businesses
and wealthy residents.
+ **stedelike verval** n.
Verslegting van die toestand van 'n stad of dorp,
veral weens die verdwyning van besighede en
welgestelde inwoners.

urban development n.
The improvement of the general quality of life of
people in an urban environment.
+ **stedelike ontwikkeling** n.
Die verbetering van die algemene lewenskwaliteit
van mense in 'n stedelike omgewing.

urban renewal n. (city renewal).
Deliberate effort to upgrade core areas to stimulate
economic development.
+ **stadsvernuwing** n.
Doelbewuste poging om kerngebiede op te gradeer
ten einde ekonomiese vooruitgang te stimuleer.

urban sprawl n.
The haphazard growth of a city or town, resulting
from new housing on the outskirts of town.
+ **stadspreiding** n.
Die lukrake groei van 'n stad of dorp,
voortspruitend uit nuwe behuising aan die
buitewyke.

urban spread n.
The degree of increase in distribution and
dispersion of a town or city.
+ **stedelike verspreidheid** n.
Die graad van toename in die verspreiding en
uitgespreidheid van 'n dorp of stad.

usurper regime n.
A group that seizes and holds power wrongfully;
takes over and physically occupies a state, usually
by force.
+ **verdringerbewind** n. (verdringerregime).
'n Groep wat wederregtelik op mag beslag lê en dit
behou; 'n staat fisies oorneem en beset, gewoonlik
deur dwang.

utopia n.
The idealistic notion of a perfect society (paradise).
+ **utopie** n.
Die idealistiese denkbeeld van 'n volmaakte
samelewing (paradys).

U

Vv

vacation of office n.
The act of laying down an official position.
+ *ontruiming van amp* n. (ampsontruiming).
Die handeling om 'n amptelike pos neer te lê.

valuation n.
The determination of the monetary worth of property.
+ *waardasie* n.
Die bepaling van die geldwaarde van eiendom.

valuation roll n.
The official list of properties with their assessed financial worth, used in local government inter alia to determine taxation.
+ *waardasierol* n.
Die amptelike lys van eiendomme met hulle getakseerde waarde; deur die plaaslike regering gebruik om onder andere belasting te bepaal.

vanguard party n.
The party occupying the leading position in any movement or field. In communist theory a communist party is regarded as the vanguard party since Leninist doctrine requires it to lead and guide the proletariat (working class) towards the fulfilment of the revolutionary and communist destiny of society.
+ *voorpuntparty* n.
Die party wat die leidende posisie in enige beweging of veld beklee. In die kommunistiese teorie word 'n kommunistiese party as die voorpuntparty beskou omdat Leninistiese doktrine vereis dat die party die proletariaat (werkende klas) na die vervulling van die samelewing se rewolusionêre en kommunistiese bestemming lei en rig.

verkramp adj.
Highly conservative in politics; originated in South Africa.
+ *verkramp* adj.
Hoogs konserwatief in die politiek; oorsprong is Suid-Afrika.

verlig adj.
Liberal in politics; originated in South Africa.
+ *verlig* adj.
Liberaal in die politiek; oorsprong is Suid-Afrika.

veto n.
The formal power to block a decision or action in a decision-making institution by refusing consent to a resolution.
+ *veto* n.
Die formele bevoegdheid om 'n besluit of handeling in 'n besluitnemingsinstelling te blok deur instemming tot 'n resolusie te weier.

viceroy n.
A regal official who rules a territory, such as a province or state, as a representative of the monarch, eg India under British rule.

+ *onderkoning* n.
'n Koninklike amptenaar wat oor 'n gebied, soos 'n provinsie of 'n staat, heers as 'n verteenwoordiger van 'n monarg, bv Indië onder Britse bewind.

victor's justice n. <German Siegerjustiz>.
The application by a victor of rules of justice that benefit its own forces and are to the detriment of the forces of a former enemy. Critics are of the opinion that victor's justice uses double standards. One aim of the International Criminal Court that was set up in 2003, was to ensure impartial justice in conflicts.
+ *wennersreg* n. <Duits Siegerjustiz>.
Die toepassing deur 'n wenner van regsreëls wat sy eie magte bevoordeel en magte van 'n voormalige vyand benadeel. Kritici meen wennersreg gebruik dubbele maatstawwe. Een doel van die Internasionele Strafhof wat in 2003 gevestig is, was om onpartydige beregting in konflikte te verseker.

violation of human rights n. (human rights violation).
The intentional or unintentional encroachment on the basic rights of people.
+ *skending van menseregte* n. (menseregteskending).
Die bedoelde of onbedoelde inbreukmaking op die basiese regte van mense.

virtual representation n.
An electoral concept in Hanoverian Britain, based on the belief that people without the vote, such as persons in cities like Manchester as well as those in the colonies, were 'virtually represented' by Members of Parliament who had been elected by 'similar' voters. It has also been used in the USA.
+ *skynverteenwoordiging* n.
'n Verkiesingkonsep in Hanoveraanse Brittanje, gebaseer op die opvatting dat mense sonder 'n stem in stede soos Manchester sowel as in die kolonies, 'virtueel verteenwoordig' word deur lede van die Parlement wat deur 'soortgelyke' stemgeregtigdes verkies is. Dit is ook in die VSA gebruik.

visible policing n.
Law enforcement in such a way that it is noticeable in the community.
+ *sigbare polisiëring* n.
Wetstoepassing op so 'n wyse dat dit merkbaar in die gemeenskap is.

vital interest n.
One of those fundamental priciples on which the political, social and physical existence of an entity such as a state is based.
+ *deurslaggewende belang* n.
Een van daardie fundamentele beginsels waarop die politieke, sosiale en fisieke bestaan van 'n entiteit soos 'n staat gegrond is.

voiceless adj.
Not having the right or capacity to speak or vote.
+ **stemloos** adj. (sonder kiesreg).
Nie oor die reg of vermoë beskik om te praat of te stem nie.

voiceless n. <the voiceless>.
A person or group with no means of communicating their needs or wants to those in power.
+ **inspraakloses** n. <die inspraakloses>.
'n Persoon of groep wat nie die vermoë het om hulle behoeftes of begeertes aan diegene in gesagsposisies oor te dra nie.

volkstaat n. <South Africa>.
The concept of a segmental autonomous state for conservative Afrikaners.
+ **volkstaat** n. <Suid-Afrika>.
Die konsep van 'n segmentele outonome staat vir konserwatiewe Afrikaners.

volonté générale → **general will**

Voortrekker n. <see also border farmer; trekboer>.
A member of one of numerous organised groups of Dutch-speaking people who migrated by wagon from the eastern part of the Cape Colony into the interior from 1836 onwards, in order to live beyond the boundaries of British rule.
+ **Voortrekker** n. <kyk ook grensboer; trekboer>.
'n Lid van verskeie georganiseerde groepe Hollandssprekende persone wat vanaf 1836 per wa vanuit die oostelike gedeelte van die Kaapkolonie die binneland ingetrek het ten einde buite die grense van Britse bewind te leef.

V

vote n.
1. A formal indication of a choice between two or more candidates in an election, expressed by casting a ballot or a show of hands. 2. A choice exercised on a ballot in an election.
+ **stem** n.
1. 'n Formele aanduiding van 'n keuse tussen twee of meer kandidate in 'n verkiesing, uitgedruk deur 'n stembrief of die opsteek van hande. 2. 'n Uitgebringde keuse op 'n stembrief in 'n verkiesing.

vote v.
1. To exercise one's right to the franchise, such as casting a vote in an election. 2. To excercise a choice; casting a ballot in an election.
+ **stem** v.
1. Om 'n mens se reg tot stemreg uit te oefen, deur bv 'n stem uit te bring in 'n verkiesing. 2. Om 'n keuse uit te oefen; 'n stem in 'n verkiesing uitbring.

vote catching n.
The process of campaigning for votes.
+ **stemvangery** n.
Die proses om veldtogte vir stemme te voer.

vote fraud n.
Dishonest manipulation of election results by falsifying the votes cast for candidates.
+ **stembedrog** n.
Oneerlike manipulasie van verkiesingsuitslae deur die stemme wat op kandidate uitgebring is te vervals.

vote of confidence → **motion of confidence**

vote of no confidence → **motion of no confidence**

voter n. (elector, constituent <used less often>).
A person entitled to cast a vote in an election.
+ **kieser** n. (stemgeregtigde).
Iemand wat geregtig is om in 'n verkiesing te stem.

voter education n.
Educating the electorate about the voting process.
+ **kieseropvoeding** n.
Opvoeding van die kiesers oor die stemproses.

voter literacy n.
The ability of voters to understand the balloting process as well as their competence to exercise reasoned and defensible choices between policies of contending political parties in an election.
+ **kiesergeletterdheid** n.
Die vermoë van kiesers om die stemproses te verstaan asook hulle bevoegdheid om beredeneerde en verdedigbare keuses tussen die beleide van mededingende partye in 'n verkiesing te maak.

voter registration n. (voters' registration).
The process of entering the names of persons who are eligible to vote in a register, called the voters' roll, to enable them to cast their votes on polling day.
+ **kieserregistrasie** n.
Die proses om stemgeregtigde persone se name in 'n register, bekend as die kieserslys, in te skryf sodat hulle op stemdag hulle stemme kan uitbring.

voter's district → **constituency**

voter's eligibility document n.
An official document proving that a person is entitled to vote.
+ **kieserdokument** n. (stemgeregtigheidsdokument).
'n Amptelike dokument wat bewys dat 'n persoon geregtig is om te stem.

voters' list → **voters' roll**

voters' registration → **voter registration**

voters' roll n. (electoral list, voters' list).
An official register of persons qualified to vote in an election.
+ **kieserslys** n.
'n Amptelike register van persone wat kwalifiseer om in 'n verkiesing te stem.

vote splitting n. <see also ballot splitting>.
The act of voting for different parties or candidates during the same election.
+ **stemsplitsing** n. <kyk ook stembriefsplitsing>.
Die handeling om tydens dieselfde verkiesing vir verskillende partye of kandidate te stem.

voting agent → **party voting agent**

voting booth → **polling booth**

voting by acclamation n.
Voting by unanimous vocal approval.
+ **stemming deur akklamasie** n.
Stemming deur eenparige mondelinge goedkeuring.

voting by ballot n.
Showing one's preferred choice by casting a vote on a printed or written ticket or voting machine.
♦ *stemming per stembrief* n.
Aantoon van jou keuse deur 'n stem op 'n gedrukte of geskrewe kaart of stemmasjien uit te bring.

voting by individual call v.
Showing one's preferred choice by raising one's voice in an affirmative or negative manner.
♦ *hoofdelike stemming* n.
Aantoon van jou keuse deur jou stem instemmend of nie-instemmend te verhef.

voting by mail n.
Casting a ballot by mailing it to the prescribed address. It is only permitted in certain cases and under strict control.
♦ *posstemming* n.
'n Stembriefie uitbring deur dit na die voorgeskrewe adres te pos. Dit word slegs in sekere gevalle en onder streng beheer toegelaat.

voting by show of hand n.
Indicating one's preferred choice by raising one's hand in response to voting options.
♦ *stemming per hand* n.
Aanduiding van jou keuse deur jou hand op te steek as antwoord op die stemkeuses.

voting day → **polling day**

voting officer → **polling officer**

voting paper → **ballot**

voting qualification n.
A requirement to be met in order to be permitted to vote.
♦ *stemregkwalifikasie* n.
'n Vereiste waaraan voldoen moet word ten einde toegelaat te word om te stem.

voting station → **polling station**

V

Ww

wage agreement n.
A contract stating terms, hours and conditions of employment.
+ *loonooreenkoms* n.
'n Kontrak wat die tye, ure en voorwaardes van indiensneming meld.

war n.
Conflict between two or more states, or states and organisations, in which means of coercion, including the use or threatened use of armed force, are used to resolve the conflict.
+ *oorlog* n.
Konflik tussen twee of meer state, of state en organisasies, waarin dwangmiddele, insluitend die aanwending van wapengeweld of dreiging daarmee, aangewend word om die konflik te besleg.

war by proxy → **proxy war**

war crimes n.
Crimes committed in wartime in violation of the accepted rules and customs of war.
+ *oorlogsmisdade* n.
Misdade in oorlogstyd gepleeg wat die aanvaarde reëls en gebruike van oorlog skend.

war criminal n.
Someone, normally a senior commander or political leader rather than a soldier, who is responsible for atrocities in warfare that contravenes internationally accepted rules of warfare.
+ *oorlogsmisdadiger* n.
Iemand, gewoonlik 'n senior bevelvoerder of politieke leier eerder as 'n soldaat, wat verantwoordelik is vir wandade tydens oorlog wat teenstrydig is met die internasionaal aanvaarde reëls van oorlogvoering.

ward n.
In local government, a geographic division of a city or town for administrative and representative purposes.
+ *wyk* n.
In plaaslike regering, 'n geografiese verdeling van 'n stad of dorp vir administratiewe en verteenwoordigingsdoeleindes.

ward candidate n.
A person attempting to be elected to the council of a local authority, either on behalf of a party or as an independent member.
+ *wykskandidaat* n.
'n Persoon wat poog om tot die raad van 'n plaaslike owerheid verkies te word, óf namens 'n party óf as onafhanklike lid.

ward committee n.
A representative group of persons from a ward, created by a local authority to provide liaison between the authority and the residents of the ward.
+ *wykskomitee* n.
'n Verteenwoordigende groep persone uit 'n wyk wat deur 'n plaaslike owerheid geskep is om skakeling tussen die owerheid en inwoners van die wyk te verskaf.

ward representative n.
A person elected or appointed to act on behalf of the ward.
+ *wyksverteenwoordiger* n.
'n Persoon wat verkies of aangestel is om namens die wyk op te tree.

war economy n.
A state's utilisation of economic resources to sustain its prosecution of a war. It involves the production and allocation of resources, imposition of austerity measures and a high degree of state involvement in economic planning, eg Britain during World War II.
+ *oorlogsekonomie* n.
'n Staat se benutting van ekonomiese hulpbronne om die voer van 'n oorlog volhoubaar te maak. Dit behels die produksie en toekenning van hulpbronne, die oplegging van besuinigingsmaatreëls en 'n groot mate van staatsbetrokkenheid in ekonomiese beplanning, bv Brittanje gedurende die Tweede Wêreldoorlog.

warfare n.
The act of waging war.
+ *oorlogvoering* n.
Die handeling om oorlog te voer.

warfare state n.
A state of which the economy is characterised by, and even depends on, excessive military spending, eg the USSR 1960–1990.
+ *krygshaftige staat* n.
'n Staat waarvan die ekonomie gekenmerk word deur, en selfs afhanklik is van, buitensporige militêre besteding, bv die USSR 1960–1990.

war game n.
A simulation of operations between two or more opposing military forces without actually deploying those forces.
+ *krygspel* n. (oorlogspel).
'n Nabootsing van operasies tussen twee of meer opponerende magte sonder om daardie magte in werklikheid te ontplooi.

war monger n.
A person who advocates war or works towards starting a war.
+ *oorlogstoker* n.
'n Persoon wat oorlog voorstaan of hom/haar daarvoor beywer om oorlog aan die gang te sit.

war-obsessed state n. (state obsessed with war).
A state whose actions are determined by a constant desire to enter into war, eg North Korea in the first decade of the 21st century.
+ *oorlogsbehepte staat* n.
'n Staat waarvan die optrede bepaal word deur 'n voortdurende begeerte om oorlog te voer, bv

Noord-Korea in die eerste dekade van die 21ste eeu.

war of independence n. (independence war <rare>).
A war fought to achieve freedom from political control by another state or to maintain a state's sovereignty in the face of aggression, eg the USA's war against Britain during 1775–1783.
• *vryheidsoorlog* n. (onafhanklikheidsoorlog).
'n Oorlog wat geveg word om vryheid van politieke beheer deur 'n ander staat te verkry of om 'n staat se soewereiniteit in die aangesig van aggressie te handhaaf, bv die VSA se oorlog teen Brittanje gedurende 1775–1783.

war of liberation → **liberation war**

war on terror → **long war**

war on terrorism → **long war**

war reparations n. (reparations).
Payments by an ex-aggressor state after a war to make good damages caused by the war.
• *oorlogsboetvergoeding* n.
Betalings deur 'n voormalige aggressorstaat na 'n oorlog om oorlogskade te vergoed.

war theatre n. (area of war <USA military usage>, theatre of war).
A large area that is actually or potentially involved in the conduct of war and may contain several theatres of operations.
• *oorlogsteater* n. (krygsteater, oorlogsgebied <VSA militêre gebruik>).
'n Groot area wat werklik of potensieel by oorlogvoering betrokke is en verskeie teaters van operasies kan bevat.

war zone n.
An area where military operations take place or which is directly affected by such operations.
• *oorlogsone* n.
'n Gebied waar militêre operasies plaasvind of waarop sodanige operasies regstreeks inwerk.

Washington consensus n.
A set of economic policy prescriptions as a standard reform package, initially for debt-ridden developing countries but later extended to all developing countries, to be promoted by institutions such as the International Monetary Fund and the World Bank.
• *Washington-konsensus* n.
'n Stel ekonomiese beleidsvoorskrifte as 'n standaard hervormingspakket, aanvanklik vir skuldbeswaarde ontwikkelende state maar later uitgebrei na alle ontwikkelende state, wat deur instellings soos die Internasionale Monetêre Fonds en die Wêreldbank bevorder moet word.

waste management n.
The system for the disposal of sewage and garbage in a community.
• *afvalbestuur* n.
Die stelsel vir riolering en die wegruiming van vullis in 'n gemeenskap.

weak state n.
A state in which the central government's capacity to exercise authority and perform its duties is minimal.

• *swak staat* n.
'n Staat waarin die sentrale regering se vermoë om gesag uit te oefen en sy pligte uit te voer minimaal is.

weapons of mass destruction n. (WMD).
Weapons that are capable of a high order of destruction or being used in such a manner as to destroy large numbers of people, eg nuclear weapons.
• *massavernietigingswapens* n. (MVW).
Wapens wat tot 'n hoë graad van verwoesting in staat is of wat op so 'n wyse aangewend kan word dat dit groot getalle mense vernietig, bv kernwapens.

weighted electoral system n.
An electoral system that is organised in such a way that the principle of equal value of each vote is sacrificed by allocating an individual vote that counts for more than one vote, eg to members of specified regional, ethnic, communal or religious communities.
• *gelaaide stemstelsel* n.
'n Kiesstelsel wat op so 'n wyse georganiseer is dat die beginsel van die gelyke waarde van elke stem opgeoffer word deur 'n individuele stem so toe te ken dat dit meer as een stem werd is, bv aan lede van gespesifiseerde streeks-, etniese, kommunale of religieuse gemeenskappe.

weighted voting system n.
A voting arrangement where the mathematical value of votes differ when making decisions. This is often accomplished by forming coalitions and blocs with the total number of votes equal to or in excess of an agreed-upon quota.
• *geweegdestemstelsel* n.
'n Stemreëling waar die waarde van stemme van mekaar verskil wanneer besluite geneem word. Dit word dikwels bewerkstellig deur koalisie- en blokvorming, met die totale getal stemme gelyk aan of meer as 'n ooreengekome kwota.

welfare state n.
A state that provides so called cradle-to-the-grave social security to its inhabitants. This includes free schools, free medical services, free or subsidised housing and old age pensions.
• *welsynstaat* n. (versorgingstaat).
'n Staat wat sogenaamde wieg-tot-die-grafbestaansbeveiliging aan die inwoners voorsien. Dit sluit vry skole, vry mediese dienste, vry of gesubsidieerde behuising en ouderdomspensioene in.

West n. <the West>, <see also the East>.
The developed and particularly noncommunist states that are situated in the western part of the world.
• *Weste* n. <die Weste>, <kyk ook die Ooste>.
Die ontwikkelde en veral niekommunistiese state wat in die westelike gedeelte van die wêreld geleë is.

W

Westminster system n.

A system of government based on the British parliamentary system. The name is derived from the Palace of Westminster, the seat of the UK parliament.

• *Westminster-stelsel* n.

'n Regeringstelsel gebaseer op die Britse parlementêre stelsel. Die naam word ontleen aan die Paleis van Westminster, die setel van die VK se parlement.

whip n.

A member of parliament elected by members of his/her party caucus to ensure party discipline.

• *sweep* n.

'n Parlementslid wat deur lede van sy/haar partykoukus verkies word om partydissipline te verseker.

whistle blower n.

A person who exposes shady or undesirable behaviour.

• *klikker* n.

'n Persoon wat twyfelagtige of ongewenste gedrag aan die kaak stel.

white flight n.

When whites leave particular urban areas as and when black people start moving in, occurs in black-white racially divided urban environments.

• *witvlug* n.

Wanneer witmense bepaalde stedelike gebiede verlaat soos en wanneer swart mense in die gebied in trek, gewoonlik in swart-wit rasverdeelde stedelike omgewings.

White House n.

The official residence of the president of the USA, and by extension the presidential staff. The term White House also is used symbolically to refer to the President's policy.

• *Withuis* n.

Die ampswoning van die president van die VSA, en by wyse van uitbreiding die presidensiële staf. Die term Withuis word ook simbolies gebruik om na die President se beleid te verwys.

white paper n.

A document setting out the final proposals for government policy or legislation, based on the discussion and consultation following the relevant green paper.

• *witskrif* n.

'n Dokument wat die finale voorstelle met betrekking tot regeringsbeleid of wetgewing uiteensit, gebaseer op die samesprekings en oorlegpleging wat op die tersaaklike groenskrif gevolg het.

white propaganda n. <see also black propaganda; grey propaganda>.

A common form of propaganda of which the source is openly stated.

• *wit propaganda* n. <kyk ook swart propaganda; grys propaganda>.

'n Algemene vorm van propaganda waarvan die bron openlik bekend gemaak word.

whites under cover → coconut

will n.

The mental faculty by which a nation chooses or decides on action, eg the will of the people.

• *wil* n.

Die verstandelike vermoë waardeur 'n nasie optrede kies of daaroor besluit, bv die wil van die volk.

winner-takes-all principle n.

The principle according to which a party winning an election with at least a bare majority in the legislature forms a government and excludes other parties from governing, in contrast to coalition governments which are more inclusive.

• *wenner-neem-alles-beginsel* n.

Die beginsel waarvolgens 'n party wat 'n verkiesing wen met ten minste 'n minimale meerderheid in die wetgewer 'n regering vorm en ander partye uit die regeerfunksie uitsluit, in teenstelling met koalisieregerings wat meer inklusief is.

WMD → weapons of mass destruction

Women's Defence of the Constitution League → Black Sash

women's liberation n.

A radical movement that agitates for the removal of attitudes and practices that treat women as being inferior to men.

• *vrouebevryding* n.

'n Radikale beweging wat agiteer vir die wegdoen van houdings en praktyke wat vrouens as ondergeskik aan mans behandel.

workerism n.

1. Support for workers' rights. 2. Dominance of the working classes. 3. A political, social, or economic system that favours such dominance.

• *werkerisme* n.

1. Steun vir die regte van werkers. 2. Oorheersing deur die werkende klasse. 3. 'n Politieke, sosiale of ekonomiese stelsel wat sulke oorheersing moontlik maak.

work force → labour force

work-in n.

An action in which workers carry on working, without pay, to protest against proposed dismissals or closure of the workplace. A well known example is the work-in at Harco Steel in Australia in 1971.

• *werkprotes* n.

'n Aksie waarin werkers sonder betaling aanhou werk om teen voorgestelde afdankings of sluiting van die werkplek beswaar te maak. 'n Welbekende voorbeeld is die werkprotes by Harco Steel in Australië in 1971.

working committee n.

A group of persons representing a higher authority, appointed to coordinate executive activities and advise the higher authority on matters pertinent to its function.

• *werkkomitee* n.

'n Groep persone wat 'n hoër gesag verteenwoordig en wat aangestel is om uitvoerende aangeleenthede te koördineer asook om die hoër gesag oor sake wat op sy funksie betrekking het, te adviseer.

working group n.
A group of persons, usually representing several areas of expertise, appointed to investigate, report on and solve a particular problem.
♦ *werkgroep* n.
'n Groep persone wat gewoonlik verskeie kundigheidsterreine verteenwoordig en wat aangestel is om 'n bepaalde probleem te ondersoek, daaroor verslag te doen en dit op te los.

work reservation n.
Stipulating that certain types of employment must be offered only to certain categories of persons, eg racial or ethnic groups in the apartheid system.
♦ *werkreservering* n.
Bepaling dat sekere tipes werk slegs aan sekere kategorieë persone, bv rasse- of etniese groepe in die apartheidstelsel, aangebied moet word.

work to rule v.
Doing the minimum requirement of work expected by employers and following all rules fastidiously in order to cause lower production volumes.
♦ *reëlstiptheid toepas* v.
Doen van die minimum werk wat werkgewers verwag en die puntenerige nakoming van al die voorskrifte om sodoende laer produksievolumes te veroorsaak.

work-to-rule n.
A type of industrial action where employees follow all working rules painstakingly so that production time is extended and output is cut drastically.
♦ *reëlstiptheid* n.
'n Soort nywerheidsoptrede waar werkers al die werkvoorskrifte nougeset volg sodat produksietyd verleng word en uitset drasties gesny word.

World War I n. <1914–1918> (First World War, Great War <the Great War>, WW I).
A major global war between the Allies (originally Britain, France and Russia) and the Central Powers (originally Germany and Austria-Hungary), mainly fought in Europe and the Middle East from 1914–1918. It came to an end with the signing of the Treaty of Versailles in 1919.
♦ *Eerste Wêreldoorlog* n. <1914–1918> (Groot Oorlog <die Groot Oorlog>, WO I).
'n Belangrike globale oorlog tussen die Geallieerdes (oorspronklik Brittanje, Frankryk en Rusland) en die Sentrale Moondhede (oorspronklik Duitsland en Oostenryk-Hongarye) wat hoofsaaklik in Europa en die Midde Ooste gevoer is van 1914–1918. Dit het tot 'n einde gekom deur die Vredesverdrag van Versailles in 1919.

World War II n. <1939–1945> (Second World War, WW II).
A major global war between the Allies (originally Britain, its Commonwealth and France, later joined by the Soviet Union and the United States) and the Axis powers (originally the Third German Reich, Italy and Japan); fought mainly in Europe, the Middle East, North Africa, South East Asia, the Soviet Union and the Pacific ocean region. The war extended to a naval war in almost all the important oceans. The war with Germany was formally ended by a final treaty in March 1991.
♦ *Tweede Wêreldoorlog* n. <1939–1945> (Wêreldoorlog II, WO II).
'n Belangrike globale oorlog tussen die Geallieerdes (oorspronklik Brittanje, sy Statebond en Frankryk, later bygestaan deur die Sowjetunie en die Verenigde State) en die Spilmoondhede (oorspronklik die Derde Duitse Ryk, Italië en Japan); dit is hoofsaaklik geveg in Europa, die Midde-Ooste, Noord-Afrika, Suidoos-Asië, die Sowjetunie en die Stille-Oseaangebied. Dit het 'n vlootoorlog in feitlik al die belangrike oseane ingesluit. Die oorlog met Duitsland is formeel beëindig met 'n finale verdrag in Maart 1991.

WOT → long war

WUC → coconut

WW I → World War I

WW II → World War II

W

Yy

Yeoman of the Guard n. (Beefeater).
Members of the bodyguard of the English monarch. This unit was founded in 1485 and now retains ceremonial functions only.

♦ **Lid van die Koninklike Lyfwag** n.
Lede van die lyfwag van die Engelse monarg. Die eenheid is in 1485 gestig en verrig tans slegs seremoniële funksies.

Zz

zero rating n.
The exemption of goods or services from value-added tax.
 ♦ *nulgradering* n.
Die vrystelling van goedere en dienste van belasting op toegevoegde waarde.

Zionism n.
A Jewish movement originating in the 19th century with the belief that there should be a Jewish state as a homeland for a Jewish nation, preferably in the Middle East. This led to the establishment of the state of Israel on 14 May 1948.

 ♦ *Sionisme* n.
'n Joodse beweging wat in die 19de eeu ontstaan het met die oortuiging dat daar 'n Joodse staat as tuisland vir 'n Joodse nasie behoort te wees, verkieslik in die Midde-Ooste. Dit het gelei tot die totstandkoming van die staat Israel op 14 Mei 1948.

zoning n.
Directions setting out the purpose for which land may be used.
 ♦ *sonering* n.
Voorskrifte wat die doel waarvoor grond gebruik mag word, uiteensit.

Deel II
Afrikaans/English

Aa

AAMRP → algemeen aanvaarde munisipale rekeningkundige praktyk

aanbiddingsvryheid → vryheid van aanbidding

aan die kaak stel v.
Om korrupsie of ander onwettige aktiwiteite bloot te lê.
• *blow the whistle* v.
To expose corruption or other illegal activity.

aangewese erfgenaam n. <kyk ook erfopvolger; vermoedelike opvolger>.
Die seun of dogter van 'n regerende monarg wat benoem is om die ouer op te volg in die geval van sy/haar oorlye of abdikasie.
• *heir designate* n. <see also heir apparent; heir presumptive>.
The son or daugter of a reigning monarch who has been named to succeed his/her parent upon the demise or abdication of the monarch.

aangewese premier n.
'n Premier wat verkies is, maar nog nie ingehuldig is nie.
• *premier-elect* n.
A premier who has been elected but not yet installed in office.

aangewysde stad n. <kyk ook prefektuur>.
'n Japannese stad met 'n bevolking groter as 500 000 en amptelik so deur die Japannese kabinet aangewys, met bepaalde bevoegdhede wat deur die plaaslike regering aan hom gedelegeer is.
• *designated city* n. <see also prefecture>.
A Japanese city with a population greater than 500 000 and officially designated as such by the Japanese cabinet, with certain powers delegated to it by the local government.

aanhanger n. (partyman).
'n Persoon wat 'n leier of party sterk ondersteun en nie geneig is om sienings te aanvaar wat met sodanige ondersteuning bots nie.
• *partisan* n.
A person who strongly supports a leader or party and is not inclined to accept views conflicting with this support.

aanhangige mosie → hangende mosie

aanhitser n. (agiteerder, opstoker).
'n Persoon wat sosiale, nywerheids- en politieke oproerigheid aanhits, of wat invloedryk in die mobilisering van die openbare mening is.
• *agitator* n.
A person who stirs up social, industrial and political disturbances, or who is influential in mobilising public opinion.

aanhoudingsbevel n. (detensiebevel).
'n Amptelike bevel of opdrag waardeur iemand gearresteer en daarna opgesluit word.

• *detention order* n.
An official writ or summons by which a person is arrested and subsequently incarcerated.

aanhouding sonder verhoor n.
Om 'n persoon in hegtenis te hou sonder die geleentheid om hom/haar in 'n geregshof te verdedig.
• *detention without trial* n. (detainment without trial).
Holding a person in custody without the opportunity for defence in a court of law.

aanlegvlakbedinging n.
Onderhandelinge op fabrieksvlak tussen verteenwoordigers van die vakbond en die bestuur of ander nywerheidsfasiliteit.
• *plant-level bargaining* n.
Negotiations between labour union and management representatives at the level of the factory or other industrial facility.

aanlegvlakooreenkoms n.
'n Ooreenkoms tussen 'n werkgewer en verteenwoordigers van georganiseerde arbeid op die vlak van 'n fabriek of ander nywerheidsfasiliteit.
• *plant-level agreement* n.
An agreement between an employer and representatives of organised labour at the level of a factory or other industrial facility.

aanpassing n.
'n Proses van verstelling om in die omgewing in te pas.
• *adaptation* n.
A process of adjustment in order to fit into the environment.

aanspraak n.
'n Eis of 'n reg op 'n voorreg, mag of geldelike voordeel soos 'n pensioen of ongeskiktheidstoelaag.
• *entitlement* n.
A claim or a right to a privilege, power or monetary perquisite such as a pension or disability grant.

aanspreeklikheid n. (regsaanspreeklikheid).
Om deur die reg gebind of verplig te wees om jou verpligtinge na te kom, bv met betrekking tot skuld en optrede; netso is die staat aanspreeklik vir die ampsoortredings van sy beamptes.
• *liability* n.
The state of being bound to, or being obliged to by law to honour, one's obligations, eg with regard to debt and actions; likewise the state is liable for the malfeasance of its officers.

aanvullende begroting n. <kyk ook addisionele begroting; hoofbegroting> (supplementêre begroting).
'n Bykomende skatting van uitgawes tot die hoofbegroting om voorsiening te maak vir uitgawes wat die regering genoodsaak was om aan te gaan nadat die hoofbegroting goedgekeur is.

A

+ **supplementary budget** n. <see also additional budget; main budget>.
An additional estimate of expenditure to the main budget to cater for expenditure that the government has been obliged to meet after the main budget was approved.

aanvullende bewilliging n.
'n Bedrag wat deur 'n latere begroting gedurende die lopende of 'n volgende boekjaar aangevul word.
+ **additional grant** n.
An amount supplemented by a later budget during the current or a following financial year.

aardbolvloot n. <kyk ook kusvloot; kusstrookvloot; diepseevloot> (globale vloot).
'n Vloot wat daartoe in staat is om magte op 'n langdurige en wêreldwye grondslag in stand te hou en meer as een prioriteitsending gelyktydig uit te voer.
+ **global navy** n. <see also coastal navy; littoral navy; oceangoing navy>.
A navy that is capable of maintaining forces on a protracted and worldwide basis and carrying out more than one priority mission simultaneously.

Aartsbiskop van Kantelberg n.
Die hoofbiskop van die Anglikaanse Kerk in Engeland.
+ **Archbishop of Canterbury** n.
The chief bishop of the Anglican Church in England.

abdikasie n.
Die afstanddoening van 'n amp of verantwoordelikheid, bv 'n troon.
+ **abdication** n.
The renunciation of an office or responsibility, eg a throne.

abdikeer v.
Afstand doen van 'n amp of verantwoordelikheid, bv 'n troon.
+ **abdicate** v.
Renounce an office or responsibility, eg a throne.

absolute armoede n. (volslae armoede).
'n Armoedevlak waar daar nie aan die minimum behoefte aan voedsel, klere en beskutting voldoen kan word nie.
+ **absolute poverty** n.
A level of poverty where the minimum needs of food, clothing and shelter cannot be met.

absolute magskeidingsteorie n. (trias politica).
'n Leerstelling wat 'n algehele skeiding van wetgewende, uitvoerende en regsprekende instellings en funksies voorstaan.
+ **absolute separation of powers theory** n.
(theory of absolute separation, trias politica).
A doctrine advocating a complete separation of legislative, executive and judicial institutions and functions.

absolute meerderheid → **volstrekte meerderheid**

absolute monarg n.
'n Erflike vors van 'n staat met algehele persoonlike regeringsmag.

+ **absolute monarch** n.
A hereditary sovereign of a state with total personal powers of governance.

absolute monargisme n.
Die leerstelling dat die monargie die alleenbron van regeringsmag in 'n staat is.
+ **absolute monarchism** n.
The doctrine that the monarchy is the sole source of governing power in a state.

absolutisme n.
Die onbeteuelde uitoefening van mag deur die owerheid, bv in 'n absolute monargie of diktatuur.
+ **absolutism** n.
The unbridled exercise of power by the authorities, eg in an absolute monarchy or a dictatorship.

addisionele begroting n. <kyk ook aanvullende begroting; hoofbegroting>.
Die begroting wat aan die parlement voorgelê word waarin verdere fondse versoek word vir bestaande aktiwiteite wat nie voldoende in die hoofbegroting befonds is nie.
+ **additional budget** n. <see also main budget; supplementary budget>.
The budget submitted to parliament in which further funds are requested for existing activities that were inadequately funded in the main budget.

ad hoc-diplomasie n.
Diplomasie wat nie deur permanente missies gevoer word nie maar wat georganiseer word om 'n bepaalde situasie te hanteer, bv deur middel van 'n reisende gesant of spesiaal saamgestelde afvaardiging.
+ **ad hoc diplomacy** n.
Diplomacy not conducted through permanent missions but organised to deal with a specific situation, eg by means of a roving envoy or specially constituted mission.

adhockisme n.
'n Benadering waarin beleidmakers op elke onderwerp of voorval as iets afsonderlik reageer, ongeag uitdruklike beleid.
+ **adhocism** n.
An approach in which policy makers respond to every subject or occurrence as something separate, irrespective of specific policies.

ad hoc-komitee n.
'n Tydelike komitee wat deur een of albei huise van die parlement aangestel word vir 'n bepaalde doelwit. Wanneer die taak van die komitee afgehandel is, word die komitee ontbind. 'n Suid-Afrikaanse voorbeeld is die Ad Hoc-Komitee oor Jeugintelligensiewetgewing.
+ **ad hoc committee** n.
A temporary committee appointed by one or both houses of parliament for a specific purpose. When the task has been completed the committee is dissolved. A South African example is the Ad Hoc Committee on Youth Intelligence Legislation.

adhockrasie n.
Die uitoefening van politieke mag deur persone of deur 'n gevestigde orde wat adhockisme as 'n uitvoerende styl aanvaar.

A

* **adhocracy** n.
The exercise of political power by persons or by an establishment which adopt adhocism as an executive style.

administrasie n.
1. Die proses om die sake van 'n regering of politieke owerheid te organiseer, koördineer, finansier en bestuur. 2. (VSA) Die persoon of instelling aan wie die uiteindelike uitvoering van openbare beleid in 'n staat toevertrou word; die uitvoerende gesag.
* **administration** n.
1. The process of organising, coordinating, financing and managing the affairs of a government or a political authority. 2. (USA) The person or institution entrusted with the ultimate execution of public policy in a state; the executive.

administrasiegebied n.
Die geografiese omvang van die jurisdiksie van 'n openbare instelling.
* **administrative area** n.
The geographical extent of the jurisdiction of a public institution.

administrateur n.
Die politieke hoof- uitvoerende beampte van 'n bepaalde gebied.
* **administrator** n.
The political chief executive officer of a specified territory.

administrateur-generaal n.
Die politieke gevolmagtigde deur 'n regering aangestel om 'n bepaalde gebied te regeer en administreer.
* **administrator general** n.
The political plenipotentiary appointed by a government to govern and administer a specified territory.

administrateur-in-uitvoerende komitee n.
<histories; mv administrateurs-in-uitvoerende komitee>.
Die administrateur van 'n Suid-Afrikaanse provinsie wat in oorleg met die lede van die uitvoerende komitee optree.
* **administrator-in-executive committee** n.
<historical; pl. administrators-in-executive committee>.
The administrator of a South African province acting in consultation with the members of the executive committee.

administratiewe bevoegdheid n.
Die bevoegdheid van 'n openbare instelling om toegekende funksies ingevolge wetgewing of prerogatief uit te oefen.
* **administrative authority** n. (administrative powers).
The competence of a public institution to carry out allocated functions by virtue of legislation or prerogative.

administratiewe handeling n.
'n Regshandeling uitgevoer deur 'n instelling wat administratiewe gesag uitoefen.

* **administrative act** n.
A legal action carried out by an institution exercising administrative authority.

administratiewe hoedanigheid n.
Die bevoegdheid ingevolge waarvan administratiewe handelinge plaasvind.
* **administrative capacity** n.
The competence in terms of which administrative actions take place.

administratiewe mag n.
Die mag van administratiewe instellings en/of openbare amptenare ingevolge wetgewing of prerogatief.
* **administrative power** n.
The power of administrative institutions and/or public officials in terms of legislation or prerogative.

administratiewe ontwikkeling n.
1. Ontwikkeling vanweë administratiewe optrede.
2. Die ontwikkeling van administratiewe strukture en funksies.
* **administrative development** n.
1. Development due to administrative action. 2. The development of administrative structures and functions.

administratiewe owerheid n.
Al die persone en instellings in die staat wat met administratiewe bevoegdheid beklee word.
* **administrative authority** n.
All the persons and institutions in the state invested with administrative competence.

administratiewe personeel n.
Daardie deel van 'n instelling se arbeidsmag wat administratiewe pligte verrig.
* **administrative personnel** n. (administrative staff).
That part of an institution's work force employed on administrative duties.

administratiewe staat n.
Die siening wat by Dwight Waldo ontstaan het dat publieke administrasie nie 'n waardevrye wetenskap is nie maar 'n politieke teorie wat administratiewe optrede sowel kan voorskryf as beskryf. By wyse van uitbreiding beskryf 'administratiewe staat' die administrasie van 'n staat ingevolge hierdie perspektief.
* **administrative state** n.
The view originated by Dwight Waldo that public administration is not a value-free science but a political theory that can prescribe administrative action as well as describe it. By extension, 'administrative state' describes the administration of a state in terms of this perspective.

administratiewe staf n. <militêr>.
Die groep offisiere met administratiewe funksies wat spesifiek aangesê is om 'n bevelvoerder in sy/haar bevelsuitoefening by te staan.
* **administrative staff** n. <military>.
The group of officers with administrative functions specifically detailed to assist a commander in exercising his/her command.

A

administratiewe tribunaal n.
'n Instelling wat onafhanklik van ander
administratiewe instellings, na 'n ondersoek van 'n
aangeleentheid, 'n administratiewe beslissing gee.
* *administrative tribunal* n.
An institution that, independently from other
administrative institutions, renders an administrative
decision after the investigation of a matter.

administratiewe vermoë n.
Die gehalte en haalbare omvang van
administratiewe handelinge.
* *administrative capacity* n.
The quality and achievable extent of administrative
actions.

ad valorem adv.
Volgens waarde.
* *ad valorem* adv.
According to value.

ad valorem-doeanereg n.
'n Heffing wat deur 'n regering as 'n belasting op
ingevoerde goedere opgelê word volgens die
monetêre waarde daarvan.
* *ad valorem customs duty* n.
A levy imposed by a government as a tax on
imported goods according to their monetary value.

adversatiewe hofprosedure n. <kyk ook
inkwisitoriale hofprosedure>.
'n Prosedure waarin die voorsittende beampte van
'n hof, bv 'n regter, nie in die argumente van die
opponerende kante inmeng nie en waarin die
verhouding tussen die mededingende partye
opposisioneel is. Die regter is onpartydig en die
mededingende partye het verskillende en
teenstrydige verpligtinge.
* *adversarial court procedure* n. <see also
inquisitorial court procedure>.
A procedure in which the presiding officer of a
court, eg a judge, does not intervene in the
arguments of the opposing sides and in which the
relationship between the contending parties is
hostile. The judge is impartial and the contending
parties each has different and conflicting
obligations.

adversatiewe politiek → **teenstanderpolitiek**

adviesraad n.
'n Vergadering wat op verskeie maniere saamgestel
word en wat die bevoegdheid het om advies te
lewer maar nie om sy advies of besluite af te dwing
nie.
* *advisory council* n.
An assembly, constituted by various means, which
has the power to offer advice, but not to enforce its
advice or decisions.

afbakeningsgeknoei n.
Die proses om kiesafdelings op so 'n wyse te
manipuleer dat dit 'n buitensporige voorsprong aan
'n bepaalde politieke party gee.
* *gerrymander* n. (gerrymandering).
The process of manipulating electoral districts in
such a way as to give an undue advantage to a
specific political party.

afbreking n.
Ontkoppeling van 'n geveg sonder om noodwendig
vyandelikhede te beëindig.
* *disengagement* n.
Breaking off combat without necessarily ending
hostilities.

affiniteitsbande n.
Emosionele bande wat op 'n geloof in gedeelde
identiteite berus, bv Afro-Amerikaners se bande met
Afrika.
* *affinal ties* n.
Emotional ties based on a belief in shared identities,
eg Afro-Americans' ties with Africa.

afgesant n.
'n Verteenwoordiger, veral van 'n regering, wat op
'n sending gestuur word om 'n spesifieke taak te
verrig
* *emissary* n.
A representative, especially of a government, sent
on a mission to accomplish a specific task.

afhanklike gebied n.
'n Kolonie, protektoraat, buitepos of nedersetting
van 'n koloniale moondheid, bv Natal voor 1910 en
die eiland Man as 'n afhanklike gebied van die VK.
* *dependency* n.
A colony, protectorate, outpost or settlement of a
colonial power, eg Natal before 1910, and the Isle
of Man as a dependency of the UK.

afhanklikheidsteorie n.
1. Die teorie dat voormalige kolonies, wanneer
hulle polities onafhanklik geword het, neig om
ekonomies afhanklik van hulle voormalige
kapitalistiese koloniale meesters te bly. 2. Die teorie
dat ontwikkelende state afhanklik bly van, en
uitgebuit word deur, die kapitalistiese moondhede
van die wêreld.
* *dependency theory* n.
1. The theory that former colonies, once politically
independent, tend to remain economically
dependent on their former capitalist colonial
masters. 2. The theory that developing states remain
dependent on, and are exploited by, the capitalist
powers of the world.

afhanklikheidsverhouding n.
Die verhouding van die bejaardes (65 en ouer) plus
die jeug (jonger as 15) tot die bevolking in die
produktiewe leeftyd (15 tot 64).
* *dependency ratio* n. (ratio of dependency).
The ratio of the aged (65 and older) plus youth
(younger than 15) to the population in the
productive age group (15 to 64).

afkordonneer → **kordon span**

afleggingspakket n.
Vergoeding deur 'n instelling aan werknemers
aangebied wie se werk in die proses van
uitgawevermindering oortollig geraak het.
* *retrenchment package* n.
Compensation offered by an institution to
employees whose jobs become redundant in the
process of reducing expenditure.

afleiding n.
'n Misleidingskuif wat uitgevoer word om die opponent se aandag van die werklike aanval wat op hande is, af te trek.
♦ *feint* n.
A deceptive move carried out to draw the opponent's attention away from the real attack that is impending.

afluistering n. <kyk ook meeluistering>.
In inligtingsoperasies, luister na gesprekke wat deur klankgolwe gedra word sonder dat die sprekers daarvan bewus is.
♦ *eavesdropping* n. <see also monitoring>.
In intelligence operations, listening to conversations carried by sound waves without the speakers' knowledge.

Afrikaan n. <mv Afrikane>.
'n Inwoner van Afrika; term dikwels gereserveer vir 'n swart persoon van Afrika. 2. In Pan-Afrikanisme 'n persoon wat met die geskiedenis van Afrika identifiseer en aan die toekoms van Afrika toegewy is.
♦ *African* n.
1. An inhabitant of Africa; term often reserved for a black person of Africa. 2. In Pan-Africanism a person who identifies with the history of Africa and who is dedicated to the future of Africa.

Afrikaanses n.
'n Term wat alle Afrikaanssprekende mense omvat.
♦ *Afrikaanses* n.
A term embracing all Afrikaans-speaking people.

Afrikabestuurstyl n.
'n Afrosentriese bestuursbenadering wat spanwerk tot op voetsoolvlak insluit en wat spanlede of volgelinge aanmoedig om hulle persoonlike gewin/doelstellings vir dié van die groep op te offer.
♦ *African management style* n.
An Afrocentric management approach that includes teamwork down to grassroots level and encourages team members or followers to sacrifice their personal gain/goals for those of the group.

Afrikadiaspora n.
Die verstrooiing van mense van Afrika, hoofsaaklik swartes, oor die aardbol.
♦ *African diaspora* n.
The scattering of people from Africa, mainly blacks, across the globe.

Afrikagemeenskapsmark n.
'n Voorgestelde ekonomiese vereniging van Afrika wat die vrye beweging van kapitaal, arbeid, goedere en dienste tussen die ondertekenaars toelaat asook toegang tot aandelebeurssentrums in Afrika verskaf in 'n poging om handel te bemagtig en te stimuleer.
♦ *African Common Market* n.
A proposed African economic association permitting the free movement of capital, labour, goods and services between signatories, as well as providing access to African stock exchange centres in an effort to empower and stimulate trade.

Afrikahandves oor Mense- en Volkeregte n.
<1981; ook bekend as die Banjul-handves>.
'n Dokument wat spesifieke regte van alle Afrikamense erken asook die ondertekenaars

verbind tot die uitwissing van alle vorms van kolonialisme in Afrika, die koördinering van pogings om 'n beter lewensgehalte vir die volke van Afrika te verwerf en die bevordering van internasionale samewerking.
♦ *African Charter on Human and Peoples' Rights* n. <1981; also known as the Banjul Charter>.
A document recognising specific rights of all African people, as well as committing signatories to the eradication of all forms of colonialism from Africa, the coordination of efforts to achieve a better quality of life for the peoples of Africa and the promotion of international cooperation.

Afrikakommunalisme n.
Die Afrikapraktyk van 'n kommunale lewenswyse, gemeenskaplike eienaarskap en stamgetrouheid binne kulturele of rassegroepe.
♦ *African communalism* n.
The African practice of communal living, common ownership and tribal loyalty within cultural or racial groups.

Afrikakultuur n.
Die totaal van die oorgeërfde idees, oortuigings en waardes wat die grondslae van sosiale optrede uitmaak wat deur die mense inheems aan Afrika gedeel word.
♦ *Africa culture* n.
The total of the inherited ideas, beliefs and values that constitute the bases of social action shared by the people indigenous to Africa.

Afrikamense n.
Alle mense wat inheems aan die vasteland Afrika is, maar dit word dikwels uitsluitlik gebruik om na mense van swart Afrika-afkoms te verwys.
♦ *African people* n.
All people indigenous to the African continent, but it is often used exclusively to refer to people of black African descent.

Afrikanisasie → **Afrikanisering**

Afrikanisering n. (Afrikanisasie).
Die proses vir die vertolking, bevordering en oordra van Afrikadenke, -filosofie, -identiteit en -kultuur.
♦ *Africanisation* n.
The process of interpretation, promotion and transmission of African thought, philosophy, identity and culture.

Afrikanisme n.
'n Leerstelling waarvolgens Afrikamense hulle eie lotsbestemming behoort te bepaal; deur die ANC-jeugliga, PAC en Black Consciousness Movement (swartbewustheidsbeweging) in Suid-Afrika aanvaar.
♦ *Africanism* n.
A doctrine according to which African people should determine their own destiny; adopted by the ANC Youth League, PAC and Black Consciousness Movement in South Africa.

Afrika-opperbevel n.
'n Pan-Afrikaleër wat aanvanklik in die vroeë 1960's deur President Kwame Nkrumah van Ghana by die OAE (voorganger van die Afrika-unie) aanhangig gemaak is, en waarop daar gedurende die

A

1960's en 1970's verskeie voorstelle op die grondslag van 'n kontinentale verdedigingsooreenkoms gevolg het, maar wat nooit prakties uitgevoer is nie.
+ *African High Command* n.
A Pan-African army first proposed to the OAU (predecessor to the African Union) in the early 1960's by President Kwame Nkrumah of Ghana, followed by various proposals during the 1960s and 1970s based on the concept of a continental defence agreement, but never realising in practice.

Afrikarenaissance n.
'n Beweging vir die herlewing van Afrika.
+ *African renaissance* n.
A movement for the regeneration of Africa.

Afrikasosialisme n.
'n Variant van die ideologie van sosialisme, wat oënskynlik meer geskik vir Afrikatradisies en meer menslik as die westerse alternatief is.
+ *African socialism* n.
A variant of the ideology of socialism, ostensibly better suited to African traditions and being more humane than the western alternative.

Afrikataal n.
1. In Suid-Afrika, enige een van die tale wat deur Bantoetaalsprekers as moedertaal gebruik word.
2. Internasionaal, enige taal wat inheems aan die Afrikakontinent is.
+ *African language* n.
1. In South Africa, any one of the languages used as a mother language by Bantu-speaking people.
2. Internationally, any language indigenous to the African continent.

Afrika-unie n. <voorheen Organisasie vir Afrika-eenheid> (AU).
Van stapel gestuur tydens die Durbanse beraad van 2002, as opvolger van die Organisasie vir Afrika-eenheid met 'n missie om die sosiale, ekonomiese en politieke integrasie van die state van die Afrikakontinent te bevorder en te versnel sodat Afrika in staat gestel kan word om sy regmatige rol in die wêreld te speel en om aan 'n verskeidenheid probleme wat die kontinent ervaar, aandag te gee.
+ *African Union* n. <formerly Organization of African Unity> (AU).
Launched at the Durban summit of 2002, as successor to the Organization of African Unity, with a mission to promote and accelerate the social, economic and political integration of states on the African continent in order to enable Africa to play its rightful role in the world and to address a variety of problems experienced on the continent.

Afropessimisme n.
'n Mismoedige ingesteldheid, in besonder onder nie-Afrikane, wat die standpunt huldig dat Afrika gedoem is tot swak regeerpraktyk, oproer en mislukte state.
+ *Afropessimism* n.
A gloomy frame of mind, particularly among non-Africans, which holds that Africa is doomed to bad governance, turmoil and failed states.

Afropolitaan n.
'n Persoon wat 'n kosmopolitiese Afrika-identiteit en -ervaring aanneem.
+ *Afropolitan* n.
A person who embraces a cosmopolitan African identity and experience.

Afropolitaans adj.
Met betrekking tot die eietydse geslag kosmopolitiese Afrikane.
+ *Afropolitan* adj.
With regard to the contemporary generation of cosmopolitan Africans.

Afropolitanisme n.
Die strewe na 'n kosmopolitiese Afrika-identiteit en -ervaring.
+ *Afropolitanism* n.
The striving towards a cosmopolitan African identity and experience.

Afrosentrisme n.
'n Skynhistoriese politieke beweging wat, ten einde swart nasionalisme te bevorder, die Afrika-afkoms en -erfenis van swart volke as 'n onontkombare element van hulle lewens beklemtoon.
+ *Afrocentrism* n.
A pseudo-historical political movement that, in order to promote black nationalism, emphasises the African ancestry and heritage of black peoples as an inescapable element of their lives.

afsit → **onttroon**

afskaal v. (kleiner maak).
Die getal werknemers, hoeveelheid toerusting of eiendom en/of die bestek van funksies of dienste wat gelewer word, verminder.
+ *downsize* v.
Reducing the number of employees, amount of equipment or property and/or the scope of functions or services performed.

afskaffing n.
Die handeling om 'n praktyk soos die doodstraf of slawerny tot niet te maak.
+ *abolition* n.
The act of doing away with a practice such as capital punishment or slavery.

afskeiding n. (sesessie).
Die handeling om jou formeel aan 'n politieke entiteit of genootskap te onttrek, sy dit vreedsaam of met geweld, bv by die totstandkoming van Suid-Soedan as 'n nuwe staat.
+ *secession* n.
The act of formally withdrawing, either peacefully or with violence, from a political entity or association, eg in the establishment of South Sudan as a new state.

afskrikmiddel n.
'n Dwangmiddel in die hande van 'n staat om skadelike optrede deur 'n ander staat of organisasie te ontmoedig.
+ *deterrent* n.
A means of coercion in the hands of a state to dissuade another state or organisation from injurious actions.

afslag → **korting**

afstaan van grondgebied n. (sessie van grondgebied).
Die oordrag van soewereiniteit oor staatsgrondgebied deur die eienaarstaat aan 'n ander staat, bv die afstaan (sessie) van Alaska aan die VSA deur Rusland in 1867.
• *cession of territory* n. <the short form cession is often used>.
The transfer of sovereignty over state territory by the owner state to another state, eg the cession of Alaska to the USA by Russia in 1867.

afvaardiging n.
1. 'n Groep verteenwoordigers wat byeenkom om 'n besluit te beïnvloed, 'n argument aan te voer of vir belange te beding. 2. 'n Groep verteenwoordigers wat na 'n vergadering of konferensie gestuur word om hulle regering se standpunt aan te bied of te beredeneer.
• *deputation* n.
1. A group of representatives assembled to influence a decision, present an argument or lobby an interest. 2. A group of representatives sent to a meeting or conference to present or argue their government's position.

afvalbestuur n.
Die stelsel vir riolering en die wegruiming van vullis in 'n gemeenskap.
• *waste management* n.
The system for the disposal of sewage and garbage in a community.

afvoer v.
Om ongevalle, krygsgevangenes en ander personeel van 'n gegewe plek af te verwyder.
• *evacuate* v.
To remove casualties, prisoners of war and other personnel from a given locality.

afwenteling van funksies n. (devolusie van funksies).
Die proses om mag van die sentrale/nasionale regering na 'n laer of streeksregering (provinsiaal of plaaslik) oor te dra.
• *devolution of functions* n.
The process of transferring power from central/national government to a lower or regional (provincial, local) government.

afwykende opinie n. <juridies> (teendenkende opinie).
Die regsmening van 'n regter wat nie met die beslissing van die meerderheid van 'n hof saamstem nie.
• *dissenting opinion* n. <juridical>.
The legal opinion of a judge who disagrees with the decision of the majority of a court.

afwykende staat → **afwykstaat**

afwykende stem n. (teendenkende stem).
'n Opponerende keuse of mening.
• *dissenting vote* n.
Opposing choice or opinion.

afwykstaat n. (afwykende staat).
'n Staat wat in sy binnelandse en buitelandse beleid van aanvaarde internasionale norme afdwaal, bv

Irak onder Saddam Hoessein of Noord-Korea onder Kim Il-soeng. Afwykstate se beleid word dikwels as misdadig of amper misdadig uitgebeeld en word deur die skending van menseregte gekenmerk.
• *deviant state* n.
A state that strays from accepted international norms in its internal and external policies, eg Iraq under Saddam Hussein or North Korea under Kim Il-sung. Deviant state policies are often depicted as being criminal or near criminal, and are marked by abuses of human rights.

agenda → **sakelys**

agent → **geheime agent**

agentnet n.
'n Groep geheime agente wat beheer word deur 'n hoofagent wat onder leiding van 'n inligtingsdiens werk.
• *agent net* n.
A group of secret agents controlled by a chief agent working under the direction of an intelligence service.

agent provocateur n. <Frans; mv agents provocateurs>.
'n Persoon wat, gewoonlik deur 'n inligtingsdiens, aangewend word om 'n teikengroep tot skadelike optrede aan te hits deur oënskynlike vereenselwiging met die teikengroep se doelstellings. 'n Voorbeeld is die agente van die Oos-Duitse Stasi wat die Wes-Duitse polisie tot buitensporige geweld teen die Bader-Meinhoff-aktiviste aangehits het.
• *agent provocateur* n. <French; pl agents provocateurs>.
A person employed, usually by an intelligence service, to incite a target group to injurious actions through pretended identification with the target group's goals. An example is the agents of the East German Stasi who incited the West German police to excessive violence against the Bader-Meinhoff-activists.

agglomerasiekragte n.
Magte agter die geografiese saamtrek van bevolkings en ekonomiese aktiwiteit in 'n relatiewe klein gebied.
• *agglomeration forces* n. (forces of agglomeration).
Forces behind the geographic clustering of populations and economic activity in a relatively small area.

agiteerder → **aanhitser**

agnostisisme n.
Die opvatting dat nóg die bestaan nóg die niebestaan van God menslik kenbaar is.
• *agnosticism* n.
The belief that neither the existence nor the non-existence of God is humanly knowable.

agrariese samelewing → **landbousamelewing**

agrément n. <Frans>.
Goedkeuring deur 'n staatshoof vir die aanstelling van 'n buitelandse hoof van 'n diplomatieke missie.

• *agrément* n. <French>,
Approval by a head of state for the appointment of
the head of a foreign diplomatic mission.

agterbanker n.
'n Lid van 'n wetgewer wat betreklik junior is en
nie 'n amp in die regering of opposisie beklee nie.
• *backbencher* n.
A member of a legislature who is relatively junior
and does not hold office in government or
opposition.

agter-die-skerms-diplomasie n.
Diplomasie wat heimlik bedryf word. Die bestaan
daarvan is bekend, maar nie die inhoud nie.
• *behind the scenes diplomacy* n.
Diplomacy conducted clandestinely. Its existence is
known but not its content.

agtergeblewenes → **benadeeldes**

agterkanaal n.
'n Hoëvlak diplomatieke kommunikasielyn wat die
gewone diplomatieke kanale omseil en gebruik
word om sensitiewe aangeleenthede met die
maksimum geheimhouding te bespreek ten einde
vordering te maak waar versperrings in die normale
kanaal ervaar word.
• *back channel* n.
A high-level line of diplomatic communication that
bypasses the normal diplomatic channels and is
used to discuss sensitive matters in maximum
secrecy in order to move ahead in the face of
obstacles encountered in the normal channel.

ahimsa n.
'n Leerstelling van nie-gewelddadigheid in
Hindoeïsme en Boeddhisme.
• *ahimsa* n.
A doctrine of nonviolence in Hinduism and
Buddhism.

aide-de-camp n. <Frans>.
'n Militêre offisier wat as persoonlike assistent vir
'n generale offisier of staatshoof dien.
• *aide-de-camp* n. <French>.
A military officer serving as personal assistant to a
general officer or head of state.

ajatollah n. <kyk ook groot ajatollah>.
'n Eretitel wat aan die hoogste Sjiïetiese Islamitiese
deskundiges toegeken word wat religieuse
interpretasies in sake van die reg en rituele verskaf.
• *ayatollah* n. <see also grand ayatollah>.
An honorific title given to the highest ranking
Shiite Islamic experts who provide religious
interpretations on matters of law and rituals.

ajatollah-al-uzma → **groot ajatollah**

akademiese vryheid n.
Die reg van 'n persoon in 'n intellektuele
omgewing om kennis na te streef, rede te voer, te
onderrig en navorsing te doen sonder vrees vir
inmenging deur die owerheid of enige ander
persoon of instelling.
• *academic freedom* n.
The right of a person in an intellectual environment
to pursue knowledge, enter into discourse, teach
and conduct research without fear of interference by
the authorities or any other person or institution.

akkommodering n.
Die verwerking van verskille na 'n toestand van
harmonie of instemming, bv om kultuurverskille in
'n grondwet of om politieke verskille in 'n kabinet
te akkommodeer.
• *accommodation* n.
The bringing of differences into harmony or
agreement, eg accommodating cultural differences
in a constitution or accommodating political
differences in a cabinet.

akkoord n.
'n Ooreenkoms of kontrak tussen botsende state of
partye met die doel om 'n geskil te besleg, bv die
Nasionale Vredesakkoord wat in September 1991
deur 27 partye onderteken is om die konflik in
Suid-Afrika te beëindig.
• *accord* n.
An agreement or contract between conflicting states
or parties aimed at settling a dispute, eg the
National Peace Accord signed in September 1991
by 27 parties to end the conflict in South Africa.

akkreditering n.
Die proses waardeur 'n persoon as amptelike
verteenwoordiger van 'n staat by 'n ander staat of
internasionale instelling aangestel word.
• *accreditation* n.
The process by which a person is appointed the
official representative of a state to another state or
international institution.

akkulturasie n.
Die oorname van aspekte van 'n vreemde kultuur
deur 'n individu, groep of gemeenskap.
• *acculturation* n.
The adoption of aspects of a foreign culture by an
individual, group or community.

aksiekomitee n.
'n Groep wat aangestel of verkies is om 'n bepaalde
doel na te streef.
• *action committee* n.
A group appointed or elected to pursue a specific
aim.

aksyns n. (aksynsbelasting).
'n Heffing op sekere plaaslik vervaardigde,
verkoopte of verbruikte goedere, bv sigarette en
spiritualieë.
• *excise* n. (excise-duty, excise tax).
A charge on certain locally manufactured, sold or
consumed goods, eg cigarettes and spirits.

aksynsbelasting → **aksyns**

akteur → **rolspeler**

akte van regte → **handves van regte**

aktiewe maatreëls n.
'n Term wat deur die voormalige USSR gebruik is
vir heimlike operasies wat daarop gemik is om
Sowjetinvloed en -mag in die wêreld uit te brei; dit
sluit disinformasie, beïnvloedingsagente,
binnesypeling van politieke partye, steun vir
kommunistiese frontorganisasies en vervalsings in.

◆ *active measures* n.
A term used by the former USSR to denote clandestine operations aimed at extending Soviet influence and power in the world; they include disinformation, agents of influence, infiltration of political parties, support for communist front organisations and forgeries.

aktivisme n.
Die aktiewe beywering deur individue of groepe om radikale veranderings in die bestaande politieke, maatskaplike en ekonomiese bestel te bewerkstellig of teen te staan.
◆ *activism* n.
The active endeavour by individuals or groups to achieve or oppose radical changes in the existing political, social and economic order.

alarmis → spookopjaer

aldeamento n. <Portugees; mv aldeamentos>.
In die konflik tussen Portugal en Frelimo in Mosambiek van 1964–1974 was die aldeamentos beskermde dorpies waar die plaaslike bevolking onder dwang hervestig is om hulle teen die insurgente te beskerm en om die insurgente 'n steunbasis te ontsê.
◆ *aldeamento* n. <Portuguese; pl aldeamentos>.
In the conflict between Portugal and Frelimo in Mozambique from 1964–1974 the aldeamentos were protected villages to which the local population were forcibly relocated to protect them against the insurgents and to deny the insurgents a support base.

algemeen aanvaarde munisipale rekeningkundige praktyk n. (AAMRP).
'n Stel rekeningkundige riglyne en standaarde wat deur die Suid-Afrikaanse Minister van Finansies gepromulgeer is om doeltreffende en deursigtige rekenpligtigheid deur munisipaliteite te verseker.
◆ *generally accepted municipal accounting practices* n. (GAMAP).
A set of accounting guidelines and standards promulgated by the South African Minister of Finance to ensure effective and transparent accounting by municipalities.

algemene oorlog n.
Gewapende konflik tussen meerdere moondhede saam met hulle bondgenote waarin alle wapens tot die strydendes se beskikking, insluitend kernwapens, gebruik word.
◆ *general war* n.
Armed conflict between major powers plus their allies in which all weapons at the disposal of the belligerents, including nuclear weapons, are used.

Algemene Vergadering n. <Verenigde Nasies> (Verenigde Nasies Algemene Vergadering, VNAV).
Die hoof verteenwoordigende, oorlegplegende en beleidmakende liggaam van die Verenigde Nasies wat uit verteenwoordigers van alle lidstate bestaan.
◆ *General Assembly* n. <United Nations> (United Nations General Assembly, UNGA).
The main representative, deliberative, and policymaking organ of the United Nations which comprises representatives of all member states.

algemene vergadering n.
Die wetgewer in sommige state of samestellende eenhede van 'n staat, bv die tweekamerwetgewers van Virginia en Illinois as deelstate van die VSA.
◆ *general assembly* n.
The legislature in some states or constituent units of a state, eg the bicameral legislatures of Virginia and Illinois as constituent states of the USA.

algemene verkiesing n. <kyk ook nasionale verkiesing; tussenverkiesing>.
'n Prosedure waarin al die stemgeregtigdes in 'n staat deelneem aan die kies van verteenwoordigers om 'n wetgewende vergadering en 'n regering te vorm.
◆ *general election* n. <see also by-election; national election>.
A procedure in which the whole electorate of a state participates in the selection of representatives to form a legislative assembly and a government.

algemene welsyn n.
Die welsyn of belange van almal in 'n samelewing.
◆ *common good* n. (commonweal <rare>).
The welfare or interests of everyone in a given society.

algemene wil n.
1. Jean-Jacques Rousseau: Die kollektiewe besluit van al die mense in 'n staat, wat slegs aangeleenthede in ag neem wat goed vir die samelewing as geheel is en die selfsugtige begeertes van almal uitsluit. 2. Algemene betekenis: Die begeertes, wense of voorkeure van die oorweldigende meerderheid in 'n samelewing.
◆ *general will* n. (volonté générale <French>).
1. Jean-Jacques Rousseau: The collective decision of all the people in a state, taking into consideration only matters that are good for the whole of society and excluding the selfish desires of all. 2. General meaning: The desires, wishes, or preferences of the overwhelming majority in society.

al-Kaïda n.
'n Multinasionale organisasie wat gestig is om Moslems in Afghanistan te help; is deur Osama bin Laden circa 1989 omvorm om die beginsels van Islam te bevorder deur die Moslems van die wêreld te verenig en om nie-Islamitiese regerings teen te staan, veral diegene wat na hulle mening met die sake van oorheersend Moslemstate inmeng.
◆ *al-Qaeda* n. <Arabic>.
A multinational organisation established to assist Muslims in Afghanistan; transformed by Osama bin Laden circa 1989 to promote the principles of Islam by uniting the Muslims of the world and by opposing non-Islamic governments and especially those seen to interfere in the affairs of predominantly Muslim states.

alles-vir-almalparty n. (alles-vir- almal politieke party).
'n Politieke party wat steun uit soveel oorde as moontlik probeer werf.

A

• **catch-all party** n. (catch-all political party)
A political party that tries to elicit support from as many sources as possible.

alles-vir-almal- politieke party → **alles-vir-almalparty**

alliansie n. (bondgenootskap).
Vriendskaplike samewerking, gewoonlik deur 'n ooreenkoms ingestel, van state/politieke partye/groepe tot die bereiking van gemeenskaplike belange en doelstellings.
• **alliance** n.
Friendly cooperation, usually established by an agreement, of states/political parties/groups towards the attainment of common interests and goals.

allochtone grondwet → **uitheemse grondwet**

allochtone konstitusie → **uitheemse grondwet**

alternat n.
Die praktyk in internasionale ooreenkomste om die aangetekende volgorde van die ondertekenende state af te wissel sodat elke ondertekenaar se naam eerste in die aanhef tot sy afskrif verskyn.
• **alternat** n.
The practice in international agreements of alternating the recorded sequence of signatory states so that each signatory is named first in the preamble to its copy.

ambassade n. <kyk ook Hoë Kommissariaat>.
1. 'n Ambassadeur en sy/haar personeel. 2. Die gebou of gedeelte van 'n gebou wat die kantore bevat van 'n diplomatieke missie wat 'n ambassadeur aan die hoof het.
• **embassy** n. <see also High Commission>.
1. An ambassador and his/her entourage collectively. 2. The building or part of a building containing the offices of a diplomatic mission that is headed by an ambassador.

ambassadeur n. <kyk ook Hoë Kommissaris>.
Die hoogste diplomatieke gesant geakkrediteer by 'n staat of internasionale organisasie.
• **ambassador** n. <see also High Commissioner>.
The highest diplomatic envoy accredited to a state or international organisation.

amendement → **wysiging**

Amerikaanse Burgeroorlog n. <1861–1865>.
In die VSA die oorlog tussen die noordelike state en die suidelike state nadat laasgenoemde van die federasie afgeskei het, onder andere as gevolg van die antislawernybeleid van die noordelike state.
• **American Civil War** n. <1861–1865>.
In the USA the war between the northern states and the southern states after the latter seceded from the federation, inter alia because of the anti-slavery policies of the northern states.

Amerikaanse Onafhanklikheidsoorlog → **Amerikaanse Rewolusie**

Amerikaanse Rewolusie n. <1775–1783> (Amerikaanse Onafhanklikheidsoorlog).
Die oorlog van die 13 Amerikaanse kolonies teen Brittanje waardeur onafhanklikheid van die Britse kroon verwerf is.

• **American Revolutionary War** n. <1775–1783> (American War of Independence, American Revolution).
The war of the 13 American colonies against Britain through which independence from the English crown was gained.

amnestie n.
'n Staat se kwytskelding van vervolging en/of straf vir oortredings begaan, veral dié van 'n politieke aard.
• **amnesty** n.
A state's granting of absolution from prosecution and/or punishment for offences committed, especially those of a political nature.

amp n.
1. 'n Gesagsposisie, veral in 'n instelling. 2. 'n Posisie met spesiale pligte of verantwoordelikhede.
• **office** n.
1. A position of authority, especially in an institution. 2. A position with special duties or responsibilities.

amp aanvaar v.
Om die verantwoordelikheid van 'n openbare posisie formeel te aanvaar.
• **assume office** v.
Formally take on the responsibilities of a public position.

amp neerlê v.
Om jou diens in 'n bepaalde hoedanigheid te beëindig.
• **relinquish office** v.
To terminate one's service in a particular capacity.

ampsaanklag n.
'n Aanklag van growwe wangedrag wat teen die bekleër van 'n openbare amp, bv die president van die VSA, ingebring word.
• **impeachment** n.
A charge of gross misconduct brought against the incumbent of a public office, eg the president of the USA.

ampsaanklag instel teen v. (staat van beskuldiging plaas <in 'n>).
Om die bekleër van 'n openbare amp, bv die president van die VSA, aan te kla van growwe wangedrag.
• **impeach** v.
To charge an incumbent of a public office, eg the president of the USA, with gross misconduct.

ampsaanvaarding n.
Die handeling om tot 'n gesagsposisie toe te tree.
• **accession to office** n.
Act of coming into a position of authority.

ampsbekleër n.
'n Persoon wat 'n openbare amp beklee.
• **office bearer** n.
A person holding a position of public office.

ampshalwe adj. (ex officio <Latyn>).
Uit hoofde van die amp wat 'n persoon beklee, bv die staatspresident is ampshalwe die opperbevelvoerder van die weermag.

A

* *ex officio* adj. <Latin>.
By virtue of the office held by a person, eg the state
president being ex officio commander in chief of
the armed forces.

ampsontruiming → **ontruiming van amp**

ampsopbrengs n. (ampsprofyt).
Die voordele wat die bekleër van 'n regerings- of
administratiewe pos toeval.
* *fruits of office* n.
The benefits accruing to the holder of a government
or administrative position.

ampsprofyt → **ampsopbrengs**

ampstermyn n.
Die tydsduur van 'n bepaalde amp, bv 'n periode
van vier jaar waarvoor 'n president verkies word.
* *tenure of office* n.
The duration of a particular office, eg a president
being elected for a period of four years.

ampstermyn n.
Die tydperk wat 'n ampsbekleër in die pos
deurbring of wat vir daardie pos voorgeskryf word.
* *term of office* n.
The length of time that an incumbent spends in the
post or is prescribed for that post.

amptelike geheim n.
Informasie of materiaal wat aan 'n staat behoort en
groot skade aan daardie staat of sy bondgenote sou
berokken as dit aan ongemagtigde ontvangers
oorgedra sou word.
* *official secret* n.
Information or material belonging to a state that
would cause great damage to that state or its allies
if disclosed to unauthorised recipients.

amptelike mededeling → **communiqué**

amptenaarsregering → **burokrasie**

amptenaarstaal n. (departementstaal).
Dikwels obskure, formele taal wat in amptelike
dokumente gebruik word.
* *officialese* n. (departmentalese).
Often obscure, formal language that is used in
official documents.

amptenary → **burokrasie**

amptenary n.
1. 'n Versamelnaam vir amptenare of burokrate.
2. Die gedrag van amptenare wat streng by
amptelike regulasies en prosedures hou.
* *officialdom* n.
1. A collective term for officials or bureaucrats.
2. The behaviour of officials rigidly adhering to
official regulations and procedures.

anachronisties adj. <van anachronisme>.
Misplaas in die konteks van tyd.
* *anachronistic* adj. <from anachronism>.
Out of place in the context of time.

anarg n.
'n Aanstigter van anargie.
* *anarch* n.
An instigator of anarchy.

anargie n.
1. Letterlik die afwesigheid van 'n regering.
2. Algemene sosiale wetteloosheid en wanorde,

gewoonlik as gevolg van die afwesigheid of
mislukking van 'n politieke orde.
* *anarchy* n.
1. Literally an absence of goverment. 2. General
social lawlessness and disorder, usually as a result
of the absence or failure of a political order.

anargis n.
'n Persoon wat die leerstellings van anargisme
aanhang en/of die afskaffing van politieke mag
voorstaan.
* *anarchist* n.
A person adhering to the tenets of anarchism and/or
advocating the abolition of political power.

anargisme n.
'n Ideologie wat ongekwalifiseerde vryheid en
gelykheid beklemtoon, sowel as die geloof in die
vermoë van mense om in 'n samelewingskonteks te
funksioneer sonder om 'n politieke owerheid te
vestig.
* *anarchism* n.
An ideology stressing unqualified liberty and
equality, as well as the belief in the ability of
humans to function in a societal context without
establishing a political authority.

ancien régime n. <Frans> (ou orde).
1. 'n Oudmodiese regering wat 'n nuwe politieke
orde onmiddellik voorafgaan. 2. Die politieke
stelsel voor die Franse rewolusie in 1789, wat
deur rewolusionêre magte omvergewerp is.
* *ancien régime* n. <French>.
1. An outmoded government that immediately
predates a new political system. 2. The political
system prior to the French revolution of 1789
which was overthrown by revolutionary forces.

andersdenkendheid n. (dissidensie).
Uitgesproke nie-instemmigheid met idees en
oortuigings wat amptelik gehuldig word.
* *dissidence* n.
Expressed disagreement with officially held ideas
and beliefs.

anglisering → **verengelsing**

anneksasie n.
Optrede waardeur grondgebied wat aan 'n ander
staat behoort, deel gemaak word van die
grondgebied waaroor die annekserende staat
soewereiniteit uitoefen.
* *annexation* n.
Action through which territory belonging to another
state is made part of the territory over which the
annexing state exercises sovereignty.

anomie n.
'n Gebrek aan sosiale of morele standaarde, letterlik
wetteloosheid.
* *anomie* n. (anomy)
A lack of social or moral standards, literally
lawlessness.

anomiese belangegroep n. <kyk ook
assosiatiewe belangegroep; belangegroep;
institusionele belangegroep; nieassosiatiewe
belangegroep>.
'n Ongeorganiseerde groep individue wat spontaan
rondom 'n kwessie ontstaan; oorspronklik deur
Gabriel Almond en Bingham Powell gedefinieer.

A

• *anomic interest group* n. <see also
associational interest group; institutional
interest group; interest group;
nonassociational interest group>.
An unorganised group of individuals arising
spontaneously around an issue; originally defined
by Gabriel Almond and Bingham Powell.

antagonisme n. (vyandiggesindheid).
Aktiewe teenstand of weerstand tussen twee of
meer entiteite, bv antagonisme tussen twee state.
• *antagonism* n.
Active opposition or resistance between two or
more entities, eg antagonism between two states.

antidiskriminasiewetgewing → **wetgewing
teen diskriminasie**

antigeestelikheid n. (antiklerikalisme).
'n Denkskool wat teen buitengewone invloed of
inmenging van kerklike beamptes in politieke of
staatsaangeleenthede gekant is.
• *anticlericalism* n.
A school of thought opposed to excessive influence
or interference by church officials in political or
state matters.

anti-imperialis n.
'n Persoon wat gekant is teen die uitbuiting van
vreemde state en die uitbreiding van nasionale
belange deur 'n imperiale staat se vestiging van
politieke en ekonomiese hegemonie oor ander state
en grondgebiede.
• *anti-imperialist* n.
A person opposed to the exploitation of foreign
states and the expansion of national interests
through the establishment of political and economic
hegemony by an imperial state over other states and
territories.

antiklerikalisme → **antigeestelikheid**

antikolonialisme n.
Denke en optrede teen die vestiging van beheer oor
vreemde gebiede en die daaropvolgende skepping
en handhawing van onderhorige gebiede deur 'n
koloniale moondheid.
• *anticolonialism* n.
Thinking and actions against establishing control
over foreign territories and the subsequent creation
and maintenance of subject territories by a colonial
power.

anti-Semitisme n.
'n Sosiale houding, denkskool of ideologie wat
mense van die Joodse geloof of etnisiteit vyandig
gesind is.
• *anti-Semitism* n.
A social attitude, school of thought or ideology
hostile to people of the Jewish faith or ethnicity.

antisigeunerisme n.
'n Sosiale houding, denkskool of ideologie wat die
Roma (Sigeuners) vyandig gesind is.
• *antiziganism* n.
A social attitude, school of thought or ideology
hostile to the Roma (Gypsies).

antisykliese maatreëls n.
Handelinge deur regerings en/of sentrale banke om
'n konstante vloei in vraag en aanbod te verseker
ten einde skommelings in die ekonomie van 'n staat
te hanteer.
• *anticyclical measure* n.
Actions taken by governments and/or central banks
to ensure a constant flow in supply and demand in
order to address fluctuations in the economy of a
state.

antroposentrisme → **mensgerigtheid**

ANZUS-verdrag n. (Stille
Oseaan-veiligheidsverdrag).
Verdrag tussen Australië, Nieu-Seeland en die VSA
oor Stille Oseaan-veiligheid, onderteken in 1951.
• *ANZUS Treaty* n. (Pacific Security Treaty).
Pacific Ocean security treaty between Australia,
New Zealand and the USA, signed in 1951.

apartheid n. <Suid-Afrika>, <kyk ook
afsonderlike ontwikkeling>.
'n Politieke ideologie wat op die idee gebaseer is
dat verskillende rasse in 'n staat formeel in die
private sowel as openbare lewe geskei moet word.
Dit het die grondslag van die Nasionale Party se
rassebeleid van 1948–1994 gevorm en is deur
uitgebreide wetgewing afgedwing.
• *apartheid* n. <South Africa>, <see also
separate development>.
A political ideology based on the notion that
different races in a state should formally be
separated in private as well as public life. It formed
the basis of the National Party's racial policies from
1948–1994 and was enforced through extensive
legislation.

apolities adj.
Die afwesigheid van enige betrokkenheid, of selfs
belangstelling, in die politiek deur 'n individu of
groep.
• *apolitical* adj.
The absence of any involvement, or even interest,
in politics by an individual or group.

apostoliese afgevaardigde n. <kyk ook
Apostoliese Nuntius>.
1. De facto-gesant van die Heilige Stoel na 'n staat
wat nie volle en vaste diplomatieke verhoudinge
met die Heilige Stoel het nie. 2. 'n Kerklike
verteenwoordiger van die Heilige Stoel by die
Katolieke hiërargie van 'n ander staat.
• *apostolic delegate* n. <see also Apostolic
Nuncio>.
1. De facto envoy from the Holy See to a state that
has no full or regular diplomatic relations with the
Holy See. 2. An ecclesiastical representative of the
Holy See to the Catholic hierarchy of another state.

apostoliese afvaardiging n.
Permanente verteenwoordiging van die Heilige
Stoel in 'n staat waarmee hy nie formele
diplomatieke betrekkinge het nie.
• *apostolic delegation* n.
Permanent representation of the Holy See in a state
with whom it does not have formal diplomatic
relations.

A

Apostoliese Nuntius n. <kyk ook apostoliese afgevaardigde>.
Die amptelike titel van 'n diplomatieke missie van die Heilige Stoel (die Vatikaan).
• **Apostolic Nuncio** n. <see also apostolic delegate>.
The official title of the head of a diplomatic mission of the Holy See (the Vatican).

Arabies-Afrika n. <kyk ook Engelssprekende Afrika; Franssprekende Afrika; Portugeessprekende Afrika; Swart Afrika>.
State, hoofsaaklik in Noord-Afrika, waar die bevolking oorwegend Arabiessprekend is.
• **Arab Africa** n. <see also Anglophone Africa; Black Africa; Francophone Africa; Lusophone Africa>.
States mainly in North Africa in which the population is predominantly Arabic-speaking.

arbeidsmag n.
Die somtotaal van die beskikbare werkers.
• **labour force** n. (work force).
The sum total of the available workers.

arbeidsverhoudinge n.
Die wisselwerking tussen die regering, vakbonde, werkers en werkgewers.
• **labour relations** n.
The interaction between government, labour unions, workers and employers.

arbitrasie n.
Die oplossing of skikking van 'n geskil deur 'n finale en bindende besluit van aangewysde neutrale persone op wie die partye in die geskil ooreengekom het.
• **arbitration** n.
The resolution or settlement of a dispute by a final and binding decision made by designated neutral persons agreed to by the parties in the dispute.

-argie.
Heerskappy deur . . .
• **-archy.**
Rule by . . .

aristokrasie n.
'n Sosiale stand wat oorgeërfde of verworwe status verkry het en hom bo aan die standestruktuur plaas.
• **aristocracy** n.
A social estate that has obtained inherited or acquired status and puts itself at the top of the structure of estates.

armageddonis n.
'n Christenfundamentalis wat doelbewus die einde van die wêreld bevorder ten einde die Bybel se profesie te vervul.
• **armageddonist** n.
A Christian fundamentalist who deliberately promotes the end of the world in order to fulfil Biblical prophecy.

armoedekringloop n.
'n Herhalende opeenvolging van gebeure waarin armoede lei tot verdere armoede in plaas van opheffing, vanweë die tussenkoms van faktore buite die beheer van die betrokke persone. Die kringloop is geneig om tussen generasies voortgesit te word.

• **poverty cycle** n. (cycle of poverty).
A recurring sequence of events in which poverty leads to further poverty instead of upliftment, due to the intervention of factors outside the control of the persons concerned. The cycle tends to be intergenerational.

arsenaal n.
1. 'n Fasiliteit vir die bewaring van wapens en ammunisie. 2. Die totaal van 'n weermag se wapentuig.
• **arsenal** n.
1. A facility for the storage of arms and ammunition. 2. The total armament of armed forces.

Asiatiese Tiere n.
Die Oos-Asiatiese ekonomieë van Singapoer, Hong Kong, Suid-Korea en Taiwan wat deur 'n hoë ekonomiese groeikoers veral tussen die 1960's en 1990's gekenmerk is. Soms ook die Asiatiese drake genoem.
• **Asian Tigers** n.
The East Asian economies of Singapore, Hong Kong, South-Korea and Taiwan characterised by a high economic growth rate particularly between the 1960s and 1990s. Also sometimes referred to as Asian dragons.

asielsoeker n.
'n Persoon wat om vlugtelingstatus in 'n ander staat aansoek doen.
• **asylum-seeker** n.
A person seeking refugee status in another state.

asimmetriese oorlogvoering n.
'n Soort oorlogvoering waarin die ongelyke hulpbronne van twee oorlogvoerendes die trompop gevegte van konvensionele militêre veldtogte verhoed en aanleiding gee tot operasies deur ongelyksoortige magte wat dikwels onkonvensionele middele aanwend om die kenmerkende swakhede van hulle teenstanders uit te buit. Guerillaoorlogvoering is 'n voorbeeld van asimmetriese oorlogvoering.
• **asymmetric warfare** n. (asymmetrical warfare).
A form of warfare in which the unequal resources of two belligerents prevent the head-on battles of conventional military campaigns and lead to operations by disparate forces often employing unconventional means to exploit the characteristic weaknesses of their opponents. Guerrilla warfare is an example of asymmetric warfare.

Asjkenasim n. <Hebreeus; ekv Asjkenasi; kyk ook Beta-Israel; Misrahim; Sefardim>.
Jode van Sentraal-, Oos- en Noord-Europa.
• **Ashkenazim** n. <Hebrew; sing Ashkenazi; see also Beta Israel; Mizrahim; Sephardim>.
Jews of central, eastern and northern Europe.

askari n.
1. 'n ANC-aktivis wat gedurende die vryheidstryd (1960–1990) deur die veiligheidsmagte gewerf en teen sy/haar voormalige kamerade gebruik is. 2. 'n Afrikaan wat deur 'n koloniale moondheid, veral in Oos-Afrika, gewerf is om as soldaat of polisiebeampte op te tree.

A

• *askari* n.
1. An ANC activist recruited by the security forces during the freedom struggle (1960–1990) and used against his/her former comrades. 2. An African recruited by a colonial power, mostly in East Africa, to act as a soldier or police officer.

assimilasie n.
Die absorbering van persone in 'n groep waardeur die kulturele kenmerke van die groep aangeneem word.
• *assimilation* n.
The absorption of persons into a group by which the cultural characteristics of the group are adopted.

assosiaatstaat n. (geassosieerde staat).
Die mindere vennoot in 'n formele verhouding met 'n ander staat, waarin die assosiaatstaat volle gesag oor sy eie sake behou maar tipies aangeleenthede soos buitelandse beleid en verdediging aan die ander staat delegeer in ruil vir bepaalde sosiale, ekonomiese of militêre voordele.
• *associated state* n.
The minor partner in a formal relationship with another state, in which the associated state retains full authority over its own affairs but typically delegates matters such as foreign affairs and defence to the other state in exchange for certain social, economic or military advantages.

assosiatiewe belangegroep n. <kyk ook anomiese belangegroep; belangegroep; institusionele belangegroep; nieassosiatiewe belangegroep>.
'n Groep wat op 'n permanente grondslag georganiseer is met die uitdruklike doel om die belange, waardes en opvattings van sy lede te artikuleer en bevorder, bv vakbonde en Gun Free South Africa.
• *associational interest group* n. <see also anomic interest group; institutional interest group; interest group; nonassociational interest group>.
An interest group that is organised on a permanent basis with the explicit purpose of articulating and promoting the interests, values and beliefs of its members, eg trade unions and Gun Free South Africa.

atavisme n.
Terugval na 'n primitiewe of vroeëre eienskap of tipe gedrag.
• *atavism* n.
Reversion to a primitive or earlier characteristic or type of behaviour.

atomisering n.
Die algehele individualisering van 'n samelewing as gevolg van politieke diversiteit, in teenstelling met sosiale kohesie.
• *atomisation* n.
The complete individualisation of a society as a consequence of political diversity, as opposed to social cohesion.

attaché n.
'n Lid van 'n buitelandse missie wat 'n bepaalde funksionele aspek van betrekkinge tussen die missie en die gasheerstaat behartig, bv 'n militêre attaché of kulturele attaché.
• *attaché* n.
A member of a foreign mission who performs a specific functional aspect of relations between the mission and the host state, eg a military attaché, cultural attaché.

AU → **Afrika-unie**

audi alteram partem n. <Latyn>.
Hoor ook die ander kant aan; regsbeginsel dat elke party die volle geleentheid moet hê om sy saak te stel.
• *audi alteram partem* n. <Latin>.
Also hear the other side; legal principle that each party must have the full opportunity of stating its case.

Bb

baan-een-diplomasie n.
Diplomatieke optrede deur state of internasionale organisasies wat tot vertrouebou en konflikoplossing bydra.
♦ *track one diplomacy* n.
Diplomatic actions by states or international organisations contributing to confidence building and conflict resolution.

baan-twee-diplomasie n.
Optrede op substaatvlak, tipies deur gesiene persone en NRO's, wat tot vertrouebou en konflikoplossing bydra.
♦ *track two diplomacy* n.
Actions at substate level, typically by esteemed persons and NGOs, contributing to confidence building and conflict resolution.

bakhandstaat n.
'n Staat in 'n situasie waar sy hulpbronne so ontoereikend is dat hy verplig word om hom na ander instellings of state te wend vir hulp om 'n sinvolle bestaan te verwesenlik.
♦ *basket state* n.
A state in a situation where its resources are so inadequate that it is compelled to look to other institutions or states for assistance towards a meaningful existence.

balie van die huis n.
'n Reling of streep wat die grenslyn in 'n huis van die parlement afmerk waar nielede nie verby mag beweeg nie.
♦ *bar of the house* n.
A rail or line demarcating the boundary in a house of parliament beyond which nonmembers may not pass.

balkanisering n.
Die fragmentering van 'n groter grondgebied in kleiner en gewoonlik mededingende grondgebiede.
♦ *balkanisation* n.
The fragmentation of a larger territory into smaller and usually competing territories.

Balkanstate n.
State wat in die Balkanskiereiland in Suidoos-Europa geleë is, soos Albanië, Bosnië, Kroasië, Masedonië, Kosovo, Serwië, Slowenië en soms Europees-Turkye.
♦ *Balkan states* n.
States situated in the Balkan peninsula in South Eastern Europe, such as Albania, Bosnia, Croatia, Macedonia, Kosovo, Serbia, Slovenia and sometimes European Turkey.

balling n. (banneling).
'n Persoon wat van een plek na 'n ander verban is.
♦ *exile* n.
A person banished from one place to another.

ballingregering → **regering in ballingskap**

ballistiese missiel n. <kyk ook geleide missiel; kruismissiel>.
'n Missiel wat nie aërodinamiese oppervlakke vir leiding benut nie en wat 'n paraboliese baan na sy teiken volg.
♦ *ballistic missile* n. <see also cruise missile; guided missile>.
A missile that does not utilise aerodynamic surfaces for guidance and follows a parabolic trajectory to its target.

bamboesgordyn n.
Die selfopgelegde isolasie van die kommunistiese Volksrepubliek van China, analoog aan die ystergordyn van die USSR ca 1949–1989.
♦ *bamboo curtain* n.
The self-imposed isolation of the communist People's Republic of China, analogous to the iron curtain of the USSR ca 1949–1989.

ban n.
In die feodale stelsel 'n oproep van die koning se leenmanne vir militêre diens.
♦ *ban* n.
In the feudal system a call-up of the king's vassals for military service.

banneling → **balling**

bantoestan n.
'n Negatiewe verwysing na tradisionele swart stamgebiede wat in die apartheidsera deur die Nasionale Party-regering as 'Bantoetuislande' aangewys is.
♦ *bantustan* n.
A negative reference to traditional black tribal areas designated by the National Party government as 'Bantu homelands' during the apartheid era.

barrikade → **versperring**

barrikeer → **versper**

barrio n. <Spaans>.
1. 'n Dorpie of onderverdeling van 'n munisipaliteit in 'n Spaanssprekende staat. 2. Die Spaanssprekende kwartier van 'n stad of dorp in die VSA.
♦ *barrio* n. <Spanish>.
1. A village or subdivision of a municipality in a Spanish-speaking state. 2. The Spanish-speaking quarter of a city or town in the USA.

basiese behoeftes n.
Dit waarsonder mense, individueel of in groepsverband, nie sinvol kan lewe nie.
♦ *basic needs* n.
That without which people, individually or in group context, cannot live meaningfully.

basiese menslike behoeftes n.
Fundamentele middele om menslike lewe in stand te hou, soos water, kos en blyplek.

basic human needs n.
Fundamental requirements to sustain human life,
such as water, food and shelter.

basiese reg n. (grondreg).
'n Fundamentele aanspraak waarsonder menslike
voortbestaan bemoeilik word, bv die reg op lewe.
+ **basic right** n.
A fundamental claim without which human
existence becomes difficult, eg the right to life.

BDI → **buitelandse direkte investering**

bedanking n.
'n Formele kennisgewing van voorneme om 'n pos
te verlaat of die handeling om die pos te verlaat.
+ **resignation** n.
A formal notification of the intention to leave a post
or the act of leaving the post.

bedek → **kovert**

bedekte insameling n. (koverte insameling).
Die heimlike verkryging van informasie vir
inligtingsdoeleindes.
+ **covert collection** n.
The clandestine procurement if information for
intelligence purposes.

beding v.
Om verskillende eise en posisies te onderhandel ten
einde 'n uitslag te bereik waaroor al die
belanghebbendes kan saamstem.
+ **bargain** v.
To negotiate different demands and positions in
order to reach an outcome to which all stakeholders
may agree.

bedorwe stembrief n. <kyk ook ongeldige
stem>.
'n Stembrief wat per abuis of doelbewus verkeerd
deur 'n kieser ingevul word en gevolglik ongeldig
is, wat beteken dat dit nie in die stemtotaal ingesluit
word nie.
+ **spoilt ballot** n. <see also invalid vote>.
A ballot that is erroneously or deliberately tarnished
by a voter and is consequently invalid, meaning that
it is not included in the vote count.

bedreiging n.
'n Aanduiding van naderende gevaar of skade.
+ **threat** n.
An indication of approaching danger or harm.

bedreigingspersepsie n.
Die owerheid se taksering van aanduidings van
naderende gevaar of skade.
+ **threat perception** n.
The assessment by the authorities of indications of
imminent danger or harm.

beëdigde taksateur → **beëdigde waardeerder**

beëdigde verklaring n.
'n Verklaring onder eed oor gebeure waarvan die
persoon wat die stelling maak persoonlik kennis
dra.
+ **affidavit** n. (sworn statement).
A statement under oath regarding events of which
the person making the assertion has personal
knowledge.

beëdigde waardeerder n. (beëdigde taksateur).
'n Persoon wat die geldwaarde van eiendom na
waarde skat, gewoonlik vir belastingdoeleindes en
wie se waardering regtens bindend is.
+ **sworn appraiser** n.
A person who assesses the monetary value of
property, usually for taxation purposes, and whose
valuation is legally binding.

beeldpoetser → **feitepoetser**

beginsels van oorlog n.
Die norme wat bepaal hoe oorloë gewen word, en
wat deur alle weermagte ontleed en ingeoefen word.
Hieronder val verrassing, beweeglikheid en
konsentrasie van mag.
+ **principles of war** n.
The norms that determine how wars are won, and
which are analysed and practised by all armed
forces. Among these are surprise, mobility and
concentration of force.

begroting n.
'n Dokument wat 'n jaarlikse raming van inkomste
en uitgawes bevat.
+ **budget** n.
A document containing a yearly estimate of revenue
and expenditure.

begrotingsbeheer n.
Die gebruik van begrotings om 'n instelling se
bedryf te beheer en 'n grondslag vir verstellings te
verskaf ten einde die vereiste resultate te bereik.
+ **budget control** n.
The use of budgets to control an institution's
operations and provide a basis for adjustments in
order to achieve the required results.

begrotingsdebat n.
'n Bespreking in 'n wetgewende vergadering van
die algemene begroting van 'n staat of die
begrotingsportefeulje van 'n minister.
+ **budget debate** n.
A discussion in a legislative assembly regarding the
general budget of a state or the budget portfolio of
a minister.

begrotingsiklus v.
Die gereelde herhaling van praktyke en prosesse
wat in die opstel van 'n staat se finansiële plan
betrokke is.
+ **budget cycle** n.
The regular recurrence of practices and processes
involved in drawing up a state's financial plan.

begrotingsjaar n. <kyk ook finansiële jaar>
(fiskale jaar).
In staatsfinansies die eenvormige tydperk tussen een
jaarlikse balansering van finansiële rekeninge en die
volgende.
+ **fiscal year** n. <see also financial year>.
In state finances the uniform period between one
annual balancing of financial accounts and the next.

begrotingsrede n.
Die toespraak van 'n minister van finansies aan 'n
wetgewende vergadering waarin hy die regering se
raming van uitgawes en inkomstebronne uiteensit.

♦ *budget speech* n.

The address of a minister of finance to a legislative assembly in which he sets out the government's estimates of expenditure and sources of revenue.

begrotingstekort n.

Die bedrag waarmee die begrotingsuitgawe die beskikbare inkomste oorskry.

♦ *budget deficit* n.

The amount by which the budget's expenditure exceeds the available income.

begunstiging n.

Die praktyk waardeur persone wat hoë regeringsampte beklee stoflike voordele uitdeel aan volgelinge in wie hulle vertroue het, soos ambassadeurskappe, regeringstoelaes aan lede van die kieserspubliek en staatskontrakte aan skenkers.

♦ *patronage* n.

The practice whereby persons in high government office hand out material gains to trusted followers, such as ambassadorships, government grants to constituents and state contracts to donors.

behavioralisme n.

'n Benadering in die politieke vakgebied wat op die wetenskaplike studie van menslike gedrag fokus.

♦ *behaviouralism* n. (behavioralism).

An approach in the discipline of politics that focuses on the scientific study of human behaviour.

beheerde bron n.

'n Bron waaroor 'n inligtingsdiens beheer uitoefen, bv fotografiese verkenning.

♦ *controlled source* n.

A source over which an intelligence service excercises control, eg photographic reconnaissance.

beheerkomitee n.

'n Groep mense wat verkies of aangestel is om die sake van 'n instelling te bestuur.

♦ *governing committee* n.

A group of people elected or appointed to manage the affairs of an institution.

beheerraad n.

'n Groep mense wat verkies of aangestel is om in 'n administratiewe, wetgewende of raadgewende hoedanigheid beheer uit te oefen.

♦ *governing council* n.

A group of people elected or appointed to exercise control in an administrative, legislative or advisory capacity.

behoorlike prosedure n.

Regsprosedures wat bedoel is om die regte en vryhede van individue te beskerm; bv 'n persoon wat van 'n misdaad beskuldig word, moet in 'n geregshof aangekla word en die geleentheid gegun word om sy/haar verdediging aan te bied en regsverteenwoordiging te hê.

♦ *due process* n.

Legal procedures intended to protect the rights and liberties of individuals, eg a person accused of a crime has to be charged in a court of law and afforded the opportunity of presenting a defence and having legal representation.

behuisingsbeleid n.

Riglyne wat ontwerp is om skuiling en akkommodasie aan mense te verskaf.

♦ *housing policy* n.

Guidelines designed to provide shelter and accommodation to people.

behuisingsowerheid n.

'n Regeringsinstelling wat met die voorsiening van behuising, akkommodasie of skuiling belas is.

♦ *housing authority* n.

A government institution tasked with the provision of housing, accommodation or shelter.

beïnvloedingsagent n.

'n Persoon in 'n ander staat wat, wetend of onwetend, deur 'n inligtingsdiens gebruik word om die openbare mening in daardie staat ten gunste van die tuisstaat se belange te beïnvloed.

♦ *agent of influence* n.

A person in another state who, wittingly or unwittingly, is used by an intelligence service to influence public opinion in that state in favour of the interests of the home state.

bejaarde bevolking n.

'n Bevolking wat uit 'n relatief hoë verhouding van middeljarige en ouer persone bestaan.

♦ *aged population* n.

A population consisting of a relatively high ratio of middle-aged and older persons.

bekragtig v. (ratifiseer).

Om 'n ooreenkoms of handeling geldig te maak deur dit formeel goed te keur.

♦ *ratify* v.

To make an agreement or act valid by formally approving it.

bekragtiging van wetsontwerp n.

Die geskrewe goedkeuring van 'n wet wat alreeds deur 'n bevoegde wetgewer aanvaar is, deur middel van die handtekening van die staatshoof.

♦ *assent to bill* n.

The written approval by signature of the head of state of a law already accepted by a competent legislature.

belangeartikulasie n.

In struktureel funksionele teorie, veral dié van Gabriel Almond en Bingham Powell, die aksie waardeur georganiseerde sosiale groepe hulle wense en vrese aan politieke besluitnemers oordra.

♦ *articulation of interests* n.

In structural functional theory, especially that of Gabriel Almond and Bingham Powell, the action by which organised social groups express their concerns and apprehensions to political decision makers.

belangegebied n.

'n Gebied waarin 'n staat sy belange handhaaf en dit teen bedreigings beskerm.

♦ *area of interest* n.

An area in which a state maintains its interests and protects it againt threats.

belangegroep n. <kyk ook assosiatiewe belangegroep>.

'n Gewoonlik formeel georganiseerde versameling mense wat gemeenskaplike karaktertrekke, houdings, oortuigings en doelwitte het en wat openbare beleid probeer beïnvloed om hulle doelstellings te bereik.

B

+ *interest group* n. <see also associational interest groups>.

A usually formally organised set of people who share common traits, attitudes, beliefs and objectives and try to influence public policy to meet their goals.

belangesfeer n.
Daardie deel van die wêreld waar gebeure betrekking het op die veiligheid of welvaart van 'n staat.
+ *sphere of interest* n.
That part of the world in which events have a bearing on the security or prosperity of a state.

belanghebbende party n.
'n Groep of persoon wat groot belangstelling in of besorgdheid oor 'n bepaalde saak toon.
+ *interested party* n.
A group or person who shows great interest or concern in a specific issue.

belasbare eiendom n.
Vaste eiendom waarop 'n waarde geplaas kan word om belasting te kan bereken.
+ *ratable property* n. (rateable property).
Fixed property on which a value can be placed for the purpose of calculating taxation.

belastingbasis n.
Die getal persone en instellings wat belastingpligtig is.
+ *tax base* n.
The number of persons and institutions that are liable to pay tax.

belastingbetaler n. <plaaslike regering>.
'n Persoon of entiteit wat verplig is om belasting aan 'n plaaslike owerheid te betaal.
+ *ratepayer* n. <local government>.
A person or entity who is obliged to pay tax to a local authority.

belastingbetaler n.
'n Regspersoon wat 'n verpligte finansiële bydrae maak soos deur 'n staat gehef om inkomste in te win.
+ *taxpayer* n.
A legal entity making a compulsory financial contribution as imposed by a state to raise revenue.

belastingbetalersvereniging n.
'n Georganiseerde entiteit wat die belange beskerm van diegene wat plaaslike belasting betaal.
+ *ratepayers' association* n.
An organised entity protecting the interests of those who pay local taxes.

belastinginkomste n.
Die inkomste wat deur die betaling van belasting opgewek word.
+ *tax revenue* n.
The income generated by the payment of taxes.

belastingkoers n.
Die gedeelte van 'n valuta-eenheid of inkomstekategorie, dikwels uitgedruk as 'n persentasie van die eenheid of kategorie, wat gebruik word om die verskuldigde belastingbedrag te bepaal.

+ *rate of taxation* n.
The portion of a unit of currency or an income category, often expressed as a percentage of the unit or the category, used to calculate the amount of tax to be paid.

belastingontduiking n.
Onwettige metodes om belastingbetalings te vermy wat in werklikheid verskuldig is.
+ *tax evasion* n. (tax dodging).
Illegal methods of avoiding tax payments that are in fact due.

belastingvermyding n.
Wettige maatreëls om belastingbetalings tot die minimum te verminder.
+ *tax avoidance* n.
Lawful measures to reduce tax payments to the minimum.

beleid n. (beleidsrigting).
Oorhoofse riglyne oor 'n gegewe onderwerp wat algemene doelstellings en gewenste prosedures bevat met die doel om huidige en toekomstige besluite en aksies te rig en te bepaal.
+ *policy* n.
Overall guidelines on a given subject containing general goals and desired procedures, intended to guide and direct present and future decisions and actions.

beleidmaker n.
In die openbare sektor is dit 'n persoon of groep verantwoordelik vir die formulering van die doelwitte van 'n staatsinstelling en die riglyne om dit te bereik.
+ *policy maker* n.
In the public sector a person or group responsible for formulating the objectives of a state institution and guidelines for attaining them.

beleidmaking n.
Die formulering van oogmerke en beginsels as gids vir handelwyses.
+ *policy making* n.
Formulating goals and principles as a guide to courses of action.

beleidsbesluit n.
'n Bepaling wat ingevolge tersaaklike beleid gemaak is.
+ *policy decision* n.
A determination made in terms of relevant policy.

beleidsformulering n.
In die openbare sektor is dit die opstelling van sowel 'n reeks doelwitte wat 'n staatsinstelling beoog om te bereik as die riglyne om dit te verwesenlik.
+ *policy formulation* n.
In the public sector, constructing a series of objectives that a government institution aims to reach, as well as guidelines to achieve them.

beleidsimplementering n. (implementering van beleid, inwerkingstelling van beleid).
Optrede om uitvoering aan beleid te gee.
+ *policy implementation* n.
Actions to put policy into effect.

beleidsraamwerk n.
Die idees en beginsels wat die konteks verskaf waarbinne 'n beleid geformuleer word.
• *policy framework* n.
The ideas and principles providing the context in which a policy is formulated.

beleidsrigting → **beleid**

bemagtig v.
Om met gesag en hulpbronne te beklee.
• *empower* v.
To provide with authority and resources.

bemagtiging n.
Die verspreiding van mag na voorheen ontmagtigde sektore van die samelewing.
• *empowerment* n.
The distribution of power to previously disempowered sectors of society.

bemagtigingswetgewing n.
Wette wat vir bekleding met mag en gesag voorsiening maak.
• *empowering legislation* n.
Laws allowing for the provision of power and authority.

bemiddelaar n. <kyk ook eerlike makelaar>.
Iemand wat in 'n geskil tussenby tree en poog om die partye te help om tot 'n onderling aanvaarbare oplossing te kom.
• *mediator* n. <see also honest broker>.
One who intercedes in a dispute and endeavours to assist the parties to arrive at a mutually acceptable solution.

benadeeldes n. <die benadeeldes> (agtergeblewenes <die agtergeblewenes; af te keur>).
Mense wat nie op gelyke voet met ander kan meeding of gelyke geleenthede geniet nie, gewoonlik weens vooraf bestaande faktore soos maatskaplike en politieke diskriminasie.
• *disadvantaged* n. <the disadvantaged>.
People who cannot compete equally with others or enjoy equal opportunities, usually as a result of pre-existing factors such as social and political discrimination.

bepaling van vlugtelingstatus
→ **vlugtelingstatusbepaling**

bereg v.
Om 'n saak verstandig aan te hoor, te verhoor en uitspraak te gee deur die tersaaklike regsbepalings toe te pas.
• *adjudicate* v.
To hear, try and determine a case sensibly by applying the relevant law.

Berlynse Konferensie n.
'n Internasionale konferensie wat in 1884–1885 in Berlyn gehou is om die Europese kolonisering van Afrika te reguleer. Die verdeling van Afrika tussen die Europese moondhede was 'n besonder belangrike uitkoms.
• *Berlin Conference* n.
An international conference held in Berlin in 1884–1885 to regulate the European colonisation of

Africa. The partitioning of Africa among European powers was a particularly important outcome.

Berlynse Muur n.
'n Betonmuur wat Oos- en Wes-Berlyn van 1961 tot 1989 verdeel het; dit is opgerig en bewaak om ongemagtigde beweging tussen die twee sones te verhoed.
• *Berlin Wall* n.
A concrete wall dividing East and West Berlin from 1961 to 1989, erected and guarded to prevent unauthorised movement between the two zones

besetstaking → **besettingstaking**

besette gebied n.
Gebied onder die effektiewe beheer van die gewapende magte van 'n vreemde staat.
• *occupied territory* n.
Territory under the effective control of the armed forces of a foreign state.

besettingsmag n.
'n Oorlogvoerende gewapende mag wat gesag en effektiewe beheer oor 'n grondgebied wat aan 'n ander staat behoort, uitoefen.
• *occupation force* n.
A belligerent armed force exercising authority and effective control over a land area belonging to another state.

besettingstaking n. (besetstaking).
Nywerheidsaksie waarin werkers weier om hulle werkplek te verlaat totdat daar aan hulle eise gehoor gegee word of daar op onderhandelinge ooreengekom word.
• *sit-down strike* n. (sit-in strike).
Industrial action in which workers refuse to leave their place of work until their demands are met or negotiations are agreed to.

beskermingsbepaling n.
'n Beskermende bepaling, bv in 'n verdrag.
• *safeguard* n.
A protective stipulation, eg in a treaty.

beskermingsdienste n.
Instellings wat persone en eiendom teen kwaad beskerm. Hierdie diens kan deur die openbare sektor gelewer word, uit belastinginkomste befonds, of deur die privaat sektor, teen betaling deur die kliënt. Voorbeelde is die polisie, brandweer en sekerheidsmaatskappye.
• *protective services* n.
Institutions that guard persons and property against harm. This service can be from the public sector, funded by tax revenue, or from the private sector, against payment by the customer. Examples are the police, fire brigade and security companies.

beslissende stem n.
Die stem van 'n voorsittende beampte in 'n vergadering of komitee wat gebruik word om 'n staking van stemme op te los.
• *casting vote* n. (deciding vote).
The vote of a presiding officer in an assembly or committee used to break a tie.

besluitneming n.
Die proses om tot 'n besluit te kom.

B

* *decision-making* n.
The process of reaching a decision.

besprekingsdokument n. (gespreksdokument).
'n Geskrif wat idees en tentatiewe voorstelle
uiteensit as 'n grondslag vir 'n proses van
oorlegpleging en onderhandeling.
* *discussion document* n.
A paper setting out ideas and tentative proposals as
a foundation for a process of consultation and
negotiation.

bestaansbeveiliging n.
Voorsiening van maatskaplike voordele soos
bydraes deur werkgewers en werknemers, mediese
dienste, werkloosheidsvoordele en pensioene, kan
deur die regering en/of werkgewer befonds word.
* *social security* n.
Provision of social benefits such as contributions by
employers and employees, medical services,
unemployment benefits and pensions which can be
funded by government and/or employers.

bestaansminimum n.
Die mees basiese middele en omstandighede wat
nodig is om lewe te onderhou.
* *subsistence minimum* n.
The most basic means and conditions required to
support life.

bestaansvlak n.
Lewenstandaard wat skaars lewe onderhou.
* *subsistence level* n.
Standard of living that barely supports life.

bestuur n.
Die komponent individue in 'n organisasie waar
uitvoerende verantwoordelikhede setel.
* *executive* n.
The component of individuals in an organisation
where executive responsibilities are vested.

bestuurskomitee n.
'n Groep persone wat verkies of aangestel is om 'n
besondere taak of projek te administreer.
* *management committee* n.
A group of persons elected or appointed to
administer a particular task or project.

Beta-Israel n. <kyk ook Asjkenasim; Misrahim;
Sefardim> (Falasja <pejoratief>).
Jode van Ethiopiese herkoms. Soms pejoratief na
verwys as Falasjas.
* *Beta Israel* n. <see also Ashkenazim;
Mizrahim; Sephardim> (Falasha
<pejorative>).
Jews of Ethiopian origin. Sometimes pejoratively
referred to as Falashas.

betalingsbalans n.
'n Finansiële opsomming van alle transaksies tussen
'n staat en sy buitelandse handelsvennote gedurende
'n gespesifiseerde periode, wat gewoonlik
kwartaalliks of jaarliks saamgestel word.
* *balance of payments* n.
A financial summary of all transactions between a
state and its foreign trading partners during a
specified period, usually compiled quarterly or
annually.

beteikende verkryging n. (BV).
Voorkeur openbare aankope van aangewese groepe
of kontrakteurs, dikwels sonder formele
tenderprosedures, ten einde beleidsdoelwitte te
bereik.
* *targeted procurement* n. (TP).
Preferential public purchasing from designated
groups or contractors, often without formal tender
procedures, in order to achieve policy objectives.

betoging n. (demonstrasie).
'n Openbare manifestasie van steun vir 'n saak, of
ter uiting van griewe.
* *demonstration* n.
A public manifestation of support for a cause, or to
air grievances.

betoog v. (demonstreer).
In die openbaar aan 'n gevoel uiting gee, dikwels in
die vorm van 'n optog en massavergadering, ten
einde solidariteit en steun vir 'n bepaalde saak te
toon.
* *demonstrate* v.
Publicly manifesting a feeling, often in the form of
a procession and mass meeting showing solidarity
and support for a particular cause.

betooggroep → **proteswag**

betooggroeplinie → **proteswaglinie**

betooglinie → **proteswaglinie**

bevelspos n.
'n Hoofkwartier waar die bevelvoerder en sy/haar
staf operasionele aktiwiteite beheer.
* *command post* n.
A headquarters where the commander and his/her
staff control their operational activities.

bevoegdheid n. <reg>.
Gesag of vermoë wat uit hoofde van 'n amp wat
beklee word in 'n persoon setel om sake af te
handel, te regeer en finale besluite te neem.
* *powers* n. <law>.
Authority or capacity vested in a person by virtue
of an office held to despatch business, to govern
and make final decisions.

bevoegdheid om na goeddunke te handel
→ **carte blanche**

bevolkingsdigtheid n.
Die getal persone per eenheid van gebied, bv per
km^2.
* *population density* n.
The number of people per unit of area, eg per km^2.

bevolkingsgroep n.
'n Segment van die algemene bevolking wat aan
die hand van een of ander maatstaf, bv kultuur, as
'n kollektiewe eenheid gesien word. Onder
apartheid in Suid-Afrika is die bevolking op grond
van kleur en kultuur in bevolkingsgroepe ingedeel.
* *population group* n.
A segment of the general population considered as
a collective unit on the basis of some yardstick, eg
culture. Under apartheid in South Africa the
population was classified into population groups on
the basis of colour and culture.

bevolkingsontploffing n.
Die onbeheerde snel toename van 'n bevolking.

⁘ *population* *explosion* n.
The uncontrolled rapid increase of a population.

bevolkingsoordrag n.
'n Vorm van migrasie wat die gedwonge verskuiwing behels van 'n groot aantal mense van een gebied na 'n ander ingevolge 'n samehangende beleid om politieke doeleindes te verwesenlik, bv die uitsetting van Duitsers uit Oos-Europa na die Tweede Wêreldoorlog.
⁘ *population* *transfer* n.
A form of migration involving the forced movement of a large number of people from one area to another in terms of a coherent policy to achieve political ends, eg the expulsion of Germans from Eastern Europe after World War II.

bevolkingsregister n.
'n Amptelike rekord van die persoonlike besonderhede van die lede van die bevolking.
⁘ *population* *register* n.
An official record of the personal details of the members of the population.

bevolkingsruiling n.
Die nagenoeg gelyktydige verplasing van twee bevolkings in teenoorgestelde rigtings, soos tydens die verdeling van Indië en Pakistan in 1947.
⁘ *population* *exchange* n.
The more or less simultaneous transfer of two populations in opposite directions, such as occurred during the partition of India and Pakistan in 1947.

bevolkingstudie → **demografie**

bevolkingsverhouding n.
Die getal mense in 'n bepaalde groep uitgedruk in verhouding tot die getal mense in die algemene bevolking.
⁘ *population* *ratio* n.
The number of people in a specified group expressed in proportion to the number of people in the general population.

bevolkingsverwydering n.
Die handeling om die mense wat 'n gebied, streek of staat bewoon, in 'n ander gebied, streek of staat te hervestig.
⁘ *population* *removal* n.
The act of relocating the people who inhabit an area, region or state to a different area, region or state.

bevoorradingskip n. (voorradeskip).
'n Hulpvaartuig wat lewensnoodsaaklike voorraad soos brandstof, ammunisie en ander voorraad per see vervoer ter ondersteuning van 'n taakmag.
⁘ *supply* *ship* n.
An auxiliary vessel transporting by sea vital supplies such as fuel, ammunition and stores in support of a task force.

bevrydingsbeweging n. <kyk ook vryheidsbeweging> (bevrydingsfront).
In situasies van politieke oorheersing, 'n volksgebaseerde beweging wat streef na bevryding van die oorheersende moondheid of regerende elite.

⁘ *liberation* *movement* n. <see also freedom movement> (liberation front).
In situations of political domination, a popularly based group of people that strives for liberation from the dominating power or ruling elite.

bevrydingsfront → **bevrydingsbeweging**

bevrydingsoorlog n.
'n Oorlog wat gevoer word om nasionale onafhanklikheid te verkry of te herwin.
⁘ *liberation* *war* n. (war of liberation).
A war fought to achieve or restore national independence.

bevrydingsteologie n.
'n Leerstuk dat die Christendom nie slegs oor individuele saligmaking handel nie maar ook oor politieke, sosiale en ekonomiese vryheid en emansipasie.
⁘ *liberation* *theology* n.
A doctrine that teaches that Christianity is not only about individual salvation, but also about political, social and economic freedom and emancipation.

bevrydingstryd n.
Die uiterste poging om 'n volk onder oorheersing van politieke verdrukking te bevry.
⁘ *liberation* *struggle* n. (struggle for liberation).
The extreme effort to liberate a dominated people from political oppression.

beweging n.
Individue en groepe wat georganiseer is om 'n bepaalde doel na te strewe of te bereik, asook die georganiseerde optrede van so 'n groep.
⁘ *movement* n.
Individuals and groups organised to promote or achieve a given end; also the organised actions of such a group.

Beweging van Onverbonde Lande n. (BOL).
'n Groep state wat 'n beleid van neutraliteit teenoor die groot moondhede handhaaf. Die beweging het tydens die Koue Oorlog by 'n konferensie van Afro-Asiatiese state in 1955 in Bandoeng, Indonesië, ontstaan.
⁘ *Nonaligned* *Movement* n. (NAM).
A group of states entertaining a policy of neutrality towards the great powers. The movement originated during the Cold War at a conference of Afro-Asian states in Bandung, Indonesia, in 1955.

bewind n. <kyk ook owerheidsvorm> (regime <soms neerhalend>).
1. 'n Regeringstelsel. 2. Die geldende politieke stelsel.
⁘ *regime* n. <see also form of regime>.
1. A system of rule. 2. The prevailing political system.

bewind n.
Die tydperk waartydens 'n staatshoof of regering die mag uitoefen.
⁘ *rule* n.
The period of time in which a head of state or government exercises power.

B

bewindhebbende party → **maghebbende party**

bewindsvorm → **owerheidsvorm**

bidonville n. <Frans>.
'n Arm buurt wat bestaan uit plakkershutte wat
meestal van blikplaat en kissies gebou is.
• **bidonville** n. <French>.
A poor neighbourhood consisting of shanties built
mainly from tins and boxes.

bikamerale wetgewer → **tweekamerwetgewer**

bilaterale betrekkinge n.
Die amptelike wisselwerking tussen twee state in
van sake van gemeenskaplike belang.
• **bilateral relations** n.
The official interaction between two states regarding
matters of common interest.

bilaterale diplomasie n. <kyk ook eensydig;
multilaterale diplomasie>.
Diplomasie waarby twee state of een staat en een
internasionale organisasie betrokke is.
• **bilateral diplomacy** n. <see also multilateral
diplomacy; unilateral>.
Diplomacy involving two states or one state and
one international organisation.

bilateralisme n. <kyk ook eensydigheid;
multilateralisme>.
1. Die leerstelling in internasionale verhoudinge wat
bepaal dat verhoudings hoofsaaklik tussen twee
state op 'n slag moet plaasvind. 2. Die praktyk van
handel en ander verhoudinge tussen twee spesifieke
state.
• **bilateralism** n. <see also multilateralism;
unilateralism>.
1. The doctrine in international relations that holds
that relations should primarily be conducted
between two states at a time. 2. The practice of
trade and other relations between two specific
states.

Bilderbergers n. (Bilderberg-klub).
'n Nieamptelike, jaarlikse
op-uitnodiging-alleenkonferensie van omtrent 130
invloedryke persone, hoofsaaklik in die kennisvelde
van politiek, sake en bankwese, wat in 1954 gestig
is om begrip tussen die kulture van die VSA en
Wes-Europa te bevorder.
• **Bilderbergers** n. (Bilderberg Club).
An unofficial, annual, invitation-only conference of
some 130 persons of influence mainly in the fields
of politics, business and banking, established in
1954 to promote understanding between the cultures
of the USA and Western Europe.

Bilderberg-klub → **Bilderbergers**

billike arbeidspraktyk n.
Die regverdige uitvoering van
werkgewer-werknemerverhoudinge in 'n politieke
instelling, maatskappy of korporasie.
• **fair labour practice** n.
The just conduct of employer-employee relations in
a political institution, company or corporation.

billike bedeling n.
'n Billike en onpartydige ordening van die
samelewing.

• **equitable dispensation** n.
A fair and impartial ordering of society.

billike diskriminasie n.
Die gedifferensieerde behandeling van mense wat as
geregverdig verdedig word, bv regstellende
handeling en werkreservering.
• **fair discrimination** n.
The differentiated treatment of people that is
defended as justified, eg affirmative action or job
reservation.

binnedringagent → **penetrasieagent**

binnelandse aangeleenthede n.
Die interne sake van 'n staat.
• **domestic affairs** n.
The internal business of a state.

binnelandse aangeleenthede n. (binnelandse
sake).
Staatsdepartement wat wette oor burgerskap
administreer.
• **home affairs** n.
State department which administers laws relating to
citizenship. Sometimes known as internal affairs.

binnelandse beveiliging n. (interne
verdediging).
Maatreëls deur 'n regering getref om die staat teen
ondermyning, wetteloosheid en insurgensie te
beskerm.
• **internal defence** n.
Measures taken by a government to protect its
society from subversion, lawlessness and
insurgency.

binnelandse inkomste n.
Inkomste van 'n staat wat intern gegenereer word,
bv deur verskillende belastings, in teenstelling met
inkomste uit buitelandse lenings.
• **internal revenue** n.
Income of a state generated internally, eg through
various taxes, as against revenue obtained from
foreign loans.

binnelandse inligting n. (binnelandse
intelligensie).
Inligting oor aktiwiteite of toestande binne die staat
wat binnelandse veiligheid bedreig, insluitend
inligting oor die aktiwiteite van persone of
organisasies wat potensieel of werklik gevaar vir
die nasie se veiligheid inhou.
• **domestic intelligence** n.
Intelligence relating to activities or conditions
within the state which threaten internal security,
including intelligence relating to the activities of
individuals or organisations potentially or actually
dangerous to the security of the nation.

binnelandse intelligensie → **binnelandse
inligting**

binnelandse reg n. (staatlike reg, landsreg,
munisipale reg).
Die interne reg van 'n bepaalde staat, in teenstelling
met die internasionale reg, en moet nie met 'n
munisipale verordening verwar word nie.

♦ *domestic law* n. <current usage> (municipal law).
The internal law of a specific state, as opposed to international law, and not to be confused with a municipal bye-law.

binnelandse sake → **binnelandse aangeleenthede**

binnelandse veiligheid n.
Maatreëls deur 'n regering om sy onderdane en instellings teen ontwrigting te beskerm, toegepas binne 'n raamwerk van wet en orde.
♦ *internal security* n.
Measures by a government to protect its subjects and institutions against disruption, applied within a framework of law and order.

binnelands ontwortelde persoon n. (BOP).
'n Persoon wat van sy/haar woonplek af gedwing word deur owerheidshandeling, sosiale of politieke geweld of deur 'n natuurramp, maar binne die grense van sy/haar eie staat bly.
♦ *internally displaced person* n. (IDP).
A person who is forced from his/her place of living by government action, social or political violence or by natural disaster, but remains in his/her state of origin.

binnestad n.
Die ouer, dikwels digter bevolkte en soms armer deel van 'n stad.
♦ *inner city* n.
The older, often more populated and sometimes poorer section of a city.

binnestadverval n.
Die degenerasie van die sentrale stadskern.
♦ *inner-city decay* n.
The degeneration of the central core of a city.

biologiese oorlogvoering n. (kiemoorlogvoering <verouderd>).
Oorlogvoering wat organismes as wapen gebruik om mense aan te val.
♦ *biological warfare* n. (germ warfare <obsolete>).
Warfare using organisms as a weapon to attack people.

biologiese wapen n.
'n Wapen wat organismes vrystel wat mense aanval.
♦ *biological weapon* n.
A weapon that releases organisms that attack people.

bioterroris n.
'n Persoon wat biologiese wapens gebruik om 'n terreurdaad of -dade te pleeg.
♦ *bioterrorist* n.
A person using biological weapons to commit an act or acts of terror.

bipolêre magsbalans → **tweepolige magsbalans**

Bittereinder n.
'n Afrikaner wat teen die vredesvoorwaardes gekant was wat in die Anglo-Boereoorlog, 1899–1902, deur die Britte gestel is en dus vasberade was om tot die bitter einde te veg.

♦ *Bittereinder* n.
An Afrikaner opposed to the peace conditions set by the British in the Anglo-Boer War, 1899–1902 and thus determined to fight to the bitter end.

bittereinder n.
Enigeen wat tot die laaste uithou of aanhou.
♦ *bittereinder* n.
Anyone that holds out to the last or keeps on to the last.

blaas v.
Om op 'n wyse op te tree wat die dekking van 'n inligtingsagent verbreek.
♦ *blow* v.
To act in a way that wrecks the cover of an intelligence agent.

blaas 'n dekking v.
Om op 'n wyse op te tree wat 'n inligtingsagent ontbloot
♦ *blow a cover* v.
To act in a way that exposes an intelligence agent.

Black Sash n. (Women's Defence of the Constitution League).
'n Vereniging van meestal liberaalgesinde vroue teen die rassebeleid van die Suid-Afrikaanse regering vanaf 1955 tot 1994. Sedertdien is hulle fokus op menseregte.
♦ *Black Sash* n. (Women's Defence of the Constitution League).
An association of mostly liberally orientated women against the racial policies of the South African government from 1955 until 1994. Since 1994 their focus has been on human rights.

blikkiesdorp n. <kyk ook plakkersdorp>.
'n Versameling plakkershutte van weggooimateriaal gemaak wat as behuising vir die armes dien en gewoonlik aan die buitewyke van stede aangetref word.
♦ *shanty town* n. <see also squatters' settlement>.
A collection of shacks made of discarded materials that serve as housing for the poor, usually found on the outskirts of cities.

blitsoorlog n.
'n Metode van offensiewe oorlogvoering gegrond op spoed, verrassing en grootskaalse gekonsentreerde aanvalle deur pantsermagte ondersteun deur infanterie en lugkrag.
♦ *blitzkrieg* n.
A method of offensive warfare based on speed, surprise and large-scale concentrated attacks by armour supported by infantry and air power.

blok n.
'n Groep state, politieke partye of belangegroepe wat vir 'n gemeenskaplike politieke doel saamgestel is, bv die Europese blok, die Afrikablok, die vuurwapenbeheerblok.
♦ *bloc* n.
A group of states, political parties or interest groups associated for a common political purpose, eg the European bloc, the African bloc and the gun control bloc.

B

blokkade n.
Militêre optrede met as doel die voorkoming van die bevoorrading van die vyand se gewapende magte en/of sy burgerlike bevolking.
• **blockade** n.
Military action aimed at preventing the supply of the armed forces and/or the civilian population of the enemy.

blokstem n.
'n Reëling waardeur individuele afgevaardigdes in die geheel stem en nie 'n individuele keuse het nie, bv die afgevaardigdes in die Nasionale Raad van Provinsies (NRVP) in Suid-Afrika het in sommige gevalle een stem per provinsiale afvaardiging.
• **block vote** n.
An arrangement in which individual delegates vote as a whole and do not have an individual choice, eg delegates to the National Council of Provinces (NCOP) in South Africa in certain instances exercise one vote per provincial delegation.

blouboordjiewerker n. (bloukraagwerker).
'n Werknemer in 'n ambag of handewerk wie se pligte die dra van werksklere of beskermende kleredrag vereis.
• **blue-collar worker** n.
An employee in a trade or manual work whose duties call for the wearing of work clothes or protective clothing.

Blouhuis n.
Die ampswoning van die President van Suid-Korea en by wyse van uitbreiding 'n simbool van die president en sy/haar administrasie.
• **Blue House** n.
The official residence of the President of South Korea and by extension a symbol of the president and his/her administration.

bloukraagwerker → **blouboordjiewerker**

bloustaat n. <kyk ook persstaat; rooistaat>.
Sedert 2000 in die VSA die kleurkode op verkiesingskaarte vir state waarin die meerderheid van die kiesers die Demokratiese Party steun.
• **blue state** n. <see also purple state; red state>.
Since 2000 the USA electoral map colour code for states in which the majority of the electorate support the Democratic Party.

boefstaat n. (rampokkerstaat).
'n Staat wat deur kriminele elemente of ooreenkomstig kriminele beginsels regeer word.
• **gangster state** n.
A state ruled by criminal elements or according to criminal principles.

Boelieboet n.
'n Regering wat probeer om die gedrag en houdings van al sy burgers noukeurig dop te hou en in sy eie belang te manipuleer. Die term sinspeel op die staat Oseanië in George Orwell se werk '1984' en word gebruik om afkeur van totalitêre optrede deur enige regering uit te spreek.
• **Big Brother** n.
A government that tries to observe the behaviour and attitudes of all its citizens carefully and to manipulate it in its own interest. The term alludes to the state Oceania in George Orwell's work '1984' and is used to express disapproval of totalitarian actions by any government.

boendoehof n.
'n Informele hof of onwettige selfaangestelde tribunaal gekenmerk deur die minagting van gevestigde regsprosedures.
• **kangaroo court** n.
An informal court or illegal self-appointed tribunal characterised by contempt of established legal procedures.

boikot n.
1. 'n Vorm van protes wat gekenmerk word deur die weiering om enigiets te doen te hê met 'n persoon, organisasie, regering of staat. 2. In internasionale verhoudinge is dit dikwels 'n manier om druk uit te oefen.
• **boycott** n.
1. A form of protest characterised by the refusal to have any dealings with a person, organisation, government or state. 2. In international relations often a means of applying pressure.

BOL → **Beweging van Onverbonde Lande**

Bolsjewiek n. <Russies>, <kyk ook Mensjewiek>.
'n Lid van die radikale meerderheidsfaksie van die Russiese Sosiaal-demokratiese Party, voorloper van die Kommunisteparty van die Sowjetunie (KPSU).
• **Bolshevik** n. <Russian>, <see also Menshevik>.
A member of the radical majority faction of the Russian Social Democratic Labour Party, the predecessor of the Communist Party of the Soviet Union (CPSU).

bomwerperdiplomasie n. <kyk ook kannonneerbootdiplomasie>.
'n Opponent onder die bomme steek, of dreig om dit te doen, ten einde hom te verplig om aan 'n staat se eise toe te gee.
• **bomber diplomacy** n. <see also gunboat diplomacy>.
Bombing an opponent, or threatening to do so, in order to compel him to comply with a state's demands.

bondgenoot n. (geallieerde).
'n Persoon, instelling of staat wat deur 'n ooreenkoms tot optrede in die gemeenskaplike belang van die genote verbind word.
• **ally** n.
A person, institution or state bound by an agreement to actions in the common interest of the associates.

bondgenootskap → **alliansie**

bootmense n.
1. Vlugtelinge wat per boot uit hulle staat vlug om hulle êrens anders te vestig, bv uit Viëtnam.
2. Mense wat permanent op bote woon.
• **boat people** n.
1. Refugees that flee their state by boat to settle elsewhere, eg from Vietnam. 2. People living permanently on boats.

BOP → **binnelands ontwortelde persoon**

bosberaad n.
'n Onkonvensionele, en dikwels informele, vergadering om vraagstukke te bespreek en met moontlike oplossings en strategieë vir daardie vraagstukke te kom.
• *bosberaad* n. <Afrikaans> (bush summit).
An unconventional, and often informal, meeting to discuss issues and to come up with possible solutions and strategies relating to those issues.

bostelegraaf n.
'n Manier om nieamptelike informasie of gerugte oor te dra deur dit van persoon tot persoon deur te gee.
• *grapevine* n.
A means of transmitting unofficial information or rumours by relaying it from person to person.

botallig stem v.
Meer as die vereiste getal stemme uitbring.
• *overvote* v.
Casting more than the required number of votes.

BPB → **buitelandseportefeuljebelegging**

breinkwyn n. (kundigheidsverlies).
'n Verlies van talentvolle en vaardige persone van hulle tuisstaat aan 'n vreemde staat.
• *brain drain* n.
A loss of talented and skilled people from their home state to a foreign state.

breinwins → **kundigheidswins**

Britse Hoërhuis n.
Die hoërhuis van die Britse parlement, waarvan die lede erflik is of aangestel word deur sowel die monarg as die Hoërhuis se Aanstellingskommissie.
• *House of Lords* n.
The upper house of the British Parliament, the members of which are either hereditary or appointed by the monarch as well as the Lords Appointments Commission.

Britse imperialisme n.
Die uitbreiding van die Britse Ryk, in besonder in die negentiende eeu, sowel as die onderliggende beleid en waardes daarvan.
• *British imperialism* n.
The expansion of the British empire, particularly in the nineteenth century, as well as its underlying policy and values.

Britse Laerhuis n.
Die laerhuis van die Britse parlement, waarvan die lede volgens 'n eerste-oor-die-wenstreepkiesstelsel verkies word.
• *House of Commons* n. (Commons <the Commons>).
The lower house of the British Parliament, the members of which are elected on a first past the post electoral system.

broedermoord n.
Die doodmaak van mense deur mense van dieselfde nasionalteit of etnisiteit.
• *fratricide* n.
The killing of people by people of the same nationality or ethnicity.

bron → **inligtingsbron**

brose staat n. <kyk ook ineengestorte staat; mislukte staat>.
'n Lae-inkomstestaat wat, weens sy beperkte kapasiteit of legitimiteit, hoogs kwesbaar is vir ekonomiese skokke en binnelandse of internasionale konflik.
• *fragile state* n. <see also collapsed state; failed state>.
A low-income state that is highly vulnerable to economic shocks and internal or international conflict due to its limited capacity or legitimacy.

brugboupolitiek n.
Politieke optrede wat daarop gemik is om konflik te verlaag en vertroue tussen vyande/teenstanders aan te wakker.
• *bridge-building politics* n.
Political action aimed at lowering conflict and promoting trust between enemies/adversaries.

buffersone n.
'n Neutrale gebied wat twee vyandige magte skei en 'n skans teen botsings tussen hulle vorm.
• *buffer zone* n.
A neutral area separating hostile forces and forming a barrier to clashes between them.

bufferstaat n. <kyk ook kliëntstaat; satellietstaat>.
'n Kleiner staat tussen sterker en groter mededingende state, wat dikwels deur een van die partye in stand gehou word en wat direkte konfrontasie tussen die mededingers voorkom, bv Pole tussen Duitsland en Rusland in die 19de en 20ste eeue.
• *buffer state* n. <see also client state; satellite state>.
A smaller state between stronger and larger rival states, often maintained by one of the parties that prevents direct confrontation between the rivals, eg Poland between Germany and Russia in the 19th and 20th centuries.

buigsame grondwet n. <kyk ook onbuigsame grondwet> (buigsame konstitusie).
'n Grondwet wat op dieselfde wyse as enige ander wet verander kan word en gewoonlik deur middel van 'n gewone meerderheid.
• *flexible constitution* n. <see also rigid constitution>.
A constitution that can be amended similar to any other act, usually through a simple majority.

buigsame konstitusie → **buigsame grondwet**

buitelandse agent n.
1. 'n Agent in diens van 'n buitelandse diens. 2. 'n Persoon wat optree in die politieke of kwasipolitieke belang van 'n buitelandse moondheid.
• *foreign agent* n.
1. An agent in the employ of a foreign service. 2. A person operating in the political or quasi-political interests of a foreign power.

buitelandse beleid n.
Doelwitte wat deur state in hulle omgang met ander state sowel as internasionale organisasies nagestreef word en maniere om dit te bereik.

B

foreign policy n.
Objectives pursued by sovereign states in their dealings with other states as well as international organisations and methods of attaining them.

buitelandsebeleidsdoktrine n.
(buitelandsebeleidsleer, doktrine vir buitelandse beleid).
'n Stel riglyne vir die hantering van buitelandsebeleidsaangeleenthede om 'n eenvormige benadering in beleid en uitvoering te verseker.
foreign policy doctrine n.
A set of guidelines for the handling of foreign policy matters to ensure a uniform approach in policy and implementation.

buitelandsebeleidsleer
→ **buitelandsebeleidsdoktrine**

buitelandsebeleidsontleding n.
'n Onderafdeling van die politieke wetenskappe wat hom met die teorie en prosesse van buitelandse beleid besig hou, insluitend hoe 'n staat sy buitelandse beleid ontwikkel.
foreign policy analysis n.
A subdivision of the political sciences that concerns itself with the theory and processes of foreign policy, including how a state develops its foreign policy.

buitelandse direkte investering n. (BDI).
Direkte belegging deur kommersiële ondernemings in vaste bates in 'n staat, soos grond, pleks van bloot beleggings in aandele, leningseffekte of effekte.
foreign direct investment n. (FDI).
Investment by commercial enterprises directly in fixed assets in a state, such as landed property, instead of merely investing in shares, debentures or bonds.

buitelandse hulp n.
Verskillende soorte bystand oor staatsgrense heen.
foreign aid n.
Various types of assistance across the borders of states.

buitelandse minister n.
'n Minister met kabinetsrang wat die buitelandse betrekkinge van 'n staat rig. Die werklike titel wissel tussen state, bv staatsekretaris (VSA), buitelandse sekretaris (VK), minister van internasionale betrekkinge en samewerking (RSA) en minister van buitelandse sake in ander state.
foreign minister n.
A minister of cabinet rank who directs the conduct of the foreign relations of a state. The actual title varies among states, eg secretary of state (USA), foreign secretary (UK), minister of international relations and cooperation (RSA) and minister of foreign affairs in other states.

buitelandseportefeuljebelegging n. (BPB).
Indirekte belegging deur handelsondernemings in aandele, skuldbriewe en effekte, pleks daarvan om in vaste bates te belê.
foreign portfolio investment n. (FPI).
Investment by commercial enterprises indirectly in shares, debentures or bonds, instead of investing in fixed assets.

buitelandse sake n.
Die diplomatieke, politieke, handels- en militêre betrekkinge van 'n staat met ander state en internasionale organisasies.
foreign affairs n. (external affairs <mainly Commonwealth usage>).
The diplomatic, political, trade and military relationships of a state with other states and international organisations.

buitelandse stemburo n.
'n Stemburo in 'n ander staat waar landsverhuisers, ander stemgeregtigdes en amptenare in buitelandse diens hulle stem kan uitbring.
foreign voting station n.
A voting station in another state where expatriates, other voters and foreign service officials can exercise their vote.

buitengewone oorhandiging n.
Die bedekte oordra van persone wat van terrorisme verdink word aan derde state of aanhoudingsentrums onder VSA-beheer.
extraordinary rendition n.
The covert transfer of suspects of terrorism to third states or USA-run detention centres.

buite orde adv.
Teenstrydig met prosedurereëls.
out of order adv.
Contrary to rules of procedure.

buiteparlementêr adj.
Dit wat ter sake vir die politieke stelsel is, maar buite die parlement plaasvind.
extraparliamentary adj.
That which is relevant to the political system but takes place outside of parliament.

buiteparlementêre instelling n.
(buiteparlementêre liggaam <af te keur>).
Het betrekking op 'n magsfeer of organisasie buite parlementêre gesag.
extraparliamentary institution n.
(extraparliamentary body <deprecated>).
Relating to a sphere of power or organisation outside of parliamentary authority.

buiteparlementêre liggaam
→ **buiteparlementêre instelling**

buiteparlementêre opposisie n.
Die opponering van 'n regering of regerende party wat buite die parlement plaasvind, of 'n opposisie wat nie parlementêre verteenwoordiging het nie.
extraparliamentary opposition n.
Opposition to a governing or ruling political party that is situated outside of parliament, or an opposition that does not have parliamentary representation.

buiteparlementêre uitvoerende gesag n.
(nieparlementêre uitvoerende gesag, presidensiële uitvoerende gesag).
'n Regeringsvorm waarin die uitvoerende gesag in die hande van 'n president gekonsentreer is wie se amp polities en grondwetlik van die wetgewer geskei is. Die president benodig nie die vertroue van die wetgewer om aan bewind te bly nie en is ook nie verantwoordingspligtig aan die wetgewer nie.

- *extraparliamentary executive* n.
(nonparliamentary executive, presidential
executive).
A form of government in which executive authority
is concentrated in the hands of a president whose
office is politically and constitutionally separate
from the legislature. The president does not need
the confidence of the legislature to remain in office,
nor is he/she accountable to the legislature.

buite stemming bly v.
'n Besluit deur 'n stemgeregtigde of afgevaardigde
om nie 'n stem uit te bring nie.
- *abstain from voting* v.
A decision by an elector or delegate not to exercise
a vote.

buiteterritoriale gebied n. (ekstraterritoriale
gebied).
Grondgebied wat aan 'n staat behoort, maar buite
die grense van die hoofgrondgebied geleë is, bv
Suid-Afrika en Walvisbaai tussen 1910 en 1996 en
Marioneiland.
- *extraterritorial area* n.
Land belonging to a state outside the normal
boundaries of the main territory, eg South Africa
and Walvis Bay between 1910 and 1996 and
Marion island.

buitstelsel n.
'n Stelsel waarvolgens posisies in die regering of
staatsdiens uitgedeel word volgens steun vir die
wenkandidaat of politieke party wat wen, in plaas
daarvan dat die bekleër op grond van meriete
gewerf word.
- *spoils system* n.
A system where positions in government or the
public service are distributed according to support
for the winning candidate or political party instead
of the incumbent being recruited on the basis of
merit.

burgerkultuur n.
Volgens Almond en Verba, 'n politieke kultuur wat
daardeur gekenmerk word dat die meeste burgers
die gesag van 'n staat aanvaar en in deelname aan
burgerpligte glo.
- *civic culture* n.
According to Almond and Verba, a political culture
characterised by most citizens' acceptance of the
authority of a state and a belief in participation of
civic duties.

burgerlike inisiatief → **volksinisiatief**

burgerlike lys n.
'n Amptelike lys in die VK wat die meeste
uitgawes aandui wat in die uitvoering van
koninklike pligte aan die monargie verbonde is,
insluitend personeelvoorsiening, staatsbesoeke,
amptelike onthale, openbare afsprake en die
instandhouding van die koninklike huishouding.
- *civil list* n.
An official list in the UK that designates most
expenses associated with the monarchy in the
execution of royal duties, including staffing, state
visits, official entertainment, public engagements
and upkeep of the royal household.

burgerlike ongehoorsaamheid n. <kyk ook
geweldlose verset; lydelike verset; satjagraha>.
Niegewelddadige protes teen die regering waarin
die deelnemers weier om reëls, wette en opdragte te
gehoorsaam wat deur die regering gemaak is.
- *civil disobedience* n. <see also nonviolent
resistance; passive resistance; satyagraha>.
Nonviolent protests against government in which
the participants refuse to obey rules, laws and
orders made by government.

burgerlike regering n.
Regering van 'n staat of gebied deur niemilitêre
persone.
- *civilian government* n.
Government of a state or area by nonmilitary
persons.

burgerlike samelewing n.
Groepe en instellings in die private domein wat op
die vlak tussen die owerheid (openbare domein) en
die individu en gesin funksioneer.
- *civil society* n.
Groups and institutions in the private domain that
function at the level between the authorities (public
domain) and the individual and family.

burgerlik-militêre betrekkinge n.
Die wisselwerking tussen die weermag en
burgerlike groepe in 'n samelewing.
- *civil-military relations* n.
The interaction between the armed forces and
civilian groups in a society.

burgeroorlog n.
'n Oorlog tussen burgers van dieselfde staat.
- *civil war* n.
War between citizens of the same state.

burgerraad n.
'n Instelling wat op grondvlak tot stand gebring
word deur lede van 'n gemeenskap om hulle
gemeenskaplike belange te behartig, soos kulturele
en opvoedkundige belange op byvoorbeeld plaaslike
regeringsvlak in die VSA. Die magte van 'n
burgerraad word deur sy politieke konteks bepaal.
- *civic council* n.
An institution established at grassroots level by
members of a community to manage their common
interests, such as cultural and educational interests
at, for example, local government in the USA. The
powers of a civic council are determined by its
political context.

burgerregte n.
Die individu se regte op vryheid en gelyke
behandeling onder die reg, beskerm deur die staat.
- *civil rights* n.
The individual's rights to liberty and equality of
treatment under the law, safeguarded by the state.

burgerskap n.
Die regstatus van 'n persoon as lid van 'n staat. Dit
verleen regte soos om te stem asook beskerming
deur die reg en kan ook verantwoordelikhede soos
militêre diens oplê.

B

citizenship n.
The legal status of a person as a member of a state. It confers rights such as voting and protection by the law and can also impose responsibilities such as military service.

buro n.
'n Regeringsagentskap of -kantoor.
+ **bureau** n.
A government agency or office.

burokraat n.
'n Amptenaar wat op munisipale, provinsiale of nasionale vlak aangestel, en dus nie verkies word nie, om deurlopende administratiewe take te verrig.
+ **bureaucrat** n.
An official that is appointed, and thus not elected, on municipal, provincial or national level to execute continuous administrative tasks.

burokrasie n. (amptenary, amptenaarsregering <minder gebruiklik>).
1. 'n Regeringstelsel wat deur die spesialisasie van funksies, navolging van vaste reëls en 'n gesagshiërargie gekenmerk word. 2. Die versameling regeringsamptenare wat aangestel eerder as verkies word, dws die staatsdiens. 3. 'n Skynbaar onbuigsame administrasiestelsel gekenmerk deur 'n starre verkleefdheid aan reëls en amptelike prosedures.
+ **bureaucracy** n.
1. A system of government characterised by the specialisation of functions, adherence to fixed rules, and a hierarchy of authority. 2. The body of government officials that are appointed rather than elected, ie the public service. 3. An apparently inflexible system of administration marked by rigid adherence to rules and official procedures.

BV → **beteikende verkryging**

Bybelgordel n.
'n Gebied, veral in die suidelike VSA, wat gekenmerk word deur 'n streng en vurige vertolking van die Bybel, met 'n gevolglike konserwatisme wat dikwels 'n sterk politieke invloed op verkiesings uitoefen.
+ **Bible belt** n.
An area, especially in the Southern USA, characterised by a strict and ardent interpretation of the Bible, its resultant conservatism often exercising a strong political influence in elections.

Byeenkoms van Staats- en Regeringshoofde n.
Die hoofinstelling van die Afrika-unie bestaande uit staatshoofde of hulle geakkrediteerde verteenwoordigers.

Assembly of Heads of State and Government n.
The supreme organ of the African Union composed of heads of state or their accredited representatives.

byeenkoms van staats- en regeringshoofde n.
'n Internasionale vergadering van staatsleiers om aangeleenthede van groot en ernstige belang vir die wêreld te bespreek.
+ **assembly of heads of state and government** n.
An international meeting of leaders of states to discuss matters of grave and important concern to the world.

Byekorf n.
In die volksmond die naam van die uitvoerende vleuel van Nieu-Seeland se parlementsgebou en by wyse van uitbreiding dus ook Nieu-Seeland se regering.
+ **Beehive** n.
Popular name of the executive wing of New Zealand's Parliament buildings and thus by extension also the New Zealand government.

bystandsdienste n.
Noodvervoer-, noodwaarskuwings- en noodkommunikasiedienste vir burgerlike beskerming.
+ **auxiliary services** n.
Emergency transport, warning and communication services for civil protection.

bywet → **verordening**

bywoner n.
1. Histories in Suid-Afrika 'n wit man op 'n plaas, wat nie grond besit het nie en in ruil vir sy dienste sekere voordele soos gratis inwoning, grondgebruik en selfs deelsaai geniet het. Die man en sy afhanklikes is gesamentlik bywoners genoem.
2. Wanneer dit figuurlik gebruik word, 'n persoon wat vanweë beperkte hulpbronne afhanklik is van die steun van 'n begunstiger aan wie hy dan trou verskuldig is.
+ **bywoner** n. <from Afrikaans>.
1. Historically in South Africa a non-landowning white man on a farm, who in exchange for his services, was accorded privileges such as free lodging, use of land, or even a share in the crop. The man and his dependants were collectively referred to as bywoners. 2. When figuratively used a person who, because of limited resources, is dependent on the support of a patron to whom allegiance is owed.

Cc

cabinet n. <Frans>.
'n Koterie hegte persoonlike, politieke, beleid- en professionele raadgewers wat deur Franse ministers aangestel word.
  ♦ **cabinet** n. <French>.
A coterie of close personal, political, policy and professional advisers appointed by French ministers of state.

Camp David-akkoorde n.
Die vredesooreenkoms tussen Egipte en Israel, bemiddel deur President Jimmy Carter van die VSA by die president se naweekverblyf, Camp David, 1978.
  ♦ **Camp David Accords** n.
The peace agreement between Egypt and Israel, brokered by President Jimmy Carter of the USA at the president's weekend retreat, Camp David, 1978.

candonga v.
Die Mosambiekse swartmark.
  ♦ **candonga** n.
The Mozambican black market.

Capitol Hill n. (Hill <the Hill; informele gebruik>).
Die gebied in Washington DC waar die VSA-kongresgeboue geleë is.
  ♦ **Capitol Hill** n. (Hill <the Hill; informal usage>).
The area in Washington DC where the USA Congress buildings are situated.

carte blanche n. (bevoegdheid om na goeddunke te handel).
Toestemming vir volkome handelingsvryheid.
  ♦ **carte blanche** n.
Permission for complete freedom of action.

Castroïsme n. (Fidelisme).
Aanhang en voorstaan van die beginsels van Fidel Castro.
  ♦ **Castroism** n. (Fidelism).
Adherence to, or advocacy of the principles of Fidel Castro.

chargé d'affaires → **saakgelastigde**

charisma n.
Invloedryke persoonlike mag wat bekoor en lojaliteit en toewyding onder mense en volgelinge inspireer, dikwels tot die punt van emosionele afhanklikheid.
  ♦ **charisma** n.
Influential personal power that charms and inspires loyalty and devotion among people and followers, often to the point of emotional dependence.

Charteris n.
'n Ondersteuner van die Vryheidsmanifes wat die ANC aanvaar het.
  ♦ **Charterist** n.
A supporter of the Freedom Charter adopted by the ANC.

Chartis n.
'n Ondersteuner van die grondwetlike hervormingsbeweging in Engeland, 1838–1848.
  ♦ **Chartist** n.
A supporter of the constitutional reform movement in England, 1838–1848.

Chartisme n.
Die beginsels van die grondwetlike hervormingsbeweging in Engeland, 1838–1848.
  ♦ **Chartism** n.
The principles of the constitutional reform movement in England, 1838–1848.

chauvinisme n. <persoonlik>.
'n Selfvoldane irrasionele geloof in die meerderwaardigheid van jou eie saak of gender.
  ♦ **chauvinism** n. <personal>.
Smug irrational belief in the superiority of one's own cause or gender.

chauvinisme n. <polities>.
'n Verwaande en aggressiewe nasionalisme, gegrond op 'n geloof in die meerderwaardigheid en roem van jou eie volk.
  ♦ **chauvinism** n. <political>.
Vainglorious and aggressive nationalism, based on a belief in superiority and glory of one's own nation.

chemiese wapen n.
'n Wapen wat chemiese middele gebruik wat skadelik vir mense, diere en/of plantegroei is.
  ♦ **chemical weapon** n.
A weapon employing chemical agents harmful to humans, animals and/or vegetation.

Chequers n.
Die landelike woning van die Britse Eerste Minister.
  ♦ **Chequers** n.
The country residence of the British Prime Minister.

chicano n.
Oorspronklik 'n Amerikaanse burger van Meksikaanse herkoms; die betekenis het later uitgebrei om mense in te sluit wat glo in en deelneem aan die 'stryd' om selfbeskikking vir alle Latynse mense.
  ♦ **chicano** n.
Originally an American citizen of Mexican origin, the meaning has now expanded to include people who believe and participate in the 'struggle' for the selfdetermination of all Latino people.

Chiltern-honderde n.
'n Nominale amp waarvoor 'n lid van die Britse parlement aansoek doen as 'n manier om uit die laerhuis te bedank.
  ♦ **Chiltern Hundreds** n.
A nominal office that a member of the British Parliament applies for as a way of resigning from the House of Commons.

Christenfundamentalisme n. <kyk ook
fundamentalisme, Islamitiese fundamentalisme;
Joodse fundamentalisme, religieuse
fundamentalisme>.
'n Denkstyl of 'n ideologie wat die beginsels van
die Christendom as essensieel en
onbevraagtekenbaar beskou.
• *Christian fundamentalism* n. <see also
fundamentalism; Islamic fundamentalism;
Jewish fundamentalism; religious
fundamentalism>.
A style of thought or an ideology that holds the
principles of Christianity to be essential and
unchallengeable.

communiqué n. <Frans> (amptelike
mededeling).
'n Amptelike mededeling of stuk informasie wat 'n
regering uitreik, gewoonlik aan die media of die
publiek.
• *communiqué* n. <French>.
An official notification or piece of information
issued by a government, usually to the media or the
public.

comrade n. <politieke radikalis, uit Marxisme>.
'n Medelid van 'n vakbond of 'n
kommunistiesgeoriënteerde politieke party of
vereniging; later uitgebrei na enige politieke aktivis
wat 'n deelnemer was aan die politieke stryd teen
apartheid in Suid-Afrika.
• *comrade* n. <political radical, from Marxism>.
A fellow member of a trade union or a
communist-oriented political party or society; later
extended to mean any political activist who was a
participant in the political struggle against apartheid
in South Africa.

Confucianisme n.
'n Chinese etiese stelsel, toegeskryf aan Confucius,
oor die staat, sy administrasie asook ander sosiale
stelsels en wat klem lê op toewyding aan die gesin
(insluitend voorouergeeste), trou, opvoeding, vrede,
geregtigheid en om ander te behandel soos jy
behandel wil word.
• *Confucianism* n.
A Chinese ethical system, attributed to Confucius,
regarding the state, its administration as well as
other social systems and which emphasises devotion
to family (including ancestral spirits), loyalty,
education, peace, justice, and treating others as one
would want to be treated.

cordon sanitaire → **kwarantynlyn**

coup d'état → **staatsgreep**

Dd

Dalai Lama n.
Die Groot Lama en geestelike leier van die boeddhistiese monnike van Tibet, wat ook die sekulêre leier van Tibet was voor die Chinese besetting van Tibet in 1959.
* *Dalai Lama* n.
The Grand Lama and spiritual leader of the Buddhist monks of Tibet, also the secular leader of Tibet until the Chinese occupation of Tibet in 1959.

dauphin n. <Frans>.
Oudste seun van 'n Franse monarg.
* *dauphin* n. <French>.
Eldest son of a French monarch.

dauphine n. <Frans> (dauphiness).
Vrou van 'n Franse dauphin.
* *dauphine* n. <French> (dauphiness).
The wife of a French dauphin.

dauphiness → **dauphine**

deelboer → **deelsaaier**

deelnamekrisis n.
Die probleem om 'n nuut gevormde staat op so 'n wyse te organiseer dat populêre deelname aangemoedig en geïnstitusionaliseer word.
* *participation crisis* n.
The problem of organising a newly formed state in such a way that popular participation is encouraged and institutionalised.

deelnemende demokrasie n.
'n Stelsel waar burgers van die staat en belangegroepe direk aan die demokratiese besluitnemingsproses deelneem.
* *participatory democracy* n.
A system in which citizens of the state and interest groups directly participate in the democratic decision-making process.

deelnemende kultuur n.
'n Algemene gesindheid wat deelname aan besluitneming aanmoedig.
* *participatory culture* n.
A general attitude that encourages participation in decision-making.

deelnemende leierskap n.
'n Stelsel waarin kollektiewe leierskapbesluite aangemoedig word eerder as besluite deur slegs die leier.
* *participative leadership* n. (participatory leadership).
A system in which members of the leadership circle are encouraged to take part as opposed to decisions by the leader only.

deelnemende ontwikkeling n.
Ontwikkeling met insette van alle belanghebbendes.
* *participatory development* n.
Development with inputs from all stakeholders.

deelsaaier n. (deelboer).
'n Persoon wat op 'n plaas werk en vergoed word deur 'n deel van die oes en nie met geld nie.
* *sharecropper* n.
A person who works on a farm and is compensated by a share in the crop and not with money.

deelstaat n. (federale territoriale eenheid, konstituerende staat).
'n Samestellende politieke entiteit van 'n federale staat, met verskillende benamings soos staat (VSA), provinsie (Kanada), land (Duitsland) en kanton (Switserland).
* *constituent state* n. (federal territorial unit).
A constituent political entity of a federal state, variously known as state (USA), province (Canada), land (Germany) and canton (Switzerland).

deelstate n. <vir deelstate as meervoud van deelstaat, kyk deelstaat> (Länder).
Die samestellende streekeenhede van die Duitse federale republiek.
* *länder* n.
The constituent regional units of the German federal republic.

de facto-erkenning n. <kyk ook de jure-erkenning; erkenning>.
Die feitelike aanvaarding van die regering van 'n staat, ongeag die vorm, wetlikheid of aanneemlikheid van daardie staat se bewind.
* *de facto recognition* n. <see also de jure recognition; recognition>.
The factual acknowledgment of the government of a state, irrespective of the form, legality or acceptability of its regime.

defenestreer v. <letterlik: by 'n venster uitgooi>.
Om politieke opponente uit 'n party, regerende elite of regering te skop, gewoonlik dmv snelle optrede. Die term vind sy ontstaan in die defenestrasie (by die venster uitgooi) van Rooms-Katolieke adellikes in Praag in 1618, wat tot die Dertigjarige Oorlog aanleiding gegee het.
* *defenestrate* v. <literally: throw out of a window>.
To expel political opponents from a party, a ruling elite or a government, usually in a swift action. The term originated from the defenestration (throwing out of the window) of Roman Catholic nobles in Prague in 1618, leading to the Thirty Years War.

defensiewe oorlog n.
'n Oorlog wat geveg word om aggressie hok te slaan en bepaalde waardes te verdedig, insluitend gebiedsintegriteit. Dit sluit nie die aanwending van offensiewe operasies uit nie.
* *defensive war* n.
A war fought to contain aggression and defend specific values, including territorial integrity. It does not exclude the application of offensive operations.

D

defensiewe strategie n
'n Vorm van strategie waar die hoofhandelwyses defensief van aard is maar offensiewe operasies nie uitgesluit word nie.
* *defensive strategy* n.
A form of strategy where the main lines of action are defensive by nature without excluding offensive operations.

de iure-erkenning → **de jure-erkenning**

de jure-erkenning n. <kyk ook de facto-erkenning; erkenning> (de iure-erkenning).
Die aanvaarding van die regering van 'n staat as regmatig, wat slegs gegee word as die bewind wettig saamgestel, legitiem en vir die erkennende regering aanneemlik is.
* *de jure recognition* n. <see also de facto recognition; recognition> (de iure recognition).
The acknowledgement of the government of a state as lawful, granted only if the regime is legally constituted, legitimate and acceptable to the recognising government.

Dekaan van die Diplomatieke Korps → **Doyen van die Diplomatieke Korps**

Dekaan van die Diplomatieke Korps → **Doyenne van die Diplomatieke Korps**

dekking n.
Die beskermende gedaante wat 'n persoon of instelling aanneem om te verhoed dat sy/haar betrokkenheid by heimlike aktiwiteite ontbloot word.
* *cover* n.
The protective guise adopted by a person or institution to prevent his/her/its involvement in clandestine activities from being revealed.

dekodeer v.
Om 'n gekodeerde berig in gewone teks om te sit.
* *decode* v.
To transform a coded message into plain text.

dekoloniseer v.
Om te onttrek uit ('n kolonie); om onafhanklikheid toe te ken (aan 'n kolonie).
* *decolonise* v.
To withdraw from (a colony); to grant independence (to a colony).

demiurg n.
'n Publieke magistraat in 'n aantal antieke Griekse poleis (stadstate), bv. in Athene; letterlik iemand wat vir die mense werk.
* *demiurg* n.
A public magistrate in a number of ancient Greek poleis (city states), eg in Athens; literally someone who works for the people.

demografie n. (bevolkingstudie).
Die statistiese bestudering van bevolkings, wat aspekte dek soos geboortes, sterflikheid, huwelike, en rasse- en gendersamestelling.
* *demography* n.
The statistical study of populations, covering aspects such as births, mortality, marriages, health, and racial and gender composition.

demografiese oorgang n.
In 'n ontwikkelende samelewing, die verskuiwing van hoë sterfte en hoë vrugbaarheid na lae sterfte en lae vrugbaarheid.
* *demographic transition* n.
In a developing society, the shift from high mortality and high fertility to low mortality and low fertility.

demokrasie v. <kyk ook outoritarisme; totalitarisme>.
'n Owerheidsvorm waarin die mense die uiteindelike bron van politieke mag is en nie die regering nie. Verskeie vorme van demokrasie kan geïdentifiseer word; bevolkingsdeelname aan besluitneming en regering in openbare belang is nietemin die mees basiese grondreëls daarvan.
* *democracy* n. <see also authoritarianism; totalitarianism>.
A form of rule in which the people, and not the government, are the ultimate source of political power. Various forms of democracy may be identified; nevertheless, popular participation in decision-making and government in the public interest constitute its most basic precepts.

demokratiese konsolidasie → **konsolidasie van demokrasie**

demokratiese proses n.
'n Stelsel waarvolgens die regering verantwoording aan sy burgers verskuldig is en waarin die burgers vryelik aan die sosiale, politieke en ekonomiese sake van die staat deelneem.
* *democratic process* n.
A system whereby government is accountable to its citizens, and in which citizens freely participate in the social, political and economic affairs of the state.

demokratiese verkiesing n.
Die proses waardeur 'n verteenwoordigende regering deur die stemgeregtigde mense van 'n staat gekies word.
* *democratic election* n.
The process whereby a representative government is chosen by the enfranchised people of a state.

demokratiseer v.
Om 'n proses te volg waarin die uiteindelike bron van politieke mag van outoritêre regeerders oorgeplaas word na volwasse mense wat oor universele stemreg beskik.
* *democratise* v.
To follow a process in which the ultimate source of political power is transferred from authoritarian rules to adult people who have a universal franchise.

demokratisering n.
Die oorgang van 'n outoritêre regime na 'n demokrasie.
* *democratisation* n.
The transition from an authoritarian regime to democracy.

demonstrasie → **betoging**

demonstreer → **betoog**

demotiese nasie n.
'n Nasie waarvan die identiteit gegrond is op gedeelde administratiewe, politieke en militêre instellings sowel as die gemeenskaplike territoriale grense van die staat.
+ *demotic nation* n.
A nation whose identity is based on shared administrative, political and military institutions, as well as the common territorial boundaries of the state.

departement n.
'n Tak of onderafdeling van die staatsdiens.
+ *department* n.
A branch or subdivision of the public service.

departementstaal → **amptenaarstaal**

depolitiseer v.
Optrede waardeur 'n openbare kwessie uit aanhanger- en verdelende politiek gehaal word en vir besinning en besluitneming in 'n niepartydige arena geplaas word, bv om die kwessie van aborsie op aanvraag te depolitiseer.
+ *depoliticise* v.
An action whereby a public issue is taken out of partisan and divisive politics and placed in a nonpartisan arena for deliberation and decision making, eg to depoliticise the question of abortion on demand.

depopulasie → **ontvolking**

deportasie n. (uitsetting).
Verbanning of wegstuur van 'n ongewenste vreemdeling uit 'n staat uit na die staat van oorsprong.
+ *deportation* n.
Banishment or expulsion of an undesirable foreigner from a state to the state of origin.

deporteer v. (uitsit).
Om 'n ongewenste vreemdeling te verban of uit 'n staat weg te stuur.
+ *deport* v.
To banish or expel an undesirable foreigner from a country/state.

depressie n. <kyk ook resessie>.
In 'n ekonomie, 'n langdurige afname in sake-aktiwiteite, 'n vermindering van produksie en min kapitale belegging, wat massawerkloosheid en dalende lone tot gevolg het.
+ *depression* n. <see also recession>.
In an economy, a prolonged slump in business activity, a reduction in production and little capital investment, resulting in mass unemployment and falling wages.

derdegenerasieregte n. <kyk ook eerstegenerasieregte, tweedegenerasieregte>.
'n Breë spektrum van menseregte wat insluit die reg tot selfbeskikking, ekonomiese en maatskaplike ontwikkeling, vrede, intergenerasiebillikheid en 'n gesonde omgewing.
+ *third-generation rights* n. <see also first-generation rights, second-generation rights>.
A broad spectrum of human rights that involves the right to self-determination, economic and social development, peace, intergenerational equity and a healthy environment.

Derde Internasionaal → **Komintern**

derde mag n.
1. In Suid-Afrika beweerde agents provocateurs in veiligheidsverband, veral tydens die politieke oorgang in die vroeë 1990's. 2. 'n Formeel saamgestelde paramilitêre mag, bv Carabinieri in Italië en Rijkswacht in België.
+ *third force* n.
1. In South Africa alleged agents provocateurs in security context, especially during the political transition in the early 1990s. 2. A formally constituted paramilitary force, eg Carabinieri in Italy and Rijkswacht in Belgium.

derdevlakowerheid n.
In 'n hiërargie van drie owerhede, die laagste owerheidsvlak, bv. die plaaslike vlak.
+ *third-level authority* n. (third-tier authority).
In a hierarchy of three authorities, the lowest level of authority, eg local level.

Derdewêreld → **ontwikkelende wêreld**

deregulering n.
Die proses waardeur onnodige of omslagtige regulasies in openbare administrasie herroep en vereenvoudig word ten einde koste vir die belastingbetaler te besnoei en struikelblokke vir ekonomiese groei te verwyder.
+ *deregulation* n.
The process by which unnecessary or cumbersome regulations in public administration are repealed and simplified in order to cut costs to the taxpayer and remove obstacles to economic growth.

despoot n. <kyk ook outokraat en tiran>.
'n Heerser wat onbeperkte mag op 'n onderdrukkende manier uitoefen.
+ *despot* n. <see also autocrat and tyrant>.
A ruler that exercises unlimited power in an oppressive manner.

despotokrasie n.
Die uitoefening van onbeperkte politieke mag deur 'n persoon wat mense verdruk en onderdruk.
+ *despotocracy* n.
The exercise of unlimited political power by a person oppressing and suppressing people.

detensiebevel → **aanhoudingsbevel**

détente n. <Frans> (ontspanningspolitiek).
Die proses waardeur gespanne verhoudings tussen vyandige state verlig of ontspan word, bv détente tussen die VSA en die USSR tydens die Nixonpresidentskap in die 1970's.
+ *détente* n. <French>.
The process by which strained relations between antagonistic states are eased or relaxed, eg détente between the USA and the USSR during the Nixon presidency in the 1970s.

Deurlugtige Hoogheid n. <voorafgegaan deur U of Sy of Haar>.
Aanspreekvorm gebruik as gedeelte van sekere koninklike titels

D

D

♦ **Serene Highness** n. ⟨preceded by Your or His or Her⟩.
Form of address used as part of certain royal titles.

deursigtige politieke orde n.
'n Regeringstelsel met 'n lae vlak van geheimhouding, waarvan die binnewerking deur die burgers waargeneem en beoordeel kan word.
♦ **transparent political order** n.
A system of government with a low level of secrecy, of which the internal functioning can be observed and judged by citizens.

deurslaggewende belang n.
Een van daardie fundamentele beginsels waarop die politieke, sosiale en fisieke bestaan van 'n entiteit soos 'n staat gegrond is.
♦ **vital interest** n.
One of those fundamental priciples on which the political, social and physical existence of an entity such as a state is based.

devolusie van funksies → **afwenteling van funksies**

diachroniese analise → **diakroniese ontleding**

diakroniese ontleding n. (diachroniese analise).
'n Studie of ondersoek van 'n reeks voorvalle wat 'n opvolgende tydraam volg, bv daagliks, maandeliks, jaarliks.
♦ **diachronic analysis** n.
A study or investigation of a series of occurrences which follows a sequential time frame, eg daily, monthly, yearly.

dialektiek n.
'n Redeneerkuns of ondersoekmetode wat deur vraag en antwoord verloop, en daardeur aan 'n proses van stelling, teenstelling en samestelling voldoen.
♦ **dialectics** n.
An art of argument or method of inquiry that proceeds by question and answer, conforming to a process of thesis, antithesis and synthesis.

diargie n.
Heerskappy deur twee gelyke bewindhebbers in dieselfde politie, bv San Marino.
♦ **diarchy** n.
Rule by two equal rulers in the same polity, eg San Marino.

Diaspora n.
1. Die verstrooiing van die Jode in die 5de eeu vC na hulle wegvoering in ballingskap deur die Babiloniërs en weer na die Romeine se verowering van Palestina, veral na die vernietiging van die tempel in Jerusalem in 70 nC. 2. Die Joodse ballinggemeenskappe.
♦ **Diaspora** n.
1. The dispersion of the Jews in the 5th century BC after their exile by the Babylonians and again after the conquest of Palestine by the Romans, particularly after the destruction of the temple in Jerusalem in 70 AD. 2. The Jewish communities in exile.

diaspora n. (volksverstrooiing).
Oorspronklik die verstrooiing van 'n bevolking, dikwels weens kolonisering; later die kollektiewe

trauma van ballingskap saam met 'n intense verlange om terug te keer huis toe; tans die emosionele verhouding tussen migreerders en hulle tuisland.
♦ **diaspora** n.
Originally the dispersal of a population, often as a result of colonisation; later the collective trauma of being exiled, coupled with an intense longing to return home; currently the emotional relationship between migrants and their homeland.

diensgelastigde n.
Die persoon wat in die afwesigheid van die ambassadeur verantwoordelik is vir die funksionering van 'n ambassade.
♦ **chargé d'affaires** n. <French>.
The person charged with the business of an embassy in the absence of the ambassador.

diensplig n. (konskripsie).
Verpligte aansluiting by die gewapende magte.
♦ **conscription** n.
Compulsory enlistment in the armed forces.

dienspligontduiker n.
'n Persoon wat verpligte militêre diens ontwyk.
♦ **draft dodger** n.
A person who evades compulsory military service.

dienspligtige n.
'n Persoon wat verplig word om by die gewapende magte aan te sluit.
♦ **conscript** n.
A person who is compelled to enlist in the armed forces.

diepseevloot n. <kyk ook kusvloot; kusstrookvloot; aardbolvloot>.
'n Vloot wat voldoende sterkte om die see in afgeleë waters teen almal behalwe die magtigste opposisie te betwis, maar nie in staat is om meer as een sodanige operasie tegelykertyd aan te pak nie.
♦ **oceangoing navy** n. <see also coastal navy; littoral navy; global navy>.
A navy that has sufficient strength to contest the sea in distant waters against all but the most powerful opposition but unable to attempt more than one such operation at a time.

difaqane → **mfecane**

diktator n.
'n Absolute, outoritêre heerser.
♦ **dictator** n.
An absolute, authoritarian ruler.

diktatuur n.
'n Vorm van heerskappy waarin een persoon die oppergesag uitoefen.
♦ **dictatorship** n.
A form of rule in which a single person exercises supreme authority.

dinastie n.
'n Opeenvolging van erflike vorste, bv die Miengdinastie in China.
♦ **dynasty** n.
A sequence of hereditary rulers, eg the Ming dynasty in China.

dinkstigting n.
'n Instelling wat uit 'n groep spesialiste bestaan wat ten behoewe van kliënte navorsing oor bepaalde onderwerpe doen en oor daardie onderwerpe aan kliënte raad gee.
• **think tank** n.
An institution consisting of a group of specialists that undertake research into specificc subjects on behalf of clients and give advice to clients on those subjects.

diplomaat n.
'n Lid van die diplomatieke diens van 'n staat.
• **diplomat** n. (diplomatist <obsolescent>).
A member of the diplomatic service of a state.

diplomasie n.
1. Die voer van betrekkinge tussen 'n staat en ander state of internasionale organisasies deur die aanwending van vreedsame middele en behartig deur amptelike verteenwoordigers wat vir daardie doel aangestel word. 2. Die vaardigheid waarmee sodanige betrekkinge behartig word.
• **diplomacy** n.
1. The conduct of relations between a state and other states or international organisations, employing peaceful means and managed by official representatives appointed for that purpose. 2. The skill with which such relations are managed.

diplomatieke agent n.
Die hoof van 'n diplomatieke missie of 'n lid van die missie aan wie diplomatieke status verleen is.
• **diplomatic agent** n.
The head of a diplomatic mission or a member of the mission who has been accorded diplomatic status.

diplomatieke beampte n.
'n Persoon wat 'n amptelike funksie in die diplomatieke diens van 'n staat uitoefen.
• **diplomatic officer** n.
A person exercising an official function in the diplomatic service of a state.

diplomatieke betrekkinge n.
Die verhouding tussen state wat van so 'n aard is dat hulle onverhinderde kommunikasie met mekaar geniet, gewoonlik deur hulle diplomate.
• **diplomatic relations** n.
Relations between states that are of such a nature that they enjoy unhampered communication with each other, usually through their diplomats.

diplomatieke diens n.
Die funksionering van die geheel van die masjinerie betrokke by die voer van 'n staat se diplomasie.
• **diplomatic service** n.
The functioning of the whole complement of the machinery engaged in the conduct of a state's diplomacy.

diplomatieke immuniteit n. <diplomatieke voorregte en immuniteit>.
Die spesiale regsposisie wat diplomatieke missies en diplomatiek geakkrediteerde personeel in 'n ontvangstaat beklee ten einde die uitvoering van hulle funksies in daardie staat te vergemaklik.

• **diplomatic immunity** n. <diplomatic privileges and immunities>.
The special legal position that diplomatic missions and diplomatically accredited staff in a receiving state enjoy in order to facilitate the execution of their functions in that state.

diplomatieke korps n.
'n Groep bestaande uit al die diplomate wat by 'n bepaalde staat geakkrediteer is en onder leiding van 'n doyen as 'n instelling funksioneer.
• **diplomatic corps** n.
A group consisting of all the diplomats accredited to a particular state, led by a doyen and functioning as an institution.

diplomatieke laer n.
'n Beskermde area wat die kantore en/of die woonkwartier van 'n diplomatieke missie bevat.
• **diplomatic compound** n.
A protected area containing the offices and/or residential quarters of a diplomatic mission.

diplomatieke lys n.
'n Lys van alle persone wat diplomatieke status in 'n ontvangstaat geniet en wat gewoonlik deur die ontvangstaat gepubliseer word.
• **diplomatic list** n.
A list of all persons enjoying diplomatic status in a receiving state, usually published by the receiving state.

diplomatieke missie n.
Die diplomatieke entiteit wat 'n sendstaat of internasionale organisasie in 'n ontvangstaat of -organisasie verteenwoordig. Die hoof van missie woon gewoonlik, maar nie noodwendig nie, in die hoofstad van die ontvangstaat.
• **diplomatic mission** n.
The diplomatic entity representing a sending state or international organisation in a receiving state or organisation. The head of mission usually but not necessarily resides in the capital of the receiving state.

diplomatieke nota n.
'n Formele geskrewe kommunikasie tussen 'n diplomatieke missie en die ontvangstaat of internasionale organisasie.
• **diplomatic note** n.
A formal written communication between a diplomatic mission and the receiving state or international organisation.

diplomatieke paspoort n.
'n Reisdokument wat deur 'n sendstaat aan lede van sy diplomatieke diens, sekere ander regeringsbeamptes en hulle afhanklikes wat hulle vergesel, uitgereik word ten einde hulle ampsreise te vergemaklik. In die praktyk vergemaklik dit ook hulle private reise.
• **diplomatic passport** n.
A travel document issued by a sending state to members of its diplomatic service, certain other government officials and their accompanying dependants in order to facilitate their official travelling. In practice this also facilitates their private travelling.

D

diplomatieke rang n.

Enige van 'n aantal hiërargiese graderings in 'n diplomatieke missie wat aan lede van die sendstaat se buitelandse diens toegeken word, beginnende by ambassadeur as die mees senior, in dalende orde gevolg deur minister, raad, eerste sekretaris, tweede sekretaris en derde sekretaris. Die rang attaché word toegeken aan lede van ander departemente van die sendstaat wat by die diplomatieke missie toegevoeg word asook aan spesialislede van die sendstaat se buitelandse diens.

* **diplomatic rank** n.

Any of a number of hierarchical grades in a diplomatic mission allocated to members of the sending state's foreign service, starting with the ambassador as the most senior and followed in descending order by minister, counsellor, first secretary, second secretary and third secretary. The rank of attaché is accorded to members of other departments of the sending state attached to the diplomatic mission as well as to specialist members of the sending state's foreign service.

diplomatieke reg n.

Daardie deel van die internasionale reg wat die voer van diplomatieke betrekkinge beheer.

* **diplomatic law** n.

That part of international law that governs the conduct of diplomatic relations.

diplomatieke sak n.

'n Houer van die een of ander aard wat tussen 'n sendstaat en 'n diplomatieke missie beweeg en wat amptelike korrespondensie of artikels spesifiek vir diplomatieke gebruik bevat. Volgens internasionale gebruik word 'n diplomatieke sak gevrywaar van enige soort peutering deur enige persoon of instelling behalwe die sendstaat en sy diplomatieke missie.

* **diplomatic bag** n. (diplomatic pouch).

A container of some kind moving between a sending state and a diplomatic mission and containing official correspondence or articles specifically intended for diplomatic use. According to international custom a diplomatic bag is immune to any form of tampering by any person or institution except the sending state and its diplomatic mission.

diplomatieke status n.

Die stand van 'n lid van die diplomatieke personeel van 'n missie wat deur die ontvangstaat as 'n diplomatieke agent geakkrediteer is.

* **diplomatic status** n.

The standing of a member of the diplomatic staff of a mission who has been accredited as a diplomatic agent by the receiving state.

diplomatieke verteenwoordiger n.

'n Behoorlik geakkrediteerde lid van 'n diplomatieke missie.

* **diplomatic representative** n.

A duly accredited member of a diplomatic mission.

diplomatieke voorregte en immuniteit n. <ook na verwys as diplomatieke immuniteit>.

Die spesiale regsposisie wat diplomatieke missies en diplomatiek geakkrediteerde personeel in 'n ontvangstaat beklee ten einde die uitvoering van hulle funksies in daardie staat te vergemaklik. Dit behels eerstens die onskendbaarheid van die persone, kantore, wonings en dokumentasie van die missie en diplomatieke personeel; tweedens immuniteit ten opsigte van die kriminele en meeste van die siviele jurisdiksie van die ontvangstaat; en derdens sekere voorregte soos die vrystelling van belasting en aksynsreg.

* **diplomatic privileges and immunities** n. <also referred to as diplomatic immunity>.

The special legal position that diplomatic missions and diplomatically accredited staff in a receiving state enjoy in order to facilitate the execution of their functions in that state. This comprises firstly the inviolability of the persons, offices, residences and documentation of the mission and diplomatic staff; secondly immunity from the criminal and most of the civil jurisdiction of the receiving state; and thirdly certain privileges such as exemption of taxes and customs duties.

direkteskakeldiplomasie n.

Die bedryf van regstreekse betrekkinge met 'n buitelandse instelling deur 'n staatsministerie anders as die staat se eie buitelandse ministerie, en wat die buitelandse ministerie in die proses opsy skuif.

* **direct dial diplomacy** n.

The conduct of direct relations with a foreign institution by a government ministry other than the state's own foreign ministry, bypassing the foreign ministry in the process.

direkte verteenwoordiging n. <kyk ook indirekte verteenwoordiging> (regstreekse verteenwoordiging).

'n Kiesstelsel waarin verteenwoordigers regstreeks deur kiesers gekies word.

* **direct representation** n. <see also indirect representation>.

An electoral system in which representatives are chosen directly by voters.

direktief n.

'n Opdrag van hoër gesag wat voorskrifte vir uitvoering bevat.

* **directive** n.

An order from higher authority containing directions for execution.

disekwilibrium → onewewigtigheid

disinformasie n. <kyk ook waninformasie>.

Informasie wat doelbewus verwring of vervals is om die optrede van andere te beïnvloed, veral in inligtingsoperasies.

* **disinformation** n. <see also misinformation>.

Information that is deliberately distorted or falsified to influence the actions of others, especially in intelligence operations.

disintegrasie n.

Die resultaat van die segregasie van 'n geïntegreerde gemeenskap, soos 'n voorstad van gemengde rasse wat op die grondslag van rasseklassifikasie geskei word.

* **disintegration** n.

The result of the segregation of an integrated community, such as a mixed race suburb, on the basis of racial classification.

disinvestering n.
Die doelbewuste, ooreengekome afskud van beleggings ten einde druk op 'n regering of ander instelling uit te oefen om ongewenste beleid of optrede te verander.
• *disinvestment* n.
The deliberate, concerted shedding of investments in order to exert pressure on a government or other institution to change undesirable policies or actions.

disinvestering → **ontdoening**

diskriminasie n.
Bevordering van die belange van een groep ten koste van die regte van ander groepe.
• *discrimination* n.
Promoting the interests of one group at the cost of the rights of other groups.

diskriminerende beleid n.
Beleid wat sekere mense onbillik raak of ongelyke gevolge vir bepaalde groepe mense het.
• *discriminatory policy* n.
Policy that affects certain people unfairly or has unequal consequences for specific groups of people.

dissidensie → **andersdenkendheid**

dissiplinêre kode n. (tugkode).
'n Stel instruksies wat prosedures uiteensit om oortredings van 'n instelling se reëls te hanteer, insluitend die regte van die partye, strawwe en appèlprosedures.
• *disciplinary code* n.
A set of instructions detailing procedures for dealing with infractions of an institution's rules, including the rights of the parties, punishments and appeal procedures.

dissiplinêre komitee n. (tugkomitee).
'n Komitee met die bevoegdheid om tug toe te pas.
• *disciplinary committee* n.
A committee empowered to take disciplinary action.

distopie n.
'n Samelewing waarin die lewensomstandighede erbarmlik is, soos armoede, siekte, onderdrukking, geweld en besoedeling, teenoor utopie.
• *dystopia* n.
A society in which the conditions of life are miserable, such as poverty, disease, oppression, violence and pollution, as opposed to utopia.

diverse samelewing → **veelsoortige samelewing**

djehad n. <meer korrekte vorm in Afrikaans> (djihad, jihad <Arabies>).
'n Heilige Islamitiese stryd wat as 'n religieuse plig gevoer word.
• *jihad* n. <Arabic>.
A holy Islamic struggle waged as a religious duty.

djehadis n.
'n Persoon met Islamitiese oortuigings wat 'n heilige stryd teen Islam se opponente voorstaan.
• *jihadist* n.
A person of Islamic persuasion who advocates a holy struggle against the adversaries of Islam.

djihad → **djehad**

djomhoerija n.
'n Islamitiese republiek.

jamuhirya n. <Arabic> (jumhúriyah).
An Islamic republic.

doekvoetkommunis n.
'n Kommunis wat sy/haar politieke oortuigings verberg.
• *closet communist* n.
A communist who hides his/her political persuasions.

Doema n.
Die Russiese parlement.
• *Duma* n.
The Russian parliament.

dogma n. <kyk ook doktrine> (leer).
'n Beginsel of korpus van beginsels wat met sekerheid en oortuiging geleer of voorgestaan word.
• *dogma* n. <see also doctrine>.
A principle or body of principles that is taught or advocated with resolution and conviction.

dogmaties adj.
Verwys na die onbuigsame navolging van 'n ideologie of 'n stel oortuigings.
• *dogmatic* adj.
Pertaining to rigid adherence to an ideology or a set of beliefs.

doktrine n. <kyk ook dogma> (leer).
'n Belydenis of korpus van leerstellings van 'n religieuse, politieke of filosofiese groep wat aangebied word om te aanvaar of te glo.
• *doctrine* n. <see also dogma>.
A creed or body of teachings of a religious, political, or philosophical group presented for acceptance or belief.

doktrine vir buitelandse beleid → **buitelandsebeleidsdoktrine**

dollarisering n.
Die omvattende gebruik van VSA-dollars deur die mense van 'n staat weens die onstabiliteit van die plaaslike geldeenheid.
• *dollarisation* n.
The extensive use of USA dollars by the people of a state because of the instability of the local currency.

dominantepartystelsel → **oorheersendepartystelsel**

dooiepunt n.
'n Situasie waar opponerende partye gestuit word in hul soeke na 'n oplossing wat vir alle partye aanvaarbaar sou wees.
• *deadlock* n.
A situation where opposing parties are halted in their search for a solution that would be acceptable to all parties.

dorpsgebied n.
'n Dorpie of ander soort woongebied in die VSA, Kanada en die VK.
• *township* n.
A small town or other form of residential area in the USA, Canada and the UK.

doyen n.
Die mees senior lid van 'n beroep of aktiwiteit op grond van ondervinding en respek, bv die Doyen van die Diplomatieke Korps.

D

D

+ *doyen* n.
The most senior member of a profession or activity on the grounds of experience and respect, eg the Doyen of the Diplomatic Corps.

Doyenne van die Diplomatieke Korps n.
<manlike vorm Doyen van die Diplomatieke Korps> (Dekaan van die Diplomatieke Korps). Die titel van die mees senior vroulike, diplomatieke verteenwoordiger in 'n ontvangstaat.
+ *Doyenne of the Diplomatic Corps* n. <male form Doyen of the Diplomatic Corps> (Dean of the Diplomatic Corps).
The title of the most senior diplomatic, female representative in a receiving state.

Doyen van die Diplomatieke Korps n.
<vroulike vorm Doyenne van die Diplomatieke Korps> (Dekaan van die Diplomatieke Korps). Die titel van die mees senior diplomatieke verteenwoordiger van al die verteenwoordigers in 'n ontvangstaat.
+ *Doyen of the Diplomatic Corps* n. <female form Doyenne of the Diplomatic Corps> (Dean of the Diplomatic Corps).
The title of the most senior diplomatic representative of all states represented in a receiving state.

draai v.
Om 'n ander diens se agent om te draai om teen sy/haar oorspronklike diens te werk.
+ *turn* v.
To turn an agent of another service around to work against his/her original service.

drakoniese maatreëls n.
Uiters strawwe of hardvogtige aksies deur 'n staat in sy binnelandse of buitelandse verhoudings.
+ *draconian measures* n.
Extremely severe or harsh actions taken by a state in its internal or external relations.

dreigement n.
'n Verklaring van 'n voorneme om ellende of skade te berokken.
+ *threat* n.
A declaration of an intention to inflict misery or harm.

dreigpolitiek n.
Pogings om politieke oogmerke te bereik deur middel van verklaarde voornemens om skade, pyn of ellende op 'n teenstander neer te bring wat onwillig is om aan jou eise toe te gee.
+ *threatmanship* n.
Endeavouring to achieve political ends through stated intentions to inflict harm, pain or misery on an adversary who is unwilling to concede to one's demands.

drielynsweep n.
Opdrag van 'n politieke party aan sy parlementslede dat almal 'n spesifieke debat sal bywoon en op 'n voorgeskrewe wyse sal stem.
+ *three-line whip* n.
Instruction from a political party to its members of parliament that all of them should attend a specific debate and vote in a specified way.

drukgroep n.
'n Georganiseerde groep wat poog om die belange van sy lede te bevorder deur regeringsbeleid met kragdadige optrede te beïnvloed.
+ *pressure group* n.
An organised group that endeavours to advance the interests of its members by influencing government policy through vigorous action.

dubbelagent n. <kyk ook wisselagent>.
'n Agent van 'n inligtingsdiens van een staat of organisasie wat in die geheim deur 'n inligtings- of veiligheidsdiens van 'n ander staat gewerf is om teen sy/haar oorspronklike diens te werk.
+ *double agent* n. <see also dual agent>.
An agent of an intelligence service of one state or organisation who has been recruited secretly by an intelligence or security service of another state to work against his/her original service.

dubbele burgerskap n.
Die besit van gelyktydige burgerskap in twee state, bv geboorteland en land waarin woonagtig.
+ *dual citizenship* n.
The possession of simultaneous citizenship of two states, for example country of birth and country of residence.

duidelike meerderheid n.
'n Meerderheidvorm waarin die wennende aantal stemme 50% van die stemtotaal maklik oortref.
+ *clear majority* n.
A form of majority where the winning number of votes handsomely exceeds 50% of the total vote.

duikboot n.
'n Vaartuig wat vir onderwateroperasies ontwerp is. Dit is 'n belangrike komponent van 'n vloot se slaankrag, soos die opsporing en vernietiging van vyandelike skepe, maar ook verkenning, vervoer van spesiale magte, en landwaartse aanvalle met missiele.
+ *submarine* n.
A vessel designed for underwater military operations. It forms a formidable component of a navy's strike capabilities, such as locating and destroying enemy ships, but also reconnaissance, transport of special forces, and landward attacks with missiles.

dumping n.
Die optrede van 'n staat of maatskappy waardeur goedere aan 'n vreemde staat verkoop word teen ver onder die koste of ver onder die prys van die goedere in die staat van oorsprong.
+ *dumping* n.
The action of a state or company by which goods are sold to a foreign state at far below cost or far below the price of the goods in the state of origin.

duokrasie n.
Die uitoefening van politieke mag deur twee magsentrums waar 'n magtige monarg deur 'n magtige parlement gebalanseer word, bv die Moegoelryk in Indië gedurende bepaalde tydperke van die 16de en 17de eeue.

- *duocracy* n.

The exercise of political power by two centres of power where a powerful monarch is balanced by a powerful parliament, eg the Mogul Empire in India during certain periods of the 16th and 17th centuries.

dwang n.

Die handeling om instemming af te forseer deur die onregstreekse gebruik van mag.

- *coercion* n.

The action of compelling compliance by the indirect application of force.

dwangdiplomasie n.

Die onregstreekse aanwending van mag om diplomatieke oogmerke te bereik.

- *coercive diplomacy* n.

The indirect application of force to achieve diplomatic ends.

dwangdruk n.

Die gebruik van dreigemente om 'n staat of persoon te forseer om 'n gewenste gedragslyn te volg.

- *duress* n.

The use of threats to coerce a state or person to follow a desired line of action.

dwangmaatreël n.

Optrede om mag onregstreeks aan te wend ten einde instemming af te dwing.

- *coercive measure* n.

Action taken to apply force indirectly in order to compel compliance.

dwangmaatreëls → **sanksies**

dwangmag n.

Die vermoë om mag onregstreeks aan te wend ten einde 'n teenstander tot instemming te verplig.

- *coercive power* n.

The capacity to apply force indirectly in order to compel compliance of an opponent.

dwarsboompolitiek n. (obstruksiepolitiek).

Politiek wat gevoer word op 'n wyse wat primêr daarop gemik is om 'n teenstanderparty se optrede te dwarsboom eerder as om 'n positiewe program van sy eie voor te lê.

- *obstruction politics* n.

Politics being conducted in a way that primarily aims at thwarting the actions of an opposing party rather than offering a positive programme of its own.

dwelmbaas n.

Die hoof van 'n bende wat onwettig met verslawende dwelms handel dryf.

- *drug boss* n.

The head of a gang that illegally deals in addictive drugs.

dwelmplettering n.

Die vernietiging deur die polisie van 'n dwelmhandelbedryf.

- *drug bust* n.

The destruction by the police of a drug peddling operation.

dwelmsmokkelaar n.

'n Persoon wat verslawende dwelms onwettig en in die geheim in 'n land inbring.

- *drug runner* n. (drug smuggler <less used>).

A person who illegally and secretly brings addictive drugs into a country.

dwing v.

Om, deur die onregstreekse gebruik van mag, instemming met die wense van 'n persoon, instelling of staat af te forseer.

- *coerce* v.

To compel compliance with the wishes of a person, institution or state by the indirect application of force.

dwingende diensvereistes n. (dwingende vereistes van die diens).

Bepaalde omstandighede binne 'n owerheidsinstelling wat hom tot spesifieke optrede verplig.

- *exigencies of the service* n.

Certain circumstances within an institution of the authorities that compel the institution to take specific actions.

dwingende vereistes van die diens → **dwingende diensvereistes**

D

Ee

echelon n.
1. 'n Hiërargiese vlak in 'n instelling, bv die nasionale hoofkantoor van 'n politieke party is 'n hoër echelon as 'n plaaslike partykantoor. 2. In die weermag, 'n fisiese of funksionele skeiding van komponente van 'n hoofkwartier of kommandement, bv 'n voorechelon, steunechelon en agterechelon.
♦ *echelon* n.
1. A hierarchical level in an institution, eg the national head office of a political party is a higher echelon than a local party office. 2. In the armed forces, a physical or functional separation of components of a headquarters or command, eg a forward echelon, support echelon and rear echelon.

eenheidstaat → **uniale staat**

eenkamerwetgewer n. <kyk ook tweekamerwetgewer> (enkelkamerwetgewer, unikamerale wetgewer).
'n Wetgewende vergadering wat uit een kamer bestaan waarin verteenwoordigers vergader om wetgewing te maak.
♦ *unicameral legislature* n. <see also bicameral legislature>.
A legislative assembly consisting of one chamber in which representatives meet to legislate.

een-mens-een-stem n.
'n Politieke stelsel waarin elke volwasse persoon die reg het om te stem en waarin elke stem dieselfde gewig dra as dié van enige ander persoon.
♦ *one-person-one vote* n. (one-man-one vote <deprecated>).
A political dispensation in which each adult person has the right to vote and each vote having the same weight as that of any other person.

een-mens-een-stem-meerderheidsleer n. (meerderheidsbeginsel, meerderheidsheerskappy).
'n Politieke stelsel waarin 'n eenvoudige meerderheid in die parlement daartoe lei dat 'n enkele party die hele staatsmag bekom, met die uitsluiting van opposisiegroepe — 'n niemagsdelende meerderheid.
♦ *majoritarianism* n.
A political system in which a simple majority in parliament leads to a single party capturing the whole of state power to the exclusion of opposition groups — a non-powersharing majority.

eenpartyoorheersing n. (enkelpartyoorheersing).
'n Politieke stelsel waarin 'n enkele party verskeie opeenvolgende verkiesings met 'n substansiële meerderheid wen en vir 'n aansienlike tydperk teen 'n swak opposisie te staan kom — gewoonlik in die orde van 25 jaar en langer.
♦ *one-party dominance* n. (single-party domination).
A political system in which a single party wins numerous successive general elections with a substantial majority and faces a weak opposition for a considerable period of time — usually in the order of 25 years and longer.

eenpartystaat n. <kyk ook enkelpartystaat>.
'n Staat waar een politieke party alle formele politieke bedrywigheid monopoliseer, en ander partye gewoonlik nie toegelaat word om effektief aan politieke aktiwiteite deel te neem nie, bv die Duitse Demokratiese Republiek, 1946–1991. Ook soms na verwys as 'n partystaat.
♦ *one-party state* n. <see also single-party state>.
A state in which a single political party monopolises all formal political activity, and other parties are usually not allowed to participate effectively in political activities, eg the German Democratic Republic, 1946–1991. Also sometimes referred to as a party state.

eenpolige wêreld n.
'n Wêreld waar mag in die hande van een dominante staat geleë is.
♦ *unipolar world* n.
A world where power is located in the hands of one dominant state.

eensydig adj. <diplomasie>., <kyk ook bilaterale diplomasie; multilaterale diplomasie> (unilateraal).
'n Handeling wat deur slegs een party onderneem word; eensydige optrede, bv President George W Bush se verklaring dat die VSA eensydig teen 'n vyand sal optree indien die VN sou weier om 'n multilaterale benadering jeens die probleem te volg.
♦ *unilateral* adj. <diplomacy>., <see also bilateral diplomacy; multilateral diplomacy>.
An action undertaken by one party only; a one-sided action, eg President George W Bush's declaration that the USA would act unilaterally against an enemy should the UN refuse a multilateral approach to the problem.

eensydigheid n. <kyk ook bilateralisme; multilateralisme> (unilateralisme).
Selfstandige strategie om vraagstukke te hanteer, teenoor multilateralisme waar meervoudige bondgenote by probleemoplossing betrokke is.
♦ *unilateralism* n. <see also bilateralism; multilateralism>.
Self-reliant strategy for dealing with issues, as opposed to multilateralism where multiple allies for problem solving are involved.

eerlike makelaar n. <kyk ook bemiddelaar>.
'n Persoon of instelling wat as neutraal beskou word in 'n geskil tussen twee of meer politieke rolspelers, veral internasionale rolspelers, en wat die konflik probeer oplos deur 'n bemiddelingsrol te speel, bv Otto von Bismarck by die Kongres van Berlyn in 1878 of die VSA in Noord-Ierland circa 2005–2007.

* **honest broker** n. <see also mediator>.
A person or institution considered to be neutral in a dispute between two or more political actors, particularly international actors, and who attempts to resolve the conflict by playing a mediating role, eg Otto van Bismarck at the Congress of Berlin in 1878 or the USA in Northern Ireland circa 2005–2007.

eerstegenerasieregte n. <kyk ook tweedegenerasieregte, derdegenerasieregte>.
Menseregte wat hoofsaaklik te make het met vryheid en politieke deelname, soos vryheid van spraak, persvryheid, godsdiensvryheid en stemreg.
* **first-generation rights** n. <see also second-generation rights, third-generation rights>.
Human rights that mainly involve liberty and political participation, such as freedom of speech, freedom of the press, freedom of religion and voting rights.

eerste minister n. <kyk ook premier; president; primariusminister>.
1. Die regeringshoof in state met 'n parlementêre stelsel van uitvoerende gesag, sowel as beide 'n staatshoof en 'n regeringshoof. Gewoonlik die leier van die meerderheidsparty en/of koalisie en dikwels deur die staatshoof aangestel. 2. Die hoofminister en hoof van 'n kabinet in 'n monargie.
* **prime minister** n. <see also first minister; premier; president>.
1. The head of government in states with a parliamentary system of the executive, as well as both a head of state and a head of government. Usually the leader of the majority party and/or coalition and often appointed by the head of state. 2. The principal minister and head of a cabinet in a monarchy.

eerste-oor-die-wenstreep-kiesstelsel n.
'n Kiesstelsel waarin die kandidaat met die meeste stemme die verkiesing wen, dws die wenmeerderheid is relatief en nie volstrek nie.
* **first past the post electoral system** n.
An electoral system in which the candidate with the most votes wins the election, ie the winning majority is relative and not absolute or outright.

eerste slaanaanval n.
Die eerste aanval met kernwapens tydens 'n oorlog, gewoonlik as 'n voorspringhandeling.
* **first strike** n.
The first attack with nuclear weapons in a war, normally as a pre-emptive act.

eerstevlakowerheid n.
In 'n hiërargie van owerhede, die hoogste owerheidsvlak, bv. die nasionale vlak.
* **first-level authority** n. (first-tier authority).
In a hierarchy of authorities, the highest level of authority, eg national level.

Eerste Wêreld n. <kyk ook Tweedewêreld; Derdewêreld; Vierdewêreld>.
'n Versamelnaam vir die geïndustrialiseerde, niekommunistiese state van die wêreld, wat gewoonlik as die state van Noord-Amerika en Wes-Europa asook Japan, Australië en Nieu-Seeland gesien word.
* **First World** n. <see also Second World; Third World; Fourth World>.
A collective name for the industrialised noncommunist states of the world, usually perceived to be the states of North America and Western Europe, as well as Japan, Australia and New Zealand.

Eerste Wêreldoorlog n. <1914–1918> (Groot Oorlog <die Groot Oorlog>, WO I).
'n Belangrike globale oorlog tussen die Geallieerdes (oorspronklik Brittanje, Frankryk en Rusland) en die Sentrale Moondhede (oorspronklik Duitsland en Oostenryk-Hongarye) wat hoofsaaklik in Europa en die Midde Ooste gevoer is van 1914–1918. Dit het tot 'n einde gekom deur die Vredesverdrag van Versailles in 1919.
* **World War I** n. <1914–1918> (First World War, Great War <the Great War>, WW I).
A major global war between the Allies (originally Britain, France and Russia) and the Central Powers (originally Germany and Austria-Hungary), mainly fought in Europe and the Middle East from 1914–1918. It came to an end with the signing of the Treaty of Versailles in 1919.

EES → **eksklusiewe ekonomiese sone**

EGA → **Ekonomiese Gemeenskap van Afrika**

egalitarisme n. (gelykheidsleer).
'n Ideologie wat ekonomiese, sosiale en politieke gelykheid beklemtoon.
* **egalitarianism** n. (equalitarianism).
An ideology stressing economic, social and political equality.

egte leier → **outentieke leier**

eklektiese benadering n.
'n Benadering tot sistematiese ondersoek wat meer as een of veelvuldige metodes gebruik.
* **eclectic approach** n.
An approach to systematic inquiry that makes use of more than one or multiple methods.

ekologiese denkfout n. <kyk ook individualistiese denkfout>.
'n Fout in informele logika waar 'n afleiding oor 'n individu op grond van versamelde gegewens vir 'n groep gemaak word, bv die Amerikaanse samelewing het 'n kapitalistiese inslag, daarom is my Amerikaanse kollega 'n aanhanger van kapitalisme.
* **ecological fallacy** n. <see also individualistic fallacy>.
An error in informal logic where an inference is made about an individual based on aggregate data for a group, eg American society is capitalistic in orientation, therefore my American colleague is a follower of capitalism.

ekologisme n.
'n Ideologie wat op die oortuiging gegrond is dat daar 'n essensiële skakel tussen die mensdom en die natuurlike wêreld is, en dat die gesondheid van die ekostelsel voorrang bo menslike belange behoort te geniet.

E

♦ ecologism n.
An ideology based on the belief that there is an essential link between humankind and the natural world, and that the health of the ecosystem should have priority over human interests.

ekonomie n.
1. Die kuns om die hulpbronne van 'n volk en sy regering te bestuur. 2. Die ekonomiese stelsel van 'n staat.
♦ economy n.
1. The art of managing the resources of a people and of its government. 2. The economic system of a state.

ekonomies bedrywige bevolking n.
Daardie segment van die bevolking wat by die produksie van goedere en dienste betrokke is, in teenstelling met mense wat nie by aktiewe werk betrokke is nie, soos pensioenarisse en kinders.
♦ economically active population n.
That segment of the populace that is involved in the production of goods and services, in contrast to people who are not engaged in active work, such as pensioners and children.

ekonomiese diplomasie n.
Die gebruik van ekonomiese hulpbronne as aansporing of straf om die nasionale belang van 'n staat te bevorder.
♦ economic diplomacy n.
The use of economic resources as rewards or punishment to further the national interest of a state.

ekonomiese dwang n.
Die gebruik van 'n staat se ekonomiese vermoë om gedrag in 'n ander staat, dikwels 'n teenstander of skurkstaat te beïnvloed of af te dwing, bv 'n olie-embargo.
♦ economic force n.
The use of a state's economic capacity to enforce or influence behaviour in another, often a rival or rogue state, eg an oil embargo.

Ekonomiese Gemeenskap van Afrika n.
(EGA).
'n Assosiasie van Afrikastate, wat deur 'n formele verdrag in 1994 in werking gestel is, om sosiale en kulturele samewerking tussen hulle te bevorder ten einde transformasie en volhoubare ontwikkeling te versnel. Dit is 'n opvolger van die Afrikagemeenskapsmark.
♦ African Economic Community n. (AEC).
An association of African states, operationalised by formal treaty in 1994, to promote social and cultural cooperation among them in order to accelerate transformation and sustained development. Successor to the African Common Market.

ekonomiese lewensvatbaarheid n. <van 'n staat>.
Die vermoë van 'n staat om volgehoue ekonomiese groei en ontwikkeling te handhaaf.
♦ economic viability n. <of a state>.
The ability of a state to achieve sustained economic growth and development.

ekonomiese migrant → **ekonomiese migreerder**

ekonomiese migreerder n. (ekonomiese migrant).
'n Persoon wat oor grense reis met 'n uitsluitlik ekonomiese doelwit, soos indiensneming, handel of selfindiensneming.
♦ economic migrant n.
A person who travels across borders for a purpose that is expressly economic, such as employment, trading or self-employment.

ekonomiese oorlogvoering n.
Die toepassing van dwang met ekonomiese middele om nasionale doelwitte te bereik.
♦ economic warfare n.
The coercive use of economic means to achieve national objectives.

ekonomiese samelewing n.
'n Segment van die sosiale orde wat materiële belange nastrewe.
♦ economic society n.
A segment of the social order that pursues material interests.

Eksellensie n.
Voorafgegaan deur U, Sy of Haar, 'n aanspreekvorm of titel wat gebruik word vir sowel sommige staatshoofde as ambassadeurs en ander hooggeplaaste beamptes.
♦ Excellency n.
Preceded by Your, His or Her, a title used to address or to refer to some heads of state, as well as ambassadors and some high ranking officials.

eksilargie n.
Heerskappy oor 'n etniese of godsdienstige diaspora eerder as oor 'n gegewe grondgebied, gewoonlik slegs met bevoegdheid ten opsigte van aangeleenthede soos kultuur. Voorbeelde is die regering van die Jode in ballingskap in die 6de eeu vC en die godsdienstige bevoegdheid van die Pous oor lede van die Rooms-Katolieke geloof ongeag waar hulle woon.
♦ exilarchy n.
Rule over an ethnic or religious diaspora rather than over a given territory, usually only with powers such as with regard to cultural matters. Examples are the governance of the Jews in exile in the 6th century BC and the religious powers of the Pope over people of the Roman Catholic faith irrespective of where they live.

eksklave n. <kyk ook enklave>.
Die grondgebied van 'n staat wat nie direk toeganklik is nie omdat dit algeheel deur die grondgebied van ander state of deur water omring is, bv Cabinda is 'n eksklave van Angola.
♦ exclave n. <see also enclave>.
The territory of a state which cannot be accessed directly since it is completely surrounded by territory of other states, or water, eg Cabinda is an exclave of Angola.

eksklusiewe belangegroep n.
'n Organisasie wat alleenlik die spesifieke sosiale, ekonomiese of politieke belange van sy lede bevorder.

◆ *exclusive interest group* n.
An organisation that solely advances specific social, economic or political interests of its members.

eksklusiewe drukgroep n.
Volgens Maurice Duverger, 'n organisasie wat uitsluitlik gerig is op handelinge in die politieke domein en dus nie ander redes vir sy bestaan het nie en ook nie oor ander handelswyses beskik nie.

◆ *exclusive pressure group* n.
According to Maurice Duverger an organisation that is solely concerned with taking action in the political domain and thus does not have other reasons for its existence or other means of action.

eksklusiewe ekonomiese sone n. <kyk ook gebiedswater> (EES).
'n Gebied van die kus tot 200 seemyl seewaarts waarin die kusstaat die reg het om alle lewende en nielewende hulpbronne te eksploreer, ontgin en bewaar.

◆ *exclusive economic zone* n. <see also territorial waters> (EEZ).
An area from the coast up to 200 nautical miles seaward in which the coastal state has the right to explore, exploit and conserve all living and nonliving resources.

eksklusiewe wetgewende bevoegdheid n.
<kyk ook gelyklopende bevoegdheid; residuele wetgewende bevoegdheid>.
Wetgewende bevoegdheid wat slegs deur 'n gespesifiseerde wetgewer uitgeoefen word, tot uitsluiting van ander wetgewende instellings in 'n staat, bv 'n provisiale wetgewer kan oor wetgewende bevoegdhede beskik wat nie aan die nasionale parlement gegee word nie.

◆ *exclusive legislative powers* n. <see also concurrent powers; residual legislative powers>.
Legislative powers that are exercised only by a specified legislature, excluding other legislative institutions in a state; eg a provincial legislature could have legislative authority that is not granted to the national parliament.

eksogene ontwikkeling n.
'n Ontwikkelingsproses of -aktiwiteit wat deur 'n persoon of instelling aan die gang gesit word wat nie 'n integrale deel van 'n gemeenskap of streek is nie.

◆ *exogenous development* n.
A development process or activity initiated by a person or institution who is not an integral part of a community or region.

ekspansionisme n. (uitbreidingsdrang).
'n Leerstelling of praktyk in internasionale verhoudinge waardeur 'n staat poog om sy invloedsfeer en mag oor ander state, streke en internasionale instellings uit te brei.

◆ *expansionism* n.
A doctrine or practice in international relations by which a state tries to increase its sphere of influence and power over other states, regions and international institutions.

eksploitasie n. (uitbuiting).
Die onbillike of selfsugtige gebruik van mense vir persoonlike voordeel.

◆ *exploitation* n.
The unfair or selfish use of people for personal advantage.

ekspropriasie → onteiening

eksterne militêre aggressie n.
Onuitgelokte, offensiewe militêre optrede teen 'n ander staat.

◆ *external military aggression* n.
Unprovoked, offensive military action against another state.

eksterne selfbeskikking n.
Die vermoë om die aard van verhoudinge met ander state sonder die tussenkoms of bemiddeling van derde partye te bepaal.

◆ *external self-determination* n.
The ability to determine the nature of relations with other states without the intervention or mediation of third parties.

ekstraktiewe vermoë → onttrekkingsvermoë

ekstraterritoriale gebied → buiteterritoriale gebied

ekstreme konserwatisme → uiterste konserwatisme

ekstreme linkses → uiterste linkses

ekstreme regses → uiterste regses

ekstremis n.
'n Persoon wat oordrewe, ontoegeeflike en onbuigsame sienings met betrekking tot die politiek, ekonomie en samelewing huldig.

◆ *extremist* n.
A person who holds excessive, tough-minded and uncompromising views regarding politics, economics and society.

eleksie → verkiesing

elite n.
Die toonaangewende minderheid met invloed, status en gesag binne 'n groep of samelewing.

◆ *elite* n.
The leading minority with influence, status and authority within a group or society.

elitisme n.
1. Die oortuiging dat die samelewing deur 'n uitgesoekte groep begaafde en hoogs opgevoede individue regeer behoort te word. 2. Trots op of bewustheid daarvan om lid van 'n uitsoekgroep te wees.

◆ *elitism* n.
1. The belief that society should be governed by a select group of gifted and highly educated individuals. 2. Pride in or awareness of being one of an elite group.

embargo n. (verbod).
1. 'n Voorskrif dat die inhoud van 'n dokument nie voor 'n bepaalde datum en tyd gepubliseer of bekend gemaak mag word nie. 2. Die amptelike opskorting van gespesifiseerde handels- of ander wederkerende betrekkinge as 'n strafmaatreël teen 'n ander staat of state. 3. 'n Amptelike bevel van 'n

E

E

staat wat skepe of vliegtuie van 'n ander staat of staat verbied om sy hawes of lughawes te gebruik.

• **embargo** n.

1. Prohibition of the publication or disclosure of the contents of a document before a set date and time.
2. The official suspension of specified commercial or other reciprocal relations as a punitive measure against another state or states. 3. An official order of a state forbidding ships or aircraft of another state or states to use its ports or airports.

emigrant n.

'n Persoon wat sy/haar geboortestaat permanent verlaat ten einde hom/haar in 'n ander staat te vestig.

• **emigrant** n.

A person who permanently leaves his/her native state in order to settle in another state.

émigré n. <Frans>.

'n Emigrant, in besonder 'n persoon wat sy/haar geboorteland om politieke redes verlaat.

• **émigré** n. <French>.

An emigrant, especially a person forced to leave his/her native country for political reasons.

emigreer v.

Om jou eie staat, veral jou staat van geboorte, te verlaat om jou permanent in 'n ander staat te gaan vestig.

• **emigrate** v.

To leave one's state, especially a native state, to permanently settle in another state.

emir n. <Arabies>.

1. 'n Regeerder, bevelvoerder of goewerneur in die Islamitiese wêreld. 2. In sommige gevalle 'n titel vir 'n nasaat van die Profeet Mohammed.

• **emir** n. <Arabic>.

1. A ruler, commander or governor in the Islamic world. 2. In some cases a title for a descendant of the Prophet Mohammed.

emiraat n.

Die regering, jurisdiksie of grondgebied van 'n emir.

• **emirate** n.

The government, jurisdiction, or territory of an emir.

empaaier n.

1. 'n Neerhalende verwysing na die Britse Ryk, veral in die twintigste eeu. 2. In organisasies, die institusionalisering van eiebelang.

• **empire** n.

1. A pejorative reference to the British empire, especially in the twentieth century. 2. Within organisations, the institutionalisation of self-interest.

Engelssprekende Afrika n. <kyk ook Arabies-Afrika; Franssprekende Afrika; Portugeessprekende Afrika>.

Die gebiede in Afrika wat hoofsaaklik Engels as openbare kommunikasietaal gebruik.

• **Anglophone Africa** n. <see also Arab Africa; Francophone Africa; Lusophone Africa> (English-speaking Africa).

The areas in Africa that use mainly English as public language of communication.

enkelkamerwetgewer → **eenkamerwetgewer**

enkelindverteenwoordiging n.

'n Stelsel waar een persoon 'n kiesafdeling of stemdistrik verteenwoordig.

• **single-member representation** n.

A system where one person represents a constituency or voting district.

enkelpartyoorheersing → **eenpartyoorheersing**

enkelpartystaat n. <kyk ook eenpartystaat>.

'n Staat waar een politieke party uitsluitlik in beheer van die politieke bestel is.

• **single-party state** n. <see also one-party state>.

A state in which a single political party is exclusively in charge of the body politic.

enklave n. <kyk ook eksklave> (omringde grondgebied).

'n Betreklike klein strook land of grondgebied van 'n staat wat deur die gebied van 'n enkele buitelandse staat omsluit word, bv voor die hereniging van Oos- en Wes-Duitsland was Berlyn 'n enklave omrede dit volkome omring was deur Oos-Duitse gebied.

• **enclave** n. <see also exclave>.

A relatively small tract of land or territory of one state enclosed by the territory of a single foreign state, eg prior to the unification of East and West Germany, Berlin was an enclave because it was completely surrounded by territory of East Germany.

enkodeer v.

Om gewone teks dmv 'n kode in geheime vorm om te sit.

• **encode** v.

To transform plain text into secret form by means of a code.

erflike adellike n.

'n Aristokraat in die VK wat sy/haar titel erf en in sommige gevalle die reg het om in die Hoërhuis te sit.

• **hereditary peer** n.

An aristocrat in the UK who inherits his/her title and in some cases has the right to sit in the House of Lords.

erfopvolger n. <kyk ook aangewese erfgenaam; vermoedelike opvolger> (kroonprins/kroonprinses, regmatige erfgenaam).

'n Koninklike erfgenaam wie se reg op opvolging nie getroef kan word nie, op voorwaarde dat hy/sy sy/haar voorsaat oorleef.

• **heir apparent/heiress apparent** n. <see also heir designate; heir presumptive> (crown prince/crown princess).

A royal heir whose right to succeed the ruling monarch cannot be defeated provided he/she survives his/her ancestor.

ergotokrasie n.

Die uitoefening van politieke mag deur die werkers.

* **ergotocracy** n. (ergatocracy).
The exercise of political power by the workers.

erkenning n. <kyk ook de facto-erkenning; de jure-erkenning>.
1. Die formele erkenning van die soewereiniteit van 'n staat deur 'n ander staat of internasionale instelling. 2. Die formele erkenning deur 'n staat, of deur 'n internasionale instelling, van die regering van 'n ander staat as die feitelike regering van daardie staat, dikwels wanneer 'n bestaande regering deur 'n rebelle- of mededingende groep omver gewerp is.
* **recognition** n. <see also de facto recognition; de jure recognition>.
1. The formal acknowledgement of the sovereignty of a state by another state or international institution. 2. The formal acknowledgment by a state, or by an international institution, of the government of another state as the factual government of that state, often when there has been an overthrow of an existing government by a rebellious or contending group.

eskalasie n. (eskalering).
'n Snelle toename in die erns, intensiteit en omvang van 'n konflik.
* **escalation** n.
A rapid increase in the gravity, intensity and extent of a conflict situation.

eskaleer v.
In die konteks van die erns, intensiteit en bestek van 'n konfliksituasie, om te verhoog in stadiums wat dikwels kort op mekaar voorkom.
* **escalate** v. <intransitive>.
In the context of the gravity, intensity and extent of a conflict situation, to become greater in stages that often occur in rapid sequence.

eskaleer v.
Om die erns, intensiteit en bestek van 'n konfliksituasie te laat verhoog in stadiums wat dikwels kort op mekaar voorkom.
* **escalate** v. <transitive>.
To cause the gravity, intensity and extent of a conflict situation to increase in stages that often occur in rapid sequence.

eskalering → **eskalasie**

establishment n. <die establishment>.
'n Groep mense met gevestigde belange en institusionele gesag binne 'n samelewing, bv diegene wat regeringsinstellings beheer.
* **establishment** n. <the establishment>.
A group of people with vested interests having institutional authority within a society, eg those who control government institutions.

etnargie n.
'n Vorm van heerskappy waarin 'n etniese groep of groepe die grondslag van politieke mag vorm, in teenstelling met individue wat die grondslag van politieke mag in 'n demokrasie vorm.
* **ethnarchy** n.
A form of rule in which an ethnic group or groups form the basis of political power, in contrast to individuals who form the basis of political power in a democracy.

etnie n. <mv etnieë>.
'n Voornasionale etnokulturele groep met 'n eiesoortige naam en gedeelde kultuur.
* **ethnie** n.
A prenational ethno-cultural group with a distinctive name and shared culture.

etnies adj.
Met betrekking tot 'n samelewingsgroep wat eiesoortige kulturele kenmerke deel.
* **ethnic** adj.
With regard to a group in society sharing distinctive cultural characteristics.

etniese diversiteit n.
Die teenwoordigheid van verskeie kulturele groepe binne 'n bepaalde samelewing.
* **ethnic diversity** n.
The presence of various cultural groups within a particular society.

etniese groep n.
'n Groep wat op die grondslag van verskillende kulturele eienskappe en gebruike geïdentifiseer word, bv Zoeloes en Japannese.
* **ethnic group** n.
A group identified on the basis of various cultural traits and customs, eg Zulus and Japanese.

etniese suiwering n.
'n Doelbewuste poging, gebaseer op kulturele vooroordeel en sosiale diskriminasie, om 'n bepaalde kulturele, taalkundige of godsdiensgroep uit 'n gemeenskap te verwyder.
* **ethnic cleansing** n.
A deliberate effort, based on cultural prejudice and social discrimination, to eliminate a particular cultural, linguistic or religious group from a society.

etniese uitwissing n.
Pogings om 'n gebied en die samelewing van die ongewenste teenwoordigheid van bepaalde kulturele groepe deur middel van volksmoord te bevry.
* **ethnic extermination** n.
Attempts to rid an area and society of the unwanted presence of particular cultural groups through genocide.

etnogenie n.
Die veld in etnologie wat die studie van die oorsprong van rasse en volke dek.
* **ethnogeny** n.
The field in ethnology dealing with the study of the origin of races and people.

etnokrasie n.
Die uitoefening van politieke mag deur lede van 'n bepaalde etniese groep.
* **ethnocracy** n.
The exercise of political power by members of a particular ethnic group.

etnonasionalisme → **etnosentriese nasionalisme**

etnos n.
'n Groep mense wat 'n eenheid vorm op grond van 'n werklike of vermeende gemeenskaplike afkoms asook 'n gemeenskaplike identiteitsbesef en kultuur wat oor 'n lang periode van samewoon ontwikkel is en deur andere erken word.

E

E

+ *ethnos* n.
A group of people forming a unit on the grounds of a real or imagined common descent as well as a common sense of identity and culture developed over a long period of coexistence and recognised by others.

etnosentriese nasionalisme n.
(etnonasionalisme).
'n Nasionalisme gegrond op die begrip van staatskap vir 'n spesifieke volk of etnos.
+ *ethnocentric nationalism* n.
(ethnonationalism).
A nationalism based on the concept of statehood for a specific people or ethnos.

etnosentrisme n.
'n Intense vereenselwiging met jou eie etniese groep, kultuur of volk.
+ *ethnocentrism* n.
An intense identification with one's own ethnic group, culture or people.

eurokrasie n.
Die burokrasie van die Europese Unie.
+ *eurocracy* n.
The bureaucracy of the European Union.

Europese Herstelprogram n. (Marshallplan <algemene gebruik>).
Die skema van die VSA se departement van buitelandse sake onder buitelandse minister George Marshall om Europa se ekonomieë na die verwoesting van die Tweede Wêreldoorlog te herkapitaliseer en nuwe lewe in hulle te blaas, informeel bekend as die Marshallplan en in bedryf van 1948 tot 1952.
+ *European Recovery Programme* n.
(Marshall Plan <general usage>).
The scheme of the USA State Department under Secretary of State George Marshall to recapitalise and revitalise the economies of Europe after the devastation of World War II, informally called the Marshall Plan and in operation from 1948 to 1952.

Euroskeptisisme n.
Afkeer van die Europese Unie (EU), wat hoofsaaklik bestaan uit kritiek op spesifieke EU-beleidsaspekte (bekend as sagte Euroskeptisisme); terwyl teenkanting teen die bestaan of lidmaatskap van die EU bekend is as harde Euroskeptisisme.
+ *Euroscepticism* n.
Antipathy towards the European Union (EU), consisting mainly of criticism of specific EU policies (known as soft Euroscepticism); while opposition to the existence or membership of the EU is known as hard Euroscepticism.

eutopie n.
'n Visie van 'n denkbeeldige plek waar die politieke en sosiale orde so goed is as wat dit kan wees.
+ *eutopia* n.
A vision of an imaginary place where the political and social order is as good as it can be.

exequatur n.
Die amptelike dokument waarin 'n staatshoof die aanstelling van 'n buitelandse konsulêre beampte in 'n bepaalde stad, en met 'n bepaalde regsgebied, erken.
+ *exequatur* n.
The official document in which a head of state acknowledges the appointment of a foreign consular official in a particular city, and with a specific area of jurisdiction.

ex officio → **ampshalwe**

Ff

faki n. <Arabies>.
'n Deskundige in Islamreg of regsleer.
+ **faqih** n. <Arabic>.
An expert in Islamic law or jurisprudence.

faksiegevegte n.
1. Wedywering en konflik tussen seksies en gemeenskappe binne 'n groter samestelling.
2. Bakleiery tussen verskeie sibbes en families van 'n stam. 3. Binnegevegte tussen afdelings binne 'n bepaalde politieke party.
+ **faction fighting** n.
1. Rivalries and conflict among sections and communities within a larger formation. 2. Fighting among various clans and families in a tribe.
3. Infighting among divisions within a particular political party.

faksionalisme n.
Die hardnekkige bestaan van faksies of verdelings binne 'n party, staat of ander politieke instelling.
+ **factionalism** n.
The persistence of factions or divisions within a party, state or other political institution.

Falangisme n.
'n Nasionalistiese, outoritêre en kerklik gesteunde politieke beweging wat gewoonlik met Spanje se generaal Fransisco Franco tussen 1936 en 1975 geassosieer word maar ook in Libanon en sommige Latyns-Amerikaanse diktatorskappe aangetref word.
+ **Falangism** n.
A nationalist, authoritarian and church supported political movement, usually associated with Generalissimo Fransisco Franco between 1936 and 1975, but also found in Lebanon and some Latin American dictatorships.

Falasja → **Beta-Israel**

falsifieer v.
Die aanwend van die metode wat deur Karl Popper as 'n wetenskapsfilosofie ontwerp is, dws dat proposisies deur falsifikasie getoets word eerder as om deur verifikasie bevestig te word.
+ **falsify** v.
Applying the method originated by Karl Popper as a philosophy of science, ie that propositions are tested by falsification rather than confirmed by verification.

falsifikasionis n.
'n Persoon wat Karl Popper se wetenskapsfilosofie as leerstelling of doktrine beskou; in teenstelling met 'n verifikasionis.
+ **falsificationist** n.
A person who views Karl Popper's philosophy of science as a doctrine, as opposed to a verificationist.

falsifikasionisme n.
Karl Popper se wetenskapsfilosofie wat as 'n houding of doktrine aanvaar word, in teenstelling met verifikasionisme.

+ **falsificationism** n.
Karl Popper's philosophy of science held as an attitude or doctrine, as opposed to verificationism.

fasadedemokrasie → **skyndemokrasie**

fascisme n.
'n Politieke ideologie wat deur 'n geloof in antirasionalisme, stryd, charismatiese leierskap, elitisme, staatstotalitarisme en uiterste nasionalisme gekenmerk word. Dit word in besonder met Benito Mussolini se bewind in Italië circa 1922–1945 geassosieer.
+ **fascism** n.
A political ideology characterised by a belief in antirationalism, struggle, charismatic leadership, elitism, state totalitarianism and extreme nationalism. It is particularly associated with Benito Mussolini's regime in Italy circa 1922–1945.

fatwa n.
'n Dekreet of 'n regsmening of bevinding deur 'n erkende Islamitiese geleerde.
+ **fatwah** n.
A decree or a legal opinion or ruling issued by a recognised Islamic scholar.

fedajien n. <mv; Arabies>.
Vryheidsvegters of selfopofferaars wat aan militante groepe gekoppel is, veral in die Arabiese wêreld op verskillende tye in die geskiedenis.
+ **fedayeen** n. <pl; Arabic>.
Freedom fighters or self-sacrificers linked to militant groups, particularly in the Arab world at different times in history.

federale grondwet n. (federale konstitusie).
Die grondwet van 'n federale staat. Dit is gewoonlik onbuigsaam, reël die verhoudings tussen die federale en deelstate en kan beregtig word.
+ **federal constitution** n.
The constitution of a federal state. It is usually rigid, organises the relationship between the federal state and its constituent states and is justifiable.

federale hof n.
Die hof van 'n federale staat met slegs jurisdiksie oor federale aangeleenthede.
+ **federal court** n.
The court of a federal state with jurisdiction only in federal matters.

federale instelling n.
'n Nasionale instelling van 'n federale staat, bv die regering, wetgewer en staatsadministrasie.
+ **federal institution** n.
A national institution of a federal state, eg its government, legislature and administration.

federale kongres n.
1. Die nasionale wetgewer van 'n federale staat.
2. 'n Nasionale byeenkoms van selfstandige deeleenhede van streekgeorganiseerde instellings soos 'n vakverbond of 'n politieke party.

F

• **federal congress** n.
1. The national legislature of a federal state. 2. A national meeting of the autonomous constituent units of regionally organised institutions such as a labour federation or a political party.

federale konstitusie → **federale grondwet**

federale raad n.
1. Die uitvoerende gesag (regering) in sommige federale state, bv Switserland. 2. 'n Uitvoerende komitee waarop 'n aantal outonome dele of eenhede verteenwoordig word.
• **federal council** n.
1. The executive (government) in some federal states, eg Switzerland. 2. An executive committee on which a number of autonomous parts or units are represented.

federale regering n.
Die nasionale of sentrale regering van 'n federale staat wat onderskei word van die individuele regerings van die deelstate.
• **federal government** n.
The national or central government of a federal state as distinct from the individual governments of the constituent states.

federale staat n. <kyk ook uniale staat> (federasie).
'n Staat wat uit verskeie regionale regerings bestaan, waarvan elk 'n sekere mate van outonomie geniet, bv met betrekking tot onderwys.
• **federal state** n. <see also unitary state> (federation).
A state consisting of various regional governments, each enjoying some measure of autonomy, eg with regard to education.

federale territoriale eenheid → **deelstaat**

federalisme n.
Die leerstuk sowel as praktyk dat 'n federale stelsel of staatsvorm die voorkeurmanier is om 'n staat te organiseer wat uit verskillende samestellende eenhede en moontlik uiteenlopende bevolkingsgroepe bestaan.
• **federalism** n.
The doctrine as well as practice that teaches that a federal system or form of state is the preferred way of organising a state consisting of various constituent units and possibly diverse population groups.

federasie → **federale staat**

federasie n. <kyk ook unie>.
1. 'n Politieke entiteit wat uit 'n aantal kleiner eenhede of state saamgestel word waar die federale regering se bevoegdheid beperk word tot grondwetlik bepaalde nasionale kwessies soos buitelandse beleid en verdediging en die individuele state, streke of provinsies 'n hoë mate van regs- en politieke outonomie behou. Voorbeelde is die VSA, Kanada, Australië, Indië en die Bondsrepubliek Duitsland. 2. 'n Nasionale instelling wat bestaan uit 'n amalgamasie van verskillende outonome eenhede, bv 'n vakverbond of 'n politieke party.
• **federation** n. <see also union>.
1. A political entity made up from a number of smaller units or states where the federal government's powers are limited to constitutionally specified national issues such as foreign policy and defence and the individual states, regions or provinces retain a high degree of legal and political autonomy. Examples are the USA, Canada, Australia, India, and the Federal Republic of Germany. 2. A national institution consisting of an amalgamation of various autonomous units, eg a labour federation or a political party.

feitedraaier → **feitepoetser**

feitemasseerder → **feitepoetser**

feitepoetser n. (feitedraaier, feitemasseerder, beeldpoetser).
'n Woordvoerder wat aangestel is om aan buitestaanders 'n vertolking van politieke gebeure te gee wat sy/haar werkgewer, party of regering begunstig.
• **spin doctor** n.
A spokesperson employed to present to external audiences an interpretation of political events that favours his/her employer, party or government.

feit-waardedigotomie n. (feit-waardetweedeling).
Die leerstelling dat feite en waardes inherent teenstrydige waarheidstatus het en dat waardes nie van empiriese waarneming afgelei kan word nie, bv in logiese positivisme.
• **fact-value dichotomy** n.
The doctrine that facts and values have inherently contradictory truth status and that values cannot be deduced from empirical observation, eg in logical positivism.

feit-waardetweedeling → **feit-waardedigotomie**

feminisme n.
'n Ideologie en politieke beweging wat op genderpolitiek, magsverhoudinge en seksualiteit fokus deur 'n manoorheerste sosiale stelsel waarin mans voordele bo vrouens het, te kritiseer en deur gendergelykheid, vroueregte en -kwessies te bevorder.
• **feminism** n.
An ideology and political movement, focusing on gender politics, power relations and sexuality by criticising a male dominated social system in which males have advantages over women and by promoting gender equality, women's rights and issues.

feodale leeneed n.
'n Getrouheidseed wat deur 'n ondergeskikte persoon in 'n feodale stelsel teenoor 'n hoër persoon of owerheid afgelê word.
• **oath of fealty** n.
An oath of allegiance taken by a subordinate person in a feudal system to a superior person or authority.

feodalisme n.
1. 'n Politieke orde gebaseer op 'n stelsel van regte en verpligtinge waarvolgens die politieke hoof grond aan ondergeskiktes (feodale lords) verhuur in ruil vir sekere dienste wat hulle verrig, soos militêre steun. Feodale lords het op hulle beurt die reg om hulle ondergeskiktes te oordeel, te belas en oor hulle bevel te voer. 2. In Marxistiese ideologie 'n landelike wyse van produksie.

♦ *feudalism* n.
1. A political order based on a system of rights and duties in terms of which the political head lets land to subordinates (feudal lords) in return for their performing certain services, such as military support. Feudal lords in turn have the right to judge, tax and command their subordinates. 2. In Marxist ideology, an agrarian mode of production.

Fidelisme → **Castroïsme**

fiktiewe stem n.
'n Stem wat valslik uitgeoefen word deur 'n niebestaande persoon se identiteit te versin.
♦ *fictitious vote* n.
A fabricated vote exercised by impersonating a non-existing person.

finansiële jaar n. <kyk ook fiskale jaar>.
In die privaatsektor die eenvormige tydperk tussen een jaarlikse balansering van finansiële rekeninge en die volgende.
♦ *financial year* n. <see also fiscal year>.
In the private sector the uniform period between one annual balancing of financial accounts and the next.

finlandisasie n. (finlandisering).
Om 'n mindere moondheid te verplig om in ooreenstemming met die wense van 'n groter moondheid op te tree; afgelei van die Fins-USSR-betrekkinge gedurende die Koue Oorlog.
♦ *finlandisation* n.
Obliging a lesser power to act in accordance with the wishes of a greater power; derived from Finnish-USSR relations during the Cold War.

finlandisering → **finlandisasie**

fisiokrasie n.
'n Agtiende-eeuse benadering tot politieke ekonomie onder leiding van Francois Quesnay, wat vryhandel en laissez-faire in teenstelling met merkantilisme voorstaan, en waar landbougrond as die hoofbron van staatswelvaart beskou is.
♦ *physiocracy* n.
An 18th century approach to political economy under the leadership of Francois Quesnay, advocating free trade and laissez-faire as opposed to mercantilism and where agricultural land was seen as the main resource of state wealth.

fiskale jaar → **begrotingsjaar**

fiskus n.
1. Skatkis van die staat; staatskas 2. Gesamentlik amptenare wat belasting invorder.
♦ *fiscus* n. (fisc <rare>, fisk <rare>).
1. Treasury of the state. 2. Collectively officers of the state charged with the gathering of revenue.

flenterbroekproletariaat n. (lumpenproletariaat).
In Marxistiese teorie 'n klas uitgeworpe gemarginaliseerde werkers wat letterlik as skorriemorrie beskou word. Hierdie werkers is onbewus van hulle klasseposisie en hulle uitbuiting deur die regerende klas. Volgens Marxistise teorie is hulle besonder vatbaar vir reaksionêre ideologieë.

♦ *lumpenproletariat* n.
In Marxist theory a class of outcast marginalised workers who are literally held to be a riff-raff. These workers are unaware of their class position and their exploitation by the ruling classes. According to Marxist theory they are particularly vulnerable to reactionary ideologies.

flitspunt n.
'n Gebied van oënskynlike politieke stabiliteit waar gewelddadige konflik oombliklik, sonder voorafwaarskuwing, kan plaasvind.
♦ *flashpoint* n.
An area of apparent political stability where violent conflict can occur momentarily, without prior warning.

floumakoupresident → **lamkniepresident**

FLS → **Frontliniestate**

fopkrasie n. (skyndemokrasie).
Die uitoefening van politieke mag waardeur 'n regering voorgee dat dit aan beginsels voldoen wat dit in werklikheid nie onderskryf nie, gewoonlik met verwysing na die demokrasie.
♦ *shamocracy* n.
The exercise of political power in which a government pretends to comply with principles that it does not in reality subscribe to, usually with reference to democracy.

formele sektor n. <kyk ook informele sektor>.
Daardie deel van 'n nasionale ekonomie wat behoorlik en regtens georganiseer is, onderhewig aan owerheidswette en regulasies.
♦ *formal sector* n. <see also informal sector>.
That part of a national economy which is properly and legally organised, subject to government laws and regulation.

forum n.
'n Plek van samekoms, of 'n vergadering waar 'n redevoering gehou mag word of sake bedryf word.
♦ *forum* n.
A place of assembly, or a meeting where an address may be delivered or business be conducted.

Franssprekende Afrika n. <kyk ook Arabies-Afrika; Engelssprekende Afrika; Portugeessprekende Afrika>.
Die gebied in Afrika waar state se ampstaal of die hoofkommunikasietaal Frans is.
♦ *Francophone Africa* n. <see also Anglophone Africa; Arab Africa; Lusophone Africa> (French-speaking Africa).
The area in Africa where the official language of states or the main language of communication is French.

Franssprekende state n.
State waar die ampstaal of die hoofkommunikasietaal Frans is.
♦ *Francophone states* n.
States where the official language or the main language of communication is French.

F

F

fregat n. <kyk ook slagskip; korvet; kruiser; torpedojaer>.
'n Oorlogskip wat tussen 1000 en sowat 3 600 ton verplaas en hoofsaaklik vir duikbootjag- of lugafweeroorlogvoering ontwerp is.
* **frigate** n. <see also battleship; corvette; cruiser; destroyer>.
A warship displacing between 1 000 and some 3 600 tonnes and mainly designed for antisubmarine or anti-air warfare.

fronting n.
Om as 'n gerespekteerde dekmantel vir verbode, geheime of onwettige aktiwiteite op te tree, bv swart direkteure wat as dekmantel vir 'n firma met hoofsaaklik blanke werknemers dien, terwyl laasgenoemde kragtens Suid-Afrikaanse rassewette onwettig is.
* **fronting** n.
Acting as a respectable cover for forbidden, secret or illegal activities, eg black directors who serve as a cover for a firm with mainly white employees, while the latter is illegal according to South African racial laws.

frontlinieleiers n.
Die leiers van Angola, Botswana, Lesotho, Mosambiek, Tanzanië, Zambië en Zimbabwe wat die bevrydingstryd teen die destydse Suid-Afrikaanse regering ondersteun het.
* **frontline leaders** n.
The leaders of Angola, Botswana, Lesotho, Mozambique, Tanzania, Zambia and Zimbabwe who supported the liberation struggle against the then South African government.

Frontliniestate n. (FLS).
Angola, Botswana, Lesotho, Mosambiek, Tanzanië, Zambië en Zimbabwe wat gesamentlik opgetree het om die Suid-Afrikaanse apartheidsregering te opponeer, 1980–1994.
* **Frontline States** n. (FLS).
Angola, Botswana, Lesotho, Mozambique, Tanzania, Zambia and Zimbabwe who acted jointly to oppose the South African apartheid government, 1980–1994.

frontorganisasie n.
'n Organisasie wat optree as 'n dekmantel vir verbode, geheime of onwettige aktiwiteite, bv die United Democratic Front wat, as 'n wettige politieke beweging, 'n dekmantel vir verskeie ANC-aktiwiteite was terwyl laasgenoemde organisasie voor 1990 in Suid-Afrika onwettig was.
* **front organisation** n.
An organisation acting as a cover for forbidden, secret or illegal activities, eg the United Democratic Front which, as a legal political movement, was a cover for several ANC activities while the latter organisation was illegal in South Africa before 1990.

fundamentalisme n. <kyk ook Christenfundamentalisme; Islamitiese fundamentalisme; Joodse fundamentalisme; religieuse fundamentalisme>.
'n Diepgesetelde oortuiging van die primêre en mees basiese opvattings van 'n leerstelling, dikwels gekoppel aan 'n intense toewyding en obsessiewe passie.
* **fundamentalism** n. <see also Christian fundamentalism; Islamic fundamentalism; Jewish fundamentalism; religious fundamentalism>.
A deeply held conviction in the primary and most basic doctrine of a creed, often linked to an intense commitment and obsessive passion.

fundamentele regte n.
Basiese regte van alle mense soos in byvoorbeeld die Verenigde Nasies se Deklarasie van die Universele Regte van die Mens vasgelê, soos die reg op waardigheid en die reg om te stem.
* **fundamental rights** n.
Basic rights of all people as enshrined in for example the United Nations Universal Declaration of Human Rights, such as the right to dignity and the right to vote.

funksionaris n.
'n Amptenaar van 'n staatsinstelling.
* **functionary** n.
An official of a state institution.

Gg

G5 → Groep van Vyf

G7 → Groep van Sewe

G8 → Groep van Agt

G10 → Groep van Tien

G15 → Groep van Vyftien

G18 → Groep van Agtien

G20 → Groep van Twintig

G77 → Groep van Sewe en Sewentig

galifaat → kalifaat

garnisoen n.
Troepe wat in 'n stad, dorp of fort gestasioneer is om 'n vaste militêre teenwoordigheid te bied.
♦ *garrison* n.
Troops stationed in a city, town or fort to provide a permanent military presence.

garnisoenstaat n.
'n Staat waarin die militêre establishment hoë status geniet en openbare beleid direk beïnvloed deur die gebruik van 'n angsklimaat om die posisie van die militêre voort te sit. Die hele samelewing word gekonseptualiseer as 'n vesting teen gewaande staatsvyande.
♦ *garrison state* n.
A state in which the military establishment enjoys high status and influences public policy directly, using a climate of fear to perpetuate the position of the military. The whole of society is conceptualised as a stronghold against the perceived enemies of the state.

gasoorlogvoering n.
Oorlogvoering waarin gas in verskillende vorms as wapen gebruik word.
♦ *gas warfare* n.
Warfare in which gas in various forms is used as a weapon.

GBO → gemeenskapsgebaseerde organisasie

geaffilieerde lid n.
'n Assosiaat van 'n vereniging of instelling.
♦ *affiliated member* n.
An associate of an organisation or institution.

geakkrediteerde diplomatieke verteenwoordiger n.
'n Persoon wat deur die ontvangerstaat as 'n verteenwoordiger van die sendstaat erken word en aan wie diplomatieke voorregte en immuniteit, maar nie noodwendig volle diplomatieke status nie, toegeken word.
♦ *accredited diplomatic representative* n.
A person whom the receiving state recognises as a representative of the sending state and is accorded diplomatic privileges and immunities but not necessarily full diplomatic status.

geallieerde → bondgenoot

Geallieerdes n. <Tweede Wêreldoorlog; kyk ook Spilmoondhede>.
Die grootmoondhede wat 'n alliansie gevorm het tydens die Tweede Wêreldoorlog om Nazi-Duitsland en sy Spilmoondheidalliansie te oorwin. Dit sluit in Frankryk en sy kolonies, Brittanje en sy dominiums en kolonies, die VSA, die Sowjet Unie en verskillende kleiner moondhede.
♦ *Allies* n. <World War II; see also Axis powers>.
The great powers which formed an alliance during World War II to defeat Nazi Germany and its Axis alliance. They include France and her colonies, Britain and her dominions and colonies, and the USA, the Soviet Union and various smaller powers.

GEAR → Strategie vir Groei, Werkverskaffing en Herverdeling

geassosieerde staat → assosiaatstaat

gebiedswater n. <kyk ook eksklusiewe ekonomiese sone> (territoriale water).
Soos deur die Verenigde Nasies omskryf, is dit die strook kuswater wat 12 seemyl (22.2 km) van die kuslyn van 'n kusstaat af strek en wat regtens as die gebied van daardie staat beskou word.
♦ *territorial waters* n. <see also exclusive economic zone>.
As defined by the United Nations, it is the belt of coastal waters extending 12 nautical miles (22.2 km) from the shoreline of a coastal state and which is legally regarded as the territory of the state.

geboortegolf n.
'n Dramatiese toename in die fertiliteitskoers en dus in die totale getal geboortes van 'n land; gewoonlik met verwysing na die tydperk 1946–1964 na die Tweede Wêreldoorlog.
♦ *baby boom* n.
A dramatic increase in the fertility rate and thus the total number of births of a country; usually with reference to the period 1946–1964 after World War II.

geboortekoers n. (nataliteit).
Die getal geboortes per duisend van die bevolking per jaar.
♦ *birth rate* n. (natality).
The number of births per one thousand of the population per annum.

geboorteval n.
Die tydperk onmiddellik na 'n geboortegolf, gekenmerk deur 'n vinnige afname in die geboortekoers.

baby bust n.
The period immediately after a baby boom, characterised by a fast decline in birth rate.

gedeeltelike begroting n.
'n Voorlopige begroting wat regeringsprogramme befonds totdat die jaarlikse hoofbegroting goedgekeur is.
part appropriation budget n.
A provisional budget that funds government programmes until the main annual budget is approved.

gedeeltelikekiesafdelingstelsel n. (gemengde kiesstelsel).
'n Kiesstelsel wat deels uit kiesafdelings bestaan en deels uit kandidate wat proporsioneel op 'n partylys verkies is.
mixed member proportionality n. (MMP, partial constituency system, partial constituency electoral system).
An electoral system consisting partly of constituencies and partly of proportionally elected candidates from a party list.

gedeeltelike toetsverbod n.
'n Verbod op die toets van kernwapens in die atmosfeer, in die buitenste ruimte en onder water. Dit is gedeeltelik in die sin dat ondergrondse toetse toegelaat word.
partial test ban n.
The prohibition of nuclear weapon tests in the atmosphere, in outer space and under water. It is partial in the sense that underground testing is permitted.

gedelegeerde bevoegdheid n.
Bevoegdheid wat verleen is aan 'n persoon of liggaam wat as trustee van sodanige bevoegdheid optree en nie in eie reg as bevoordeelde daarvan nie, bv die verleen van noodbevoegdheid deur die VSA-kongres aan die president.
delegated powers n.
Powers that have been granted to a person or a body, acting as trustee of such powers and not as the beneficiary in his/her/its own right, eg the grant of emergency powers by the USA Congress to the President.

gedragskode n.
'n Stel reëls wat etiese gedrag vir individue of instellings neerlê.
code of conduct n.
A set of rules establishing ethical behaviour for individuals or institutions.

gedwonge hervestiging n.
Die verpligte hervestiging van mense van hulle gewone verblyfplek af na 'n ander plek toe, bv Amerikaanse inboorlinge in die VSA gedurende die 19de eeu en aldeamentos in Mosambiek in die laat 20ste eeu.
forced resettlement n. (forced relocation).
The compulsory resettlement of people from their customary habitat to another location, eg Native Americans in the USA during the 19th century and aldeamentos in Mocambique in the late 20th century.

gedwonge migrant n.
'n Persoon wat verplig word om van sy/haar tuiste of staat na 'n ander streek of staat te verskuif weens omstandighede wat op hom/haar afgedwing word.
forced migrant n.
A person compelled to move away from his/her home or state to another region or state due to circumstances imposed upon him/her.

gedwonge migrasie n.
Die onvrywillige verskuiwing van mense weg van hulle tuistes of staat na 'n ander streek of staat toe weens omstandighede wat op hulle afgedwing word.
forced migration n.
The involuntary movement of people away from their homes or state to another region or state due to circumstances imposed upon them.

gedwonge segregasie n.
Verpligte skeiding tussen lede van verskillende rasse en genders.
forced segregation n.
Compulsory separation between members of different races and genders.

gedwonge verskuiwing n.
'n Amptelike hervestigingsbeleid wat mense verplig om na 'n nuwe area wat vir daardie doel aangewys is, te verhuis en daar te woon, bv mense van kleur in apartheid Suid-Afrika in die 20ste eeu.
forced removal n.
An official resettlement policy compelling people to move to and live in a new area designated for that purpose, eg people of colour in apartheid South Africa in the 20th century.

gegradeerde afskrikking n.
'n Teorie in kernstrategie dat aggressie voorkom kan word deur die dreigement van taktiese kernoorlogvoering sonder eskalasie na algemene kernoorlog.
graduated deterrence n.
A theory in nuclear strategy that aggression could be prevented by the threat of tactical nuclear warfare without escalation to general nuclear war.

geheelverwêreldliking → **globalisering**

geheelwêreld- → **globaal**

geheelwêreldpolitiek → **globale politiek**

geheelwêreldwording → **globalisering**

geheim n.
'n Sekerheidsklassifikasie tussen uiters geheim en vertroulik wat aan handelinge, informasie en materiaal toegeken word ten einde skade aan die nasionale veiligheid te voorkom.
secret n.
A security classification between top secret and confidential, allocated to actions, information and material in order to prevent damage to the national security.

geheime agenda n. <kyk ook verskuilde agenda>.
Voornemens wat in skynbaar onskadelike programme, openbare verklarings en dies meer versteek word.

+ **secret agenda** n. <see also hidden agenda>.
Intentions hidden in apparently innocuous
programmes, public statements and the like.

geheime agent n. <kyk ook spioen> (agent).
'n Persoon wat vir die doeleindes van heimlike
inligtinginsameling deur 'n inligtingsdiens
aangewend word.
+ **secret agent** n. <see also spy> (agent).
A person employed by an intelligence service for
the purpose of clandestine intelligence collection.

geheime diens n.
1. 'n Staatsdepartement wat inligting deur
spioenasie insamel. 2. In die VSA is die geheime
diens 'n vertakking van die Departement van
Binnelandse Veiligheid belas met die beskerming
van die president en ander hooggeplaaste openbare
persone asook met die bekamping van
geldvervalsing.
+ **secret service** n.
1. A government department that gathers
intelligence through espionage. 2. In the USA the
Secret Service is a branch of the Department of
Homeland Security charged with protecting the
President and other high ranking public figures as
well as with countering counterfeiting.

geheime kliek n. (kabaal).
'n Geheime groep wat in komplotte en intriges
gewikkel is met die doel om hulle eie agenda te
bevorder, soos om 'n magstruktuur omver te werp.
+ **cabal** n.
A secret group involved in plots and intrigues,
aimed at advancing its own agenda such as the
overthrow of a power structure.

geheime polisie n. <kyk ook veiligheidspolisie>.
'n Polisiemag wat in die geheim optree, somtyds
deur onwettige metodes, om teen ondermyning te
waak en die veiligheid van die staat te verseker.
+ **secret police** n. <see also security police>.
A police force that operates in secret, sometimes by
illegal methods, to guard against subversion and
ensure the security of the state.

geheime stemming n.
Stemming waar 'n individu se keuse nie bekend is
nie, maar waar die algehele resultaat geopenbaar
word.
+ **secret ballot** n.
Voting where an individual's choice is not known
but the overall results are made public.

gehekte gemeenskap n.
'n Groep mense wat ter wille van hulle persoonlike
privaatheid, veiligheid en eksklusiewe voorregte
binne 'n veilig omheinde en toegangsbeheerde
gebied woon.
+ **gated community** n.
A group of people who live in a securely fenced
and access controlled area for the sake of their
personal privacy, safety and exclusive privileges.

geiljan → **roomvraat**

geïntegreerde ontwikkelingsplan n. (GOP).
'n Plan van aksie waarin byvoorbeeld 'n plaaslike
regering alle vereistes met betrekking tot goedere,
dienste en infrastruktuur in 'n enkele en
samehangende bloudruk vir die toekoms saamvoeg.

+ **integrated development plan** n. (IDP).
A plan of action in which, for example a local
government brings together all strands of demands
for goods, services and infrastructure into a single
and coherent blueprint for the future.

geïnterneerde n. <kyk ook interneer;
interneringskamp>.
'n Persoon wat geïnterneer is, in besonder 'n
vyandelike burger tydens 'n oorlog of 'n vermeende
terroris.
+ **internee** n. <see also intern; internment
camp>.
A person who is interned, especially an enemy
citizen in wartime or a terrorism suspect.

gekodifiseerde reg n.
Reg wat neergeskryf is en deur 'n wetgewende
vergadering uitgevaardig is, in teenstelling met die
gemenereg wat nie gekodifiseer of uitgevaardig is
nie.
+ **codified law** n.
Law which has been written down and enacted by a
legislative assembly, as opposed to common law
which is not codified or enacted.

gekose komitee n.
'n Wetgewende, parlementêre of spesiale komitee
wat vir 'n bepaalde doel aangestel is.
+ **select committee** n.
A legislative, parliamentary or special committee
appointed for a specific purpose.

gekwalifiseerde meerderheid n. <kyk ook
spesiale meerderheid>.
'n Gespesifiseerde getal stemme wat vereis word vir
die verkiesing van 'n kandidaat of die aanvaarding
van 'n mosie. Dit word dikwels omgeruil met die
term 'spesiale meerderheid'.
+ **qualified majority** n. <see also special
majority>.
A specified number of votes required for the
election of a candidate or the adoption of a motion.
It is often used interchangeably with the term
'special majority'.

gekwalifiseerde stemreg n.
'n Vorm van die reg om te stem wat beperk word
tot bepaalde groepe soos mans, eiendomsbesitters,
of 'n bepaalde ras of klas.
+ **qualified franchise** n.
A form of the right to vote that is restricted to
certain groups such as men, property owners, or a
specific race or class.

gelaaide stemstelsel n.
'n Kiesstelsel wat op so 'n wyse georganiseer is dat
die beginsel van die gelyke waarde van elke stem
opgeoffer word deur 'n individuele stem so toe te
ken dat dit meer as een stem werd is, bv aan lede
van gespesifiseerde streeks-, etniese, kommunale of
religieuse gemeenskappe.
+ **weighted electoral system** n.
An electoral system that is organised in such a way
that the principle of equal value of each vote is
sacrificed by allocating an individual vote that
counts for more than one vote, eg to members of
specified regional, ethnic, communal or religious
communities.

G

geldreiniging → **geldwassery**

geldwassery n. (geldreiniging).
Die skuif van geld deur banke of ander intermediêre bronne om die oorsprong daarvan te verdoesel.
• **money laundering** n.
Moving money through banks or other intermediate sources to obscure its origins.

geleentheidsinvalletjie n.
'n Kort inlopie in vyandelike gebied, tipies om inligting in te samel of geleentheidsteikens aan te val.
• **foray** n.
A short incursion into enemy territory, typically to gather intelligence or attack targets of opportunity.

geleide n.
Troepe of ander magte met die opdrag om persone, groepe en hulle bates te vergesel en te beskerm.
• **escort** n.
Troops or other forces assigned to accompany and protect persons, groups and their assets.

geleide demokrasie n.
'n Beperkte vorm van demokrasie waarin die regeringsleierskap die mense lei met betrekking tot hulle belange.
• **guided democracy** n.
A limited form of democracy in which the government leadership guides the people regarding their interests.

geleidelikheid n. <kyk ook inkrementalisme> (gradualisme).
'n Benadering tot beleidmaking wat stuksgewyse of stapsgewyse implementering bo radikale aksieplanne verkies.
• **gradualism** n. <see also incrementalism>.
An approach to policy making which prefers stepwise or piecemeal implementation, as against radical plans of action.

geleide missiel n. <kyk ook ballistiese missiel; kruismissiel>.
'n Vuurpyl wat deur een of ander soort tegniese toestel, gewoonlik 'n elektroniese of infrarooistelsel, na sy teiken gelei word.
• **guided missile** n. <see also ballistic missile; cruise missile>.
A rocket that is guided to its target by some form of technical device, usually an electronic or infra-red system.

geloofsbrief n.
'n Brief, van die staatshoof van die stuurstaat, wat 'n nuut aangestelde diplomatieke gesant aan die staatshoof van die ontvangstaat oorhandig om sy/haar status te vestig en geloofwaardigheid aan sy/haar amptelike uitsprake te gee.
• **credentials** n. (letter of credence).
A letter, from the head of state of the sending state, presented by a newly appointed diplomatic envoy to the head of state of the receiving state in order to establish his/her status and give credence to his/her official statements.

geloofsbrief n.
Die aanstellingsdokument wat aan die ontvangerstaatshoof oorhandig word deur 'n diplomatieke hoë kommissaris of ambassadeur wanneer hy/sy die ampspligte aanvaar
• **letter of commission** n.
The document of appointment presented to the host head of state by a diplomatic high commissioner or ambassador upon taking up his/her duties.

geloofsbriewe n.
'n Versamelnaam vir sowel die brief van geloofwaardigheid van 'n nuut aangestelde ambassadeur as die brief van herroeping van sy/haar voorganger, wat aan die ontvangende staatshoof oorhandig word.
• **credentials** n. (letters of credence).
A collective name for the letter of credence of the newly appointed ambassador as well as the letter of recall of his/her predecessor which are handed over to the receiving head of state.

geloofsfundamentalisme → **religieuse fundamentalisme**

gelykberegtiging by indiensneming n. (indiensnemingsgelykberegtiging).
Die praktyk om te verseker dat die aksie van indiensneming op onpartydige wyse geskied ten einde billik en niediskriminerend te wees.
• **employment equity** n.
The practice of ensuring that the action of employing occurs in an even-handed way to be fair and nondiscriminatory.

gelyke geleenthede n.
Geleenthede vir alle persone wat identies is ten aansien van getalle, omvang, waarde, intensiteit, nie minder of meer nie, op dieselfde vlak van waardigheid, mag en uitnemendheid.
• **equal opportunities** n.
Opportunities for all persons that are identical in numbers, magnitude, value, intensity, neither less nor greater, on the same level in dignity, power and excellence.

gelykheidsleer → **egalitarisme**

gelykheid voor die reg n.
Die beginsel of leerstelling dat elke individu op dieselfde manier in regskwessies behandel moet word, ongeag sy/haar herkoms en status, en ook ongeag of dit 'n verhoor in 'n hof, 'n siviele saak of 'n geval van menseregte is.
• **equality before the law** n.
The principle or doctrine that every individual should be treated in a similar manner on legal questions, irrespective of his/her origin and status, as well as irrespective of whether it is in a trial before a court of law, a civil suit or a matter of human rights.

gelyklopende bevoegdheid n. <kyk ook eksklusiewe wetgewende bevoegdheid; residuele wetgewende bevoegdheid> (konkurrente bevoegdheid <af te keur>).
Waar twee of meer owerheidsinstellings dieselfde konstitusionele of regsbevoegdheid oor 'n gegewe staatsfunksie het soos onderwys of sosiale welsyn, in besonder in 'n federale staat.
• **concurrent powers** n. <see also exclusive legislative powers; residual legislative powers>.
Where two or more governmenetal authorities have the same constitutional or legal competence over a

given state function, such as education or social welfare, particularly in a federal state.

gelyklopendemeerderheidsreël n.
'n Besluitnemingsreël in diep verdeelde samelewings waardeur wetgewing of besluite slegs aanvaar kan word as dit deur sowel die meerderheidsgroep as 'n meerderheid van die betrokke minderheidsgroepe ondersteun word. Sodoende word 'n wedersydse veto daargestel.
♦ *concurrent majority rule* n.
A decision-making rule in deeply divided societies in which legislation or decisions can only be passed if supported by both the majority group and a majority of affected minority groups. It provides a mutual veto.

gelyklopendheid n.
Die gelyktydige en parallelle bestaan van gebeure, omstandighede of bevoegdheid, bv 'n sentrale en provinsiale regering wat albei wetgewende bevoegdheid op bepaalde gemeenskaplike terreine het, soos polisiëring.
♦ *concurrence* n.
The simultaneous and parallel existence of events, circumstances or powers, eg a central and provincial government both having powers of legislation in certain common areas, such as policing.

gelykmaking van die speelveld n.
Alle deelnemende partye word gelyke geleenthede en gelyke regte toegelaat.
♦ *levelling of the playing field* n.
Allowing all participating parties equal opportunities and equal rights.

gemaal n. <vr. gemalin>.
Die eggenoot/eggenote van 'n monarg.
♦ *consort* n.
The spouse of a monarch.

gemagtigde verteenwoordiger n.
'n Afgevaardigde of agent wat met bevoegdheid beklee en geakkrediteer is en wat ten behoewe van 'n ander persoon of instelling handel.
♦ *authorised representative* n.
An empowered, accredited delegate or agent who acts on behalf of another person or institution.

gemarginaliseerde gemeenskap
→ **randstandige gemeenskap**

gemarginaliseerde staat n.
'n Staat wat tot die buitegrense van die internasionale stelsel gerangeer is en baie min invloed in internasionale aangeleenthede uitoefen.
♦ *marginalised state* n.
A state that has been relegated to the outer limits of the international system and has very little influence in international affairs.

gemeenskap → **gemeinschaft**

gemeenskaplike grond n.
In politieke of diplomatieke onderhandelings, 'n gebied wat nie betwis word nie en wat as grondslag gebruik kan word om verdere eenstemmigheid te ontwikkel.

♦ *common ground* n.
In political or diplomatic negotiations, an area that is not in dispute and can be used as a basis for developing further agreement.

gemeenskaplike kieserslys n.
'n Rekord van kiesers waarop alle burgers mag registreer sonder diskriminasie ten opsigte van ras, klas, gender of geloof.
♦ *common voters' roll* n.
A record of voters on which all citizens may register without discrimination regarding race, class, gender or belief.

gemeenskapsbemagtiging n.
Die skenk van amptelike gesag of regsbevoegdheid aan die gemeenskap ten einde die uitoefening van bepaalde sosiale en burgerlike funksies moontlik te maak.
♦ *community empowerment* n.
Endowing the community with official authority or legal powers in order to make possible the exercising of specific social and civil functions.

gemeenskapsgebaseerde organisasie n. (GBO).
'n Niewinsgewende instelling wat maatskaplike dienste op plaaslike vlak verskaf, bv in 'n stad of distrik.
♦ *community-based organisation* n. (CBO).
A non-profit institution providing social services at the local level, eg in a city or a district.

gemeenskapsgrond n.
Grondgebied wat deur die gemeenskap as geheel besit word.
♦ *communal land* n.
Territory owned by a community as a whole.

gemeenskapsmark n.
In die internasionale politieke ekonomie, 'n mark wat 'n groep state deel en waarin handelsversperrings grootliks verminder of uitgeskakel word.
♦ *common market* n.
In international political economy, a market shared by a group of states in which trade barriers are greatly reduced or eliminated.

gemeenskapsontwikkeling n.
Die proses om 'n nedersetting te bemagtig en sy lewensomstandighede te verbeter.
♦ *community development* n.
The process of empowering a settlement and improving its living conditions.

gemeenskapstelsel n. (kommunale stelsel).
'n Kleinskaalse kollektiewe organisasie gegrond op die deel van besittings en verantwoordelikhede.
♦ *communal system* n.
A small-scale collective organisation based on the sharing of possessions and responsibilities.

gemeenskapswerker n.
Enige persoon wat werk om die lewensgehalte van 'n gemeenskap te verhoog.
♦ *community worker* n.
Any person working to improve the quality of life in a community.

G

G

gemeinschaft n. <uit Duits; kyk ook gesellschaft> (gemeenskap).
'n Sosiale groep waar mense beide die voordele en die teenspoed van die lewe deel en die verhoudings onwillekeurig is.
+ **gemeinschaft** n. <from German; see also gesellschaft> (community).
A social group where people share both the benefits and misfortunes of life and the relationships are involuntary.

gemenebes n.
1. 'n Groep mense wat ter wille van die gemeenskaplike belang van sy lede in 'n politie georganiseer is, bv die Gemenebes Massachusetts, 'n deelstaat van die VSA. 2. 'n Vereniging van onafhanklike state wat tot die onderlinge voordeel van sy lede gestig is, bv die Gemenebes van Onafhanklike State, bestaande uit 'n aantal van die voormalige Sowjetrepublieke ná die ondergang van die USSR.
+ **commonwealth** n.
1. A body of people organised into a polity in the common interest of its members, eg the Commonwealth of Massachusetts, a constituent state of the USA. 2. An association of independent states formed for the mutual benefit of its members, eg the Commonwealth of Independent States consisting of a number of the former Soviet republics after the demise of the USSR.

gemenereg n.
Die regskorpus en -stelsel wat uit gebruike en regterlike beslissings spruit, in teenstelling met wette van 'n wetgewer.
+ **common law** n.
The body and system of law derived from custom and judicial decisions, as opposed to acts of a legislature.

gemengde kiesstelsel
→ **gedeeltelikekiesafdelingstelsel**

gemengde woonbuurt n.
Histories 'n buurt in Suid-Afrika wat deur mense van meer as een rassegroep bewoon word.
+ **grey area** n.
Historically a residential area in South Africa occupied by people of more than one race group.

gemilitariseerde staat n.
'n Staat wat georganiseer geraak het vir militêre konflik. Dit behels 'n groot mate van gereedheid en die samelewing se ondergeskiktheid aan militêre behoeftes, bv Noord-Korea.
+ **militarised state** n.
A state that has become organised for military conflict. It involves a high level of military preparedness and the subservience of society to military needs, eg North Korea.

gendarmerie n.
'n Tak van die gewapende magte met bepaalde polisiëringsfunksies. Die bekendste voorbeeld is dié van Frankryk maar daar is ook gendarmerieë in ander state, bv die Carabinieri in Italië.
+ **gendarmerie** n.
A branch of the armed forces with certain policing functions. The best known example is that of

France but there are also gendarmeries in other states, eg the Carabinieri in Italy.

gender n.
Die toestand van manlik of vroulik wees.
+ **gender** n.
The state of being male or female.

gendergaping n.
Die statistiese ongelykheid tussen die manlike en vroulike genders, gewoonlik ten gunste van mans.
+ **gender gap** n.
The statistical disparity between the male and female genders, usually in favour of males.

genderpolitiek n.
'n Beweging wat daarop gerig is om die lewe minder man-gedrewe te maak, en om dieselfde ruimte aan vroue te gun om 'n ernstige impak op die politieke, ekonomiese en sosiale aard van 'n samelewing te maak.
+ **gender politics** n.
A movement aimed at demasculinising life and granting the same scope to women in order to make a serious impact on the political, economical and social fibre of a society.

genderteorie n.
'n Beskrywing van sosiaal gekonstrueerde norme van manlike en vroulike rolle en karaktertrekke.
+ **gender theory** n.
A description of socially constructed norms of masculine and feminine roles and traits.

generale staf n.
'n Groep offisiere in die hoofkwartier van 'n divisie of hoër formasie wat die bevelvoerder in die beplanning, voorbereiding vir, voer en koördinering van operasies bystaan.
+ **general staff** n.
A group of officers in the headquarters of a division or higher formation that assists the commander in planning, preparing for, conducting and coordinating operations.

gentrifiseer v.
Die opknapping en restourasie van vervalle stedelike gebiede om aan middelklasstandaarde te voldoen, dikwels met die ontworteling van laerklasinwoners tot gevolg.
+ **gentrify** v.
The renovation and restoration of rundown urban areas to conform to middle class standards, often resulting in the displacement of lower class inhabitants.

geopolitiek n.
1. Die invloed van geografiese faktore in die internasionale politiek soos die ligging, grootte, natuurlike hulpbronne, topografie en terrein van 'n staat; as eilandstaat is Brittanje bv geopolities teen aanvalle van buite bevoordeel. 2. Die ontleding van geskiedenis, samelewing en politiek met verwysing na geografiese faktore.
+ **geopolitics** n.
1. The influence of geographic factors in international politics, such as the location, size, natural resources, topography and terrain of a state; eg Britain as an island state has had a geopolitical advantage against foreign attack. 2. Analysing

history, society and politics with reference to geographical factors.

gepersipieerde mag → **waargenome mag**

gepeupelgeweld n.
Ontwrigtende optrede deur groot skares, wat dikwels die sinnelose vernietiging van eiendom meebring.
• *mob violence* n.
Disruptive behaviour by large crowds, often involving the senseless destruction of property.

gereg n. (justisie <minder gebruiklik>).
Die instellings en stelsels belas met die toepassing en administrasie van die reg, bv die Departement van Justisie in Suid-Afrika.
• *justice* n.
The institutions and systems charged with applying and administering the law, eg in South Africa the Department of Justice.

geregtigheid n.
1. Die kenmerk van 'n bedeling wat, volgens die beoordelaar, alle samestellende dele op 'n regverdige en billike wyse benader. 2. Die billike toepassing van die voorskrifte van die reg, insluitend die verdienstelike bepaling van beloning of straf deur 'n geregshof.
• *justice* n.
1. The characteristics of a dispensation in which, according to the evaluator, all constituent components are approached in a just and fair manner. 2. The equitable application of the precepts of the law, including the merited determination of reward or punishment by a court of law.

gereserveerde magte → **voorbehoue magte**

gerontokrasie n.
Die uitoefening van politieke mag deur bejaardes.
• *gerontocracy* n.
The exercise of political power by elderly people.

gerontokraties adj.
Met verwysing na 'n bewindsvorm waarin die bejaardes die finale bron van mag in 'n politie is.
• *gerontocratic* adj.
Pertaining to a form of rule in which the aged hold final power in a polity.

gesag n. <kyk ook mag>.
Gelegitimeerde mag, of die reg om mag uit te oefen.
• *authority* n. <see also power>.
Legitimated power, or the right to exercise power.

gesaghebbende besluit n.
'n Finale uitspraak met betrekking tot 'n saak wat met wettige middele afgedwing kan word.
• *authoritative decision* n.
A final pronouncement regarding a matter that can be enforced by legal means.

gesag van die staat n. (staatsgesag).
Die reg van die staat om gehoorsaamheid en finale besluite af te dwing, selfs deur die gebruik van fisieke dwang as dit nodig word.

• *authority of the state* n. (state authority).
The right of the state to enforce obedience and final decisions, even using physical coercion if the need arises.

gesamentlike sitting n.
'n Gesamentlike vergadering van die huise van 'n parlement om te beraadslaag, te debatteer, mosies en wetsontwerpe aan te neem. Die parlementsopening en die ontvangs van buitelandse staatshoofde gebruik ook gesamentlike sittings.
• *joint sitting* n.
A joint meeting of the houses of a parliament to deliberate, debate, pass resolutions and legislation. The opening of parliament and the reception of foreign heads of state also use joint sittings.

gesant n.
1. Verteenwoordiger van 'n staat by die hoof van 'n ander staat geakkrediteer. 2. Diplomatieke verteenwoordiger, in rang net laer as 'n ambassadeur.
• *envoy* n.
1. A representative of a state accredited with the head of another state. 2. Diplomatic representative, in rank just lower than an ambassador.

gesellschaft n. <uit Duits; kyk ook gemeinschaft>.
'n Samelewing waarin verhoudings spesifiek, kontraktueel en utilitaries (onderling voordelig) is. Voordele en teenspoed word slegs gedeel in die mate dat die verhoudings kontraktueel/vrywillig is.
• *gesellschaft* n. <from German; see also gemeinschaft>.
A society in which relationships are specific, contractual and utilitarian (mutually useful). Benefits and misfortunes are only shared in so far as the relationships are contractual/voluntary.

geskilbeslegting n.
'n Handeling of die proses om 'n probleem of argument op te los.
• *dispute resolution* n.
An act or the process of solving a problem or argument.

geslote agenda n. (geslote sakelys).
'n Sakelys wat finaal vasgestel is en nie uitgebrei mag word nie.
• *closed agenda* n.
An agenda that is finally set and may not be added to.

geslote-geledere-ooreenkoms n.
'n Ooreenkoms in 'n arbeidsektor waar die bestuur of owerheid net een vakbond erken. In sommige state is lidmaatskap van of ledegeld vir die vakbond verpligtend.
• *closed-shop agreement* n.
An agreement in a labour sector where only one trade union is recognised by the management or authorities. In some states membership or dues to the union is obligatory.

G

geslote sakelys → geslote agenda

geslote samelewing n. <dikwels na verwys as 'n geslote politieke stelsel; kyk ook oop samelewing>.
'n Samelewing gekenmerk deur 'n amptelike ideologie, 'n rigiede sosiale hiërargie, 'n afwesigheid van demokratiese instellings en van die oppergesag van die reg, 'n gebrek aan vryheid van spraak en assosiasie, en 'n outoritêre uitvoerende gesag.
• *closed society* n. <often referred to as a closed political system; see also open society>.
A society marked by an official ideology, a rigid social hierarchy, an absence of democratic institutions and of the rule of law, a lack of freedom of speech and association and an authoritarian executive.

geslote vraag n.
'n Vraag in 'n vraelys wat die respondent tot voorafbepaalde keuses beperk.
• *closed-ended question* n.
A question in a questionnaire that limits the respondent to predetermined options.

gespreksdokument → besprekingsdokument

Gestapo n.
Akroniem vir Geheime Staatspolizei, die geheime staatspolisie in Nazi-Duitsland, 1933–1945.
• *Gestapo* n.
Acronym for Geheime Staatspolizei, the secret state police in Nazi Germany, 1933–1945.

geveg n.
Werklike vegoperasies tussen twee of meer persone of militêre magte.
• *combat* n.
Actual fighting operations between two or more people or military forces.

gevegsmoegheid → vegmatheid

gevestigde kerk n.
'n Kerk wat as die amptelike kerk van 'n staat erken word en deur die regering gesteun word, byvoorbeeld die Anglikaanse Kerk in Engeland.
• *established church* n.
A church that is recognised as the official church of a state and supported by the government, eg the Anglican Church in England.

gewapende ingryping n.
1. Militêre ingryping deur een staat in die aangeleenthede van 'n ander. 2. Ingryping deur 'n staat se weermag in die burgerlike regering.
• *armed intervention* n.
1. Military intervention by one state into the affairs of another. 2. Intervention by the armed forces of a state in the civilian government.

gewapende konflik n.
Konflik tussen state, of state en organisasies, wat die dreigement of werklike aanwending van wapengeweld behels.
• *armed conflict* n.
Conflict between states, or states and organisations, involving the threat or actual employment of armed force.

gewapende magte → weermag

geweegdestemstelsel n.
'n Stemreëling waar die waarde van stemme van mekaar verskil wanneer besluite geneem word. Dit word dikwels bewerkstellig deur koalisie- en blokvorming, met die totale getal stemme gelyk aan of meer as 'n ooreengekome kwota.
• *weighted voting system* n.
A voting arrangement where the mathematical value of votes differ when making decisions. This is often accomplished by forming coalitions and blocs with the total number of votes equal to or in excess of an agreed-upon quota.

geweldlose verset n. <kyk ook burgerlike ongehoorsaamheid; lydelike verset; satjagraha>, (nie gewelddadige verset)
Weiering op alle moontlike maniere behalwe die gebruik van geweld om ongewilde dekrete wat deur 'n regering of besettingsmoondheid uitgereik word, te aanvaar of daaraan te voldoen.
• *nonviolent resistance* n. <see also civil disobedience; passive resistance; satyagraha>.
Refusing by all possible means except the use of violence to accept or comply with unpopular decrees issued by a government or occupying power.

geweldsklimaat n.
'n Situasie waar die uitoefen van onbeheerde en dikwels verwoestende fisiese geweld in swang is en in die samelewing gevoed word.
• *climate of violence* n.
A situation where the exercise of uncontrolled and often devastating physical force prevails and is nurtured in society.

gewete-aanwakkering n.
Ontwikkeling van kritiese bewustheid as 'n vorm van bevrydende geleerdheid ten einde idees, verbande en verwantskappe wat gewoonlik as vanselfprekend aanvaar word, krities te beskou.
• *conscientisation* n.
Developing critical consciousness as a form of emancipatory learning in order to critically assess ideas, contexts and relationships which are usually taken for granted.

gewetensbeswaarde n.
'n Persoon wat weier om aan enige bedrywigheid deel te neem wat strydig met sy/haar godsdienstige of morele beginsels is, bv om die wapen op te neem of militêre diens te verrig.
• *conscientious objector* n.
A person who refuses to participate in any activity contrary to his/her religious or moral principles, eg to bear arms or take part in military service.

gewone lede n.
Die gewone lede van enige groep wat die meerderheid van die groep uitmaak, in teenstelling met diegene wat tot die leierskap verhef is.
• *rank and file* n.
The ordinary members comprising the majority of any group, in contrast to those elevated to the leadership.

gewone meerderheid n. (relatiewe meerderheid).
'n Groter getal stemme of verteenwoordigers as dié van enige ander kandidaat of party, maar nie noodwendig meer as die stemme of verteenwoordigers van al die ander kandidate of partye gesamentlik nie.
+ **simple majority** n. (relative majority, plurality).
A higher number of votes or representatives than any other candidate or party, but not necessarily more than the votes or representatives of all the other candidates or parties combined.

gewone meerderheid n. <verkiesingsterm> (pluraliteit van stemme).
'n Groter getal stemme of verteenwoordigers as dié van enige ander kandidaat of party, maar nie noodwendig meer as die stemme of verteenwoordigers van al die ander kandidate of partye gesamentlik nie.
+ **plurality** n. <electoral term> (relative majority).
A higher number of votes or representatives than any other candidate or party, but not necessarily more than the votes or representatives of all the other candidates or parties combined.

gewoontereg n.
In Suid-Afrika die gebruike en gewoontes wat die inheemse swart Afrikavolke tradisioneel navolg en wat deel vorm van die kultuur van dié volke.
+ **customary law** n.
In South Africa the customs and usages traditionally observed among the indigenous black African people and which form part of the culture of those people.

ghanboe n. <Chinees>.
Leidende burokrate in die Volksrepubliek van China.
+ **ganbu** n. <Chinese>.
Leading bureaucrats in the People's Republic of China.

ghetto n.
1. 'n Krotbuurt van 'n stad wat deur maatskaplik en ekonomies behoeftige mense bewoon word.
2. Oorspronklik die gebied waar die Jode gedwing was om te bly.
+ **ghetto** n.
1. A slum area of a city inhabited by socially and economically deprived people. 2. Originally the area in which Jews were compelled to live.

ghettoïsering n.
Die agteruitgang van binnestedelike voorstede tot krotbuurttoestande.
+ **ghettoisation** n.
The decline of inner city suburbs to ghetto conditions.

Gini-koëffisiënt n.
'n Maatstaf van die ekonomiese ongelykheid in 'n samelewing. 'n Gini-koëffisiënt van 1 beteken algehele ekonomiese ongelykheid, 'n Gini-koëffisiënt van 0 beteken algehele gelykheid. Hoe nader aan 0 'n Gini meet, des te meer gelyk is die welvaart in 'n samelewing verdeel. Hoe nader

aan 1, hoe meer ongelyk is die verdeling van welvaart en hoe groter is die klasseverskille. 'n Gini-koëffisiënt van 0,25 sal dus 'n aanduiding van 'n betreklik gelyke verdeling van welvaart wees, en een van 0,75 sou aandui dat daar uiterste ongelykhede in welvaartsverdeling in 'n samelewing is.
+ **Gini coefficient** n.
A measure of the economic inequalities in a society. A Gini coefficient of 1 means complete economic inequality, a Gini coefficient of 0 means complete equality. The nearer to zero a Gini measures, the more evenly wealth is spread in society. The nearer to 1, the more unequal the spread of wealth and the greater the class differences. Thus a Gini coefficient of 0,25 would point to a reasonably even spread of wealth, and one of 0,75 would point to extreme inequalities of wealth in a society.

ginokrasie n.
'n Stelsel waarin die uitoefening van politieke mag deur vroue oorheers word.
+ **gynaecocracy** n. (gynocracy).
A system in which the exercise of political power is dominated by women.

Girondyne n.
'n Republikeinse groep wat Frankryk in 1793 in 'n oorlog gedompel het, wat tot konflik met die Jakobyne aanleiding gegee het.
+ **Girondins** n.
A republican group that led France into war in 1793, leading to conflict with the Jacobins.

globaal adj. <voorkeurterm> (wêreldomvattend, geheelwêreld-, mondiaal).
Wat met die hele wêreld verband hou of dit affekteer, bv globale ekonomie, globale terrorisme.
+ **global** adj.
Relating to or affecting the entire world, eg global economy, global terrorism.

globale ekonomie n. (wêreldomvattende ekonomie, mondiale ekonomie).
'n Ekonomie wat die hele fisiese aarde omvat of verteenwoordig.
+ **global economy** n.
An economy that encapsulates or represents the entire physical earth.

globale politiek n. (geheelwêreldpolitiek, mondiale politiek).
Die wêreldwye stelsel van state, hulle ekonomieë en hulle wisselwerking, wat die mag en rykdom van alle state raak.
+ **global politics** n.
The worldwide system of states, their economies and their interactions, that affects the power and wealth of all states.

globale vloot → **aardbolvloot**

globalisering n. <voorkeurterm> (geheelverwêreldliking, geheelwêreldwording, mondialisering).
Die proses om sake en kwessies van kernbelang en wat alle state van die wêreld raak, binne 'n multilaterale konteks te behandel.

G

G

+ *globalisation* n.
The process of treating matters and issues of crucial importance and concern to all states of the world within a multilateral context.

godsdiensfundamentalisme → **religieuse fundamentalisme**

godsdiensstaat n.
'n Staat wat volgens die beginsels van 'n bepaalde godsdiens regeer word.
+ *religious state* n.
A state governed according to the principles of a specific religion.

godsdiensvryheid n.
Die reg om sonder beperking volgens eie gewete en waardestelsel te aanbid.
+ *freedom of religion* n.
The right to worship according to one's own conscience and value system.

goëlpolitiek n.
Misleidende toertjies, sinspreuke of skuiwe in die politieke proses.
+ *sleight of hand politics* n.
Deceptive tricks, devices or moves in the political process.

goewerneur-generaal n.
Die verteenwoordiger van die Britse monarg in sommige Gemenebesstate, bv in Kanada en Australië, en wat verantwoordelik is vir die uitvoering van die meeste van die konstitusionele en seremoniële pligte van die monarg.
+ *governor general* n.
The representative of the British monarch in some Commonwealth states, eg Canada and Australia, and who is tasked to perform most of the constitutional and ceremonial duties of the monarch.

goewerneursverkiesing n.
Die verkiesing van 'n goewerneur van 'n deelstaat in die VSA, bv goewerneur van Kalifornië.
+ *gubernatorial election* n.
The election of a governor of a state of the USA, eg governor of California.

GOP → **Grand Old Party**

GOP → **geïntegreerde ontwikkelingsplan**

gradualisme → **geleidelikheid**

Grand Old Party n. (GOP).
Die bynaam van die Republikeinse Party in die VSA.
+ *Grand Old Party* n. (GOP).
The nickname of the Republican Party in the USA.

grens n. <kyk ook grensgebied; grenslyn>.
Die gebied waar twee afsonderlike state bymekaar kom.
+ *border* n. <see also boundary; frontier>.
The area where two separate states are joined.

grensboer n. <kyk ook trekboer; Voortrekker>.
Tydens die vroeë uitbreiding van die Europese nedersetting van Suid-Afrika, 'n seminomadiese vee- en bestaansboer wat op die oostelike voorpos van die Kaapkolonie gevestig het.

+ *border farmer* n. <see also trekboer; Voortrekker>.
In the early expansion of the European settlement of South Africa, a semi-nomadic pastoralist and subsistence farmer who settled on the Eastern frontier of the Cape Colony.

grensdros v.
'n Land verlaat deur die grens onwettiglik oor te steek.
+ *border jumping* v.
Leaving a country by illegally crossing its border.

grensgebied n. <kyk ook grens; grenslyn; nasionale grensgebied>.
1. Die streek waar 'n staat aan 'n ander grens.
2. Die streek aan die soom van 'n gevestigde gebied in 'n land.
+ *frontier* n. <see also border; boundary; national frontier>.
1. The region where a state borders on another.
2. The region at the edge of a settled area in a country.

grenskiesafdeling n.
'n Kiesafdeling waar die steun en die gevolglike stemme vir die hoof politieke partye min of meer gelyk is.
+ *marginal constituency* n.
A constituency in which the support and the resultant vote for the major political parties are more or less equal.

grensloper n.
'n Persoon wat 'n grens dikwels om wettige redes oorsteek.
+ *border crosser* n.
A person frequently crossing a border for legal purposes.

grenslyn n. <kyk ook grens; grensgebied>.
'n Lyn wat die gebied en by uitbreiding die soewereiniteit van 'n staat afbaken. 'n Grenslyn kan natuurlik wees, bv 'n rivier, of dit kan kunsmatig wees, bv 'n lyn op 'n kaart wat twee punte verbind.
+ *boundary* n. <see also border; frontier>.
A line demarcating the territory and by extension the sovereignty of a state. A boundary can be natural, eg a river, or it can be artificial, eg a line linking two points on a map.

grensverdediging n.
Maatreëls om uitbreidende nedersettings in 'n grensgebied teen aanvalle te beskerm.
+ *frontier defence* n.
Measures to protect expanding border settlements against attack.

grenswip n.
'n Vorm van grensoorsteking bestaande uit gereelde onwettige bewegings oor grense.
+ *border hopping* n.
A form of border crossing involving regular illegal movements across borders.

groenideologie n.
'n Leerstelling wat die belangrikheid en bewaring van die natuurlike omgewing beklemtoon.
+ *green ideology* n.
A doctrine stressing the importance and conservation of the natural environment.

groenskrif n.
'n Dokument wat voorgestelde regeringsbeleid uiteensit en gepubliseer word om bespreking en raadpleging met belanghebbende groepe moontlik te maak voordat die finale beleid in 'n witskrif gepubliseer word. Die kleur van die papier is nie meer van belang nie.
♦ **green paper** n.
A document setting out proposed government policy, published to allow discussion and consultation with interested parties before the final policy is published in a white paper. The colour of the paper is no longer of consequence.

groepsbelange n.
Sake wat tot voordeel van 'n groep as geheel is en wat die grondslag vir die optrede van die groep bied.
♦ **group interests** n.
Matters beneficial to a group as a whole and providing the basis for the actions of the group.

groepsbewussyn → **groepsbewustheid**

groepsbewustheid n. (groepsbewussyn <af te keur>).
In politieke teorie, die bewustheid van mense met betrekking tot sake van gemeenskaplike belang soos etnisiteit, kultuur, oorsprong en ekonomiese belange.
♦ **group consciousness** n.
In political theory the awareness of people regarding matters of common interest such as ethnicity, culture, origin and economic interests.

groepsgebied n.
'n Gebied wat uitsluitlik vir 'n bepaalde rassegroep afgebaken is as deel van die apartheidsregering se beleid van afsonderlike ontwikkeling.
♦ **group area** n.
An area demarcated exclusively for a specified race group as part of the apartheid government's policy of separate development.

groepsgeding n. <in die reg>.
'n Regsprosedure waarin persone 'n hof kan nader namens 'n lid van, of in die belang van, 'n groep of klas persone.
♦ **class action** n. <law>.
A legal proceeding by which persons can approach a court of law on behalf of a member of, or in the interests, of a group or class of persons.

groepskieserslys n.
'n Register van kiesers wat op 'n groeps- of faksionele basis bygehou word teenoor 'n gemeenskaplike kieserslys, bv die Maori-kieserslys in Nieu-Seeland.
♦ **group voters' roll** n.
A register of voters kept on a group or factional basis, as against a common voters' roll, eg the Maori voters' roll in New Zealand.

groepsregte n. <kyk ook regte van die individu>.
Daardie dinge waarop 'n groep met reg mag aanspraak maak as dit wat hom toekom, soos die reg op sy eie onderwys en op die gebruik van sy eie taal.
♦ **group rights** n. <see also rights of the individual>.
Those things that a group may legitimately claim as due to it, such as the right to its own education and to the use of its own language.

groepsverteenwoordiging n.
Die verteenwoordiging van 'n omskrewe samestelling van persone, 'n faksie of 'n geselekteerde groep mense in 'n wetgewer.
♦ **group representation** n.
The representation of a defined set of people, a faction, or a selection of people in a legislature.

Groep van 63 n.
'n Suid-Afrikaanse groep intellektuele wat in Mei 2000 gestig is en wat besorg is oor die uitfasering van die hoër funksies van Afrikaans in Suid-Afrika, bv in howe, skole en universiteite.
♦ **Group of 63** n.
A South African group of intellectuals, founded in May 2000 who are concerned about the phasing out of the higher functions of Afrikaans, eg in courts, schools and universities.

Groep van Agt n. (G8).
Die G7-state plus Rusland.
♦ **Group of Eight** n. (G8).
The G7 states plus Russia.

Groep van Agtien n. (G18).
Die 18 EU-lidstate wat teen die middel van 2009 die Europese grondwet goedgekeur het.
♦ **Group of Eighteen** n. (G18).
The 18 EU member states that by mid-2009 had ratified the European constitution.

Groep van Sewe n. (Groot Sewe, G7).
'n Groep van die mees geïndustrialiseerde state in die wêreld, wat bestaan uit die VSA, VK, Frankryk, Duitsland, Japan, Kanada en Italië.
♦ **Group of Seven** n. (Big Seven, G7).
A group of the most industrialised states in the world, comprising the USA, UK, France, Germany, Japan, Canada and Italy.

Groep van Sewe en Sewentig n. (G77).
'n Groep ontwikkelende state wat in 1964 gestig is met die doel om hulle kollektiewe ekonomiese belange te bevorder. Die ledetal het toegeneem van 77 tydens die stigting tot 134 in 2013.
♦ **Group of Seventy Seven** n. (G77).
A group of developing states founded in 1964 to promote their collective economic interests. Its membership grew from 77 at its inception to 134 in 2013.

Groep van Tien n. (G10).
'n Groep belangrike ekonomiese moondhede wat bestaan uit België, Frankryk, Duitsland, Italië, Japan, Kanada, Nederland, Swede, die VK en die VSA, wat in 1962 gestig is waarby Switserland in 1984 aangesluit het.
♦ **Group of Ten** n. (G10).
A group of major economic powers comprising Belgium, Canada, France, Germany, Italy, Japan, the Netherlands, Sweden, the UK, the USA, founded in 1962 and joined by Switzerland in 1984.

G

G

Groep van Twintig n, (G20)
'n Informele forum van die Europese Unie en 19 ander nywerheids- en ontluikende state wat dialoog bevorder oor sleutelvraagstukke van globale ekonomiese stabiliteit.
♦ *Group of Twenty* n. (G20).
An informal forum of the European Union and 19 other industrial and emerging market states that promotes dialogue on key issues of global economic stability.

Groep van Vyf n. (G5).
'n Groep geïndustrialiseerde state wat bestaan uit die VSA, VK, Frankryk, Duitsland en Japan.
♦ *Group of Five* n. (G5).
A group of industrialised states comprising the USA, UK, France, Germany and Japan.

Groep van Vyftien n. (G15).
'n Groep van ontwikkelende state uit Asië, Afrika en Latyns-Amerika om die belange van ontwikkelende state te bevorder.
♦ *Group of Fifteen* n. (G15).
Group of developing states from Asia, Africa and Latin America to promote the interests of developing states.

grondaanval n.
'n Lugaanval op grondteikens of 'n aanval deur grondmagte.
♦ *ground attack* n.
An air attack on ground targets or attack by ground forces.

grondbesetting n.
Die onwettige, grootskaalse besetting van grond wat aan 'n gevestigde eienaar behoort, veral in lewensvatbare landbougebiede.
♦ *land invasion* n.
The illegal large-scale occupation of land belonging to an established owner, especially in viable farming areas.

grondgebiedsintegriteit n. (territoriale integriteit).
'n Beginsel in internasionale reg dat state nie afskeidingsbewegings of grensveranderinge in ander state moet bevorder nie.
♦ *territorial integrity* n.
A principle under international law that states should not promote secessionist movements or boundary changes in other states.

grondgebruikbeperking n.
'n Beperking, in terme van sonering, op die vorm of omvang van grondgebruik, dikwels in munisipale jurisdiksies.
♦ *land use restriction* n.
A restriction, in terms of zoning, on the form or extent of the usage of land, often in municipal jurisdictions.

grondhervorming n.
Maatreëls bedoel om 'n herorganisasie van grondbesit teweeg te bring.
♦ *land reform* n.
Measures designed to bring about a reorganisation of land ownership.

grondkwessie → **grondvraagstuk**

grondreg → **basiese reg**

grondrestitusie n.
Die teruggee van grond aan mense wat van hulle regmatige grondeienaarskap ontneem is, gewoonlik na 'n verandering in die owerheidsvorm.
♦ *land restitution* n. (restitution of land).
Returning land to people who have been deprived of their rightful landownership, usually after a regime change.

grondverdeling n.
Die toekenning van grond aan individue of groepe.
♦ *distribution of land* n. (land distribution).
The allocation of land to individuals or groups.

grondvlak → **voetsoolvlak**

grondvraagstuk n. (grondkwessie).
Twisgeskille rondom die eienaarskap van grond, insluitend grondeise deur gemeenskappe wat onder outoritêre, koloniale of diktatoriale heerskappy uitgesit is, dreigemente om onwettig op te tree en besorgdheid oor voorgenome wetgewing en vergoeding aan die huidige eienaars, bv in Brasilië, Suid-Afrika en Taiwan.
♦ *land issue* n.
Controversy concerning the ownership of land, including land claims by communities evicted under authoritarian, colonial or dictatorial rule, threats to act illegally and concerns about proposed legislation and compensation to present owners, eg in Brazil, South Africa and Taiwan.

grondwet n. (konstitusie).
Die fundamentele reëls en politieke beginsels waarvolgens 'n staat regeer word, insluitend die regering se pligte, bevoegdhede en funksies asook die verhouding tussen die staat en sy burgers.
♦ *constitution* n.
The fundamental rules and political principles according to which a state is governed, including the duties, powers and functions of government as well as the relationship between the state and its citizens.

grondwetgewende vergadering n. (grondwetskrywende vergadering).
'n Groep persone belas met die taak om 'n grondwet op te stel of 'n regering daar te stel.
♦ *constituent assembly* n.
A group of persons charged with the task of drawing up a constitution or establishing a government.

grondwetgewende vergadering n.
'n Verteenwoordigende vergadering wat met die opstel van 'n grondwet belas is.
♦ *constitutional assembly* n.
A representative congregation tasked with the drafting of a constitution.

grondwetlike monarg n. <kyk ook seremoniële staatshoof; konstitusionele staatshoof; nominale staatshoof> (konstitutionele monarg).
'n Monarg wie se regeringsbevoegdheid deur die reg beperk word, bv die Britse monarg.

♦ *constitutional monarch* n. <see also ceremonial head of state; constitutional head of state; nominal head of state>.
A monarch whose powers of governance are limited by law, eg the British monarch.

grondwetlike monargie n. <kyk ook koninkryk; monargie> (konstitusionele monargie).
'n Regeervorm waar die magte van 'n erflike monarg beperk word tot dié wat toegestaan word deur 'n grondwet en wette of konvensies van 'n staat, bv Brittanje.
♦ *constitutional monarchy* n. <see also kingdom; monarchy>.
A form of rule where a hereditary monarch's powers are restricted to those granted by a constitution or laws and conventions of a state, eg Britain.

grondwetlike regering n. (konstitusionele regering).
'n Regering wat binne 'n stel regs- en institusionele beperkings optree wat beide die bevoegdhede daarvan beperk sowel as individuele menseregte beskerm.
♦ *constitutional government* n.
A government that operates within a set of legal and institutional constraints that both limits its powers and protects individual human rights.

grondwetskeppende proses n. (konstitusieskeppende proses).
Die prosedures waarvolgens 'n staat se regeerkundige beginsels opgestel word.
♦ *constitution-making process* n.
The procedures whereby the governing principles of a state are drawn up.

grondwetskrywende vergadering → **grondwetgewende vergadering**

groot ajatollah n. <'groot' nie gebruik in aanspreekvorm>, <kyk ook ajatollah> (mardja-e taqlid, ajatollah-al-uzma).
'n Opperteoloog in Sjiïtiese Islam wat dikwels oor politieke invloed beskik, bv ajatollah Khomeini, wat tussen 1979 en 1989 die staatshoof van Iran was.
♦ *grand ayatollah* n. <'grand' not used in form of address>, <see also ayatollah> (marja-e taqlid, ayatollah-al-uzma).
A supreme theologian in Shiite Islam, often with political influence, eg ayatollah Khomeini, who was Iran's head of state between 1979 and 1989.

grootapartheid n.
Die hoofbeleidsaspekte van apartheid in Suid-Afrika voor 1994, bv die stigting van bantoestans, teenoor die kleinlike alledaagse praktyk soos afsonderlike openbare geriewe.
♦ *grand apartheid* n.
The major policies of apartheid in South Africa before 1994, eg the establishment of bantustans, as against the petty everyday practices such as separate public amenities.

grootkoalisie n.
'n Allesomvattende koalisie van politieke partye wat die oorgrote meerderheid in 'n wetgewer verteenwoordig, bv in konsosiatiewe demokrasie.

♦ *grand coalition* n.
An all-encompassing coalition of political parties which represents an overwhelming majority in a legislature, eg in consociational democracy.

grootmoondheid n. <kyk ook supermoondheid> (meerdere moondheid).
'n Staat wat onder die magtigste state in die internasionale hiërargie van state gereken word en wat sterk genoeg is om gebeure dwarsoor die wêreld te beïnvloed.
♦ *great power* n. <see also superpower> (major power).
A state deemed to rank amongst the most powerful states in the international hierachy of states and is powerful enough to influence events throughout the world.

Groot Nasionale Vergadering n.
Die eenkamerparlement van Turkye.
♦ *Grand National Assembly* n.
The unicameral parliament of Turkey.

Groot Oorlog → **Eerste Wêreldoorlog**

grootsake n.
Groot handelsondernemings gesien as 'n kollektiewe entiteit wat in staat is om politieke en sosiale gebeure te beïnvloed.
♦ *big business* n.
Large commercial enterprises considered as a collective entity capable of influencing political and social events.

Groot Satan n.
Pejoratiewe verwysing in Iran na die VSA, die eerste keer gebruik deur die ajatollah Khomeini.
♦ *Great Satan* n.
Pejorative reference in Iran to the USA, first used by the ayatollah Khomeini.

Groot Sewe → **Groep van Sewe**

Groot Sprong Vorentoe n.
'n Program van Mao Zedong, einde 1957 tot begin 1960's, om 'n tipies Chinese, eerder as 'n Russiese, vorm van sosialisme in die Volksrepubliek van China te ontwikkel, met die klem op kommunale besluitneming, kollektiewe boerdery en handearbeid. Meer as vyftien miljoen burgers is tydens die program dood.
♦ *Great Leap Forward* n.
A programme of Mao Zedong, from the end of 1957 to the beginning of the 1960s, to develop a typical Chinese, rather than Russian, form of socialism in the People's Republic of China, with the emphasis on communal decision making, collective farming and manual labour. More than fifteen million citizens died during the programme.

grootstad n. <kyk ook megalopolis> (metropool, metropolis).
'n Stedelike gebied in plaaslike regering wat uit 'n relatiewe groot grondgebied en bevolking bestaan en oor 'n substantiewe geldelike begroting en personeel beskik. In Suid-Afrika verwys dit na 'n groot stad of kombinasie van 'n stad en aantal dorpe wat as 'n enkele entiteit bestuur word, soos bv Johannesburg.

G

G

• *metropolis* n. <see also mannlijullijit.
ili urban area in local government that comprises a
relatively large area and population and presides
over a substantial monetary budget and staff. In
South Africa it refers to a large city or a
combination of a city and towns managed as an
entity, such as Johannesburg.

grys propaganda n. <kyk ook swart
propaganda; wit propaganda>.
Propaganda wat nie spesifiek enige bron identifiseer
nie.
• *grey propaganda* n. <see also black
propaganda; white propaganda>.
Propaganda that does not specifically identify any
source.

guerrilla n.
Lid van 'n ongereelde gewapende mag, veral een
wat teen 'n gevestigde weermag veg.
• *guerrilla* n.
Member of an irregular armed force, especially one
fighting an established armed force.

guerrillaoorlog n.
'n Oorlog gevoer deur militêre en paramilitêre
operasies, hoofsaaklik onkonvensioneel van aard,
wat in vyandbesette of vyandelike gebied deur
ongereelde, oorwegend inheemse magte gevoer
word.

• *guerrilla war* n.
A war conducted through military and paramilitary
operations, mainly of an unconventional nature,
conducted in enemy-held or hostile territory by
irregular, predominantly indigenous forces.

guerrillaoorlogvoering n.
Militêre en paramilitêre operasies, hoofsaaklik
onkonvensioneel van aard, wat in vyandbesette of
vyandelike gebied deur ongereelde, oorwegend
inheemse magte gevoer word.
• *guerrilla warfare* n.
Military and paramilitary operations, mainly of an
unconventional nature, conducted in enemy-held or
hostile territory by irregular, predominantly
indigenous forces.

gyselaar n.
'n Persoon wat teen sy/haar wil onwettig aangehou
word, onderhewig aan die gee van 'n waarborg of
sekerheidstelling deur bondgenote van die gevange
individu dat aan 'n bepaalde onderneming voldoen
sal word, in reaksie waarop die aangehoue persoon
vrygelaat sal word.
• *hostage* n.
A person illegally held in custody against his/her
will, subject to a pledge or security being given by
allies of the captive individual for the fulfilment of
a particular undertaking, in response to which the
person held captive would be released.

Hh

habatsoe n. <Japannees>
Die faksies in die Japannese parlement, bv in die Liberale Demokratiese Party.
 • **habatsu** n. <Japanese>.
The factions in the Japanese parliament, eg in the Liberal Democratic Party.

habeas corpus n. <Latyn>.
'n Geregtelike bevelskrif dat 'n aangehoudene of gevangene voor 'n regter in 'n geregshof gebring word.
 • **habeas corpus** n. <Latin>.
A legal writ ordering that a detainee or prisoner be brought before a judge in a court of law.

hagiokrasie n.
Die uitoefening van politieke mag deur heilige persone in terme van ewige en heilige beginsels.
 • **hagiocracy** n.
The exercise of political power by holy persons in terms of eternal and sacred principles.

hakkejag n.
'n Doktrine waarvolgens 'n staat die reg het om die skending van sy gebiedsintegriteit met die onmiddellike agtervolging van die oortreder te beantwoord, selfs tot binne-in die gebied van die staat wat die oortreder huisves of sy/haar deurgang toelaat, met die doel om hom/haar te vang of uit te wis.
 • **hot pursuit** n.
A doctrine according to which a state has the right to reply to a violation of its territorial integrity with the immediate pursuit of the transgressor, even into the territory of the state harbouring the transgressor or permitting his/her passage, in order to take him/her prisoner or destroy the transgressor.

halftermynverkiesing
→ **middeltermynverkiesing**

halssnoer n.
Die teregstelling van 'n persoon sonder 'n behoorlike regsproses deur 'n buiteband om sy/haar nek te plaas en dit aan die brand te steek; die praktyk het gedurende die gewelddadige swart bevrydingstryd in die 1980's in Suid-Afrika plaasgevind.
 • **necklace** n.
The execution of a person without due process of law by putting a tyre around his/her neck and setting it alight; this practice took place in the violent black freedom struggle uprisings during the 1980s in South Africa.

handelingsvryheid n. (vryheid van optrede).
Die vermoë om die inisiatief by die kies van enige van 'n reeks alternatiewe handelwyses te handhaaf.
 • **freedom of action** n.
The ability to maintain the initiative in selecting any of a series of alternative courses of action.

handelsdienste → **munisipale handelsdienste**

handetuisbeleid n.
Nie-ingryping, veral in buitelandse beleid.

 • **hands-off policy** n.
Nonintervention, especially in foreign policy.

handlangeroorlog n.
Oorlog waarin die weermagte van die hoofrolspelers nie regstreeks betrokke is nie en waarin daar van surrogaatmagte gebruik gemaak word.
 • **proxy war** n. (war by proxy).
War in which the armed forces of the main protagonists are not directly involved and use is made of surrogate forces.

handves n.
'n Dokument waarin stigtingsbeginsels uitgestippel word en in die besonder een wat die beginsels van toepassing op 'n belangrike instelling soos die Verenigde Nasies vermeld, of menseregte spesifiseer.
 • **charter** n.
A document in which founding principles are stipulated and in particular one stating the principles pertaining to an important institution such as the United Nations, or specifying human rights.

handves van menseregte n.
(menseregtehandves).
'n Formele, skriftelike stelling van universele, egalitariese en onvervreembare fundamentele regte wat 'n persoon toekom op grond daarvan dat hy 'n mens is.
 • **charter of human rights** n.
A formal written statement of universal, egalitarian and inalienable fundamental rights to which a person is entitled by virtue of being a human being.

handves van regte n. (akte van regte).
'n Grondwetlike dokument wat die fundamentele regte van individue en groepe binne 'n samelewing benoem en instel.
 • **bill of rights** n.
A constitutional document naming and establishing the fundamental rights of individuals and groups within society.

hangende mosie n. (aanhangige mosie).
'n Mosie waarvan kennis gegee is maar wat nog nie ter tafel gelê is vir bespreking nie.
 • **pending motion** n.
A motion given notice of but not yet introduced for discussion.

Hansebond n. <Hanseatiese Bond kom ook voor>.
'n Bondgenootskap van Noord-Duitse handelstede wat handel langs die kus van Noord-Europa oorheers het; dit is in 1241 gestig en het tot die 19de eeu voortbestaan.
 • **Hanseatic League** n.
An alliance of North German trading cities that dominated trade along the coast of Northern Europe; formed in 1241, it survived until the 19th century.

Hansestad n.
'n Lidstad van die Hansebond.
• **Hanseatic city** n.
A member city of the Hanseatic League.

harde dienste n.
Munisipale dienste soos water, riolering en elekrisiteit.
• **hard services** n.
Municipal services such as water, sewerage and electricity.

H

hardgebakte n.
'n Persoon met onbuigsame menings, absoluut ontoegeeflik in situasies waar 'n kompromis aangewese sou wees.
• **hardliner** n.
A person with rigid opinions, absolutely unyielding in situations calling for compromise.

hardgebakte politiek n.
Politiek gegrond op ontoegeeflike beleid en hardnekkige handelwyses.
• **hard-line politics** n.
Politics based on unyielding policies and persistently firm courses of action.

HBI → **histories benadeelde individu**

heers v.
1. Om beheer uit te oefen oor. 2. Om deur sterk invloed te domineer.
• **rule** v.
1. To exercise control over. 2. To dominate by powerful influence.

heersersklas n.
In Marxistiese ideologie die klas wat die samelewing oorheers deur die besit van produktiewe welvaart.
• **ruling class** n.
In Marxist ideology the class that dominates society through the ownership of productive wealth.

heerskappy n.
Die uitoefening van regeringsmag en -gesag.
• **rule** n.
The exercise of governmental power and authority.

hef v.
Om 'n tarief of aksynsreg in te stel of in te samel.
• **levy** v.
To raise or collect a tariff or duty.

hefbare waarde n.
Die bedrag wat bepaal is as die waarde wat vir heffingsdoeleindes gebruik moet word.
• **ratable value** n. (rateable value).
The amount determined as the value to be used for rating purposes.

hegemonie n. <Internasionale verhoudinge>.
Die opkoms en oorheersing van een staat in die internasionale statestelsel oor een of meer state of 'n streek state.
• **hegemony** n. <International relations>.
The ascendancy and domination of one state in the international state system over one or more states or a region of states.

Heilige Stoel n. <Internasionale Reg>.
Die sentrale regering van die Rooms-Katolieke Kerk, waarna dikwels as die Vatikaan verwys word,
maar dit is feitelik nie korrek nie. Ambassadeurs word by die Heilige Stoel geakkrediteer, nie die Vatikaanstadstaat nie, en sy diplomatieke verteenwoordigers in state en internasionale organisasies verteenwoordig die Heilige Stoel, nie die Vatikaan nie.
• **Holy See** n. <International Law>.
The central government of the Roman Catholic Church, often referred to as the Vatican which is not in actual fact correct. Ambassadors are accredited to the Holy See, not the Vatican City State, and its diplomatic representatives in states and international organisations represent the Holy See, not the Vatican.

Heilige Stoel n. <kerklik>.
Die setel van die Biskop van Rome, naamlik die setel van die Rooms-Katolieke Pous
• **Holy See** n. <ecclesiastic>.
The seat of the Bishop of Rome, namely the seat of the Roman Catholic Pope.

heimlik adj. (klandestien).
Versteek in groot geheimhouding.
• **clandestine** adj.
Hidden in great secrecy.

herbeset v.
Om weer beheer oor 'n gebied of stelling te neem wat vantevore onder die beheer van 'n vyandelike gewapende mag was.
• **reoccupy** v.
To retake control of a territory or position that had previously been under the control of a hostile armed force.

herower v.
Om weer beheer oor of besit van iets te verkry wat afgestaan is.
• **recapture** v.
To regain control over or possession of something that has been lost.

herroepingsbrief n.
'n Brief waarin die gesant van 'n staat in 'n buitelandse staat deur die sendstaat herroep word.
• **letter of recall** n.
A letter in which an emissary of a state in a foreign state is recalled by the sending state.

hersonering n.
Die amptelike wysiging van die doel waarvoor grond aangewend mag word.
• **rezoning** n.
Officially amending the purpose for which land may be used.

herstellende geregtigheid n. <kyk ook vergeldende geregtigheid>.
'n Benadering tot misdaad waarin die fokus is op die rehabilitasie van die oortreder en die herstel van die skade wat berokken is. Die proses betrek die oortreder(s), slagoffer(s) en die gemeenskap.
• **restorative justice** n. <see also retributive justice>.
An approach to crime in which the focus is on rehabilitating the offender and repairing the harm done. The process involves the offender(s), victim(s) and the community.

herstel van grondregte n.
Die teruggee aan eisers van die gebruik,
eienaarskap en regte met betrekking tot grond.
+ *restitution of land rights* n.
The restoration to claimants of the usage, ownership
and entitlements pertaining to land.

herverdeling n.
Die hertoewysing van welvaart, eiendom, materiële
belange of toegang tot politieke mag van 'n
bevoordeelde na 'n benadeelde groep mense.
Herverdeling vind gewoonlik plaas wanneer
magsverhoudinge in 'n samelewing fundamenteel
verskuif.
+ *redistribution* n.
The reallotment of wealth, property, material
interests or access to political power from an
advantaged to a disadvantaged group of people.
Redistribution generally takes place when the power
relations in a society undergo fundamental
realignment.

herverdeling van grond n.
Die hertoewysing van grond in 'n staat, dikwels na
'n rewolusie of 'n fundamentele verandering in die
owerheidsvorm.
+ *land redistribution* n. (redistribution of land).
The reapportionment of land in a state, quite often
after a revolution or a fundamental change in the
form of regime.

herverdeling van rykdom n.
Die hertoewysing van die stoflike bates in 'n politie
deur regeringshandeling, gewoonlik deur
progressiewe belasting en die voorsiening van
sosiale welsyn, ten einde ongelykhede te verklein.
+ *redistribution of wealth* n.
The reapportionment of the material assets in a
polity by government action, usually by progressive
taxation and the provision of social welfare, in
order to narrow inequalities.

hervestig v.
Om mense onder dwang na 'n ander terrein of
woonplek te verskuif.
+ *resettle* v.
To forcibly relocate people to a different site or
residence.

hervestiging n.
Die verskuiwing van mense na 'n ander terrein of
woongebied toe.
+ *resettlement* n. (relocation).
The moving of people to a different site or
residence.

hervorming n.
Die verbetering van omstandighede deur
wangebruike te verwyder of beter waardes in te
stel.
+ *reform* n.
The improvement of conditions by removing abuses
or imposing better values.

heterargie n.
'n Organisasiestruktuur wat met 'n netwerk eerder
as die bo-na-onderpatroon van 'n hiërargie
ooreenstem.

+ *heterarchy* n.
An organisational structure resembling a network
rather than the top-down pattern of a hierarchy.

heuningstrik n.
Seksuele verstrikking wat deur veiligheidsdienste
gebruik word en dikwels teen opponerende dienste
se personeel aangewend word.
+ *honey trap* n.
Sexual entrapment used by security services, often
applied to opposing services' personnel.

heuningtrein → **soustrein**

hiërargiese politieke sisteem → **hiërargiese
politieke stelsel**

hiërargiese politieke stelsel n. (hiërargiese
politieke sisteem).
'n Vorm van politie wat sosiale lae, klasse of stande
volgens mag en senioriteit rangskik.
+ *hierarchical political system* n.
A form of polity that is organised according to
social layers, classes or estates ranked in power and
seniority.

hiërokrasie n.
Die uitoefening van politieke mag deur priesters of
kerklikes.
+ *hierocracy* n.
The exercise of political power by priests or
ecclesiastics.

Hill → **Capitol Hill**

hinterland n.
Die verafgeleë of plattelandse gebiede van 'n staat,
wat gewoonlik ekonomies onderontwikkel is.
+ *hinterland* n.
The remote or rural areas of a state, usually
economically underdeveloped.

histories agtergeblewenes → **histories
benadeeldes**

histories benadeelde individu n. (HBI).
'n Suid-Afrikaanse burger wat voor die instelling
van die grondwet van 1983 of die grondwet van
1993 nie stemreg gehad het nie of 'n vroulike
persoon is of gestrem is.
+ *historically disadvantaged individual* n.
(HDI).
A South African citizen who had no franchise in
national elections prior to the introduction of the
constitution of 1983 or the constitution of 1993 or
who is a female or who has a disability.

histories benadeeldes n. <die histories
benadeeldes>, <kyk ook voorheen benadeelde
individu> (histories agtergeblewenes <die
histories agtergeblewenes af te keur>).
Mense wat met verloop van die geskiedenis in 'n
ongunstige situasie geplaas was weens 'n gebrek
aan normale sosiale geleenthede, bv vroue,
gestremdes en sekere etniese groepe. In Suid-Afrika
spesifiek burgers wat nie voor die instelling van die
1983-grondwet, of die 1993-grondwet stemreg in
nasionale verkiesings gehad het nie.

H

H

• *historically disadvantaged* n. <the historically disadvantaged>, <see also previously disadvantaged individual>.
People who, in the course of history, have been placed in unfavourable circumstances through lack of normal social opportunities, eg women, the disabled and certain ethnic groups. In South Africa specifically citizens who had no franchise in national elections prior to the introduction of the constitution of 1983 or the constitution of 1993.

HMW → **hoëkrag-mikrogolfwapen**

hoë burgerstand n.
1. Persone van 'n hoë sosiale stand. 2. Diegene net onder die adelstand.
• *gentry* n.
1. Persons of high social standing. 2. Those just below the nobility.

Hoë Hof n. <Suid-Afrika 1996–2013>.
'n Hoër hof wat beide siviele en kriminele sake, sowel as appèlsake van laer howe aanhoor.
• *High Court* n. <South Africa 1996–2013>.
A superior court that hears both civil and criminal cases, as well as appeals from lower courts.

hoë hof n.
'n Hof van eerste instansie wat inherent die bevoegdheid het om sy eie prosedures te beskerm en te reguleer en die gemenereg te ontwikkel.
• *high court* n.
A court of first instance inherently empowered to protect and regulate its own procedures and to develop common law.

Hoë Kommissariaat n. <kyk ook ambassade>.
In Statebondstate die ambassade van 'n Statebondstaat in 'n ander staat.
• *High Commission* n. <see also embassy>.
In Commonwealth states the embassy of a Commonwealth state to another.

Hoë Kommissaris n. <kyk ook ambassadeur>.
Die hoogste diplomatieke gesant in bevel van die diplomatieke missie van een Statebondstaat aan 'n ander.
• *High Commissioner* n. <see also ambassador>.
The highest diplomatic envoy, in charge of the diplomatic mission of one Commonwealth state to another.

hoëkrag-mikrogolfwapen n. (HMW).
'n Lugboordwapen wat baie kragtige energiepulse uitstuur om vyandelike elektroniese apparate te beskadig of vernietig; 'n e-bom in omgangstaal.
• *high-power microwave weapon* n. (HPM).
An airborne weapon that discharges very high powered energy pulses to damage or destroy enemy electronic apparatus; colloquially called an e-bomb.

hoërhuis n. <kyk ook laerhuis> (hoërkamer).
Een van die twee huise van 'n bikamerale wetgewer, bv 'n senaat.

• *upper house* n. <see also lower house> (upper chamber).
One of the two houses of a bicameral legislature, eg a senate.

hoërkamer → **hoërhuis**

hoërordedorp n.
'n Dorp wat uitgebreide dienste verskaf en toegang tot meerdere hulpbronne het.
• *higher-order town* n.
A town that provides extensive services and has access to superior resources.

hoofbegroting n. <kyk ook aanvullende begroting; addisionele begroting>.
Die hoofskatting van die regering se inkomste en uitgawes wat gedurende die jaarlikse sessie van die parlement goedgekeur word.
• *main budget* n. <see also additional budget; supplementary budget>.
The principal estimates of revenue and expenditure of the government that is approved during the course of the annual session of parliament.

hoofdelike stemming n.
Aantoon van jou keuse deur jou stem instemmend of nie-instemmend te verhef.
• *voting by individual call* v.
Showing one's preferred choice by raising one's voice in an affirmative or negative manner.

hoofsweep n.
'n Lid van 'n wetgewer wat verantwoordelik is vir partydissipline en om te verseker dat sy/haar partykollegas teenwoordig is wanneer daar 'n stemming gaan wees, gewoonlik met die hulp van 'n aantal swepe.
• *chief whip* n.
A member of legislature responsible for party discipline and ensuring the presence of colleagues in the party when there is to be a vote, usually assisted by a number of whips.

hoogbou-ontwikkeling
→ **toringbou-ontwikkeling**

Hoogheid n. <voorafgegaan deur U of Sy of Haar>.
Titel wat gebruik word om 'n koninklike persoon, behalwe 'n koning en 'n koningin, aan te spreek of na hom/haar te verwys.
• *Highness* n. <preceded by Your or His or Her>.
Title used to address or refer to a royal person except kings and queens.

Hoogste Hof van Appèl n. <Suid-Afrika sedert 2013>.
Die hoogste hof wat kriminele en siviele appèlsake aanhoor, maar nie appèlsake wat verband hou met die grondwet nie.
• *Supreme Court of Appeal* n. <South Africa since 2013>.
The highest court of appeal for criminal and civil cases, but not for constitutional related appeals.

horisontale interowerheidsverhoudinge
→ **horisontale tussenowerheidsverhoudinge**

horisontale tussenowerheidsverhoudinge n.
(horisontale interowerheidsverhoudinge).
Formele wisselwerking tussen regerings op
dieselfde vlak in 'n staat, bv tussen
streeksregerings, of tussen plaaslike regerings.
♦ *horizontal intergovernmental relations* n.
Formal interaction between governments at the
same level in a state, for example between regional
governments, or between local governments.

huis van afgevaardigdes n.
Alternatiewe term vir die verkose laerhuis van 'n
tweekamerwetgewer, bv Jordanië.
♦ *house of deputies* n.
An alternative term for the elected lower house of a
bicameral legislature, such as in Jordan.

huis van afgevaardigdes n.
'n Verkose laerhuis, soos in verskeie state van die
VSA.
♦ *house of delegates* n.
An elected lower house, such as in several states of
the USA.

Huis van Tradisionele Leiers n. <Suid-Afrika>,
<kyk ook Nasionale Huis van Tradisionele
Leiers>.
'n Regeringsgenomineerde vergadering wat die
belange van erflike stamhoofde verteenwoordig.
♦ *House of Traditional Leaders* n. <South
   Africa>, <see also National House of
   Traditional Leaders>.
A government nominated assembly which
represents the interest of heriditary tribal chiefs.

Huis van Verteenwoordigers n.
Die laerhuis van die VSA se Kongres, waarvan die
lede verkies word volgens 'n
eerste-oor-die-wenstreepkiesstelsel (relatiewe
meerderheidkiesstelsel).
♦ *House of Representatives* n.
The lower house of the USA Congress, the
members of which are elected on a first past the
post electoral system.

huis van verteenwoordigers n.
Die naam van die laerhuis in talle state met 'n
tweekamerparlement, soos Australië en die VSA, of
die naam van die enigste huis in state met 'n
eenkamerparlement, soos Ciprus en Nieu-Seeland.

♦ *house of representatives* n.
The name of the lower house in many states with a
bicameral parliament, such as Australia and the
USA, or the name of the only house in states with a
unicameral parliament, such as Cyprus and New
Zealand.

hulpbronvloek n.
Die teenstrydigheid dat state met 'n oorvloed
natuurlike en veral skaars hulpbronne dikwels
gekenmerk word deur ekonomiese
onderontwikkeling en politieke onstabiliteit.
♦ *resource curse* n. (paradox of plenty).
The contradiction that states with an abundance of
natural and particularly scarce resources are often
characterised by economic underdevelopment and
political instability.

humanitêre ingryping n. (humanitêre
intervensie).
Tussenkoms deur 'n staat of 'n regering, gewoonlik
met militêre middele, in die binnelandse
aangeleenthede van 'n ander staat om beweerde
menslikheidsredes.
♦ *humanitarian intervention* n.
Intercession by a state or government, usually
through military means, in the internal affairs of
another state on alleged compassionate grounds.

humanitêre intervensie → **humanitêre
ingryping**

huurbesit n. <kyk ook vrypag> (huurpag).
'n Stelsel van besit waar die eiendom ingevolge 'n
huurooreenkoms gehou word, altyd vir 'n vaste
tydperk, en nie uit en uit as eienaar nie.
♦ *leasehold* n. <see also freehold>.
A system of tenure whereby the property is held in
terms of a lease agreement, always for a fixed
period of time, and not owned outright.

huurboikot n.
Weiering om huur te betaal, ter ondersteuning van
die een of ander saak.
♦ *rent boycott* n.
Refusal to pay rent, in support of some cause.

huurpag → **huurbesit**

huursoldaat n.
'n Beroepsoldaat wat sy/haar dienste aan 'n
vreemde staat of organisasie verkoop.
♦ *mercenary* n.
A professional soldier selling his/her services to a
foreign state or organisation.

H

Ii

ideologie n.
'n Volledige en samehangende stel aannames en idees ten opsigte van die politiek, die ekonomie en die samelewing en wat die grondslag van georganiseerde politieke optrede deur byvoorbeeld politieke partye, state en vryheidsbewegings, uitmaak. Voorbeelde is liberalisme, sosialisme, feminisme en kommunisme.
• **ideology** n.
A complete and coherent set of assumptions and ideas regarding politics, economics and society, that provides the basis of organised political action by for example political parties, states and freedom movements. Examples are liberalism, socialism, feminism and communism.

ideologiese kloof n.
Onversoenbare ideologiese opvattings, houdings, gesigspunte of dogma.
• **ideological divide** n.
Irreconcilable ideological beliefs, attitudes, points of view or dogma.

ideologis n.
'n Geleerde wat in die bestudering van ideologieë spesialiseer.
• **ideologist** n.
A person learned and specialising in the study of ideologies

ideoloog n.
'n Aanhanger van 'n gegewe ideologie.
• **ideologist** n.
An adherent of a given ideology.

ideoloog n.
'n Persoon wat 'n oordrewe waarde aan 'n gegewe ideologie heg.
• **ideologue** n.
A person attaching an exaggerated importance to a given ideology.

IKBM → **interkontinentale ballistiese missiel**

imbizo n. <Zoeloe>.
Oorspronklik 'n vergadering deur die tradisionele leier van die nasie byeengeroep om ernstige of belangrike kwessies te bespreek. Verwys nou na 'n verskeidenheid van vergaderings wat deur 'n regering of politieke en gemeenskapsleiers byeengeroep word om oor dringende sake van die dag 'n dinkskrum te hou.
• **imbizo** n. <Zulu>.
Originally a gathering called by the traditional leader of the nation to discuss serious or important issues. Now refers to a variety of meetings called by government or political and community leaders to brainstorm on pressing issues of the day.

imbongi n. <Zoeloe> (lofsanger).
'n Tradisionele Afrikalofsanger vir 'n politieke leier.

• **imbongi** n. <Zulu> (praise singer).
A traditional African praise singer for a political leader.

immigrant n.
'n Buitelander wat 'n staat binnekom met die doel om permanent daar te woon en uiteindelik burgerskap te verkry.
• **immigrant** n.
A foreigner who moves into a state for purposes of permanent residence and eventual citizenship.

immuniteit n.
Vryheid of vrystelling van 'n verpligting of straf; nie onderhewig aan die een of ander onwenslike plig of omstandigheid nie. Een van die bekendste voorbeelde is diplomatieke immuniteit.
• **immunity** n.
Freedom or exemption from an obligation or penalty; not subject to some undesirable duty or circumstance. One of the most well known examples is diplomatic immunity.

imperiale politieke gemeenskap n.
'n Assosiasie van state en afhanklike gebiede van 'n imperiale moondheid, bv die Britse Gemenebes van Nasies circa 1918–1939.
• **imperial political community** n.
An association of states and dependencies of an imperial power, eg the British Commonwealth of Nations circa 1918–1939.

imperialis n.
'n Persoon wat imperialisme voorstaan en ondersteun.
• **imperialist** n.
A person advocating or supporting imperialism.

imperialisme n.
Die beleid om die mag, oorheersing of gebiede van 'n staat uit te brei om sy eie belange te bevorder.
• **imperialism** n.
The policy of seeking to extend the power, dominance or territories of a state in order to further its own interests.

impimpi n. <Zoeloe; mv izimpimpi>, <kyk ook informant; verklikker>.
'n Persoon wat inligting teen sy/haar eie groep verskaf, gewoonlik in 'n veiligheidskonteks, bv om 'n weerstandsel te verraai.
• **impimpi** n. <Zulu; pl izimpimpi>, <see also informant; informer>.
A person who provides information against his/her own group, usually in a security context, eg betraying a resistance cell.

implementering van beleid → **beleidsimplementering**

in amp herstel v.
Om 'n persoon of party terug te plaas in 'n pos wat beklee is voordat dié daaruit ontslaan is.

• **reinstate in office** v.
To put a person or party back in a post it had held before being dismissed from it.

in amp stuit v.
Om 'n persoon te verhoed om die bevoegdheid van sy/haar amp uit te oefen.
• **bar from exercising office** v.
To stop a person from exercising his/her powers of office.

inboorling n.
'n Oorspronklike of oerinwoner van 'n gekoloniseerde staat.
• **indigene** n.
An original inhabitant of a colonised state; a native or aborigine.

in camera n.
Agter geslote deure, bv 'n vergadering in camera.
• **in camera** n.
Behind closed doors, eg a meeting in camera.

indaba n. <Zoeloe>.
'n Vergadering om 'n belangrike saak te bespreek.
• **indaba** n. <Zulu>.
A meeting to discuss serious business.

indamming n.
'n Strategiese beleid wat ten doel het om die uitbreiding van die invloedsfeer van 'n teenstander te voorkom, bv die VSA-regering se beleid om te voorkom dat die Sowjetunie sy invloedsfeer na afloop van Tweede Wêreldoorlog uitbrei.
• **containment** n.
A strategic policy aimed at preventing the expansion of the sphere of influence of an adversary, eg the USA government's policy to prevent the expansion of the sphere of influence of the Soviet Union after World War II.

indiensnemingsgelykberegtiging
→ **gelykberegtiging by indiensneming**

indirekte strategie → **onregstreekse strategie**

indirekte verteenwoordiging n. <kyk ook direkte verteenwoordiging> (onregstreekse verteenwoordiging).
'n Vorm van verteenwoordiging waar die kiesers nie hulle eie verteenwoordigers vir 'n wetgewer verkies nie. Pleks daarvan word afgevaardigdes deur 'n ander kiesersgroep verkies om die genoemde kiesers te verteenwoordig, bv segregasionistiese en apartheid Suid-Afrika en Britse koloniale bewind.
• **indirect representation** n. <see also direct representation>.
A form of representation where an electorate do not choose their own representatives to a legislature. Delegates are instead selected by another electoral group to represent the first group of voters, eg segregationist and apartheid South Africa and British colonial rule.

individualistiese denkfout n. <kyk ook ekologiese denkfout>.
'n Fout in informele logika waar oorkoepelende veralgemenings uit data oor individue gemaak word, bv my kollega is Amerikaans en 'n aanhanger van kommunisme, daarom is die Amerikaanse samelewing kommunisties.

• **individualistic fallacy** n. <see also ecological fallacy>.
An error in informal logic where aggregate-level generalisations are made from data on individuals, eg my colleague is American and a follower of communism, therefore American society is communist.

individuele regte → **regte van die individu**

individuele verantwoordingspligtigheid n.
Regspligtige verantwoordelikheid van 'n individuele ampsbekleër om verslag te doen oor en verduidelikings van sy/haar optrede te verskaf, soos die individuele verantwoordelikheid van 'n kabinetsminister of 'n senior openbare amptenaar.
• **individual accountability** n.
Responsibility in law, pertaining to an individual office holder to report on and render explanations for his/her conduct, such as the individual responsibility of a cabinet minister or a senior public official.

individuokrasie n.
'n Stelsel waarin die uitoefening van politieke mag verpersoonlik word.
• **individuocracy** n.
A system in which the exercise of political power is personalised.

indoena n.
Die tradisionele raadgewer van 'n Zoeloeregeerder of koning wat as gevolg van sy getrouheid aangestel is en soms sekere van die sake van die regeerder of koning bestuur.
• **induna** n. <Zulu>.
The traditional counsellor of a Zulu ruler or king appointed because of his allegiance and who sometimes manages certain of the affairs of the ruler or king.

industriële gebied → **nywerheidsgebied**

industriële spioenasie
→ **nywerheidspioenasie**

ineengestorte staat n. <kyk ook mislukte staat; brose staat>.
'n Staat waarin al die regeringsinstellings — weermag, polisie, howe en burokrasie — ophou funksioneer en waarin die staat dus al sy dwangmag verloor.
• **collapsed state** n. <see also failed state; fragile state>.
A state in which all the institutions of government — military, police, courts, bureaucracy — cease to function and the state consequently loses all its coercive powers.

infanta n. <Spaans, Portugees>.
Die titel van enige van die wettige dogters van 'n Spaanse of Portugese koning, behalwe die kroonprinses van Spanje; ook soms aan 'n familielid van 'n Spaanse vors toegeken.
• **infanta** n. <Spanish, Portuguese>.
The title of any of the legal daughters of a Spanish or Portuguese king, except the crown princess of Spain; sometimes also awarded to a relation of a Spanish sovereign.

infante n, <Spaans, Portugees>.
Die titel van enige van die wettige seuns van 'n
Spaanse of Portugese koning, behalwe die
kroonprins van Spanje; ook soms aan 'n familielid
van 'n Spaanse vors toegeken.
* *infante* n. <Spanish, Portuguese>.
The title of any of the legal sons of a Spanish or
Portuguese king, except the crown prince of Spain;
sometimes also awarded to a relation of a Spanish
sovereign.

informant n. <kyk ook verklikker; impimpi>.
'n Persoon wat gewerf is om informasie in die
geheim oor te dra in 'n vertroulike verhouding met
sy/haar hanteerder; dikwels benut deur agente,
diplomatieke personeel en veiligheidsbeamptes.
* *informant* n. <see also informer; impimpi>.
A person recruited to pass information secretly in a
confidential relationship with his/her handler;
frequently utilised by agents, diplomatic personnel
and security officials.

informatisering n.
Die beskrywing en klassifisering van administrasie
met verwysing na inligtings- en
kommunikasietegnologie.
* *informatisation* n.
The describing and classifying of administration
with reference to information and communication
technology.

informele nedersetting n.
Die vestiging van mense, dikwels onwettig, in 'n
gebied wat nie vir vestiging voorberei is nie en nie
met basiese geriewe soos drinkwater, elektrisiteit en
sanitasie toegerus is nie; dit gebeur tipies aan die
buitewyke van stede en bevat swak geboude
bousels asook 'n gebrek aan orde.
* *informal settlement* n.
The settling of people, often illegal, in an area not
prepared for settlement and not equipped with basic
amenities such as drinking water, electricity and
sanitation; it typically occurs on the outskirts of
cities and comprises poorly constructed buildings
and a lack of order.

informele sektor n. <kyk ook formele sektor>.
Ekonomiese aktiwiteite wat buite die wetlik
gereguleerde ekonomie plaasvind, soos
sypaadjievrugtesmouse, padlangse kosverkopery of
huishoudelike haarkappery.
* *informal sector* n. <see also formal sector>.
Economic activities that usually take place outside
the legally regulated economy, such as sidewalk
fruitsellers, roadside catering or household
hairdressing.

ingeskrewe lid → **kaartlid**

inhaalaksie → **regstellende handeling**

inheems adj.
Gebore of van nature voortgebring in 'n staat, land
of streek.
* *indigenous* adj.
Born or produced naturally in a state, country or
region.

inheemse grondwet → **outochtone grondwet**

inheemse konstitusie → **outochtone grondwet**

inheemse reg n.
Die reg wat op inboorlinge of oorspronklike mense
in 'n gekoloniseerde of voorheen gekoloniseerde
staat van toepassing is, bv inheemse Afrikareg in
Suid-Afrika.
* *indigenous law* n.
Law pertaining to native or aboriginal people in a
colonised or previously colonised state, eg African
indigenous law in South Africa.

**Inisiatief vir Versnelde en Gedeelde Groei van
Suid-Afrika** n. (IVEGGSA).
'n Nasionale program om gedeelde ekonomiese
groei te bewerkstellig, in 2004 deur die
Suid-Afrikaanse regering op tou gesit.
* *Accelerated and Shared Growth Initiative
of South Africa* n. (ASGISA).
A national programme to achieve shared economic
growth, initiated by the South African government
in 2004.

inketeling n.
'n Polisietaktiek om 'n groot aantal betogers te
beheer deur hulle in 'n beknopte gebied binne 'n
kordon polisiebeamptes in te dam en beweging
vanuit daardie gebied te beheer.
* *kettling* n. (corralling).
A police tactic for controlling a large number of
demonstrators by containing them in a confined
area cordoned off by police officers and controlling
movement from that area.

inkomste n.
Inkomste wat die staat toeval.
* *revenue* n.
Income accruing to the state.

inkomstedistribusie → **inkomsteverspreiding**

inkomsteverspreiding n. (inkomstedistribusie).
Die verdeling van rykdom tussen mense in 'n staat.
Die verdeling is bykans altyd ongelyk, wat
ekonomiese klasse soos welgestelde, middelklas en
arm mense tot stand bring.
* *distribution of income* n. (income
distribution).
The division of wealth between people in a state.
The division is almost always unequal, creating
economic classes such as wealthy, middle class and
poor people.

inkrementalisme n. <kyk ook geleidelikheid>
(inkrementele verandering).
'n Versigtige styl van besluitneming waarin 'n
beperkte aantal stadige veranderinge aan 'n gegewe
beleid oorweeg word en mettertyd getoets word
deur een-op-'n-keeraanpassings.
* *incrementalism* n. <see also gradualism>
(incremental change).
A cautious style of decision-making in which a
limited number of gradual changes to a given
policy are considered and subsequently tested by
implementation one at a time.

inkrementele verandering → **inkrementalisme**

inkwisitoriale hofprosedure n. <kyk ook adversatiewe hofprosedure>.
'n Prosedure waarin die voorsittende beampte van 'n tribunaal, bv 'n regter, as beide beregter en ondersoekbeampte optree. Die verhouding tussen die litigerende partye is nie opposisioneel nie en alle betrokke partye het 'n plig om die feite en die reg te bepaal.
+ *inquisitorial court procedure* n. <see also adversarial court procedure>.
A procedure in which the presiding officer of a tribunal, eg a judge, acts as both adjudicator and investigating officer. The relationship between the litigating parties is not oppositional and all parties involved have a duty to find the facts and the law.

inligting n. (intelligensie).
Die produk wat voortvloei uit die versameling en verwerking van informasie wat vir die nasionale veiligheid van 'n staat relevant is.
+ *intelligence* n.
The product resulting from the collection and processing of information relevant to the national security of a state.

inligtingsbeampte n.
'n Professionele lid van 'n inligtingsdiens wat inligtingspligte vervul.
+ *intelligence officer* n.
A professional member of an intelligence service who performs intelligence duties.

inligtingsbron n. (bron).
'n Persoon, instelling, stelsel of toestel waaruit inligtingsinformasie bekom word.
+ *intelligence source* n. (source).
A person, institution, system or device from which intelligence information is obtained.

inligtingsdiens n.
'n Amptelike instelling wat georganiseer is om informasie relevant tot die veiligheid van die staat en sy instellings in te samel, dit te evalueer en te takseer en om die verwerkte produk aan die betrokke gebruikers te verskaf.
+ *intelligence service* n.
An official institution organised to gather information relevant to the security of the state and its institutions, to evaluate and assess such information and to provide the processed product to the relevant users.

inligtingsgemeenskap n.
Die totaliteit van 'n staat se inligtingsinstellings.
+ *intelligence community* n.
The totality of a state's intelligence institutions.

in nasionale belang → **nasionale belang**

inperk v.
Om mense of organisasies deur 'n regeringsbevel in hulle aktiwiteite, beweging of kontakte te beperk.
+ *ban* v.
To place persons and organisations under a government order, restricting their activities, movement and contacts.

inspraakloses n. <die inspraakloses>.
'n Persoon of groep wat nie die vermoë het om hulle behoeftes of begeertes aan diegene in gesagsposisies oor te dra nie.
+ *voiceless* n. <the voiceless>.
A person or group with no means of communicating their needs or wants to those in power.

instelling n. (liggaam <af te keur>, orgaan <af te keur>).
'n Stel goed gevestigde interaksies, rolle en verhoudinge om 'n bepaalde doelwit te bevorder, gewoonlik in 'n formele struktuur georganiseer. Voorbeelde is 'n hof, 'n staatsdiensdepartement of 'n provinsiale regering.
+ *institution* n. (body <deprecated>, organ <deprecated>).
A set of well established interactions, roles and relations to promote a particular objective, generally organised in a formal structure. Examples are a court, a civil service department or a provincial government.

instemming n.
Die aksie om saam te stem oor 'n kwessie of geval, bv 'n senaat wat instem dat die president 'n minister van verdediging aanstel.
+ *concurrence* n.
The act of agreeing on an issue or case, eg a senate concurring that a secretary of defence be appointed by the president.

instemmingsneiging n.
Die inklinasie van respondente om positief op eenvoudige stellings te antwoord, al sou dit teenstrydig wees. Dit mag die geloofwaardigheid van meningsopnames beïnvloed.
+ *affirmism* n.
The inclination of respondents to answer positively to simple statements, even if these may be contradictory. It may affect the credibility of opinion surveys.

institusionele belangegroep n. <kyk ook anomiese belangegroep; assosiatiewe belangegroep; nieassosiatiewe belangegroep>.
'n Organisasie wat gestig is vir doeleindes anders as belangebevordering en politieke handelinge, maar wat van tyd tot tyd sy eie belange en/of die belange van 'n kliëntgroep bevorder, bv 'n departement van landbou.
+ *institutional interest group* n. <see also anomic interest group; associational interest group; nonassociational interest group>.
An organisation established for purposes other than interest promotion and political actiivity, but that act from time to time to promote its own interests and/or that of a client group, eg a department of agriculture.

insurgensie n.
'n Vorm van rewolusionêre oorlogvoering wat hom in terrorisme, ondermyning en gewapende konflik, sowel binnelands as oor 'n staat se grense heen, manifesteer.

• *insurgency* n.

A form of revolutionary warfare manifesting itself in terrorism, subversion and armed conflict both internally and across a state's borders.

insurreksie n.

Die handeling of 'n geval van openlike opstand teen 'n gekonstitueerde regering.

• *insurrection* n.

The act or an instance of open revolt against a constituted government.

insyfer v.

Om gewone teks deur middel van syferskrif in 'n geheime vorm te omskep.

• *encipher* v.

To transform plain text into secret form by means of a cipher.

intelligensie → **inligting**

intelligentsia n.

'n Kategorie mense in 'n samelewing wat beskou word as 'n intellektuele of geleerde klas en wat dikwels as meningsvormers in die samelewing optree, bv skrywers en wetenskaplikes.

• *intelligentsia* n.

A category of people in society who are perceived as an intellectual or learned class, and who often act as opinion leaders in society, eg writers and scientists.

interbellum n.

Letterlik tussen oorloë; gewoonlik verwys dit na die tydperk tussen die Eerste Wêreldoorlog en die Tweede Wêreldoorlog, circa 1919–1939.

• *interbellum* n.

Literally between wars; usually indicating the period between World War I and World War II, circa 1919–1939.

intergenerasiebillikheid n.

Die idee van regverdigheid en geregtigheid in die verhouding tussen generasies, veral met verwysing na die omgewing en die samelewing, bv die verantwoordelike benutting van hulpbronne.

• *intergenerational equity* n.

The idea of fairness or justice in relationships between generations, particularly with reference to the environment and society, eg the responsible utilisation of resources.

interimgrondwet → **tussentydse grondwet**

interimkonstitusie → **tussentydse grondwet**

interim munisipale bestuurder → **tussentydse munisipale bestuurder**

interkontinentale ballistiese missiel n. <kyk ook tussenafstand ballistiese missiel> (IKBM <kyk ook TBM>).

'n Ballistiese missiel met 'n effektiewe afstand van 6 000–14 000 km.

• *intercontinental ballistic missile* n. <see also intermediate range ballistic missile> (ICBM <see also IRBM>).

A ballistic missile with an effective range of 6 000–14 000 km.

internasionale aangeleenthede n. <kyk ook internasionale betrekkinge>.

1. Sake waarby twee of meer state of ander

niestaatlike rolspelers betrokke is of wat twee of meer state of ander niestaatlike rolspelers raak. 2. Sake waarby twee of meer state betrokke is of wat twee of meer state raak.

• *international affairs* n. <see also international relations>.

1. Matters involving or pertaining to two or more states or other non-state actors. 2. Matters involving or pertaining to two or more states.

internasionale beste praktyk n.

Beleid, en die uitvoering daarvan, wat die toonaangewende state in die internasionale gemeenskap as navolgingswaardig beskou.

• *international best practice* n.

Policies and their implementation which the dominant states within the international community regard as being worth following.

internasionale betrekkinge n. <kyk ook internasionale aangeleenthede>.

Interaksies tussen oorwegend staatgebaseerde rolspelers oor landsgrense heen, insluitend internasionale politiek, internasionale reg en internasionale ekonomiese betrekkinge.

• *international relations* n. <see also international affairs>.

Interactions between predominantly state-based actors across state boundaries, including international politics, international law and international economic relations.

internasionale isolasie n.

'n Toestand van om afgesny te wees van aktiewe deelname aan wêreldsake.

• *international isolation* n.

A state of being cut off from active participation in world affairs.

internasionale terroris n.

'n Terroris wat op die internasionale toneel optree.

• *international terrorist* n.

A terrorist that operates on the international scene.

internasionale veiligheid n.

Die totaliteit van veiligheidsmaatreëls wat state en die internasionale gemeenskap neem om wedersydse veiligheid te verseker. Hierdie maatreëls sluit in: militêre optrede en diplomatieke ooreenkomste soos verdrae en konvensies.

• *international security* n. (global security).

The totality of security measures taken by states and the international community to ensure mutual safety. These measures include military action and diplomatic agreements such as treaties and conventions.

internasionale verdrag n.

'n Ooreenkoms tussen twee of meer internasionale akteurs wat internasionale status en geldigheid het.

• *international treaty* n.

A treaty between two or more international actors that has international standing and validity.

Internasionale Verhoudinge n.

Die studie van interaksies tussen oorwegend staatgebaseerde rolspelers oor staatsgrense heen, insluitend internasionale politiek, internasionale reg en internasionale ekonomiese betrekkinge.

♦ **International Relations** n.
The study of interactions between predominantly
state-based actors across state boundaries, including
international politics, international law and
international economic relations.

internasionale verkiesingsmonitering n.
Die dophou van en verslagdoen oor 'n verkiesing
deur 'n paneel verkiesingswaarnemers wat
internasionaal aangestel is.
♦ **international election monitoring** n.
The observation of and reporting on an election by
a panel of internationally appointed electoral
witnesses.

internasionale vredesmag n.
'n Militêre mag bestaande uit elemente van meer as
een staat wat onder die vaandel van die een of
ander internasionale owerheid optree en wat na 'n
gebied gestuur word om verdere gevegte tussen
vyandige magte in daardie gebied te voorkom.
♦ **international peace force** n.
A military force comprising elements from more
than one state and operating under some
international authority, despatched to an area to
prevent further fighting between hostile forces in
that area.

interneer v.
Om vyandelike burgers, ander vreemde burgers en
selfs burgers van jou eie staat wat as 'n risiko vir
die staat se veiligheid beskou word, op te sluit,
veral in oorlogstyd.
♦ **intern** v.
To incarcerate enemy citizens, other foreign citizens
and even citizens of one's own state perceived to be
a risk to the state's security, especially during
wartime.

internering n.
Die handeling van internering of die toestand van
internering, in besonder van vyandelike burgers
tydens 'n oorlog of van vermeende terroriste.
♦ **internment** n.
The act of interning or state of being interned, esp
of enemy citizens in wartime or of terrorism
suspects.

interneringskamp n.
'n Aanhoudingsentrum waar persone wat as 'n
bedreiging vir nasionale veiligheid gesien word vir
die duur van die bedreiging ingeperk word. Die
geïnterneerdes word volgens algemene maatstawwe
eerder as deur middel van die normale geregtelike
proses uitgekies; 'n tipiese voorbeeld hiervan is die
aanhouding van vyandsonderdane tydens 'n oorlog.
♦ **internment camp** n.
A detention centre where persons deemed to be a
threat to national security are confined for the
duration of the threat. The internees are selected
according to general criteria rather than by normal
judicial process, a typical example being the
detaining of enemy nationals during a war.

interne verdediging → **binnelandse
beveiliging**

interowerheid gelykberegtigingstoekenning
→ **tussenowerheid
gelykberegtingstoekenning**

interowerheidsverhoudinge n.
(tussenowerheidsverhoudinge).
Die interaksie tussen sentrale en streeksowerhede,
sowel as regeringsinstellings, in federale state en
geregionaliseerde uniale state.
♦ **intergovernmental relations** n.
The interaction between central and regional
governments, as well as government institutions, in
federal states and regionalised unitary states.

interpellasie n.
'n Kort debat in die parlement wat uit 'n formele
vraag aan 'n lid van die kabinet voortspruit.
♦ **interpellation** n.
A short debate in parliament emanating from a
formal question to a member of cabinet.

interstaatkonflik → **tussenstaatlike konflik**

interstaatlike konflik → **tussenstaatlike konflik**

intifada n.
Die Palestynse volksopstand teen Israelse
teenwoordigheid in betwiste grondgebied, veral
sedert 1987.
♦ **intifada** n.
The popular uprising of Palestinians against Israeli
presence in contested territory, especially since
1987.

intra vires adj. <Latyn>, <kyk ook ultra vires>.
Binne die bevoegdheid van 'n jurisdiksie.
♦ **intra vires** adj. <Latin>, <see also ultra
vires>.
Within the powers of a jurisdiction.

intreerede n.
'n Toespraak deur 'n nuut verkose ampsbekleër ten
tyde van sy/haar formele bevestiging in die pos,
soos dié van die VSA-president tydens
ampsaanvaarding.
♦ **inaugural address** n.
A speech by a newly elected office bearer on the
occasion of his/her formal installation in the
position, such as that of the USA President on
taking office.

invloedsfeer n.
Daardie deel van die wêreld waar 'n staat die
vermoë het om gebeure na sy sin te laat verloop.
♦ **sphere of influence** n.
That part of the world in which a state is able to
sway events according to its wishes.

invloedsgebied n.
'n Geografiese, ekonomiese, simboliese of politieke
gebied waarin 'n staat regstreeks die vermoë het om
gebeure te beïnvloed.
♦ **area of influence** n.
A geographical, economic, symbolic or political
area in which a state is directly capable of
influencing events.

invloedwerwing n. (wandelgangbeïnvloeding).
Pogings om beleidmakers ten behoewe van 'n
belangegroep te beïnvloed ten einde 'n bepaalde
uitslag te bewerkstellig.
• *lobbying* n.
Attempts to influence policy makers on behalf of an
interest group in order to secure a specific outcome.

inwerkingstelling van beleid
→ **beleidsimplementering**

irredentisme n.
Aspirasies om verlore grondgebied met die
hoofstaat te verenig. Dit betrek dikwels die strewe
na eenheid onder territoriaal verdeelde etniese
groepe.
• *irredentism* n.
Aspirations to reunite lost territory with the main
state. This often involves the quest for unity among
territorially divided ethnic groups.

Islamitiese fundamentalisme n. <kyk ook
Christenfundamentalisme; fundamentalisme;
Joodse fundamentalisme; religieuse
fundamentalisme>.
'n Denkstyl of 'n ideologie en verwante gedrag wat
die beginsels van Islam as essensieel en
onbevraagtekenbaar beskou.
• *Islamic fundamentalism* n. <see also
Christian fundamentalism; fundamentalism;
Jewish fundamentalism; religious
fundamentalism>.
A style of thought or an ideology and related
behaviour that holds the principles of Islam to be
essential and unchallengeable.

isokrasie n.
Die uitoefening van politieke mag deur mense met
gelyke bevoegdhede, bv die burgers in ou Athene,
die twee konsuls in antieke republikeinse Rome en
die drie konsuls in rewolusionêre Frankryk circa
1799–1804.
• *isocracy* n.
The exercise of political power by people with
equal powers, eg the citizens in ancient Athens, the
two consuls in ancient republican Rome and the
three consuls in revolutionary France circa
1799–1804.

IVEGGSA → **Inisiatief vir Versnelde en
Gedeelde Groei van Suid-Afrika**

Jj

Jacquerie n. (kleinboeropstand).
'n Opstand deur kleinboere. Oorspronklik die opstand van kleinboere teen die adellikes in Frankryk in 1358.
* *Jacquerie* n.
A revolt by peasants. Originally the revolt of peasants against the nobility in France in 1358.

Jakobyn n.
'n Lid van die mees radikale republikeinse groep, onder leiding van Robespierre, tydens die Franse rewolusie.
* *Jacobin* n.
A member of the most radical republican group, led by Robespierre, during the French Revolution.

jammerhartliberaal n.
'n Persoon wat hom/haar inniglik aan liberale waardes en dade verbind het, en wat algemeen beskou word as iemand wat weekhartig oor sosiale kwessies soos die doodstraf is.
* *bleeding heart liberal* n.
A person deeply committed to liberal values and deeds, and generally regarded as being soft on social issues such as the death penalty.

jihad → **djehad**

Jodeslagting → **Joodse massamoord**

Joodse fundamentalisme n. <kyk ook Christenfundamentalisme; fundamentalisme; Islamitiese fundamentalisme; religieuse fundamentalisme>.
'n Denkstyl of ideologie en verwante gedrag wat die beginsels van Judaïsme as essensieel en onbevraagtekenbaar beskou.
* *Jewish fundamentalism* n. <see also Christian fundamentalism; fundamentalism; Islamic fundamentalism; religious fundamentalism> (Judaic fundamentalism).
A style of thought or an ideology and related behaviour that holds the principles of Judaism to be essential and unchallengeable.

Joodse massamoord n. (Jodeslagting).
Die grootskaalse doodmaak van Jode en ander 'ongewenste elemente' deur Duitse staatsfunksionarisse gedurende die Tweede Wêreldoorlog.
* *Holocaust* n.
The large-scale killing of Jews and other 'undesireable'' elements by German state functionaries during World War II.

junta n.
'n Groep persone, wat dikwels uit weermagoffisiere bestaan, wat na 'n rewolusie of staatsgreep aan bewind is.
* *junta* n.
A group of persons, often consisting of military officers, that holds power after a revolution or coup d'état.

jurisdiksie n. (regsbevoegdheid).
1. Die wetlike bevoegdheid, mag of gesag om 'n saak aan te hoor of te besleg. 2. Die bevoegdheid van 'n persoon of instelling om ten opsigte van 'n saak te kan optree, bv die jurisdiksie van 'n stadsraad.
* *jurisdiction* n.
1. The legal right, power or authority to hear or determine a case. 2. The powers of a person or institution to act on a particular matter, eg the jurisdiction of a city council.

jurisdiksiegebied n. (regsgebied).
'n Geografies omskrewe gebied waarbinne 'n owerheidsinstelling sy bevoegdheid mag uitoefen.
* *area of jurisdiction* n.
A geographically defined area in which a governmental institution may exercise its powers.

justisie → **gereg**

Kk

kaartlid n. (ingeskrewe lid).
'n Openlik erkende, amptelike lid van 'n organisasie, bv van die ANC in Suid-Afrika of die Konserwatiewe Party in die VK.
* *card-carrying member* n.
An openly admitted official member of an organisation, eg of the ANC in South Africa or the Conservative Party in the UK.

kabaal → geheime kliek

kabinet n.
'n Uitvoerende komitee wat met die regeringsfunksies van 'n staat belas is en waarvan die lede normaalweg deur die regeringshoof aangewys word; in 'n demokratiese staat is die regeringshoof gewoonlik die leier van die sterkste politieke party.
* *cabinet* n.
An executive committee tasked with the governmental functions of a state and as a rule the members are selected by the head of government; in a democratic state the head of government is usually the leader of the strongest political party.

kabinetskommeling n.
Die herorganisasie van die regeringshoof se komitee van ministers.
* *cabinet reshuffle* n.
The reorganisation of the head of government's committee of ministers.

kabinetsminister n.
'n Persoon wat as 'n volle lid van die uitvoerende komitee (kabinet) van 'n staat dien.
* *cabinet minister* n.
A person serving as a full member of the executive committee (cabinet) of a state.

kabinetsportefeulje n.
Die groep funksies of departement waarvoor 'n minister verantwoordelik is.
* *cabinet portfolio* n.
The set of functions or department for which a minister is responsible.

kader n.
'n Hegte groep mense wat die belange en doelstellings van 'n dikwels rewolusionêre party aktief bevorder.
* *cadre* n.
A tightly knit group of people who are active in advancing the interests and aims of, often, a revolutionary party.

kaderontplooiing n.
Die strategie van die Suid-Afrikaanse ANC-regering sedert 1994 om lojale lede van die party aan te stel in poste in administratiewe departemente in al drie sfere van die staat sowel as in parastatale instellings.
* *cadre deployment* n.
The strategy of the South African ANC government since 1994 to appoint loyal members of the party to posts in administrative departments in all three spheres of state as well as to parastatal institutions.

kakistokrasie n.
Die uitoefening van politieke mag deur die slegstes.
* *kakistocracy* n.
The exercise of political power by the worst people.

kalbas n.
'n Portefeulje of groep funksies wat op 'n bepaalde vraagstuk, bv veiligheid of ontwikkeling, betrekking het.
* *calabash* n.
A portfolio or a set of functions pertaining to a particular issue, eg security or development.

kalief n.
Die staatshoof in 'n Islamitiese kalifaat.
* *caliph* n. <from Arabic khalifah> (khalif, calif, kalif).
The head of state in an Islamic caliphate.

kalifaat n. <van Arabies khilafah>.
'n Staat wat volgens Islamitiese reg deur 'n kalief regeer word.
* *caliphate* n. <from Arabic khilafah> (khalifate, califate).
A state governed or ruled by a caliph according to Islamic law.

kalifaat n. (galifaat).
'n Staat wat volgens Islamitiese reg deur 'n kalief regeer word.
* *khalifate* n.
A state governed or ruled by a caliph according to Islamic law.

kallargie n.
Heerskappy deur die goeie mense.
* *callarchy* n.
Rule by the good people.

kallokrasie n.
Die uitoefening van politieke mag deur die goeie mense.
* *callocracy* n.
The exercise of political power by the good people.

kameraad n. (wapenbroer).
'n Persoon wat die aktiwiteite van sy/haar makkers in 'n gevegsmag ten nouste deel.
* *comrade* n. (comrade in arms).
A person who closely shares the activities of his/her companions in a fighting force.

kameraad n.
In Marxistiese spraakgebruik 'n medelid van 'n kommunistiese party of 'n kommunisties geïnspireerde party.
* *comrade* n.
In Marxist parlance a fellow member of a communist party or communist inspired party.

kamer van afgevaardigdes n.
Die naam van 'n eenkamerparlement in sommige state, soos Luxemburg, of van die laerhuis in 'n

tweekamerparlement in sommige state, soos Italië en Meksiko.

♦ chamber of deputies n.
The name of a unicameral parliament in some states, for example Luxembourg, or the lower house of a bicameral parliament in some states, for example Italy and Mexico.

kamer van die parlement n.
'n Wetgewende onderverdeling (huis) van die parlement, bv 'n nasionale vergadering of senaat.
♦ chamber of parliament n.
A legislative subdivision (house) of parliament, eg a national assembly or senate.

kampongstelsel n.
In Suid-Afrika, die praktyk van enkelgeslaghostelle waarin swart trekarbeiders gehuisves word.
♦ compound system n.
In South Africa, the practice of single-sex hostels to house black migrant workers.

kandidaatskap → **kandidatuur**

kandidatuur v. (kandidaatskap).
Die posisie van iemand wat homself/haarself beskikbaar stel as 'n aanspraakmaker op 'n openbare pos.
♦ candidature n.
The position of someone who has been put forward as an aspirant for public office.

kanonneerbootdiplomasie n. <kyk ook bomwerperdiplomasie>.
Oorspronklik die gebruik van die teenwoordigheid van oorlogskepe om 'n vreemde moondheid van die krag van 'n diplomatieke argument te oortuig; brei mettertyd uit na die voer van diplomasie deur dreigemente van militêre ingryping, veral deur 'n belangrike moondheid teenoor 'n swakker staat.
♦ gunboat diplomacy n. <see also bomber diplomacy>.
Originally using the presence of warships to convince a foreign power of the force of a diplomatic argument; broadening in time to diplomacy conducted by threats of military intervention, especially by a major power against a weaker state.

kanselary n.
1. Soms gebruik om die ministeries van buitelandse sake van Europese en Latyns-Amerikaans state aan te dui. 2. Die amp, sowel as die gebou wat die regeringshoof huisves, wanneer daardie persoon bekend is as kanselier, bv die kanselary van die Duitse kanselier.
♦ chancellery n.
1. Sometimes used to denote the ministries of foreign affairs of European and Latin American states. 2. The office, as well as the building housing the head of government, when that person is known as a chancellor, eg the chancellery of the German chancellor.

kanselary n. <VSA-gebruik>.
Die politieke afdeling van 'n diplomatieke missie.
♦ chancellery n. <USA usage>.
The political section of a diplomatic mission.

kanselary n.
Die gebou of deel van 'n gebou wat die kantore van 'n diplomatieke missie bevat.

♦ chancery n.
The building or part of a building that houses the offices of a diplomatic mission.

kanselary n. <Britse gebruik>.
Die politieke afdeling van 'n diplomatieke missie.
♦ chancery n. <British usage>.
The political section of a diplomatic mission.

kanselier n.
Die titel van verskeie amptelike regeringsposisies in sommige state, bv in Duitsland en Oostenryk die titel van die regeringshoof.
♦ chancellor n.
The title of various official government positions in some states, eg in Germany and Austria the title of the head of government.

kanton n.
'n Deeleenheid van die Switserse federasie.
♦ canton n.
A constituent unit of the Swiss federation.

kapaterpresident → **lamkniepresident**

kapitaalbesteding n. (kapitaaluitgawe).
Die investering van geld in die aanskaffing of verbetering van vaste bates soos eiendom, fabrieksaanlegte en toerusting.
♦ capital expenditure n. (CAPEX).
The investment of money in acquiring or improving fixed assets such as property, plant and equipment.

kapitaalrekening n.
In openbare finansies, die stel boeke wat gehou word oor kapitale uitgawes, in teenstelling met herhalende uitgawes.
♦ capital account n.
In public finance, the set of books that are kept regarding capital expenditure, in contrast with recurrent expenditure.

kapitaaluitgawe → **kapitaalbesteding**

kapitalisme n.
'n Ekonomiese stelsel wat op privaatbesit en die vrye mark gebaseer is.
♦ capitalism n.
An economic system based on private ownership and the free market.

kapitulasie → **oorgawe**

kapituleer → **oorgee**

kapteinsgebied → **stamhoofgebied**

keiser n.
'n Erflike vors wat oor 'n imperium of ryk heers.
♦ emperor n.
A hereditary ruler who rules over an empire.

keiser n. <in Duits Kaiser>.
'n Monarg hoofsaaklik van die Heilige Romeinse Ryk (962–1806), die Duitse Ryk (1871–1918), die Oostenrykse Ryk (1804–1867) en die Oostenryk-Hongaarse Ryk (1867–1918).
♦ Kaiser n. <German for emperor>.
A monarch mainly of the Holy Roman Empire (962–1806), the German Empire (1871–1918), the Austrian Empire (1804–1867) and the Austro-Hungarian Empire(1867–1918).

K

keiserin n.
1. 'n Vroulike keiser. 2. Die titel van die vrou van 'n keiser.
• **empress** n.
1. A female emperor. 2. The title of the wife of an emperor.

keiserinweduwee n.
Die weduwee van 'n keiser.
• **dowager empress** n.
The widow of an emperor.

keiserinweduwee n.
Die weduwee van 'n keiser.
• **empress dowager** n.
The widow of an emperor.

K   **keiserlike dinastie** → **monargale dinastie**

keiserlike gesin n.
Die uitgebreide familie van 'n keiser of keiserin, gewoonlik ouers, kinders en kleinkinders.
• **imperial family** n.
The extended family of an emperor or empress, usually parents, children and grandchildren.

Keiserlike Hoogheid n. <voorafgegaan deur U of Sy of Haar>.
Titel wat gebruik word om 'n keiser of keiserin aan te spreek of na hom/haar te verwys.
• **Imperial Highness** n. <preceded by Your or His or Her>.
Title used to address or refer to an emperor or empress.

Kemalisme n.
Die sekulêre, modernistiese ideologie wat as grondslag gedien het vir die vestiging van die moderne Turkye onder Moestafa Kemal Ataturk, circa 1923–1938.
• **Kemalism** n.
The secular, modernist ideology that served as the foundation of modern Turkey under Mustafa Kemal Ataturk, circa 1923–1938.

kernafpersing n.
Pogings om 'n teenstander tot 'n handelwyse te dwing wat teen sy sin is deur hom met die aanwending van kernwapentuig te dreig.
• **nuclear blackmail** n.
Attempts to force an opponent into adopting a course of action against his will by threatening the use of nuclear weaponry.

kernafskrikmiddel n.
Kernwapentuig van 'n staat wat 'n geloofwaardige dreigement bied van onaanvaarbare vergelding in geval van 'n aanval op daardie staat en/of sy bondgenote.
• **nuclear deterrent** n.
Nuclear armament of a state posing a credible threat of unacceptable retaliation in case of an attack on that state and/or its allies.

kernafval n.
Enige nuttelose en ongewenste materiaal wat gewoonlik radioaktief is en deur kernsplitsing of -versmelting voortgebring word.
• **nuclear waste** n.
Any useless and unwanted, usually radioactive, material produced by nuclear fission or fusion.

kernarsenaal n.
Die voorraad kernwapens en -toerusting tot 'n staat se beskikking.
• **nuclear arsenal** n.
The store of nuclear weapons and equipment available to a state.

kernbevriesing n.
'n Benadering wat vereis dat supermoondhede ophou om kernwapens te vervaardig en te toets sonder dat die deelnemers te veel in wapenbeheeronderhandelings vasval.
• **nuclear freeze** n.
An approach requiring superpowers to stop producing and testing nuclear weapons without the participants getting too bogged down in arms control negotiations.

kerndrumpel n.
'n Punt in die eskalering van vyandelikhede waar 'n staat bereid is om kernwapens aan te wend.
• **nuclear threshold** n.
A point in the escalation of hostilities at which a state is prepared to use nuclear weapons.

kernenergie n.
Energie wat as gevolg van splitsing of versmelting uit 'n kernreaksie verkry word.
• **nuclear energy** n.
Energy obtained from a nuclear reaction as a result of fission or fusion.

kerneskalasie n.
'n Toename in die bestek of intensiteit van konflik wat die gebruik of dreiging met die gebruik van kernwapens behels.
• **nuclear escalation** n.
An increase in the scope or intensity of conflict that involves the use or threatened use of nuclear weapons.

kernewewig n.
'n Toestand of situasie waar die kernvermoë van opponerende state mekaar so balanseer dat die situasie stabiel word.
• **nuclear equilibrium** n.
A state or situation where the nuclear capabilities of opposing states balance each other to the extent that the situation becomes stable.

kerngelykwaardigheid → **kernpariteit**

kerngemors n.
Verpoeierde grond en ander fragmente van materie wat bv deur die ontploffing van 'n kerntoestel geskep is.
• **nuclear debris** n.
Pulverised earth and other fragments of matter created by eg the explosion of a nuclear device.

kernklub n.
Die versameling state wat oor 'n kernvermoë beskik.
• **nuclear club** n.
The collection of states with a nuclear capability.

kernkrygstuig n.
Kernwapens plus hulle aflewerstelsels.
• **nuclear munitions** n.
Nuclear weapons plus their delivery systems.

kernmoondheid n.
'n Staat wat kernwapens en die vermoë tot hulle aanwending besit.
+ **nuclear power** n.
A state possessing nuclear weapons and the capacity for their employment.

kernneerslag n.
Radioaktiewe gemors wat deur bv 'n kernontploffing in die atmosfeer opgewerp is en dan windaf na die oppervlak toe neersink en die area waarop dit beland, besmet.
+ **nuclear fall-out** n.
Radio-active debris, thrown into the atmosphere by eg a nuclear explosion, that drifts downwind to the surface and contaminates the area where it settles.

kernontwapening n.
Die wegdoen met 'n staat se vermoë tot kernoorlogvoering deur daardie staat se geleidelike of algehele vermindering van sy kernwapens.
+ **nuclear disarmament** n.
The abandonment of a state's capability for nuclear warfare through that state's gradual or total reduction of its nuclear weapons.

kernoorlog n.
Oorlog wat die aanwending van kernwapens behels.
+ **nuclear war** n. (thermonuclear war <less frequently used>).
War involving the employment of nuclear weapons.

kernoormag n.
'n Graad van oorheersing op die gebied van kernwapentuig waar 'n potensiële vyand nie tot voorkomende kernvergelding in staat is nie.
+ **nuclear superiority** n.
A degree of dominance in the field of nuclear weaponry where a potential enemy is incapable of prohibitive nuclear retaliation.

kernoppermag n.
'n Graad van oorheersing op die gebied van kernwapentuig waar 'n potensiële vyand nie tot enige effektiewe kernvergelding in staat is nie.
+ **nuclear supremacy** n.
A degree of dominance in the field of nuclear weaponry where a potential enemy is incapable of any effective nuclear retaliation.

kernpariteit n. (kerngelykwaardigheid).
'n Toestand op 'n gegewe tydstip wanneer opponerende magte offensiewe en defensiewe kernstelsels besit wat ongeveer gelykwaardig in gevegsdoelmatigheid is.
+ **nuclear parity** n.
A condition at a given point in time when opposing forces possess offensive and defensive nuclear systems approximately equal in combat effectiveness.

kernpasifisme n.
Die oortuiging dat kernoorlog 'n geheel en al onaanvaarbare vorm van konflikresolusie is wat deur middel van diplomatieke onderhandeling vermy moet word.

+ **nuclear pacifism** n.
The belief that nuclear war is a wholly unacceptable form of conflict resolution that should be avoided through diplomatic negotiation.

kernsneller n.
'n Gebeurtenis wat veroorsaak dat 'n staat tot kernoorlogvoering oorgaan.
+ **nuclear trigger** n.
An event that causes a state to resort to nuclear warfare.

kernsperverdrag n.
'n Verdrag wat die ondertekenaars verbied om kernwapens na 'n niekernmoondheid oor te dra of om 'n niekernmoondheid te help om kernwapens te ontwikkel. Kernwapens mag op die grondgebied van 'n niekernmoondheid ontplooi word mits die kernmoondheid volle beheer oor die kernwapens behou.
+ **nuclear nonproliferation treaty** n. (NPT).
A treaty prohibiting the signatories from transferring nuclear weapons to a nonnuclear power or assisting a nonnuclear power to develop nuclear weapons. Nuclear weapons may be deployed in the territory of a nonnuclear power provided the nuclear power retains full control of such weapons.

kernstaat n.
1. 'n Staat wat kernwapens besit en in staat is om dit te ontplooi. 2. 'n Staat wat kernenergie vir vreedsame doeleindes produseer.
+ **nuclear state** n.
1. A state possessing nuclear weapons and the capability for their deployment. 2. A state producing nuclear energy for peaceful purposes.

kerntoetsverbod n. (toetsverbod).
Beperkings op die toets van kerntoestelle.
+ **nuclear test ban** n. (test ban).
Limitations on the testing of nuclear devices.

kernvry adj.
Wat nie kernwapens, -installasies of -produkte bevat nie.
+ **nuclear-free** adj.
Not containing nuclear weapons, installations or products.

kernwapen n.
'n Ploftoestel met groot vernietigingskrag wat verkry word deur die snelle vrystelling van energie deur die klowing of smelting van atoomkerne. Kernbomme en ander kernplofkoppe wat in 'n defensiewe rol aangewend word, is almal kernwapens.
+ **nuclear weapon** n.
An explosive device of great destructive power derived from the rapid release of energy through the fission or fusion of atomic nuclei. Nuclear bombs and other nuclear warheads used in a defensive role are all nuclear weapons.

kernwapenproliferasie n.
(kernwapenvermeerdering).
'n Snelle toename in die getal kernwapens en/of die state wat daaroor beskik.

K

nuclear proliferation n.
A rapid increase in the number of nuclear weapons and/or the number of states possessing such weapons.

kernwapenvermeerdering
→ **kernwapenproliferasie**

keurvors n.
Histories, 'n adellike regeerder met die reg om in die verkiesing van die keiser van die Heilige Romeinse Ryk te stem.
• **elector** n.
Historically a noble ruler who had the right to vote in the election of the emperor of the Holy Roman Empire.

K

Keynesianisme n.
Die leerstelling wat deur John Maynard Keynes ontwikkel is waarvolgens staatsfinansies bestuur en gereël behoort te word. Dit leer dat regerings ten tyde van ekonomiese krisisse in ekonomiese besluitneming behoort in te meng.
• **Keynesianism** n.
The doctrine developed by John Maynard Keynes according to which state finances are managed and arranged. It holds that governments should intervene in economic decision-making during times of economic crisis.

KGB → **Komitet Gosudarstvennoi Bezopasnosti**

khediev n. <van Persies>.
'n Onderkoning, oorspronklik 'n regeerder van Egipte en Soedan wat vanaf 1867 tot 1914 die Ottomaanse Ryk verteenwoordig het.
• **khedive** n. <from Persian>.
A viceroy, initially a ruler of Egypt and Sudan who represented the Ottoman Empire from 1867 to 1914.

kiemoorlogvoering → **biologiese oorlogvoering**

kiesafdeling n. (kiesdistrik).
'n Gebied wat vir die verkiesing van openbare verteenwoordigers afgebaken is.
• **constituency** n. (voter's district).
An area demarcated for the election of public representatives.

kiesbeampte n.
Die verkiesingsbeampte wat verantwoordelik is om uitslae van die stemburo's te verifieer voordat dit as geldig by die verkiesingsowerheid ingedien word.
• **returning officer** n.
The electoral official responsible for verifying results from the polling stations before submitting them to the electoral authority as valid.

kiesdistrik → **kiesafdeling**

kieser n. (stemgeregtigde).
Iemand wat geregtig is om in 'n verkiesing te stem.
• **voter** n. (elector, constituent <used less often>).
A person entitled to cast a vote in an election.

kieserdokument n.
(stemgeregtigheidsdokument).
'n Amptelike dokument wat bewys dat 'n persoon geregtig is om te stem.

• **voter's eligibility document** n.
An official document proving that a person is entitled to vote.

kiesergeletterdheid n.
Die vermoë van kiesers om die stemproses te verstaan asook hulle bevoegdheid om beredeneerde en verdedigbare keuses tussen die beleide van mededingende partye in 'n verkiesing te maak.
• **voter literacy** n.
The ability of voters to understand the balloting process as well as their competence to exercise reasoned and defensible choices between policies of contending political parties in an election.

kiesergevolg n. <kyk ook magsbasis>.
Die ondersteuners van 'n bepaalde politieke verteenwoordiger, of 'n bepaalde politieke party.
• **constituency** n. <see also power base>.
The supporters of a particular political representative, or a particular political party.

kieseropvoeding n.
Opvoeding van die kiesers oor die stemproses.
• **voter education** n.
Educating the electorate about the voting process.

kieserregistrasie n.
Die proses om stemgeregtigde persone se name in 'n register, bekend as die kieserslys, in te skryf sodat hulle op stemdag hulle stemme kan uitbring.
• **voter registration** n. (voters' registration).
The process of entering the names of persons who are eligible to vote in a register, called the voters' roll, to enable them to cast their votes on polling day.

kieserslys n.
'n Amptelike register van persone wat kwalifiseer om in 'n verkiesing te stem.
• **voters' roll** n. (electoral list, voters' list).
An official register of persons qualified to vote in an election.

kieserspubliek n.
Persone wat daarop geregtig is om in 'n kiesdistrik te stem.
• **constituents** n.
Persons entitled to vote in an electoral district.

kieskollege n.
'n Groep kiesers as 'n beraadslagende liggaam saamgestel om iemand vir 'n besondere amp te verkies, bv die president van die VSA.
• **electoral college** n.
A body of electors constituted as a deliberative body to elect someone for a particular office, eg the president of the USA.

kiesstelsel n. (verkiesingstelsel).
Die metode wat gebruik word om verteenwoordigers vir posisies in die parlement of in 'n wetgewer te verkies.
• **electoral system** n.
The method used to elect representatives for positions in parliament or a legislature

kiesstelselkwota n.
'n Meganisme waardeur verskeie kwotaformules, soos Hare en Droop, gebruik word, om in proporsionele verkiesingstelsels die getal setels te

bepaal waarop 'n party in 'n wetgewende vergadering geregtig is.

♦ *electoral system quota* n.
A mechanism used in proportional electoral systems to establish the number of seats to which a party is entitled in a legislative assembly, using one of various quota formulae, such as Hare and Droop.

kindersterftekoers n.
Sterftes per duisend kinders in die leeftydsgroep 1–4 vir 'n gegewe periode.

♦ *child mortality rate* n.
Mortality per one thousand children in the age group of 1–4 for a given period.

kinders/vroue-verhouding n. (verhouding van kinders tot vroue).
Die getal kinders onder vyf jaar per duisend vroue in die ouderdomsgroep 15–49 in 'n bevolking.

♦ *children/women ratio* n. (ratio of children to women).
The number of children under five years per one thousand women in the age group 15–49 in a population.

klandestien → **heimlik**

klassebotsing → **klassekonflik**

klassekonflik n. (klassebotsing).
1. 'n Sosiale teorie met die basiese uitgangspunt dat die belange van die verskillende sosio-ekonomiese groepe inherent teenstrydig is. 2. In Marxistiese teorie die spanning tussen, en die gevolglike stryd voortvloeiend uit, twee opponerende groepe soos gedefinieer deur hulle verhouding tot produksiemiddele, veral tussen die kapitaliste ('n heersersklas wat die produksiemiddele besit) en die proletariaat ('n loonslaweklas).

♦ *class conflict* n.
1. A social theory which has the basic premise that the interests of various socio-economic groups are inherently contradictory. 2. In Marxist theory the tension between, and the ensuing struggle emanating from, two opposing groups as defined by their relationship to the means of production, most notably between the capitalists (a ruling class who owns the means of production) and the proletariat (a class of wage slaves).

klassestryd n.
Konflik wat ontstaan weens die pogings van een ekonomiese stratum van die samelewing om 'n ander te domineer of om so 'n dominering te beëindig.

♦ *class struggle* n.
Conflict arising from the attempts of one economic stratum of society to dominate another or to end such domination.

kleinboeropstand → **Jacquerie**

kleiner maak → **afskaal**

kleptokrasie n.
Die uitoefening van politieke mag deur persone wat plunder en/of steel.

♦ *kleptocracy* n.
The exercise of political power by plundering and/or thieving persons.

kleurgrens → **kleurslagboom**

kleurslagboom n. (kleurgrens).
Die beleid om mense van kleur van volle sosiale voorregte uit te sluit.

♦ *colour bar* n.
The policy of excluding people of colour from full social privileges.

kliëntisme n.
'n Wedersyds voordelige verhouding tussen politici (beskermhere) en burgers (kliënte) waar laasgenoemde politieke steun, veral by die stembus, verruil vir verskeie materiële voordele en uitsette in die beleidsproses; dikwels in ontwikkelende state aangetref.

♦ *clientelism* n.
A mutually benefitting relationship between politicians (patrons) and citizens (clients) in which the latter trade political support, particularly at the polls, for various material benefits and outputs in the policy process; often found in developing states.

K

kliëntistiese groep n. <kyk ook verwantskapsgroep>.
'n Belangegroep wat 'n hegte verhouding met 'n verwante staatsagentskap ontwikkel wat wedersydse gunste of pligte meebring, byvoorbeeld 'n assosiasie van farmaseutiese produsente wat 'n kliëntistiese groep vir die departement van gesondheid word.

♦ *clientela group* n. <see also parentela group>.
An interest group that develops a close relationship with a related government agency involving mutual favours or obligations, eg an association of pharmaceutical manufacturers may become a clientela group to a department of health.

kliëntstaat n. <kyk ook kliëntisme; bufferstaat; satellietstaat>.
'n Staat wat in internasionale verhoudings aan 'n patronaatstaat ondergeskik is.

♦ *client state* n. <see also clientelism; buffer state; satellite state>.
A state subordinated to a patron state in international relations.

klikker n.
'n Persoon wat twyfelagtige of ongewenste gedrag aan die kaak stel.

♦ *whistle blower* n.
A person who exposes shady or undesirable behaviour.

klinkklare meerderheid n.
'n Duidelike meerderheid sonder beperkings.

♦ *outright majority* n.
A clear majority without restrictions.

klinkklare oorwinning n.
'n Duidelike oorwinning, sonder enige twyfel of voorbehoude.

♦ *outright victory* n.
A clear victory, without any doubts or reservations.

klopjag n.
'n Skielike toeslaan op 'n groep persone, 'n plek of 'n instelling ten einde op oortreders of bewyse van onwettige aktiwiteite beslag te lê.

K

♦ *raid* n.
A sudden pounce on a group of persons, a place or an institution in order to seize offenders or evidence of illegal activities.

klousule teen oorloop n. (oorloopsperklousule).
'n Artikel van 'n wet wat lede van 'n wetgewende vergadering verbied om hulle partyverband te verander, bekend as oorloop.
♦ *antidefection clause* n.
A section of an act which prohibits members of a legislative assembly to change their party affiliation, often known as crossing the floor.

Klub van Rome n.
'n Wêreldwye dinkstigting wat in 1968 opgerig is en wat 'n aantal internasionale politieke kwessies hanteer. Dit is miskien veral bekend vir die 1972-verslag 'Groeiperke' en opvolgpublikasies oor dieselfde tema.
♦ *Club of Rome* n.
A global think tank founded in 1968 that deals with a number of international political issues. It is perhaps best known for its 1972 report 'Limits to Growth' and follow-up publications on the same theme.

kluisenaarstaat n.
'n Staat wat hom van die res van die internasionale stategemeenskap isoleer en dikwels 'n outarkiese ekonomiese beleid navolg.
♦ *hermit state* n.
A state that chooses to isolate itself from the rest of the international community of states and often has an autarkic economic policy.

koaliseer → **saamgroei**

koalisiekabinet n.
'n Kabinet wat uit 'n bondgenootskap van verskeie politieke groepe saamgestel is, gewoonlik wanneer geen enkele party in staat is om 'n skrale meerderheid stemme te verwerf nie.
♦ *coalition cabinet* n.
A cabinet formed from an alliance of several political groups, usually when no single party is able to obtain a bare majority of votes.

koalisiepolitiek n.
Om politieke oogmerke deur middel van bondgenootskappe tussen onderskeie partye of state te bereik.
♦ *coalition politics* n.
Achieving political ends by means of alliances between distinct parties or states.

koalisieregering n.
'n Tydelike samevoeging van kragte deur twee of meer politieke partye met die uitsluitlike doel om te regeer, maar met die verstandhouding dat geen party sy eiesoortige beginsels en identiteit prysgee nie.
♦ *coalition government* n.
A temporary joining of forces by two or more political parties with the explicit aim to rule, but on the understanding that neither party abandons its distinctive principles and identity.

koalisieteorie n.
'n Sistematiese raamwerk wat die voorvereistes vir die saamvoeging van politieke belange uiteensit.

♦ *coalition theory* n.
A systematic framework setting out the preconditions under which the coming together of political interests will take place.

koalisionis n.
'n Voorstander van koalisieregering.
♦ *coalitionist* n.
An advocate of coalition government.

kode n.
'n Kommunikasiestelsel waarin arbitrêre simbole gebruik word om gewone tekseenhede van wisselende lengte te verteenwoordig, bv morsekode.
♦ *code* n.
A system of communication in which arbitrary symbols are used to represent units of plain text of varying length, eg the Morse code.

kôênkai n. <Japannees>.
Informele veldtogorganiseerders en ondersteuners van plaaslike politici in Japan.
♦ *koenkai* n. <Japanese>.
Informal campaign organisers and supporters of local politicians in Japan.

kohabitasie n.
'n Situasie in semipresidensiële stelsels, soos dié in Frankryk, waar die uitvoerende president en die eerste minister aan verskillende politieke partye behoort en afsonderlike politieke mandate van die kieserskorps het.
♦ *cohabitation* n.
A situation in semi-presidential systems, such as in France where the executive president and prime minister belong to different political parties and have separate political mandates from the electorate.

kohesie n. (saamklewing).
In die politieke sosiologie 'n samehorigheid en/of gedeelde eenheidsgevoel onder individue, groepe, gemeenskappe of die samelewing in geheel.
♦ *cohesion* n. (cohesiveness).
In political sociology a solidarity and/or a shared feeling of unity among individuals, groups, communities or in society in general.

kohort n.
1. 'n Subeenheid van 'n Romeinse legioen wat uit sowat 500 voetsoldate bestaan. 2. 'n Groep mense wat 'n gemeenskaplike statistiese faktor deel.
♦ *cohort* n.
1. A subunit of a Roman legion, consisting of some 500 infantrymen. 2. A group of people sharing a common statistical factor.

kohortanalise → **kohortontleding**

kohortontleding n. (kohortanalise).
In statistiek, 'n ondersoek waarin 'n gedefinieerde groep oor tyd bestudeer word, byvoorbeeld 'n ouderdomskohort wat elke vyf jaar oor 'n periode van 20 jaar bestudeer word.
♦ *cohort analysis* n.
In statistics an investigation in which some defined group is studied over time, eg an age cohort which is studied every five years over a period of 20 years.

Kokkai n. <Japannees>.
Die Japannese parlement.

♦ ***Kokkai*** n. <Japanese> (Diet).
The Japanese parliament.

kokosneut n. <Suid-Afrikaanse gebruik>.
'n Verskynsel in Suid-Afrika waarin swart mense oënskynlik 'n instelling soos 'n maatskappy beheer terwyl dit in werklikheid deur blankes bestuur word, dit is swart buite maar wit binne.

♦ ***coconut*** n. <South African usage>.
A phenomenon in South Africa in which black people ostensibly control an institution such as a company while in reality it is run by whites, ie black outside but white inside.

kokosneut n. (wittes onder dekking, WOD).
1. 'n Niewit persoon wie se kultuur en gedrag ooreenkom met dit wat meestal met die optrede van wit persone geassosieer word. 2. 'n Term dikwels gebruik om iemand daarvan te beskuldig dat hy/sy sy/haar erfenis verraai.

♦ ***coconut*** n. (whites under cover, WUC).
1. A nonwhite person whose culture and behaviour resemble that which is mostly associated with white people. 2. A term often used to accuse someone of betraying his/her heritage.

kollaterale benutting n.
Die aanwending van staatsinstellings se vermoëns in aanvullende rolle wat uit hulle ontwerp vir hulle primêre rolle voortspruit, bv hulpverlening deur die militêr aan die bevolking tydens natuurrampe.

♦ ***collateral utilisation*** n.
The employment of the capabilities of state institutions in supplementary roles that stem from their design for their primary roles, eg when the military provide rescue services to the population during natural disasters.

kollaterale nut n.
Die bruikbaarheid van staatsinstellings in rolle wat aanvullend tot hulle primêre rolle is.

♦ ***collateral utility*** n.
The usefulness of state institutions in roles which are supplementary to their primary roles.

kollaterale skade n.
Skade berokken aan burgerlike of ander onbedoelde teikens deur wapens wat op 'n nabygeleë militêre teiken gerig is.

♦ ***collateral damage*** n.
Damage inflicted on civilian or other unintended targets by weapons aimed at a nearby military target.

kollaterale verliese n.
Onbedoelde verliese veroorsaak deur wapens wat op militêre teikens gerig is.

♦ ***collateral casualties*** n.
Unintended casualties caused by weapons aimed at military targets.

kollektief n.
'n Onderneming waarin mense kommunaal werk, soos die Sowjet kollektiewe plase of nywerheidskoöperasies.

♦ ***collective*** n.
An enterprise in which people work communally, such as Soviet collective farms or industrial cooperatives.

kollektiewe bedinging n.
'n Manier om lone en werksomstandighede deur middel van onderhandelinge tussen die bestuur en vakbonde vas te stel.

♦ ***collective bargaining*** n.
A method of determining wages and working conditions through negotiations between management and labour unions.

kollektiewe bewustheid n.
'n Onderlinge bewustheid van die werklikheid en simbole by almal in 'n gegewe groep.

♦ ***collective consciousness*** n.
A mutual awareness of reality and symbols by everyone in a given group.

kollektiewe identiteit n.
Die kenmerke, houdings en simbole van 'n kollektiewe eenheid soos 'n groep, klas of volk, waarmee die lede hulle vereenselwig ongeag ander individuele verskille.

♦ ***collective identity*** n.
The characteristics, attitudes and symbols of a collective unit such as a group, class or people, with which the members identify irrespective of other individual differences.

kollektiewe ooreenkoms n.
'n Kontrak tussen 'n werkgewer en 'n vakbond wat namens al die werknemers onderhandel is en wat lone en diensvoorwaardes uiteensit.

♦ ***collective agreement*** n.
A contract negotiated between an employer and a labour union on behalf of all the employees, setting out wages and conditions of service.

kollektiewe skuldlas n.
Blaam wat almal in 'n samelewing dra, bv die beweerde skuld van die Duitse volk vir die Jodemoord.

♦ ***collective guilt*** n.
Blame borne by everyone in society, eg the alleged guilt of the German people for the Holocaust.

kollektiewe solidariteit n.
In sosialisme, die eenheid, harmonie en samehorigheid van die werkersklas teen kapitalistiese uitbuiting.

♦ ***collective solidarity*** n.
In socialism, the unity, harmony and cohesion of the working class against capitalist exploitation.

kollektiewe veiligheid n. <kyk ook kollektiewe verdediging; onderlingeverdedigingsverdrag>.
Die toestand van sekerheid voortvloeiend uit 'n multilaterale stelsel, gewoonlik in formele ooreenkomste vasgelê, waarin alle lede hulle daartoe verbind om onderlinge kwessies vreedsaam op te los en om enige lid wat aangeval word gesamentlik te verdedig, sodat potensiële aggressors afgeskrik word. NAVO is 'n bekende voorbeeld van so 'n stelsel op streekvlak, en die VN sowel as die Volkebond op internasionale vlak.

♦ ***collective security*** n. <see also collective defence; mutual defence pact>.
The condition of safety resulting from a multilateral system, usually expressed in formal agreements, in which all members are pledged to settle issues peacefully among themselves and jointly to defend

K

any member under attack, thus deterring potential aggressors. NATO is a well known example of such a system at regional level, and the UN as well as League of Nations at international level.

kollektiewe verantwoordelikheid n.
'n Beginsel wat vereis dat lede van 'n groep, bv 'n kabinet, individueel en gesamentlik vir hulle optrede verantwoordingspligtig is.
• *collective responsibility* n.
A principle that requires members of a group, eg a cabinet, to be individually and jointly accountable for their conduct.

kollektiewe verantwoordingspligtigheid n.
Die aanspreeklikheid wat almal dra wat aan 'n besluit deelneem, byvoorbeeld kollektiewe kabinetsaanspreeklikheid.
• *collective accountability* n.
The answerability borne by everyone who participates in a decision, eg collective cabinet accountability.

kollektiewe verdediging n. <kyk ook kollektiewe veiligheid; onderlingeverdedigingsverdrag>.
Die stelsel en optrede om mee te doen aan die gesamentlike verdediging van enige lid van 'n bondgenootskap wat aangeval word, insluitend voorbereiding vir sodanige optrede, bv NAVO.
• *collective defence* n. <see also collective security; mutual defence pact>.
The system and actions of engaging in the joint defence of any member of an alliance under attack, including preparing for such action, eg NATO.

kollektiewe vlugtelingbeskerming n.
Die verdeling tussen state van die verantwoordelikheidslas om vlugtelinge te beskerm.
• *collective refugee protection* n.
Sharing amongst states of the burden to bear responsibility for refugee protection.

kollektivisering n.
In Marxisme-Leninisme, die afskaffing deur die staat van privaat eiendom en die vestiging van 'n omvattende stelsel van openbare besit.
• *collectivisation* n.
In Marxism-Leninism, the abolition by the state of private property and the establishment of a comprehensive system of public ownership.

kollektivisme n.
Die beskouing en aktiwiteite wat voorkeur gee aan die groep, soos 'n gemeenskap, klas, volk, nasie, ras, samelewing, party of staat, bo die individu in teenstelling met individualisme en liberalisme. Kollektivisme strek vanaf uiterste variasies soos kommunisme en totalitêre nasionalisme tot by matige variasies soos sosiale demokrasie.
• *collectivism* n.
The view and activities that give preference to the group, such as a community, class, people, nation, race, society, party or state, above the individual, in contrast with individualism and liberalism. Collectivism ranges from extreme varieties, such as communism and totalitarian nationalism, to moderate varieties, such as social democracy.

koloniale era n. (koloniale tydperk).
'n Tydperk in die geskiedenis toe magtige Europese state soos Brittanje, Portugal, Spanje en Frankryk buitelandse gebiede besit het wat hulle as grondstofbronne gebruik het en op verskillende ander maniere uitgebuit het.
• *colonial era* n.
A period in history during which powerful European states such as Britain, Portugal, Spain and France possessed foreign territories, using them as sources of raw materials and exploiting them in various other ways.

koloniale moondheid n.
'n Staat wat buitelandse onderworpe gebiede besit. Brittanje, Frankryk en Portugal was belangrike voorbeelde daarvan in die negentiende en vroeë twintigste eeue.
• *colonial power* n.
A state possessing foreign subject territories. Britain, France and Portugal were prime examples in the nineteenth and early twentieth centuries.

koloniale tydperk → **koloniale era**

kolonialisme n.
Die beleid en praktyk om gebiede en inwoners te verower en te beset om die belange van 'n koloniale moondheid te bevorder.
• *colonialism* n.
The policy and practice of conquering and occupying territories as well as inhabitants to further the interests of a colonial power.

kolonie n.
'n Afhanklike grondgebied wat as 'n politieke eenheid onder die regstreekse politieke beheer funksioneer van 'n staat wat gewoonlik geografies daarvan geskei is. 'n Kolonie het geen onafhanklike internasionale betrekkinge nie en word dikwels ter wille van ekonomiese voordeel deur die beherende staat uitgebuit.
• *colony* n.
A dependent territory functioning as a political unit under the direct political control of a state that is usually geographically separate from it. A colony has no independent international relations and is often exploited by the controlling state for financial gain.

kombuiskabinet → **vertrouelingskabinet**

Komintern n. (Kommuniste Internasionaal, Derde Internasionaal).
'n Kommunistiese organisasie wat in 1919 in Rusland gestig is met die doel om rewolusionêre Marxisme te bevorder en die sogenaamde internasionale bourgeoisie omver te werp.
• *Comintern* n. (Communist International, Komintern, Third International).
A Communist organisation founded in Russia in 1919 with the purpose of promoting revolutionary Marxism and overthrowing the so-called international bourgeoisie.

komitee n.
'n Groep persone wat aangestel of verkies word om 'n bepaalde funksie uit te voer, soos om een of ander aangeleentheid te ondersoek of die uitvoering van een of ander taak te beheer.

◆ *committee* n.
A group of persons appointed or elected to perform a specified function such as investigating some matter or controlling the performance of some task.

Komitet Gosudarstvennoi Bezopasnosti n. (KGB).
Die USSR/Russiese inligtings- en veiligheidsdiens van 1954 tot circa 1992.
◆ *Komitet Gosudarstvennoi Bezopasnosti* n. (KGB).
The USSR/Russian intelligence and security service 1954 to circa 1992.

kommissie van ondersoek n.
(ondersoekkommissie).
'n Persoon of persone wat formeel aangestel en getaak is om 'n vraagstuk van openbare belang te ondersoek.
◆ *commission of inquiry* n. (commission of enquiry).
A person or persons formally appointed and tasked to investigate an issue of public importance.

kommunale regte n.
Aansprake van 'n gemeenskap wat voortspruit uit kennis, eiendom en ander goedere wat kollektief deur daardie gemeenskap besit word, soos intellektuelegoedereregte, mineraalregte en grond.
◆ *communal rights* n.
Entitlements of a community resulting from knowledge, property and other goods held collectively by that community, such as intellectual property rights, mineral rights and land.

kommunale stelsel → **gemeenskapstelsel**

kommunisme n. <kyk ook sosialisme>.
'n Uiterste vorm van sosialistiese ideologie wat klem lê op die kommunale aard van mense en hulle ontwikkeling, gemeenskaplike eienaarskap van eiendom en produksiemiddele, 'n intermediêre diktatuur van die proletariaat, en die uiteindelike wegkwyning van die staat.
◆ *communism* n. <see also socialism>.
An extreme form of socialist ideology that stresses the communal nature of humans and their development, common ownership of property and the means of production; an intermediate dictatorship of the proletariat, and the eventual withering away of the state.

Kommuniste Internasionaal → **Komintern**

kommunitarisme n.
Die oortuiging dat die self of persoon deur middel van die gemeenskap saamgestel word in die sin dat daar geen 'losstaande selwe' is nie.
◆ *communitarianism* n.
The belief that the self or person is constituted through the community in the sense that there are no 'unencumbered selves'.

kompromie → **kompromis**

kompromis n. (kompromie).
'n Skikking tussen botsende eise, wat deur wedersydse toegewings bereik word en soveel van die aanvanklike eise insluit as wat haalbaar is. 'n Staatsbegroting is byvoorbeeld dikwels 'n

kompromis tussen botsende behoeftes van staatsdepartemente.
◆ *compromise* n.
A settlement between conflicting demands, achieved through mutual concessions, that contains as much of the original demands as feasible. A state budget is for example often a compromise between conflicting needs of state departments.

kompromisgesinde n.
'n Ondersteuner van die skikking van geskille deur te gee en te neem.
◆ *compromist* n.
A supporter of the settlement of disputes by give and take.

kondominium n.
In die internasionale reg, 'n land, streek of politieke entiteit wat gesamentlik deur twee of meer moondhede regeer word, byvoorbeeld Anglo-Egiptiese Soedan 1899–1956 en Bosnië-Herzegowina deur Oostenryk en Hongarye 1908–1918.
◆ *condominium* n.
In international law a country, region or polity jointly governed by two or more powers, eg Anglo-Egyptian Sudan 1899–1956 and Bosnia-Herzegovina between Austria and Hungary 1908–1918.

konfederasie n.
1. Die handeling of proses om te konfedereer of die toestand van gekonfedereer te wees. 2. 'n Losse alliansie van politieke eenhede. Die eenheid van Switserse kantons is die oudste oorblywende konfederasie. 3. 'n Formele samewerking tussen twee of meer state waarin elke staat sy soewereiniteit behou en wat meer saambindend as 'n alliansie is maar minder as 'n federasie. Dit kan deur die beginsel van wederkerige veto in besluitneming gewaarborg word.
◆ *confederacy* n. (confederation).
1. The act or process of confederating or the state of being confederated. 2. A loose alliance of political units. The union of the Swiss cantons is the oldest surviving confederation. 3. A formal cooperation between two or more states in which each state retains its sovereignty and which is more cohesive than an alliance but less so than a federation. It can be guaranteed by the principle of reciprocal veto in decision-making.

konflikeskalasie n.
'n Vinnige toename in die erns, intensiteit of omvang van vyandelikhede in 'n geskil, stryd of oorlog.
◆ *conflict escalation* n.
A rapid increase in the gravity, intensity or extent of hostilities in a quarrel, struggle or war.

konflikoplossing n.
'n Proses waardeur strydende partye uiteindelik 'n ooreenkoms aangaan wat hulle sentrale onversoenbaarhede oplos en waardeur hulle onderlinge vyandelikhede staak.
◆ *conflict resolution* n.
A process whereby conflicting parties eventually enter into an agreement that solves their central

K

incompatiblities and whereby they cease mutual
hostilities.

konflikskikking n.
Die einde van openlike konflik deur volhoubare
wen-wenoplossings bewerkstellig.
* **conflict settlement** n.
Achieving an end to overt conflict through
sustainable win-win solutions.

Kongres n.
Kollektiewe term vir die twee huise van die
VSA-wetgewer, nl die Huis van Verteenwoordigers
en die Senaat.
* **Congress** n.
Collective term for the two houses of the USA
legislature, ie the House of Representatives and the
Senate.

kongresspesialisassistent n. <VSA>.
'n Assistent in die staf van 'n VSA-kongreslid.
* **congressional aide** n. <USA>.
An assistant on the staff of a USA member of
Congress.

koning n. <monarg>.
Die titel van 'n manlike staatshoof wat sy posisie
deur geboorte geërf het en normaalweg lewenslank
regeer of totdat hy abdikeer. Deur eeue is die
meeste konings met absolute mag vervang deur
konings met hoofsaaklik seremoniële magte.
* **king** n. <monarch>.
The title of a male head of state who inherits his
position by birth and normally rules for life or until
abdication. Over centuries most kings with absolute
power have been replaced by kings with mainly
ceremonial powers.

koningin → regina

koningin n. <kyk ook koningsgemalin>.
Die titel van 'n vroulike staatshoof wat haar posisie
deur geboorte geërf het en normaalweg lewenslank
regeer of totdat sy abdikeer. Deur eeue is meeste
koninginne met absolute mag vervang deur
koninginne met hoofsaaklik seremoniële magte.
* **queen** n. <see also queen consort>.
The title of a female head of state who inherits her
position by birth and normally rules for life or until
abdication. Over centuries most queens with
absolute power have been replaced by queens with
mainly ceremonial powers.

koningin-in-rade n. <kyk ook koning-in-rade>.
Die instelling, volgens die grondwet, wat verwys na
'n koningin wat handel op advies van haar
uitvoerende raad of kabinet.
* **queen-in-council** n. <see also
king-in-council>.
The institution, according to constitutional law,
referring to a queen acting with the advice of her
executive council or cabinet.

koninginmoeder n.
'n Vorige koningin, wat tans die ma is van die
huidige koning/koningin. As 'n vorige
koningsgemalin is sy 'n spesifike tipe
koninginweduwee.

queen mother n.
A former queen, who is now the mother of the
current king/queen. As a former queen consort she
is a specific type of queen dowager.

koning-in-rade n. <kyk ook koningin-in-rade>.
Die instelling, volgens die grondwet, wat verwys na
'n koning wat handel op advies van sy uitvoerende
raad of kabinet.
* **king-in-council** n. <see also
queen-in-council>.
The institution, according to constitutional law,
referring to a king acting with the advice of his
executive council or cabinet.

koningin-regentes n.
'n Koningin wat heers as die staatshoof minderjarig
is, verswak is of afwesig is.
* **queen regent** n.
A queen who reigns when the head of state is a
minor, is debilitated or is absent.

koninginweduwee n. <of weduweekoningin>.
Die weduwee van 'n afgestorwe koning wat haar
titel as koningin behou.
* **queen dowager** n. <or dowager queen>.
The widow of a deceased king who retains her title
as queen.

koningmaker n.
Iemand wat sy/haar invloed en mag gebruik om 'n
koning of koningin van sy/haar eie keuse op die
troon te plaas.
* **king maker** n.
Someone who uses his/her influence and power to
put a king or queen of his/her own choice on the
throne.

koningsalwer n.
Iemand wat sy/haar invloed en mag benut om
sy/haar eie keuse van leier in 'n posisie van gesag
verkies te kry.
* **king maker** n.
Someone who uses his/her influence and power to
have his/her own choice of leader elected in a
position of authority.

koningsgemalin n. <kyk ook koningin>.
Die vrou van 'n regerende koning; 'n
koningsgemalin deel gewoonlik haar man se rang
en titels, maar nie sy politieke gesag en posisie as
militêre bevelvoerder nie.
* **queen consort** n. <see also queen>.
The wife of a reigning king; a queen consort
normally shares her husband's rank en titles but not
his political authority and position as military
commander.

koningsgesinde n. (rojalis).
'n Ondersteuner van 'n monarg of 'n monargie.
* **royalist** n.
A supporter of a monarch or a monarchy.

koningshuis n. <kyk ook keiserlike dinastie;
koninklike dinastie> (vorstehuis).
'n Monarg, of 'n opeenvolging van verwante
monarge, asook hul nieheersende afstammelinge en
eggenotes.

K

* *royal house* n. <see also imperial dynasty; royal dynasty>.
A monarch, or a succession of related monarchs, as well as their non-reigning descendants and spouses.

koningskap n.
Die aard, bevoegdhede, styl en duur van die bewind van 'n koning.
* *kingship* n.
The nature, powers, style and duration of the rule of a king.

koninklik → **vorstelik**

koninklike n.
'n Lid van 'n koninklike familie.
* *royal* n.
A member of a royal family.

koninklike absolutisme n.
Die doktrine en praktyk wat as vertrekpunt het dat 'n monarg oor onbeperkte mag oor diegene waaroor geheers word, moet beskik en nie deur die reg of 'n grondwet gebind moet word nie.
* *royal absolutism* n.
The doctrine and practice that has as point of departure that a monarch should have unlimited power over those ruled and should not be bound by law or a constitution.

koninklike adjudant n.
'n Offisier wat diens doen vir die Britse monarg.
* *equerry* n.
An officer attendant upon the British sovereign.

koninklike bekragtiging n.
In sommige konstitusionele monargieë, die amptelike erkenning en promulgering van 'n wetsontwerp as 'n wet van die parlement deur die monarg.
* *royal assent* n.
In some constitutional monarchies, the official approval and promulgation of a parliamentary bill into an act of parliament by the monarch.

koninklike bevelskrif n.
Die hoof geskrewe instrument van 'n regering in 'n monargie wat gebruik word in 'n verskeidenheid aangeleenthede, bv om 'n persoon opdrag te gee om voor 'n hof te verskyn.
* *royal writ* n.
The main written instrument of government in a monarchy, used in a variety of business, eg to command a person to appear before a court of law.

koninklike dinastie → **monargale dinastie**

koninklike erfgenaam n.
Die kind van 'n monarg wat die koninklike amp sal erf wanneer die regerende ouer sterf of regtens ongeskik is om die amp te beklee.
* *heir to the throne/heiress to the throne* n. (royal heir).
The child of a monarch who will inherit the royal office once the ruling parent dies or is legally incapacitated to execute the office.

koninklike familie n.
Die groep nabye familielede van 'n monarg; diegene wat ingesluit word, kan varieer van die een politie na 'n ander.

* *royal family* n.
The group of close relatives of a monarch; those included may vary from one polity to another.

koninklike hertog n.
'n Titel wat tradisioneel aan koninklike prinse, gewoonlik die seuns van 'n monarg, veral in die monargieë van Europa gegee word.
* *royal duke* n.
A title traditionally awarded to royal princes, usually the sons of a monarch, particularly in the monarchies of Europe.

Koninklike Hoogheid n. <voorafgegaan deur U of Sy of Haar>.
Die titel wat gebruik word om 'n koninklike persoon aan te spreek of na hom/haar te verwys.
* *Royal Highness* n. <preceded by Your or His or Her>.
The title used to address or refer to a royal person.

koninklike onderskeidingstekens n.
'n Wapen of embleem wat aan 'n koninklike familie behoort en as kenteken gebruik word.
* *royal insignia* n.
A badge or emblem belonging to a royal family and used as a distinguishing mark.

koninklikes n.
'n Kollektiewe verwysing na 'n monargiese familie wat volgens erfopvolging heers.
* *royalty* n. (royals <colloquial>).
A collective reference to a monarchical family that rules by hereditary right.

koninklike saluut n. <militêr>.
'n Seremonie waar 'n erewag wapens presenteer terwyl 'n militêre orkes die koninklike of nasionale lied speel.
* *royal salute* n. <military>.
A ceremony where a guard of honour presents arms while a military band plays the royal or national anthem.

koninklike sibbe n.
'n Monargale groep mense of families, wat verwant is deur die huwelik of afkoms.
* *royal clan* n.
A monarchical group of people or families, interrelated by marriage or ancestry.

koninklike skatkis n.
'n Administratiewe staatsdepartement wat in beheer van die inkomste en uitgawes in 'n monargie is.
* *royal exchequer* n.
An administrative state department in charge of income and expenditure in a monarchy.

koninklike staatshoof n.
'n Staatshoof wat 'n monarg is, bv Koningin Elizabeth II van Brittanje.
* *royal head of state* n.
A head of state that is a monarch, eg Queen Elizabeth II of Britain.

koninklike stalmeester n.
'n Offisier in die koninklike huishouding wat verantwoordelik is vir die perde.

K

K

* *equerry* n.

▓▓ ▓▓▓▓ in the royal household responsible for the horses.

koninklike vlag n.

Die persoonlike vlag van 'n monarg of ander lede van die koninklike familie wat net vertoon word in die teenwoordigheid van die betrokke koninklike.

* *royal standard* n.

The personal flag of a monarch, or other members of a royal family which is only displayed in the presence of the relevant royal.

koninkryk n. <kyk ook grondwetlike monargie; monargie>.

Die grondgebied, bevolking en eiendom waaroor 'n koning regeer.

* *kingdom* n. <see also constitutional monarchy; monarchy>.

The territory, population and property that a king governs.

konkurrente bevoegdheid → **gelyklopende bevoegdheid**

konsensusdemokrasie → **konsosiatiewe demokrasie**

konsensuspolitiek n.

Die bedryf van politiek op so 'n wyse dat ooreenstemming gekweek word en verdeling en konfrontasie vermy word; 'n soeke na middelgrond of kompromie.

* *consensus politics* n.

Conducting politics in such a way that agreement is fostered and division and confrontation avoided; a search for a middle ground or compromise.

konsentrasiekamp n.

'n Terrein waar die vyand se nievegtendes tydens vyandelikhede tussen twee of meer oorlogvoerendes ingeperk word, bv die kampe wat die Britte tydens die Anglo-Boere-oorlog 1899–1902 gevestig het.

* *concentration camp* n.

A site at which enemy non-combatants are confined during hostilities between two or more belligerents, eg the camps established by the British during the Anglo-Boer war of 1899–1902.

konsepwetsontwerp n.

'n Voorlopige voorstel vir 'n wetsontwerp.

* *draft bill* n.

A preliminary proposal for a bill.

konserwatisme n.

'n Politieke ideologie en verwante gedrag wat gekenmerk word deur steun vir tradisie, plig, gesag, privaateiendom en vrye onderneming.

* *conservatism* n.

A political ideology and related behaviour exemplified by support for tradition, duty, authority, private property and free enterprise.

konsessie n. (vergunning).

'n Reg wat 'n regering aan persone, sakeondernemings of 'n ander staat gee om grond te gebruik, 'n onderneming te bedryf, 'n militêre basis te vestig of soortgelyke handelinge te verrig.

* ▓▓▓▓▓▓▓▓ n.

A grant by a government to persons, businesses or another state to use land, conduct a business, establish a military base or similar actions.

konsiliasie → **versoening**

konsiliebeweging n.

'n Veertiende-eeuse beweging van die Rooms-Katolieke Kerk wat aangevoer het dat die finale gesag van die kerk by 'n algemene raad van die kerk eerder as by die pous berus.

* *conciliar movement* n.

A 14th century movement in the Roman Catholic Church which held that final authority in the Church rests with a general council of the Church rather than with the Pope.

konskripsie → **diensplig**

konsolidasie van demokrasie n. (demokratiese konsolidasie <af te keur>).

Die proses waardeur demokrasie in 'n nuut gedemokratiseerde staat so diep in die samelewing ingewortel raak dat 'n terugval na outoritarisme onwaarskynlik is.

* *consolidation of democracy* n. (democratic consolidation <deprecated>).

The process by which democracy in a newly democratised state becomes so deeply ingrained in society that a regression to authoritarianism is unlikely.

konsosiatiewe demokrasie n. <Lijphart> (konsensusdemokrasie).

'n Vorm van demokrasie wat in diepverdeelde samelewings aangetref word. Dit is gegrond op die beginsels van proporsionele verteenwoordiging, die politieke outonomie van minderheidsgroepe, grootkoalisieregering en die reg van minderheidsgroepe om besluite wat hulle deurslaggewende belange raak, te veto.

* *consociational democracy* n. <Lijphart> (consensus democracy).

A form of democracy found in deeply divided societies. It is based on the principles of proportional representation, the political autonomy of minorities, grand coalition government and the right of minorities to veto decisions that affect their vital interests.

konstituerende staat → **deelstaat**

konstitusie → **grondwet**

konstitusieskeppende proses → **grondwetskeppende proses**

konstitusionalisme n.

Die wetlike en politieke doktrine wat aanvoer dat 'n regering aan 'n hoër wet of grondwet onderworpe is en wat regeringsmag beperk.

* *constitutionalism* n.

The legal and political doctrine that holds that a government is subject to a higher law or constitution and which limits governmental powers.

konstitusionele monargie → **grondwetlike monargie**

konstitusionele regering → **grondwetlike regering**

konstitusionele staatshoof n. <kyk ook grondwetlike monarg; nominale staatshoof; seremoniële staatshoof; werklike staatshoof>.
'n Staatshoof met grondwetlik beperkte politieke en administratiewe bevoegdhede, wat as 'n erflike monarg of 'n direk/indirek verkose president bekend kan staan; bv. die Britse monarg of Duitse federale president.
• **constitutional head of state** n. <see also actual head of state; ceremonial head of state; constitutional monarch; nominal head of state>.
A head of state with constitutionally limited political and administrative powers, who could be a hereditary monarch or a directly/indirectly elected president; eg the British monarch or the German federal president.

konstitutionele monarg → **grondwetlike monarg**

konsul n.
'n Amptelike verteenwoordiger van 'n soewereine staat, wat in 'n buitelandse stad woon en aangestel is om daardie staat se handelsbelange te bevorder en sy burgers plaaslik by te staan.
• **consul** n.
An official representative of a sovereign state, resident in a foreign city and appointed to further that state's commercial interests and assist its citizens locally.

kontakreëls n. (reëls vir gevegsaanknoping).
Voorskrifte wat deur 'n bevoegde militêre owerheid uitgereik word en wat die omstandighede en beperkings spesifiseer waaronder hulle magte in neutrale gebied of water opereer en met ander magte mag slaags raak. Hierdie voorskrifte is gewoonlik ondergeskik aan internasionale reg.
• **rules of engagement** n.
Directives issued by a competent military authority that specify the circumstances and limitations under which its forces operate in neutral territory or waters and engage other forces in combat. These directives are normally subservient to international law.

kontrabande n. (smokkelgoedere, smokkelware).
Goedere wat onwettig besit word, gesmokkelde goedere of goedere wat nie aan partye tot 'n konflik verskaf mag word nie.
• **contraband** n. (contraband goods).
Illegally held goods, smuggled goods or goods that may not be supplied to parties engaged in a conflict.

kontrakmigrant → **kontrakmigreerder**

kontrakmigreerder n. (kontrakmigrant).
Iemand wat vir werk oor grense heen reis ingevolge die voorwaardes van 'n vaste indiensnemingskontrak met 'n werkgewer.

• **contract migrant** n.
A person who travels across borders for work under the terms of a fixed contract of employment with an employer.

kontrole en balans → **wigte en teenwigte**

kontroleur n.
'n Beampte wat daarmee belas is om die besteding van openbare fondse te moniteer, te inspekteer en te reguleer.
• **controller** n.
An officer charged with monitoring, inspecting and regulating the expenditure of public funds.

konvensie n.
1. In die politiek 'n ongeskrewe praktyk wat tradisie geword het en as 'n fundamentele reël aanvaar word, hoewel dit nie noodwendig deur 'n hof afgedwing sou word nie. 2. In internasionale betrekkinge 'n wettige ooreenkoms waartoe state toetree om aanvaarde praktyke te reguleer, bv die Geneefse Konvensie oor oorlogvoering.
• **convention** n.
1. In politics an unwritten practice that has become tradition and is accepted as a fundamental rule even though it may not necessarily be enforced by a court. 2. In international relations an agreement acceded to by states to regulate accepted practices, eg the Geneva Convention on warfare.

konvooi n.
1. 'n Groep handelskepe met 'n geleide van oorlogskepe, byeengebring en georganiseer om saam te vaar. 2. 'n Groep voertuie byeengebring en georganiseer om vir veiligheidsdoeleindes saam te reis, met of sonder die beskerming van 'n geleide.
• **convoy** n.
1. A group of merchant ships with an escort of warships, assembled and organised to travel together. 2. A group of vehicles assembled and organised to travel together for security purposes, with or without escort protection.

koppelingspolitiek n.
'n Bedingingstaktiek in politieke onderhandelinge waarin uiteenlopende kwessies gekombineer word en instemming oor een afhanklik van instemming oor ander gemaak word.
• **linkage politics** n.
A bargaining tactic in political negotiations in which diverse issues are combined, making agreement on one dependent on agreement with regard to others.

koppelstad n. <kyk ook tweelingstede> (susterstad).
'n Stad wat met 'n ander een, gewoonlik in 'n ander staat, gekoppel is vir die doel van wederkerende vriendskap en kulturele uitruiling.
• **twin city** n. <European usage>, <see also twin cities> (sister city <USA and Australasian usage>).
A city linked to another, usually in a different state, for the purposes of reciprocal friendship and cultural exchange.

kordon n.
'n Linie veiligheidspersoneel soos lede van polisie- en militêre magte, met hulle toerusting, insluitend

K

hulle voertuie en vaartuie, rondom 'n area wat toegang beheer en operasies daarbinne moontlik maak.

+ **cordon** n.
A line of security personnel such as members of police and military forces with their equipment, including their vehicles and vessels, enclosing an area to control access to it and enable operations within it.

kordon span v. (afkordonneer).
Die plasing van 'n linie veiligheidspersoneel soos lede van polisie- en militêre magte, met hulle toerusting, insluitend hulle voertuie en vaartuie, rondom 'n area wat toegang beheer en operasies daarbinne moontlik maak.

+ **cordon off** v.
Placing a line of security personnel such as members of police and military forces, including vehicles and vessels, around an area to control access to it and enable operations within it.

kornuitbegunstiging n.
Die aanstelling of voorkeurbevordering van persone tot regeringsposte en die toekenning van kontrakte op 'n vriendskapsbasis en sonder inagneming van hulle kwalifikasies.

+ **cronyism** n.
The appointment or preferential advancement of persons to government posts and the awarding of contracts on the basis of friendship and without regard to their qualifications.

korpokrasie n.
Magsuitoefening deur die korporatiewe burokrasie.

+ **corpocracy** n.
The exercise of power by the corporate bureaucracy.

korporatisme n.
Die inlywing van georganiseerde belangegroepe soos vakbonde en sakeverenigings in die proses van regeringsbeleidmaking; korporatisme kan 'n liberale of fascistiese aard hê.

+ **corporatism** n.
The incorporation of organised interest groups, such as labour unions and business associations into the processes of government policy making; corporatism may have a liberal or fascist nature.

korrupsie n. <kyk ook omkopery>.
Die handeling om 'n onwettige beloning of omkoopgeld vir ongemagtigde voorkeurbehandeling in besigheids- of regeringsake te ontvang of te gee.

+ **corruption** n. <see also graft>.
The act of receiving or giving an illegal reward or bribe for unwarranted preferential treatment in business or government affairs.

kortblyer n.
'n Persoon wat op 'n gegewe plek op 'n tydelike grondslag vir 'n relatiewe kort tydperk bly.

+ **transient** n.
A person who stays in a given location on a temporary basis for a relatively short duration of time.

kortblyinwoner n.
'n Persoon wat slegs vir 'n kort tydperk op 'n bepaalde plek of in 'n bepaalde staat woon,

gewoonlik om die een of ander taak of onderneming uit te voer voordat hy/sy weer verder gaan.

+ **transient resident** n.
A person living in a place or state for a short period of time only, usually to perform some specific task or enterprise before moving on.

kortbroekminister n.
Neerhalende term vir 'n adjunk- of assistentminister in 'n regerende uitvoerende instelling.

+ **shave-tail minister** n.
Derogatory term for a deputy or assistant minister in a governing executive.

korting n. (afslag, rabat).
'n Deel van 'n verskuldigde bedrag wat as 'n aansporing van die totale bedrag afgetrek word, bv vir vroeë betaling of grootmaataankope.

+ **rebate** n. (rebatement).
A portion of an amount payable that is deducted from the total amount as an incentive, eg for early payment or buying in bulk.

korvet n. <kyk ook slagskip; kruiser; torpedodraer; fregat>.
'n Swaargewapende oorlogskip wat gewoonlik tussen 500 en 1 000 ton verplaas.

+ **corvette** n. <see also battleship; cruiser; destroyer; frigate>.
A heavily armed warship usually displacing between 500 and 1 000 tonnes.

kosmokraat n.
'n Lid van 'n veronderstelde wêreldwye heerserselite van kosmopolitiese sakelui en administrateurs.

+ **cosmocrat** n.
A member of a supposed global ruling elite of cosmopolitan business people and administrators.

koste van oorlog n. (KVO).
Die finansiële besteding aan die voer van oorlog, dikwels met verwysing na 'n spesifieke oorlog of veldtog.

+ **cost of war** n. (COW).
The financial expenditure on waging war, often with reference to a given war or campaign.

Koue Oorlog n. <die Koue Oorlog>.
'n Toestand van uiterste vyandigheid tussen die VSA en USSR met hulle onderskeie bondgenote; circa 1947–1991.

+ **Cold War** n. <the Cold War>.
A state of extreme hostility between the USA and USSR with their respective allies, circa 1947–1991.

koue oorlog n.
'n Toestand van uitgerekte en ekstreme politieke vyandigheid en militêre spanning tussen state, magsblokke en alliansies, kort duskant volledige oorlogvoering, dit bestaan onder meer uit: propaganda, ondermyning, dreigemente, surrogaatvyandigheid en diplomatieke maneuvrering.

+ **cold war** n.
A state of protracted and extreme political hostility and military tension between states, power blocs or alliances, stopping short of all out war, inter alia

consisting of: propaganda, subversion. threats, surrogate hostilities and diplomatic maneuvering.

koukus n.
'n Geslote groep persone, bv lede van 'n wetgewer wat aan 'n bepaalde politieke party of belangegroep behoort, wat voor 'n algemene debat privaat vergader om oor sake soos taktiek, strategie en koördinering te besluit.
♦ **caucus** n.
A closed group of persons, eg members of a legislature belonging to a particular political party or interest group, meeting in private to decide on matters such as tactics, strategy and coordination prior to a general debate.

kovert adj. (bedek).
Versteek deur beskermingsmaatreëls om nie bekend of toeskryfbaar te raak nie.
♦ **covert** adj.
Hidden by protective measures from becoming known or being attributable.

koverte insameling → **bedekte insameling**

krag van die stem → **stemkrag**

-krasie.
Die uitoefening van politieke mag deur . . .
♦ **-cracy.**
The exercise of power by . . .

Kremlin n.
'n Vesting in Moskou wat die sentrale kantore van die voormalige Sowjetunie en later die Russiese Federasie huisves, en dus ook die regering aandui.
♦ **Kremlin** n.
A citadel in Moscow housing the central offices of the former Soviet Union and later the Russian Federation, thus also indicating the government.

kringhof n.
'n Tussenhof in die VSA se staatshofstelsel.
♦ **circuit court** n.
An intermediate court in the USA state court system.

kriptoanalise n. <kyk ook kriptografie; kriptologie>.
Die proses om onbekende kodes en syfers te bestudeer ten einde gekripteerde berigte in gewone teks om te skakel. Dit word soms in die volksmond kodebreek genoem.
♦ **cryptanalysis** n. <see also cryptography; cryptology>.
The process of studying unknown codes and ciphers in order to convert encrypted messages into plain text. This is sometimes popularly referred to as codebreaking.

kriptografie n. <kyk ook kriptoanalise; kriptografie>.
Die wetenskap of studie van die ontleding en ontsyfering van kodes, syfers, ens. Die proses om gewone teks in kodes en syfers om te skakel om dit onleesbaar vir ongemagtigde ontvangers te maak. Dit sluit dekriptering ná oorsending in.
♦ **cryptography** n. <see also cryptanalysis; cryptology>.
The science or study of analysing and deciphering codes, ciphers, etc. The process of converting plain

text into codes and cyphers to render it unintelligible to unauthorised recipients. It includes decrypting after transmission.

kriptologie n. <kyk ook kriptoanalise; kriptografie>.
Die wetenskap van geheime kommunikasie, insluitend kodes en syfers. Dit omvat ook kommunikasiesekerheid en -inligting.
♦ **cryptology** n. <see also cryptanalysis; cryptography>.
The science of secret communications, including codes and cyphers. It also embraces communications security and communications intelligence.

krisis n.
'n Gespanne situasie waarin moeilike, gevaarlike en beslissende besluite in 'n betreklike kort tydjie geneem moet word.
♦ **crisis** n.
A tense situation in which difficult, dangerous and fateful decisions must be made in a relatively short period of time.

krisisbestuur n.
Optrede wat daarop gemik is om 'n krisissituasie met vreedsame middele op te los.
♦ **crisis management** n.
Conduct aimed at resolving a crisis situation through peaceful means.

kroongebied n.
Die gebied waarop 'n monarg aanspraak maak en waaroor hy/sy beheer uitoefen.
♦ **royal demesne** n.
The territory claimed by a monarch and over which he/she exercises control.

kroonprins n.
Die manlike erfgenaam van 'n soewereine troon.
♦ **crown prince** n.
The male heir to a sovereign throne.

kroonprinses n.
Die vroulike erfgenaam van 'n soewereine troon.
♦ **crown princess** n.
The female heir to a sovereign crown.

kroonprins/kroonprinses → **erfopvolger**

kropgevoel n.
'n Instinktiewe oordeel, besluit of mening wat op intuïsie gegrond is.
♦ **gut feeling** n.
An instinctive judgment, decision or opinion based on intuition.

krotbuurt n. (slum).
'n Vuil, weersinwekkende en gewoonlik oorbevolkte deel van 'n stad wat deur swak lewensomstandighede gekenmerk word.
♦ **slum** n.
A dirty, repulsive and usually overcrowded, run-down part of a city characterised by poor living conditions.

kruiser n. <kyk ook slagskip; korvet; torpedodraer; frigat>.
'n Vinnige oorlogskip, kleiner as 'n slagskip en tradisioneel groter as 'n torpedojaer, ontwerp vir 'n verskeidenheid rolle soos lugverdediging, aanvalle

K

op vyandelike oorlogskepe, strooptogte op handelskepe en kusbestoking. In die laat 20ste eeu is daar begin om kruisers ten gunste van groot torpedojaers uit te faseer.

* *cruiser* n. <see also battleship; corvette; destroyer; fregat>.

A fast warship, smaller than a battleship and traditionally larger than a destroyer, designed for various roles such as air defence, attacks on enemy warships, commerce raiding and shore bombardment. In the late 20th century cruisers started being phased out in favour of large destroyers.

kruisermissiel → **kruismissiel**

K

kruismissiel n. <kyk ook ballistiese missiel; geleide missiel> (kruisermissiel <sterk af te keur>).

'n Geleide missiel wat nie 'n ballistiese vlugbaan na die teiken volg nie maar grotendeels teen 'n konstante spoed en hoogte deur die atmosfeer vlieg.

* *cruise missile* n. <see also ballistic missile; guided missile>.

A guided missile that does not follow a ballistic trajectory to the target but mainly flies through the atmosphere at a constant speed and altitude.

krygsgevangene n.

'n Lid van die gewapende magte wat deur vyandelike magte gevange geneem word terwyl hy/sy in opdrag van sy/haar regering aan krygsverrigtinge deelneem.

* *prisoner of war* n.

A member of the armed forces who is captured by enemy forces while he/she is engaged in military operations under the orders of his/her government.

krygshaftige staat n.

'n Staat waarvan die ekonomie gekenmerk word deur, en selfs afhanklik is van, buitensporige militêre besteding, bv die USSR 1960–1990.

* *warfare state* n.

A state of which the economy is characterised by, and even depends on, excessive military spending, eg the USSR 1960–1990.

krygspel n. (oorlogspel).

'n Nabootsing van operasies tussen twee of meer opponerende magte sonder om daardie magte in werklikheid te ontplooi.

* *war game* n.

A simulation of operations between two or more opposing military forces without actually deploying those forces.

krygsteater → **oorlogsteater**

krygstuig n.

Wapens en toerusting wat vir oorlogvoering of ander verdedigingsdoeleindes benodig word.

* *armaments* n.

Weapons and equipment required for warfare or other defence purposes.

krygswet n.

Die vervanging van burgerlike deur militêre heerskappy wanneer die burgerlike reg ophou om toereikend te funksioneer. Daar word dan erken dat die militêre owerheid die bevoegdheid het om orde deur middel van summiere middele te handhaaf.

* *martial law* n.

The replacement of civilian rule by military rule when civil law ceases to function adequately. The military authorities are then recognised as having the powers to maintain order by summary means.

Kulturele Rewolusie n.

Landwye populistiese, ideologiese en bloedige opstande in die 1960's en 1970's (circa 1966–1976) deur die jeug in die Volksrepubliek van China, veral die Rooi Wagte, teen die tradisionele kultuur en leiers, aangevuur deur Mao Zedong en sy vrou Jiang Qieng.

* *Cultural Revolution* n. <Great Proletarian Cultural Revolution>.

Nationwide populistic, ideological and bloody revolts in the 1960s and 1970s (circa 1966–1976) by the youth, especially the Red Guards, in the People's Republic of China against traditional culture and leaders, fuelled by Mao Zedong and his wife Jiang Qing.

kundigheidsopleiding n.

Die hoëvlakopleiding van plaaslike mense ten einde te kompenseer vir die gevolge van breinkwyn.

* *brain train* n.

The high level training of local people in order to compensate for the effects of a brain drain.

kundigheidsverlies → **breinkwyn**

kundigheidswins n. (breinwins).

Die permanente of tydelike binnekoms van groot getalle geskoolde of professionele werkers in 'n staat tot voordeel van daardie staat.

* *brain gain* n.

The permanent or temporary entry of large numbers of skilled or professional workers in a state to the benefit of that state.

kusstrookvloot n. <kyk ook kusvloot; diepseevloot; aardbolvloot>.

'n Vloot met weinig of geen vermoë om buite aangrensende waters te opereer.

* *littoral navy* n. <see also coastal navy; oceangoing navy; global navy>.

A navy with little or no capability to operate outside contiguous waters.

kusvloot n. <kyk ook kusstrookvloot; diepseevloot; aardbolvloot>.

'n Vloot waarvan die primêre funksie kuswagpligte behels.

* *coastal navy* n. <see also littoral navy; oceangoing navy; global navy>.

A navy whose primary function embraces coastguard duties.

KVO → **koste van oorlog**

kwarantynlyn n. (cordon sanitaire <Frans>).

1. Oorspronklik 'n grens wat langs 'n gebied getrek word om 'n epidemie buite die gebied te hou, bv die grens met Spanje wat Franse eenhede in 1821 bewaak het om te voorkom dat 'n koors uit Spanje na Frankryk versprei. 2. In internasionale verhoudings, 'n grens wat bestaan uit bufferstate om 'n streek teen sy vyande, of ideologiese kontaminasie, te beskerm, bv die Baltiese state en Pole wat veronderstel was om Europa teen die Sowjetunie en kommunisme sedert 1919 te

beskerm. 3. Die beleid waarvolgens 'n politieke instelling weier om met 'n ander saam te werk omdat hy dit as 'n bedreiging vir sy eie belange beskou. Oor verskeie dekades heen het veral Europese politieke partye 'n streng skeidslyn getrek tussen hulleself en ander wat hulle veroordeel het, bv as ekstreem kommunisties of as ekstreem rassisties.

♦ **cordon sanitaire** n. <French>.
1. Originally a border drawn next to an area to prevent an epidemic from spreading into the area, eg the 1821 control by the French, of the French/Spanish border to prevent a fever from spreading from Spain to France. 2. In international relations, an area consisting of buffer states to protect a region against its enemies, or ideological contamination, eg the Baltic States and Poland that were supposed to have protected Europe from the Soviet Union and communism since 1919. 3. The policy according to which a political organisation refuses to cooperate with an organisation that it regards as a threat to its interests and principles. Over several decades especially European political parties drew a strict dividing line between themselves and others that they condemned, for example as extremely communist or as extrememely racist.

kwasi-agent n.
'n Persoon wat na 'n agent of informant lyk maar inderwaarheid nie een van die twee is nie.
♦ **quasi-agent** n.
A person who resembles an agent or informant but is in fact neither.

kwessie → **vraagstuk**

kworum n.
Die minimum getal lede van 'n vergadering wat teenwoordig moet wees om enige geldige sake te verrig.
♦ **quorum** n.
The minimum number of members of a meeting required to be present for any valid business to be transacted.

kwotastelsel n.
Gebruiklik in stelsels van proporsionele verkiesing. 'n Kwota word gebruik om vas te stel op hoeveel setels in 'n vergadering 'n party geregtig is. Verskeie kwotaformules is ontwikkel, onder andere: Hare, Droop en Imperiali.
♦ **quota system** n.
Used in proportional electoral systems. A quota is used to establish how many seats a party is entitled to in an assembly. Various quota formulae have been developed, inter alia: Hare, Droop and Imperiali.

K

LI

lae-intensiteitoorlog n.
Konflik tussen strydende state of organisasies op 'n vlak bokant normale vreedsame verhoudinge maar laer as dié van konvensionele oorlog en wat sowel militêre as niemilitêre middele aanwend in kombinasies wat toepaslik in die situasie is.
• **low intensity war** n.
Conflict between contending states or organisations at a level higher than normal peaceful relations but below that of conventional war and employing both military and non-military means in combinations appropriate to the situation.

laerhuis n. <kyk ook hoërhuis>.
Een van die twee huise van 'n tweekamerwetgewer, gewoonlik die groter en meer verteenwoordigende huis, bv 'n nasionale vergadering.
• **lower house** n. <see also upper house> (lower chamber).
One of the two houses of a bicameral legislature, usually the larger and more representative house, eg a national assembly.

laisser-faire → **laissez-faire**

laissez-faire n. <Frans>, <Frans — voorkeurterm> (laisser-faire).
'n Ekonomiese teorie wat algehele handelsvryheid voorstaan, sonder staatsingryping en waar markkragte vraag en aanbod bepaal.
• **laissez-faire** n. <French>, <French — preferred term> (laisser-faire).
An economic theory proposing total freedom in trade, without state intervention and with market forces determining supply and demand.

lakeistaat n.
'n Staat wat as 'n slaafse volgeling van 'n hegemoon gesien word.
• **lackey state** n.
A state perceived to be a servile follower of a hegemon.

lamkniepresident n. (floumakoupresident, kapaterpresident).
'n President wat kragteloos gemaak is deur in die laaste fase van sy/haar ampstermyn te wees, dit is tussen die verkiesing en inhuldiging van sy/haar opvolger.
• **lame-duck president** n.
A president rendered ineffectual by being in his/her final period of office, that is between the election and inauguration of his/her successor.

landboubelangegroep n.
'n Groep mense wat aan die landbou verbonde is en georganiseer is om bepaalde doelstellings, wat as voordelig vir die lede beskou word, te verwesenlik.
• **agricultural interest group** n.
A collection of people connected with agriculture and organised to achieve certain goals considered advantageous to the members.

landbousamelewing n. (agrariese samelewing).
'n Samelewing wat sy stoflike welvaart op landbou grond.
• **agrarian society** n.
A society which bases its material wellbeing on agriculture.

Länder → **deelstate**

landsbelang → **nasionale belang**

landsverdediging → **nasionale verdediging**

lang oorlog n. <kyk ook Oorsese Gebeurlikheidsoperasie> (oorlog teen terreur, oorlog teen terrorisme, wêreldwye oorlog teen terreur, wêreldwye oorlog teen terrorisme).
Die George W Bush-regering se term vir die VSA se optrede ter bekamping van terrorisme na die aanvalle van 11 September 2001, met die doel om terrorisnetwerke te verslaan, die VSA-tuisland te beskerm en massavernietigingswapens aan vyandelike state en organisasies te ontsê.
• **long war** n. <see also Overseas Contingency Operation> (war on terror, war on terrorism, WOT, global war on terror, global war on terrorism, GWOT <pronounced gee-whot>).
The George W Bush government's term for the USA's actions in combating terrorism after the attacks of 11 September 2001, with the aim of defeating terrorist networks, protecting the USA homeland and denying weapons of mass destruction to hostile states and organisations.

latifundium n. <Latyn>.
1. 'n Groot landgoed in die vroeë eeue van die Romeinse Ryk wat aan elders wonende eienaars behoort het en met slawearbeid bewerk is, wat graan en ander produkte aan die stede gelewer het.
2. 'n Groot landgoed of plantasie in bedryf in Latyns-Amerika wat deur ryk afwesige grondeienaars besit word.
• **latifundium** n. <Latin>.
1. A large agricultural estate in the early centuries of the Roman empire, belonging to absentee owners and worked by slave labour, that supplied grain and other produce to the cities. 2. A large operating estate or plantation in Latin America owned by rich absentee landlords.

lebensraum → **lewensruimte**

leenbruik n.
Die oordrag van goedere en dienste aan 'n bondgenoot as hulp in 'n gemeenskaplike saak, veral met verwysing na die stelsel waardeur die VSA materiële hulp aan die ander Geallieerdes in die Tweede Wêreldoorlog verleen het.
• **lend-lease** n.
The transfer of goods and services to an ally as aid in a common cause, used especially with reference

to the system by which the USA gave material aid to the other Allies in World War II.

leengrond n.
'n Feodale landgoed.
+ *fief* n.
A feudal estate of land.

leer → **doktrine**

leer → **dogma**

legaliteit n. <van 'n regering>, <kyk ook legitimiteit> (wetlikheid).
In ooreenstemming met of toegelaat deur die reg.
+ *legality* n. <of a government>, <see also legitimacy>.
Conformity with or permitted by law.

legitimiteit n. <kyk ook legaliteit>.
Wydverspreide populêre oortuiging dat 'n politieke leier of regering die morele en wetlike reg het om te regeer en dus gehoorsaam behoort te word. Kyk ook legaliteit.
+ *legitimacy* n. <see also legality>.
Widespread popular belief that a political leader or a government has the moral and legal right to rule and should therefore be obeyed. See also legality.

lekgotla n. <Sotho>.
1. Oorspronklik 'n hof of raad waar mans ontmoet het; nou dikwels gebruik vir hoëvlak raadplegende vergaderings in die algemeen. 2.'n Troep krygers.
+ *lekgotla* n. <Sotho>.
1. Originally a court or council where men meet; now often used for high-level consultative meetings in general. 2. A troop of warriors.

lettre de cachet n. <Frans>.
'n Verseëlde lasbrief vir inhegtenisneming en gevangesetting wat deur die monarg uitgereik word.
+ *lettre de cachet* n. <French>.
A sealed warrant of arrest and imprisonment issued by the monarch.

levée en masse n. <Frans>.
'n Grootskaalse oproep tot krygsdiens, soos in Frankryk tydens die Napoleontiese oorloë.
+ *levée en masse* n. <French>.
A large-scale call-up for military service, as in France during the Napoleonic wars.

lewensgehalte n. (lewenskwaliteit).
In demografie, die standaard van die lewensomstandighede van lede van 'n samelewing, soos gemeet deur 'n verskeidenheid sosio-ekonomiese aanwysers.
+ *quality of life* n.
In demography, the standard of living conditions enjoyed by members of a society as measured by a variety of socio-economic indicators.

lewenskwaliteit → **lewensgehalte**

lewenslange edelman n. <VK>.
Iemand wat deur die monarg-in-rade tot die adelstand verhef word en wie se titel nie na sy/haar erfgename oorgedra kan word nie.
+ *life peer* n. <UK>.
A person who is elevated to the peerage by the monarch-in-council and whose title cannot be passed on to his/her heirs.

lewensruimte n. (lebensraum <uit Duits>).
Grondgebied wat deur 'n staat begeer word vir sy groei en ontwikkeling, veral geassosieer met die Hitlerbewind in Duitsland en die bewind se uitbreidingsbeleid na gebiede oos van Duitsland.
+ *lebensraum* n. <from German>.
Territory desired by a state for its growth and development; particularly associated with the Hitler regime in Germany and its expansionary policies towards territories to the east of Germany.

liberalisme n. <kyk ook libertarianisme; sosialisme>.
'n Ideologie wat individuele vryhede, verdraagsaamheid en beperkte staatsinmenging in die ekonomie voorstaan.
+ *liberalism* n. <see also libertarianism; socialism>.
An ideology promoting individual freedoms, tolerance and limited state interference in the economy.

libertarianisme n. <kyk ook liberalisme>.
'n Politieke ideologie wat 'n ekstreme vorm van individuele vryheid in alle sfere van die samelewing voorstaan, met insluiting van minimale staatsinmenging in 'n persoon se lewe.
+ *libertarianism* n. <see also liberalism>.
A political ideology which advances an extreme form of individual freedom in all spheres of society, including minimal state interference in a person's life.

lid tydelik skors v. <'n lid tydelik skors>.
Om 'n lid, as strafmaatreël, tydelik sy/haar amp of bevoorregte posisie te belet.
+ *suspend a member* v.
To temporarily bar a member from office or a position of privilege, as a punishment.

Lid van die Koninklike Lyfwag n.
Lede van die lyfwag van die Engelse monarg. Die eenheid is in 1485 gestig en verrig tans slegs seremoniële funksies.
+ *Yeoman of the Guard* n. (Beefeater).
Members of the bodyguard of the English monarch. This unit was founded in 1485 and now retains ceremonial functions only.

liegstem n.
'n Voorneme vertoon om op 'n besondere manier te stem maar dan op stemdag 'n ander een te kies.
+ *lie vote* n. (liegstem <South African English>).
Showing intention to vote in a particular way, but then selecting another on voting day.

liggaam → **instelling**

linkervleuel n.
1. Die sosialistepartye. 2. Die meer liberale element van 'n enkele party. Die term het sy oorsprong in Franse parlementêre praktyk, waar konserwatiewes regs van die voorsittende beampte gesit het, gematigdes in die middel en radikales aan sy linkerkant.
+ *left wing* n.
1. The socialist parties. 2. The more liberal element of a single party. The term originated in French parliamentary practices, where conservatives sat to

L

the right of the presiding officer, moderates in the
r̶u̶t̶ı̶t̶u̶ ̶a̶n̶t̶ ̶i̶n̶t̶t̶t̶u̶u̶u̶u̶ ̶t̶o̶ ̶t̶u̶v̶ ̶l̶v̶l̶t̶.

lofsanger › **imbongi**

lokasie n. <informeel, af te keur>, <kyk ook
township>.
'n Swart woongebied, dikwels met minderwaardige
fasiliteite en dienste, gedurende apartheid in
Suid-Afrika.
+ *location* n. <informal, deprecated>, <see
also township>.
A black residential area, often with inferior facilities
and services, during apartheid in South Africa.

loodskomitee n.
'n Komitee aangestel om oor die sakelys en
algemene verloop van verrigtinge te besluit.
+ *steering committee* n.
A committee appointed to decide on the order of
business and the general course of operations.

looi-en-praatbenadering n.
Die gebruik van dwangmaatreëls saam met
diplomasie om 'n ander staat te oorreed om aan 'n
staat se wense te voldoen.
+ *thump and talk approach* n.
The use of coercive measures alongside diplomacy
to persuade another state to acceed to a state's
wishes.

loonooreenkoms n.
'n Kontrak wat die tye, ure en voorwaardes van
indiensneming meld.
+ *wage agreement* n.
A contract stating terms, hours and conditions of
employment.

los kanon → **politieke losbreker**

lugbrug n.
Die vervoer van persone en/of vrag per lug na 'n
gegewe bestemming wanneer oppervlaktevervoer
versper word of nie aan die doel beantwoord nie.
+ *airlift* n.
The transportation of persons and/or freight by air
to a given destination when surface transportation is
obstructed or does not meet the purpose.

lugkrag n.
Die vermoë om mag deur die lug en die ruimte te
projekteer ten einde 'n gewenste doel te bereik. Dit
omvat die algehele spektrum van 'n staat se
bestaande en potensiële militêre, burgerlike en
industriële lugvaartvermoëns.
+ *air power* n.
The ability to project power through the air and
through space in order to achieve a desired purpose.
It encompasses the entire spectrum of a state's
existing and potential military, civilian and
industrial aviation capabilities.

lugruim n. <kyk ook lugruimte>.
Daardie gedeelte van die atmosfeer wat vertikaal
bokant 'n bepaalde oppervlak strek, veral met
verwysing na die lug bokant 'n staat of
afgebakende deel van 'n staat.

a̶i̶r̶ɳ̶p̶o̶n̶e̶ ̶ı̶ı̶ ̶+̶t̶u̶u̶ ̶u̶ı̶o̶o̶ ̶a̶t̶ı̶u̶o̶p̶a̶t̶v̶.
That portion of the atmosphere extending vertically
above a specified surface, especially with reference
to the air above a state or demarcated portion of a
state.

lugruimte n. <kyk ook lugruim>.
'n Omvattende term wat na die atmosfeer en die
ruimte as een geheel verwys.
+ *aerospace* n. <see also airspace>.
A comprehensive term referring to the atmosphere
and to space as a whole.

lumpenproletariaat → **flenterbroekproletariaat**

lydelike verset n. <kyk ook burgerlike
ongehoorsaamheid; geweldlose verset;
satjagraha>.
Niegewelddadige weiering om aan
regeringsverordeninge gehoor te gee, bv deur te vas,
vreedsaam te betoog en te weier om saam te werk.
+ *passive resistance* n. <see also civil
disobedience; nonviolent resistance;
satyagraha>.
Nonviolent refusal to obey government decrees, eg
by fasting, demonstrating peacefully and refusing to
cooperate.

lyksak n.
'n Spesiale sak waarin die lyk van 'n soldaat van
die operasionele gebied af teruggebring word vir
begrafnis.
+ *body bag* n.
A special bag in which the corpse of a soldier is
returned from the area of operations for burial.

lynch v.
Om 'n persoon sonder 'n behoorlike regsproses
deur gespuisaksie tereg te stel, of te poog om dit te
doen. (Na Charles Lynch, VSA.)
+ *lynch* v.
To execute a person by mob action without due
process of law, or to attempt to do so. (After
Charles Lynch, USA.)

lynchgespuis n.
'n Weerbarstige groep mense wat 'n persoon sonder
'n behoorlike regsproses teregstel of poog om dit te
doen. Lynch is dikwels geassosieer met wit
baasskappers in die VSA wat mense opgehang het
wat ten gunste van die afskaffing van slawerny was.
+ *lynch mob* n.
An unruly group of people executing a person
without due process of law, or attempting to do so.
Lynching was often associated with white
supremacists in the USA who hanged people who
were in favour of the abolition of slavery.

lynfunksie n.
'n Aktiwiteit wat regstreeks tot die uitset van 'n
organisasie bydra.
+ *line function* n.
An activity contributing directly to the output of an
organisation.

Mm

maatreëls wat veiligheid bou n. (MVB).
Prosedures, toerusting en gebeurlikheidsplanne wat daarop gemik is om aanvalle te voorkom of af te skrik.
• **security building measures** n. (SBM).
Procedures, equipment and contingency plans aimed at preventing or deterring attacks.

maatreëls wat vertroue bou n. (MVB).
Optrede deur partye tot 'n geskil met die doel om vertroue te verhoog, spanning te verminder en die weg vir diplomatieke oplossings te baan.
• **confidence-building measures** n. (CBM).
Actions by parties in a dispute designed to increase trust, reduce tension and pave the way for diplomatic solutions.

maatskaplike welsyn n.
Hulp en bystand, gewoonlik finansieel, wat deur staatsinstansies aan behoeftige mense voorsien word.
• **social welfare** n.
Aid and assistance, often financial, provided by state agencies to people in need.

Machiavellianisme n. (Machiavellisme).
'n Leerstelling wat toegedig word aan Niccolo Machiavelli, 'n Florentynse openbare amptenaar van 1498 tot 1512, wat gepredik het dat in die politiek die doel die middele heilig.
• **Machiavellianism** n. (Machiavellism).
A doctrine attributed to Niccolo Machiavelli, a Florentine public servant from 1498 to 1512, who preached that in politics the end justifies the means.

Machiavellisme → Machiavellianisme

machismopolitiek n.
'n Vorm van politieke handeling wat bepaald manlik gedomineer en patriargaal is; 'n konserwatiewe en hardekoejawelbenadering tot politieke optrede, en in internasionale verhoudinge gekenmerk deur 'n oorlogsugtige houding in teenstelling met diplomasie en onderhandeling.
• **machismo politics** n.
A type of political action that is decidedly male dominated and patriarchal; a conservative and hardline approach to political action, and in international relations characterised by a warlike stance in contrast to diplomacy and negotiation.

Madiba n.
Die tradisionele naam van die voormalige Suid-Afrikaanse president, Nelson Mandela.
• **Madiba** n.
The traditional name of former South African president, Nelson Mandela.

mag n. <kyk ook gesag>.
Die vermoë om die gedrag van andere te beïnvloed, tipies om te beloon of te straf.

• **power** n. <see also authority>.
The capacity to influence the conduct of others, typically to reward or to punish.

maghebbende party n. (bewindhebbende party, party aan bewind).
Die party wat politieke beheer oor die staat, provinsie of plaaslike owerheid uitoefen.
• **party in power** n. (party in office).
The party exercising political control of the state, province or local authority.

magsbalans n. <kyk ook magsewewig; tweepolige magsbalans>.
'n Stelsel van verhoudings tussen individue/groepe/state waarin na 'n benaderde magsewewig tussen wedywerende mededingers gesoek word, en die hegemonie van enige persoon/groep/staat sodoende voorkom word. Sou die balans versteur word, vind 'n disekwilibrium van mag plaas.
• **balance of power** n. <see also bipolar balance of power; equilibrium of power>.
A system of relations between individuals/groups/states in which an approximate equilibrium of power is sought among contending rivals, thus preventing the hegemony of any one person/group/state. Should the balance be disturbed a disequilibrium of power occurs.

magsbasis n. <kyk ook kiesergevolg>.
Die steun van toegewyde aanhangers wat 'n persoon of groep toelaat om mag uit te oefen.
• **power base** n. <see also constituency>.
The support of a committed following which allows a person or group to exercise power.

magsblok n.
Verskeie individue, groepe of state wat hulle mag konsolideer om 'n bepaalde doel te bereik.
• **power block** n. (power bloc).
Several individuals, groups or states consolidating their power to achieve a specific purpose.

magsdeling n.
'n Manier van regeer waarin twee of meer partye deelneem aan besluite, verdeling van staatsinkomste en hulpbronne. Die praktyk kan deur konvensie of grondwetlike voorskrif plaasvind.
• **power sharing** n.
A way of governing in which two or more parties participate in decision-making, division of state revenue and resources. The practice could be by convention or by constitutional prescription.

magselite n.
'n Minderheid in 'n samelewing in wie se hande mag, rykdom of status gekonsentreer is.
• **power elite** n.
A minority in society in whose hands power, wealth or status is concentrated.

magsentrum n.

'n Metafoor wat die ligging van invloed en gesag in 'n staat/politie soos 'n hoofstad of 'n politicke party, uitbeeld.

* **centre of power** n. (power centre).

A metaphor that portrays the locality of influence and authority in a state/polity such as a capital city or a political party.

magsewewig n. <kyk ook magsbalans>.

In internasionale verhoudings, 'n toedrag van sake waarin opponerende moondhede gelyke mag uitoefen, bv die VSA en sy bondgenote teenoor die Sowjetunie en sy bondgenote tydens die Koue Oorlog.

* **equilibrium of power** n. <see also balance of power>.

In international relations, a state of affairs in which opposing powers excercise equal power, eg the USA and its allies against the Soviet Union and its allies during the Cold War.

magskeiding → **skeiding van magte**

magsmisbruik n.

Die wanaanwending van regeringsmag.

* **abuse of power** n.

The misapplication of government power.

magspolitiek n.

1. Die praktyk waarvolgens 'n staat sy eie belange bevorder deur die gebruik van militêre of ekonomiese mag, of die dreigement om dit te gebruik, gewoonlik in die internasionale arena. 2. Die manier waarop 'n staat sy mag in internasionale verhoudinge projekteer, deur die gebruik van openlike en bedekte mag om bondgenote en opponente na 'n bepaalde standpunt toe te dwing.

* **power politics** n. (machtpolitik <from German>).

1. The practice whereby a state furthers its own interests through the use, or threatened use, of military or economic power, usually in the international arena. 2. The way in which a state projects its power in international relations, using overt and covert force to coerce allies and opponents towards a particular point of view.

magstaat n.

'n Staat waarin onbelemmerde politieke mag uitgeoefen word deur 'n magtige elite wat as die beliggaming van die meerderheid se wil gesien word.

* **power state** n.

A state in which unfettered political power is exercised by a powerful elite considered to embody the will of the majority.

magstruktuur n.

Die rangskikking van mag, en die onderlinge verhouding van diegene wat die mag uitoefen, in 'n gegewe entiteit.

* **power structure** n.

The arrangement of power and the interrelationship of those who exercise power within a given entity.

magstryd n.

'n Intense konflik tussen mededingende partye om die beheer van politieke hulpbronne.

* **power struggle** n.

An intense conflict between contending parties for the control of political resources.

magsvertoon n.

'n Opvallende vertoning van militêre personeel en wapentuig ten einde 'n gewenste persepsie in die gedagtes van 'n vyand te skep.

* **show of force** n.

An ostentatious display of military personnel and weaponry in order to create a desired perception in an enemy's mind.

magtiging n.

Die wettige toelaat of goedkeuring van 'n optrede.

* **authorisation** n.

The legal permitting or sanctioning of an action.

magtiging n.

Amptelike instemming verleen tot 'n optrede, soos die deportasie van onwettige immigrante.

* **fiat** n. <Latin>.

Official authorisation of an action, such as the deportation of illegal immigrants.

maius imperium n. <Latyn>.

Die oppergesag van die Romeinse keiser.

* **maius imperium** n. <Latin>.

The supreme authority of the Roman emperor.

Majesteit n. <voorafgegaan deur U of Sy of Haar>.

'n Titel wat gebruik word om 'n monarg aan te spreek of na hom/haar te verwys, soms saam met ander aanspreekvorms soos 'U Hoogheid'.

* **Majesty** n. <preceded by Your or His or Her>.

A title used to address or refer to a monarch, sometimes combined with other forms of address such as 'Your Highness'.

makro-ekonomie n.

Die ekonomiese beleid van 'n staat wat te doen het met die geldvoorraad, kredietverlening, inflasie, belasting, doeanereg en aksynsbelasting. Dit raak almal in die staat, in teenstelling met mikro-ekonomie.

* **macro-economics** n.

The economic policy of a state regarding money supply, credit, inflation, taxes, customs and excise duties. It concerns everyone in the state, in contrast to micro-economics.

makrovlak n.

Die vlak wat bv die samelewing in sy geheel betrek.

* **macrolevel** n.

The level involving eg society in its entirety.

mandaat n.

1. 'n Gesaghebbende opdrag van 'n meerdere.
2. Magtiging om namens iemand anders op te tree, bv die gesag wat kiesers aan die parlement opdra.

* **mandate** n.

1. An authoritative command from a superior.
2. Authorisation to act on behalf of another; eg the authority given by electors to parliament.

mandaryn n.
1. 'n Lid van enige van die nege senior grade van die burokrasie in die Chinese ryke. 2. In moderne gebruik, 'n hoë invloedryke en magtige amptenaar.
+ **mandarin** n.
1. A member of any of the nine senior grades of the bureaucracy in the Chinese empires. 2. In modern usage a high-ranking influential and powerful official.

manteldraaier n. (oorloper).
'n Persoon wat van 'n saak of groep dros om by die opposisie aan te sluit.
+ **turncoat** n.
A person who deserts a cause or group to join the opposition.

mardja-e taqlid → **groot ajatollah**

marionettebewind n.
'n Bewind wat deur 'n magtige eksterne regering beheer word.
+ **puppet regime** n.
A regime that is controlled by a powerful external government.

maritieme hof n.
'n Hof wat bevoeg is om sake met betrekking tot die maritieme omgewing te hanteer.
+ **maritime court** n.
A court competent to deal with matters related to the maritime environment.

maritieme moondheid n.
'n Staat met die vermoë om in die maritieme omgewing mag uit te oefen en effektief op te tree.
+ **maritime power** n.
A state possessing the ability to exercise power and act effectively in the maritime environment.

maritieme sekerheid n.
Die graad van veiligheid van 'n staat se kus en maritieme hulpbronne, hawes, skeepvaart en handel ter see, en sy vermoë om hierdie bates teen bedreigings te beskerm.
+ **maritime security** n.
The degree of security of a state's coast and maritime resources, ports, shipping and trade by sea, and its ability to safeguard these assets against threats.

maritieme terrorisme n. <kyk ook seerowery>.
Gewelddadige vyandige bedrywighede wat ter see teen vaartuie en passasiers van 'n nie-oorlogvoerende staat bedryf word, gewoonlik deur misdaadbendes met bote of skepe.
+ **maritime terrorism** n. <see also piracy>.
Violent hostile actions conducted at sea against vessels and passengers of a nonbelligerent state, normally by criminal gangs with boats or ships.

Marshallplan → **Europese Herstelprogram**

Marxisme n.
'n Ideologie wat by Karl Marx ontstaan het en op 'n geloof in historiese materialisme, dialektiese verandering en die gebruik van klasseontleding gebaseer is.

+ **Marxism** n.
An ideology that originated with Karl Marx and is based on a belief in historical materialism, dialectical change and the use of class analysis.

masakhane n. <Sotho>.
'n Oproep om saam te bou.
+ **masakhane** n. <Sotho>.
A call to build together.

masjienpolitiek n.
Die uitoefening van dissipline en bevel binne 'n hiërargiese en permanent gestruktureerde politieke organisasie, soos 'n politieke party, ten einde gehoorsaamheid en lojaliteit van die lede te verseker, dikwels deur 'n sterk partysweepstelsel. Die permanentheid en metodes van die organisasie lei dikwels tot kliëntelisme, begunstiging en beheer agter die skerms.
+ **machine politics** n.
The exercise of discipline and command within a hierarchically and permanently structured political organisation, such as a political party, to ensure obedience and loyalty by its members, often through a strong party whip structure. The permanency and methods of the organisation often result in clientelism, patronage and behind the scenes control.

M

massamobilisasie n.
Die aktivering van 'n groot aantal mense vir die een of ander politieke doel of saak.
+ **mass mobilisation** n.
Activating large numbers of people for some political purpose or cause.

massavernietigingswapens n. (MVW).
Wapens wat tot 'n hoë graad van verwoesting in staat is of wat op so 'n wyse aangewend kan word dat dit groot getalle mense vernietig, bv kernwapens.
+ **weapons of mass destruction** n. (WMD).
Weapons that are capable of a high order of destruction or being used in such a manner as to destroy large numbers of people, eg nuclear weapons.

matriargie n.
'n Sosiopolitieke stelsel waarin vroulike figure die dominante rol speel.
+ **matriarchy** n.
A sociopolitical system in which female figures play the dominant role.

medewerker n.
1. 'n Persoon wat 'n inligtingsdiens help met die bedekte insameling van informasie sonder om 'n volwaardige agent te wees. 2. Iemand wat met ander saamwerk om 'n gesamentlike doel te bereik, bv om 'n nuwe politieke party te stig.
+ **collaborator** n.
1. A person who assists an intelligence service in the covert collection of information without being a full-blown agent. 2. A person who works with others to achieve a joint purpose, eg to establish a new political party.

medewerkingsooreenkoms n.
'n Kontrak of ooreenkoms waarin twee of meer partye instem om saam te werk.

♦ collaboration agreement n.
A contract or accord in which two or more parties consent to work together.

mediatiseer v.
Om beheer oor 'n ander staat oor te neem terwyl die voormalige regeerder toegelaat word om sy/haar titel en 'n beperkte rol in die regeer van die staat te behou, bv Napoleon se herorganisasie van die Duitse Konfederasie tussen 1803 en 1806.
♦ mediatise v.
To take control of another state while allowing its former ruler to retain his title and a limited role in governing the state, eg Napoleon's reorganisation of the German Confederation between 1803 and 1806.

meeloper n.
'n Individu wat die sienings of doelstellings van 'n groep deel en dit dikwels bevorder maar nie 'n lid is nie en nie gereeld aan die bedrywighede daarvan deelneem nie.
♦ fellow traveller n.
An individual who shares and often furthers the views or goals of a group but is not a member and does not regularly participate in its activities.

meeluistering n. <kyk ook afluistering>.
Luister met tegniese hulpmiddels na elektromagnetiese netwerke om informasie vir inligtings-/teeninligtingsdoeleindes te verkry.
♦ monitoring n. <see also eavesdropping>.
Listening to electromagnetic networks with technical aids to obtain information for intelligence/counterintelligence purposes.

meent n.
'n Stuk oop openbare grond, veral een wat nou as ontspanningsgebied gebruik word.
♦ common n.
A tract of open public land, especially one now used as a recreation area.

meentgrond n.
'n Stuk grond wat gemeenskaplik besit en gebruik word, nie individueel besit word nie.
♦ commonage n.
A piece of land held and used in common, not individually owned.

meerdere moondheid → grootmoondheid

meerderheidsbeginsel
→ een-mens-een-stem-meerderheidsleer

meerderheidsdemokrasie n.
Parlementêre praktyk waarin die meerderheidsparty volle beheer van alle uitvoerende bevoegdheid oorneem en nie mag met koalisievennote deel nie.
♦ majoritarian democracy n.
Parliamentary practice in which the majority party takes full control of all executive powers and does not share power with coalition partners.

meerderheidsheerskappy n.
Magsuitoefening volgens die wil van die meerderheid.
♦ majority rule n.
The exercise of power according to the will of the majority.

meerderheidsheerskappy
→ een-mens-een-stem-meerderheidsleer

meerpolige magsbalans n. <kyk ook tweepolige magsbalans; eenpolige wêreld> (veelvuldige magsbalans, multipolêre magsbalans).
Omstandighede waarin die magsbalans in die internasionale politieke stelsel deur meer as twee dominante state gehou word, in teenstelling met 'n tweepolige magsbalans en 'n eenpolige wêreld.
♦ multipolar balance of power n. <see also bipolar balance of power; unipolar world>.
Circumstances in which the balance of power in the international political system is held by more than two dominant states, in contrast to a bipolar balance of power and a unipolar world.

meervoudige stem n.
Stem vir meer as een kandidaat in 'n verkiesing.
♦ plural vote n.
Voting for more than one candidate in an election.

Meester van die Hoë Hof n. <Suid-Afrika 1996–2013; verouderd>, <kyk Meester van die Hooggeregshof>.
♦ Master of the High Court n. <South Africa 1996–2013; Afrikaans equivalent obsolete>, <see Master of the High Court>.

Meester van die Hooggeregshof n.
In Suid-Afrika 'n beampte van die Hooggeregshof belas met die plig om die finansiële belange te beskerm van persone wie se bates of belange, soos in die geval van trusts, bestorwe en insolvente boedels, deur andere bestuur word.
♦ Master of the High Court n.
In South Africa an official of the High Court charged with the duty to protect the financial interests of persons whose assets or interests, such as in the case of trusts, deceased and insolvent estates, are being managed by others.

Meester van die Hooggeregshof n.
<Suid-Afrika voor 1996; Engelse ekwivalent verouderd>, <kyk Meester van die Hooggeregshof>.
♦ Master of the Supreme Court n. <South Africa prior to 1996; obsolete>, <see Master of the High Court>.

megalopolis n. <kyk ook grootstad> (reusestad).
'n Baie groot stedelike kompleks wat verskeie stede en dorpe insluit, soos die Boston-Washington-, en Rio de Janeiro-Sao Paolokorridors.
♦ megalopolis n. <see also metropolis>.
A very large urban complex involving several cities and towns, such as Boston-Washington, and Rio de Janeiro-Sao Paolo corridors.

megastad n.
'n Stad, saam met sy voorstede, wat as 'n metropolitaanse gebied beskou word, met 'n totale bevolking van meer as tien miljoen.
♦ megacity n.
A city, together with its suburbs, recognised as a metropolitan area with a total population in excess of ten million.

meningsopnemer n. (meningspeiler).
Persoon wat 'n opname doen.

* *pollster* n.
Person conducting a poll.

meningspeiler → **meningsopnemer**

mensehandel n. <kyk ook slawehandel>.
Die onwettige handel in mense ter wille van uitbuiting, bv dwangarbeid, prostitusie en die verwydering van organe. Dit word as 'n moderne vorm van slawerny beskou.
* *human trafficking* n. <see also slave trade>.
The illegal trade in human beings for the purpose of exploitation, eg forced labour, prostitution and the removal of organs. It is considered to be a modern form of slavery.

mensemag n.
'n Populistiese opvatting oor die demokrasie wat veronderstel dat alle mag van die mense, die bevolking, afkomstig is. Soms verwys die term ook na die mag van die massa, soos in 'mensemag het die Sentraal-Europese kommunistiese regimes in 1989 omvergewerp'.
* *people's power* n.
A populist conception of democracy which assumes that all power flows from the people, the population. Sometimes the term also refers to the power of the masses, as in 'people's power brought down the central European communist regimes in 1989'.

menseregte n.
Die onvervreembare regte waarop mense geregtig is op grond van menswees.
* *human rights* n.
Inalienable rights to which people are universally entitled by virtue of being human.

menseregtehandves → **handves van menseregte**

menseregteskending → **skending van menseregte**

mensgerigte samelewing n.
'n Samelewing wat op die bevordering van die belange van die gewone mense ingestel is, bv teenswoordige Nieu-Seeland.
* *people-centred society* n.
A society which is focused on advancing the interests of the ordinary people, eg contemporary New Zealand.

mensgerigtheid n. (antroposentrisme).
Die leerstelling wat aanvaar dat die mens in die middelpunt van die skepping is, en die werklikheid in terme van menslike ervaring vertolk.
* *anthropocentrism* n.
The doctrine that assumes human beings to be at the centre of creation, interpreting reality in terms of human experience.

MENSIN → **menslike inligting**

Mensjewiek n. <Russies; mv Mensjiwiki; kyk ook Bolsjewiek>.
'n Lid van die minderheidsfaksie in die Russiese Sosiaal-demokratiese Party, voorloper van die Kommunistiese Party van die Sowjetunie (KPSU).

* *Menshevik* n. <Russian; pl Menshiviki; see also Bolshevik>.
A member of the minority faction of the Russian Social Democratic Party, predecessor of the Communist Party of the Soviet Union (CPSU).

menslike inligting n. (MENSIN).
Inligting wat deur middel van menslike bronne versamel word.
* *human intelligence* n. (HUMINT).
Intelligence gathered by means of human sources.

mensontwikkelingsindeks n. (MOI).
'n Statistiese meetinstrument om die omvang van die lewensgehalte van 'n gegewe bevolking te bepaal.
* *human development index* n. (HDI).
A statistical measuring instrument to gauge the extent of the quality of life of a given human population.

meritokrasie n.
Die uitoefening van politieke mag deur die verdienstelikes.
* *meritocracy* n.
The exercise of political power by the meritorious.

metrobewoner n.
Die inwoner van 'n grootstad.
* *metropolitan dweller* n.
The inhabitant of a large city.

metropolis → **grootstad**

metropolitaanse plaaslike raad n.
'n Vorm van plaaslike regering wat 'n aantal kleiner plaaslike regerings in 'n nuwe en groter plaaslike regering saamsmelt.
* *metropolitan local council* n.
A form of local government that includes a number of smaller local governments into a new and greater local government.

metropolitaanse regering n.
Regering van 'n groot stad of metropool. In Suid-Afrika verwys dit tans na groot stede, of 'n kombinasie van stede en dorpe wat gesamentlik 'n metropool vorm.
* *metropolitan government* n.
Government of a large city or metropolis. In South Africa at present it refers to large cities, or to a combination of cities and towns which jointly form a metropole.

metropool → **grootstad**

mfecane n. <Nguni> (difaqane <Sotho>).
Die 19de eeuse bevolkingsverstrooiing in Suid-Afrika as gevolg van bloedige inheemse stamoorloë, bv dié deur Shaka teen die Basoetoe.
* *mfecane* n. <Nguni> (difaqane <Sotho>).
The 19th century population displacement in South Africa as a consequence of bloody tribal wars, eg those by Shaka against the Basotho.

Middeleeue n.
Die tydperk van die vyfde tot die vyftiende eeu nC in Europese geskiedenis.
* *Middle Ages* n. (Medieval Period).
The period from the fifth to the fifteenth century AD in European history.

M

middelgrondpolitiek n.
Die praktyk om kompromiee tussen mededingende politieke partye en belangegroepe te vind; 'n wegskram van ekstremisme.
• **middle of the road politics** n.
The practice of finding compromises between contending political parties and interest groups; an avoidance of extremism.

middelklas n.
'n Sosiale stratum wat tussen die hoër en laer strata van 'n gemeenskap geplaas word; in Marxistiese teorie word daarna as die bourgeoisie verwys.
• **middle class** n.
A social stratum that is placed between the upper and lower strata of a society; in Marxist theory referred to as the bourgeoisie.

middeltermynverkiesing n.
(midtermynverkiesing, halftermynverkiesing).
Verkiesings vir die federale Huis van Verteenwoordigers en Senaat, asook verskeie ander politieke ampte in die VSA, wat halfpad tussen presidensiële verkiesings plaasvind.
• **midterm elections** n.
Elections for the federal House of Representatives and Senate, as well as various other political offices of the USA, that take place midway between presidential elections.

midtermynverkiesing
→ **middeltermynverkiesing**

migrasie n.
Die handeling waardeur mense fisies vanuit een streek of staat beweeg na 'n ander, dikwels in groepe of in groot getalle.
• **migration** n.
The act of people physically moving from one region or state to another, often in groups or large numbers.

migrasieregime n.
Die wetlike en beleidsbeginsels wat oorgrensbewegings binne 'n regionale groepering van state bepaal.
• **migration regime** n.
The legal and policy principles governing cross-border movements within a regional grouping of states.

mikadô n.
Die titel wat buitelanders vir die Japannese keiser gebruik. Die Japannese titel is Tennô.
• **mikado** n. <Japanese>.
The title foreigners use for the Japanese emperor. The Japanese title is Tennô.

mikrostaat → **ministaat**

milisie n.
'n Deeltydse mag bestaande uit burgers met 'n mate van militêre opleiding, wat die voltydse mag in dwingende omstandighede aanvul.
• **militia** n.
A part-time force consisting of citizens with some military training, supplementing the regular army in exigencies.

militarisme n.
Die ophemeling van militêre deugde en ideale.

• **militarism** n.
The exaltation of military virtues and ideals.

militêre besetting n.
'n Toestand waarin 'n grondgebied onder die effektiewe beheer van 'n vreemde gewapende mag is wat op sy bodem ontplooi is.
• **military occupation** n.
A condition in which a territory is under the effective control of a foreign armed force deployed on its soil.

militêre ingryping n.
'n Doelbewuste handeling deur 'n staat of groep state om sy/hulle militêre magte in die loop van 'n bestaande konflik in te voeg.
• **military intervention** n.
A deliberate act of a state or group of states to introduce its/their military forces into the course of an existing conflict.

militêr-industriële kompleks n.
Term geskep deur president Dwight D Eisenhower vir die ineenskakeling, as één belangegroep, van die militêre establishment en die verdedigingsverwante nywerheidsektor van 'n staat.
• **military-industrial complex** n.
Term coined by President Dwight D Eisenhower for the interlocking, as an interest group, of the military establishment and the defence-related industrial sector of a state.

minderbevoorregte gemeenskap n.
'n Gemeenskap wat die basiese middele en geriewe kortkom wat met 'n aanvaarbare lewenskwaliteit vereenselwig word.
• **underprivileged community** n.
A community that lacks the basic means and amenities associated with an acceptable quality of life.

minderheidsgroep n.
'n Groep mense wat deur gemeenskaplike eienskappe of belange saamgebind word wat van dié van die meerderheid van die bevolking verskil, bv met betrekking tot ras, ideologie of kultuur.
• **minority group** n.
A group of people bound by common characteristics or interests that differ from those of the majority of the population, eg with regard to race, ideology or culture.

minderheidsregte n.
Die regte van 'n omskrewe groep wat op 'n betekenisvolle wyse, byvoorbeeld volgens ras of politiek, verskil van 'n groter groep waarvan dit 'n deel uitmaak.
• **minority rights** n.
The rights of a defined group that differs in a significant way, for example racially or politically, from a larger group of which it is part.

minderheidsveto n.
Die mag van 'n individu of kleiner groep om die meerderheidsbesluit van 'n groter, formele instelling te verydel.

• *minority veto* n.
The power of an individual or smaller group to nullify the majority decision of a larger formal institution.

ministaat n. (mikrostaat).
'n Onafhanklike staat met óf 'n baie klein bevolking óf baie klein grondgebied óf albei, bv Monaco en die Vatikaanstad.
• *ministate* n. (microstate).
An independent state with either a very small population or a small land area, or both eg Monaco and the Vatican City.

minister n.
Die politieke hoof van 'n staatsdepartement.
• *minister* n.
The political head of a government department.

ministerie n.
1. Die kantoor van 'n minister. 2. 'n Staatsdepartement. 3. Brittanje: die kabinet van 'n eerste minister.
• *ministry* n.
1. The office of a minister. 2. A government department. 3. Britain: the cabinet of a prime minister.

ministeriële verantwoordelikheid n.
'n Minister se sfeer van morele en wetlike aanspreeklikheid teenoor 'n wetgewende vergadering.
• *ministerial responsibility* n.
Sphere of moral and legal accountability of a minister to a legislative assembly.

minuskant n.
Die belemmering, tekortkoming of nadeel van 'n saak.
• *downside* n.
The drawback, shortcoming or disadvantage of a matter.

misbruik van 'n mosie n.
Die benutting van 'n geleentheid om 'n mosie ter tafel te lê vir 'n ander doel as waarvoor dit aanvanklik ingedien is.
• *abuse of a motion* n.
The use of an opportunity to table a motion for a different purpose to what was initially put forward.

misdade teen die mensdom n.
Tydens die Nürembergverhore van senior Nazi-amptenare in 1946 is misdade teen die mensdom kontekstueel gedefinieer as handelinge deur 'n regering of sy amptenare wat moord, uitwissing en ander onmenslike optrede tot gevolg het teen enige burgerlike bevolking voor of gedurende 'n oorlog, of vervolging op grond van politieke, rasse- of religieuse oorwegings.
• *crimes against humanity* n.
At the Nuremburg trials of senior Nazi officials in 1946 crimes against humanity were contextually defined as actions by a government or its officials which result in murder, extermination and other inhumane acts against any civilian population before or during a war, or persecutions on political, racial or religious grounds.

misleidingsagent n. <kyk ook waragent>.
'n Persoon wat deur 'n inligtingsdiens gebruik word om die vyand te mislei deur vals maar aanneemlike informasie te verskaf. Die Duitse agente wat gedurende die Tweede Wêreldoorlog deur die Geallieerdes in dubbelagente omgedraai is en gebruik is om die Duitsers oor die voorgenome landingsplekke van die invalsmag in 1944 te fop, is 'n voorbeeld van misleidingsagente.
• *deception agent* n. <see also confusion agent>.
A person used by an intelligence service to deceive the enemy by supplying false but plausible information. The German agents who were turned into double agents by the Allies in World War II and used to mislead the Germans with regard to the intended landing places of the invasion force in 1944, is an example of deception agents.

mislukte staat n. <kyk ook ineengestorte staat; brose staat>.
'n Staat wat weinig praktiese beheer oor 'n groot deel van sy grondgebied uitoefen en nie daarin slaag om sy integriteit, soewereiniteit, binnelandse reg en orde, en ekonomiese lewensvatbaarheid te handhaaf nie, bv Somalië aan die einde van die twintigste eeu.
• *failed state* n. <see also collapsed state; fragile state>.
A state that has little practical control over much of its territory and is unsuccessful in maintaining its integrity, sovereignty, internal law and order, and economic viability, eg Somalia at the end of the twentieth century.

Misrahim n. <ekv Misrahi; kyk ook Asjkenasim; Beta-Israel; Sefardim>.
Oosterse Jode uit lande wat hoofsaaklik deur Moslems oorheers word.
• *Mizrahim* n. <Hebrew; sing Mizrahi; see also Ashkenazim; Beta Israel; Sephardim>.
Oriental Jews from mainly Muslim dominated countries.

mitologiseer v. (vermitologiseer).
Om 'n mite te skep, bv met betrekking tot die stigting van 'n politieke ideologie of die grondlegging van 'n nasie, hoofsaaklik om die ideologie self of die party wat dit dien te legitimeer.
• *mythologise* v.
To create a myth, eg concerning the founding of a political ideology or foundation of a nation, mainly to legitimate the ideology itself or the party that it serves.

modus vivendi n. <Latyn>.
'n Werkende reëling tussen teenstrydige belange, bv 'n ooreenkoms tussen die pous en 'n regering oor die verhoudinge tussen daardie staat en die Rooms-Katolieke Kerk.
• *modus vivendi* n. <Latin>.
A working arrangement between conflicting interests, eg an agreement between the Pope and a government regarding relations between that state and the Roman Catholic Church.

moedjahidien n.
Fundamentalistiese Moslemstryders vir die saak van Islam, bv in Afghanistan.

M

M

◆ *mujahideen* n.
Fundamentalist Muslim fighters for the cause of Islam, eg in Afghanistan.

moeilikheidsoekgebied → **wegblygebied**

moellahkrasie n.
Die uitoefening van politieke mag deur die moellahs, dit is Moslem religieuse leiers.
◆ *mullahcracy* n.
The exercise of political power by the mullahs, ie Muslim religious leaders.

MOI → **mensontwikkelingsindeks**

monarg n.
'n Staatshoof wat sy/haar posisie deur geboorte erf en normaalweg lewenslank regeer of tot abdikering. Deur die eeue is die meeste absolute monarge vervang deur monarge met hoofsaaklik seremoniële magte.
◆ *monarch* n.
A head of state who inherits his/her position by birth and normally rules for life or until abdication. Over centuries most monarchs with absolute power have been replaced by monarchs with mainly ceremonial powers.

monargale dinastie n. <kyk ook koningshuis> (keiserlike dinastie, koninklike dinastie, vorstelike dinastie).
'n Volgry van vorstelike regeerders uit dieselfde familie, sibbe of stam.
◆ *monarchial dynasty* n. <see also royal house> (imperial dynasty, kingly dynasty, royal dynasty).
A succession of regal hereditary rulers emanating from the same family, clan or kinfolk.

monargie n. <kyk ook grondwetlike monargie; koninkryk>.
1. Die grondgebied, bevolking en eiendom waaroor 'n erflike heerser regeer. 2. 'n Staat wat deur 'n erflike leier, soos 'n koning, regeer word met bevoegdhede wat wissel van die absolute tot dit wat grondwetlik beperk is.
◆ *monarchy* n. <see also constitutional monarchy; kingdom>.
1. The territory, population and property that a hereditary ruler governs. 2. A state ruled by a hereditary leader, such as a king, with powers varying from absolute to constitutionally limited.

monargsmoord n.
Die doodmaak van 'n monarg.
◆ *regicide* n.
The killing of a monarch.

monargsmoordenaar n.
Die persoon wat 'n monarg doodmaak.
◆ *regicide* n.
The killer of a monarch.

mondiaal → **globaal**

mondiale ekonomie → **globale ekonomie**

mondiale politiek → **globale politiek**

mondialisering → **globalisering**

monisme n. <kyk ook pluralisme>.
'n Verklaringsleer in terme van 'n enkele beginsel; in teenstelling met pluralisme.

◆ *monism* n. <see also pluralism>.
A doctrine of explanation in terms of a single principle; as opposed to pluralism.

monitering n.
Gereelde waarneming van 'n aksie ten einde die ontwikkeling daarvan teenoor 'n gewenste standaard te toets en om as grondslag vir regstellende optrede te dien wanneer die noodsaak daarvoor ontstaan, bv die monitering van troepebewegings tydens 'n geveg of die monitering van die uitslag van 'n openbare beleid.
◆ *monitoring* n.
Regular observation of an action in order to assess its development against a desired standard and provide a basis for corrective action if the need arises, eg monitoring troop movements in a battle or monitoring the outcomes of a public policy.

monokrasie n.
Die uitoefening van politieke mag deur een persoon.
◆ *monocracy* n.
The exercise of political power by one person.

moondheid n.
'n Staat met die vermoë om gesag of beheer oor swakker of minder magtige state uit te oefen, bv Indië is 'n moondheid in internasionale verhoudinge.
◆ *power* n.
A state with the capacity to exercise authority or control over weaker or less powerful states, eg India is a power in international relations.

moordbende n.
'n Geheime groep moordenaars wat onwettig gebruik word om vermeende vyande van outoritêre state uit te skakel.
◆ *death squad* n.
A clandestine group of killers used illegally to eliminate purported enemies of authoritarian states.

moratorium n.
'n Tydperk waartydens 'n verpligting en/of aktiwiteit tydelik opgeskort word totdat bevredigende reëlings vir die voortsetting van die verpligting of aktiwiteit getref is.
◆ *moratorium* n.
A period of temporary suspension of an obligation and/or activity until satisfactory arrangements have been effected for the continuation of the obligation or activity.

mores → **sedes**

morganatiese huwelik n.
Huwelik, veral in Europa, gesluit tussen 'n man en vrou met 'n ongelyke koninklike status sodat die een se voorregte en titels nie na die ander een toe oorgedra mag word nie of na enige kinders toe wat uit die huwelik gebore word nie.
◆ *morganatic marriage* n.
Marriage, mostly in Europe, contracted between a man and a woman of unequal royal status, so that the privileges and titles of one may not be conferred to the other or to any children born from the marriage.

mosie aanneem v. <'n mosie aanneem>.
'n Saak wat in 'n vergadering tot stemming gebring is, aanvaar.
+ *carry a motion* v.
Adopt a matter that has been put to the vote in an assembly.

mosie sekondeer v. <'n mosie sekondeer>.
Om amptelike steun te betuig vir 'n voorstel deur 'n ander persoon in 'n beraadslagende vergadering voorgelê vir bespreking en om tot 'n besluit te kom.
+ *second a motion* v.
To express formal support for a proposal made by another person in a deliberative assembly for discussion and arriving at a decision.

mosie van vertroue n.
'n Formele voorstel in 'n vergadering dat 'n funksionaris of instelling bevoeg is om sy/haar taak behoorlik te verrig.
+ *motion of confidence* n. (vote of confidence).
A formal proposal in an assembly that a functionary or institution is capable of carrying out his/her/its task properly.

mosie van wantroue n.
'n Formele voorstel in 'n vergadering dat 'n funksionaris of instelling nie bevoeg is om sy/haar taak behoorlik te verrig nie.
+ *motion of no confidence* n. (vote of no confidence).
A formal proposal in an assembly that a functionary or institution is not capable of carrying out his/her/its task properly.

muishondstaat n. (pariastaat, verstote staat).
'n Staat wat deur die internasionale gemeenskap verstoot word, gewoonlik weens 'n afkeur van sy optrede.
+ *pariah state* n.
A state shunned by the international community, usually because of disapproval of its conduct.

muitery n.
'n Opstand deur personeel van eenhede, vaartuie en vliegtuie teen gekonstitueerde gesag, veral teen die wettige bevelvoerder.
+ *mutiny* n.
A revolt by personnel of units, vessels and aircraft against constituted authority, especially against the legal commanding officer.

multilaterale diplomasie n. <kyk ook bilaterale diplomasie; eensydig>.
Diplomasie waarby meer as twee state en internasionale instellings betrokke is.
+ *multilateral diplomacy* n. <see also bilateral diplomacy; unilateral>.
Diplomacy involving more than two states and international institutions.

multilaterale handel n.
Handel tussen drie of meer nasies of groepe.
+ *multilateral trade* n.
Trade between three or more nations or groups.

multilaterisme n. <kyk ook bilateralisme; eensydigheid>.
1. 'n Benadering in internasionale betrekkinge dat optrede, besluite en beleid gegrond behoort te wees op die deelname van die internasionale gemeenskap, verkieslik deur instellings soos die VN. 2. Die praktyk van handels- en ander betrekkinge tussen meer as twee state sonder diskriminasie mbt oorsprong of bestemming en ongeag die grootte van handelsgapings tussen hulle. 3. Die leerstelling of praktyk dat 'n aantal state saamwerk om 'n gegewe kwessie op te los of om 'n gewenste doel te bereik, bv om die vermenigvuldiging van kernwapens in toom te hou.
+ *multilateralism* n. <see also bilateralism; unilateralism>.
1. An approach in international relations that actions, decisions and policies should be based on the participation of the international community, preferably through institutions such as the UN.
2. The practice of trade and other relations among more than two states without discrimination with regard to origin or destination and irrespective of the size of trade gaps between them. 3. The doctrine or practice of a number of states working in concert to resolve a given issue or to achieve a desired goal, eg containing the proliferation of nuclear arms.

multipolêre magsbalans → **meerpolige magsbalans**

München-ooreenkoms n.
Die skikking van die Sudetenlandkrisis tussen Duitsland, Brittanje, Frankryk en Italië by 'n konferensie in München op 29 September 1938.
+ *Munich Agreement* n.
The settlement of the Sudeten crisis between Germany, Britain, France and Italy at a conference in Munich on 29 September 1938.

munisipale bestuurder n.
Die hoof- uitvoerende beampte van 'n munisipaliteit.
+ *municipal manager* n.
The chief executive officer of a municipality.

munisipale handelsdienste n. (handelsdienste).
Dienste wat deur 'n plaaslike regering vir wins gelewer word, soos 'n munisipale mark en die verkoop van water, gas en elektrisiteit.
+ *municipal trading services* n. (trading services).
Services provided by a local government on a profitable basis, such as a municipal market and the sale of water, gas and electricity.

munisipale korporasie n.
'n Entiteit wat deur 'n munisipaliteit gestig is; dus 'n korporasie om munisipale dienste te lewer soos vullisverwydering en water- en elektrisiteitsvoorsiening.
+ *municipal corporation* n.
An entity founded by a municipality; therefore a corporation to deliver municipal services such as refuse collection, water and electricity supply.

munisipale raad n.
Die verteenwoordigende instelling wat 'n munisipaliteit regeer.
+ *municipal council* n.
The representative institution governing a municipality.

M

munisipale regering n.

'n Vorm van plaaslike regering wat handel met sake wat aan munisipaliteite gedelegeer word en tot die munisipaliteit se jurisdiksie beperk is.

♦ *municipal government* n.

A form of local government dealing with matters delegated to municipalities and confined to the jurisdiction of the municipality.

munisipaliteit n.

'n Stad, dorp of distrik wat binne die perke van sy regsgebied 'n gedelegeerde bevoegdheid van selfregering het, asook sy regeringsinstelling.

♦ *municipality* n.

A city, town or district having delegated powers of self government within the limits of its jurisdiction; also its governing institution.

MVB → **maatreëls wat vertroue bou**

MVB → **maatreëls wat veiligheid bou**

MVW → **massavernietigingswapens**

mynveër n.

'n Spesiaal ontwerpte en toegeruste vaartuig wat 'n verskeidenheid tegnieke gebruik om seemyne op te spoor en te neutraliseer.

♦ *minesweeper* n.

A specially designed and equipped vessel that uses a variety of techniques to locate and neutralise sea mines.

M

Nn

na die stembus gaan → 'n verkiesing uitroep

nagwagstaat n.
In die libertynse politieke teorie, 'n staat wat 'n eksklusiewe en beperkte beskermingsfunksie het, dws dit bewaak slegs sy internasionale grense, handhaaf wet en orde en verdedig die waarde van sy geldeenheid.
♦ *night-watchman state* n.
In the libertarian theory of politics, a state which has an exclusive and limited protective function, ie it only guards its international borders, maintains law and order and defends the value of the currency.

nasie n.
'n Groep mense wat 'n gemeenskaplike erfenis deel, soos 'n genealogie en/of gebied, hulle as 'n politieke gemeenskap beskou, gewoonlik strewe na 'n vorm van selfbeskikking — verkieslik in 'n eie onafhanklike staat. Wanneer bloot 'n kultureel homogene groep mense beskryf word, bv die Zoeloes, is die voorkeurterm 'n volk.
♦ *nation* n.
A group of people who share a common heritage, such as a common genealogy and/or a common territory, and regard themselves as a political community, usually striving for some form of political self-determination preferably in an own independent state. When only denoting a culturally homogeneous group of people, eg the Zulu, the preferred term is a people.

nasiebou n.
'n Proses van nasionale integrasie in 'n diep verdeelde samelewing waardeur verskillende kulture en sosiale groepe in 'n enkele territoriale eenheid saamgevoeg word; die vestiging van 'n nasionale identiteit en lojaliteit aan 'n staat, soos in Indië of Suid-Afrika.
♦ *nation-building* n.
A process of national integration in a deeply divided society through which different cultures and socials groups are joined in a single territorial unit; the establishment of a national identity and loyalty to a state, eg as in India or South Africa.

nasiestaat n.
'n Staat waarin die oorweldigende meerderheid van die bevolking 'n histories ontwikkelde en gedeelde identiteit het wat oor die algemeen eienskappe insluit soos 'n gemeenskaplike afkoms, taal, religie en kultuur; soos Japan en Botswana. In hierdie state neig nasieskap en burgerskap om saam te val.
♦ *nation-state* n.
A state in which the overwhelming majority of the population have a historically developed and shared identity which generally include attributes like a common ancestry, language, religion and culture; such as Japan and Botswana. In these states nationhood and citizenship tend to coincide.

Nasionaal-Sosialisme n. (Nazisme).
'n Politieke ideologie wat circa 1922–1945 deur Adolf Hitler voorgestaan is en wat deur staatstotalitarisme, die voorrang van die Duitse volk, anti-Semitisme tot die punt van volksmoord, ekspansionistiese rassisme en staatsterreur gekenmerk word.
♦ *National Socialism* n. (Nazism).
A political ideology, advanced by Adolf Hitler circa 1922–1945, that is characterised by state totalitarianism, the primacy of the German people, genocidal anti-Semitism, expansionist racism and state terror.

nasionale ampswapen n.
'n Heraldiese ontwerp wat as 'n simboliese voorstelling van die nasie aanvaar word.
♦ *national coat of arms* n.
A heraldic design which has been accepted as a symbolic representation of the nation.

nasionale belang n. (in nasionale belang, landsbelang).
Dit wat as bevorderlik vir die beskerming van deurslaggewende nasionale waardes gesien word.
♦ *national interest* n. (in the national interest).
That which is perceived to be beneficial to the protection of vital national values.

nasionale embleem n.
'n Sigbare voorstelling wat 'n staat as simbool aanvaar het, bv in Suid-Afrika is die nasionale blom die koningsprotea en die nasionale voël die bloukraanvoël.
♦ *national emblem* n.
A visible representation that a state has adopted as symbol, eg in South Africa the national plant is the king protea and the national bird the blue crane.

nasionale grensgebied n. <kyk ook grensgebied>.
'n Gebied teenoor die grens van 'n staat met 'n ander staat of 'n onbestendige streek aan die rand van daardie staat. In die Amerikaanse geskiedenis het die westelike rand van die VSA waar blanke setlaars met inheemse stamme gebots het, deel van die nasionale grensgebied uitgemaak.
♦ *national frontier* n. <see also frontier>.
An area facing the border between a state and another state, or an unsettled region at the edge of that state. In American history the western edge of the USA where white settlers clashed with indigenous tribes formed part of the national frontier.

Nasionale Huis van Tradisionele Leiers n. <kyk ook Huis van Tradisionele Leiers> (NHTL).
Sedert 1998 die naam wat gegee word aan die Nasionale Raad van Tradisionele Leiers. Die NHTL bestaan uit lede wat uit agt provinsiale huise van tradisionele leiers verkies word, om bepaalde magte

N

in tradisionele, gewoonlik plaaslike, gemeenskappe
met ie leren, uit die oorwming van die gewoontes,
taal en kultuur van tradisionele inheemse
Afrikavolke.

+ *National House of Traditional Leaders* n.
<see also House of Traditional Leaders>
(NHTL).
Since 1998 the name given to the National Council
of Traditional Leaders. The NHTL consists of
members elected from eight provincial houses of
traditional leaders, to excercise certain powers
within traditional, normally rural, communities, for
the preservation of the customs, language and
culture of traditional indigenous African peoples.

nasionale inkomste n.
Die monetêre waarde van die totale goedere en
dienste wat deur die ekonomiese aktiwiteite in 'n
staat geproduseer word, bv bruto nasionale produk.

+ *national income* n.
The monetary representation of the total goods and
services produced by the economic activities in a
state, eg gross domestic product.

Nasionale Raad van Provinsies n. (NRVP).
Die tweede kamer van die parlement van
Suid-Afrika wat die belange van die nege
provinsies verteenwoordig.

+ *National Council of Provinces* n. (NCOP).
The second chamber of the Parliament of South
Africa that represents the interests of the nine
provinces.

nasionale saluut n.
As 'n eerbetoon 'n seremonie waar 'n erewag
wapens presenteer terwyl 'n militêre orkes die
nasionale lied speel.

+ *national salute* n.
As a display of honour a ceremony where a guard
of honour presents arms while a military band plays
the national anthem.

nasionale toelaag n.
Die sentrale befondsing deur die staat vir 'n projek,
of as steun aan 'n provinsie of plaaslike
regeringsowerheid.

+ *national grant* n.
The central funding by the state for a project, or as
support to a province or local government authority.

nasionale veiligheid n.
'n Stel nasionale en internasionale politieke
omstandighede wat gunstig is vir die beskerming en
uitbreiding van deurslaggewende nasionale waardes
teen bestaande en potensiële teenstanders. Hierdie
waardes is die mees fundamentele beginsels waarop
die politieke, sosiale en fisieke bestaan van die staat
gegrond is.

+ *national security* n.
A set of national and international political
conditions favourable to the protection or extension
of vital national values against existing and
potential adversaries. These values are the most
fundamental principles on which the political, social
and physical existence of the state is based.

nasionale verdediging n. (landsverdediging).
Verdediging van die staat teen bedreigings van buite
of van binne.

+ *national defence* n.
Defence of the state against external or internal
threats.

nasionale vergadering n.
1. 'n Wetgewende vergadering waar openbare
kwessies gedebatteer word en wetsontwerpe
aangeneem word. 2. 'n Alternatiewe term vir die
wetgewer in sommige state of samestellende
eenhede van 'n staat, of die laerhuis van 'n
tweekamerparlement, bv Frankryk.

+ *national assembly* n.
1. A legislative assembly in which public issues are
debated and laws passed. 2. Alternative term for
the legislature in some states or constituent units of
a state, or the lower house of a bicameral
parliament, eg France.

nasionale verkiesing n. <kyk ook algemene
verkiesing; tussenverkiesing>.
'n Gereelde vasgestelde proses waar stemgeregtigde
kiesers van 'n staat ampsbekleërs soos
verteenwoordigers en regters verkies.

+ *national election* n. <see also by-election;
general election>.
A regularly scheduled process in which
enfranchised voters of a state elect office holders
such as representatives and judges.

nasionale versoening n.
Die identifisering en ondersteuning van maatreëls
en strukture wat vrede sal bevorder en vertroue sal
bou, en die vergemakliking van wisselwerking
tussen voormalige teenstanders in die nasleep van
'n interne konflik.

+ *national reconciliation* n.
The identification and support of measures and
structures that will promote peace and build trust,
and the facilitation of interaction among former
adversaries in the aftermath of an internal conflict.

nasionaliseer v.
Om onder die staat se eiendomsreg of beheer te
plaas, bv grond of nywerhede.

+ *nationalise* v.
To bring under ownership or control of the state, eg
land or industries.

nasionalisme n.
'n Politieke ideologie en verwante gedrag wat die
nasie as die sentrale beginsel van die politiek en
samelewing aanvaar.

+ *nationalism* n.
A political ideology and related behaviour that takes
the nation to be the central principle of politics and
society.

nasionaliteit n.
Die status om weens herkoms, geboorte of
naturalisasie aan 'n bepaalde staat te behoort.

+ *nationality* n.
The status of belonging to a particular state by
origin, birth or naturalisation.

nataliteit → geboortekoers

naturalisasie n. (naturalisering).
Die handeling waardeur 'n immigrant burgerskap van 'n aangenome staat verkry, in teenstelling met die verkryging van burgerskap deur geboorte.
• *naturalisation* n.
The action by which an immigrant attains citizenship of an adopted state in contrast to obtaining citizenship by birth.

naturalisering → naturalisasie

natuurlike grense n.
Die grenslyne van 'n staat soos dit deur die natuur bepaal word, soos 'n rivier of bergreeks.
• *natural borders* n.
The boundaries of a state as determined by nature, such as a river or a mountain range.

natuurlike monopolie n.
'n Onderneming wat vanweë sy aard nie mededingers het nie, soos water-, riool- of elektrisiteitsvoorsiening.
• *natural monopoly* n.
An enterprise which by its nature does not have competitors, such as water, sewerage or electricity supply.

natuurreg n.
'n Morele stelsel waaraan menslike wette behoort te voldoen en wat universele gedragsnorme voorskryf.
• *natural law* n.
A moral system to which human laws should conform and which lays down universal norms of conduct.

Nazisme → Nasionaal-Sosialisme

nedersetting n.
'n Pas gevestigde groep struktuur wat deur 'n klein maar uitbreidende gemeenskap van permanente inwoners bevolk word.
• *settlement* n.
A newly established group of structures populated by a small but expanding community of permanent residents.

negatiewe regte n. <kyk ook positiewe regte>.
Die regte van 'n burger teenoor 'n staat wat negatief gedefinieer word, soos die reg tot vrye assosiasie, wat beteken dat die staat nie in 'n mens se reg om vriendskappe of instellings te vorm mag inmeng nie.
• *negative rights* n. <see also positive rights>.
The rights of a citizen vis à vis a state that are negatively defined, such as the right to free association, meaning that the state may not interfere with one's right to form friendships or organisations.

negritude n.
'n Filosofie met betrekking tot trots op die oorsprong, waardes en kultuur van swart mense, veral Afrika-swartmense.
• *negritude* n.
A philosophy relating to pride in the origin, values and culture of black people, especially African black people.

Neodemokrasie → Nuwe Demokrasie

nepotisme n.
Begunstiging van 'n familielid of 'n hegte vriend/vriendin deur iemand met mag, bv deur aanstelling tot 'n amp wat nie andersins verdien word nie.
• *nepotism* n.
Favouritism shown to a relative or close friend by someone with power, eg by appointment to an office not otherwise merited.

Neurenbergverhore n.
'n Reeks oorlogsmisdaadverwante geregtelike verhore deur die Geallieerde militêre tribunale na die Tweede Wêreldoorlog, algemeen bekend vir die verhore van die 24 vernaamste gevange leiers van Nazi-Duitsland, November 1945 tot Oktober 1946; dit sluit ook 'n aantal mindere verhore in.
• *Nuremberg trials* n.
A number of war crimes related judicial trials by Allied military tribunals after World War II; generally known for the trials of the 24 most important arrested leaders of Nazi-Germany during November 1945 to October 1946; it also includes a number of minor trials.

neutraalblyer n.
'n Politikus in die VSA wat neutraal bly oor verdelende strydpunte.
• *mugwump* n.
A politician in the USA who remains neutral on divisive issues.

neutrale staat n.
'n Staat wat 'n amptelike beleid van neutraliteit handhaaf, bv Switserland.
• *neutral state* n.
A state officially practising a policy of neutrality, eg Switzerland.

neutralisme n.
'n Politieke houding van onbetrokkenheid en onverbondenheid met mededingende state.
• *neutralism* n.
A political stance of noninvolvement and nonalignment with competing states.

neutraliteit n.
Die wetlike regte en pligte van state wat weier om kant te kies tydens gewapende konflikte.
• *neutrality* n.
The legal rights and duties of states refusing to take sides during armed conflicts.

New Deal → Nuwe Bestel

NGS → nuut geïndustrialiseerde staat

NHTL → Nasionale Huis van Tradisionele Leiers

nieaanvalsverdrag n.
'n Formele ooreenkoms tussen state om mekaar nie aan te val nie of vyandige handelinge deur ander state of organisasies teen die ondertekenende state te ondersteun nie.
• *nonagression pact* n.
A formal agreement between states not to attack each other or support hostile acts by other states or organisations against the signatory states.

N

nieassosiatiewe belangegroep n. <kyk ook anomiese belangegroep, assosiatiewe belangegroep; belangegroep; institusionele belangegroep>.
'n Belangegroep gekenmerk deur die onderbroke artikulering van belange en die afwesigheid van 'n aaneenlopende organisatoriese struktuur, bv verwantskap-, klasse- of ekonomiese faksies in 'n samelewing wat hulle belange op 'n ad hoc-grondslag bevorder.
♦ **nonassociational interest group** n. <see also anomic interest group; associational interest group; institutional interest group; interest group>.
An interest group distinguished by its intermittent articulation of interests and absence of a continuous organisational structure, eg kinship, class or economic factions, in a society that lobby their interests on an ad hoc basis.

niebetaalkultuur n.
Die ingesteldheid van 'n groep mense om nie vir dienste te betaal wat deur staatsinstellings gelewer word nie, dikwels met burgerlike ongehoorsaamheid verbind.
♦ **nonpayment culture** n.
The frame of mind of a group of people not to pay for services rendered by state agencies, often associated with civil disobedience.

nieburger n. <kyk ook staatlose persoon>.
'n Persoon wat nie 'n burger van 'n bepaalde staat is nie en gevolglik nie die burgerskapregte van daardie staat geniet nie.
♦ **noncitizen** n. <see also stateless person>.
A person who is not a national of a particular state and therefore does not enjoy the rights of citizenship of that state.

niegewelddadige verset → **geweldlose verset**

niemandsland n.
1. 'n Stuk grond tussen twee opponerende militêre magte wat nie fisies deur enige van die twee beset word nie maar wat albei probeer domineer deur middel van patrollies en ander operasies. 2. Land wat aan niemand behoort nie.
♦ **no man's land** n.
1. An area of ground between two opposing military forces which is not physically occupied by either but which both will endeavour to dominate by means of patrols and other operations. 2. Land belonging to nobody.

nie-oorlogvoerend adj.
Die status van 'n staat wat nie aan vyandelikhede deelneem nie.
♦ **nonbelligerent** adj.
The status of a state that does not participate in hostilities.

nieparlementêre uitvoerende gesag
→ **buiteparlementêre uitvoerende gesag**

niepersoon n.
'n Persoon wat sy/haar identiteit ontbeer, verloor of deur dwang ontsê is, bv 'n Jood in die Tweede Wêreldoorlog, of wat met geweld van sy/haar mees basiese menslike regte gestroop is.

♦ **nonperson** n.
A person who lacks, loses or is forcibly denied his/her identity, eg a Jew in World War II, or who is forcibly stripped of his/her most basic human rights.

nierassig adj. <kyk ook rassifiseer>.
Die beginsel dat ras nie 'n grondslag is waarop daar tussen persone 'n onderskeid gemaak word nie.
♦ **nonracial** adj. <see also racialise>.
The principle that race is not a basis for making a distinction between persons.

nieregeringsorganisasie n. (NRO).
'n Instelling wat 'n openbare diens lewer deur die gebruik van privaat befondsing.
♦ **nongovernmental organisation** n. (NGO).
An institution that delivers a public service using private funding.

niestemgeregtig n. <kyk ook ontkieserde>.
Nie geregtig om in 'n verkiesing te stem nie.
♦ **unenfranchised** n. <see also disenfranchised person>.
Not entitled to cast a vote in an election.

niestemgeregtig adj.
Nie bevoeg om te stem nie, bv 'n raadslid wat slegs waarnemerstatus het.
♦ **nonvoting** adj.
Not entitled to vote, eg a council member that has only observer status.

niestemmend adj.
Nie 'n stem uitbring wanneer iemand daarop geregtig is nie.
♦ **nonvoting** adj.
Not exercising a vote that one is entitled to.

nie-uitdrywing n.
Die internasionale vereiste dat vlugtelinge nie gedwing word om na hulle staat van oorsprong terug te keer nie as hulle die risiko van vervolging loop.
♦ **nonrefoulement** n. <French>.
The international requirement that refugees not be forced to return to their country of origin at the risk of persecution.

nievegtende n.
1. 'n Burgerlike in oorlogstyd. 2. 'n Lid of eenheid van die gewapende magte wie se pligte nie veg insluit nie, soos 'n kapelaan of sjirurg.
♦ **noncombatant** n.
1. A civilian in time of war. 2. A member or unit of the armed forces whose duties do not include fighting, such as a chaplain or surgeon.

nomenklatura n.
'n Stelsel van party-goedgekeurde bevoorregte aanstellings in die openbare diens van die Sowjetunie.
♦ **nomenklatura** n.
A system of party-vetted privileged appointments in the public service of the Soviet Union.

nominale grondwet n. (nominale konstitusie).
'n Grondwet wat in die praktyk geïgnoreer word.

+ *nominal constitution* n.
A constitution which is ignored in practice.

nominale konctitucio › **nominale grondwet**

nominale staatshoof n. <kyk ook grondwetlike monarg; konstitusionele staatshoof; seremoniële staatshoof; werklike staatshoof>.
'n Persoon aan die hoof van 'n staat wat die identiteit van die staat simboliseer en grondwetlik met beperkte bevoegdheid beklee word, met insluiting van seremoniële pligte, bv die Britse monarg en die Duitse federale president.

+ *nominal head of state* n. <see also actual head of state; ceremonial head of state; constitutional head of state; constitutional monarch>.
A person at the helm of a state, symbolising the identity of the state and constitutionally entrusted with limited powers, including ceremonial duties, eg the British monarch and the German federal president.

nominasie n. (nominering).
Benoeming van 'n persoon as 'n kandidaat vir 'n amp.

+ *nomination* n.
Proposing a person as a candidate for an office.

nominering → **nominasie**

nommerpas maak → **pas maak**

nomokrasie n.
Die onbuigsame uitoefening van politieke mag volgens wette.

+ *nomocracy* n.
The rigid exercise of political power according to laws.

noodtoestand n.
Toestand wat deur 'n regering verklaar word, waarin krygswet geld, gewoonlik as gevolg van burgerlike onrus of 'n natuurlike ramp.

+ *state of emergency* n.
A condition, declared by a government, in which martial law applies, usually because of civil unrest or natural disaster.

notule goedkeur v.
Om die rekord van die verrigtinge van 'n vergadering amptelik as waar en korrek te aanvaar.

+ *adopt the minutes* v.
+ *(approve the minutes, confirm the minutes).*
To officially accept the record of the proceedings of a meeting as being true and correct.

NRO → **nieregeringsorganisasie**

NRVP → **Nasionale Raad van Provinsies**

nulgradering n.
Die vrystelling van goedere en dienste van belasting op toegevoegde waarde.

+ *zero rating* n.
The exemption of goods or services from value added tax.

nuntius n.
Die Heilige Stoel se diplomatieke verteenwoordiger in 'n vreemde staat of internasionale organisasie, met ambassadeursrang.

+ *nuncio* n.
The diplomatic representative of the Holy See in a foreign state or international organisation, with the rank of ambassador.

nuut geïndustrialiseerde staat n. (NGS).
'n Staat wat vinnige ekonomiese groei ervaar deur 'n uitwaartse makro-ekonomiese beleid te volg, bv Brasilië, Singapoer, Suid-Korea en Taiwan in die tweede helfte van die twintigste eeu.

+ *newly industrialised country* n. (NIC, newly industrialised state).
A state that has experienced rapid economic growth through outward looking macro-economic policies, eg Brazil, Singapore, South Korea and Taiwan in the second half of the twentieth century.

NUVAO → **Nuwe Vennootskap vir Afrika se Ontwikkeling**

Nuwe Bestel n. (New Deal).
Die beleid wat deur President Franklin Roosevelt van 1933 af gevolg is om die VSA-ekonomie te laat herleef. Dit het meestal uit 'n Keynesiaanse styl van regeringsinmenging in die ekonomie bestaan, soos tekortfinansiering van die federale begroting en openbare werkeprojekte.

+ *New Deal* n.
The policy followed by President Franklin Roosevelt from 1933 onwards to revive the USA economy. It consisted mostly of a Keynesian economic style of governmental intervention in the economy, such as deficit financing of the federal budget and public works projects.

Nuwe Demokrasie n.
Die naam van verskeie politieke partye, gewoonlik nie aan Maoïsme verwant nie.

+ *New Democracy* n.
The name of several political parties, usually unrelated to Maoism.

Nuwe Demokrasie n. (Nuwe Demokratiese Rewolusie, Neodemokrasie).
In Maoïsme, 'n stadium in die ontwikkeling na 'n ideale kommunistiese samelewing. Die teorie doen weg met die klassestryd soos dit deur die tradisionele Marxisme voorgestaan word.

+ *New Democracy* n. (New Democratic Revolution, Neodemocracy).
In Maoism, a stage of development towards an ideal communist society. The theory eliminates the class struggle as espoused by traditional Marxism.

Nuwe Demokratiese Rewolusie → **Nuwe Demokrasie**

nuwe koeterwaals n.
Politiekkorrekte maar dubbelsinnige frases wat 'n owerheid gebruik om onderdanigheid by burgers te verseker. In sy werk '1984' het George Orwell hierdie verskynsel die eerste keer beskryf.

+ *newspeak* n.
Political correct but ambiguous phrases used by a government to ensure submissiveness of citizens. In his work '1984', George Orwell described this phenomenon for the first time.

N

Nuwe Sowjetmens n. <ook na verwys as Sowjetmens; Russies: Novyl Sovetskii chelovek>.
Die ideale man/vrou wat na bewering deur die Sowjetstelsel voortgebring word: 'n toegewyde aanhanger van Marxisme-Leninisme, sonder nasionalistiese sentiment, onbaatsugtig, intelligent en gedissiplineerd.
+ **New Soviet man** n. <also referred to as Soviet man; Russian: Novyi Sovetskii chelovek>.
The ideal man/woman allegedly produced by the Soviet system: a devoted adherent of Marxism-Leninism, without nationalist sentiments, selfless, intelligent and disciplined.

Nuwe Vennootskap vir Afrika se Ontwikkeling n. (NUVAO).
Visie en aksieprogram vir die ontwikkeling van die Afrikavasteland; deur die voormalige Suid-Afrikaanse president, Thabo Mbeki, van stapel gestuur.
+ **New Partnership for Africa's Development** n. (NEPAD).
Vision and programme of action for the development of the African continent; initiated by the former South African president, Thabo Mbeki.

'n verkiesing hou → **'n verkiesing uitroep**

'n verkiesing uitroep v. ('n verkiesing hou, na die stembus gaan).
Die aksie waardeur 'n staatshoof of regering 'n verkiesing aankondig en reël.
+ **call an election** v. (go to the country, go to the polls).
The action whereby a head of state or government announces and arranges an election.

nywerheidsgebied n. (industriële gebied).
Daardie deel van 'n dorp of stad waarin nywerhede gevestig is.
+ **industrial area** n.
That part of a town or city in which industries are settled.

nywerheidspioenasie n. (industriële spioenasie).
Optrede deur 'n nywerheidsonderneming om die handelsgeheime van andere uit te snuffel en te bekom; gewoonlik sluit dit die gebruik van onwettige metodes in.
+ **industrial espionage** n.
Actions by an industrial firm to ferret out and acquire the trade secrets of others; it usually includes the use of illegal means.

N

Oo

obstruksiepolitiek → **dwarsboompolitiek**

oglokrasie n.
Die uitoefening van politieke mag deur die gepeupel.
*   ***ochlocracy*** n.
The exercise of political power by the rabble.

okkupasiereg n.
Die reg om jou op 'n stuk eiendom soos grond te vestig en dit te benut.
*   ***right of occupation*** n.
The right to settle on some property such as land and to utilise it.

oktrooi n.
'n Toegewing van 'n gekonstitueerde owerheid om 'n bevoorregte orde, vereniging of professie soos die geoktrooieerde rekenmeestersberoep te vorm, of om spesifieke bevoorregte aktiwiteite soos handel in 'n bepaalde gebied te bedryf.
*   ***charter*** n.
A concession from constituted authorities to form a privileged order, society or profession such as chartered accountancy, or to conduct specific privileged activities such as trading in a specific area.

oligargie n.
Heerskappy deur 'n klein aantal mense in hulle eie belang.
*   ***oligarchy*** n.
Rule by a small number of people in their own interest.

oligargiese demokrasie n.
Die uitoefening van politieke mag deur 'n kliek plaaslike politici, in die besonder in Latyns-Amerika en die Filippyne.
*   ***cacique democracy*** n.
The exercise of political power by a clique of local politicians, particularly in Latin America and the Philippines.

oligopolie n.
'n Markvorm wat deur 'n beperkte aantal produsente of firmas oorheers word.
*   ***oligopoly*** n.
A market form dominated by a limited number of producers or firms.

ombudsman n. <uit Sweeds>, <kyk ook Openbare Beskermer>.
'n Amptenaar wat aangestel is om klagtes van individue oor slegte of oneerlike optrede deur bv openbare instellings en amptenare te ontvang en te ondersoek.
*   ***ombudsman*** n. <from Swedish>, <see also Public Protector>.
An official appointed to receive and investigate complaints made by individuals against bad or dishonest conduct eg by public institutions and officials.

omgedraaide agent n.
'n Agent van 'n inligtingsdiens wat oorreed is om van sy/haar oorspronklike diens weg te draai en sonder die medewete van die oorspronklike diens vir die huidige diens te werk.
*   ***turned agent*** n.
An agent of an intelligence service, persuaded to turn from his/her original service and work for the present service without the knowledge of the original service.

omgewingsbewustheid n.
Die leerstuk wat voorrang gee aan die handhawing en beskerming van die natuurlike omgewing tot die ekonomiese voordeel van mense.
*   ***environmentalism*** n.
The doctrine that gives priority to the maintenance and protection of the natural environment for the economic benefit of humans.

omkopery n. <kyk ook korrupsie>.
Die verkryging van geld, mag en gunste op oneerlike maniere, gewoonlik deur uit 'n posisie van gesag voordeel te trek.
*   ***graft*** n. <see also corruption>.
The acquisition of money, power and favours by dishonest means, usually by taking advantage of a position of authority.

omringde grondgebied → **enklave**

omvattende ontwikkelingsplan n.
'n Gedetailleerde en allesinsluitende voorstel oor die maatskaplike, ekonomiese en politieke verbetering van die lewensomstandighede van 'n gemeenskap.
*   ***comprehensive development plan*** n.
A detailed and all-inclusive proposal regarding the social, economic and political improvement of the conditions of life of a community.

omvorming → **transformasie**

omvormingsdiplomasie → **transformasionele demokrasie**

onafhanklike kerk n.
'n Kerk wat nie aan 'n spesifieke georganiseerde godsdienstige denominasie behoort nie.
*   ***independent church*** n.
A church that does not belong to a specific organised religious denomination.

onafhanklike staat n.
'n Soewereine staat wat geen trou of ondergeskiktheid aan 'n ander staat verskuldig is nie.
*   ***independent state*** n.
A sovereign state which owes no allegiance, fealty or subservience to another state.

onafhanklikheid n.
Die toestand waarin 'n staat vry is van eksterne beheer en internasionaal as soewerein erken word.

♦ *independence* n.
The condition of a state being free from external
control and internationally recognised as sovereign.

onafhanklikheidsoorlog → **vryheidsoorlog**

onafhanklikheidstryd n.
'n Uitgerekte veldtog deur 'n vryheidsbeweging om
selfbeskikking vir hul politie van 'n koloniale
moondheid te verkry.
♦ *independence struggle* n.
A drawn out campaign by a freedom movement to
obtain self-determination for its polity from a
colonial power.

onafhanklikheidsverkryging n.
'n Proses waarvolgens 'n nuwe staat soewereiniteit
en die reg op nasionale selfbeskikking verkry wat
algemeen internasionaal erken word.
♦ *attainment of independence* n.
A process by which a new state achieves
sovereignty and the right to national
self-determination that is generally recognised
internationally.

onafhanklikheidswording
→ **onafhanklikwording**

onafhanklikwording n.
(onafhanklikheidswording <af te keur>).
Die proses of oomblik wanneer vryheid van
eksterne beheer bekom word en soewereiniteit
internasionaal erken word.
♦ *independence* n.
The process or moment of gaining freedom from
external control and international recognition of
sovereignty.

onbeheerde bron n.
'n Bron waaroor 'n inligtingsdiens geen beheer het
nie, bv die radio-uitsendings van 'n ander staat.
♦ *uncontrolled source* n.
A source over which the intelligence service has no
control, eg the radio broadcasts of another state.

onbillike arbeidspraktyk n.
Optrede en prosedures wat deur wetgewing as
onbillik verklaar is, synde diskriminerend teenoor
die werkmag of mededingers.
♦ *unfair labour practice* n.
Actions and procedures that have been legally
declared as unfair, being discriminatory towards the
work force or competitors.

onbuigsame grondwet n. <kyk ook buigsame
grondwet> (rigiede grondwet, onbuigsame
konstitusie <minder gebruiklik>).
'n Grondwet van 'n staat wat moeilik is om te
verander en wat spesiale prosedures vereis soos
spesiale meerderhede in die wetgewende
vergadering en wat 'n referendum kan insluit.
♦ *rigid constitution* n. <see also flexible
constitution> (inflexible constitution <less
common usage>).
A constitution of a state that is difficult to amend,
requiring special procedures such as special
majorities in the assembly and which could include
a referendum.

onbuigsame konstitusie → **onbuigsame
grondwet**

onderdaan n.
'n Persoon wat trou aan 'n monarg of soewereine
staat verskuldig is.
♦ *subject* n.
A person who owes allegiance to a monarch or
sovereign state.

ondergrondse beweging n.
'n Organisasie wat in die geheim optree om 'n
bestaande politieke bedeling omver te werp of as
weerstand teen vyandelike besettingsmagte.
♦ *underground movement* n. (underground).
An organisation operating in secret to overthrow an
established political dispensation or as resistance to
hostile occupation forces.

onderhandelde oorgang n.
Bereiking van 'n ooreenkoms tussen die betrokke
partye oor die voorwaardes vir byvoorbeeld 'n
verandering van een owerheidsvorm na 'n ander
een, soos die demokratiseringsproses in
Suid-Afrika.
♦ *negotiated transition* n.
Reaching an agreement between the parties
involved on the terms of for example a change from
one form of regime to another, such as the
democratisation process in South Africa.

onderhandeling n.
Die handeling of proses van beraadslaging met
andere ten einde 'n vergelyk te tref of 'n
ooreenkoms te bereik, dikwels deur kompromie.
♦ *negotiation* n.
The act or process of conferring with others in
order to come to terms or reach an agreement, often
through compromise.

onderkoning n.
'n Koninklike amptenaar wat oor 'n gebied, soos 'n
provinsie of 'n staat, heers as 'n verteenwoordiger
van 'n monarg, bv Indië onder Britse bewind.
♦ *viceroy* n.
A regal official who rules a territory, such as a
province or state, as a representative of the
monarch, eg India under British rule.

onderkruipwerker n.
'n Werker wat werk terwyl ander staak.
♦ *blackleg* n. (scab).
A worker who works while others strike.

onderlingeverdedigingsverdrag n. <kyk ook
kollektiewe veiligheid; kollektiewe verdediging>.
'n Ooreenkoms tussen twee of meer state met die
doel om kollektiewe veiligheid te vestig.
♦ *mutual defence pact* n. <see also collective
security; collective defence>.
An agreement between two or more states aimed at
establishing collective security.

onderlinge veto n. (wedersydse veto).
Die reg van enige party of deelnemer om 'n
stemming te dwarsboom, selfs al word 'n
meederheid vir die betrokke mosie verkry.

♦ *mutual veto* n.
The right of any party or participant to obstruct a cast of votes, even if a majority is obtained for the motion in question.

ondermyning n.
Optrede bedoel om die politieke, ekonomiese, militêre en sielkundige krag van 'n staat te ondergrawe, asook optrede bedoel om die trou, moraal en dissipline van die staat se amptenare te ondergrawe.
♦ *subversion* n.
Actions designed to undermine the political, economic, military and psychological strength of a state, as well as actions designed to undermine the loyalty, morale or discipline of officials of the state.

onder-na-bobenadering → **opwaartse benadering**

onderontwikkelde staat n.
'n Staat wat mank gaan aan vooruitgang gemeet in terme van opvoeding, regeerkundige praktyk, ekonomiese prestasie, tegnologiese vermoë en lewenstandaard van die bevolking.
♦ *underdeveloped state* n.
A state which lacks advancement measured in terms of education, governance practices, economic performance, technological capability and standard of living of the population.

ondersoekkommissie → **kommissie van ondersoek**

onderstem v.
Om minder as die vereiste getal stemme uit te bring.
♦ *undervote* v.
To cast less than the required number of votes.

onewewigtigheid n. (disekwilibrium).
'n Toestand waarin die staat of politie in so 'n mate gedestabiliseer is dat 'n politieke wanbalans geskep word.
♦ *disequilibrium* n.
A condition in which the state or polity has been destabilised to such an extent that a political imbalance is created.

ongeldige stem n. <kyk ook bedorwe stembrief>.
'n Stembrief wat as gevolg van toevallige of doelbewuste kiesermerkfoute nie in die stemtotaal ingesluit mag word nie.
♦ *invalid vote* n. <see also spoilt ballot>.
A ballot that, due to accidental or deliberate errors of marking on the part of voters, may not be included in the count.

ongeldige stembrief n.
'n Stembrief wat nie aan die wetlike vereistes voldoen nie en derhalwe nie getel word nie.
♦ *invalid ballot* n.
A ballot that does not comply with the statutory requirements and therefore is not counted.

ongereelde mag n.
'n Groep gewapende persone wat nie deel van die staande gewapende magte of van die polisie is nie.

♦ *irregular force* n.
A group of armed persons who are not part of the regular armed forces or police.

ongeskrewe grondwet n. (ongeskrewe konstitusie).
'n Grondwet wat gebaseer is op 'n aantal basiese dokumente en wette, tradisies en presedente instede daarvan om in 'n enkele formele dokument vervat te word, bv dié van die Verenigde Koninkryk.
♦ *unwritten constitution* n.
A constitution that is based on a number of basic documents and acts, traditions and precedents instead of being contained in a single formal document, eg that of the United Kingdom.

ongeskrewe konstitusie → **ongeskrewe grondwet**

ongrondwetlik adj. (onkonstitusioneel).
Nie in ooreenstemming nie of strydig met die bepalings van 'n grondwet.
♦ *unconstitutional* adj.
Not in accordance with, or contrary to, the provisions of a constitution.

onkonstitusioneel → **ongrondwetlik**

onkonvensionele oorlogvoering n.
Militêre en paramilitêre operasies buite die omvang van normale gevegte tussen state se gewapende magte. Dit sluit kernoorlogvoering uit maar sluit guerillaoorlogvoering, spesiale operasies, sabotasie, ondermyning en terrorisme in.
♦ *unconventional warfare* n.
Military and paramilitary operations outside the ambit of normal combat between the armed forces of states. It excludes nuclear warfare but includes guerilla warfare, special operations, sabotage, subversion and terrorism.

onlusafdeling n.
Deel van 'n polisiemag wat spesiaal opgelei en toegerus is om wanordelike, onstuimige oproerigheid te hanteer.
♦ *riot squad* n.
Part of a police force that is specially trained and equipped to deal with disorderly, turbulent disturbances.

onlusbeheer n.
Voorkoming dat gewelddadige oproer na onhanteerbare afmetings eskaleer.
♦ *riot control* n.
Preventing violent disorder from escalating to unmanageable proportions.

onluste n. (oproer).
'n Wanordelike, onstuimige oproerigheid deur 'n groot aantal mense.
♦ *rioting* n. (riots).
A disorderly, turbulent disturbance by a large number of people.

onpersoon n.
'n Persoon wie se menslikheid ontken word.
♦ *unperson* n.
A person whose humanity is denied.

onregeerbaar adj.
Nie in staat om beheer of regeer te word nie.

O

O

♦ *ungovernable* adj.

~~Niet able to be controlled or ruled.~~

onregstreekse strategie n. (indirekte strategie).
Strategie wat die gebruik van politieke, ekonomiese en sielkundige optrede as primêre dwangmiddele beklemtoon, eerder as die direkte aannwending van militêre mag.

♦ *indirect strategy* n.
Strategy that emphasises the use of political, economic and psychological actions as the primary means of coercion rather than the direct application of military force.

onregstreekse verteenwoordiging → **indirekte verteenwoordiging**

onregverdigde oorlog n. <kyk ook regverdigde oorlog>.
'n Oorlog wat gesien word as een wat nie op morele grond geregverdig kan word nie.

♦ *unjust war* n. <see also just war>.
A war perceived to be unjustifiable on moral grounds.

onruskol n.
'n Plek waar 'n toestand van wanorde of onrus, veral van 'n politieke aard, herhaaldelik voorkom.

♦ *trouble spot* n.
A place where a state of disorder or unrest, especially of a political nature, occurs repeatedly.

ontbanning n.
Die verwydering van beperkings wat 'n persoon of 'n instelling, veral 'n politieke beweging, vantevore onwettig gemaak het.

♦ *unbanning* n.
Lifting the restrictions that previously made a person or an institution, especially a political movement, illegal.

ontbinding van die parlement n.
'n Aksie om die termyn van 'n parlement te beëindig.

♦ *dissolution of parliament* n.
An action to end the term of office of a parliament.

ontdoening n. (disinvestering).
Die vermindering van beleggings op grond van finansiële of etiese oorwegings.

♦ *divestment* n. (di-vestiture).
The reduction of investments on the basis of financial or ethical considerations.

onteiening n. (ekspropriasie <af te keur>).
'n Handeling van die staat waardeur 'n persoon van sy/haar reg tot 'n eiendom ontneem word.

♦ *expropriation* n.
An act of state in which a person is deprived of his/her title to a property.

ontginning n.
Waarde uit 'n natuurlike hulpbron ontsluit, bv die ontginning van minerale.

♦ *exploitation* n.
Realising value from a natural resource, eg exploiting minerals.

ontheemde → **ontwortelde**

onthef v.
Om iemand uit 'n amp te ontslaan of in die amp te skors.

♦ *relieve* v.

~~To dismiss or suspend someone from office.~~

ontkieser › **stemreg ontneem**

ontkieserde n. <kyk ook niestemgeregtig> (ontkieserde persoon).
'n Persoon wie se reg om te stem hom/haar ontneem is.

♦ *disenfranchised person* n. <see also unenfranchised>.
A person who has been deprived of the right to vote.

ontkieserde persoon → **ontkieserde**

ontras v.
Om ras te verwyder as 'n faktor in 'n vraagstuk, instelling of bepaalde situasie.

♦ *deracialise* v.
Doing away with race as a factor in an issue, institution or a particular situation.

ontruim v.
Om troepe of inwoners aan 'n bedreigde gebied of plek te onttrek.

♦ *evacuate* v.
To withdraw troops or inhabitants from a threatened area or place.

ontruiming van amp n. (ampsontruiming).
Die handeling om 'n amptelike pos neer te lê.

♦ *vacation of office* n.
The act of laying down an official position.

ontspanningspolitiek → **détente**

onttrekking n.
Die terugtrek uit aktiewe diplomatieke interaksie sonder om noodwendig diplomatieke betrekkinge te verbreek, bv deur 'n staat se onderhandelingspan by wapenverminderingsamesprekings te herroep.

♦ *disengagement* n.
Withdrawal from active diplomatic interaction without necessarily breaking off diplomatic relations, eg by recalling the state's negotiating team at arms reduction talks.

onttrekkingsvermoë n. (ekstraktiewe vermoë).
Die kapasiteit van 'n staat om deur sy regering natuurlike en menslike hulpbronne vanuit die plaaslike en internasionale omgewing te bekom.

♦ *extractive capability* n.
The capacity of a state through its government to obtain natural and human resources from the domestic and international environment.

onttroon v. (afsit).
Om 'n heerser af te sit.

♦ *depose* v.
To remove a ruler from power.

ontvangstaat n.
Die staat aan wie 'n diplomatieke missie geakkrediteer word.

♦ *receiving state* n.
The state to which a diplomatic mission is accredited.

ontvolk v.
Om die aantal mense te verminder wat in 'n fisiese ruimte of geogafiese gebied woon.

♦ *depopulate* v.
To reduce the number of peole living in a physical space or geographic area.

ontvolking n. (depopulasie).
'n Bevolkingsafname in 'n bepaalde geografiese gebied.
♦ *depopulation* n.
A decrease in the population in a specific geographical area.

ontwikkelende land n.
'n Land in die proses van vordering in die primêre, sekondêre en tersiêre sektore van die ekonomie met die oog op die verhoging van die lewenstandaard van die bevolking as 'n geheel.
♦ *developing country* n.
A country in the process of advancement in the primary, secondary and tertiary sectors of the economy with a view to improving the living standards of the population as a whole.

ontwikkelende wêreld n. <voorkeurterm> (Derdewêreld <raak uitgedien>)., <kyk ook Eerstewêreld; Tweedewêreld; Vierdewêreld>).
Versamelterm vir die ontwikkelende state van Afrika, Asië en Latyns-Amerika.
♦ *developing world* n. <preferred term> (Third World <obsolescent>)., <see also First World; Second World; Fourth World>).
Collective term for the developing states of Africa, Asia, and Latin America.

ontwikkelingshulp n.
Hulp wat aan benadeelde state verleen word ten einde ekonomiese ontwikkeling te bevorder op die grondslag van selfhelp en onderlinge samewerking, bv deur die voorsiening van beleggingskapitaal vir sowel bepaalde openbare as private projekte, teen lae rentekoerse en teen algemeen gunstige voorwaardes, insluitende terugbetaling in plaaslike valuta.
♦ *development aid* n.
Assistance granted to disadvantaged states to promote economic development on the basis of self-help and mutual cooperation, eg by supplying investment capital for both specific public and private projects, at low interest rates and on generally favourable terms, including repayment in local currency.

ontwikkelingsinisiatief n.
Aksies geloods om die lewensgehalte van die samelewing te verbeter deur ekonomiese groei en werkgeleenthede, asook sosiale en intellektuele ontwikkeling.
♦ *development initiative* n.
Actions launched to improve the quality of life of society through economic growth and employment opportunities, as well as social and intellectual development.

ontwortelde n. (ontheemde).
'n Individu wat gedwing is om van sy/haar gebruiklike blyplek af weg te trek.
♦ *displaced person* n.
An individual who has been forced to migrate from his/her usual domicile.

ontworteling n.
Die handeling om mense uit hulle ingebore omgewing of kultuur te verwyder.
♦ *deracination* n.
The act of removing people from their native environment or culture.

onverbonde adj.
Nie kant kies vir/teen of deelneem aan militêre, ideologiese en diplomatieke alliansies tussen mededingende internasionale magsblokke nie.
♦ *nonaligned* adj.
Not siding with or participating in military, ideological and diplomatic alliances between rival international power blocs.

onwettige immigrant n.
'n Persoon wat as 'n setlaar na 'n land migreer sonder om die gasheerland se wetgewing rakende migrasie te respekteer.
♦ *illegal immigrant* n.
A person who migrates into a country as a settler, without respecting the receiving country's laws regarding migration.

O

oop adj. (openlik, overt).
Waarneembaar, met niks weggesteek nie.
♦ *overt* adj.
Open, with no concealment.

oop regering n.
'n Regering wat ontvanklik is vir 'n vrye vloei van informasie en wat nie sy besluitneming vir noukeurige openbare betragting verberg nie.
♦ *open government* n.
A government that is receptive to a free flow of information and does not hide its decision-making from public scrutiny.

oop samelewing n. <kyk ook geslote samelewing> (ope samelewing).
'n Samelewing wat vry en demokraties is, waar almal daarop geregtig is om hulle menings openlik, sonder vrees vir vervolging of sosiale uitsluiting, uit te spreek. Oop samelewings is verdraagsaam teenoor persoonlike verskille, bv in godsdiens en seksuele oriëntering, hou rekening met sosiale mobiliteit en is oor die algemeen gekant teen sosiale hiërargieë, rassediskriminasie en elitebegunstiging.
♦ *open society* n. <see also closed society>.
A society that is free and democratic, where all are entitled to express their opinions openly without fear of prosecution or social exclusion. Open societies are tolerant of personal differences, eg in religion and sexual orientation, allow for social mobility and are in general opposed to social hierarchies, racial discrimination and elite favouritism.

oop vraag n.
'n Vraag in 'n vraelys wat die respondent toelaat om dit te beantwoord sonder om hom/haar tot voorafbepaalde opsies te beperk.

♦ open-ended question n.

A question in a questionnaire that allows the respondent to answer it without limiting him/her to predetermined options.

oor n.

'n Versteekte elektroniese afluisterapparaat wat algemeen deur inligtings- en veiligheidsdienste gebruik word om informasie te bekom.

♦ bug n.

A concealed electronic eavesdropping device commonly used by intelligence and security services to acquire information.

oorblywende wetgewende bevoegdheid
→ **residuele wetgewende bevoegdheid**

ooreenkoms n.

'n Verstandhouding en verbintenis tussen state en ander entiteite wat uit eenstemmigheid oor spesifieke doelstellings ontstaan.

♦ agreement n.

An understanding and commitment between states and other entities resulting from consensus over specific goals.

ooreenkoms n.

'n Transaksie, beding tussen verskeie belanghebbendes, waarin die verpligtinge en dit waarop elke belanghebbende geregtig is, bepaal is.

♦ bargain n.

A transaction, negotiated between various stakeholders, stipulating the obligations and entitlements of each stakeholder.

oorgangsproses n.

Die stappe om van een bedeling na 'n ander om te skakel.

♦ transitional process n.

The steps in changing from one dispensation to another.

oorgangsregering n.

'n Tydelike regerende instansie wat 'n staat regeer terwyl 'n nuwe stelsel onderhandel en gevestig word, bv die voormalige Suidwes-Afrika 1988–89.

♦ transitional government n.

A temporary ruling body that governs a state while a new system is being negotiated and established, eg the former South West Africa 1988–89.

oorgawe n. (kapitulasie).

Die handeling om weerstand te staak of om onvoorwaardelik of op ooreengekome voorwaardes in te skik.

♦ capitulation n.

The act of ceasing resistance or surrendering either unconditionally or upon agreed terms.

oorgee v. (kapituleer).

Om onder onweerstaanbare druk aan eise toe te gee, bv 'n regering wat 'n voorgestelde handelwyse weens hewige openbare verset laat vaar.

♦ capitulate v.

To yield to demands under irresistible pressure, eg a government abandoning a proposed course of action in the face of a huge public outcry.

oorgrensoperasies n.

Militêre operasies vanuit 'n staat oor sy grense met aanliggende state heen, gerig op 'n vyand wat deur daardie state gehuisves word of aan wie daardie state deurgang verleen, maar nie teen sodanige state per se nie. Hakkejag is 'n voorbeeld van hierdie soort operasie.

♦ cross-border operations n.

Military operations from within a state across its boundaries with contiguous states, aimed at an enemy harboured or permitted passage by those states, but not at such states per se. Hot pursuit is a form of this type of operation.

oorheersendepartystelsel n.
(dominantepartystelsel).

'n Stelsel van politieke partye waarin 'n bepaalde party nie net die sterkste party is nie, maar ook die hele opposisie en politieke lewe van 'n staat oorheers.

♦ dominant-party system n.

A system of political parties in which a particular party is not only the strongest, but also dominates the entire opposition and the political life of a state.

oorkonde van verstandhouding n.

'n Dokument wat eenstemmigheid oor 'n bepaalde vraagstuk uiteensit.

♦ record of understanding n.

A document outlining agreement on a particular issue.

oorlog n.

Konflik tussen twee of meer state, of state en organisasies, waarin dwangmiddele, insluitend die aanwending van wapengeweld of dreiging daarmee, aangewend word om die konflik te besleg.

♦ war n.

Conflict between two or more states, or states and organisations, in which means of coercion, including the use or threatened use of armed force, are used to resolve the conflict.

oorlogsbehepte staat n.

'n Staat waarvan die optrede bepaal word deur 'n voortdurende begeerte om oorlog te voer, bv Noord-Korea in die eerste dekade van die 21ste eeu.

♦ war-obsessed state n. (state obsessed with war).

A state whose actions are determined by a constant desire to enter into war, eg North Korea in the first decade of the 21st century.

oorlogsboetvergoeding n.

Betalings deur 'n voormalige aggressorstaat na 'n oorlog om oorlogskade te vergoed.

♦ war reparations n. (reparations).

Payments by an ex-aggressor state after a war to make good damages caused by the war.

oorlogsekonomie n.

'n Staat se benutting van ekonomiese hulpbronne om die voer van 'n oorlog volhoubaar te maak. Dit behels die produksie en toekenning van hulpbronne, die oplegging van besuinigingsmaatreëls en 'n groot mate van staatsbetrokkenheid in ekonomiese beplanning, bv Brittanje gedurende die Tweede Wêreldoorlog.

♦ war economy n.

A state's utilisation of economic resources to sustain its prosecution of a war. It involves the production and allocation of resources, imposition of austerity measures and a high degree of state involvement in economic planning, eg Britain during World War II.

oorlogsgebied → oorlogsteater

oorlogsmisdade n.
Misdade in oorlogstyd gepleeg wat die aanvaarde reëls en gebruike van oorlog skend.
* ***war crimes*** n.
Crimes committed in wartime in violation of the accepted rules and customs of war.

oorlogsmisdadiger n.
Iemand, gewoonlik 'n senior bevelvoerder of politieke leier eerder as 'n soldaat, wat verantwoordelik is vir wandade tydens oorlog wat teenstrydig is met die internasionaal aanvaarde reëls van oorlogvoering.
* ***war criminal*** n.
Someone, normally a senior commander or political leader rather than a soldier, who is responsible for atrocities in warfare that contravene internationally accepted rules of warfare.

oorlogsone n.
'n Gebied waar militêre operasies plaasvind of waarop sodanige operasies regstreeks inwerk.
* ***war zone*** n.
An area where military operations take place or which is directly affected by such operations.

oorlogspel → krygspel

oorlogsteater n. (krygsteater, oorlogsgebied <VSA militêre gebruik>).
'n Groot area wat werklik of potensieel by oorlogvoering betrokke is en verskeie teaters van operasies kan bevat.
* ***war theatre*** n. (area of war <USA military usage>, theatre of war).
A large area that is actually or potentially involved in the conduct of war and may contain several theatres of operations.

oorlogstoker n.
'n Persoon wat oorlog voorstaan of hom/haar daarvoor beywer om oorlog aan die gang te sit.
* ***war monger*** n.
A person who advocates war or works towards starting a war.

oorlogsugtige staat n.
'n Staat wat geneig is om sy doelwitte deur middel van militêre middele en planne te bereik en sy gewapende magte vir daardie doel beplan en toerus, bv Nazi-Duitsland.
* ***belligerent state*** n.
A state that is inclined to achieve its objectives through military means and plans and equips its armed forces to that end, eg Nazi Germany.

oorlog teen terreur → lang oorlog

oorlog teen terrorisme → lang oorlog

oorlogvoerende n.
Die persoon of staat wat aan 'n oorlog deelneem.
* ***belligerent*** n.
The person or state participating in a war.

oorlogvoering n.
Die handeling om oorlog te voer.
* ***warfare*** n.
The act of waging war.

oorloopsperklousule → klousule teen oorloop

oorloper n.
'n Persoon wat sy/haar trou aan 'n staat of saak laat vaar deur na 'n teenstanderstaat te vlug en te weier om na die oorspronklike staat terug te keer.
* ***defector*** n.
A person who abandons his/her allegiance to a state or cause by fleeing to an adversarial state and refusing to return to the state of origin.

oorloper → manteldraaier

Oorsese Gebeurlikheidsoperasie n. <kyk ook lang oorlog>.
Die Obama-regering se term vir die VSA-regering se verbintenis om terrorisme te bekamp.
* ***Overseas Contingency Operation*** n. <see also long war>.
The Obama government's term for the USA government's commitment to combat terrorism.

oorskryding v.
Inbreuk op die regte of eiendom van iemand anders, bv om jou tuin uit te brei na 'n sypaadjie wat aan die munisipaliteit behoort.
* ***encroachment*** n.
An intrusion on the rights or property of another, eg extending one's garden to a sidewalk belonging to the municipality.

oorspoel van konflik n.
Die verspreiding van vyandelikhede buite sy oorspronklike perke.
* ***conflict spill-over*** n.
The spreading of hostilities from its previous confines.

oortuigingstelsel n.
'n Samehangende stel houdings, waardes en idees rakende die lewe.
* ***belief system*** n.
A coherent set of attitudes, values and ideas regarding life.

oorverteenwoordiging n.
1. Die verskynsel dat 'n politieke party meer setels in 'n wetgewer het as wat geregverdig word deur die stemme wat hy verwerf het. 2. 'n Stelsel waarin minderheidsegmente in 'n konsosiatiewe demokrasie verteenwoordiging in regeringsinstellings geniet wat groter is as wat hulle werklike aandeel in die bevolking regverdig. 3. Die resultaat van 'n kiesstelsel wat daartoe lei dat politieke partye meer setels verower in 'n wetgewer as wat die getal stemme wat behaal is, regverdig.
* ***overrepresentation*** n.
1. The phenomenon where a political party has more seats in a legislature than warranted by the votes it received. 2. A system in which minority segments in a consociational democracy enjoy a representation in governmental institutions larger than their actual proportion of the population warrants. 3. The result of an electoral system that leads to political parties gaining more seats in an

o

assembly than warranted by the votes cast for those parties.

oorwinnaarswernoot n.
'n Minagtende term vir 'n wit Suiderling wat gedurende die heropbou na afloop van die Amerikaanse Burgeroorlog ter ondersteuning van die federale regering opgetree het, dikwels vir eie gewin en in samewerking met reissakopportuniste.
• *scalawag* n.
A derogatory term for a white Southerner acting in support of the federal government during reconstruction after the American Civil War, often for private gain and in cooperation with carpetbaggers.

Ooste n. <die Ooste>, <kyk ook die Weste>.
Die Asiatiese kontinent wat as kultureel verskillend van Europa en die Weste beskou word; die Oriënt.
• *East* n. <the East>, <see also the West>.
The continent of Asia regarded as culturally distinct from Europe and the West; the Orient.

op die lawaaiwa klim v. (op die tamboerwa klim).
Om by 'n uiters populêre saak aan te sluit, omdat dit as mode of as voordeel beskou word om dit te doen. Die term word dikwels gebruik in die konteks van onverwagte en opportunistiese steun aan 'n kandidaat tydens 'n verkiesingsveldtog.
• *jump on the bandwagon* v.
To join a highly popularised cause, often because it is considered fashionable or profitable to do so. The term is often used within the context of unexpected and opportunistic support for a candidate during an election campaign.

op die tamboerwa klim → **op die lawaaiwa klim**

openbare aanhoor n.
'n Forum waar argumente gevoer word oor 'n vraagstuk wat ondersoek word, wat die algemene publiek mag bywoon.
• *public hearing* n.
A forum in which arguments are made about an issue under investigation, which the general public may attend.

openbare administrasie n. (publieke administrasie).
Die bestuur, koördinering en uitvoering van die sake van 'n regering.
• *public administration* n.
The management, co-ordination and execution of the affairs of a government.

openbare amptenaar n. (staatsamptenaar).
'n Beampte in diens van die owerheidsektor, bv die staat, provinsie of munisipaliteit.
• *public servant* n.
An official employed in the government sector, eg the state, province or municipality.

openbare belang n. (publieke belang).
Dit wat tot die voordeel van die bevolking as geheel strek.
• *public interest* n.
That which is to the benefit of the population as a whole.

Openbare Beskermer n. <Suid-Afrika>, <kyk ook ombudsman>.
'n Onafhanklike amptenaar wat deur die parlement aangestel word om klagtes teen staatsdepartemente of -amptenare te ondersoek, te bemiddel en waar nodig regstellende optrede aan te beveel.
• *Public Protector* n. <South Africa>, <see also ombudsman>.
An independent official appointed by parliament to investigate complaints against government departments or officials, mediate as appropriate and recommend corrective action where necessary.

openbare dienste → **owerheidsdienste**

openbare eiendom n.
Eiendom wat aan die staat of 'n mindere openbare instelling behoort.
• *public property* n.
Property belonging to the state or a lesser public institution.

openbare finansies n. (publieke finansies).
Die prosesse betrokke by die finansiële bestuur van die staat, insluitende inkomste, uitgawes en die administrasie van fondse.
• *public finance* n.
The processes involved in the financial management of the state, including income, expenditures and administration of funds.

openbare geweld → **openbare geweldpleging**

openbare geweldpleging n. (openbare geweld).
Die openlike en wederregtelike aanwending van fisieke mag deur lede van die publiek om persone te beseer en eiendom te beskadig of te vernietig.
• *public violence* n.
The open and unlawful employment of physical force by members of the public to injure persons and to damage or destroy property.

openbare instelling n.
'n Organisasie of instelling wat vir 'n spesifieke doel gestig is en deur die staat beheer word.
• *public institution* n.
An organisation or establishment founded for a specific purpose and controlled by the state.

openbare mening n.
Die menings van privaat individue met betrekking tot sake en vraagstukke van openbare belang.
• *public opinion* n.
The opinions of private individuals regarding questions and issues of public interest.

openbare nutsinstelling n.
'n Entiteit wat 'n essensiële diens of kommoditeit verskaf, gewoonlik in staatsbesit of onder staatsbeheer, bv water, elektrisiteit, vervoer.
• *public utility* n.
An entity providing an essential service or commodity, usually under state ownership or control, eg water, electricity, transport.

openbare uitgawe n. (publieke uitgawe).
Geld wat deur 'n wetgewer toegedeel word om deur staatsdepartemente gebruik of bestee te word ter bevordering van gemagtigde doeleindes.

◆ *public expenditure* n.
Money allocated by the legislature to be used or spent by government departments in pursuance of authorised purposes.

openbare verantwoordingspligtigheid n.
Die plig van 'n politieke verteenwoordiger of 'n openbare amptenaar om openlik oor sy/haar optrede in 'n burgerforum verslag te doen en om verantwoordelikheid daarvoor te aanvaar.
◆ *public accountability* n.
The duty of a political representative or a public official to report his/her actions openly in a civic forum and take responsibility for them.

openbare vergadering n.
'n Samekoms wat as 'n forum vir bespreking dien en wat deur lede van die algemene bevolking bygewoon mag word.
◆ *public meeting* n.
A gathering that functions as a forum for discussion and which may be attended by members of the general population.

openlik → **oop**

Operasie Overlord n.
Kodenaam vir die inval in Europa in Normandië wat op 6 Junie 1944 'n aanvang geneem het.
◆ *Operation Overlord* n.
Code name for the invasion of Europe in Normandy that commenced on 6 June 1944.

ope samelewing → **oop samelewing**

opheffing n.
Die verwydering van die een of ander bepaling, soos bv 'n beperkende voorwaarde.
◆ *removal* n.
Doing away with a stipulation of some kind, such as a restrictive condition.

opname n. (peiling).
Die uitvra van 'n verteenwoordigende steekproef uit 'n groter groep mense ten einde 'n slotsom te bereik rakende die groter groep se menings of optrede; word veral gebruik tydens die aanloop tot 'n verkiesing.
◆ *poll* n.
The surveying of a representative sample of a larger group of people in order to arrive at a conclusion with regard to the larger group's opinions or actions; often used during the run-up to elections.

oppasserstaat n.
'n Staat wat oormatig in die private gedrag van sy burgers inmeng, bv deur welsynsvoordele te voorsien maar in detail die voorwaardes voor te skryf waaraan voldoen moet word om vir sodanige bystand te kwalifiseer.
◆ *nanny state* n.
A state that interferes excessively in the private behaviour of its citizens, eg providing welfare benefits but prescribing in detail the conditions that have to be met to qualify for such assistance.

opperbevel n.
Die senior militêre staf van die gewapende magte van 'n staat, met die oorkoepelende verantwoordelikheid vir militêre beleid, strategie en operasies.

◆ *high command* n. (supreme command).
The senior military staff of the armed forces of a state, with overall responsibility for military policy, strategy and operations.

oppergesag van die grondwet n. (oppergesag van die konstitusie).
Die leerstelling en verwante gedrag wat die grondwet as die hoogste wet van die staat erken.
◆ *primacy of the constitution* n. (supremacy of the constitution).
The doctrine and related behaviour that recognises the constitution as the highest law of the state.

oppergesag van die konstitusie
→ **oppergesag van die grondwet**

oppergesag van die reg n. <kyk ook oppergesag van die reg> (regsonderhorigheid, regsvoorrang).
Die leerstelling en praktyk dat niemand bo die wet verhewe is nie en wat sodoende 'n raamwerk verskaf waaraan alle gedrag en optrede moet voldoen, ook dié van hoë politieke amptenare en leiers.
◆ *rule of law* n. <see also supremacy of the law>.
The doctrine and practice that no person is above the law, thus providing a framework to which all conduct or behaviour should conform, including that of high political officers and leaders.

oppergesag van die reg n. <kyk ook oppergesag van die reg> (regsoewereiniteit).
Die beginsel dat die reg die hoogste gesag in 'n staat inhou.
◆ *supremacy of the law* n. <see also rule of law>.
The principle that the law holds the highest authority in a state.

opposisie n. <die opposisie>.
Party of partye in 'n wetgewer wat die party aan bewind opponeer.
◆ *opposition* n. <the opposition>.
Party or parties in a legislature opposing the' ruling party.

opposisieparty n.
'n Party wat nie die regerende party of deel van 'n regerende koalisie is nie, en wat gewoonlik ideologies van die regering verskil.
◆ *opposition party* n.
A party that is neither a governing party nor part of a governing coalition, and who usually differs ideologically from the government.

oproep v.
Om te keur en vir verpligte militêre diens op te roep.
◆ *draft* v.
To select and call up for compulsory military service.

oproer → **onluste**

oproerige byeenkoms n.
'n Ongeordende en onstuimige openbare vergadering, dikwels gewelddadig en ontwrigtend.

O

♦ riotous assembly n.
A disorderly and insubordinate public gathering,
often violent and disruptive.

oproerleier n.
'n Persoon wat die aktiwiteite rig van diegene wat
aan 'n wanordelike, onstuimige oproerigheid
deelneem.
♦ riot leader n.
A person who directs the activities of those
participating in a disorderly, turbulent disturbance.

oproerling → **oproermaker**

oproermaker n. (oproerling).
'n Deelnemer aan 'n onstuimige oproerigheid deur
'n groot aantal mense.
♦ rioter n.
A participant in a turbulent disturbance by a large
number of people.

opstand n.
Openlike, georganiseerde en dikwels gewapende
rebellering teen 'n gevestigde regering.
♦ revolt n.
Open, organised and often armed rebellion against
an established government.

opstoker → **aanhitser**

opvolgmag n.
'n Mag wat nie deel van die aanvanklike aanval
was nie maar wat vereis word om die aanval te
ondersteun en daarmee vol te hou deur te voorkom
dat die vyand die geveg afbreek en deur hom die
maksimum verliese toe te dien.
♦ follow-up force n.
A force that was not part of the initial attack but is
required to support and sustain the attack by
preventing the enemy from disengaging and by
inflicting maximum casualties.

opvolgregte n.
Die regte wat bepaal watter familielid van 'n
monarg die sterkste aanspraak het om die nuwe
monarg te word wanneer die dienende posbekleër
sterf of die troon ontruim.
♦ succession rights n.
The rights that determine which relative of a
monarch has the strongest claim to become the new
monarch when the incumbent sovereign dies or
vacates the throne.

opvorder v.
Om die verskaffing van eiendom of goedere te eis,
veral vir militêre of openbare gebruik.
♦ requisition v.
To demand the use or supply of property or
materials, especially for military or public use.

opwaartse benadering n.
(onder-na-bobenadering).
'n Metode in politieke besluitneming waarvolgens
gewone mense die geleentheid gegun word om
hulle menings bekend te maak voordat 'n besluit
geneem word.
♦ bottom-up approach n.
A method in political decision-making where
ordinary people are given a chance to make their
views known before a decision is taken.

ordemosie n. (prosessuele mosie).
In parlementêre prosedure 'n mosie oor die goeie
orde van 'n vergadering, eerder as die inhoud van
die onderwerp wat bespreek word.
♦ order motion n. (procedural motion).
In parliamentary procedure a motion regarding the
good order of a meeting, rather than the substance
of the topic being discussed.

ordonnansie n.
'n Gesaghebbende dekreet, bevel of opdrag.
♦ ordinance n.
An authoritative decree, command or order.

ore installeer v.
Om 'n elektroniese afluisterapparaat te installeer.
♦ bug v.
To install an electronic eavesdropping device.

orgaan → **instelling**

Ouboet n.
'n Joernalistieke term vir die begunstigerstaat in 'n
begunstiger-kliëntstaatverhouding.
♦ Big Brother n.
A journalistic term for the patron state in a
patron-client state relationship.

ou orde → **ancien régime**

outargie n.
'n Vorm van bewind waarin die bewindhebbers
onbeperkte mag oor die onderdane van die politie
geniet; moet nie met outarkie verwar word nie.
♦ autarchy n.
A form of rule in which the rulers enjoy unlimited
power over the subjects of a polity; not to be
confused with autarky.

outarkie n. (selfgenoegsaamheid).
'n Nasionale of streeksbeleid van selfvoorsiening en
niestaatmaking op invoere of ekonomiese hulp.
♦ autarky n.
A national or regional policy of self-sufficiency and
nonreliance on imports or economic aid.

outentieke leier n. (egte leier).
'n Leier wat as ware leier deur volgelinge aanvaar
word, in teenstelling met 'n marionetleier wat deur
'n vreemde moondheid op volgelinge afgedwing
word.
♦ authentic leader n.
A leader accepted by followers as being their true
leader, in contrast to being a puppet leader forced
on followers by an outside power.

outochtone grondwet n. <kyk ook allochtone
grondwet> (outochtone konstitusie, inheemse
grondwet, inheemse konstitusie).
'n Grondwet wat inheems ontwikkel is, nie
ingevoer is nie.
♦ autochthonous constitution n. <see also
allochthonous constitution> (home-grown
constitution).
A constitution developed indigenously, not
imported.

outochtone konstitusie → **outochtone
grondwet**

outokraat n. <kyk ook despoot; tiran>.
'n Heerser wat onbeperkte mag uitoefen.

• **autocrat** n. <see also despot; tyrant>.
A ruler that exercises unrestricted power.

outokrasie n.
Die uitoefening van heerskappy met onbeperkte mag en deur die onderdrukking van politieke deelname, vereenselwig met 'n enkele heerser.
• **autocracy** n.
The exercise of rule with unrestricted power and by the suppression of political participation, associated with a single ruler.

outonome gebied n.
'n Selfregerende gebied wat nie aan die vereistes van 'n staat voldoen nie, maar oor beperkte onafhanklike wetgewende en uitvoerende magte beskik.
• **autonomous area** n.
A self-governing area which does not meet the requirements set for a state, but enjoys limited independent legislative and executive powers.

outonomie n. <uit Grieks>.
1. Selfregering wat deur groepe, instellings, gemeenskappe en lande uitgeoefen word; gewoonlik impliseer dit nie soewereiniteit nie. 2. Die selfverwesenliking van 'n individu onafhanklik van 'n eksterne owerheid.
• **autonomy** n. <from Greek>.
1. Self-government exercised by groups, institutions communities and countries; usually does not imply sovereignty. 2. The self-realisation of an individual independent of an external authority.

outoritarisme n. <kyk ook demokrasie; totalitarisme>.
Die bo-na onder en nieverantwoordbare uitoefening van politieke mag deur 'n persoon of klein elite wat gehoorsaamheid en lojaliteit vereis van diegene oor wie regeer word, ongeag die wense van laasgenoemde, maar wat 'n mate van private politieke ruimte toelaat.
• **authoritarianism** n. <see also democracy; totalitarianism>.
The top-down and non-accountable exercise of political power by a person or small elite requiring obedience and loyalty from those ruled, regardless of the wishes of the latter, but allowing some private political space.

outoritêre regering n.
Die bo-na-onder uitoefening van politieke mag waardeur die regerende owerheid sy wil op dié wat regeer word, afdwing, ongeag hulle wense.
• **authoritarian government** n.
The top-down exercise of political power through which the ruling authority imposes its will on the governed regardless of their wishes.

Ou Wêreld n.
Die oostelike halfrond, en in besonder die koloniale moondhede van Europa.
• **Old World** n.
The eastern hemisphere, and particularly the colonial powers of Europe.

Ovaalkantoor n.
Die kantoor van die president van die VSA in die Withuis, en by wyse van uitbreiding die gesag van die president.
• **Oval Office** n.
The office of the President of the USA in the White House, and by extension the authority of the president.

overt → **oop**

owerheid n.
1. Die plek of setel van mag wat wettiglik uitgeoefen mag word, bv 'n plaaslike owerheid.
2. 'n Versameling persone of instellings beklee met wetlike bevoegdheid in 'n omskrewe regsgebied, bv plaaslike owerheid, hawe-owerhede.
• **authority** n.
1. The locus or seat of power that may be legitimately exercised, eg a local authority. 2. A collection of persons or institutions invested with legal powers in a defined area of jurisdiction, eg local authorities, port authorities.

owerheid n.
Die regsprekende, uitvoerende en wetgewende funksies van 'n staat. In VSA-gebruik verwys dit ook na die staatsdiens.
• **government** n.
The judicial, executive and legislative functions of a state. In USA usage it also refers to the public service.

owerheid n. <die owerheid>.
Diegene in gevestigde gesagsposisies.
• **powers that be** n. <the powers that be>.
Those in established authority.

owerheidsdienste n. (openbare dienste).
Die stelsel van arbeid en materiaal wat deur nasionale, streeks- en plaaslike owerhede verskaf word om die behoeftes van die publiek te bedien. Voorbeelde is gesondheid, onderwys, paaie en vervoer.
• **public services** n.
The system of labour and materials supplied by national, regional and local authorities to serve the needs of the public. Examples are health, education, roads and transport.

owerheidskorporasie → **staatskorporasie**

owerheidsvorm n. (vorm van bewind, bewindsvorm <minder gebruiklik>, **regeervorm, regeringsvorm** <af te keur>).
Die wyse waarop die fundamentele politieke orde van 'n staat formeel georganiseer is, bv demokraties, outoritêr, diktatoriaal.
• **form of regime** n. (form of authority, form of government, form of rule <all deprecated>).
The way in which the fundamental political order of a state is formally organised, eg democratic, authoritarian, dictatorial.

O

Pp

paai v.
Om vrede te maak deur aan eise toe te gee. In buitelandse beleid word dit toegepas om konflik of oorlog te vermy, op die grondslag van die versoening van eise deur mededingende state. Die term word dikwels gebruik om diegene wat daarna streef om hulle vyande tevrede te stel, af te kraak.
* *appease* v.
To pacify by conceding to demands. Applied in foreign policy to avoid conflict or war, based on the conciliation of demands by rival states. The term is often used to denigrate those that strive to placate their enemies.

paaiing n.
Optrede om vrede te maak deur aan eise toe te gee. In buitelandse beleid word dit toegepas om konflik of oorlog te vermy, op die grondslag van die versoening van eise deur mededingende state. Die term word dikwels gebruik om diegene wat daarna streef om hulle vyande tevrede te stel, af te kraak. 'n Voorbeeld van paaiing is Britse eerste minister Neville Chamberlain se toegewings aan Adolf Hitler voor die Tweede Wêreldoorlog.
* *appeasement* n.
Action to pacify by conceding to demands. Applied in foreign policy to avoid conflict or war, based on the conciliation of demands by rival states. The term is often used to denigrate those that strive to placate their enemies. An example of appeasement is British prime minister Neville Chamberlain's concessions to Adolf Hitler prior to World War II.

pacta sunt servanda n. <soms pacta servanda sunt; kyk ook rebus sic stantibus>.
Die beginsel dat ooreenkomste in die internasionale reg nagekom moet word.
* *pacta sunt servanda* n. <sometimes pacta servanda sunt; see also rebus sic stantibus>.
The principle that agreements are to be observed in international law.

padkampanje → ryskouspel

pakkettransaksie n.
Die praktyk in die politiek waarvolgens 'n aantal strydpunte as 'n geheel geskik word.
* *package deal* n.
The practice in politics according to which a number of issues are settled as a whole.

Paktregering n.
In Suid-Afrika, die koalisieregering van die Nasionale Party van Eerste Minister JBM Hertzog en die Arbeidersparty, 1924–1933.
* *Pact Government* n.
In South Africa, the coalition government of the National Party of Prime Minister JBM Hertzog and the Labour Party, 1924–1933.

paleisrevolusie → paleisrewolusie

paleisrewolusie n. (paleisrevolusie).
Die omverwerping van 'n staatshoof of regering deur persone in die binneste magskringe, gewoonlik met min geweld.
* *palace revolution* n.
The overthrow of a head of state or government by persons in the inner circles of power, usually with little violence.

Pan-Afrikanisme n.
Die leerstelling dat alle Afrikastate 'n politieke unie moet vorm.
* *Pan-Africanism* n.
The doctrine that teaches that all African states should form a political union.

Pan-Arabisme n.
Die leerstelling dat alle Arabiese state 'n enkele Arabiese unie behoort te vorm.
* *Pan-Arabism* n.
The doctrine that teaches that all Arab states should form a single Arabic union.

pangermanisme n.
Die leerstelling dat alle Duitssprekende mense in 'n enkele staat of konfederasie behoort te verenig.
* *pan-germanism* n.
The doctrine that teaches that all German-speaking people should unite in a single state or confederation.

panslawisme n.
Die leerstelling dat alle Slawiese mense in 'n enkele Slawiese staat of konfederasie behoort te verenig.
* *pan-slavism* n.
The doctrine teaching that all Slavic people should unite in a single Slavic state or confederation.

pantjasila-demokrasie n.
harmoniedemokrasie — die vyf beginsels van staatsideologie in Indonesië onder Suharto.
* *pancasila democracy* n.
Harmony democracy — the five priciples of state ideology in Indonesia under Suharto.

paradigma n.
'n Intellektuele raamwerk bestaande uit onderling verbonde waardes, teorieë en aannames in terme waarvan 'n normale dissipline bedryf word, soos politiek en publieke administrasie.
* *paradigm* n.
An intellectual framework comprising interrelated values, theories and assumptions in terms of which a normal discipline is conducted, such as politics or public administration.

paradigmaskuif n.
Die proses waarvolgens 'n bestaande paradigma verruil word vir 'n nuwe, radikale en verskillende wyse waarop sake, politiek of 'n wetenskaplike dissipline bedryf word. Dit lei tot 'n nuwe paradigma wat ontwikkel en aanvaar word.

* **paradigm shift** n.
The process by which an existing paradigm is exchanged for a new, radical and different way in which business, politics or a scientific discipline is conducted. This leads to a new paradigm developing and being accepted.

paradiplomasie n.
Betrekkinge wat tussen subvlakke van twee of meer soewereine state (soos streeks- of plaaslike regerings), of met instellings wat nie internasionaal erken word nie, gevoer word ten einde politieke, kulturele, handels- en ander belange te bevorder. Die moderne praktyk van stadsaamkoppeling is 'n voorbeeld van paradiplomasie.

* **paradiplomacy** n.
Relations conducted between sublevels of two or more sovereign states (such as regional or local governments), or with institutions not internationally recognised, in order to further political, cultural, commercial and other interests. The modern practice of city twinning is an example of paradiplomacy.

paramilitêre mag n.
'n Mag wat van die gereelde weermag van 'n staat onderskei word, maar wie se organisasie, toerusting, opleiding of taak 'n ooreenkoms daarmee toon.

* **paramilitary force** n.
A force that is distinct from the regular armed forces of a state but resembles them in organisation, equipment, training or mission.

parastatale instelling n.
'n Organisasie wat deur die regering van 'n staat gestig word om doelstellings buite die gewone funksies van 'n regering of staat te verwesenlik. Die instelling is gewoonlik onder die effektiewe politieke beheer van die uitvoerende gesag. Voorbeelde is uitsaai-owerhede, haweowerhede en navorsingsinstellings.

* **parastatal** n. (parastatal institution).
An organisation founded by the government of a state to fulfil purposes outside the usual state or governmental functions. The institution is usually under the effective political control of the executive. Examples are broadcasting authorities, port authorities and research institutions.

parentelagroep → **verwantskapsgroep**

pariastaat → **muishondstaat**

parlement n.
Die vergadering van politieke verteenwoordigers van 'n kieserskorps wat wetgewende bevoegdheid het en 'n forum bied om debat te voer oor aangeleenthede wat die bevolking raak.

* **parliament** n.
The assembly of the political representatives of an electorate having legislative powers and providing a forum for debating matters affecting the people.

parlementêre gekose komitee n.
Parlementslede wat die onderskeie politieke partye verteenwoordig, aangestel om die werk van 'n ministerie te evalueer of 'n bepaalde vraagstuk te ondersoek, bv 'n wetsontwerp.

* **parliamentary select committee** n.
Members of Parliament representing the various political parties, appointed to evaluate the work of a ministry or investigate a particular issue, eg a bill.

parlementêre komitee n. (parlementskomitee).
'n Komitee van parlementslede wat aangestel is om bepaalde sake wat aan hom opgedra is te behandel en aan die parlement verslag te doen.

* **parliamentary committee** n.
A committee consisting of members of parliament, appointed to deal with specific matters assigned to it and to report back to parliament.

parlementêre obstruksievoering
→ **parlementêre vrybuitery**

parlementêre privaatsekretaris n. (PPS).
'n Agterbanker in die Britse parlement wat 'n minister bystaan

* **parliamentary private secretary** n. (PPS).
A backbencher in the British parliament who assists a minister.

parlementêre privilegie n.
Ruim spraakvryheid in die parlement waar lede nie aan die gewone privaatregtelike of kriminele vervolging onderworpe is nie, maar deur parlementêre debatsreëls gebind word.

* **parliamentary privilege** n.
Wide freedom of speech in parliament in which members are not subject to normal civil or criminal proceedings, but are bound by parliamentary rules of debate.

parlementêre sessie n.
Die tydperk waartydens 'n parlement vergader om sy sake te verrig.

* **parliamentary session** n.
The period during which a parliament meets to conduct its business.

parlementêre soewereiniteit n.
Die leerstelling en praktyk dat die parlement die finale wetgewende gesag in 'n staat is en dus nie aan instellings soos die monarg, die grondwet of 'n grondwetlike hof onderhorig is nie. Die VK is 'n eersteklas voorbeeld.

* **parliamentary sovereignty** n. (sovereignty of parliament).
The doctrine that holds that parliament is the final legislative authority in a state, and therefore not subject to institutions such as a monarch, constitution or constitutional court. The UK is a prime example.

parlementêre stelsel van uitvoerende gesag
→ **parlementêre uitvoerende gesag**

parlementêre studiegroep n.
'n Groep parlementslede wat aangestel is om 'n bepaalde aangeleentheid te bestudeer en aanbevelings aan die parlement te doen.

* **parliamentary study group** n.
A group of members of parliament appointed to study a particular matter and make recommendations to parliament.

P

parlementêre toesigkomitee n.
'n Groep parlementslede wat aangestel is om 'n bepaalde kwessie te hanteer of daaroor toesig te hou.
+ **parliamentary oversight committee** n.
A group of members of parliament appointed to handle or supervise a specific issue.

parlementêre toespraak n.
'n Toespraak wat deur 'n parlementslid of spesiaal genooide persoon aan 'n vergadering van die lede gelewer word.
+ **parliamentary speech** n.
A speech delivered by a member of parliament or specially invited person to the assembled members.

parlementêre uitvoerende gesag n.
(parlementêre stelsel van uitvoerende gesag).
'n Regeringsvorm waarin lede van die uitvoerende gesag lede van die parlement is en hulle ampte behou solank as wat hulle die vertroue van die wetgewer behou.
+ **parliamentary executive** n. (parliamentary system of government <often shortened to parliamentary system>, parliamentary system of the executive).
A form of government in which members of the executive are members of parliament and hold their office for as long as they enjoy the confidence of the legislature.

parlementêre vrybuitery n. (parlementêre obstruksievoering).
'n Taktiek wat deur lede van 'n wetgewer gebruik word om handelinge en besluite van die instelling te vertraag of te vermy deur die vindingryke gebruik van vergaderingsprosedure, soos om bloot te praat om die tyd te laat omgaan of om vertragende mosies te stel.
+ **filibuster** n.
A tactic used by members of a legislature to obstruct action and decisions in the institution by the use of meeting procedure, such as speaking merely to consume time or using delaying motions.

parlement gaan uiteen v. <kyk ook prorogering>.
Die gebeurtenis wanneer die parlement in reses gaan of ontbind word met die doel om 'n verkiesing te hou.
+ **parliament adjourns** v. <see also prorogation> (parliament rises).
The event when parliament goes into recess or is dissolved with the aim of holding elections.

parlement in reses n. <kyk ook parlement is geprorogeer>.
'n Tydperk waarin die parlement nie in sitting is nie, bv wanneer lede met verlof is of aandag aan kiesafdelingswerk gee.
+ **parliament in recess** n. <see also parliament stands prorogued>.
A period of time during which parliament is not in session, eg when members are on leave or attending to constituency affairs.

parlement in sessie → parlement in sitting

parlement in sitting n. (parlement in sessie).
'n Tydperk waarin die parlement bymekaarkom, vraagstukke debatteer en wetgewing aanvaar.
+ **parliament in session** n.
A period of time during which parliament meets, debates issues and passes laws.

parlement is geprorogeer v. <kyk ook parlement in reses>.
Die handeling waardeur 'n wetgewer ontbind word en 'n nuwe parlement gevolglik verkies word.
+ **parliament stands prorogued** v. <see also parliament in recess>.
The action by which a legislature is dissolved and consequently a new parliament is elected.

parlementsitting n.
Die vergadering van die parlement, bv die eerste sitting van die parlement na 'n algemene verkiesing of die jaarlikse sitting van die parlement.
+ **sitting of parliament** n.
The meeting of parliament, eg the first sitting of parliament after a general election or the annual sitting of parliament.

parlementskomitee → parlementêre komitee

parogiale politieke kultuur n.
'n Politieke kultuur wat meestal begaan is oor plaaslike vraagstukke. Daarbenewens het individue lae verwagtings van die regering en neem hulle oor die algemeen nie aan die politiek deel nie; hulle is op die rand van politieke strydpunte en die politieke stelsel.
+ **parochial political culture** n.
A political culture which is mostly concerned with local issues. Moreover, individuals have a low expectation of government and are generally not participating in politics; they are on the fringe of political issues and the central political system.

partisaan n.
'n Lid van 'n gewapende versetgroep binne 'n gebied wat deur 'n vreemde moondheid beset word.
+ **partisan** n.
A member of an armed resistance group within a territory occupied by a foreign power.

partisanemag n.
'n Groep gewapende versetpersoneel wat op die been gebring is om operasies teen 'n besetmag te voer.
+ **partisan force** n.
A group of armed resistance personnel raised to conduct operations against an occupying force.

partisie n. (verdeling).
Verdeling van 'n land of staat in gedeeltes, bv Brits-Indië in Indië en Pakistan in 1947.
+ **partition** n.
Division of a country or a state into parts, eg British India into India and Pakistan in 1947.

partokrasie n.
'n Owerheidsvorm wat op die oorheersing van politieke partye gebaseer is.
+ **partocracy** n.
A form of authority based on the dominance of political parties.

party aan bewind → **maghebbende party**

partyaffiliasie n.
Die noue verbintenis met 'n party deur lidmaatskap en ondersteuning.
* *party affiliation* n.
The close association with a particular political party by way of membership and support.

partyaktivis n. (partyveldtogwerker, partystryder).
'n Persoon wat steunwerwing vir 'n party doen.
* *party activist* n. (party campaigner).
A person who canvasses support for a party.

partybelang n.
Enige aangeleentheid waarby die party se bestaan, vooruitgang of sukses betrokke is.
* *party interest* n.
Any matter that involves the party's existence, progress or success.

partybeleiddissipline n. <kyk ook partytug>.
Die handhawing van gedragspatrone wat voldoen aan die party se doelstellings, beeld en ordelike funksionering.
* *party policy discipline* n. <see also party discipline>.
The maintenance of patterns of behaviour that conform to the party's goals, image and orderly functioning.

partygehegtheid n.
Die mate waarin 'n ondersteuner hom/haar aan die doelstellings van 'n party verbind het.
* *party attachment* n.
The extent to which a supporter has committed himself/herself to the goals of a party.

partyhoofkantoor n.
Die vaste sentrum vanwaar die sake van 'n party bestuur word.
* *party head office* n.
The permanent centre from which the affairs of a party are managed.

partyhoofkwartier n.
'n Sentrum van waar af die verrigtinge van 'n party in 'n gegewe gebied gelei en beheer word soos regionale en plaaslike hoofkwartiere.
* *party headquarters* n.
A centre from which the operations of a party in a given area are directed and controlled such as regional and local headquarters.

partykandidaat n.
'n Persoon wat deur 'n party benoem is om as 'n verteenwoordiger van daardie party in 'n politieke amp aangestel of verkies te word.
* *party candidate* n.
A person nominated by a party to be appointed or elected to political office as a representative of that party.

partykneg → **partyslaaf**

partykoukus n.
'n Vergadering van partylede om oor vraagstukke te besluit wat die party raak, soos die benoeming van kandidate of om 'n verenigde standpunt oor komende wetgewende kwessies te formuleer.

* *party caucus* n.
A meeting held by party members to decide issues affecting the party, such as the nomination of candidates or formulating a united stance on forthcoming legislative issues.

partylakei → **partyslaaf**

partylidmaatskap.
1. Die toestand van formeel aan 'n politieke party behoort. 2. Die totale getal persone wat formeel aan 'n politieke party behoort.
* *party membership.*
1.The state of formally belonging to a political party. 2.The total number of persons formally belonging to a political party.

partylysstelsel n.
'n Kiesstelsel waarvolgens stemme vir 'n politieke party eerder as individuele kandidate uitgebring word en die party die getal setels verwerf wat sy aandeel van die totale uitgebragte stemme verteenwoordig. Die ooreenstemmende getal partykandidate word verkies uit die lys wat die party voor die verkiesing voorgelê het.
* *party list system* n.
An electoral system in which votes are cast for a political party rather than individual candidates, with the party gaining the number of seats corresponding to its proportion of the total votes cast. The corresponding number of party candidates are elected from the list submitted by the party prior to the election.

partyman → **aanhanger**

partyorganisasie n.
Die wyse waarop 'n party gestruktureer is om op te tree en sy doelstellings te bereik.
* *party organisation* n.
The way in which a party is structured to operate and achieve its goals.

partyplatform n.
'n Spesifieke beleidstelling deur 'n politieke party om sy vertrekpunt van dié van ander partye te onderskei.
* *party platform* n.
A specific policy statement by a political party to distinguish its position from that of other parties.

partypolitiek n.
In 'n demokratiese staat, die stelsel waardeur partye om regeringsmag en -invloed wedywer en meeding.
* *party politics* n.
In a democratic state, the system through which parties vie and compete for governmental power and influence.

partypolitieke manifes n.
(politiekepartymanifes).
'n Dokument wat voor 'n verkiesing opgestel word waarin 'n politieke party sy vernaamste doelwitte en aksieplanne uiteensit indien hy verkies sou word om te regeer.
* *party manifesto* n. (party manifest).
A document produced prior to a general election in which a political party sets out its principal goals and plans of action should it be elected to govern.

P

partyskakelkomitee n.
'n Groep persone wat deur die party aangewys is om kontak met een of meer ander instellings te handhaaf.
♦ *party liaison committee* n.
A group of persons appointed by the party to maintain contact with one or more other institutions.

partyslaaf n. (partylakei, partykneg).
'n Persoon wat die party se leierskap en beleid slaafs, onkrities en insigloos navolg.
♦ *party hack* n. (party lackey).
A person that slavishly, uncritically and obtusely follows the party leadership and party policies.

partystandpunt n.
Die amptelike siening of beleid wat 'n party met verwysing na 'n besondere aangeleentheid aanvaar.
♦ *party line* n.
The official view or policy that a party adopts with reference to a particular matter.

partystelsel n.
Die struktuur van verhoudings tussen politieke partye in 'n staat volgens hulle getal, grootte en politieke oriëntasie.
♦ *party system*
The structure of relationships between political parties in a state according to their number, size and political orientation.

partystemagent n. (stemagent).
'n Partyverteenwoordiger wat die stemming, telling en bepaling van die uitslag binne die stemlokaal namens sy/haar party dophou om regverdigheid en korrektheid te verseker.
♦ *party voting agent* n. (voting agent).
A party representative that observes the voting, counting and determination of the results inside the polling station on behalf of his/her party to ensure fairness and correctness.

partystryder → **partyaktivis**

partysugtige ideologie n.
'n Stelsel van oortuigings, waardes en menings met sterk vooroordeel ten gunste van die einddoel van die party wat ondersteun word.
♦ *partisan ideology* n.
A system of beliefs, values and opinions that are strongly biased towards the ends of the party being supported.

partysugtigheid n.
Die eienskap van sterk en dikwels bevooroordeelde ondersteuning van 'n leier of party.
♦ *partisanship* n.
The quality of strong and often biased support for a leader or party.

partytrou n.
Lojale ondersteuning vir 'n gegewe party.
♦ *party allegiance* n.
Loyal support for a given party.

partytug n. <kyk ook partybeleiddissipline>.
Dissiplinêre optrede teen 'n lid van 'n politieke party.

♦ *party discipline* n. <see also party policy discipline>.
Disciplinary action against a member of a political party.

partyveldtogwerker → **partyaktivis**

partyverband n.
Die party waaraan 'n ondersteuner hom/haar gekoppel het.
♦ *party association* n. (party membership).
The party with which a supporter has linked himself/herself.

partyverkiesingsagent n.
'n Partyverteenwoordiger wat met die verkiesingsowerheid skakel oor aangeleenthede wat sy/haar party se deelname aan 'n verkiesing raak.
♦ *party election agent* n.
A party representative who liaises with the electoral authority on matters concerning his/her party's participation in an election.

pasifikasie n.
Die herstel van vrede of orde, dikwels dmv dwang.
♦ *pacification* n.
Restoring peace or order, often by force.

pasifis n.
Iemand wat oorlog en geweld verwerp ten gunste van vreedsame metodes om geskille op te los.
♦ *pacifist* n.
Someone who rejects war and violence in favour of peaceful methods to settle disputes.

pasifisme n.
Die oortuiging dat oorlog en geweld nie moreel regverdigbaar is nie en dat internasionale geskille deur middel van vreedsame metodes opgelos kan word.
♦ *pacifism* n.
The belief that war and violence are morally unjustifiable and that international disputes can be settled by peaceful means.

pas maak v. (nommerpas maak).
Aanpassing van die grootte van 'n privaatonderneming of 'n openbare instelling om finansieel stabiel te word.
♦ *rightsize* v.
Adjusting the magnitude of a private enterprise or public institution in order to become financially stable.

passiewe verdediging n.
Maatreëls, soos kamoeflering en bomskuilings, om skade wat deur 'n vyandelike aanval veroorsaak word tot die minimum te beperk, maar sonder offensiewe optrede.
♦ *passive defence* n.
Measures, such as camouflage and bomb shelters, taken to minimise damage caused by hostile action but excluding offensive action.

patriarg n.
1. Die hoof of 'n senior biskop van sommige Christelike kerke. 2. Die manlike hoof van 'n sosiopolitieke stelsel veral 'n stamgebaseerde politie.

♦ *patriarch* n.
1. The head or a senior bishop of some Christian churches. 2. The male head of a sociopolitical system, particularly a tribally based polity.

patriargaat n.
1. 'n Sosiale stelsel waar afkoms in die manlike lyn opgespoor word. 2. Die amp of regsgebied van 'n patriarg.
♦ *patriarchate* n.
1. A social system where descent is traced in the male line. 2. The office or area of jurisdiction of a patriarch.

patriargie n.
'n Sosiopolitieke stelsel waarin manlike figure die dominante rol speel.
♦ *patriarchy* n.
A sociopolitical system in which male figures play the dominant role.

patrimoniale politieke stelsel n.
'n Politieke stelsel waarin daar gespesialiseerde elites, 'n administratiewe staf en kantore is wat almal direk deur die heerser beheer word, bv die Egiptiese faraos en die koninkryk Ouagadougou. In die moderne tyd bekend as neopatrimonialisme, met die vervaging van die onderskeid tussen die openbare en die privaat belange, veral waar regerings beide vir persoonlike voordeel benut.
♦ *patrimonial political system* n.
A political system in which there are specialised political elites, an administrative staff and offices that are all directly controlled by the ruler, eg the Egyptian pharaohs and the kingdom of Ouagadougou. In modern times known as neo-patriomonialism, where the distinction between private and public interest tend to dissolve, especially where governments utilise both for personal interests.

patriotisme n. (vaderlandsliefde).
Liefde vir 'n mens se land of vaderland, gewoonlik gekenmerk deur lojaliteit en 'n gewilligheid om opofferings te maak in belang van die land, bv om dit in oorlogstyd te verdedig.
♦ *patriotism* n.
Love of one's country or fatherland, usually characterised by loyalty and a willingness to make sacrifices in its interest, eg to defend it in times of war.

peiling → opname

pendeldiplomasie n.
Die voer van onderhandelinge tussen twee of meer state deur 'n diplomatieke verteenwoordiger wat heen en weer tussen daardie state reis.
♦ *shuttle diplomacy* n.
The conduct of negotiations between two or more states by a diplomatic representative who travels back and forth between those states.

penetrasieagent n. (binnedringagent).
'n Agent met die taak om 'n inligtings-, veiligheids- of ander instelling van 'n teenstander binne te dring en sy/haar eie organisasie van geklassifiseerde informasie te voorsien terwyl sy/haar identiteit geheim hou.

♦ *penetration agent* n.
An agent tasked to penetrate an opposition intelligence, security or other institution and supply his/her own organisation with classified information while keeping his/her identity secret.

Pentagon n.
Die gebou wat die VSA se departement van verdediging in Washington DC huisves, en by wyse van uitbreiding die VSA se verdedigingstaf.
♦ *Pentagon* n.
The building housing the USA Department of Defence in Washington DC, and by extension the USA defence staff.

people's education n.
In Suid-Afrika, 'n alternatiewe onderwysvorm as populêre weerstand teen apartheidsgedrewe Bantoeonderwys.
♦ *people's education* n.
In South Africa, an alternative form of education as popular resistance to apartheid driven Bantu education.

permanente aanstelling n. (vaste aanstelling).
Permanentheid van ampsposisie, wat na 'n vasgestelde aantal jare aan 'n werknemer of beampte verleen word.
♦ *tenure of office* n. <USA>.
Permanence of position, granted to an employee or official after a fixed number of years.

persstaat n. <kyk ook bloustaat; rooistaat>.
Sedert 2000 in die VSA die kleurkode vir swaaistate op verkiesingskaarte.
♦ *purple state* n. <see also blue state; red state>.
Since 2000 the USA electoral map colour code for swing states.

persvryheid n.
Die reg om koerante, tydskrifte, boeke, pamflette en dies meer te druk of uit te gee, asook om elektronies uit te saai, sonder buitensporige inmenging of sensorskap deur die staat.
♦ *freedom of the press* n. (liberty of the press, press freedom).
The right to print or publish newspapers, magazines, books, pamphlets and the like, as well as to broadcast electronically, without undue interference or censorship by the state.

pigmentokrasie n.
Die uitoefening van politieke mag deur lede van 'n bepaalde kleurgroep.
♦ *pigmentocracy* n.
The exercise of political power by members of a particular colour group.

PK → politieke korrektheid

plaaslike oorgangsraad n.
'n Tydelike raad wat ingestel word om oor plaaslike belange toesig te hou en die kontinuïteit van dienste te verseker terwyl 'n nuwe plaaslikeregeringstelsel gevestig word.
♦ *transitional local council* n.
A temporary council established to oversee local concerns and ensure continuity of services while a new local governing system is established.

P

P

plaaslike opsie n.
Die mate waarin plaaslike owerhede bemagtig word om oor gemeenskapskwessies soos sake-ure en die verkoop van alkoholiese drank te besluit en sodoende moontlik van die algemene beleid af te wyk.
• **local option** n.
The extent to which local authorities are empowered to decide on community issues such as trading hours and the sale of liquor and thereby possibly deviating from general policies.

plaaslike owerheid n. <plaaslike bestuur word soms in wetgewing en geskrifte gebruik, maar is af te keur>.
'n Instelling wat uit sowel verkose as gesalarieerde persone bestaan en wat regering op die vlak van plaaslike nedersettings en munisipaliteite bestuur.
• **local authority** n.
An institution comprising both elected and salaried persons that administers government at the level of local settlements and municipalities.

plaaslike regering n.
'n Onderverdeling van die regering wat daarvoor verantwoordelik is om bepaalde plaaslike eenhede soos dorpe en stede te regeer.
• **local government** n.
A subdivision of government responsible for governing specified local units such as towns and cities.

plaaslike veto n.
Die reg van die kiesers binne die jurisdiksie van 'n plaaslike owerheid om te besluit dat 'n bepaalde beleid nie in daardie jurisdiksie toegepas sal word nie.
• **local veto** n.
The right of the electorate within the jurisdiction of a local authority to decide that a particular policy will not apply within that jurisdiction.

plak v.
Om grond of geboue sonder wetlike titel daartoe of sonder die eienaar se toestemming te beset.
• **squat** v.
To occupy land or buildings without legal title thereto or without the permission of the owner.

plakker n.
'n Persoon wat grond onwettig beset en 'n hut of ander tydelike skuiling daarop oprig.
• **squatter** n.
A person that occupies land illegally and erects a shack or some other temporary shelter on it.

plakkersbousel n.
'n Hut of ander konstruksie wat van weggooimateriaal, soos sinkplate, gemaak word.
• **squatter structure** n.
A shack or other construction made of discarded materials such as corrugated iron sheeting.

plakkersdorp n. <kyk ook blikkiesdorp> (plakkersnedersetting).
Informele behuising wat uit die gewoonlik wederregtelike benutting van grond voortvloei en dikwels aan die buitewyke van stede voorkom.

• **squatters' settlement** n. <see also shanty town>.
Informal housing resulting from the usually wrongful utilisation of land and often found on the outskirts of cities.

plakkerskamp n.
'n Gemeenskap onwettige okkupeerders van grond in veronderstelde tydelike huisvesting.
• **squatter camp** n.
A community of illegal occupants of land in supposedly temporary accommodation.

plakkersnedersetting → **plakkersdorp**

plebissiet → **volkstemming**

plundertog n.
Skielike verrassingsaanvalle deur 'n gewapende bende wat rondswerf op soek na geleenthede om goedere met geweld te bekom, veral ten tyde van oorlog of onrus.
• **marauding raid** n.
Sudden surprise attacks by an armed band roving in search of opportunities to acquire goods by force, especially in times of war or unrest.

plurale samelewing n.
'n Diep verdeelde samelewing waar die verdelings op etniese, godsdienstige of linguistiese groepsbelange gegrond is.
• **plural society** n.
A deeply divided society where the divisions are based on ethnic, religious or linguistic group interests.

pluralisme n. <kyk ook monisme>.
Die erkenning van meer as een faktor van belang, in teenstelling met monisme. Pluralisme kom voor waar 'n staat ruimte verseker vir 'n verskeidenheid van meerderhede en minderhede, kulture en partye.
• **pluralism** n. <see also monism>.
The acknowledgement of more than one factor of importance, as opposed to monism. Pluralism is found where a state ensures a space for a diversity of majorities and minorities, cultures and parties.

pluraliteit van stemme → **gewone meerderheid**

plutokrasie n.
Die uitoefening van politieke mag deur die rykes.
• **plutocracy** n.
The exercise of political power by the rich.

pogrom n.
'n Onuitgelokte, gewelddadige aanval op 'n etniese groep, veral Jode, wat met amptelike sanksie uitgevoer word.
• **pogrom** n.
An unprovoked violent attack on an ethnic group, particularly Jews, carried out with official sanction.

poliargie n.
'n Owerheidsvorm wat na aan die ideaal van demokrasie kom en wat gegrond is op openbare wedywer en deelname aan die politieke proses sowel as die verantwoordbaarheid van maghebbers aan die kiesers deur gereelde en mededingende verkiesings.

+ *polyarchy* n.
A form of regime which comes close to the ideal of democracy based on public contestation and participation in the political process, as well as the answerability of powerholders to the electorate by recurring and competitive elections.

polisiediens n.
'n Ander naam vir 'n polisiemag, bedoel om 'n meer burgerlike beeld voor te hou.
+ *police service* n.
Another name for a police force, intended to project a more civilian image.

polisieer v.
Om wet en orde by 'n geleentheid of plek te handhaaf en te verseker dat aktiwiteite binne die neergelegde reëls geskied.
+ *police* v.
To maintain law and order at an event or place and ensure that activities are carried out within the laid down rules.

polisieklopjag n.
'n Skielike toeslaan van polisiebeamptes op 'n groep persone, 'n plek of 'n instelling ten einde op misdadigers of bewyse van misdadige aktiwiteite beslag te lê.
+ *police raid* n.
A sudden pounce by police officers on a group of persons, a place or an institution in order to seize criminals or evidence of criminal activities.

polisiemag n.
'n Professionele organisasie van persone wat geskep is om wet en orde te handhaaf en om te verseker dat die samelewing se aktiwiteite binne die neergelegde reëls plaasvind.
+ *police force* n.
A professional organisation of persons established to maintain law and order and to ensure that society's activities are carried out within the laid down rules.

polisiestaat n.
'n Staat waarin die regering die oppergesag van die reg erodeer en intensiewe gebruik van veiligheidsmagte, veral geheime polisie, maak om die bevolking te beheer.
+ *police state* n.
A state in which the government erodes the rule of law and makes intensive use of security forces, especially secret police, to control the population.

Politburo n. <uit Russies: Politicheskoe Byuro>.
1. Die uitvoerende komitee van 'n aantal kommunistiese en rewolusionêre partye. 2. Die uitvoerende komitee van die Sentrale Komitee van die voormalige USSR, wat uit die top lede van die Sentrale Komitee bestaan; verwys ook na die opper beleidmakende gesag in die USSR. 3. Die uitvoerende komitee van 'n aantal outoritêre state, soos die Volksrepubliek van China en Afghanistan, met soortgelyke funksies aan dié van die Politburo van die USSR. Teen 2016 het China, Noord-Korea, Laos, Vietnam en Kuba nog 'n kommunistiese politburostelsel gehad.

+ *Politburo* n. <from Russian Politicheskoe Byuro>.
1. The executive committee of a number of communist and revolutionary parties. 2. The executive committee of the Central Committee of the former USSR, consisting of the top members of the Central Committee; also refers to the supreme policy-making authority in the USSR. 3. The executive committee of a number of authoritarian states, such as the People's Republic of China and Afghanistan, with similar functions to the Politburo of the USSR. By 2016 China, North Korea, Laos, Vietnam, and Cuba still had a communist politburo system.

politie n.
Enige polities georganiseerde entiteit soos 'n staat, provinsie, plaaslike regering en 'n stam- of tradisionele owerheid.
+ *polity* n.
Any politically organised entity such as a state, province, local government and tribal or traditional authority.

Politiek → **Politikologie**

politiek n.
1. Die aktiwiteit waardeur mense die algemene reëls maak waarvolgens hulle lewe, hulle in stand hou en verander. Dié reëls kan afgedwing word op 'n hele samelewing. 2. 'n Proses waarin mense om mag en gesag meeding, groepe van ondersteuners (bekend as 'n magsbasis) werf, en reëls vir 'n samelewing maak en afdwing. 3. Magsverhoudings binne state, en tussen state in die internasionale gemeenskap. 4. 'n Populêre term vir strewes na mag en beheer in bv 'n besigheid en 'n rugbyunie.
+ *politics* n.
1. The activity through which people make, preserve and amend the general rules under which they live. These rules can be enforced on a whole society. 2. A process in which people compete for power and authority, recruit supporters (known as a power base), and make and enforce rules within society. 3. Power relations within states and among states in the international community. 4. A popular term for quests of power and control in eg a business enterprise and a rugby union.

politieke aanwakkering n.
1. Aktivering van politieke konneksies om die agenda van 'n regering of party te bepaal.
2. Opknapping van 'n politieke stelsel om te verseker dat dit doeltreffend werk.
+ *political pump-priming* n.
1. Activating political connections in order to set the agenda of a government or a party.
2. Conditioning a political system to ensure that it runs effectively.

politieke agenda n.
Dit wat bedoel is om deur middel van politieke middele bereik te word.
+ *political agenda* n.
That which is intended to be achieved through political means.

politieke akkommodering n.
Die ooreenkoms oor die beslegting van politieke
verskille op 'n wyse wat onderling voordelig is.
* *political accommodation* n.
Reaching agreement on the settlement of political
differences in a way that is mutually beneficial.

politieke aksie → **politieke optrede**

politieke akteur → **politieke rolspeler**

politieke aktiwiteit n. (politieke bedrywigheid).
Die voorkoms van handelinge vir politieke
doeleindes.
* *political activity* n.
The occurrence of acts for a political purpose.

politieke armdraaivermoë n. (politieke
hefboommag).
Die mag om 'n politieke vraagstuk te beïnvloed of
doeltreffend daarmee te handel.
* *political leverage* n.
The power to influence or act effectively with
regard to a political issue.

politieke asiel n.
Toevlug gegee aan 'n persoon wat om politieke
beweegredes beskerming soek en wie se uitlewering
waarskynlik deur 'n vreemde regering verlang sal
word.
* *political asylum* n.
Refuge given to a person seeking protection on
political grounds and whose extradition is likely to
be sought by a foreign government.

politieke aspirasies n. (politieke strewes).
Oogmerke wat mense op die politieke terrein
nastrewe.
* *political aspirations* n.
Goals related to politics that people desire to
achieve.

politieke balanseerkoord n.
'n Ligloopsituasie waarby moeilike politieke keuses
betrokke is en wat oorwoë optrede vereis om
nadelige politieke nagevolge te vermy.
* *political tightrope* n.
A precarious situation involving difficult political
choices and requiring carefully considered actions
in order to avoid adverse political consequences.

politieke bedeling n. (politieke dispensasie).
Die reëls en strukture vir die ordening en bestuur
van 'n politieke stelsel.
* *political dispensation* n.
The rules and structures for the ordering and
management of a political system.

politieke bedrywigheid → **politieke aktiwiteit**

politieke begeerte n.
'n Wens onder die kiesers vir politieke optrede wat
as 'n behoefte gesien word.
* *political want* n.
A wish among the electorate for political action
perceived as a need.

politieke begunstiging n.
'n Vorm van wettige politieke voortrekkery om
steun te werf, oorspronklik toewysings uit die
federale skatkis van die VSA wat groter was as wat
werklik nodig was om regeringsfasiliteite soos
hawens of militêre basisse te verbeter.

* *pork-barreling* n. <USA>.
A form of legal political patronage to lobby
support, originally appropriations from the Federal
Treasury of the USA that were larger than really
necessary to improve government facilities, such as
harbours or military bases.

politieke behendigheid n. (politieke
vaardigheid).
Die knapheid waarmee politieke aangeleenthede
gehanteer word.
* *political skill* n.
The adroitness with which political matters are
handled.

politieke behoefte n.
Die dryfveer wat individue en groepe ervaar oor
hoe gesag oor hulle uitgeoefen moet word, asook
hoe hulle self gesag moet uitoefen.
* *political need* n.
The drive which individuals and groups experience
about how authority should be exercised over them,
as well as how they themselves should excercise
authority.

politieke bestel → **politieke korpus**

politieke bevoegdheid n.
Die gesag om bepaalde politieke sowel as
administratiewe handelinge te verrig.
* *political powers* n.
The authority to carry out specified political as well
as administrative actions.

politieke binnedringing n.
Die praktyk om instellings soos politieke partye te
infiltreer ten einde daardie party se beleid van binne
af te beïnvloed.
* *political entryism* n.
The practice of infiltrating organisations such as
political parties in order to influence that party's
policy from within.

politieke binnekringer n.
'n Persoon met toegang tot vertroulike informasie
weens sy/haar aanvaarding in die binnekring van 'n
politieke organisasie.
* *political insider* n.
A person with access to confidential information
due to being accepted into the inner circles of a
political organisation.

politieke bontspringery n.
Onsekerheid, huiwering tussen standpunte,
omseiling van vraagstukke.
* *political tap-dancing* n.
Uncertainty, wavering between standpoints, skirting
around issues.

politieke deelname n.
Betrokkenheid in die politieke proses, bv deur te
stem.
* *political participation* n.
Involvement in the political process, eg by voting.

politieke desentralisasie n.
Die herorganisering van politieke strukture om die
konsentrasie van mag van een of 'n paar sentrale
eenhede weg te neem en dit oor 'n groter aantal
eenhede met meer outonomie te versprei.

P

◆ *political decentralisation* n.
Reorganising political structures to remove the concentration of power from one or a few central units and spread it over a larger number of units with more autonomy.

politieke dienstigheid n.
Optrede op 'n wyse wat die grootste politieke voordeel inhou, ongeag morele oorwegings.
◆ *political expediency* n.
Acting in a way that provides the greatest political benefit, irrespective of moral considerations.

Politieke Dinamika n.
Die vakgebied vir die bestudering van politieke dinamika.
◆ *Political Dynamics* n.
The subject field for the study of political dynamics.

politieke dinamika n.
Die omvattende prosesse wat 'n politieke stelsel in stand hou, 'n politieke kultuur dryf en politieke gedrag van individue en instellings insluit.
◆ *political dynamics* n.
The comprehensive processes that maintain a political system, drive political culture and include the political behaviour of individuals, groups and institutions.

politieke dinosaurus n.
'n Voorstander van uitgediende politieke idees.
◆ *political dinosaur* n.
A proponent of extinct political ideas.

politieke dispensasie → **politieke bedeling**

politieke eenheid n.
'n Toestand waarin die belange van politieke rolspelers voldoende ooreenstem om hulle te noop om in harmonie op te tree ten einde hulle doelstellings te bevorder.
◆ *political unity* n.
A condition in which the interests of political role players are in sufficient agreement to cause them to act in harmony to further their goals.

politieke eensgesindheid → **politieke eenstemmigheid**

politieke eenstemmigheid n. (politieke eensgesindheid).
Algehele instemming onder politieke leiers en/of partye.
◆ *political unison* n.
Complete agreement among political leaders and/or parties.

Politieke Ekonomie n.
Die studie van die onderlinge verwantskap tussen politieke en ekonomiese prosesse.
◆ *Political Economy* n.
The study of the interrelationship of political and economic processes.

politieke ekonomie n.
Die wisselwerking tussen politieke, regerings- en ekonomiese prosesse.

◆ *political economy* n.
The interaction between political, governmental and economic processes.

politieke enkulturasie n. <kyk ook politieke sosialisering>.
Die proses waardeur veranderende waardes en praktyke, sowel as nuwelinge, in 'n bepaalde politieke kultuur opgeneem word.
◆ *political enculturation* n. <see also political socialisation>.
The process through which changing values and practices, as well as newcomers, are incorporated into a particular political culture.

politieke entiteit → **politieke korpus**

politieke fopgedoentes → **politieke kaskenades**

politieke gevangene n.
'n Persoon wat in die tronk is weens 'n handeling wat as vyandelik teenoor die politieke bedeling van 'n staat beskou word, bv insluitende die uitspreek van kritiek teen die bewind in 'n outoritêre staat.
◆ *political prisoner* n.
A person imprisoned for an act considered hostile to the political dispensation of a state, including eg in an authoritarian state the expression of criticism towards the regime.

P

politieke geweld n.
Die politiek geïnspireerde aanwending van fisieke mag om skade of vernietiging teweeg te bring.
◆ *political violence* n.
The politically inspired application of physical force to cause damage or destruction.

politieke goëlery n.
Misleiding deur die vermomming van die ware aard van politieke voornemens of optrede.
◆ *political sleight of hand* n.
Deception by disguising the true nature of political intentions or actions.

politieke handeling n.
Iets wat op politieke vlak, of op die grondslag van politieke oorwegings, gedoen word.
◆ *political act* n.
Something done at political level or based on political considerations.

politieke handlanger n.
'n Getroue volgeling van 'n politikus wat sy/haar meester se opdragte uitvoer sonder om krities teenoor die morele aspekte daarvan te staan.
◆ *political henchman* n.
A loyal follower of a politician who does the bidding of his/her master without being critical of the moral issues involved.

politieke hefboommag → **politieke armdraaivermoë**

politieke hervorming n.
Die verandering van 'n politieke stelsel om veronregting te verwyder en/of om die stelsel se funksionering te verbeter.

P

· *political reform* n.
The changing of a political system to correct
injustices and/or improve the functioning of the
system.

politieke inisiatief n.
Die aanvangstap in 'n plan om voordelige politieke
resultate te behaal.
· *political initiative* n.
The initial step in a plan aimed at gaining
advantageous political results.

politieke inmenging n.
1. Ongeoorloofde inmenging deur politici in die
aangeleenthede van persone en instellings.
2. Ongeoorloofde inmenging in die politieke
aangeleenthede van 'n instelling.
· *political interference* n.
1. Unwarranted intervention by politicians in the
affairs of persons and institutions. 2. Unwarranted
intervention in the political affairs of an institution.

politieke kaskenades n. (politieke
fopgedoentes).
Twyfelagtige optredes met die doel om opponente
te mislei ten einde politieke doelwitte te bereik.
· *political shenanigans* n.
Questionable actions aimed at deceiving opponents
in order to achieve political objectives.

politieke klapkrag n. (politieke spierkrag).
Die mag om sake op politieke terrein te beïnvloed.
· *political clout* n.
The capability to influence matters in the field of
politics.

politieke kleure n.
Die ware politieke oriëntasie van 'n persoon of
instelling.
· *political colours* n.
The true political orientation of a person or an
institution.

politieke kloof n.
'n Metaforiese versperring wat mense of groepe
mense met verskillende politieke oortuigings van
mekaar skei.
· *political divide* n.
A metaphorical barrier separating people or groups
of people with differing political convictions.

politieke kommunikasie n.
Die verskillende maniere waardeur politieke kennis
oorgedra word.
· *political communication* n.
The various ways by which political knowledge is
transferred.

politieke korpus n. (politieke bestel, politieke
entiteit).
Die mense van 'n politieke entiteit as 'n kollektief
gesien.
· *body politic* n.
The people of a political entity seen as a collective.

politieke korrektheid n. (PK).
Taal of gedrag wat as toepaslik vir tydgenootlike
maatskaplike en politieke voorkeure beskou word.
Dit kan insluit vermyding van taal of gedrag wat as
aanstootlik beskou word, veral met betrekking tot
ras, gender en seksuele oriëntering.

· *political correctness* n. (PC).
Language or conduct that is considered appropriate
to current societal and political preferences. This
could include avoidance of language or conduct that
is considered offensive, particularly with regard to
race, gender and sexual orientation.

politieke kragte n.
Persone, groepe of instellings wat groot invloed op
politieke gebeure uitoefen.
· *political forces* n.
Persons, groups or institutions wielding great
influence on political events.

politieke kultuur n.
Die oorheersende idees, opvattings en waardes wat
die politieke gedragspatroon in 'n samelewing
beïnvloed.
· *political culture* n.
The dominant ideas, beliefs and values that
influence the pattern of political behaviour in a
society.

politieke kwessie → **politieke strydvraag**

politieke leierskap n.
Die persoon of groep persone aan die stuur van 'n
staat of politieke party.
· *political leadership* n.
The person or group of persons at the helm of a
state or political party.

politieke losbreker n. (los kanon).
'n Politieke funksionaris of lid van 'n party wat
hom/haar nie aan die party se beheer onderwerp nie
en potensieel 'n bron van onopsetlike skade aan die
party is.
· *loose cannon* n.
A political functionary or member of a party who
does not submit to control and is potentially a
source of unintentional damage to his/her party.

politieke mag n.
1. Die vermoë om die gedrag van andere deur die
uitoefening van politieke beheer te beïnvloed.
2. Die vermoë om politieke gebeure te beïnvloed.
· *political power* n.
1. The ability to influence the behaviour of others
through the exercise of political control. 2. The
ability to influence political events.

politieke melaatse n.
'n Politikus, party of staat wat op morele of sosiale
grondslag verwerp word.
· *political leper* n.
A politician, party or state spurned on moral or
social grounds.

politieke minderheid n.
'n Groep persone wie se eienskappe en politieke
oortuigings van die meerderheid van 'n samelewing
s'n verskil en wat nie in staat is om voldoende
stemme vir 'n beslissende invloed op politieke
gebeure te verwerf nie.
· *political minority* n.
A group of persons with different characteristics and
political beliefs from those of the majority of
society and unable to garner sufficient votes for a
decisive influence on political events.

politieke mistisisme n.
'n Skool van denke sowel as 'n ervaring van 'n uiteindelik nie-empiriese politieke werklikheid, bv Johanna van Arkel en Nonquase het mistiese ervarings gehad wat op hulle beurt tot politieke aksie teen hulle vyande gelei het.
• *political mysticism* n.
A school of thought as well as an experience of an ultimate non-empirical political reality, eg Joan of Arc and Nonquase had mystical experiences which in turn led to political action against their enemies.

politieke model n.
'n Voorstelling van die manier waarop 'n bepaalde politieke stelsel gestruktureer is.
• *political model* n.
A representation of the way in which a particular political system is structured.

politieke modernisasie → **politieke modernisering**

politieke modernisering n. (politieke modernisasie).
Die aanpassing van 'n politieke stelsel of party by hedendaagse ideale, standaarde of oortuigings.
• *political modernisation* n.
Adjusting a political system or party to contemporary ideals, standards or beliefs.

politieke muntsoeker n.
'n Politieke opportunis wat persoonlike gewin nastreef, veral in onstabiele situasies.
• *carpetbagger* n.
A political opportunist seeking personal gain, especially in unsettled situations.

politieke newegevolg n.
'n Onbedoelde en gewoonlik ongewenste sekondêre gevolg van een of ander politieke handeling.
• *political side effect* n.
An unintended and usually undesirable secondary consequence of some political action.

politieke nomade n.
'n Persoon wat van politieke party na politieke party swerf.
• *political nomad* n.
A person who wanders from political party to political party.

politieke ondoelmatigheid n.
Onvermoë om die vereiste politieke resultaat op te lewer.
• *political inefficacy* n.
Inability to produce the required political result.

politieke ondoeltreffendheid n.
Onvermoë om so te funksioneer dat die vereiste politieke resultate effektief en met die minste verkwisting van inspanning opgelewer word.
• *political inefficiency* n.
Inability to function in a way that produces the required political results effectively and with the least waste of effort.

politieke onrus n.
Politieke ontevredenheid wat optrede voortbring wat ontwrigtend op die bestaande orde inwerk.

• *political unrest* n.
Political discontent that spawns action disruptive to the existing order.

politieke onstabiliteit n.
Onsekerheid en onbestendigheid in die politieke proses vanweë veranderlike en onvoorspelbare gedrag deur politieke rolspelers.
• *political instability* n.
Uncertainty and volatility in the political process resulting from variable and unpredictable behaviour by political role players.

politieke onverdraagsaamheid n.
Onwilligheid om politieke sienings, oortuigings en praktyke wat nie jou eie is nie te aanvaar of te akkommodeer.
• *political intolerance* n.
Unwillingness to accept or accommodate political views, beliefs and practices other than your own.

politieke oorheersing n.
Die uitoefening van politieke mag oor ander persone, groepe of instellings wat hulle nie effektief kan laat geld nie.
• *political domination* n.
The exercise of political power over other persons, groups or institutions who cannot assert themselves effectively.

politieke oorlogvoering n.
Die gebruik van politieke middele om 'n staat se wil op 'n opponent af te dwing ten einde nasionale doelwitte te bereik.
• *political warfare* n.
The use of political means to force a state's will on an opponent in order to achieve national objectives.

politieke oorreding n.
Die aktiwiteit om mense tot spesifieke politieke opvattings oor te haal.
• *political persuasion* n.
The activity of converting people to particular political beliefs.

politieke oortuiging n.
Die spesifieke politieke opvattings wat 'n individu, 'n party of 'n beweging huldig.
• *political persuasion* n.
The particular political beliefs that an individual, a party or a movement maintains.

politieke oppermagtigheid n.
Die vermoë om onaantasbare politieke mag uit te oefen.
• *political supremacy* n.
The ability to wield unassailable political power.

politieke optrede n. (politieke aksie).
Die proses om verskeie dinge te doen ten einde 'n politieke oogmerk te bereik.
• *political action* n.
The process of doing various things aimed at achieving a political purpose.

politieke orde n.
Die wyse waarop die politieke lewe van 'n samelewing georganiseer is.

P

P

• *political order* n.
The way in which the political life of a society is organised.

politieke padkampanje → **politieke ryskouspel**

politieke party n.
'n Groep mense wat breedweg ooreenstemmende menings huldig en wat georganiseer is om politieke mag te verwerf.
• *political party* n.
A group of people holding broadly similar views and organized to gain political power.

politiekepartymanifes → **partypolitieke manifes**

politieke proses n.
'n Reeks opeenvolgende handelinge en verrigtinge om politieke oogmerke te verwesenlik.
• *political process* n.
A series of consecutive actions and proceedings to achieve political ends.

politieke regte n.
'n Persoon se reg op bepaalde politieke vryhede en ander voordele. In 'n liberale demokrasie word dit dikwels in die grondwet vasgelê.
• *political rights* n.
A person's entitlement to certain political freedoms and other benefits. In a liberal democracy these are often enshrined in the constitution.

politieke rentmeesterskap n.
1. Die individu of groep verantwoordelik om verantwoordbare leierskap aan 'n party, komitee of regering te voorsien. 2. Die verantwoordelikheid van 'n individu of groep om sulke leierskap te voorsien.
• *political stewardship* n.
1. The individual or group responsible for providing accountable leadership for a party, committee, or government. 2. The responsibility of an individual or group to provide such leadership.

politieke rol n. <kyk ook rol>.
In strukturele funksionalisme daardie besondere deel van die waarneembare gedrag van individue wat in die politieke proses betrokke is.
• *political role* n. <see also role>.
In structural functionalism that particular part of the observable behaviour of individuals which is involved in the political process.

politieke rolbekleër n.
In struktureel-funksionalisme 'n persoon wat 'n bepaalde amp in 'n politieke stelsel beklee.
• *incumbent of a political role* n.
In structural functionalism a person occupying a particular office in a political system.

politieke rolspeler n. (politieke akteur).
'n Deelnemer aan 'n politieke proses.
• *political role player* n.
A participant in a political process.

politiekery v.
Om in eie belang in politieke bedrywigheid betrokke te wees.
• *politicking* v.
Engaging in self-serving political activity.

politieke ryskouspel n. (politieke padkampanje).
'n Veldtog om politieke steun te wen deur rondreisende politieke vergaderings te hou.
• *political road show* n.
A campaign to attract political support by holding travelling political meetings.

politieke samelewing n.
Daardie faset van die burgerlike samelewing wat georganiseer word rondom verskillende belange wat om die staatsgesag meeding. Werktuie van die stryd om politieke mag sluit in partye, fronte, politieke elites, leiers, alliansies, verkiesings, wetgewers en sekere media.
• *political society* n.
That facet of civil society that is organised around different interests that compete for the power of the state. Instruments of the struggle for political power include parties, fronts, political elites, leaders, alliances, elections, legislatures and certain media.

politieke seggenskap n.
Die reg om jou standpunt te laat hoor ten einde politieke besluite en optrede te beïnvloed.
• *political say* n.
The right to make one's standpoint heard in order to influence political decisions and actions.

politieke seingewing n.
Optrede bedoel om 'n bepaalde boodskap aan ander politieke rolspelers oor te dra.
• *political signalling* n.
Actions designed to convey a specific message to other political role players.

politieke siklusse n.
Die groei en verval van uiterstes, oor die langtermyn, waartoe 'n politieke stelsel neig. Korttermynbuitensporighede in outoritarisme word byvoorbeeld dikwels gevolg deur 'n groei in liberalisme.
• *political cycles* n.
The growth and decline of extremes, in the long term, to which a political system is inclined. Short-term excesses in authoritarianism are, for example, often followed by a growth in liberalism.

politieke simbool n.
Iets wat politieke betekenis gee aan dit wat verteenwoordig word, bv 'n vlag, volkslied of politieke leier.
• *political symbol* n.
Something that gives political meaning to that which is represented, eg a flag, national anthem or political leader.

politieke skaring n.
'n Standpunt of beskouing van 'n individu, 'n politieke party, 'n groep partye, 'n staat of 'n groep state met betrekking tot politieke vraagstukke.
• *political alignment* n.
A position or point of view taken by an individual, a political party, a group of parties, a state or a group of states with regard to political issues.

politieke skikking n.
Die ooreenkoms oor 'n politieke kwessie wat na samesprekings, onderhandeling en kompromie bereik word.

♦ *political settlement* n.
The agreement reached after discussion, negotiation and compromise on a political issue.

politieke sluipstekery n.
Die neutralisering van 'n politieke teenstander of mededinger op 'n onderduimse manier.
♦ *political knifework* n.
The neutralising of a political adversary or rival in an underhand way.

politieke sosialisering n. <kyk ook politieke enkulturasie>.
Die proses waardeur individue, van jongs af, politieke houdings, sienings, norme en gedrag aanleer, en waar ouers, onderwysinstellings, geslag, ras, volk en taalgroep, godsdiens, portuurgroepe, werkkringe, media en die historiese tydgees 'n kernrol speel.
♦ *political socialisation* n. <see also political enculturation>.
The process through which individuals acquire, from a young age onwards, political attitudes, views, norms and behaviour, and in which parents, educational institutions, gender, race, people and language group, religion, peer groups, workplaces, media and the historical spirit of the times play a key role.

politieke spierkrag → **politieke klapkrag**

politieke stabiliteit n.
Die standvastigheid van 'n politieke stelsel; sy vermoë om eise en verandering ordelik te hanteer sonder dat dit tot verbrokkeling lei.
♦ *political stability* n.
The steadiness of a political system; its ability to handle demands and change in an orderly manner not leading to disintegration.

politieke stelsel n.
Die vorm waarin verskillende doktrines, instellings en prosedures in 'n samehangende geheel georganiseer word om die algemene reëls waarvolgens 'n samelewing lewe, te maak, te bewaar en te wysig.
♦ *political system* n.
The form in which various doctrines, institutions and procedures are organised into a coherent whole for making, preserving and amending the general rules under which a society lives.

politieke strewes → **politieke aspirasies**

politieke strydvraag n. (politieke kwessie).
'n Saak van belang wat tot twis en meningsverskil lei en 'n politieke debat vereis om op te los.
♦ *political issue* n.
A matter of concern that requires political debate to resolve controversy and disagreement.

politieke vaardigheid → **politieke behendigheid**

politieke verandering n.
1. Verandering in die politieke omstandighede, situasie, struktuur en instellings van 'n samelewing. 2. Oorgang van 'n bestaande politieke stelsel of situasie na 'n ander.

♦ *political change* n.
1. Change in the political circumstances, situation, structure and institutions of a society. 2. Transition from an existing political system or situation to another.

politieke verantwoordelikheid n.
Met gesag vir politieke optrede beklee wees, gekoppel met die vereiste om rekenskap vir die uitvoering van die optrede te gee.
♦ *political responsibility* n.
Having authority for political action, coupled with the requirement to account for the execution of the action.

politieke verhoudinge n.
Die verstandhouding en interaksie tussen groepe, partye en state wat bepaal hoe hulle politieke aangeleenthede onderling hanteer.
♦ *political relations* n.
The understanding and interaction between groups, parties and states that determine how they mutually deal with political matters.

politieke vernietvretery n.
Die gewoonte om die politieke vrygewigheid van andere uit te buit ten einde jou eie politieke doeleindes te bevorder sonder om 'n ooreenstemmende bydrae in ruil daarvoor te lewer.
♦ *political freeloading* n.
The habit of making the most of the generosity of others to advance one's own political ends without making a commensurate contribution in turn.

politieke verpligting n.
1. Die verantwoordelikheid van die individuele kieser, burger of inwoner van 'n gegewe staat om die wette daarvan te gehoorsaam. 2. Die grondslag van 'n regering se reg en verantwoordelikheid om te regeer. 3. Die vereiste om 'n diens te lewer of guns van die een of ander aard te bewys in ruil vir politieke steun.
♦ *political obligation* n.
1. The responsibility of the individual voter, citizen or inhabitant of a given state to obey its laws.
2. The basis of a government's right and responsibility to rule. 3. The requirement to render a service or favour of some kind in return for political support.

politieke verwagting n.
Die voorbaatverwagting by die bevolking dat bepaalde handelinge verrig sal word, bv dat die beleid en optrede van 'n pas verkose leierskap voordele aan hulle sal laat toeval.
♦ *political expectation* n.
The anticipation by the people that certain actions would be performed, eg that the policy and actions of a newly elected leadership will accrue benefits to them.

politieke waarnemer n.
'n Persoon wat politieke gebeure dophou en daaroor verslag doen, soms amptelik en/of op uitnodiging.
♦ *political observer* n.
A person who watches and reports on political events, sometimes officially and/or by invitation.

P

Politieke Wetenskap → Politikologie

politieke wildernis n. <kyk ook politieke woestyn>.
'n Situasie waarin 'n politieke party of persoon ondersteuning verloor het en 'n stryd voer om politieke effektiwiteit te herwin.
+ **political wilderness** n. <see also political desert>.
A situation where a political party or person has lost support and battles to regain political effectiveness.

politieke woelinge n.
Beroering, verwarring en onstuimigheid in die politieke stelsel.
+ **political turmoil** n.
Commotion, confusion and turbulence in the political system.

politieke woestyn n. <kyk ook politieke wildernis>.
'n Situasie waar 'n politieke party of persoon gemarginaliseer, oneffektief en rigtingloos is.
+ **political desert** n. <see also political wilderness>.
A situation where a political party or person is marginalised, ineffective and without direction.

polities arbitrêr adj. (polities willekeurig).
Kenmerkend van die gedrag van politieke leiers of ampsdraers wat impulsief, eiesinnig en eiegeregtig optree, strydig met aanvaarde grondwetlike prosesse.
+ **politically arbitrary** adj.
Characteristic of the behaviour of political leaders or officials who act impulsively, wilfully and high-handedly, contrary to accepted constitutional processes.

polities geïnspireerd adj.
'n Geval waar die optrede deur politieke dryfvere gestimuleer is.
+ **politically inspired** adj.
A case where the action was instigated with political motives.

polities willekeurig → **polities arbitrêr**

Politikologie n. (Politiek, Politieke Wetenskap, Politologie, Staatsleer).
Die studie van die politiek, politieke stelsels, politieke teorieë, magsverhoudings, die staat, regering en politieke instellings en prosesse.
+ **Politicology** n. (Politics, Political Science, Politology).
The study of politics, political systems, political theories, the state, power relations, government, political institutions and political processes.

politiseer v. (verpolitiseer).
1. 'n Handeling waardeur 'n vraagstuk wat voorheen binne 'n niepartypolitieke arena van bespreking en besluitneming gelee was, na die arena van partydige en verdelende politiek geneem word, bv om die vraagstuk van tolpaaie te politiseer. 2. Om politiekbewustheid te skep of 'n politieke element in 'n saak in te bring wat vantevore buite die politieke arena was.

+ **politicise** v.
1. An action whereby an issue that has previously been located in a nonpartisan arena of deliberation and decision making, is taken into the arena of partisan and divisive politics eg to politicise the question of toll roads. 2. To create political awareness or to draw a matter previously outside politics into the political arena.

politiseer v.
Om politiekbewustheid te skep en om politieke menings te vorm, gewoonlik in 'n spesifieke teikengroep.
+ **politicise** v.
To create political awareness and form political views, usually in a specific target group.

Politologie → **Politikologie**

populêre besluitneming n. (volksbesluitneming).
Deelname deur die algemene bevolking aan die besluitnemingsproses.
+ **popular decision-making** n.
Participation by the general population in the decision-making process.

populêre deelname n. (volksdeelname).
'n Stelsel waardeur die algemene bevolking deur middel van bv referenda en die verkiesing van verteenwoordigers aan regeringsprosesse deelneem.
+ **popular participation** n.
A system whereby the general population takes part in the processes of government, eg through referenda and the election of representatives.

populêre demokrasie n. <kyk ook volksdemokrasie>.
'n Stelsel waar die mag by die volk berus wat verteenwoordigers verkies om namens hulle te regeer. Dit is in teenstelling met elitegedrewe demokrasie.
+ **popular democracy** n. <see also people's democracy>.
A system in which power rests with the people, who elect representatives to rule on their behalf. This is in contrast to elite driven democracy.

populêre front n. (volksfront).
'n Alliansie van gewoonlik linkse, rewolusionêre, nasionalistiese en/of bevrydingspolitieke partye met 'n gemeenskaplike oogmerk soos teenstand teen fascisme en kolonialisme; veral marxiste gebruik die term.
+ **popular front** n.
An alliance of usually left-wing, revolutionary, nationalist and/or liberation political parties with a common goal such as opposition to fascism and colonialism; marxists in particular use this term.

populêre stem n. (volkstem).
Die wil van die algemene bevolking soos by die stemburo uitgedruk.
+ **popular vote** n.
The will of the general population as expressed at the polling station.

populisme n.
'n Leerstelling en verwante gedrag wat die bevordering van die belange van gewone mense behels.

* **populism** n.
A doctrine and related behaviour embracing the furthering of the interests of ordinary people.

populistiese bewind n. <voorkeurterm> (populistiese staat).
'n Owerheidsvorm waarin die regerende elite sy heerskappy legitimeer in die geloof dat die behoeftes van die massas die enigste geloofwaardige gids vir politieke optrede is. Hierdie bewindsvorm doen 'n beroep op populêre instinkte, ambisies en wrokke.
* **populist regime** n. <preferred term> (populist state).
A form of regime in which the ruling elite legitimates its rule in the belief that the needs of the masses are the only legitimate guide to political action. This form of rule appeals to popular instincts, aspirations and resentments.

populistiese staat → populistiese bewind

portefeuljekomitee n.
In Suid-Afrika 'n komitee van die Nasionale Vergadering wat ingestel is om oor 'n bepaalde ministeriële portefeulje toesig te hou, bv die Portefeuljekomitee oor Buitelandse Sake.
* **portfolio committee** n.
In South Africa a committee of the National Assembly established to oversee a specific ministerial portfolio, eg the Portfolio Committee on Foreign Affairs.

Portugeessprekende Afrika n. <kyk ook Arabies-Afrika; Engelssprekende Afrika; Franssprekende Afrika>.
Die gebied in Afrika waar die staat se amptelike taal of die hooftaal vir kommunikasie Portugees is.
* **Lusophone Africa** n. <see also Anglophone Africa; Arab Africa; Francophone Africa>.
The area in Africa where the official language of the state or the main language of communication is Portuguese.

Portugeessprekende state n.
Die state waar die staat se amptelike taal of die hooftaal vir kommunikasie Portugees is.
* **Lusophone states** n.
The states where the official language of the state or the main language of communication is Portuguese.

portuurdruk n.
Druk deur gelykes in 'n groep op 'n ander lid van daardie groep om in ooreenstemming met die norme en optredes van die groep te handel.
* **peer pressure** n.
Pressure by equals in a group on another member of that group to conform to the norms and behaviour of the group.

portuurgroep n.
'n Groep mense wat in kenmerke soos ouderdom, rang, beroep en sosiale stand, gelyk is.
* **peer group** n.
A group of people who are equal in attributes such as age, rank, profession and social standing.

posbekleër n.
'n Persoon wat op 'n bepaalde tydstip 'n amp of pos beklee.

* **incumbent** n.
A person who is currently in office or holds a position.

positiewe regte n. <kyk ook negatiewe regte>.
Die kollektiewe verpligting van die samelewing om in die belang van die houer van 'n reg op te tree, bv die reg op 'n minimum lewenstandaard, openbare onderwys, nasionale veiligheid en gesondheidsorg.
* **positive rights** n. <see also negative rights>.
The collective obligation of society to act in the interest of the holder of a right, eg the right to a minimum standard of living, public education, national security and health care.

posstemming n.
'n Stembriefie uitbring deur dit na die voorgeskrewe adres te pos. Dit word slegs in sekere gevalle en onder streng beheer toegelaat.
* **voting by mail** n.
Casting a ballot by mailing it to the prescribed address. It is only permitted in certain cases and under strict control.

pouse n.
'n Kort onderbreking van verrigtinge vir 'n ruspose of verversings.
* **recess** n.
A brief interruption of proceedings for a rest or refreshments.

PPS → parlementêre privaatsekretaris

prebende n.
Oorspronklik die reg van geestelikes van die Rooms-Katolieke Kerk op 'n deel van 'n gemeente se inkomste. Die term het uitgebrei na die politiek waar dit beskou word as 'n deel van 'n staat se inkomste waarop ampsbekleërs 'n aanspraak het tot voordeel van hulself, hul naasbestaandes en vriende.
* **prebend** n.
Originally the right of a member of the clergy of the Roman Catholic Church to a share of a cathedral's income. The term has broadened into politics where it is seen as a share of the revenue of a state claimed as an entitlement by office holders for the benefit of themselves, their next of kin and friends.

prefektuur n. <kyk ook aangewysde stad>.
'n Plaaslikeregeringsvlak in Frankryk, Japan en 'n aantal ander state, wat aansienlik in omvang en bevoegdheid tussen daardie state wissel.
* **prefecture** n. <see also designated city>.
A level of local government in France, Japan and a number of other states, varying considerably in extent and powers between these states.

premier n. <kyk ook primariusminister; eerste minister>.
Die hoofminister van 'n regering in 'n parlementêre vorm van uitvoerende gesag. Die gebruik van die terme premier, eerste minister en primariusminister hang af van die betrokke politieke stelsel.
* **premier** n. <see also first minister; prime minister>.
The chief minister of a government in a parliamentary form of executive. The use of the

P

terms premier, prime minister and first minister depends on the political system concerned.

presidensiële aanspraakmaker n.
'n Sterk mededinger vir verkiesing tot die presidentsamp.
• *presidential contender* n.
A strong competitor for election to the office of president.

presidensiële uitvoerende gesag
→ **buiteparlementêre uitvoerende gesag**

president n. <kyk ook eerste minister>.
Die staatshoof van 'n republiek. In sommige gevalle beide die staatshoof en regeringshoof, bv die president van die VSA.
• *president* n. <see also prime minister>.
The head of state of a republic. In some instances both head of state and head of government, eg the president of the USA.

presidentsrede → **staatsrede**

prestasiebegroting n.
'n Vorm van begroting wat streef na die suinige, doelmatige gebruik van personeel en ander regeringshulpbronne in die uitvoering van regeringsdoelstellings en -doelwitte. Die begroting beklemtoon optrede en die meet van prestasie eerder as die blote toewysing van fondse.
• *performance budget* n.
A form of budgeting that strives for the fastidious, effective use of staff and other government resources in the execution of government goals and objectives. The budget emphasises action and the measuring of performance rather than mere allocation of funds.

pretoriaanse politiek n.
Politiek wat onder sterk militêre beïnvloeding bedryf word.
• *praetorian politics* n.
Politics conducted under strong military influence.

primariusminister n. <kyk ook eerste minister; premier>.
Die regeringshoof in 'n parlementêre stelsel wat deur die staatshoof aangestel word uit hoofde van sy/haar leierskap van die grootste party of koalisie van partye in die vergadering van 'n nie-onafhanklike gebied soos Skotland of Wallis in die VK.
• *first minister* n. <see also prime minister; premier>.
The head of government in a parliamentary system who is appointed by the head of state by virtue of his/her leadership of the largest party or coalition of parties in the assembly of a non-independent territory such as Scotland or Wales in the UK.

prins n.
'n Oorerflike titel vir 'n manlike lid van die adel, veral die seun van 'n koning of koningin.
• *prince* n.
A hereditary title for a male member of the nobility, particularly a son of the king or queen.

prinsdom n. <prinsipaliteit, vorstedom>.
'n Grondgebied waaroor 'n monarg regeer wat 'n prins genoem word.

• *princedom* n. <principality>.
A territory reigned over by a monarch called a prince.

prinses n.
'n Oorerflike titel vir 'n vroulike lid van die adel, veral die dogter van 'n koning of koningin.
• *princess* n.
A hereditary title for a female member of the nobility, particularly a daughter of the king or queen.

Prinses van Wallis n.
Die eretitel vir die vrou van die Prins van Wallis.
• *Princess of Wales* n.
The courtesy title for the wife of the Prince of Wales.

prinsgemaal n.
Titel van die prins wat getroud is met 'n heersende koningin.
• *prince consort* n.
Title of the prince who is married to a reigning queen.

prins-regent n.
'n Prins wat namens 'n monarg regeer weens laasgenoemde se onvermoë of afwesigheid.
• *prince regent* n.
A prince who rules on behalf of a monarch because of the monarch's inability or absence.

Prins van Wallis n.
Die titel van die manlike troonopvolger van die Verenigde Koningryk.
• *Prince of Wales* n.
The title of the male successor to the throne of the United Kingdom.

privaatlidwetsontwerp n. <kyk ook private wetsontwerp>.
In teenstelling met 'n openbare wetsontwerp, is hierdie 'n wetsontwerp wat deur 'n individuele lid van die parlement of ander vergadering in sy/haar private hoedanigheid voorgelê word en wat oor 'n openbare saak handel.
• *private member's bill* n. <see also private bill>.
In contrast to a public bill, this is a bill put forward by an individual member of parliament or other assembly in his/her private capacity, dealing with a public topic.

private wetsontwerp n. <kyk ook privaatlidwetsontwerp>.
Voorgestelde wetgewing wat aan 'n parlement voorgelê word en 'n beperkte onderwerp soos maatskappye, universiteite en individue behandel, in teenstelling met 'n openbare wetsontwerp wat van algemene belang is.
• *private bill* n. <see also private member's bill>.
Proposed legislation of limited concern that is introduced in a parliament and deals with a limited subject such as companies, universities and individuals in contrast to a public bill that is of general concern.

privatiseer v.
1. Om openbare bates aan private besit oor te dra of te verkoop. 2. Om owerheidsfunksies en dienste aan privaat ondernemings uit te bestee.
* *privatise* v.
1. To transfer or sell public assets to private ownership. 2. To outsource government functions and services to private firms.

proklamasie n.
'n Amptelike, openbare bekendmaking wat gewoonlik bepaalde voorskrifte bevat.
* *proclamation* n.
An official public announcement that usually prescribes certain measures.

promulgeer → **uitvaardig**

propaganda n.
Enige vorm van kommunikasie wat gemanipuleer word om die menings, emosies, houdings of gedrag van enige groep te beïnvloed ten einde die borg regstreeks of onregstreeks te bevoordeel.
* *propaganda* n.
Any form of communication manipulated to influence the opinions, emotions, attitudes or behaviour of any group in order to benefit the sponsor, directly or indirectly.

proporsionele kiesstelsel n.
'n Stelsel van politieke verteenwoordiging waarin die stemme wat in 'n verkiesing uitgebring word wiskundig in verhouding omgeskakel word na die getal setels wat aan partye in 'n wetgewer toegeken word.
* *proportional electoral system* n.
A system of political representation in which the votes received at a poll are translated mathematically into the proportional number of seats allocated to parties in a legislature.

proporsionele verteenwoordiging n.
Die verteenwoordiging van partye in 'n vergadering gebaseer op die toekenning van setels volgens die aandeel van die stemme wat 'n party ontvang het relatief tot die totale getal stemme wat in 'n verkiesing uitgebring is.
* *proportional representation* n.
The representation of parties in an assembly based on the allocation of seats in proportion to the share of votes that a party received relative to the total number of votes cast in an election.

prorogasie → **prorogering**

prorogering n. <kyk ook parlement gaan uiteen> (prorogasie).
Die tydelike staking van die verrigtinge van 'n wetgewende instelling sonder om dit te ontbind, bv om in reses te gaan.
* *prorogation* n. <see also parliament adjourns>.
The temporary discontinuation of the proceedings of a legislative institution without dissolving it, eg going into recess.

prosessuele mosie → **ordemosie**

Protestantse Hervorming n. <die Protestantse Hervorming>.
'n 16de eeuse godsdienstige hervormingsbeweging in die Rooms-Katolieke Kerk wat gelei het tot die totstandkoming van Protestantisme as 'n afsonderlike vorm van Christelike geloof.
* *Protestant Reformation* n. <the Protestant Reformation>.
A 16th century religious reform movement in the Roman Catholic Church which led to the establishment of Protestantism as a separate system of Christian beliefs.

proteswag n. (betooggroep).
'n Persoon of groep wat buite 'n werkplek gestasioneer is om sowel te betoog as om ander persone te oorreed om nie die werkplek binne te gaan nie.
* *picket* n.
A person or group stationed outside a workplace both to demonstrate and to persuade others not to enter the workplace.

proteswaglinie n. (betooggroeplinie, betooglinie).
'n Ry mense wat 'n proteswaglinie voor 'n besigheid, fabriek of ander bedryf vorm.
* *picket line* n.
A line of people picketing a business, factory or other industry.

protokol n.
1. Voorskrifte vir die korrekte prosedures en gedrag by amptelike funksies. Dit is veral belangrik in die voer van diplomatieke betrekkinge. 2. Die rekord van 'n internasionale ooreenkoms of konsepooreenkoms, of 'n wysiging van so 'n ooreenkoms, of 'n aanhangsel wat die inhoud van so 'n ooreenkoms opklaar.
* *protocol* n.
1. Precepts for the correct procedures and behaviour at official functions. This is especially important in the conduct of diplomatic relations. 2. The record of an international agreement or draft agreement, or an amendment to such an agreement, or an appendix clarifying the content of such an agreement.

provinsiale administrasie n.
Die administrasie van 'n provinsiale regering.
* *provincial administration* n.
The administration pertaining to a provincial government.

provinsiale sekretaris n.
Die hoof- uitvoerende beampte van die regering in 'n provinsie van die staat.
* *provincial secretary* n.
The chief executive official of government in a province of the state.

provinsie n.
'n Geografies afgebakende grondgebied wat as 'n administratiewe afdeling van 'n staat funksioneer.
* *province* n.
A geographically demarcated territory functioning as an administrative division of a state.

ptokokrasie n.
Die uitoefening van politieke mag deur die armes.

P

♦ *ptochocracy* n.
The exercise of political power by the poor.

Publieke Administrasie n.
Die akademiese dissipline wat die aktiwiteite bestudeer en navors van openbare of regeringsburokrasieë, regeringsagentskappe en -owerhede, sowel as ander instellings wat 'n openbare diens lewer deur die gebruik van openbare fondse.
♦ *Public Administration* n.
The academic discipline that studies and researches the activities of public or government bureaucracies, government agencies and authorities as well as other institutions that deliver a public service, using public funds.

publieke administrasie → **openbare administrasie**

publieke belang → **openbare belang**

publieke finansies → **openbare finansies**

publieke uitgawe → **openbare uitgawe**

publiekgerigte diplomasie n.
Die verspreiding van informasie deur diplomate en diplomatieke agentskappe ten einde die openbare mening in ander state te beïnvloed; dikwels as propaganda beskou.
♦ *public diplomacy* n.
The dissemination of information by diplomats and diplomatic agencies in order to influence public opinion in other states; often considered to be propaganda.

P

Rr

raad n.
'n Diplomatieke rang onder minister en bokant eerste sekretaris.
* *counsellor* n.
A diplomatic rank below minister and above first secretary.

Raad op Buitelandse Betrekkinge n.
'n Niepartygebonde VSA-dinkstigting vir buitelandse beleid wat in 1921 gestig is. Lede sluit hooggeplaaste individue van die VSA se politieke elite in.
* *Council on Foreign Relations* n.
A nonpartisan USA foreign policy think tank founded in 1921. Members include high-ranking individuals from the USA political elite.

Raad van Afgevaardigdes n.
Tussen 1984 en 1994, nadat die 1983-grondwet in Suid-Afrika van krag geword het, die wetgewende huis van die driekamerparlement waartoe die Indiese bevolking hulle verteenwoordigers verkies het.
* *House of Delegates* n.
Between 1984 and 1994, after the 1983 Constitution came into effect in South Africa, the legislative house of the tricameral parliament to which the Indian population elected their representatives.

Raad van Verteenwoordigers n.
Tussen 1984 en 1994, nadat die 1983-grondwet in Suid-Afrika van krag geword het, die wetgewende huis van die driekamerparlement waartoe die bruin bevolking hulle verteenwoordigers verkies het.
* *House of Representatives* n.
Between 1984 and 1994, after the 1983 Constitution came into effect in South Africa, the legislative house of the tricameral parliament to which the coloured population elected their representatives.

rabat → korting

radikaal → radikalis

radikalis n. (radikaal).
'n Persoon wat uiterste menings handhaaf en ten gunste van uiterste of grondliggende verandering in 'n samelewing is.
* *radical* n.
A person holding extreme opinions and favouring extreme or fundamental change in a society.

radiokrasie n.
Geskep uit radio, demokrasie en ontwikkeling, dui die term op die gebruik van radio as 'n middel tot bemagtiging.
* *radiocracy* n.
Coined from radio, democracy and development, the term denotes the use of radio as an instrument of empowerment.

radja n. <Indiese tale>.
Die titel van sommige monarge of prinslike heersers in Indië, Sri-Lanka, Pakistan, Maleisië en Java.

* *raja* n. <Indian languages> (rajah).
The title of some monarchs or princely rulers in India, Sri-Lanka, Pakistan, Malaysia and Java.

rampokkerstaat → boefstaat

randstad n.
'n Stad wat aan die buiterand van 'n afgebakende gebied geleë is.
* *perimeter city* n.
A city lying on the outer edge of a defined area.

randstandige gemeenskap n.
(gemarginaliseerde gemeenskap).
'n Gedeelte van die bevolking wat onbelangrik en minderwaardig gerangeer is.
* *marginalised community* n.
A section of a population rendered unimportant and of lesser value.

ranie n. <Indiese tale>.
Die vroulike vorm van radja en gewoonlik die titel van die vrou van die radja.
* *rani* n. <Indian languages> (ranee).
The female form of raja and a title mainly given to the wife of a raja.

rassediskriminasie n.
Die onregverdige behandeling van 'n persoon of groep op grond van ras.
* *racial discrimination* n. (race discrimination).
The unfair treatment of a person or group on the basis of race.

rassegelykheid n.
Die praktyk waardeur lede van verskillende rassegroepe dieselfde sosiale status geniet en op 'n gelykwaardige wyse behandel word.
* *racial equality* n.
The practice by which members of different race groups enjoy the same social status and are treated in a like manner.

rasseklassifikasie n.
Formele kategorisering en/of sertifisering van 'n persoon as lid van 'n bepaalde ras.
* *race classification* n. (racial classification).
Formally categorising and/or certifying a person as belonging to a particular race.

rassesegregasie n.
1. 'n Beleid waardeur rasse geskei word of afsonderlik van mekaar gehou word op baie gebiede van sosiale verkeer soos afsonderlike skole, afsonderlike ingange na openbare geboue, afsonderlike openbare vervoer en afsonderlike woonbuurte. 2. Die skeiding van mense dmv wetgewing op grond van rasseklassifikasie.
3. Informele sosiale praktyke van uitsluiting op grond van taal, velkleur, godsdiens of etniese afkoms, bv Joodse ghetto's.
* *racial segregation* n.
1. A policy in which races are segregated or kept separate from one another in many areas of social interaction such as separate schools, separate

entrances to public buildings, separate public
transport facilities and separate living areas? The
separation of people by legislation on the basis of
racial classification. 3. Informal social paractices of
exclusion based on language, skin colour, religion
or ethnic desent, eg Jewish ghettos.

rassialiseer → **rassifiseer**

rassifiseer v. <kyk ook nierassig> (rassialiseer,
ver-ras).
Om sonder verdienste ras as 'n veranderlike en
verduidelikende faktor in 'n bepaalde kwessie in te
bring.
  • *racialise* v. <see also nonracial>.
Without merit bringing race as a variable and
explanatory factor into a particular issue.

rassisme n.
Die opvatting of leerstelling en verwante gedrag dat
politieke en maatskaplike afleidings gemaak kan
word uit die veronderstelling dat rasse as gevolg
van oorerflike faktore verskil en dat sommige rasse
beter as ander is.
  • *racism* n. (racialism).
The belief or doctrine and related behaviour that
political and social conclusions can be drawn from
the assumption that races differ as a result of
hereditary factors and that some races are superior
to others.

ratifiseer → **bekragtig**

realpolitik n. <uit Duits>.
Politiek gebaseer op die werklikhede van
magsverhoudings en materiële behoeftes eerder as
op morele waardes of ideale.
  • *realpolitik* n. <from German>.
Politics based on realities of power relationships
and material needs rather than on morals or ideals.

rebel n.
'n Persoon wat aan 'n rebellie deelneem.
  • *rebel* n.
A person taking part in a rebellion.

rebellie n. <kyk ook rewolusie>.
'n Opstand teen die gevestigde politieke orde wat
daarop gemik is om die regeerders te vervang
eerder as om die politieke stelsel as geheel omver te
werp.
  • *rebellion* n. <see also revolution>.
An uprising against the established political order
aimed at replacing the rulers rather than the whole
political system.

rebus sic stantibus n. <volvorm: clausula rebus
sic stantibus; kyk ook pacta sunt servanda>.
'n Leerstelling in die internasionale reg wat 'n
uitsondering op pacta sunt servanda bied deur
daarvoor voorsiening te maak dat 'n verdrag
ontoepaslik word wanneer daar 'n geheel en al
onvoorsiene verandering intree in die
omstandighede waarin die verdrag aangegaan is. Dit
vereis dat die oorspronklike omstandighede
wesenlik vir die verpligtinge van die verdrag moet
wees en dat die verandering hierdie verpligtinge
ingrypend moet aantas.

  • *rebus sic stantibus* n. <full form: clausula
rebus sic stantibus; see also pacta sunt
servanda>.
A doctrine in international law providing an
exception to pacta sunt servanda by allowing for a
treaty to become inapplicable when a totally
unforeseen change occurs in the circumstances
under which it was entered into. It requires the
original circumstances to be essential to the
obligations of the treaty and the change to radically
affect these obligations.

reëlstiptheid n.
'n Soort nywerheidsoptrede waar werkers al die
werkvoorskrifte nougeset volg sodat produksietyd
verleng word en uitset drasties gesny word.
  • *work-to-rule* n.
A type of industrial action where employees follow
all working rules painstakingly so that production
time is extended and output is cut drastically.

reëlstiptheid toepas v.
Doen van die minimum werk wat werkgewers
verwag en die puntenerige nakoming van al die
voorskrifte om sodoende laer produksievolumes te
veroorsaak.
  • *work to rule* v.
Doing the minimum requirement of work expected
by employers and following all rules fastidiously in
order to cause lower production volumes.

reëls vir gevegsaanknoping → **kontakreëls**

referendum n. <kyk ook volkstemming>.
'n Populêre stemming waarin die kiesers hulle kan
uitspreek oor 'n saak van beduidende openbare
belang. Die uitslag word as bindend op die regering
geag.
  • *referendum* n. <see also plebiscite>.
A popular vote in which the electorate can express
a view on a question of significant public interest.
The outcome of the ballot is deemed to be binding
on the government.

reg n.
Geregtig wees op iets wat moreel geregverdig is of
wetlik aan 'n persoon toegestaan is of om op 'n
bepaalde manier op te tree of behandel te word, bv
die reg om te stem.
  • *right* n.
An entitlement that is morally just or legally
granted to a person to act or be treated in a
particular way, eg the right to vote.

regbank n. <die regbank>.
Die regters en landdroste van 'n staat as 'n
kollektiewe instelling.
  • *judiciary* n. <the judiciary>.
The judges and magistrates of a state as a collective
institution.

regeer v.
Om soewereine regeringsbevoegdheid uit te oefen.
  • *rule* v.
To exercise the sovereign powers of government.

regeerkunde n. (regeerpraktyk, staatsbestuur).
1. Die kuns om 'n staat te regeer. 2. Die proses om
'n politie te rig, beheer en administreer; en
openbare verantwoordingspligtigheid vir daardie

R

optrede. 3. Soms gebruik om na die studie van die staat te verwys.

• ***governance*** n.

1. The art of governing a state. 2. The process of directing, controlling and administering a polity; and public accountability for those actions.
3. Rarely used to refer to the study of the state.
4. Sometimes used to refer to government (deprecated).

regeerpraktyk → **regeerkunde**

regeervorm → **owerheidsvorm**

regent n.

'n Persoon wat aangewys is om te heers in die afwesigheid van 'n heerser, of namens 'n minderjarige heerser, of 'n heerser wat nie in staat is om te heers nie.

• ***regent*** n.

A person appointed to rule in the absence of a ruler, or on behalf of a ruler who is still a minor, or a ruler who is unable to rule.

regentskap n.

Heerskappy deur 'n regent of 'n regentskapraad; die tydperk van sodanige heerskappy, asook die jurisdiksiegebied daarvan.

• ***regency*** n.

Rule by a regent or a regency council; the duration of such rule, as well as the area of jurisdiction thereof.

regentskapsraad n.

'n Groep persone wat aangewys is om te heers in die afwesigheid van 'n heerser, of namens 'n heerser wat óf minderjarig is óf nie die vermoë het om te heers nie.

• ***regency council*** n.

A group of persons appointed to rule in the absence of a ruler, or on behalf of a ruler who is either still a minor or unable to rule.

regerende elite n.

Die uitverkose handjievol wat die uitoefening van politieke mag binne 'n samelewing oorheers.

• ***governing elite*** n.

The select few who dominate the exercise of political power within a society.

regerende klas n.

1. Die sosiale groep waaruit diegene wat mag uitoefen, getrek word. 2. In Marxistiese ideologie, die klas wat die produksiemiddele besit.

• ***governing class*** n.

1. The social group from which those that exercise power are drawn. 2. In Marxist ideology, the class that owns the means of production.

regerende party n.

Die politieke groep wat 'n staat regeer.

• ***ruling party*** n. (governing party).

The political group governing a state.

regering n.

Die uitvoerende gesag van 'n staat.

• ***government*** n.

The executive of a state.

regering in ballingskap n. (ballingregering).

'n Regering wat sy tuisstaat uit 'n vreemde staat regeer of daarop aanspraak maak dat hy dit regeer,

gewoonlik in buitengewone omstandighede soos oorlog of burgeroorlog ten tyde waarvan die regering verban word of vrywillige ballingskap in 'n vriendskaplike staat aanvaar.

• ***government in exile*** n.

A government that governs or claims to govern its home state from a foreign state, usually in extraordinary circumstances, such as a war or civil war during which the government is banished or takes voluntary banishment to a friendly state.

regeringsfeer n.

In Suid-Afrika verwys dit na een van die tradisionele regeringsvlakke, dws nasionale, provinsiale of plaaslike regering.

• ***sphere of government*** n.

In South Africa it refers to one of what are traditionally called the levels of government, ie national, provincial and local government.

regeringshoof n. <kyk ook staatshoof>.

Die persoon wat oor die finale uitvoerende gesag in 'n staat beskik, bv 'n eerste minister wat in beheer van 'n kabinet is.

• ***head of government*** n. <see also head of state>.

The person who has final executive authority in a state, eg a prime minister who is in charge of a cabinet.

R

regeringsinmenging n.

Bemoeiing van die staat met ekonomiese en sosiale aangeleenthede, soos die regulering van markte, asook met die sake van ander state.

• ***government interference*** n.

Meddling by the state in economic and social affairs, such as the regulation of markets, as well as in the affairs of other states.

regeringsinstelling n. (regeringsorgaan <af te keur>).

'n Organisasie wat tot stand gebring is om bepaalde funksies in staatsbestuur te verrig.

• ***governmental institution*** n. (governmental organ <deprecated>).

An organisation established to exercise specified functions in the governance of the state.

regeringskorporasie → **staatskorporasie**

regeringsorgaan → **regeringsinstelling**

regeringsvorm n. (vorm van die uitvoerende gesag).

Die wyse waarop die uitvoerende gesag in 'n staat formeel georganiseer is, gewoonlik 'n parlementêre of buiteparlementêre (presidensiële) vorm van uitvoerende gesag.

• ***form of government*** n. (form of the executive).

The way in which the executive in a state is formally organised, usually a parliamentary or an extra-parliamentary (presidential) type of executive.

regeringsvorm → **owerheidsvorm**

regime → **bewind**

regime n. <internasionale verhoudinge>.

'n Georganiseerde struktuur gegrond op 'n ooreengekome stel beginsels, norme, reëls en besluitnemingsprosedures waaroor internasionale

akteurs instem om saam te werk. Dit dek interaksie tussen formele instellings soos OPUL, die VN en state, sowel as informele groeperinge, soos 'n ad hoc-groepering van banke tydens die 2008 internasionale bankkrisis. Akteurs hoef nie state te wees nie. Bv 'n internasionale regime oor klimaatsverandering.
  • *regime* n. <international relations>.
An organised structure based on an agreed set of principles, norms, rules and decision-making procedures around which international actors agree to cooperate. It covers interaction between formal organisations such as OPEC, the UN and states as well as informal groupings, such as an ad hoc grouping of banks during the 2008 international banking crisis. Actors need not be states. Eg an international regime on climate change.

regina n. <Latyn> (koningin).
Vroulike monarg
  • *regina* n. <Latin> (queen).
Female monarch

regionale moondheid → **streeksmoondheid**

regionale veiligheid → **streeksveiligheid**

regmatige erfgenaam → **erfopvolger**

reg om te vergader n.
Die reg om 'n aantal mense op een plek bymekaar te bring.
  • *right of assembly* n. (right of meeting).
The right to bring together a number of people in one place.

reg om te weet n.
Die reg om ten opsigte van een of ander aangeleentheid ingelig te wees.
  • *right to know* n.
The right to be informed with regard to some matter.

regsaanspreeklikheid → **aanspreeklikheid**

regsbevoegdheid → **jurisdiksie**

regsgebied → **jurisdiksiegebied**

regslords n.
Regsgekwalifiseerde lede van die Britse Hoërhuis wat as 'n finale appèlhof opgetree het tot 2009, toe dié funksie na die nuwe Hooggeregshof van die VK toe oorgedra is.
  • *law lords* n.
Legally qualified members of the House of Lords who acted as a court of final appeal until 2009, when this function was passed to the new Supreme Court of the UK.

regsoewereiniteit → **oppergesag van die reg**

regsonderhorigheid → **oppergesag van die reg**

regsprekende funksie → **regterlike funksie**

regsprekende gesag n.
Die tak van die owerheid wat met die beregting van die reg en die beoordeling daarvan belas is.
  • *judicial authority* n. <judiciary>.
The branch of the authorities that is entrusted with adjudicating the law and passing judgment on the law.

regstellende handeling n. (inhaalaksie).
Die formele herstel van vermeende ongelykhede tussen sekere dele van die gemeenskap, bv ongelykhede tussen verskillende rasse, etniese groepe, genders en diegene met gestremdhede.
  • *affirmative action* n.
The formal redressing of imbalances considered to exist among certain sections of society, eg imbalances between different races, ethnic groups, genders and those with disabilities.

regstreekse verteenwoordiging → **direkte verteenwoordiging**

regsvoorrang → **oppergesag van die reg**

regterlike funksie n. (regsprekende funksie).
Die taak waartoe die regterlike gesag behoorlik gemagtig is.
  • *judicial function* n.
The task of the judiciary that it is duly empowered to exercise.

regterlike hersiening n.
1. 'n Grondwetlike leerstelling wat 'n hof die mag verleen om wetgewende of uitvoerende handelinge te kanselleer wat die regters ongrondwetlik vind.
2. 'n Herondersoek deur regters, bv van die verrigtinge van 'n laer hof.
  • *judicial review* n.
1. A constitutional doctrine that gives a court the power to cancel legislative or executive acts that the judges find to be unconstitutional. 2. A re-examination by judges, eg of the proceedings of a lower court.

regte van burgerskap n.
Die wetlike pligte, regte en aansprake van 'n staatsburger.
  • *rights of citizenship* n.
The legal duties, rights and entitlements of a national of a state.

regte van die individu n. <kyk ook groepregte> (individuele regte).
Die wetlike aansprake van 'n persoon.
  • *rights of the individual* n. <see also group rights> (individual rights).
The legal entitlements of a person.

regverdigde oorlog n. <kyk ook onregverdige oorlog>.
'n Oorlog wat op morele grond regverdig is, of voorgee om te wees.
  • *just war* n. <see also unjust war>.
A war that is, or is claimed to be, justified on moral grounds.

regverdige verkiesing n.
'n Verkiesing wat op so 'n wyse plaasvind dat elke deelnemende party 'n billike kans het om sy veldtog te voer.
  • *fair election* n.
An election that takes place in such a manner that each participating party has a just chance to conduct its campaign.

regverdigheid n.
Die toestand van handelinge en beregtigings wat eerbaar, billik en onpartydig is.

R

* *justness* n.

The condition of actions and judgements being honourable, fair and impartial.

Reichstag n. <Duits>, <kyk ook Ryksdag> (Ryksdag).

Die wetgewende vergadering van die Heilige Romeinse Ryk (ca 1500–1806), Oostenryk (1848–49), die Noord-Duitse Konferederasie en Duitsland (1871 tot 1945). In Duits ook die wetgewende vergaderings van die Skandinawiese state.

* *Reichstag* n. <German>, <see also Diet>.

The legislative assembly of the Holy Roman Empire (ca 1500–1806), Austria (1848–49), the North German Confederation and Germany (1871 to 1945). In German also the legislative assemblies of the Scandinavian states.

reissakopportunis n. <VSA>.

'n Rondreisende persoon van die noordelike VSA wat na afloop van die Amerikaanse burgeroorlog in die 19de eeu na die oorwonne Suide toe beweeg het op soek na persoonlike finansiële voordele.

* *carpetbagger* n. <USA>.

An itinerant person from the Northern USA moving to the vanquished South after the American civil war in the 19th century, seeking personal commercial advantage.

rekenpligtige beampte n.

'n Beampte volgens wetsvoorskrifte belas met die verantwoording van alle staatsgeld deur hom/haar ontvang en bestee.

* *accounting officer* n.

An official charged in terms of the provisions of an act with accounting for all state moneys received and spent by him/her.

relatiewe meerderheid → **gewone meerderheid**

religieuse fundamentalisme n. <kyk ook Christenfundamentalisme; fundamentalisme; Islamitiese fundamentalisme; Joodse fundamentalisme>., (geloofsfundamentalisme, godsdiensfundamentalisme).

'n Denkstyl of 'n ideologie en verwante gedrag wat besondere religieuse beginsels as essensieel en onbevraagtekenbaar beskou.

* *religious fundamentalism* n. <see also Christian fundamentalism; fundamentalism; Islamic fundamentalism; Jewish fundamentalism>.

A style of thought and related behaviour that holds specific religious principles to be essential and unchallengeable.

renegaat n.

'n Persoon wat vorige oortuigings of trou laat vaar en verkies om buite die reg te lewe.

* *renegade* n.

A person who relinquishes previous beliefs or loyalty and chooses to live outside the law.

repatrieer v.

Om 'n nieburger, soos 'n vlugteling of krygsgevangene, na sy/haar land van burgerskap of geboorte terug te stuur; genaturaliseerde burgers kan ook gerepatrieer word nadat hul burgerskap herroep is.

* *repatriate* v.

To send a non-citizen, such as a refugee or prisoner of war, back to his/her country of citizenship or birth; naturalised citizens may also be repatriated after their citizenship has been revoked.

republiek n.

'n Staat wat nie deur 'n monarg regeer word nie, dikwels met 'n demokratiese of verteenwoordigende bewind, en met 'n staatshoof bekend as die president.

* *republic* n.

A state not governed by a monarch, often with a democratic or representative regime, and with a head of state known as the president.

reses n.

'n Tydperk waartydens normale verrigtinge tot stilstand kom met die voorneme om dit op 'n bepaalde tydstip te hervat.

* *recess* n.

A period when normal business ceases with the intention of resuming at a specified time.

resessie n. <kyk ook depressie>.

'n Korttermynverlangsaming in 'n ekonomie van ekonomiese aktiwiteit, gewoonlik gekenmerk deur 'n inkorting van sakeaktiwiteit en verlaging van huishoudelike inkomste en 'n toename in werkloosheid en bankrotskappe.

* *recession* n. <see also depression>.

A short-term slowdown in an economy of economic activity, usually characterised by a contraction in business activity and household income and an increase in unemployment and bankruptcies

residensiële gebied n. (woonbuurt, woongebied).

'n Stedelike gebied aangewys en gebruik vir behuisingsdoeleindes.

* *residential area* n.

An urban area designated and used for housing purposes.

residuele wetgewende bevoegdheid n. <kyk ook gelyklopende bevoegdheid; eksklusiewe bevoegdheid> (oorblywende wetgewende bevoegdheid).

By federale state die wetgewende bevoegdhede wat nie spesifiek aan die federale wetgewer of die deeleenhede toegestaan is nie.

* *residual legislative powers* n. <see also concurrent powers; exclusive legislative powers>.

In federal states the legislative competencies which have not specifically been granted to either the federal legislature or the constituent units.

restantstaat n.

Daardie deel van 'n staat wat oorbly na die vertrek of wegneming van 'n groot deel of dele van die grondgebied van 'n staat. 'n Restant kan swakker as die oorspronklike staat wees.

* *rump state* n.

The part that remains after the departure or removal of a large part or parts of the territory of a state. A rump may be weaker than the original state.

R

retorsie n. <kyk ook wraakhandeling; vergelding> .

In die internasionale reg, die strafhandeling deur 'n buitelandse regering teen 'n ander na aanleiding van die onbillike behandeling van sy burgers wat hulself binne die geografiese grense van die staat wat aanstoot gee, bevind. In reaksie word die burgers van die oortredende staat, wat hulself binne die landsgrense van die reaktiewe staat bevind, dikwels aan dieselfde onbillike behandeling onderwerp.

♦ **retorsion** n. <see also reprisal; retaliation>.

In international law, the action taken by a foreign government against another to punish the unfair treatment of its citizens who are within the geographical boundaries of the offending state. In reaction the citizens of the offending state, within the territory of the reacting state, are often subjected to similar unfair treatment.

reusestad → **megalopolis**

revisionisme n.

Die bepleiting daarvan dat aanvaarde teorie, doktrine, praktyk of historiese gebeure herevalueer moet word, bv in die Marxisme.

♦ **revisionism** n.

The advocacy of re-evaluating accepted theory, doctrine, practice or historical events, eg in Marxism.

revolusie → **rewolusie**

rewolusie n. <kyk ook rebellie> (revolusie).

'n Snelle verandering in die hele politieke, sosiale en ekonomiese orde van 'n staat, gewoonlik deur 'n wydverspreide populêre opstand wat met massa-optrede gepaard gaan.

♦ **revolution** n. <see also rebellion>.

A rapid change in the entire political, social and economic order of a state, usually through a widespread popular uprising involving mass action.

rewolusionêre beweging n.

'n Groep mense met die gemeenskaplike doel om fundamentele en wydlopende veranderinge in die bestaande orde teweeg te bring, gewoonlik saam met geweld.

♦ **revolutionary movement** n.

A group of people with the common aim of bringing about fundamental and far-reaching changes in the existing order, usually associated with violence.

rewolusionêre klimaat n.

Die mate waarin heersende omstandighede in 'n staat bevorderlik is vir steun vir rewolusionêre idees en aktiwiteite.

♦ **revolutionary climate** n.

The extent to which existing conditions in a state facilitate support for revolutionary ideas and activities.

rewolusionêre magte n.

Die strydmagte van 'n rewolusionêre beweging.

♦ **revolutionary forces** n.

The fighting forces of a revolutionary movement.

rewolusionêre oorlog n.

'n Uitgerekte interne oorlog wat tussen die regering van 'n staat aan die een kant, en 'n inheemse revolusionêre beweging aan die ander kant, gevoer word as mededingers om politieke mag.

♦ **revolutionary war** n.

A protracted internal war fought between the government of a state on the one hand, and an indigenous revolutionary movement on the other hand, as competitors for political power.

rex n.

Latyn vir 'n manlike monarg. Is histories soms gebruik as die titel van 'n koning.

♦ **rex** n.

Latin for a male monarch. Historically sometimes used as a title for a king.

rigiede grondwet → **onbuigsame grondwet**

ringkopstaatsman n.

'n Staatsman van formaat, gewoonlik afgetree, wat deur huidige ampsbekleërs geraadpleeg word en wie se raad en dienste dikwels in konflikbeslegting gebruik word, bv President Julius Nyerere in Burundi, circa 1992 tot 1994.

♦ **elder statesman** n.

A statesman of stature, usually retired, who is consulted by current office-bearers and whose advice and services are often used in conflict resolution, eg President Julius Nyerere in Burundi, circa 1992 to 1994.

roekelose diplomasie n.

Diplomatieke handelwyse wat deur astrantheid, waaglustigheid en intimidasie gekenmerk word.

♦ **cowboy diplomacy** n.

Diplomatic conduct characterised by brashness, risk-taking and intimidation.

rojalis → **koningsgesinde**

rol n.

Die patroon van handelinge van 'n deelnemer aan die politieke proses.

♦ **role** n.

The pattern of actions of a participant in the political process.

rol n. <kyk ook politieke rol>.

In strukturele funksionalisme, 'n basiese eenheid, soos 'n amp of posisie, wat alle sosiale stelsels omvat, insluitend politieke stelsels, bv kieser en verteenwoordiger, soos deur Talcott Parsons geformuleer en deur Gabriel Almond en Bingham Powell aangepas.

♦ **role** n. <see also political role>.

In structural functionalism a basic unit, such as an office or position, which makes up all social systems, including political systems, eg voter and representative, as formulated by Talcott Parsons and adapted by Gabriel Almond and Bingham Powell.

roldifferensiëring n.

In strukturele funksionalisme die proses waardeur rolle verander en meer gespesialiseer of meer outonoom word, of nuut gevestig word, bv kieser en verteenwoordiger, soos deur Talcott Parsons geformuleer en deur Gabriel Almond en Bingham Powell aangepas.

♦ **role differentiation** n.

In structural functionalism the process whereby roles change and become more specialised or more autonomous, or are newly established, eg voter and representative, as formulated by Talcott Parsons and adapted by Gabriel Almond and Bingham Powell.

rolgedrag n.
Die handelinge van individue as bekleërs van 'n rol, soos in stemgedrag, motiverings, houdings en waardes.
• **role behaviour** n.
The actions of individuals as incumbents of a role such as voting behaviour, motivations, attitudes and values.

roloriëntering n.
Die houding van 'n politieke ampsbekleër jeens daardie rol.
• **role orientation** n.
The attitude of an incumbent of a political office towards that role.

rolspeler n. (akteur).
'n Deelnemer aan die politieke stelsel.
• **role player** n. (actor).
A participant in the political system.

rolspelergeoriënteerde benadering n.
'n Benadering waarin die belangrike rolspelers en hulle voorkeure, asook die vloei van informasie tussen hulle, uitgeken word en vir ontledingsdoeleindes gebruik word; bv waar die optrede van individue of state in internasionale betrekkinge as 'n verduideliking vir staatsgedrag aangebied word.
• **actor-orientated approach** n. (actor-oriented approach).
An approach in which the major actors and their preferences, as well as the flow of information among them, are identified and used for analytical purposes; eg in international relations the actions of individuals or states proffered as an explanation for state behaviour.

rolverwagting n.
In die politiek die norme en gedrag wat die samelewing van 'n politieke ampsbekleër verwag.
• **role expectation** n.
In politics the norms and behaviour required by society of an incumbent of a political office.

rompslomp n.
Ergerlike amptelike prosedures wat as onnodig of belemmerend beskou word.
• **red tape** n.
Vexatious official procedures regarded as unnecessary or obstructive.

rondgaande hof n. <Suid-Afrika>.
'n Hoë hof wat rond trek van plek tot plek om plattelandse gebiede te bedien.
• **circuit court** n. <South Africa>.
A high court that moves from place to place in order to serve rural areas.

rooistaat n. <kyk ook bloustaat; persstaat>.
Sedert 2000 in die VSA die kleurkode op verkiesingskaarte van state waarin die meerderheid kiesers die Republikeinse Party steun.

• **red state** n. <see also blue state; purple state>.
Since 2000 the USA electoral map colour code for states in which the majority of the electorate support the Republican Party.

roomvraat n. (geiljan, vetkat <af te keur>).
'n Persoon wat uit sy/haar pad gaan om voordeel te trek uit 'n posisie wat geleenthede bied om buitengewone voorregte en geldelike voordele te behaal.
• **fat cat** n.
A person who goes out of his/her way to benefit from a position which offers opportunities to enjoy extraordinary privileges and monetary advantages.

ruil v.
Om handel te dryf deur middel van die regstreekse verwisseling van een kommoditeit vir 'n ander.
• **barter** v.
To trade by the direct exchange of one commodity for another.

ryk n.
'n Politieke eenheid met 'n enkele oppergesag wat mag oor 'n aantal kolonies, gebiede en afhanklike streke uitoefen, bv die Romeinse en Britse ryke.
• **empire** n.
A political unit with a single supreme authority exercising power over a number of colonies, territories and dependencies, eg the Roman and British Empires.

rykdomverspreiding n.
Die verspreiding van die totale inkomste van 'n politie tussen sy lede, bv tussen arbeid en eiendom.
• **distribution of wealth** n.
The spread of the total income of a polity among its members, eg between labour and property.

Ryksdag → **Reichstag**

Ryksdag n. <ook bekend as Reichstag>.
Die vergadering van die stande van die Heilige Romeinse Ryk, dikwels in Nürnberg gehou.
• **Diet** n. <also known as Reichstag>.
The assembly of the estates of the Holy Roman Empire, quite often held at Nürnberg.

ryksdag n.
Histories 'n wetgewende vergadering in feodale Europa, oorspronklik het dit net vir een dag vergader; nou 'n generiese term vir die wetgewende vergadering van verskillende state, die bekendste is dié van Japan, wat die Kokkai genoem word.
• **diet** n.
Historically a legislative assembly in feudal Europe, originally only meeting for a day; now a generic term for the legislative assembly of various states, most notably that of Japan, called the Kokkai.

ryskouspel n. (padkampanje).
'n Toerveldtog, gewoonlik met die doel om politieke steun te werf.
• **road show** n.
A touring campaign, usually with the aim of canvassing political support.

R

Ss

saakgelastigde n. (chargé d'affaires).
Die hoof van 'n diplomatieke sending wat nie 'n ambassade of 'n gesantskap is nie.
- *chargé d'affaires* n. <French, full title chargé d'affaires en titre and also chargé d'affaires en pied>.
The head of a diplomatic mission that is neither an embassy nor a legation.

saak van die staat n.
'n Saak wat binne die trefwydte van 'n staat se verantwoordelikheid val, bv buitelandse betrekkinge en verdediging.
- *business of the state* n.
A matter that falls within the ambit of a state's responsibility, eg foreign relations and defence.

saamgroei v. (koaliseer).
Om in een instelling byeen te kom.
- *coalesce*
To come together in one institution.

saamklewing → **kohesie**

saamkoppeling n.
Die gebruik om twee stede te koppel ten einde wederkerige vriendskap en kulturele uitruiling te bewerkstellig.
- *twinning* n.
The practice of linking two cities for the purpose of reciprocal friendship and cultural exchange.

saamtrek → **samekoms**

sabelklettering n.
'n Aggressiewe vertoning van militêre mag ten einde 'n opponent te intimideer.
- *sabre rattling* n.
An aggressive display of military power in order to intimidate an opponent.

sabotasie n.
Doelbewuste handeling(e) met die doel om die belange van 'n staat of ander instelling deur die vernietiging of onderbreking van toerusting, dienste en hulpbronne te skaad.
- *sabotage* n.
Deliberate act(s) with intent to damage the interests of a state or other institution by destroying or disrupting equipment, services and resources.

sagte dienste n.
Dienste wat deur 'n plaaslike owerheid gelewer word waar die voordeel nie tasbaar is nie, soos biblioteek- en gesondheidsdienste.
- *soft services* n.
Services delivered by a local authority where the benefit is non-tangible, such as library and health services.

sagte propaganda n.
Propaganda wat op 'n geloofwaardige feitebasis gegrond word.
- *soft propaganda* n.
Propaganda based on credible factual grounds.

sagte teiken n.
'n Teiken wat nie goed teen aanvalle beskerm word nie.
- *soft target* n.
A target that is not well protected against attacks.

sakelys n. (agenda).
'n Geformaliseerde lys besprekingspunte wat gebruik word om die verrigtinge van 'n vergadering te bepaal.
- *agenda* n.
A formalised list of points for discussion that is used to determine the proceedings of a meeting.

samekoms n. <kyk ook vergadering> (saamtrek).
'n Byeenkoms van 'n menigte of 'n groep individue, bv met 'n politieke doel.
- *assemblage* n. <see also assembly>.
A gathering of a multitude or a group of individuals, eg for a political purpose.

samelewing n.
Die totaliteit van sosiale verhoudinge in 'n gestruktureerde gemeenskap met onderskeidende waardes en instellings.
- *society* n.
The total network of social relationships in a structured community with distinctive values and institutions.

sanksies n. (strafmaatreëls, dwangmaatreëls).
Maatreëls teen 'n staat ingestel om 'n verandering van aanstootlike gedrag af te dwing.
- *sanctions* n.
Measures imposed against a state to coerce a change in objectionable behaviour.

satellietstaat n. <kyk ook bufferstaat; kliëntstaat>.
'n Formeel onafhanklike staat, wat sterk beïnvloed of beheer word deur 'n magtiger staat, bv die satellietstate van die voormalige USSR soos Hongarye en Roemenië. Satellietstate dien soms ook as bufferstate.
- *satellite state* n. <see also buffer state; client state>.
A formally independent state, which is heavily influenced or controlled by a more powerful state, eg the satellite states of the former USSR in Eastern Europe such as Hungary and Romania. Satellite states may sometimes act as buffer states.

satjagraha n. <Indiese tale>, <kyk ook burgerlike ongehoorsaamheid; geweldlose verset; lydelike verset>.
Vorm van lydelike verset soos voorgestaan deur Mahatma Gandhi, met verwysing na die lydelike versetkampanje van Indiërs teen onderdrukking in Suid-Afrika.

♦ **satyagraha** n. <Indian languages>, <see also civil disobedience; nonviolent resistance; passive resistance>.

Form of passive resistance as espoused by Mahatma Gandhi, with reference to the 'Passive Resistance Campaign of Indians' against oppression in South Africa

scenario n.

'n Gepostuleerde situasie om toekomstige gebeure te voorsien.

♦ **scenario** n.

A postulated situation to forecast future events.

Schengenstate n.

Die Europese state wat gebind is deur 'n ooreenkoms wat oorspronklik in 1985 by Schengen in Luxemburg onderteken is om grensbeheer tussen die ondertekenaars uit te skakel en terselfdertyd grensbeheer met ander state strenger te maak. Die getal state so verbonde kan wissel.

♦ **Schengen states** n.

The European states that are bound by an agreement, originated at Schengen in Luxembourg in 1985, to eliminate border controls between the signatories while tightening border controls with other states. The number of states obligated by the agreement can vary.

SEB → swart ekonomiese bemagtiging

Sederrewolusie n. <in Libanon bekend as die Onafhanklikheidsintifada>.

Die grootskaalse protes in Libanon in 2005 teen Siriese oorheersing, veral met eise dat alle Siriese soldate aan Libanon onttrek word.

♦ **Cedar Revolution** n. <known in Lebanon as the Independence Intifada>.

The large-scale protest in Lebanon in 2005 against Syrian domination, especially with demands for the withdrawal of all Syrian troops from Lebanon.

sedes n. (sedes en gewoontes, mores).

Die vaste gewoontes of gebruike wat moreel bindend is op alle lede van die groep en noodsaaklik is vir die welsyn en bewaring daarvan insluitende die wye korpus van gemeenskapsopvattings wat privaat optrede rig.

♦ **mores** n.

The fixed customs or practices of a particular group that are morally binding upon all members of the group and necessary to its welfare and preservation including the vast body of community beliefs which shape private action.

sedes en gewoontes → sedes

sedisie n.

Spraak of optrede wat bedoel is om die gesag van die regering van 'n staat te ondergrawe.

♦ **sedition** n.

Speech or actions intended to undermine the authority of the government of a state.

seerowery n. <kyk ook maritieme terrorisme>.

Gewelddadige en misdadige aksies ter see of aan wal deur gewapende halfmilitêre niestaatsagente. Indien hulle opgespoor word, word seerowers gewoonlik deur militêre tribunale verhoor.

♦ **piracy** n. <see also maritime terrorism>.

Violent and criminal actions at sea or ashore by armed semi-military non-state agents. If they are tracked down, pirates are normally tried by military tribunals.

Sefardim n. <Hebreeus; ekv Sefardi; kyk ook Asjkenasim; Beta-Israel; Misrahim>.

Jode wat nasate van Jode van die Iberiese skiereiland (Spanje en Portugal) en Noord-Afrika is.

♦ **Sephardim** n. <Hebrew; sing Sephardi; see also Ashkenazim; Beta Israel; Mizrahim>.

Jews who are descendants of Jews from the Iberian peninsula (Spain and Portugal) and northern Africa.

segregasie n.

'n Beleid waardeur rasse en genders geskei word of afsonderlik van mekaar gehou word op baie gebiede van sosiale verkeer soos afsonderlike skole, afsonderlike ingange na openbare geboue, afsonderlike openbare vervoer en afsonderlike woonbuurte.

♦ **segregation** n.

A policy in which races and genders are segregated or kept separate from one another in many areas of social interaction such as separate schools, separate entrances to public buildings, separate public transport facilities and separate living areas.

sekerheid n. (sekuriteit).

Die toestand wat ontstaan uit die daarstelling van maatreëls om die staat en sy instellings teen vyandelike handelinge te beskerm.

♦ **security** n.

The condition resulting from the establishment of measures designed to protect a state and its institutions against hostile acts.

sekerheidskeuring n.

'n Proses om 'n persoon se geskiktheid vir toegang tot geklassifiseerde materiaal te bepaal.

♦ **security screening** n. (security vetting).

A process to determine a person's suitability for access to classified material.

sekerheidsklaring n.

'n Geskrewe verklaring deur 'n gemagtigde beampte dat toegang tot materiaal van 'n gespesifiseerde sekerheidsklassifikasie aan 'n spesifieke persoon verleen mag word.

♦ **security clearance** n.

A written declaration by an authorised official that a specific person may be granted access to material of a specified security classification.

sekerheidsmaatreëls n.

Metodes wat toegepas word om personeel, informasie en materiaal teen ondermyning, spioenasie en beskadiging te beskerm.

♦ **security measures** n.

Methods applied to protect personnel, information and material from subversion, espionage and damage.

sekerheidsrisiko n.

'n Persoon vir wie 'n sekerheidsklaring geweier word omdat hy nie aan al die vereistes vir 'n klaring voldoen nie.

S

◆ **security risk** n.

A ̶p̶e̶r̶s̶o̶n̶ ̶w̶h̶o̶ ̶i̶s̶ ̶a̶ ̶f̶i̶s̶c̶a̶l̶ ̶a̶ ̶s̶e̶c̶u̶r̶i̶t̶y̶ ̶c̶l̶e̶a̶r̶a̶n̶c̶e̶

through not meeting all of the requirements for the clearance.

sekulêre staat n.

'n Staat wat nie volgens die beginsels van enige bepaalde godsdiens regeer word nie.

◆ **secular state** n.

A state not ruled according to the principles of any specific religion.

sekuriteit → **sekerheid**

sekurokraat n.

'n Senior amptenaar wat in staat is om regeringsbeleid en -optrede met betrekking tot sekerheidsaangeleenthede te beïnvloed.

◆ **securocrat** n.

A senior official who is able to influence government policy and actions with regard to matters of security.

sel n.

1. 'n Klein groepie persone wat vir heimlike doeleindes saamwerk. 2. 'n Klein eenheid wat deel van die organisatoriese netwerk van 'n politieke party vorm, veral in kommunistepartye.

◆ **cell** n.

1. A small group of persons working together for clandestine purposes. 2. A small unit forming part of the organisational network of a political party, particularly of communist political parties.

selfbeskikking n. (selfdeterminasie).

'n Beginsel wat toelaat dat etniese, linguistiese, sosiale, nasionale of religieuse groepe die reg het om oor hulleself te regeer sonder inmenging deur andere.

◆ **self-determination** n.

A principle permitting ethnic, linguistic, social, national or religious groups the right to govern themselves without interference by others.

selfbeskikkingsreg n.

Die reg van 'n nasie of volk om sy eie regering te kies en van hulle regering om sonder inmenging van buite te funksioneer.

◆ **right to self-determination** n.

The right of a nation or people to choose their own government and for their government to function without interference from outside.

selfdeterminasie → **selfbeskikking**

selfgekose adj.

Wanneer 'n posisie nie deur stemming nie, maar deur eie optrede ingeneem word, is dit gelyk aan ondermyning van legitieme gesag.

◆ **self-elected** adj.

Assuming a position not by vote but through one's own actions, it is tantamount to usurping legitimate authority.

selfgenoegsaamheid → **outarkie**

selfregering n.

'n Regering onder die beheer van die mense van 'n dorp, provinsie of staat eerder as dié van 'n buite-owerheid.

◆ **self-government** n.

A government under the control of the people of a town, province or state rather than that of an outside authority.

selfregering n. (tuisregering).

'n Bewindsvorm in die Britse ryk waarin 'n kolonie of afhanklike gebied beperkte selfregering geniet het, onderworpe aan die gesag van die Koloniale Kantoor in Londen. Onder Britse koloniale heerskappy het die Kaapkolonie en Natal onder hierdie stelsel gefunksioneer. 2. 'n Vorm van heerskappy waarin 'n deeleenheid van 'n staat selfregering onderhewig aan die gesag van die sentrale owerheid geniet, bv Skotland en Wallis in die VK.

◆ **home rule** n.

1. A form of rule in the British empire in which a colony or dependency enjoyed limited self-government, subject to the authority of the Colonial Office in London. Under British colonial rule the Cape Colony and Natal functioned under this system. 2. A form of rule in which a constituent unit of a state enjoys self-government subject to the authority of the central authority, eg Scotland and Wales in the UK.

selfverdediging n.

Alle maatreëls, insluitend die gebruik van militêre mag, om 'n onuitgelokte fisieke aanval op enige deel van 'n staat af te weer.

◆ **self-defence** n.

All measures, including the use of military force, to ward off an unprovoked physical attack on any component of a state.

selfverdedigingseenheid n. (SVE).

Een van 'n aantal eenhede wat na laat 1984 in opdrag van die ANC in die townships gestig is om hulle gebied teen die veiligheidsmagte te verdedig.

◆ **self-defence unit** n. (SDU).

One of a number of units formed in the South African townships from late 1984 onwards at the behest of the ANC to defend their area against the security forces.

semiproporsionele verteenwoordiging n.

'n Tipe verteenwoordiging in 'n wetgewende vergadering wat 'n gedeeltelik eweredige toedeling van setels tot gevolg het, dws daar kan steeds oorverteenwoordigde partye of groepe in die besondere instelling wees.

◆ **semiproportional representation** n.

A type of representation in a legislative assembly which results in a partial proportional allocation of seats, ie there could still be some overrepresented parties or groups in that particular body.

senaat n.

In 'n tweekamerwetgewer, die hoërhuis, wat gewoonlik spesifieke belange verteenwoordig, soos van die deelstate in die VSA.

◆ **senate** n.

In a bicameral legislature, the upper house, that normally represents specific interests, such as those of the constituent states in the USA.

sendstaat n.
Die staat wat 'n diplomatieke missie vir akkreditasie na 'n ander staat of internasionale organisasie stuur.
+ *sending state* n.
The state sending a diplomatic mission for accreditation to another state or international organisation.

sensor n.
'n Persoon wat gemagtig is om dokumente, publikasies, toneelopvoerings, rolprente ens te ondersoek ten einde dié wat onaanvaarbaar of onwenslik is te onderdruk of verbied.
+ *censor* n.
A person authorised to examine documents, publications, theatrical presentations, films etc in order to suppress or prohibit those considered unacceptable or undesirable.

sensus n. (volkstelling).
Die tel van die totale bevolking in 'n bepaalde gebied en die saamstel van die gepaardgaande demografiese, sosiale en ekonomiese inligting.
+ *census* n. (population census).
The counting of the total population in a specific area and compiling the concomitant demographic, social and economic information.

senterparty n. (sentrumparty).
'n Party wat 'n middelgrondbeleid volg en wat 'n posisie ongeveer in die middel tussen die uiters regse reaksionêre en die uiters linkse radikale partye handhaaf.
+ *centre party* n.
A party that follows a middle-of-the-road policy and takes a position approximately midway between the reactionary parties of the extreme right and the radical parties on the extreme left.

sentralisasie n.
Beheer vanaf 'n sentrale punt oor besluitneming, die uitvoering en beregting daarvan in die gemeenskap.
+ *centralisation* n.
Control from a central point over decision-making, the execution and adjudication thereof in society.

sentrumparty → **senterparty**

seremoniële staatshoof n. <kyk ook konstitusionele staatshoof; grondwetlike monarg; nominale staatshoof; werklike staatshoof>.
'n Staatshoof wat hoofsaaklik seremoniële en simboliese funksies in 'n staat vervul, sonder politieke mag is en gewoonlik 'n erflike monarg, soos die Sweedse koning of Japanse keiser is.
+ *ceremonial head of state* n. <see also actual head of state; constitutional head of state; constitutional monarch; nominal head of state>.
A head of state who fulfils mostly ceremonial and symbolic functions in a state, is politically powerless and is usually a hereditary monarch, such as the Swedish king or Japanese emperor.

sesessie → **afskeiding**

sessie van grondgebied → **afstaan van grondgebied**

setel n.
'n Kiesafdeling wat deur 'n lid van 'n wetgewer verteenwoordig word.
+ *seat* n.
A constituency represented by a member of a legislature.

setel van die parlement n.
Die fisiese plek waar die parlementsgebou geleë is en waar die lede van die parlement gereeld vergader. In Suid-Afrika is die setel van die parlement bv in Kaapstad.
+ *seat of parliament* n.
The physical place where the parliamentary buildings are situated and where the members of parliament meet regularly, eg the seat of parliament in South Africa is in Cape Town.

sielkundige oorlogvoering n.
Die gebruik van propaganda en ander sielkundige middele ten einde die gedrag van vyandige en neutrale groepe ter ondersteuning van nasionale doelwitte en veiligheidsoptrede te beïnvloed.
+ *psychological warfare* n.
The use of propaganda and other psychological means in order to influence the behaviour of hostile and neutral groups in support of national objectives and security actions.

sigbare polisiëring n.
Wetstoepassing op so 'n wyse dat dit merkbaar in die gemeenskap is.
+ *visible policing* n.
Law enforcement in such a way that it is noticeable in the community.

Sionisme n.
'n Joodse beweging wat in die 19de eeu ontstaan het met die oortuiging dat daar 'n Joodse staat as tuisland vir 'n Joodse nasie behoort te wees, verkieslik in die Midde-Ooste. Dit het gelei tot die totstandkoming van die staat Israel op 14 Mei 1948.
+ *Zionism* n.
A Jewish movement originating in the 19th century with the belief that there should be a Jewish state as a homeland for a Jewish nation, preferably in the Middle East. This led to the establishment of the state of Israel on 14 May 1948.

sitprotes n.
'n Soort protes waarin betogers op 'n openbare plek gaan sit en weier om hulle te verroer totdat daar aan hulle eise gehoor gegee word of daar op onderhandelinge ooreengekom word.
+ *sit-in* n.
A form of protest in which demonstrators sit down in a public place and refuse to move until their demands are met or negotiations are agreed to.

sjah n.
Histories die titel van die keiser van Persië, Iran en dele van Indië.

S

S

♦ **shah** n.
Historically the title of the emperor of Persia, Iran and some parts of India.

sjampanjesosialis n.
'n Persoon van skynbaar sosialistiese oortuiging wat die ideologie verloën deur 'n gemaklike lewe te geniet sonder om aktief tot die saak van sosialisme by te dra.
♦ **champagne socialist** n.
A person of ostensibly socialist persuasion who belies the ideology by enjoying a comfortable life without contributing actively to the cause of socialism.

sjebien n.
'n Informele kuier- en drinkplek in townships; soms ook 'n smokkelkroeg.
♦ **shebeen** n.
An informal socialising and drinking place in townships; sometimes also a venue for illicit consumption of liquor.

skadukabinet n.
'n Komitee bestaande uit vooraanstaande partylede van die amptelike opposisie wat as skaduministers (dws nie regte ministers nie) optree.
♦ **shadow cabinet** n.
A committee consisting of leading party members of the official opposition to act as shadow (ie not real) ministers.

skeiding van gesag → **skeiding van magte**

skeiding van magte (magskeiding, trias politica, skeiding van gesag).
Die beginsel of leerstelling dat die wetgewende, uitvoerende en regsprekende gesag in 'n staat geskei moet word deur die vestiging van drie afsonderlike instellings.
♦ **separation of powers (trias politica).**
The principle or doctrine that legislative, executive and judicial power in a state should be detached from each other by the establishment of three different institutions.

skending van menseregte n.
(menseregteskending).
Die bedoelde of onbedoelde inbreukmaking op die basiese regte van mense.
♦ **violation of human rights** n. (human rights violation).
The intentional or unintentional encroachment on the basic rights of people.

skenkeragentskap n.
'n Instelling wat finansiële bydraes en/of ander hulp aan ontwikkelende state of NRO's verskaf.
♦ **donor agency** n.
An institution that provides financial contributions and/or other aid to developing states or NGOs.

skenkeruitputting n.
'n Uitdrukking wat veral deur leidende nywerheidslande in die ontleding van buitelandse hulp gebruik word om 'n ongunstige en kritiese klimaat van ingeligte openbare mening rakende die beginsels en oogmerke van hulpprogramme aan te dui.

♦ **donor fatigue** n.
An expression used in the analysis of foreign aid, particularly by advanced industrial countries, to denote an adverse and critical climate of informed public opinion about the principles and purposes of aid programmes.

skietoorlog n.
'n Oorlog waarin wapens inderdaad afgevuur word.
♦ **shooting war** n.
A war during which weapons are actually fired.

skietstilstand n. <kyk ook wapenstilstand>
(vuurstaking, staakvuur).
'n Tydelike staking van vyandelikhede deur ooreenkoms tussen oorlogvoerendes op plaaslike, regionale of nasionale vlak.
♦ **cease-fire** n. <see also armistice>.
A temporary cessation of hostilities by agreement between belligerents at local, regional or national level.

skipperaar n.
Iemand wat geskille besleg deur wedersydse toegewings om konflik te vermy en die beste moontlike resultaat te verkry.
♦ **compromiser** n.
Someone who settles disputes by mutual concessions to avoid conflict and obtain the best possible result.

skoon wapen n.
'n Kernwapen wat ontplof sonder om intensiewe radioaktiewe neerslag voort te bring.
♦ **clean weapon** n.
A nuclear weapon that explodes without producing intensive radio-active fall-out.

skrale meerderheid n.
'n Vorm van meerderheid waar die aantal wenstemme net-net 50% van die stemtotaal oorskry.
♦ **bare majority** n.
A form of majority where the winning number of votes only just exceeds 50% of the total vote.

skrikbewind n.
Die stelselmatige intimidasie van 'n bevolking of groep dmv geweld en ander vreesaanjaende optredes ten einde oorheersing oor hulle te handhaaf.
♦ **reign of terror** n.
The systematic intimidation of a population or group through violence and other terrifying actions in order to maintain dominance over them.

skuldverklikker n.
Onweerlegbare bewys van kwaad.
♦ **smoking gun** n.
Indisputable evidence of wrongdoing.

skurkstaat n.
'n Staat wat nie aan konvensionele internasionale gedragstandaarde voldoen nie.
♦ **rogue state** n.
A state that does not conform to coventional international standards of behaviour.

skyndemokrasie n. (fasadedemokrasie).
'n Owerheidsvorm wat formeel aan die vereistes van die demokrasie voldoen, maar dit nie in die

praktyk handhaaf nie; die demokrasie is 'n blote rookskerm of front.

+ *façade democracy* n.

A form of regime which in form complies with the tenets of democracy but does not live up to these in practice, democracy being merely a front or a sham.

skyndemokrasie → **fopkrasie**

skyngebaaraanstelling n.

Die simboliese plasing van 'n individu in 'n pos wat hy/sy moontlik nie op meriete verdien nie.

+ *token appointment* n.

The symbolic placement of an individual in a position that he/she may not have earned on merit.

skynverteenwoordiging n.

'n Verkiesingkonsep in Hanoveraanse Brittanje, gebaseer op die opvatting dat mense sonder 'n stem in stede soos Manchester sowel as in die kolonies, 'virtueel verteenwoordig' word deur lede van die Parlement wat deur 'soortgelyke' stemgeregtigdes verkies is. Dit is ook in die VSA gebruik.

+ *virtual representation* n.

An electoral concept in Hanoverian Britain, based on the belief that people without the vote, such as persons in cities like Manchester as well as those in the colonies, were 'virtually represented' by Members of Parliament who had been elected by 'similar' voters. It has also been used in the USA.

slaapvoorstad n.

'n Gebied of selfs 'n stad van waar mense na 'n groot en naburige ekonomiese sentrum pendel waar hulle die grootste deel van hulle dag deurbring; word ook na verwys as 'n slaapkamergemeenskap.

+ *dormitory suburb* n.

An area or even a city from where people commute to a major and nearby economic centre where they spend most of their daytime; also referred to as a bedroom community.

slagskip n. <kyk ook korvet; kruiser; torpedodraer; fregat>.

'n Groot, swaar gepantserde oorlogskip gewapen met 'n hoofbattery kanonne van baie groot kaliber. Voor die koms van die vliegdekskip en duikboot was dit die hoofmiddel tot oorheersing ter see.

+ *battleship* n. <see also corvette; cruiser; destroyer; frigate>.

A large, heavily armoured warship armed with a main battery of very large calibre guns. Before the advent of the aircraft carrier and submarine it was the main means of naval dominance.

slagveld n.

1. Die terrein waar 'n veldslag plaasvind. 'n Niefisieke konflikgebied, bv 'n hewige stryd tussen politieke partye.

+ *battlefield* n.

1. The terrain where a battle is fought. 2. A nonphysical area of conflict, eg a severe struggle between political parties.

slagveldstaat n.

'n Swaaistaat in die VSA wat gekenmerk word deur intense partypolitieke veldtogte, veral tydens presidensiële verkiesings, in 'n poging om die kieskollegestemme van daardie staat te verwerf.

+ *battleground state* n.

A swing state in the USA that is characterised by intense campaigning by political parties, particularly during presidential campaigns, in order to win the electoral votes for that state.

slaper n. (slaperagent).

'n Agent onder diep dekking wat hom/haar van enige inligtingsaktiwiteite weerhou ten einde nie opgespoor te word nie en wat slegs geaktiveer word wanneer 'n spesifieke behoefte ontstaan.

+ *sleeper* n. (sleeper agent).

An agent under deep cover who refrains from any intelligence activities in order to remain undetected and is only activated when a specific need arises.

slaperagent → **slaper**

slawehandel n. <kyk ook mensehandel>.

Die praktyk om mense tot verpligte knegskap te koop en te verkoop.

+ *slave trade* n. <see also human trafficking>.

The practice of buying and selling human beings into obligatory bondage.

slenterstrik n.

'n Sorgvuldig bewimpelde operasie om 'n opponent te mislei en 'n nadelige uitslag vir die opponent te bewerkstellig. Dit word tipies deur die polisie gebruik om misdadigers vas te trek en deur veiligheidsdienste om vyandelike magte verkeerde gevolgtrekkings te laat maak soos in Operasie Mincemeat gedurende die Tweede Wêreldoorlog.

+ *sting* n.

A carefully orchestrated operation to deceive an opponent and induce a result detrimental to the opponent. It is typically used by police to trap criminals and by security forces to lead hostile forces to false conclusions, such as in Operation Mincemeat during World War II.

sleutelonderhandelaar n.

'n Persoon wat 'n essensiële rol speel in 'n proses van samesprekings tussen strydende partye wat daarop gemik is om 'n ooreenkoms te bereik.

+ *key negotiator* n.

A person who plays an essential role in a process of discussions between contending parties which are aimed at reaching an agreement.

slim wapen n.

'n Programmeerbare bom of missiel wat na sy teiken toe gelei kan word.

+ *smart weapon* n.

A programmable bomb or missile that can be guided to its target.

slotrede n. (sluitingsrede).

'n Rede wat gelewer word om die verrigtinge van 'n byeenkoms soos 'n vergadering, seminaar of konferensie af te sluit.

+ *closing address* n.

An address delivered to conclude the proceedings of a gathering such as a meeting, seminar or conference.

slottoespraak n.

Die laaste toespraak tydens die verrigtinge van 'n byeenkoms soos 'n vergadering, seminaar of konferensie.

S

♦ closing speech n.
The last speech in the proceedings of gathering
such as a meeting, seminar or conference.

sluipmoord n.
Die heimlik beplande en onverwagse moord op 'n
openbare figuur.
♦ assassination n.
The secretly planned and unexpected murder of a
public figure.

sluipvliegtuig n.
'n Vliegtuig met 'n ontwerp wat dit vir radar en
ander sensors bykans onmoontlik maak om dit op te
spoor.
♦ stealth aircraft n.
An aircraft whose design makes it almost
impossible to be detected by radar and other
sensors.

sluitingsitting n.
Die sitting wat die verrigtinge van 'n byeenkoms
soos 'n vergadering, seminaar of konferensie afsluit
en gewoonlik die finale besluite bekend maak.
♦ closing session n.
The sitting that concludes the proceedings of
gathering such as a meeting, seminar or conference
and normally announces the final decisions.

sluitingsrede → **slotrede**

slum → **krotbuurt**

smelterregering n.
'n Regering waarin twee of meer politieke partye
saamkom om te regeer en uiteindelik 'n nuwe
saamgesmelte party te vorm, bv die Nasionale Party
en Suid-Afrikaanse Party wat die Verenigde
Suid-Afrikaanse Nasionale Party in 1933 gevorm
het.
♦ fusion government n.
A government in which two or more political
parties come together to rule and eventually form a
new merged party, eg the National Party and South
African Party forming the United South African
National Party in 1933.

smokkelgoedere → **kontrabande**

smokkelware → **kontrabande**

soewereiniteit n.
1. Absolute en onbeperkte mag van 'n regering oor
sy wetlike jurisdiksie, in die staat uitgedruk.
2. Verwys ook na onomstootlike politieke mag soos
dié van 'n monarg oor onderdane.
♦ sovereignty n.
1. Absolute and unlimited power of a government
over its legal jurisdiction, expressed in the state.
2. Also refers to unchallengeable political power,
such as of a monarch over subjects.

solank dit die president behaag adv.
Sodanige optrede as wat die president as staatshoof
mag bepaal.
♦ at the pleasure of the President adv.
Such action as may be determined by the president
as head of state.

sonder kiesreg → **stemloos**

sonering n.
Voorskrifte wat die doel waarvoor grond gebruik
mag word, uiteensit.

♦ zoning n.
Directions setting out the purpose for which land
may be used.

sosiale akkoord n.
'n Kompromie of skikking tussen verskeie
belanghebbendes in 'n samelewing.
♦ social accord n.
A compromise or a settlement between various
stakeholders in a society.

sosiale beweging n.
Organisasies wat hoofsaaklik uit burgerlike lede
bestaan wat nie deel is van die landspolitiek nie,
maar betrokke is in die proses van politieke
verandering.
♦ social movement n.
Organisations, mainly consisting of civilian
members, not included in the political process, but
involved in bringing about political change.

sosiale demokrasie n.
'n Gematigde owerheidsvorm wat 'n balans tussen
die mark en die staat voorstaan in teenstelling met
die uiterstes van beide die kapitalistiese aard van
liberale demokrasie en die kenmerke van
rewolusionêre sosialisme.
♦ social democracy n.
A moderate form of regime that favours a balance
between the market and the state as opposed to the
extremes of both the capitalist nature of liberal
democracy and the tenets of revolutionary
socialism.

sosiale differensiasie n.
Wanneer onderskeid tussen mense getref word of
hulle geklassifiseer word op grond van bepaalde
sosiale kenmerke, soos ras, gender, klas, etnisiteit.
♦ social differentiation n.
When distinction is made between people or when
they are classified on the basis of certain social
attributes such as race, gender, class, ethnicity.

sosiale kontrak n.
1. In politieke filosofie, die teorie dat 'n
ooreenkoms aangegaan word tussen individue in 'n
denkbeeldige situasie waar die staat afwesig is,
bekend as die natuurstaat, om 'n staat te vorm ten
einde die wanorde van hulle huidige posisie te
ontvlug. Die drie bekendste variante is dié van
Thomas Hobbes, John Locke en Jean-Jacques
Rousseau. 2. In politieke dinamika, 'n metaforiese
ooreenkoms tussen 'n regering of politieke party en
hulle ondersteuners, gewoonlik met beloftes deur
die politieke leierskap om 'n beter lewe vir
ondersteuners deur regeringsoptrede te gee, sou
hulle 'n komende verkiesing wen.
♦ social contract n.
1. In political philosophy, the theory that an
agreement is made among individuals in an
imaginary situation of the absence of the state,
known as the state of nature, to form a state in
order to escape the disorder of their present
position. The three best known variants are those of
Thomas Hobbes, John Locke and Jean-Jacques
Rousseau. 2. In political dynamics, a metaphorical
agreement between a government or political party
and their supporters, usually entailing promises by
the political leadership to provide a better life for

supporters through governmental action should they win a forthcoming election.

sosiale manipulasie n.
'n Soort openbare beleidmaking waarin 'n spesifieke ideologiese standpunt op die samelewing afgedwing word, meestal om die belange van 'n spesifieke elite te dien.
+ **social manipulation** n.
A form of public policy making in which a specific ideological point of view is enforced on society, mostly to serve the interests of a specific elite.

sosialisme n. <kyk ook kommunisme; liberalisme>.
Die politieke ideologie wat sosiale solidariteit, 'n geloof in gelykheid, gemeenskaplike besit van eiendom en omvangryke regeringsinmenging in die ekonomie bepleit.
+ **socialism** n. <see also communism; liberalism>.
The political ideology that advances social solidarity, a belief in equality, common ownership of property and extensive government interference in the economy.

sosiogeniëring n.
'n Beleid waardeur die staat sy dwangmag teenstrydig met liberale beginsels aanwend om mense te verplig om handelinge te onderneem ten einde 'n gegewe ideaal te bereik. Voorbeelde is apartheid, afsonderlike skole vir verskillende rasse, gedwonge nasiebou of die vestiging van 'n kommunistiese ekonomiese stelsel.
+ **social engineering** n.
A policy by which a state uses its coercive power contrary to liberal principles to enforce actions by people in order to attain a given ideal. Examples are apartheid, separate schools for different races, enforced nation building or the establishment of a communist economic system.

soustrein n. (heuningtrein).
'n Bevoorregte posisie waarin 'n persoon homself/haarself bevind, wat die moontlikheid bied om buitengewone voorregte en uitsonderlike geldelike voordele te geniet, in 'n mate wat die algemene publiek as aanstootlik beskou.
+ **gravy train** n.
A privileged position in which a person finds himself/herself, presenting the possibility to enjoy extraordinary privileges and exceptional monetary advantages to an extent that the general public would regard as objectionable.

sowjet n.
'n Regeringsraad op plaaslike, streeks- en nasionale vlak in die voormalige USSR.
+ **soviet** n.
A government council at the local, regional and national level in the former USSR.

speaker n.
Die voorsittende beampte van 'n wetgewende vergadering.
+ **speaker** n.
The presiding officer of a legislative assembly.

spergebied n. <kyk ook verbode gebied>.
'n Afgebakende geografiese gebied waartoe geen toegang verleen word nie, behalwe vir 'n baie klein aantal spesifiek gemagtigde persone.
+ **forbidden area** n. <see also prohibited area>.
A demarcated geographical area to which no entry is permitted except for a very small number of specific authorised persons.

spesiale agent n. <VSA-gebruik>.
Die ampsbetiteling van ondersoekbeamptes van 'n aantal VSA-departemente.
+ **special agent** n. <USA usage>.
The official designation of investigators of a number of US departments.

spesiale magte n.
Militêre magte wat spesifiek georganiseer, opgelei en toegerus is om spesiale operasies te voer.
+ **special forces** n.
Military forces organised, trained and equipped specifically to conduct special operations.

spesiale meerderheid n. <kyk ook gekwalifiseerde meerderheid> (supermeerderheid).
'n Gespesifiseerde getal stemme, meer as 50% + 1 wat vereis word om enige mosie of wetgewing te aanvaar, bv vir die wysiging van 'n grondwet of 'n spesiale mosie van wantroue. Dit is 'n generiese term vir die twee bekende spesiale meerderhede, nl 'n twee derde of 'n driekwart, maar daar mag ook ander voorskrifte wees, soos 70% of 80%.
+ **special majority** n. <see also qualified majority> (super majority).
A specified number of votes, higher than 50% + 1, required for any motion or legislation to be adopted, eg for the amendment of a constitution or a special motion of no confidence. It is a generic term for the two familiar special majorities of two-thirds or three-quarters, but there may also be other stipulations such as 70% or 80%.

spesiale operasies n.
Operasies gevoer deur spesiaal georganiseerde, opgeleide en toegeruste magte vir militêre, politieke of sielkundige doeleindes.
+ **special operations** n.
Operations conducted by specially organised, trained and equipped forces for military, political or psychological purposes.

spesiale stem n.
Stemming met spesiale reëlings waar normale stemming nie doenlik is nie, bv om burgers wat in die buiteland is toe te laat om hulle stemme by 'n ambassade uit te bring.
+ **special vote** n.
Voting under special arrangements when normal voting is not feasible, eg allowing citizens who are abroad during elections to cast their votes at an embassy.

Spilmoondhede n. <kyk ook Geallieerdes>.
Duitsland, Italië en Japan saam met hulle mindere bondgenote soos Roemenië, Kroasië en Hongarye tydens die Tweede Wêreldoorlog.

S

- **Axis powers** n. <see also Allies>.
~~Germany, Italy and Japan together with their minor~~
collaborators such as Romania, Croatia and
Hungary during World War II.

spioen n. <kyk ook geheime agent>.
Populêre naam vir 'n geheime agent.
- **spy** n. <see also secret agent>.
Popular name for a secret agent.

spioenasie n.
Heimlike aktiwiteite gerig op die inwin van
informasie wat nie andersins toeganklik is nie.
- **espionage** n.
Clandestine activities directed at the acquisition of
information that is not otherwise accessible.

spitsberaad n.
'n Konferensie wat staatsleiers en toonaangewende
staatsministers betrek.
- **summit meeting** n.
A conference involving heads of government or
leading government ministers.

spitsberaaddiplomasie n.
Die gebruik van ontmoetings tussen die
regeringshoofde van grootmoondhede met die doel
om verhoudinge tussen hulle state te bespreek met
die oog op die vermindering van internasionale
konflik en spanning.
- **summit diplomacy** n.
The use of meetings between the heads of
government of great powers in order to discuss the
relations between their states with a view to
diminishing international conflict and tension.

spookopjaer n. (alarmis).
'n Persoon wat geneig is om andere onnodig die
skrik op die lyf te jaag of wat self maklik skrik.
- **alarmist** n.
A person given to spreading needless alarm or to
being easily alarmed.

spookstaat n.
1. 'n Politieke entiteit wat as 'n staat funksioneer en
optree, maar nie universeel as 'n staat erken word
nie, bv Taiwan en Kosovo. 2. 'n Staat wat deur
minstens sommige internasionale rolspelers erken
word, maar wat sukkel om die funksies van 'n staat
te vervul, bv Somalië.
- **ghost state** n.
1. A political entity functioning and acting as a state
but not universally recognised as a state, eg Taiwan
and Kosovo. 2. A state that is recognised by at
least some international actors but is struggling to
perform the functions of a state, eg Somalia.

spookstaatsamptenaar n.
'n Fiktiewe amptenaar vir wie 'n salaris
wederregtelik getrek word.
- **ghost civil servant** n.
A fictitious official for whom a salary is unlawfully
drawn.

spraakvryheid → **vryheid van spraak**

staakloon n.
Betaling aan werkers deur hulle vakbonde
gedurende 'n periode van staking.

- **strike pay** n.
~~Payment for workers by their trade unions during a~~
period of strike.

staakoproep n.
'n Eis deur 'n vakbond om te staak.
- **strike call** n.
A demand by a labour union for a strike.

staakvuur → **skietstilstand**

staande komitee n.
'n Komitee wat blywend is vir die duur van die
aanstellende instelling, tipies in die parlement.
- **standing committee** n.
A committee that is permanent for the duration of
the appointing institution, typically in parliament.

staande mag n.
'n Beroeps-, voltydse militêre organisasie wat
gewoonlik die kern van 'n staat se militêre magte
uitmaak.
- **permanent force** n. (regular force).
A professional, full-time military organisation,
usually forming the core of a state's military forces.

staat n.
'n Permanente politieke instelling wat 'n
regspersoon is, met bevolking, grondgebied,
regering en internasionaal erkende soewereiniteit.
- **state** n.
A permanent political institution that is a juristic
person, with population, territory, government and
internationally recognised sovereignty.

staatlike reg, landsreg, munisipale reg
→ **binnelandse reg**

staatloos adj.
Om oor geen status ten opsigte van nasionaliteit te
beskik nie.
- **stateless** adj.
Having no status with regard to nationality.

staatlose persoon n. <kyk ook nieburger>.
Iemand wat geen status ten opsigte van nasionaliteit
het nie.
- **stateless person** n. <see also noncitizen>.
Someone who has no status with regard to
nationality.

staatsamptenaar → **openbare amptenaar**

staatsbestuur → **regeerkunde**

staatsdepartement n.
'n Amptelike struktuur van die sentrale of
provinsiale regering met ondersteunende
uitvoerende verantwoordelikhede, gerig op 'n
spesifieke regeringsgebied soos onderwys, en waar
die hoogste beheer by 'n politieke ampsbekleër
berus.
- **government department** n.
An official structure of the central or provincial
government with supportive executive
responsibilities, focussed on a specific area of
government such as education, and with the
ultimate control vested in a political office bearer.

staatsdiens n.
'n Instelling wat mense in diens neem om die
beleid van 'n regering uit te voer.

S

♦ *public service* n.
An institution that employs people to execute the
policies of a government.

staatsgesag → **gesag van die staat**

staatsgreep n. (coup d'état <Frans, coups
d'état>).
'n Skielike, gewelddadige of onwettige oorname
van die regering, byna sonder uitsondering deur die
gewapende magte.
♦ *coup d'état* n. <French>, <coups d'état>.
A sudden, violent or illegal seizure of government,
almost invariably by the armed forces.

staatsheildronk n. <die staatsheildronk>.
Die heildronk op die staatshoof tydens 'n formele
dinee.
♦ *loyal toast* n. <the loyal toast>.
The toast to the head of state during a formal
dinner.

staatshoof n. <kyk ook regeringshoof;
uitvoerende staatshoof>.
Die formele of titulêre hoof van 'n staat, bv 'n
monarg of president, met of sonder uitvoerende
bevoegdheid.
♦ *head of state* n. <see also executive head of
state; head of government>.
The formal or titular head of a state, eg a monarch
or president, with or without executive powers.

staatsingryping n.
Doelbewuste optrede van 'n staat om sy invloed in
'n saak te laat geld.
♦ *state intervention* n.
Deliberate actions by a state to insert its influence
into a matter.

staatskorporasie n. (owerheidskorporasie,
regeringskorporasie).
'n Onderneming waarvan die staat of regering die
alleenaandeelhouer is; dit word gewoonlik deur
wetgewing ingestel.
♦ *state corporation* n. (government
corporation).
An enterprise in which the state or government is
the sole shareholder, usually established by
legislation.

staatskuldadministrasie v.
Die bestuur, belegging en beheer van geld wat deur
staatsinstellings geskuld word.
♦ *administration of state debt* n.
The management, investment and control of money
owed by state institutions.

Staatsleer → **Politikologie**

staatsmanskuns n.
Die kuns om staatsake te bestuur.
♦ *statecraft* n.
The art of managing the affairs of state.

staatsrede n. (presidentsrede).
'n Toespraak in die parlement waartydens die
president die algemene lewensomstandighede van
die bevolking na waarde skat en die planne van
sy/haar regering vir die nabye toekoms aankondig.

♦ *state of the nation address* n. (presidential
address).
A speech in parliament in which the president
assesses the general living conditions of the
population and announces the plans of his/her
government for the near future.

staatsvorm n.
Die organisasievorm van 'n staat en sy
regeringstruktuur, wat óf uniaal óf federaal is.
♦ *form of state* n.
The organisational form of a state and its
governmental structure, which is either unitary or
federal.

staat van beskuldiging plaas → **ampsaanklag
instel teen**

stadspreiding n.
Die lukrake groei van 'n stad of dorp,
voortspruitend uit nuwe behuising aan die
buitewyke.
♦ *urban sprawl* n.
The haphazard growth of a city or town, resulting
from new housing on the outskirts of town.

stadsraad n.
'n Wetgewer op plaaslike vlak verantwoordelik om
'n stad te regeer.
♦ *city council* n.
A legislature at local level responsible for the
governing of a city.

stadstaat n.
'n Soewereine gebied van relatief klein geografiese
omvang wat om 'n enkele stad gekonsentreer is, bv
teenswoordige Singapoer en antieke Athene.
♦ *city state* n.
A sovereign territory of relatively small geographic
size concentrated around a single city, eg the
present Singapore and ancient Athens.

stadsvernuwing n.
Doelbewuste poging om kerngebiede op te gradeer
ten einde ekonomiese vooruitgang te stimuleer.
♦ *urban renewal* n. (city renewal).
Deliberate effort to upgrade core areas to stimulate
economic development.

stafhoof n. <militêr; personeelhoof vir hierdie
begrip is foutief en sterk af te keur>.
Die senior of hooflid van 'n bevelvoerder se staf,
wat die bevelvoerder bystaan deur hom/haar te
adviseer en die aktiwiteite van daardie besondere
staffunksie te koördineer.
♦ *chief of staff* n. <military>.
The senior or principal member of a commander's
staff, assisting the commander by advising him/her
and coordinating the activities of that particular staff
function.

staking n.
Die opskorting van normale werksaamhede om
protes aan te teken.
♦ *strike* n.
The cessation of normal activity in a show of
protest.

S

Stalinisme n.
Die woord en regeringsvorm wat geassosieer word
met Stalin, 'n variant van Marxisme-Leninisme wat
deur totalitarisme, rigiede burokrasie en lojaliteit
aan die Sowjetstaat gekenmerk word.
* **Stalinism** n.
The theory and form of government associated with
Stalin, a variant of Marxism-Leninism characterised
by totalitarianism, rigid bureaucracy, and loyalty to
the Soviet state.

stambeheptheid n.
Oordrewe lojaliteit aan 'n stam, dikwels deur
eksklusiwiteit gekenmerk en deur vyandigheid
teenoor mededingende groepe aangevuur.
* **tribalism** n.
Excessive loyalty to a tribe, often characterised by
exclusivity and fuelled by hostility towards rival
groups.

stamhoofgebied n. (kapteinsgebied).
'n Tradisionele politieke entiteit onder die bewind
van 'n hoof of hoofman.
* **chiefdom** n.
A traditional political entity under the reign of a
chief or headman.

stamowerheid n.
Die instelling wat 'n stam of sibbe beheer kragtens
bevoegdheid ontleen aan die tradisionele stelsel van
stamregering.
* **tribal authority** n.
The institution controlling a tribe or clan by virtue
of powers derived from the traditional system of
tribal government.

stamregering n.
Deel van 'n wyer regeringstelsel waarin daar 'n
bepaalde regeerbevoegdheid aan stamme verleen
word.
* **tribal government** n.
Part of a broader system of government in which
tribes are accorded certain governmental powers.

stamtrou n.
1. Die organisasie en kultuur van 'n
stamsamelewing. 2. Die gevoel van aanhorigheid en
lojaliteit tot 'n stam.
* **tribalism** n.
1. The organisation and culture of a tribal society
2. The sense of belonging to and loyalty towards a
tribe.

stand n. <in feodalisme>.
'n Orde of klas persone in 'n politieke gemeenskap
wat kollektief as deel van die politieke gemeenskap
beskou word, bv in feodale Engeland is die
wêreldlike lords, kerklike lords en die laerstand
beskou as drie verskillende stande.
* **estate** n. <in feudalism>.
An order or class of persons in a political
community, regarded collectively as a part of the
body politic, eg in feudal England the lords
temporal, lords spiritual and commons were held as
three distinctive estates.

Statebond n. <amptelike naam The Commonwealth of Nations>.
'n Internasionale instelling wat bestaan uit Brittanje
en hoofsaaklik sy voormalige kolonies en
afhanklike gebiede.
* **Commonwealth** n. <official name The
Commonwealth of Nations>.
An international institution consisting of Great
Britain and mainly her former colonies and
dependencies.

statutêre bevoegdheid n.
Bevoegdheid wat deur wetgewing verleen word.
* **statutory powers** n.
Powers conferred by legislation.

statutêre instelling n. (wetlike instelling).
'n Instelling wat deur wetgewing ingestel en/of
gereguleer word.
* **statutory institution** n.
An institution established and/or regulated by
legislation.

statuut n. (wet).
'n Wet wat deur 'n wetgewende vergadering
verwetlik is en formeel op skrif gestel is.
* **statute** n.
A law enacted by a legislative assembly and
formally recorded in writing.

stedelike ontwikkeling n.
Die verbetering van die algemene lewenskwaliteit
van mense in 'n stedelike omgewing.
* **urban development** n.
The improvement of the general quality of life of
people in an urban environment.

stedelike verspreidheid n.
Die graad van toename in die verspreiding en
uitgespreidheid van 'n dorp of stad.
* **urban spread** n.
The degree of increase in distribution and
dispersion of a town or city.

stedelike verval n.
Verslegting van die toestand van 'n stad of dorp,
veral weens die verdwyning van besighede en
welgestelde inwoners.
* **urban decay** n.
Deterioration of the conditions in a city or town,
especially due to the disappearance of businesses
and wealthy residents.

stelselteorie n.
Die stel idees wat die politiek beskou as die
wisselwerking tussen die samelewingsomgewing
waaruit insette in die vorm van eise en steun
gemaak word en 'n abstrakte stel onderling
verwante dele wat die insette in gesaghebbende
besluite of uitsette omskep.
* **systems theory** n.
The set of ideas that regards politics as the
interaction between the societal environment from
which inputs in the form of demands and support
are made and an abstract set of interrelated parts
that converts the inputs into authoritative decisions
or outputs.

stem n.
1. 'n Formele aanduiding van 'n keuse tussen twee of meer kandidate in 'n verkiesing, uitgedruk deur 'n stembrief of die opsteek van hande. 2. 'n Uitgebringde keuse op 'n stembrief in 'n verkiesing.
♦ **vote** n.
1. A formal indication of a choice between two or more candidates in an election, expressed by casting a ballot or a show of hands. 2. A choice exercised on a ballot in an election.

stem v.
1. Om 'n mens se reg tot stemreg uit te oefen, deur bv 'n stem uit te bring in 'n verkiesing. 2. Om 'n keuse uit te oefen; 'n stem in 'n verkiesing uitbring.
♦ **vote** v.
1. To exercise one's right to the franchise, such as casting a vote in an election. 2. To excercise a choice; casting a ballot in an election.

stemagent → **partystemagent**

stembeampte n.
Enige verkiesingsbeampte wat in die stemburo onder die toesig van die voorsittende beampte werk.
♦ **polling officer** n. (voting officer).
Any electoral official working in the polling station under the supervision of the presiding officer.

stembedrog n.
Oneerlike manipulasie van verkiesingsuitslae deur die stemme wat op kandidate uitgebring is te vervals.
♦ **vote fraud** n.
Dishonest manipulation of election results by falsifying the votes cast for candidates.

stembrief n.
'n Dokument waarop kiesers hulle voorkeur vir kandidate en partye aandui.
♦ **ballot** n. (ballot paper, voting paper).
A document on which voters express their preference for candidates and parties.

stembriefsplitsing n. <kyk ook stemsplitsing>.
1. Die handeling van 'n kieser waardeur hy verskillende partye of vraagstukke op dieselfde stembrief ondersteun. 2. Die konstruksie van die stembrief op so 'n wyse dat 'n kieser verskillende partye of kandidate in dieselfde verkiesing kan ondersteun.
♦ **ballot splitting** n. <see also vote splitting>.
1. The action of a voter that supports different parties or issues on the same ballot. 2. The construction of the ballot in such a manner that a voter can support different parties or candidates in the same election.

stemburo n.
1. 'n Gebou wat aangewys is as die plek waar kiesers hulle stemme gaan uitbring. 2. 'n Plek waar mense hulle stem tydens 'n verkiesing uitbring.
♦ **polling station** n. (voting station).
1. A building designated as the place where voters are to cast their ballots. 2. A venue where people cast their votes during an election.

stembus n.
Die houer waarin stembriewe geplaas word nadat 'n stem uitgebring is.

♦ **ballot box** n. (poll).
The container in which ballot papers are placed after casting a vote.

stemdag n.
Die dag waarop 'n kieser sy/haar stem uitbring.
♦ **polling day** n. (voting day).
The day on which a voter casts his/her ballot.

stemgeregtigde → **kieser**

stemgeregtigdes n.
Die versameling burgers wat in verkiesings mag stem.
♦ **electorate** n.
The collection of citizens who are eligible to vote in elections.

stemgeregtigheid n. (stemreg).
Die reg om te stem.
♦ **suffrage** n.
The right to vote.

stemgeregtigheidsdokument
→ **kieserdokument**

stemhokkie n.
'n Omslote area vir die uitbring van stemme.
♦ **polling booth** n. (voting booth).
An enclosed area for the casting of votes.

stemknoeiery n.
Die manipulasie van die stemproses ten einde 'n gewenste resultaat deur vals uitslae voort te bring.
♦ **ballot-rigging** n.
The manipulation of the voting process in order to produce a desired outcome through false results.

stemkrag n. (krag van die stem).
Die vermoë om die regeer van 'n politieke eenheid te beïnvloed deur te kan stem.
♦ **power of the vote** n.
The capacity to influence the governing of a political unit through the ability to vote.

stemloos adj. (sonder kiesreg).
Nie oor die reg of vermoë beskik om te praat of te stem nie.
♦ **voiceless** adj.
Not having the right or capacity to speak or vote.

stemmetal n.
Die hoeveelheid stemme wat in 'n verkiesing uitgebring word.
♦ **ballot** n. (poll).
The number of votes cast in an election.

stemming n.
Enige stemming vir 'n kandidaat of mosie, of dit geheim is al dan nie.
♦ **ballot** n. (poll). n.
Any voting, whether secret or not, for a candidate or a motion.

stemming deur akklamasie n.
Stemming deur eenparige mondelinge goedkeuring.
♦ **voting by acclamation** n.
Voting by unanimous vocal approval.

stemming per hand n.
Aanduiding van jou keuse deur jou hand op te steek as antwoord op die stemkeuses.

S

◆ *voting by show of hand* n.
Indicating one's preferred choice by raising one's
hand in response to voting options.

stemming per stembrief n.
Aantoon van jou keuse deur 'n stem op 'n gedrukte
of geskrewe kaart of stemmasjien uit te bring.
◆ *voting by ballot* n.
Showing one's preferred choice by casting a vote
on a printed or written ticket or voting machine.

stempeiling n.
'n Stemming met niebindende resultate, wat gebruik
word om die waarskynlike uitkoms van 'n
aangeleentheid te beoordeel. In 'n vergadering wat
onderhewig aan vergaderingsprosedure is, kan 'n
stempeiling byvoorbeeld geneem word ten einde te
bepaal of daar genoeg steun vir 'n idee is wat
verdere vergaderingtyd daaraan regverdig.
◆ *straw poll* n. <preferred term> (straw vote).
A vote with nonbinding results, used to assess the
likely outcome of a matter. For example, in a
meeting subject to rules of order a straw poll can be
taken to determine whether there is enough support
for an idea to warrant devoting more meeting time
to it.

stemreg n.
Die reg om deel te neem en in 'n verkiesing vir
openbare amptenare te stem.
◆ *franchise* n.
The right to participate and vote in an election for
public officials.

stemreg → **stemgeregtigheid**

stemregkwalifikasie n.
'n Vereiste waaraan voldoen moet word ten einde
toegelaat te word om te stem.
◆ *voting qualification* n.
A requirement to be met in order to be permitted to
vote.

stemreg ontneem v. (ontkieser).
'n Handeling deur 'n regering waardeur 'n burger
van sy/haar reg ontneem word om in 'n verkiesing
te stem.
◆ *disenfranchise* v. (disfranchise).
An action of a government by which a citizen is
deprived of the right to vote in elections.

stemreg uitbrei v.
Die verlening van die reg om te stem aan mense
wat voorheen hierdie reg ontsê is.
◆ *extending the franchise* v.
Granting the right to exercise the vote to people
who have been denied this right.

stemreg uitoefen v.
Om gebruik te maak van die reg om 'n openbare
verteenwoordiger te kies.
◆ *exercise the franchise* v.
To make use of the right to choose a public
representative.

stemreg verleen v.
Om 'n statutêre reg aan 'n persoon te verleen om te
kan stem.

◆ *enfranchise* v.
To grant a statutory right to a person to vote.

stemsplitsing n. <kyk ook stembriefsplitsing>.
Die handeling om tydens dieselfde verkiesing vir
verskillende partye of kandidate te stem.
◆ *vote splitting* n. <see also ballot splitting>.
The act of voting for different parties or candidates
during the same election.

stemvangery n.
Die proses om veldtogte vir stemme te voer.
◆ *vote catching* n.
The process of campaigning for votes.

stemvee n.
Kiesers wat nie alle opsies en hulle implikasies
intelligent oorweeg voordat hulle besluit nie.
◆ *mindless voters* n.
Voters who do not intelligently consider all options
and their implications before making their decision.

steun werf v.
Om met die kiesers kontak te maak ten einde
politieke steun en/of stemme te verwerf.
◆ *canvass* v.
To make contact with the electorate to solicit
political support and/or votes.

steunwerwing n.
Die verwerwing van simpatie en steun vir 'n
bepaalde saak en/of persoon.
◆ *canvass* n. (canvassing).
The solicitation of sympathy and support for a
particular issue and/or candidate.

stille diplomasie n.
Diplomasie wat met vertroulikheid en weg van
openbare aandag poog om die beleid van 'n
buitelandse regering te verander.
◆ *quiet diplomacy* n.
Diplomacy that works in confidence and outside the
public eye towards changing a foreign government's
policies.

stille meerderheid n. (stilswyende
meerderheid).
'n Vermeende groter gedeelte van die kiesers wat
nie merkbaar hulle steun verleen aan, of in
opposisie verkeer tot politieke vraagstukke nie,
veral gedurende verkiesingsveldtogte.
◆ *silent majority* n.
An ostensibly greater part of the electorate that does
not noticeably voice its support of or opposition to
political issues, especially during electoral
campaigns.

Stille Oseaan-veiligheidsverdrag
→ **ANZUS-verdrag**

stilswyende meerderheid → **stille
meerderheid**

stilswyende stemming n.
'n Soort stemming wat onuitgesproke, nie openlik is
nie.
◆ *silent voting* n.
A form of voting which is unspoken, not open.

stokvel n.
'n Gesamentlike spaarklub, tipies van Suid-Afrika.
◆ *stokvel* n.
A cooperative savings club typical of South Africa.

strafmaatreëls → **sanksies**

Strategie vir Groei, Werkverskaffing en Herverdeling n. (GEAR).
Die ekonomiese beleid van die ANC-geleide regering in Suid-Afrika tussen 1996 en 2004.
• *Growth, Employment and Redistribution Strategy* n. (GEAR).
The economic policy of the ANC-led government in South Africa between 1996 and 2004.

stratokrasie n.
Die uitoefening van politieke mag deur generaals.
• *stratocracy* n.
The exercise of political power by generals.

streekleier n.
'n Leidende uitvoerende beampte van 'n organisasie of instelling vir 'n bepaalde streek van die staat.
• *regional leader* n.
The principal executive of an organisation or institution for a specific region in the state.

streeksmoondheid n. (regionale moondheid).
'n Staat waarvan die politieke en ekonomiese invloed beperk is tot 'n bepaalde geografiese gebied, bv Nigerië in die Wes-Afrikaanse streek.
• *regional power* n.
A state whose political and economic influence is restricted to a particular geographic area, eg Nigeria in the Western African region.

streeksoutonomie n.
Die mate waarin 'n streek toegelaat word om homself te regeer en sy eie optrede te bepaal.
• *regional autonomy* n.
The extent to which a region is permitted to govern itself and determine its own actions.

streeksveiligheid n. (regionale veiligheid).
'n Toestand wat voortvloei uit maatreëls getref om die doeltreffendste gebruik van state se veiligheidshulpbronne en fasiliteite in 'n streek vir doeleindes van kollektiewe veiligheid, te verseker.
• *regional security* n.
A condition resulting from measures established to ensure the most effective use of the security resources and facilities of states in a region for purposes of collective security.

struggle n. <die struggle>.
In Suid-Afrika verwys dit na die tydperk circa 1960–1990 waarin swart bevrydingsbewegings 'n gewelddadige rewolusionêre stryd teen die apartheidsregering gevoer het.
• *struggle* n. <the struggle>.
In South Africa it refers to the period circa 1960–1990 in which the black liberation movements conducted a violent revolutionary struggle against the apartheid government.

strukturele funksionalisme n.
Die teorie dat 'n politieke stelsel ten beste verstaan en ontleed kan word in terme van 'n raamwerk wat die instellings van 'n politie met hulle funksies kombineer.
• *structural functionalism* n.
The theory that a political system can best be understood and analysed in terms of a framework that combines the institutions of a polity with their functions.

struktuur n.
Die organisering van menslike aktiwiteite volgens 'n vorm of patroon. 'n Struktuur is enigiets wat 'n herkenbare patroon of vorm het, soos 'n instelling.
• *structure* n.
The organisation of human activities according to a form or pattern. A structure is anything that has a recognisable pattern or form, such as an institution.

struktuurplan n.
'n Samehangende dokument wat beplanningsbeleid en riglyne vir die ontwikkeling van 'n bepaalde gebied uiteensit en wat gewoonlik met soveel insette van, en konsensus tussen, die belanghebbende partye uit daardie gebied as wat moontlik is, opgestel word.
• *structure plan* n.
A cohesive document setting out planning policies and guidelines for the development of a specified area, usually produced with as much input from, and consensus among, interested parties from that area as possible.

strydpunt n. (strydvraag).
'n Aangeleentheid wat deur twee of meer partye betwis word; 'n twisgeskilpunt.
• *issue* n.
A matter that is in dispute between two or more parties; a point of controversy.

strydvraag → **strydpunt**

suiweringskeuring n.
Na fundamentele bewindsveranderings, die reiniging van die politieke bestel wat as strydig met die belange van die nuwe bestel beskou word, bv 'n nuwe regering se hantering van persone wat menseregte onder die vorige bewind geskend het; bv postkommunistiese state.
• *lustration* n.
After fundamental regime changes, the purification of the body politic of influences considered to be inimical to its interests, eg a new government's handling of the violators of human rights associated with the previous regime; eg postcommunist states.

supermeerderheid → **spesiale meerderheid**

supermoondheid n. <kyk ook grootmoondheid>.
'n Magtige en invloedryke staat wat gewoonlik oor kernwapens beskik en wat wêreldaangeleenthede oorheers, bv die VSA.
• *superpower* n. <see also great power>.
A powerful and influential state, usually possessing nuclear weapons, that dominates world affairs, eg the USA.

supplementêre begroting → **aanvullende begroting**

surrogaatmagte n.
Magte wat aan 'n derde party behoort en teen 'n staat se teenstanders aangewend word in gevalle waar die hoofstaat nie sy eie magte in die konflik kan of wil instoot nie.
• *proxy forces* n. (surrogate forces).
Forces belonging to a third party, employed against a state's adversaries in cases where the principal state cannot or does not wish to commit its own forces to the conflict.

S

susereiniteit n.

Die domininion oor 'n ander nlionoftn oor 'n ander staat ten opsigte waarvan dit soewerein is, gewoonlik gekenmerk deur selfregering van die afhanklike staat. Die voorkoms daarvan het in die tweede helfte van die twintigste eeu afgeneem. Die verhouding tussen Brittanje en Swaziland circa 1890–1966 is 'n voorbeeld van susereiniteit.

• **suzerainty** n.

The dominion exercised by a state over another state in relation to which it is sovereign, usually characterised by selfgovernment of the dependent state. It became less prevalent in the second half of the twentieth century. The relationship between Britain and Swaziland circa 1890–1966 is an example of suzerainty.

susterstad → **koppelstad**

SVE → **selfverdedigingseenheid**

swaaistaat n.

'n Deelstaat van die VSA waarin geen politieke party voldoende steun het om te glo dat hy daardie staat in 'n verkiesing sal wen nie, en die beïnvloeding van die kieserkeuse derhalwe van kritieke belang is.

• **swing state** n.

A constituent state of the USA in which no political party has sufficient support to be confident of winning that state in an election, and influencing voter choice is therefore critical.

swak staat n.

'n Staat waarin die sentrale regering se vermoë om gesag uit te oefen en sy pligte uit te voer minimaal is.

• **weak state** n.

A state in which the central government's capacity to exercise authority and perform its duties is minimal.

Swart Afrika n. <kyk ook Arabies-Afrika>.

State in Afrika waarin die bevolking oorwegend swart is.

• **Black Africa** n. <see also Arab Africa>.

States in Africa in which the population is predominantly black.

swart bemagtiging n.

Instaatstelling van swart mense om te presteer en hulle plek op alle vlakke en in alle sfere van die samelewing in te neem.

• **black empowerment** n.

Enabling black people to excel and take up positions at all levels and in all spheres of society.

swartbewussyn → **swartbewustheid**

swartbewustheid n. (swartbewussyn <af te keur>).

'n Filosofie wat 'n nuwe houding onder swart mense van Afrika-oorsprong vereis waarin hulle hulle van enige minderwaardigheidskomplekse bevry en 'n sosiale identiteit van hul eie verkry sodat hulle politieke opgang en mag kan verwerf.

• **black consciousness** n.

A philosophy requiring a new attitude among black people of African origin in which they have to rid themselves of any inferiority complexes and acquire a social identity of their own in order to gain political ascension and power.

swart ekonomiese bemagtiging n. (SEB).

Die beleid van die Suid-Afrikaanse regering sedert 1994 wat daarop gemik is om swart mense in staat te stel om ten volle aan die ekonomie en materiële voordele van die samelewing deel te neem.

• **black economic empowerment** n. (BEE).

The policy of the South African government post-1994 aimed at enabling black people to fully participate in the economy and material benefits of society.

swart kol n.

'n Apartheidsterm wat gebruik is om gebiede aan te dui wat deur swart mense in hoofsaaklik wit groepsgebiede bewoon is; hierdie 'swart kolle' is gewoonlik uitgeskakel deur die beleid van gedwonge verskuiwing.

• **black spot** n.

An apartheid term used to specify areas inhabited by black people in predominantly white group areas; these 'black spots' were usually eliminated by the policy of forced removals.

swartmag → **swart mag**

swart mag n. (swartmag).

Die handhawing en uiting van rasbewustheid en solidariteit onder swart mense; ontstaan in die VSA circa middel 1960's.

• **black power** n.

The assertion and expression of racial consciousness and solidarity among black people; originated in the USA circa middle 1960s.

Swart Manifes n.

'n Suid-Afrikaanse dokument wat op 28 Januarie 1929 deur drie leiers van die Nasionale Party uitgereik is. Daarin word genl Jan Smuts gekritiseer vir sy pleidooi vir groter samewerking tussen Suid-Afrika en Afrikastate in belang van die Britse Ryk.

• **Black Manifesto** n.

A South African document, issued on 28 January 1929 by three leaders of the National Party, criticising gen Jan Smuts for his plea for greater cooperation between South Africa and African states in the interests of the British Empire.

swart nasionalisme n.

'n Ideologie wat aan die begin van die twintigste eeu in die VSA momentum gekry het en gebaseer is op solidariteit onder swart Afrikane en hulle identiteit as 'n aparte groep wat daarna behoort te streef om ekonomies en polities vry van wittes te wees.

• **black nationalism** n.

An ideology that gained momentum in the USA at the beginning of the twentieth century and is based on solidarity among black Africans and their identity as a separate group who should strive for economic and political freedom from whites.

swart propaganda n. <kyk ook grys
propaganda; wit propaganda>.
Propaganda wat voorgee dat dit uit 'n ander bron as
die werklike een kom.
* ***black propaganda*** n. <see also grey
propaganda; white propaganda>.
Propaganda that purports to emanate from a source
other than its true one.

Swart Roede n.
In Brittanje 'n beampte van die Hoërhuis en van die
Orde van die Kousband, wie se pligte insluit die
handhawing van sekuriteit van die Hoërhuis,
toegangsbeheer tot en orde in die Huis, asook om
die Laerhuis te ontbied tydens die opening en
prorogering van die Parlement.
* ***Black Rod*** n.
In Britain an officer of the House of Lords and of
the Order of the Garter, whose duties include
maintaining security of the House of Lords, access
control and order in the House, as well as,
summoning the Commons at the opening and
proroguing of Parliament.

Swart September n.
'n Palestynse vryheidsbeweging wat circa
1970–1973 geweld gebruik het om sy doelwitte te
bevorder. Verantwoortdelik vir die slagting van
Israelse atlete by die 1972 Somer Olimpiese Spele
in München.
* ***Black September*** n.
A Palestinian freedom movement that used violence
circa 1970–1973 to further its aims. Responsible for
the massacre of Israeli athletes at the 1972 Summer
Olympics at Munich.

sweep n.
'n Parlementslid wat deur lede van sy/haar
partykoukus verkies word om partydissipline te
verseker.
* ***whip*** n.
A member of parliament elected by members of
his/her party caucus to ensure party discipline.

syferskrif n.
'n Kriptografiese stelsel waarin arbitrêre groepe
simbole gebruik word om eenhede gewone teks met
'n vaste lengte voor te stel ten einde die teks
niksseggend te maak.
* ***cipher*** n.
A cryptographic system in which arbitrary groups
of symbols are used to represent units of plain text
of regular length in order to render the text
meaningless.

S

Tt

taakmag n.
'n Tydelike groepering van militêre eenhede onder
een operasionele bevelvoerder, wat saamgestel word
om 'n bepaalde operasie of reeks operasies uit te
voer.
+ *task force* n.
A temporary grouping of military units under a
single operational commander, formed to carry out
a specific operation or series of operations.

taakspan n.
'n Groep persone met bepaalde kwalifikasies, wat
onder een leier op 'n niepermanente grondslag
saamgestel word om 'n spesifieke aangeleentheid te
ondersoek en daaroor verslag te doen, en dikwels
om oor die uitvoering daarvan toesig te hou.
+ *task team* n.
A group of persons with specific qualifications, put
together under one leader on a non-permanent basis,
to investigate and report on a specified matter and
often to oversee its implementation.

taak vir die staat n.
Die uitvoering van 'n handeling waarvoor die staat
uitdruklik verantwoordelik is, bv onderwys en
gesondheid.
+ *business of the state* n.
The performance of an act for which the state is
specifically responsible, eg education and health.

taalbillikheid n.
Die regverdigheid van taalvoorsiening en/of
-behandeling van twee of meer tale. Dit beteken nie
noodwendig die tale word dieselfde behandel nie.
+ *language equity* n.
The fairness of language provision and/or treatment
of two or more languages. This may not necessarily
be equal.

taalgelykheid n.
Die gelyke behandeling van twee of meer tale, veral
met betrekking tot amptelike domeine van die
samelewing, soos wetgewing, regspraak, publieke
administrasie en onderwys.
+ *language equality* n.
The equal treatment of two or more languages,
especially with regard to official domains in society
such as legislation, justice, public administration
and instruction.

taktiese stemming n.
Dit kom voor wanneer 'n kieser nie sy/haar eerlike
voorkeur aandui nie ten einde 'n gunstiger uitslag te
bekom.
+ *tactical voting* n.
This occurs when a voter does not express his/her
sincere preferences in order to gain a more
desirable outcome.

talassokrasie n.
Die uitoefening van politieke mag op grond van
maritieme oppermag.

+ *thalassocracy* n.
The exercise of political power based on maritime
supremacy, eg the British Empire in the late 19th
century.

talentspeurder n.
'n Lid of agent van 'n inligtingsdiens wat
potensiële bronne van informasie identifiseer, veral
persone wat as bronne ontwikkel kan word.
+ *talent spotter* n.
A member or agent of an intelligence service who
identifies potential sources of information,
especially persons who may be developed as
sources.

tamboerwadenkfout n.
(tamboerwadrogredenasie).
In logika, die denkfout dat 'n stelling waar is omdat
mense glo dis waar, pleks daarvan dat dit waar is
omdat die feite dit bewys.
+ *bandwagon fallacy* n.
In logic, the fallacy that a statement is true because
people believe it to be true, instead of that it is true
because the facts prove it.

tamboerwadrogredenasie
→ **tamboerwadenkfout**

TBM → **tussenafstand ballistiese missiel**

teater n. <militêr; kyk ook teater van operasies>.
'n Groot geografiese gebied buite 'n staat, wat aan
'n oorkoepelende militêre bevelvoerder met
bepaalde militêre verantwoordelikhede toegewys is.
+ *theatre* n. <military; see also theatre of
operations>.
A large geographical area outside a state, assigned
to an overall military commander with specified
military responsibilities.

teater van operasies n. <kyk ook teater>.
'n Groot geografiese gebied buite 'n staat, wat aan
'n oorkoepelende militêre bevelvoerder met
bepaalde militêre verantwoordelikhede toegewys is
en waarin onderling verbonde militêre operasies
gevoer word of gevoer mag word.
+ *theatre of operations* n. <see also theatre>.
A large geographical area outside a state, assigned
to an overall military commander with specified
military responsibilities, in which interconnected
military operations are conducted or may be
conducted.

teendenkende opinie → **afwykende opinie**

teendenkende stem → **afwykende stem**

teeninligting n. (TI).
Alle sekerheidsmaatreëls wat daarop gemik is om
informasie, personeel, toerusting en installasies teen
spioenasie, ondermyning en sabotasie te beveilig.

◆ ***counterintelligence*** n. (CI).
All security measures aimed at safeguarding
information, personnel, equipment and installations
against espionage, subversion and sabotage.

teeninsurgensie n. (TEIN).
Die politieke, sosio-ekonomiese, kulturele, militêre,
paramilitêre en sielkundige aksies wat 'n regering
onderneem om insurgensie die hoof te bied.
◆ ***counterinsurgency*** n. (counterinsurgence,
COIN).
The political, socio-economic, cultural, military,
paramilitary and psychological actions taken by a
government to defeat insurgency.

teenkorrupsiemaatreëls n.
Stappe of optrede bedoel om deursigtigheid te
verhoog en oneerlike praktyke en begunstiging,
veral in die regering, uit te roei.
◆ ***anticorruption measures*** n.
Steps or actions aimed at increasing transparency
and eradicating dishonest practices and favouritism,
especially in government.

teenondermyning n.
'n Subkategorie van teeninligting, gerig op die
beveiliging van personeel teen ondermyning.
◆ ***countersubversion*** n.
A subcategory of counterintelligence, directed at the
safeguarding of personnel against subversion.

teenpersoneelmyn n.
'n Myn wat deur die teenwoordigheid, nabyheid of
kontak deur 'n persoon afgesit sal word en wat die
persoon buite aksie sal stel, beseer of dood.
◆ ***antipersonnel mine*** n.
A mine which is designated to be exploded by the
presence, proximity or contact of a person and that
will incapacitate, injure or kill.

teenrewolusie n.
Optrede, gewoonlik deur behoudendes, wat daarop
gerig is om die winste van 'n rewolusionêre
beweging of die gevolge van 'n rewolusie ongedaan
te maak.
◆ ***counterrevolution*** n.
Actions, usually by conservatives, aimed at undoing
the gains of a revolutionary movement or the effects
of a revolution.

teensabotasie n.
'n Subkategorie van teeninligting, gerig op die
beveiliging van toerusting en installasies teen
sabotasie.
◆ ***countersabotage*** n.
A subcategory of counterintelligence, directed at the
safeguarding of equipment and installations against
sabotage.

teenspioenasie n. (TS).
'n Subkategorie van teeninligting, gerig op die
opsporing en neutralisering van buitelandse
spioenasiebedrywighede.
◆ ***counterespionage*** n. (CE).
A subcategory of counterintelligence, directed at
detecting and neutralising foreign espionage
activities.

teenstanderpolitiek n. (adversatiewe politiek).
'n Politieke styl waarin opponerende partye
antagonistiese standpunte inneem in verband met
openbare beleid en verkiesingsvraagstukke.
◆ ***adversarial politics*** n. (adversary politics).
A style of politics in which opposing parties take
antagonistic positions regarding public policy and
electoral issues.

tegnokrasie n.
Die uitoefening van politieke mag deur tegniese
deskundiges.
◆ ***technocracy*** n.
The exercise of political power by technical experts.

TEIN → **teeninsurgensie**

telefoontapping n.
In die geheim deur middel van elektroniese middele
na telefoongesprekke luister.
◆ ***telephone tapping*** n.
Secretly listening to telephone conversations by
means of electronic devices.

teokrasie n.
Die uitoefening van politieke mag deur 'n
priesterklas wat op goddelike leiding aanspraak
maak, bv Iran veral ten tyde van die ajatollah
Khomeini.
◆ ***theocracy*** n.
The exercise of political power by a priestly class
claiming divine guidance, eg Iran especially during
the time of the ayatollah Khomeini.

teregstel v.
Om die lewe van 'n persoon soos gemagtig deur
die reg te beëindig.
◆ ***execute*** v.
To end the life of a person as authorised by the law.

terreurveldtog n.
'n Reeks handelinge wat in tyd en ruimte verwant
is en dade van geweld, sabotasie en ander
intimidasiemetodes gebruik om 'n gegewe doel te
bereik.
◆ ***campaign of terror*** n.
A series of actions, related in time and space, using
acts of violence, sabotage and other methods of
intimidation to achieve a given aim.

terreurwapens n. (verskrikkingswapens).
Wapens wat mense met groot vrees of paniek
vervul.
◆ ***terror weapons*** n.
Weapons that fill people with great fear or panic.

territoriale integriteit
→ **grondgebiedsintegriteit**

territoriale water → **gebiedswater**

terroris n.
'n Persoon wat gewelddadige metodes soos bomme,
vuurwapens en biologiese middels sonder
onderskeid aanwend ten einde mense op alle vlakke
van die samelewing te intimideer, skok, met
weersin te vervul en te demoraliseer. Die oogmerke
van 'n terroris kan wees om 'n staat gewelddadig
omver te werp, om mag te behou of om 'n nuwe
staat tot stand te bring.

T

• *terrorist* n.
A person who uses indiscriminate violent means such as bombs, firearms and biological agents in order to intimidate, shock, horrify and demoralise persons at all levels of society. The aims of a terrorist could be the violent overthrow of a state, the maintenance of a position of power or the establishment of a new, separate state.

terrorisme n.
Die berekende aanwending van gewelddadige metodes soos bomme, vuurwapens en biologiese middele om mense op alle vlakke van die samelewing te intimideer, skok, met weersin te vervul en te demoraliseer ten einde politieke, godsdienstige of ideologiese oogmerke te bereik.
• *terrorism* n.
The calculated use of violent means such as bombs, firearms and biological agents to intimidate, shock, horrify and demoralise persons at all levels of society in order to achieve political, religious or ideological goals.

terrorisstaat n.
'n Staat wat intimidasie, geweld en terreur gebruik om politieke doelstellings te bereik.
• *terrorist state* n.
A state that uses intimidation, violence and terror to achieve political goals.

terroristenetwerk n.
'n Groep terroriste wat onderling verbind is en onder sentrale beheer optree.
• *terrorist network* n.
An interconnected group of terrorists operating under central direction.

terugtrek v.
Jou van 'n voormalige mening distansieer, veral met 'n openbare belydenis van foutering.
• *recant* v.
Disavow a former opinion, especially with a public confession of error.

tesourie n.
Amptelike Britse instelling onder die beheer van 'n Kontroleur- en Ouditeur-generaal wat alle openbare rekeninge ouditeer en oor sy bevindinge aan die Komitee vir Openbare Rekeninge van die Laerhuis verslag doen.
• *exchequer* n.
Official British institution under the control of a Controller and Auditor General that audits all public accounts and reports its findings to the Public Accounts Committee of the House of Commons.

tesourie n.
Die staatsinstelling belas met die ontvangs en uitgee van openbare inkomste.
• *treasury* n.
The government institution charged with the receipt and disbursement of public revenue.

TI → **teeninligting**

timokrasie n.
Die uitoefening van politieke mag deur persone wat deur beginsels van eer gemotiveer word, met inagneming dat politieke eer dikwels volgens die aanslaan van eiendom versprei word.

• *timocracy* n.
The exercise of political power by persons motivated by principles of honour, while considering that political honour is often distributed according to the rating of property.

tiran n. <kyk ook outokraat en despoot>.
'n Heerser wat onbeperkte mag op 'n onderdrukkende, onregverdige en wrede manier uitoefen.
• *tyrant* n. <see also autocrat and despot>.
A ruler that exercises unlimited power in an oppressive, unjust and cruel manner.

tirannie n.
Heerskappy oor 'n politie wat deur die onderdrukkende, onregverdige en wrede uitoefening van onbeperkte mag gekenmerk word.
• *tyranny* n.
Rule of a polity that is characterised by the oppressive, unjust and cruel exercise of unlimited power.

Titoïsme n.
Die variant van kommunisme wat deur Maarskalk Tito bedryf is, gekenmerk deur onafhanklikheid van die Sowjetblok en neutraliteit in Oos-Wes-geskilpunte, 'n aansienlike mate van desentralisering en 'n groot mate van werkersbeheer oor ondernemings.
• *Titoism* n.
The variant of Communism practised by Marshall Tito, characterised by independence from the Soviet bloc and neutrality in East-West controversies, a significant amount of decentralisation, and a large degree of worker control of enterprises.

titulêre soewerein n.
'n Monarg wat nie meer werklike gesag uitoefen nie en daarom slegs in naam die opperheerser van 'n staat is.
• *titular sovereign* n.
A monarch who has ceased to exercise any real authority and is therefore a supreme ruler of a state in name only.

titulêre soewereiniteit n.
Soewereiniteit in naam alleen.
• *titular sovereignty* n.
Sovereignty in name only.

tjekboekdiplomasie n.
Die gebruik van geldelike belonings om die belange van 'n staat in internasionale sake te bevorder.
• *chequebook diplomacy* n.
The use of monetary rewards to advance the interests of a state in international affairs.

toesig n.
Die handeling waardeur 'n komitee of soortgelyke instelling oor die aktiwiteite van 'n gegewe regeringsfunksie toesig hou, bv buitelandse sake.
• *oversight* n.
The action by which a committee or similar institution oversees the activities of a given government function, eg foreign affairs.

toesmering n.
Optrede of pogings om te verhoed dat die werklike feite bekend word.

T

♦ *cover-up* n.
Actions or attempts to prevent the true facts from becoming known.

toestroming n.
'n Skielike toename in die aankoms van groot getalle mense in 'n gegewe gebied, soos werksoekers in stede of toeriste in 'n land.
♦ *influx* n.
A sudden increase in the arrival of large numbers of people in a given area, such as job seekers in cities or tourists in a country.

toetrede n.
Die handeling om 'n amp te aanvaar, bv toetrede tot die presidentskap van 'n staat.
♦ *accession* n.
The act of coming to an office, eg accession to the presidency of a state.

toetsverbod → **kerntoetsverbod**

toi-toi v.
'n Manier om te marsjeer, dans en sing deur protesterende skares wat in Suid-Afrika voorkom.
♦ *toyi-toyi* v.
A form of marching, dancing and chanting by protesting crowds, occurring in South Africa.

topokrasie n.
Die uitoefening van politieke mag deur tussenregeringsmagsblokke wat deur funksionarisse gevorm word, gewoonlik tussen ekonomiese administrasievlakke, bv die leiding van die ekonomiese groei van die Volksrepubliek van China in die laat 20ste en vroeë 21ste eeu.
♦ *topocracy* n.
The exercise of political power by intergovernmental power blocks formed by functionaries, usually between levels of economic administration, eg the guidance of the economic growth of the People's Republic of China in the late 20th and early 21st century.

toringbou-ontwikkeling n.
(hoogbou-ontwikkeling).
'n Stel geboue met meervoudige verdiepings in 'n dorp of stad.
♦ *high-rise development* n.
A set of buildings with multiple storeys in a town or city.

torpedojaer n. <kyk ook slagskip; korvet; kruiser; fregat>.
'n Vinnige oorlogskip wat 5 000 tot 10 000 metrieke ton verplaas en hoofsaaklik aangewend word om konvooie en taakmagte teen lug- en duikbootaanvalle te beskerm.
♦ *destroyer* n. <see also battleship; corvette; cruiser; frigate>.
A fast warship displacing 5 000 to 10 000 tonnes and mainly used to protect convoys and task forces against air and submarine attack.

totale oorlog n.
'n Oorlog waarin alle middele tot 'n staat se beskikking aangewend word, insluitend kernwapens.

♦ *total war* n.
A war in which all means at a state's disposal are employed, including nuclear weapons.

totalitarisme n. <kyk ook outoritarisme; demokrasie>.
Die ideologie en praktyk wat 'n allesomvattende bewindsvorm voorstaan waarin die staat alle sosiale instellings binnedring en beheer, met insluiting van die afskaffing van die burgerlike samelewing en die oorheersing van godsdienstige verenigings, arbeidsbewegings en privaat sakeondernemings.
♦ *totalitarianism* n. <see also authoritarianism; democracy>.
The ideology and practice that propounds an all encompassing form of rule in which the state penetrates and controls all social institutions, including abolishing civil society and dominating religious associations, labour movements and private businesses.

totalitêre demokrasie n.
Absolute heerskappy wat hom as 'n demokrasie voordoen, tipies gegrond op die leier se aanspraak op die alleenbesit van ideologiese wysheid, bv in Nazi-Duitsland.
♦ *totalitarian democracy* n.
Absolute rule that masquerades as a democracy, typically based on the leader's claim to a monopoly of ideological wisdom, eg in Nazi Germany.

totalitêre staat n.
'n Allesomvattende bewindsvorm waarin die staat alle sosiale instellings binnedring en beheer, met insluiting van die afskaffing van die burgerlike samelewing en die oorheersing van godsdienstige verenigings, arbeidsbewegings en private sakeondernemings.
♦ *totalitarian state* n.
An all-encompassing form of rule in which the state penetrates and controls all social institutions, including abolishing civil society and dominating religious associations, labour movements and private businesses.

tot sy reg laat kom v.
Om die status van byvoorbeeld minderhede in 'n samelewing positief te beklemtoon of te bekragtig.
♦ *affirm* v. <verbal form related to the compound term affirmative action>.
To assert positively or to ratify the status of, for example, minorities in a society.

township n.
'n Swart woongebied, veral in die konteks van die anti-apartheidstryd in Suid-Afrika.
♦ *township* n.
A black residential area, particularly in the context of the anti-apartheid struggle in South Africa.

tradisionele leier n.
'n Leier van 'n inheemse volk wat op grond van erflike of ander gevestigde praktyke met mag beklee word; 'n voorbeeld is die tradisionele leiers van Suid-Afrika.
♦ *traditional leader* n.
A leader of indigenous people who is invested with power through hereditary or other established

means; an example is the tribal leaders of South
Africa.

tradisionele owerheid n.
'n Politieke instelling wat sy legimiteit en reg om te
regeer aan gebruike ontleen.
+ *traditional authority* n.
A political institution that derives its legitimacy and
right to rule from custom.

transformasie n. (omvorming).
'n Fundamentele verandering van die strukture,
praktyke en magsverhoudinge in 'n samelewing of
sosiale instelling.
+ *transformation* n.
A fundamental change of the structures, practices
and power relationships in society or a social
institution.

transformasionele demokrasie n.
(omvormingsdiplomasie).
Diplomatieke optrede met die oog op die skep van
demokratiese, goed geregeerde state in die
Midde-Ooste wat verantwoordelik in die
internasionale stelsel sal optree. Die beleid is deur
Condoleezza Rice, 'n VSA-minister van buitelandse
sake onder President George W Bush, geformuleer.
+ *transformational diplomacy* n.
Diplomatic actions aimed at creating democratic,
well governed states in the Middle East that will
conduct themselves responsibly in the international
system. The policy was formulated by Condoleezza
Rice, a USA secretary of state under President
George W Bush.

trawant n.
'n Politieke volgeling wat 'n leier vir persoonlike
voordeel dien.
+ *henchman* n.
A political follower that serves a leader for personal
advantage.

trekarbeid n.
1. Werkers wat van hulle huise wegbeweeg,
gewoonlik in plattelandse gebiede, om elders,
gewoonlik in groot stede, te werk. 2. Los en
ongeskoolde werkers wat op 'n seisoensgrondslag
trek vir tydelike indiensneming.
+ *migrant labour* n. (migratory labour).
1. Workers moving from their homes, usually in
rural areas, for employment elsewhere, usually in
major cities. 2. Casual and unskilled workers who
move on a seasonal basis for temporary
employment.

trekboer n. <kyk ook grensboer; Voortrekker>.
Tydens die vroeë uitbreiding van die Europese
nedersetting in Suid-Afrika, 'n seminomadiese vee-
en bestaansboer uit die vryburgerklas wat beide
noord- en ooswaarts in die binneland in migreer het
op soek na beter plaasgrond, asook om te ontsnap
van 'n inperkende Kaapse koloniale owerheid.
+ *trekboer* n. <see also border farmer;
Voortrekker>.
In the early expansion of the European settlement
of South Africa, a semi-nomadic pastoralist and
subsistence farmer who came from the free burgher
class and migrated both northwards and eastwards

into the interior to find better farmlands, as well as
to escape the restrictive Cape colonial rule.

trias politica → **absolute magskeidingsteorie**

trias politica → **skeiding van magte**

Trilaterale Kommissie n.
'n Private dinkstigting wat in 1973 gestig is en
invloedryke mense uit Europa, Japan en die VSA
verteenwoordig. Dit doen navorsing en maak
openbare uitsprake en aanbevelings met betrekking
tot openbare beleid vir die geïndustrialiseerde
wêreld wat van internasionale belang is.
+ *Trilateral Commission* n.
A private think tank formed in 1973 and
representing influential people from Japan, Europe
and the USA. It researches and makes public
pronouncements and recommendations regarding
public policies for the industrialised world that are
of international significance.

TS → **teenspioenasie**

tsaar n.
Die keiser van Rusland tot 1917.
+ *czar* n. <Russian> (tsar).
The emperor of Russia until 1917.

tsarewitsj n.
Seun van 'n Russiese tsaar, veral die oudste seun.
+ *czarevitch* n. (tsarevitch).
Son of a Russian tsar, especially the eldest son.

tsarewna n.
Dogter van 'n Russiese tsaar of vrou van 'n
tsarewitsj.
+ *czarevna* n. (tsarevna).
Daughter of a Russian tsar or wife of a tsarevitch.

tsarina n. (tsaritsa).
Vrou van 'n Russiese tsaar; Russiese keiserin.
+ *czarina* n. (czaritsa, tsarina, tsaritsa).
Wife of a Russian tsar; Russian empress.

tsaritsa → **tsarina**

tugkode → **dissiplinêre kode**

tugkomitee → **dissiplinêre komitee**

tuisregering → **selfregering**

tussenafstand ballistiese missiel n. <kyk ook
interkontinentale ballistiese missiel> (TBM <kyk
ook IKBM>).
'n Ballistiese missiel met 'n trefafstand van 2 400
tot 5 500 km.
+ *intermediate range ballistic missile* n. <see
also intercontinental ballistic missile> (IRBM
<see also ICBM>).
A ballistic missile with a range of 2 400 to 5 500
km.

tussenmunisipale diensooreenkoms n.
'n Ooreenkoms tussen twee of meer munispaliteite
met betrekking tot die onderlinge verskaffing van
dienste.
+ *intermunicipal service agreement* n.
An agreement between two or more municipalities
regarding the mutual delivery of services.

T

tussenowerheid gelykberegtingstoekenning
n. (interowerheid gelykberegtigingstoekenning).
'n Toekenning van 'n sentrale of federale regering
aan regionale regerings om finansiële ongelykhede
tussen verskillende streke van 'n staat gelyk te stel.
* *intergovernmental equity grant* n.
A grant from a central or federal government to
regional governments to equalise financial
inequalities between different regions of a state.

tussenowerheidsverhoudinge
→ **interowerheidsverhoudinge**

tussenstaatkonflik → **tussenstaatlike konflik**

tussenstaatlike konflik n. (tussenstaatkonflik,
interstaatlike konflik, interstaatkonflik).
'n Stryd wat hetsy bilateraal hetsy multilateraal
tussen state ontstaan of heers.
* *interstate conflict* n.
A clash which arises or prevails either bilaterally or
multilaterally between states.

tussentydse grondwet n. (tussentydse
konstitusie, interimgrondwet, interimkonstitusie).
'n Voorlopige stel fundamenteel-politieke beginsels
en reëls waarvolgens 'n staat regeer word en wat
geld totdat 'n permanente grondwet opgestel kan
word, bv in Suid-Afrika in 1993.
* *interim constitution* n.
An intermediate, provisional set of fundamental
political principles and rules by which a state is
governed and that applies until a permanent
constitution can be drawn up, eg in South Africa in
1993.

tussentydse konstitusie → **tussentydse
grondwet**

tussentydse munisipale bestuurder n. (interim
munisipale bestuurder).
'n Tydelike administratiewe hoof van 'n plaaslike
regering wat aangestel is totdat 'n permanente
aanstelling vir die bepaalde amp gedoen is.
* *interim municipal manager* n.
A temporary administrative head of a local
government appointed until such time a permanent
appointment to the particular office is made.

tussenverkiesing n. <kyk ook algemene
verkiesing; nasionale verkiesing>.
Kies van 'n verteenwoordiger tussen algemene
verkiesings ten einde 'n vakature te vul wat weens
sterfte, bedanking of uitsetting ontstaan het.
* *by-election* n. <see also general election;
national election>.
Selecting a representative in between general
elections in order to fill a vacancy that has arisen as
a result of death, resignation or expulsion.

tweedegenerasieregte n. <kyk ook
eerstegenerasieregte, derdegenerasieregte>.
Menseregte wat hoofsaaklik te make het met die
welstand van hele samelewings en dikwels
gelykheid betrek, te wete gelyke omstandighede en
behandeling, bv onderwys, gesondheidsorg en 'n
aanvaarbare lewenspeil.

* *second-generation rights* n. <see also
first-generation rights, third-generation
rights>.
Human rights that mainly deal with the well-being
of whole societies and usually involve equality, viz
equal conditions and treatment, eg education, health
care and an acceptable standard of living.

tweedeklasburger n.
'n Deelburger met minderwaardige status in 'n
samelewing, dws wat nie die volle voordeel van
burgerskap geniet nie.
* *second-class citizen* n.
A national with inferior status in a society, ie not
enjoying the full benefits of citizenship.

tweedelige monargie n.
'n Monargie wat in twee afsonderlike state erken
word waarin die unie van die twee state vestig in
die persoon van die monarg, bv
Oostenryk-Hongarye tussen 1867 en 1918.
* *dual monarchy* n.
A monarchy which is recognised in two separate
states in which the union of the two states resides
in the person of the monarch, ie Austria-Hungary
between 1867 and 1918.

tweede slaanaanval n.
Die eerste teenaanval met kernwapens in 'n oorlog
nadat 'n eerste slaanaanval met 'n voldoende
vermoë tot effektiewe vergelding oorleef is.
* *second strike* n.
The first counterattack with nuclear weapons in a
war, having survived a first strike with sufficient
capability for effective retaliation.

tweedevlakowerheid n.
In bv 'n hiërargie van drie owerhede, die middelste
owerheidsvlak, wat gewoonlik die provinsiale
owerhede is. Die tweede vlak is die nasionale
owerheid en die derde vlak, die plaaslike owerhede.
* *second-level authority* n. (second-tier
authority).
In eg a hierarchy of three authorities, the middle
level of authority, which is usually the provincial
authorities. The first level refers to the national
authority, while the third level is usually the local
authorities.

Tweede Wêreld n. <kyk ook Eerstewêreld;
Derdewêreld; Vierdewêreld>.
Die voormalige USSR en sy satellietstate.
* *Second World* n. <see also First World;
Third World; Fourth World>.
The former USSR and its satellite states.

Tweede Wêreldoorlog n. <1939–1945>
(Wêreldoorlog II, WO II).
'n Belangrike globale oorlog tussen die Geallieerdes
(oorspronklik Brittanje, sy Statebond en Frankryk,
later bygestaan deur die Sowjetunie en die
Verenigde State) en die Spilmoondhede
(oorspronklik die Derde Duitse Ryk, Italië en
Japan); dit is hoofsaaklik geveg in Europa, die
Midde-Ooste, Noord-Afrika, Suidoos-Asië, die
Sowjetunie en die Stille-Oseaangebied. Dit het 'n
vlootoorlog in feitlik al die belangrike oseane
ingesluit. Die oorlog met Duitsland is formeel
beëindig met 'n finale verdrag in Maart 1991.

T

• **World War II** n. <1939–1945> (Second World War, WW II).

A major global war between the Allies (originally Britain, its Commonwealth and France, later joined by the Soviet Union and the United States) and the Axis powers (originally the Third German Reich, Italy and Japan); fought mainly in Europe, the Middle East, North Africa, South East Asia, the Soviet Union and the Pacific ocean region. The war extended to a naval war in almost all the important oceans. The war with Germany was formally ended by a final treaty in March 1991.

tweekamerwetgewer n. (bikamerale wetgewer).
'n Wetgewende vergadering wat uit twee huise bestaan waarvan die een gewoonlik die kiesers verteenwoordig (bv die Huis van Verteenwoordigers in die VSA) en die ander een aangewysde belange verteenwoordig, bv die konstituerende streke in die VSA of klasse in die Britse Hoërhuis in die VK.

• **bicameral legislature** n.
A legislative assembly that consists of two houses of which one usually represents the electorate (eg House of Representatives in the USA) and the other represents designated interests, eg constituent regions in the USA Senate or classes in the UK House of Lords.

tweelingstede n. <kyk ook koppelstad>.
Twee nabygeleë stede of stedelike sentrums wat mettertyd inmekaar groei, bv Minneapolis en Saint Paul in die VSA, Buda en Pest in Hongarye en

Londen en Westminster in die VK.

• **twin cities** n. <see also twin city>.
Two cities or urban centres founded in close geographic proximity, growing into each other over time, eg Minneapolis and Saint Paul in the USA, Buda and Pest in Hungary and the cities of London and Westminster in the UK.

tweepolige magsbalans n. <kyk ook multipolêre magsbalans; eenpolige magsbalans> (bipolêre magsbalans).
Omstandighede waarin die magsbalans in die internasionale politieke stelsel deur twee dominante state gehou word, in teenstelling met 'n veelvuldige magsbalans.

• **bipolar balance of power** n. <see also multipolar balance of power; unipolar balance of power>.
Circumstances in which the balance of power in the international political system is held by two dominant states, in contrast to a multiple balance of power.

tydelike inwoner n.
'n Persoon wat 'n burger is van 'n staat wat die wetlike reg verkry het om vir 'n beperkte tyd in 'n ander staat te woon.

• **temporary resident** n.
A person who is a citizen of a state but who has acquired the legal right to reside for a limited period in another state.

T

Uu

ubuntu n. <Afrikatale>.
'n Afrikafilosofie oor kollektiewe humanisme/medemenslikheid.
♦ *ubuntu* n. <African languages>.
An African philosophy on collective humanism.

uhuru n. <Swahili>.
Nasionale onafhanklikheid in Afrika.
♦ *uhuru* n. <Swahili>.
National independence in Africa.

uitbesteding n. (uitkontraktering).
Kontraktering van eksterne maatskappye of individue om 'n diens te lewer.
♦ *outsourcing* n.
Contracting external companies or individuals to provide a service.

uitbreidingsdrang → **ekspansionisme**

uitbuiting → **eksploitasie**

uit die kussings lig v.
Van mag onthef.
♦ *oust* v.
To remove from power.

uiterste konserwatisme n. (ekstreme konserwatisme).
'n Dogmatiese weergawe van konserwatisme wat 'n streng konformisme voorstaan aan gesinswaardes, religieuse reëls, behoud van openbare wet en orde, lae belasting en minimale korporatiewe en omgewingsregulering; en outomaties enige verandering verwerp wat die bestaande orde mag bedreig, soos sekere vorms van werkerregte en diereregte.
♦ *extreme conservatism* n.
A dogmatic version of conservatism that advocates strict conformism to family values, religious rules, maintenance of public law and order, low taxes and minimal corporate and environmental regulation; and automatically rejects any change that may threaten the existing order, such as certain forms of workers' rights and animal rights.

uiterste linkses n. (ekstreme linkses).
In politieke ideologie dui dit op persone wat ontoegeeflike menings en progressiewe sienings oor die staat se rol in die ekonomie handhaaf, dws dat geen privaat besit of onderneming in 'n staat geduld behoort te word nie.
♦ *extreme left* n.
In political ideology it denotes persons who hold tough-minded opinions and progressive views on the role of the state in the economy, ie that no private property or enterprise should be countenanced in a state.

uiterste regses n. (ekstreme regses).
In politieke ideologie dui dit op persone wat ontoegeeflike, konserwatiewe menings en reaksionêre sienings handhaaf en wat dikwels 'n terugkeer na vervloë en beter tye verkondig.
♦ *extreme right* n.
In political ideology persons that hold tough minded, conservative opinions and reactionary views, often preaching a return to earlier and better times.

uitfaseringsklousule n.
'n Klousule in 'n ooreenkoms wat bepaal wanneer 'n gedeelte van die ooreenkoms ophou om te bestaan, bv 'n klousule oor die tydsduur van 'n gedwonge regering van nasionale eenheid.
♦ *sunset clause* n.
A clause in an agreement that stipulates at what time a part of the agreement will cease to exist, eg a clause regarding the duration of a forced government of national unity.

uitgangstempeiling n.
'n Meningsopname onder mense nadat hulle in 'n verkiesing gestem het, om te bepaal vir watter party of kandidaat hulle gestem het.
♦ *exit poll* n.
An opinion survey of people after they have cast their votes in an election to determine what party or candidate they voted for.

uitgebreide familie n.
'n Sosiale groep wat uit nouverwante individue bestaan.
♦ *extended family* n.
A social group consisting of closely related individuals.

uitgebreide toevlugskepping n.
Opvatting in Franse kernstrategie, wat die eerste maal in 1976 voorgehou is, dat Frankryk in 'n beperkte mate aan taktiese operasies kon deelneem en steeds 'n algemene kernoorlog kan vermy.
♦ *extended sanctuarisation* n.
Concept in French nuclear strategy, first mooted in 1976, postulating that France could participate in tactical nuclear operations to a limited extent while remaining aloof from general nuclear war.

uitgewekene n.
'n Persoon wat uit sy/haar land padgee, gewoonlik weens politieke of maatskaplike toestande.
♦ *expatriate* n.
A person who quits his/her country, usually because of political or social conditions.

uitheemse grondwet n. <kyk ook autochtone grondwet> (allochtone grondwet, uitheemse konstitusie, allochtone konstitusie).
'n Grondwet van vreemde oorsprong wat nie met die samelewing se kenmerke, tradisies of waardes in harmonie is nie.
♦ *allochthonous constitution* n. <see also autochtonous constitution>.
A constitution of foreign origin that is not in harmony with societal characteristics, traditions or values.

uitheemse konstitusie → **uitheemse grondwet**

uitkontraktering → uitbesteling

uitlandige balansering n.
Die aanwending van militêre vermoëns deur 'n meerdere moondheid op so 'n wyse dat streeksmoondhede as bondgenote teen vyandige moondhede optree.
• *offshore balancing* n.
The employment of military capabilities by a major power in such a way that regional powers act as allies against hostile powers.

uitlewer v.
Om 'n vermeende misdadiger aan 'n ander staat te oorhandig.
• *extradite* v.
To deliver an alleged criminal to another state.

uitlewering n.
Die oorhandiging van 'n beweerde misdadiger deur een staat aan 'n ander vir verhoor en/of straf.
• *extradition* n.
The surrender of an alleged criminal by one state to another for trial and/or punishment.

uitputtingstrategie n.
'n Manier om strategiese doelstellings te bereik deur die vyand uit te put eerder as om die vyand te probeer vernietig.
• *strategy of attrition* n.
A way of achieving strategic goals by wearing down the enemy rather than attempting to annihilate the enemy.

uitsetting → **deportasie**

uitsettingsbevel n.
'n Wettige instruksie om 'n individu of groep uit eiendom of 'n amp te sit.
• *eviction order* n.
Legal instruction to expel an individual or group from property or office.

uitsit v.
Uit 'n pos of plek dwing.
• *oust* v.
To force out of a position or place.

uitsit → **deporteer**

uitsypel v. <ongereelde oorlogvoering of konflik>.
Om heimlik uit 'n gebied onder vyandige beheer uit te beweeg, gewoonlik deur ongereelde magte.
• *exfiltrate* v. <irregular warfare or conflict>.
To move clandestinely out of an area under hostile control; usually by irregular forces.

uitvaardig v. (promulgeer).
Om 'n wet of verordening in werking te stel deur 'n formele aankondiging.
• *promulgate* v.
To put a law or decree into effect by means of a formal announcement.

uitval n.
'n Aanval waar 'n weermag sy posisie tydelik verlaat om die vyand aan te val.

• *sortie* n.
An attack in which an army leaves its position for a short time to attack the enemy.

uitverkoper n.
'n Persoon wat 'n saak of beginsel vir eie gewin verraai.
• *sell-out* n.
A person who betrays a cause or principle for the sake of personal gain.

uitvoer v.
Om besluite, wette en regulasies te implementeer.
• *execute* v.
To implement decisions, laws or regulations.

uitvoerende beampte n.
'n Persoon wat met die uitvoering van beleid, strategieë belas is.
• *executive* n.
A person charged with the execution of policies, strategies.

uitvoerende bevoegdheid n.
Die gesag om wette en beleid uit te voer.
• *executive powers* n.
The authority to implement laws and policy.

uitvoerende burgemeester n.
Die politieke hoof van 'n plaaslike regering wat uitvoerende bevoegdheid en verantwoordelikheid het en normaalweg tot daardie amp verkies word.
• *executive mayor* n.
The political head of a local government who has executive powers and responsibilities and is normally elected to that office.

uitvoerende gesag n.
Daardie tak van die regering wat met die uitvoering van wetgewing belas is.
• *executive* n.
That branch of the government which is charged with the execution of legislation.

uitvoerende instelling n.
Enige administratiewe instelling wat met uitvoerende pligte beklee is.
• *executive* n.
Any administrative institution charged with executive duties.

uitvoerende instelling n. (uitvoerende liggaam <af te keur>).
'n Instelling belas met die uitvoering van die reg en beleid.
• *executive institution* n. (executive body <deprecated>).
An institution charged with the implementation of law and policy.

Uitvoerende Kantoor van die President n.
Die amptelike buro van die president van 'n staat wat met beleidsnavorsing, toesig oor ministeries en implementering van die uitvoerende opdragte van die president belas is.
• *Executive Office of the President* n.
The official bureau of the president of a state charged with policy research, oversight of ministries and implementation of the executive orders of the president.

U

uitvoerende komitee n. (UK).
'n Paneel wat uit 'n volle vergadering vir die
administrasie van of toesig oor 'n projek, aktiwiteit
of uitvoering van 'n wet aangestel of gekies is.
* *executive committee* n. (EXCO).
A panel appointed or elected from a plenary
assembly for the administration and supervision of
a project, activity or implementation of a law.

uitvoerende liggaam → **uitvoerende instelling**

uitvoerende mag n.
Die vermoë om wette uit te voer en af te dwing.
* *executive power* n.
The ability to implement and enforce laws.

uitvoerende oorheersing n.
Die oorheersing van die wetgewende en
regsprekende gesag van 'n staat deur die
uitvoerende gesag.
* *executive dominance* n.
The domination of the legislative and judicial
branches of a state by the executive branch.

uitvoerende owerheid n.
Die persoon of persone in wie die hoogste gesag vir
die uitvoering van beleid in 'n staat of gebied setel.
* *executive* n.
The person or persons in whom the supreme
authority for the execution of policy in a state or
region is vested.

uitvoerende staatshoof n. <kyk ook
staatshoof>.
Die hoof van 'n staat, met die bevoegdheid om
wette en beleid te implementeer, bv die president
van die VSA.
* *executive head of state* n. <see also head
of state>.
The head of a state, with authority to implement
laws and policy, eg the president of the USA.

uitwiskamp n.
'n Terrein waar politieke opponente of persone wat
as ongewens vir 'n regime of besettingsmoondheid
geag word, doodgemaak word; bv in
Nazi-Duitsland.
* *extermination camp* n.
A site at which political opponents or persons
deemed to be undesirable to a regime or occupying
power are put to death; eg in Nazi Germany.

UK → **uitvoerende komitee**

ultra vires adj. <Latyn>, <kyk ook intra vires>.
Buite die omvang van die bevoegdheid van 'n
jurisdiksie.
* *ultra vires* adj. <Latin>, <see also intra
vires>.
Beyond the scope of the powers of a jurisdiction.

uniale grondwet n. (uniale konstitusie).
'n Stelsel waar 'n enkele sentrale owerheid die mag
besit.
* *unitary constitution* n.
A system in which power is held by a single central
authority.

uniale konstitusie → **uniale grondwet**

uniale staat n. <kyk ook federale staat>
(eenheidstaat, unie <minder gebruiklik>).
'n Intern verenigde staat, waar die mag in 'n
nasionale regering gesentraliseer is en wat sodanige
bevoegdheid as wat hy goeddink aan
administratiewe afdelings op streeks- en plaaslike
regeringsvlakke mag delegeer.
* *unitary state* n. <see also federal state>
(union <less common>).
An internally united state, where power is
centralised in a national government that may
delegate such powers as it sees fit to administrative
divisions at regional and local levels of government.

unie n.
1. 'n Entiteit wat ontstaan deur die samewerking,
samesmelting of unifikasie van individue of groepe
met 'n gemeenskaplike, dikwels politieke oogmerk,
bv 'n studenteunie. 2. 'n Politieke entiteit wat
ontstaan deur die samewerking en/of unifikasie van
aparte gebiede of state, bv die Unie van Suid-Afrika
en die Afrika-unie.
* *union* n.
1. An entity established through the cooperation,
merging or unification of individuals or groups with
a common and often political purpose, eg a student
union. 2. A political entity established through the
cooperation and/or unification of separate territories
and/or states, eg the Union of South Africa and the
African Union.

unie → **uniale staat**

unikamerale wetgewer → **eenkamerwetgewer**

unilateraal → **eensydig**

unilateralisme → **eensydigheid**

unistad n.
'n Verenigde stad, tipies van Suid-Afrika, wat die
stad, voorstede en omliggende informele
nedersettings omvat.
* *unicity* n.
A unified city, typical of South Africa, that
encompasses the city, suburbs and outlying informal
settlements.

universele stemgeregtigheid n. (universele
stemreg).
Die reg van alle burgers bo 'n sekere ouderdom om
te stem, ongeag geslag of ras; gewoonlik met die
uitsluiting van misdadigers of kranksinniges.
* *universal suffrage* n. (universal franchise).
The right of all citizens above a certain age to vote,
regardless of sex or race; the criminal or insane
usually being excluded.

universele stemreg → **universele
stemgeregtigheid**

utopie n.
Die idealistiese denkbeeld van 'n volmaakte
samelewing (paradys).
* *utopia* n.
The idealistic notion of a perfect society (paradise).

U

Vv

vaderlandsliefde → **patriotisme**

vakbond n.
'n Vrywillige vereniging van werknemers wat ten doel het om die belange en regte van die lede deur kollektiewe bedinging en onderhandeling met hulle werkgewer(s) of werkgewervereniging(s) te bevorder.
+ **trade union** n. <not used in USA> (labour union).
A voluntary association of wage earners organised to advance the rights and interests of its members through collective bargaining with their employer(s) or employer organisation(s).

valbyl n.
1. 'n Meganiese toestel met 'n skerp lem wat in Frankryk gebruik is om veroordeelde persone te onthoof. 2. 'n Parlementêre meganisme waardeur 'n tydsbeperking op 'n debat geplaas word.
+ **guillotine** n.
1. A mechanical device with a sharp blade used in France to behead convicted persons. 2. A parliamentary device whereby a time limit is placed on a debate.

vals bewustheid n.
'n Marxistiese begrip wat dikwels gebruik word om politieke optrede te regverdig en wat glo dat die proletariaat op 'n dwaalspoor is met sy eie begeertes, gebreke en behoeftes, en nie sy ware oortuigings en begeertes behoorlik sal verstaan totdat iemand hom inlig nie.
+ **false consciousness** n.
A Marxist concept often used to justify political action, and which holds that the proletariat is misguided as to its own desires, wants and needs, and will not properly understand its true beliefs and desires until it is enlightened.

van amp onthef v.
Die uitsetting van 'n amptenaar uit sy/haar amp, bv deur 'n ampsaanklag.
+ **remove from office** v.
The expulsion of an official from office, eg by impeachment.

vaste aanstelling → **permanente aanstelling**

vaste afgevaardigde n.
'n Persoon wat 'n instelling in 'n konferensie, konvensie of ander instelling op 'n nietydelike grondslag verteenwoordig.
+ **permanent delegate** n.
A person representing an institution in a conference, convention or other institution on a non-temporary basis.

VBI → **voorheen benadeelde individu**

veelpartygrondwet n. (veelpartykonstitusie).
'n Stelsel waar die grondwet voorsiening maak vir deelname deur 'n aantal groot en klein politieke partye.

+ **multiparty constitution** n.
A system in which the constitution provides for the participation of a number of large and small political parties.

veelpartykonstitusie → **veelpartygrondwet**

veelpartyregering n.
'n Stelsel waar 'n aantal partye aan die regering van 'n staat deelneem.
+ **multiparty government** n.
A system where a number of parties participate in the government of a state.

veelsoortige samelewing n. <voorkeurterm> (diverse samelewing).
'n Kultureel, godsdienstig, sosiaal of etnies uiteenlopende groep mense wat in 'n bepaalde gebied onder die regering van dieselfde politieke owerheid woon.
+ **diverse society** n.
A culturally, religiously, socially or ethnically varied group of people living in a particular area under the governance of the same political authority.

veelvuldige magsbalans → **meerpolige magsbalans**

Veertien Punte n.
'n Vredesprogram wat deur President Woodrow Wilson van die VSA na die Eerste Wêreldoorlog voorgestaan is.
+ **Fourteen Points** n.
A peace programme advocated by President Woodrow Wilson of the USA after World War I.

veglustige staat n.
'n Staat wat gretig is om oorlog te maak en derhalwe 'n aggressief vyandige houding inneem, bv Napoleontiese Frankryk.
+ **bellicose state** n.
A state that is eager to go to war and therefore adopts an aggressively hostile stance, eg Napoleonic France.

vegmatheid n. (gevegsmoegheid).
'n Geesteskwaal wat deur die stres van gevegsoperasies veroorsaak word en deur akute beangstheid, neerslagtigheid en demotivering gekenmerk word.
+ **battle fatigue** n. (combat fatigue).
A mental disorder caused by the stress of fighting operations and characterised by acute anxiety, depression and demotivation.

veilige setel n.
'n Setel wat vir seker deur die sittende party in 'n verkiesing gewen sal word.
+ **safe seat** n.
A seat that is sure to be won by the incumbent party in an election.

veiligheidsgemeenskap n.
Die groep instellings wat met 'n veiligheidsfunksie belas is.

♦ **security community** n.
The group of institutions that are charged with a security function.

veiligheidsmagte n. (VM).
Die militêre en paramilitêre magte van 'n staat, normaalweg in die konteks van binnelandse veiligheid.
♦ **security forces** n. (SF).
The military and paramilitary forces of a state, normally in the context of internal security.

veiligheidspolisie n. <kyk ook geheime polisie>.
'n Tak van 'n polisiemag wat met die binnelandse veiligheid van die staat handel.
♦ **security police** n. <see also secret police>.
A branch of a police force dealing with the internal security of the state.

veiligheidstak n.
'n Afdeling van 'n polisiemag belas met die ondersoek van aangeleenthede van nasionale veiligheidsbelang wat binne die bestek van die polisiemag val.
♦ **special branch** n.
A division of a police force charged with investigating matters of national security within the purview of the police force.

veiligheidswetgewing n.
Wette van 'n bevoegde wetgewer wat oor veiligheidsaangeleenthede handel.
♦ **security legislation** n.
Acts of a competent legislature that deal with security matters.

veldtog teen misdaad n.
'n Reeks aktiwiteite wat georganiseer word om misdadige optrede te voorkom.
♦ **anticrime campaign** n.
A series of activities organised to prevent criminal actions.

veranderingsagent n.
'n Persoon in 'n ander staat wat, wetend of onwetend, deur 'n inligtingsdiens gebruik word om die veranderinge in daardie staat teweeg te bring wat deur die tuisstaat verlang word.
♦ **agent of change** n.
A person in another state who, wittingly or unwittingly, is used by an intelligence service to bring about changes in that state desired by the home state.

verantwoordelikheid om te beskerm n.
Die verpligting van die internasionale gemeenskap om as beskermheer van die menseregte, sekerheid en stoflike welsyn van 'n gegewe bevolking, streek of staat op te tree.
♦ **responsibility to protect** n. (R2P <strongly deprecated>).
The obligation of the international community to act as guardian of the human rights, security and material wellbeing of a given population, region or state.

verantwoordelikheidsgebied n.
'n Omskrewe gebied waarin die verantwoordelikheid vir spesifieke funksies aan 'n bepaalde owerheid toegeken word.

♦ **area of responsibility** n.
A defined area in which responsibility for specific functions is assigned to a specified authority.

verantwoordingspligtig aan adj.
Om aan 'n hoër gesag verslag te doen en te verduidelik.
♦ **accountable to** adj.
Having to report and explain to a higher authority.

verantwoordingspligtige politieke orde n.
'n Politie waar die uitoefening van mag aan die monitering en evaluering van 'n hoër gesag onderworpe is.
♦ **accountable political order** n.
A polity in which the exercise of power is subject to the monitoring and evaluation by a higher authority.

verantwoordingspligtige regering n.
'n Uitvoerende owerheid wie se optrede en handelinge aan die monitering en evaluering van 'n hoër gesag onderworpe is; dit kan die kiesers of 'n wetgewer wees.
♦ **accountable government** n.
An executive whose conduct and actions are subject to monitoring and evaluation by a higher authority; these could be the electorate or a legislature.

verantwoordingspligtigheid n.
1. 'n Plig om te verduidelik, verantwoording te doen aan 'n verkose instelling, 'n hoër gesag of die kiesers. 2. Onderworpe wees aan die leiding of toesig van 'n meerdere.
♦ **accountability** n.
1. A duty to explain, to answer to an elected body, a higher authority or the electorate. 2. Being subject to direction or scrutiny by a superior.

verbaalnota n.
'n Amptelike geskrewe kommunikasie in die derde persoon tussen diplomatieke missies.
♦ **note verbale** n.
An official written communication in the third person between diplomatic missions.

verban v.
Om 'n persoon in ballingskap uit die jurisdiksie van 'n staat weg te stuur, bv Napoleon na St Helena toe.
♦ **exile** v.
To banish a person from the jurisdiction of a state, eg Napoleon to St Helena.

verban v.
Om 'n persoon deur 'n amptelike dekreet uit 'n grondgebied te verdryf, dikwels na 'n buitelandse staat of grondgebied.
♦ **banish** v.
To expel a person by official decree from a territory, often to a foreign state or territory; sometimes a synonym for exile.

verbeur v.
Om iets prys te gee of te verloor as 'n straf daarvoor dat 'n vereiste nie nagekom is nie, soos 'n politieke party wat 'n deposito wat voor 'n verkiesing betaal is, verloor omdat dit minder as die vereiste getal stemme ontvang het.

V

* **forfeit** v.
To surrender or lose something as a penalty for not meeting a requirement, such as a political party losing a deposit, paid before an election, due to gaining less than a required number of votes.

verbied v.
Om organisasies of literatuur amptelik onwettig te maak.
* **ban** v.
To officially forbid or outlaw organisations or literature.

verbied v.
Om 'n persoon, organisasie of 'n handeling te belet of onwettig te verklaar.
* **proscribe** v.
To prohibit or outlaw a person, organisation or an action.

verblyfreg → **woonreg**

verbod → **embargo**

verbode gebied n. <kyk ook spergebied>.
'n Omskrewe gebied, insluitend geboue en ander strukture, waartoe toegang slegs verleen word aan gemagtigde persone wie se pligte dit vereis.
* **prohibited area** n. <see also forbidden area>.
A specified area, including buildings and other structures, to which access is restricted to authorised persons whose duties require it.

verbode immigrant n.
'n Persoon van 'n buitelandse staat wat toegang tot 'n ander staat verbied word.
* **prohibited immigrant** n.
A person from a foreign state who is forbidden entry into another state.

verbode organisasie n.
'n Organisasie wie se handelinge en kontak met ander instellings of persone deur middel van 'n regeringsbevel verbied word op grond van aktiwiteite wat tot nadeel van staatsveiligheid en die nasionale belang beskou word.
* **banned organisation** n.
An organisation whose actions and contact with other institutions or people have been prohibited by a government order on the grounds of activities considered prejudicial to state security and the national interest.

verburgerliking n.
Die vervanging van militêre personeel met burgerlikes.
* **civilianisation** n.
Replacing military personnel with civilians.

verdaag v.
Om 'n vergadering tydelik op te skort wat weer op 'n afgesproke tyd voortgesit sal word.
* **adjourn** v.
To temporarily suspend a meeting which would be resumed at an agreed time.

verdaging n.
Die tydelike opskorting van 'n vergadering om weer op 'n afgesproke tyd voortgesit te word.

* **adjournment** n.
The temporary suspension of a meeting to be resumed at an agreed time.

verdedigingsmag → **weermag**

verdeling → **partisie**

verdeling van rykdom n.
Die wyse waarop welvaart in 'n samelewing toegewys word tussen individue of ekonomiese entiteite soos privaat firmas en openbare ondernemings.
* **distribution of wealth** n.
The manner in which affluence in a society is divided between individuals or economic entities such as private firms and public enterprises.

verdigting n.
Die proses waardeur 'n bestaande dorpsontwikkeling aangepas word om 'n hoër bevolkingskonsentrasie te akkommodeer.
* **densification** n.
The process by which an existing town development is adapted to accommodate a higher concentration of population.

verdrag n.
'n Formele ooreenkoms tussen twee of meer state of tussen state en ander politieke entiteite.
* **treaty** n.
A formal agreement between two or more states or between states and other political entities.

Verdrag oor 'n Gedeeltelike Toetsverbod n. <1963>.
'n Ooreenkoms met die opskrif Verdrag wat Kernwapentoetse in die Atmosfeer, in die Buitenste Ruimte en Onder Water Verbied; aanvanklik in 1963 deur die VSA, USSR en VK onderteken, met meer as 100 daaropvolgende ondertekenaars uitgesonder Frankryk en die Volksrepubliek van China.
* **Partial Test Ban Treaty** n. <1963>.
An agreement entitled the Treaty Banning Nuclear Weapon Tests in the Atmosphere, in Outer Space and Underwater; initially signed by the USA, USSR and UK in 1963 with more than 100 subsequent signatories excepting France and the People's Republic of China.

verdringerbewind n. (verdringerregime).
'n Groep wat wederregtelik op mag beslag lê en dit behou; 'n staat fisies oorneem en beset, gewoonlik deur dwang.
* **usurper regime** n.
A group that seizes and holds power wrongfully; takes over and physically occupies a state, usually by force.

verdringerregime → **verdringerbewind**

verengelsing n. (anglisering).
'n Proses waardeur Engels as taal, sowel as die sedes en waardes van die Engelse kultuur, aangeneem word.
* **anglicisation** n.
A process of adopting English as language as well as accepting the mores and values of the English culture.

V

Verenigde Nasies n. (VN)
Die grootste en dominantste interstaat organisasie in die wêreld wat op 24 Oktober 1945 gestig is om internasionale samewerking, orde, vrede en sekuriteit te bevorder. Addisionele oogmerke sluit in die bevordering van menseregte, maatskaplike en ekonomiese ontwikkeling, internasionale geregtigheid en volhoubare ontwikkeling.
- **United Nations** n. (UN)
The largest and dominant interstate organisation in the world, which was established on 24 October 1945 to promote international cooperation, order, peace and security. Additional aims include the promotion of human rights, social and economic development, international justice and sustainable development.

Verenigde Nasies Algemene Vergadering
→ **Algemene Vergadering**

Verenigde Nasies Veiligheidsraad n. <dikwels verkort tot Veiligheidsraad> (VNVR).
Kragtens die handves van die Verenigde Nasies is die VN Veiligheidsraad daardie VN-instelling wat verantwoordelik is vir die handhawing van internasionale vrede en veiligheid deur, naas ander aktiwiteite, internasionale sanksies, vredesoperasies en militêre optrede. Die VNVR het vyftien lede.
- **United Nations Security Council** n. <often shortened to Security Council> (UNSC).
According to the Charter of the United Nations, the UN Security Council is the UN institution that is responsible for maintaining international peace and security through, among other actions, international sanctions, peacekeeping operations and military action. The UNSC has fifteen members.

vereniging n.
'n Vrywillige groep persone, organisasies of state wat tot stand gebring is om gemeenskaplike belange na te streef.
- **association** n.
A voluntary group of persons, organisations or states formed to pursue common interests.

Vereniging van Suidoos-Asiatiese Nasies n. (VESOAN).
'n Alliansie van Suid-Oos Asiatiese state wat in 1967 gestig is om saam te werk oor ekonomiese groei en streekstabiliteit.
- **Association of South East Asian Nations** n. (ASEAN).
An alliance of South East Asian states founded in 1967 to collaborate on economic growth and regional stability.

vergadering n. <kyk ook samekoms>.
'n Instelling vir debatvoering oor sake van belang en wat gewoonlik met regsbevoegdheid beklee word om wette vir 'n politie aan te neem en gesaghebbende reëls te maak, bv 'n parlement.
- **assembly** n. <see also assemblage>.
An institution for debating matters of importance and usually accorded the legal competence to pass laws and make authoritative rules for a polity, eg a parliament.

vergane kiesafdeling n.
'n Kiesafdeling in die VK voor 1832 waar twee lede tot die Laerhuis verkies kon word. Die kiesafdeling het vergaan omdat die grense nie by die veranderende grootte van die kiesersbevolking aangepas is nie, bv so min as sewe kiesers kon die twee lede tot die Laerhuis verkies.
- **rotten borough** n.
An electoral constituency in the pre-1832 UK which could elect two members to the House of Commons. The borough decayed because the boundaries were not adapted to the changing population size of the constituency, eg as few as seven voters could elect the two members to the Commons.

vergeldende geregtigheid n. <kyk ook herstellende geregtigheid>.
'n Teorie van geregtigheid wat bepaal dat straf die voorkeurrespons op misdaad is. Geregtigheid word gedien deur wraak te neem namens die gekrenkte party sowel as die samelewing as geheel.
- **retributive justice** n. <see also restorative justice>.
A theory of justice which holds that punishment is the preferred response to crime. Justice is served by taking vengeance on behalf of the aggrieved party as well as society as a whole.

vergelding n. <kyk ook wraakhandeling; retorsie>.
Terugslaan as terugbetaling vir 'n aanval of ander skadelike handeling, deur die oortreder aan dieselfde skade bloot te stel.
- **retaliation** n. <see also reprisal; retorsion>.
Hitting back as repayment of an attack or other act of injury, by inflicting on the wrongdoer the same injury.

vergelykende politiek n.
Die studieveld in die politiek waarin politieke verskynsels soos state, politieke stelsels, politieke partye en politieke instellings op 'n vergelykende grondslag bestudeer en ontleed word.
- **comparative politics** n.
The field of study in politics in which phenomena such as states, political systems, political parties and political institutions are studied and analysed on a comparative basis.

vergunning → konsessie

verhouding van kinders tot vroue
→ **kinders/vroue-verhouding**

verkennende samesprekings n.
Voorlopige samesprekings wat gehou word om informasie in te samel en moontlikhede te ondersoek.
- **exploratory talks** n.
Preliminary discussions held to gather information and investigate possibilities.

verkennende vergadering n.
'n Konsultasie om voorlopige besprekingspunte uit te pluis.
- **exploratory meeting** n.
A consultation to canvass preliminary points for discussion.

V

verkenningsgesprek n.
'n Inleidende of aanvangadabat om moontlikhede te ondersoek.
+ **exploratory discussion** n.
An introductory or initial debate to investigate possibilities.

verkieser n.
'n Lid van 'n kieskollege soos die vergadering wat die president van die VSA verkies.
+ **elector** n.
A member of an electoral college such as the assembly that elects the president of the USA.

verkiesing n. (eleksie).
1. Die selektering van 'n persoon vir 'n pos of posisie, deur direkte of indirekte stemming, bv 'n president. 2. Die kies, deur algemene stemming, van lede van 'n verteenwoordigende vergadering.
+ **election** n.
1. The selection of a person for an office or position, by direct or indirect vote, eg a president. 2. The selection by popular vote of members of a representative assembly.

verkiesingsmanifes n.
'n Openbare verklaring van die beginsels, waardes en planne van 'n politieke party wat aan 'n verkiesing deelneem.
+ **election manifesto** n.
A public statement of the principles, values and plans of a political party contesting an election.

verkiesingstelsel → **kiesstelsel**

verkiesingsveldtog n.
Aktiwiteite om openbare steun te verkry vir besondere kandidate en/of politieke partye in 'n komende verkiesing.
+ **election campaign** n.
Activities to gain public support for particular candidates and/or political parties in a forthcoming election.

verkiesingsversmelting n.
'n Reëling waar twee of meer politieke partye gesamentlik 'n bepaalde kandidaat ondersteun deur hulle stemme saam te voeg.
+ **electoral fusion** n.
An arrangement where two or more political parties jointly support a particular candidate by pooling their votes.

verklikker n. <kyk ook informant; impimpi>.
1. 'n Persoon wat, gewoonlik vir finansiële beloning, doelbewus informasie oor persone of bedrywighede wat hy/sy as verdag beskou aan die polisie of 'n veiligheidsdiens oordra. 2. 'n Persoon wat geklassifiseerde of binne-informasie vir beloning aanbied.
+ **informer** n. <see also informant; impimpi>.
1. A person who, usually for a financial reward, intentionally discloses to the police or a security service information about persons or activities that he/she considers suspect. 2. A person offering classified or inside information for reward.

verkose monarg n.
'n Monarg wat tot die amp verkies word pleks van erfopvolging alleen, bv die keiser van die Heilige Romeinse Ryk of die koning van Swaziland.

+ **elective monarch** n.
A monarch who is elected to the office instead of inherited succession only, eg the Holy Roman Emperor or the king of Swaziland.

verkramp adj.
Hoogs konserwatief in die politiek; oorsprong is Suid-Afrika.
+ **verkramp** adj.
Highly conservative in politics; originated in South Africa.

verlig adj.
Liberaal in die politiek; oorsprong is Suid-Afrika.
+ **verlig** adj.
Liberal in politics; originated in South Africa.

vermitologiseer → **mitologiseer**

vermoëbou v.
Doelgerigte onderrig om die vermoë, prestasie en mag van 'n groep en/of instelling te verbeter.
+ **capacity building** v.
Purposeful instruction to improve the ability, performance and power of a group and/or an institution.

vermoedelike opvolger n. <kyk ook aangewese erfgenaam; erfopvolger>.
'n Aanspraakmaker op 'n troon, maar wie se opvolgposisie deur die geboorte van bv 'n erfopvolger sal verander.
+ **heir presumptive** n. <see also heir apparent; heir designate>.
A person in line to a throne, but whose position may be changed by the birth of eg an heir apparent.

verordening n. (bywet <af te keur>).
Reëls of regulasies wat deur 'n plaaslike regering uitgevaardig en op soortgelyke wyse as parlementêre wetgewing afgedwing word.
+ **bye-law** n.
Rule or regulation promulgated by a local government and enforced in a way similar to parliamentary legislation.

verpligte besteding n.
Besteding aan noodsaaklike bestaansitems soos behuising en voedsel.
+ **obligatory expenditure** n.
Expenditure on essential subsistence items, such as housing and food.

verpolitiseer → **politiseer**

verraaier n.
'n Persoon wat trou aan sy/haar land laat vaar en hulp aan die vyande van sy/haar land verleen.
+ **traitor** n.
A person who forsakes loyalty to his/her country or service and aids the enemies of his/her country.

ver-ras → **rassifiseer**

verre vroeëwaarskuwing n. (VVW).
'n Stelsel van volgtoestelle wat die VSA ver van sy grense af bestuur en by die Noord-Amerikaanse lugverdedigingstelsel inskakel om teen vyandelike lugaanvalle te waarsku.

♦ **distant early warning** n. (DEW).
A system of tracking devices that the USA manages a long distance away from its borders and linked into the North American air defence system to warn against enemy air attacks.

versetbeweging → **weerstandbeweging**

verskans v.
Om bepaalde norme of voorwaardes wat nie maklik of glad nie verander mag word nie, stewig te vestig, bv die verskansing van menseregte in 'n grondwet.
♦ **entrench** v.
To establish firmly certain norms or conditions that cannot be changed easily or may not be changed at all, such as the entrenchment of human rights in a constitution.

verskrikkingswapens → **terreurwapens**

verskuilde agenda n. <kyk ook geheime agenda>.
Bedekte doelwitte in voorstelle tydens onderhandelinge tussen teenstanders, soos in die wapenverminderingsamesprekings tussen die VSA en die voormalige USSR.
♦ **hidden agenda** n. <see also secret agenda>.
Undisclosed aims in proposals during negotiations between adversaries, such as the arms reduction talks between the USA and the former USSR.

versoening n. (konsiliasie).
Die proses of resultaat daarvan om twee of meer partye in 'n dispuut so ver te kry om 'n ooreenkoms te bereik, gewoonlik deur 'n kompromis. Die proses van versoening dwing nie die disputante om die voorgestelde oplossing te aanvaar nie.
♦ **conciliation** n.
The process or result of getting two or more sides in a dispute to work towards an agreement, usually by way of compromise. The process of conciliation does not compel the disputants to accept the proposed solution.

versoeningspolitiek n.
'n Politieke styl wat op konflikvermindering gerig is. In Suid-Afrika word dit geïllustreer deur die beleid van generaals Louis Botha en Jan Smuts om die blanke Engels- en Afrikaanssprekendes in die nasleep van die bitterheid en gekrenktheid van die Anglo-Boereoorlog te versoen.
♦ **conciliation politics** n.
A style of politics aimed at reducing conflict. In South Africa this is exemplified by the policy of Generals Louis Botha and Jan Smuts to reconcile the white English and Afrikaans-speaking people in the aftermath of the bitterness and resentment of the Anglo-Boer War.

versorgingstaat → **welsynstaat**

versper v. (barrikeer).
Om te verskans of met 'n hindernis toe te maak ten einde die binnekoms of aanmars van ongewenstes of 'n vyandelike mag te verhinder.
♦ **barricade** v.
To fortify or close with a barricade in order to obstruct the entry or advance of undesirables or a hostile force.

versperring n. (barrikade).
'n Haastig opgestelde verskansing om die aanmars of binnekoms van ongewenstes of 'n vyandelike mag te verhinder.
♦ **barricade** n.
A hastily erected fortification to obstruct the advance or entrance of undesirables or a hostile force.

verspreide nedersetting n.
'n Dikwels onbeplande menslike nedersetting wat oor 'n gegewe geografiese gebied uitgesprei, verstrooi of versnipper is.
♦ **dispersed settlement** n. (scattered settlement).
An often unplanned human settlement that is spread out, strewn or scattered over a given geographic area.

verstote staat → **muishondstaat**

verstryking van ampstermyn n.
Die tydstip waarop die bekleding van 'n openbare betrekking ten einde loop.
♦ **expiry of term of office** n.
The time at which the tenure of a publicly held position ceases.

verteenwoordigende regering n.
'n Regering wat verkies word deur die kiesers, gewoonlik om 'n wetgewende vergadering te vorm waaraan dit aanspreeklik is. Deur die wetgewende vergadering is die regering ook aan die volk of meer korrek die kiesers aanspreeklik. Soms word verteenwoordiging bereik deur die aanwys van verteenwoordigers deur indirekte metodes, soos deur 'n aristokratiese elite, beperkte stemreg of 'n koloniale moondheid.
♦ **representative government** n.
A government that is elected by an electorate, generally to form a legislative assembly to which it is accountable. Through the legislative assembly the government is also accountable to the people or more correctly to the electorate. Sometimes representation is achieved by selection of representatives by indirect means, such as by an aristocratic elite, limited franchise or a colonial power.

verteenwoordiging n.
1. Optrede namens 'n ander, bv 'n groter groep mense. 2. Voorspraak in die naam van die groep wat verteenwoordig word. 3. Die aksie om namens 'n kieserskorps in 'n wetgewende instelling te praat of te stem.
♦ **representation** n.
1. Acting on behalf of another, eg a larger group of people. 2. Speaking for the interests of the group that is represented. 3. The action of speaking or voting for an electorate in a legislative institution.

vertrekpermit n.
'n Dokument wat 'n persoon toelaat om die jurisdiksie (grense) van 'n staat of ander bevoegde owerheid te verlaat.

V

⬩ ***exit permit*** n.

A document which allows a person to leave the jurisdiction (boundaries) of a state or other competent authority.

vertrekstrategie n.

Die beplande afbreking van gewapende magte vanuit 'n konflikgebied.

⬩ ***exit strategy*** n.

The planned disengegement of armed forces from a conflict area.

vertrouelingskabinet n. (kombuiskabinet).

'n Informele groep binnekringraadgewers vir 'n regeringshoof, wat dikwels maar nie uitsluitlik nie lede van die formele kabinet insluit.

⬩ ***kitchen cabinet*** n.

Informal innermost group of advisers to the head of a government, often but not exclusively including members of the formal cabinet.

vertroulike agenda n. (vertroulike sakelys).

'n Private, geheime of ongedokumenteerde lys items wat by 'n vergadering bespreek sal word.

⬩ ***confidential agenda*** n.

A private, secret or off-the record list of items to be discussed at a meeting.

vertroulike sakelys → **vertroulike agenda**

verwantskapsgroep n. (parentelagroep <eerste samestellende element Italiaans>).

'n Netwerkgroep wat deur bloedlyn verwant is.

⬩ ***parentela group*** n. <first compounding element Italian>.

A networked group related by bloodline.

V   **verwetlik** v.

In wetgewing vaslê.

⬩ ***enact*** v.

Make into law.

VESOAN → **Vereniging van Suidoos-Asiatiese Nasies**

vestiging n.

Die handeling om 'n groep strukture wat deur 'n klein maar uitbreidende gemeenskap van permanente inwoners bevolk word, tot stand te bring.

⬩ ***settlement*** n.

The act of establishing a group of structures populated by a small but expanding community of permanent residents.

vetkat → **roomvraat**

veto n.

Die formele bevoegdheid om 'n besluit of handeling in 'n besluitnemingsinstelling te blok deur instemming tot 'n resolusie te weier.

⬩ ***veto*** n.

The formal power to block a decision or action in a decision-making institution by refusing consent to a resolution.

vierde stand n. <kyk ook vyfde mag>.

Die media gesien as 'n groep instellings wat politieke invloed uitoefen.

⬩ ***fourth estate*** n. <see also fifth force>.

The media seen as a group of institutions exerting political influence.

Vierde Wêreld n. <kyk ook Eerstewêreld; Durduwêreld, Tweedewêreld>.

1. Die armste lande in Afrika, Asië en Latyns-Amerika. 2. Die onverteenwoordigde, inheemse, ietwat tradisionele groepe wat hulle nou op die internasionale toneel polities organiseer, bv dié uit die woude van Suid-Amerika. 3. Die 'muishondstate' soos Kuba, en Suid-Afrika voor 1994.

⬩ ***Fourth World*** n. <see also First World; Second World; Third World>.

1. The poorest countries in Africa, Asia and Latin America. 2. The unrepresented indigenous somewhat traditional groups who are now organising themselves politically on the international scene, eg those from the jungles of South America. 3. The 'pariah states' such as Cuba, and South Africa prior to 1994.

Vier Moderniserings n.

Die inisiatief van Deng Sjao Ping vanaf 1978 om 'n oper Chinese samelewing te skep ter wille van die modernisering van nywerhede, landbou, wetenskap en tegnologie, sowel as die nasionale verdediging in China.

⬩ ***Four Modernisations*** n.

The initiative of Deng Shao Ping from 1978 onwards to create a more open Chinese society for the sake of the modernisation of industry, agriculture, science and technology, as well as national defence in China.

viervors n.

Heerser oor een-vierde van 'n grondgebied, veral 'n vierde van 'n provinsie in antieke Rome.

⬩ ***tetrarch*** n.

Ruler of one-fourth of a territory, especially a fourth of a province in ancient Rome.

viervorstedom n.

1. Ryk met vier heersers. 2. 'n Owerheidsvorm waarin mag deur vier monarge, heersers of prinse gedeel word, bv die verdeling van Herodes die Grote se koninkryk in vier dele van 4 vC tot 41 nC en die stelsel in die Romeinse Ryk van 293 tot circa 313 nC.

⬩ ***tetrarchy*** n.

1. An empire with four rulers. 2. A form of rule in which power is shared by four monarchs, rulers, or princes, eg the division into four parts of the kingdom of Herod the Great from 4 BC to 41 AD and the system in the Roman Empire from 293 to circa 313 AD.

vliegdekskip n.

'n Skip wat toegerus is met 'n vliegdek vir opstygings en landings deur militêre vliegtuie tesame met interne loodsruimte en onderhoudsfasiliteite om 'n mobiele lugbasis as die kern van 'n vlootaanvalsmag te vorm.

⬩ ***aircraft carrier*** n.

A ship equipped with a flight deck for take-offs and landings by military aircraft plus internal hangar space and maintenance facilities to form a mobile air base as the core of a naval attack force.

vliegspergebied n.
'n Omskrewe lugruim waarin vlugte deur vliegtuie nie toegelaat word nie, bv wanneer vlugte van 'n bepaalde moondheid of moondhede deur die opponerende moondheid of moondhede in 'n konflik, oor 'n bepaalde gebied verbied word. Ongemagtigde vliegtuie wat in hierdie lugruim vlieg, sal normaalweg neergedwing of neergeskiet word.
* **no-fly zone** n.
A defined airspace in which flights by aircraft are not allowed, eg when flights of a specified power or powers are not permitted over a specified area by the opposing power(s) in a conflict. Unauthorised aircraft flying in this airspace will normally be forced or shot down.

vloerleier → **werkplekverteenwoordiger**

vlugteling n.
Iemand wat uit sy/haar gewone woonplek padgee om elders veiligheid te soek, gewoonlik oor internasionale grense.
* **refugee** n.
Someone who flees from his/her normal abode to seek safety elsewhere, usually across international borders.

vlugtelingbeskerming n.
Die geregtelike instellings en meganismes wat deur 'n staat ooreenkomstig toepaslike internasionale standaarde ingestel is om tydelike beskerming aan vlugtelinge te verskaf totdat hulle veilig huis toe kan gaan.
* **refugee protection** n.
The legal institutions and mechanisms put in place by a state, in accordance with relevant international standards, to provide temporary protection for refugees until such time as they may safely return home.

vlugtelingstatus n.
'n Persoon wat deur plaaslike wetgewing as 'n bona fide vlugteling erken word met al die gepaardgaande regte en voorregte wat daaraan verbonde is.
* **refugee status** n.
A person recognised in domestic law as a bona fide refugee with all attendant rights and privileges.

vlugtelingstatusbepaling n. (bepaling van vlugtelingstatus).
Die plaaslike geregtelike proses om die egtheid van 'n individu se aansoek om vlugtelingstatus in 'n staat te bepaal.
* **refugee status determination** n. (determination of refugee status).
The domestic legal process for determining the veracity of an individual's application for refugee status in a country.

VM → **veiligheidsmagte**

VN → **Verenigde Nasies**

VNAV → **Algemene Vergadering**

VNVR → **Verenigde Nasies Veiligheidsraad**

voetsoolvlak n. (grondvlak).
Die gewone lede van 'n gemeenskap wat normaalweg nie sterk georganiseer is nie, maar wat politieke invloed kan uitoefen.

* **grassroots** n. (grassroots level).
The ordinary members of a society who are usually not strongly organised, but who may exert political influence.

volhoubare demokrasie n.
'n Demokratiese stelsel wat in staat is om sy bestaan te handhaaf.
* **sustainable democracy** n.
A democratic system that is able to maintain its existence.

volksbesluitneming → **populêre besluitneming**

volksdeelname → **populêre deelname**

volksdemokrasie n. <kyk ook populêre demokrasie>.
In kommunistiese ideologie, 'n staat wat die ware belange van die bevolking verteenwoordig. Diegene wat teen kommunisme gekant is, beskou hierdie term egter as 'n dekmantel vir oorheersing deur 'n kommunistiese staat.
* **people's democracy** n. <see also popular democracy>.
In communist ideology, a state which represents the real needs of the population. Those who are against communism, regard this term, however, as a front for domination by a communist state.

volksfront → **populêre front**

volksinisiatief n. (burgerlike inisiatief).
Die reg, veral in die VSA en Switserland, van burgers buite die wetgewer om wetgewing deur middel van 'n versoekskrif aan die gang te sit.
* **popular initiative** n.
The right, especially in the USA and Switzerland, of citizens outside the legislature to initiate legislation by petition.

volksmag n.
Die georganiseerde mag van die hele bevolking, gewoonlik gesentreer rondom enkelvraagstukke soos toegang tot medisyne, gesondheidsorg of werkgeleenthede.
* **people's power** n.
The organised power of the aggregate of a population, usually centred around single issues, such as access to medicine, health care or jobs.

volksmoord n.
Die voorbedagte en metodiese uitdelging van 'n etniese, rasse-, nasionale of religieuse groep, soos die uitwissing van Jode tydens die Tweede Wêreldoorlog.
* **genocide** n.
The premeditated and methodical annihilation of an ethnic, racial, national or religious group, such as the extermination of Jews during World War II.

volksoorlog n.
'n Strategie wat deur Mao Zedong ontwikkel is: 'n rewolusionêre stryd wat onder leiding van 'n kommunistiese party gevoer word.
* **people's war** n.
A strategy developed by Mao Zedong: a revolutionary conflict waged under the leadership of a communist party.

V

volkspolitiek n.
'n Vorm van politieke populisme waarin die leierskap probeer om gewildheid by die massas te verwerf ten einde aan bewind te kom of om hulle bewind te legitimeer.
♦ *people's politics* n.
A form of political populism in which the leadership tries to curry favour with the masses in order to be put into power or to legitimise their rule.

Volksraad n.
In Suid-Afrika vóór die 1983-grondwet, die laerhuis van die parlement waarheen slegs die wit bevolking verteenwoordigers kon verkies. Tussen 1984 en 1994, nadat die 1983-grondwet in Suid-Afrika van krag geword het, die grootste wetgewende huis van die driekamerparlement wat opsygesit is vir die verkose verteenwoordigers van die wit bevolking.
♦ *House of Assembly* n.
In South Africa prior to the 1983 constitution, the lower house of Parliament to which only the white population could elect representatives. Between 1984 and 1994, after the 1983 Constitution came into effect, the largest legislative house of the tricameral parliament that was reserved for the elected representatives of the white population.

volksrepubliek n.
In kommunistiese ideologie 'n republiek wat 'n Marxisties-Leninistiese grondwet het en deur 'n party wat die proletariaat verteenwoordig, regeer word. Sommige niekommunistiese state wat op populistiese ideologieë gebaseer is, gebruik ook die naam.
♦ *people's republic* n.
In communist ideology a republic that has a Marxist-Leninist constitution and is governed by a party representing the proletariat. Some non-communist states based on populist ideologies, also use the name.

volkstaat n. <Suid-Afrika>.
Die konsep van 'n segmentele outonome staat vir konserwatiewe Afrikaners.
♦ *volkstaat* n. <South Africa>.
The concept of a segmental autonomous state for conservative Afrikaners.

volkstelling → **sensus**

volkstem → **populêre stem**

volkstemming n. <kyk ook referendum> (plebissiet).
'n Populêre stemming waarin die kiesers hulle kan uitspreek oor 'n saak van beduidende openbare belang. Die uitslag is nie bindend op die regering nie.
♦ *plebiscite* n. <see also referendum>.
A popular vote in which the electorate can express a view on a question of significant public interest. The outcome is not binding on the government.

volksvergadering n.
Die vergadering van die burgers van antieke Griekse state.

♦ *ecclesia* n. <Greek>.
The assembly of citizens of an ancient Greek state.

volksverstrooiing → **diaspora**

volmagstem n.
'n Stem wat deur iemand anders as die oorspronklike stemgeregtigde uitgebring word, maar ten behoewe van hom/haar volgens 'n geskrewe mandaat van die oorspronklike stemgeregtigde.
♦ *proxy vote* n. (proxy poll).
A vote that is exercised by someone other than the original voter but on his/her behalf according to a documentary mandate from the original voter.

volslae armoede → **absolute armoede**

volstrekte meerderheid n. (absolute meerderheid).
Meer as 50% van die stemme wat vir 'n mosie of 'n kandidaat uitgebring is.
♦ *absolute majority* n. (simple majority <USA usage>, outright majority).
More than 50% of the votes cast for a motion or candidate.

voltooidegeboortekoers n.
Die getal kinders gebore per vrou wat die reproduktiewe periode oorleef het.
♦ *completed birth rate* n.
The number of children born per woman who has survived the reproductive period.

voogdemokrasie n.
In ontwikkelingsteorie, 'n elite of enkele leier wat as voog en beskermer van 'n ontwikkelende en demokratiserende staat optree.
♦ *tutelary democracy* n.
In development theory, an elite or single leader acting as guardian and protector over a developing and democratising state.

voorafverkiesing n.
'n Verkiesing wat gehou word om kandidate van 'n bepaalde party aan te wys om vir openbare ampte te staan in verkiesings wat op hande is; tipies van die VSA.
♦ *primary* n. (primary election).
An election held to nominate candidates of a specific party to contend for public office in forthcoming elections; typical of the USA.

voorbehoue magte n. (gereserveerde magte).
1. 'n Bepaling in die staatsreg waarvolgens bepaalde bevoegdheid slegs in spesiale omstandighede uitgeoefen mag word, bv die aanstelling en ontslag van 'n eerste minister deur die monarg. 2. In federale state, waar sekere magte vir deelstate voorbehou word en andere vir die federale staat.
♦ *reserved powers* n.
1. A provision in constitutional law whereby certain powers may be exercised only in special circumstances, eg the appointment and dismissal of a prime minister by the monarch. 2. In federal states, where certain powers are reserved for the constituent states and others for the federal state.

voorgesprekke n. (ysbreekgesprekke).
Onderhandeling oor bepalings en voorwaardes
voordat daadwerklike samesprekings plaasvind.
* *talks about talks* n.
Negotiating terms and conditions before actual
discussions take place.

voorheen benadeelde individu n. <kyk ook
histories benadeeldes> (VBI).
'n Persoon wat van stemreg uitgesluit was voor die
instelling van die driekamerparlement in
Suid-Afrika en dit eers in 1994 verkry het.
* *previously disadvantaged individual* n.
<see also historically disadvantaged> (PDI).
A person who was excluded from the franchise
before the institution of the three chamber
parliament in South Africa and only received it in
1994.

voorkomende diplomasie
→ **voorkomingsdiplomasie**

voorkomingsaanhouding n.
'n Persoon in hegtenis aanhou wat daarvan verdink
word dat hy/sy 'n misdaad gaan pleeg, bv 'n
terrorismeverdagte.
* *preventive detention* n.
Holding in custody a person suspected of intending
to commit a crime, eg a terrorism suspect.

voorkomingsdiplomasie n. (voorkomende
diplomasie).
Pogings om geweld te voorkom of te beperk deur
vroegtydige diplomatieke optrede in 'n voorspelbare
krisis.
* *preventive diplomacy* n.
Attempts to prevent or limit violence by taking
diplomatic action in advance of a predictable crisis.

voorkomingsmaatreëls n.
Voorsorgstappe wat gedoen word om te verhoed dat
'n ongewenste gebeurtenis plaasvind.
* *preventive measures* n.
Precautionary steps taken to keep an undesirable
event from happening.

voorkomingsoorlog n.
Oorlog wat van stapel gestuur word weens die
oortuiging dat gewapende konflik onvermydelik is
al dreig dit nie op die oomblik nie en dat dit 'n
groter risiko sal inhou om dit te vertraag.
* *preventive war* n.
War initiated in the belief that armed conflict, while
not imminent, is inevitable and that to delay would
involve greater risk.

voorlig v.
Om 'n kernagtige mondelinge opsomming van die
tersaaklike feite aan 'n persoon of groep persone
aan te bied ter voorbereiding vir 'n bespreking of
besluit.
* *brief* v.
To present a concise oral summary of the relevant
facts to one or more persons preparatory to a
discussion or decision.

voorligting n.
'n Kernagtige mondelinge opsomming van die
tersaaklike feite, aangebied aan 'n persoon of groep
persone ter voorbereiding vir 'n bespreking of
besluit.

* *briefing* n. (brief).
A concise oral summary of the relevant facts,
presented to one or more persons preparatory to a
discussion or decision.

voorloop in meningspeiling v.
Om eerste of die hoogste, geplaas te wees in 'n
opname of meningspeiling.
* *at the head of the poll* v. (at the top of the
poll).
Ranking at the top or coming first in a survey or
opinion poll.

voorloop met stemme v.
Om die meeste stemme in 'n verkiesing of
stemming te behaal.
* *at the head of the poll* v. (at the top of the
poll).
Gaining the most votes in an election or a ballot.

voorpossamelewing n.
'n Samelewing wat deur die vinnige uitbreiding van
territoriale grense gekenmerk word en gevolglik 'n
samelewing waarin regeringsgesag nie maklik erken
of aanvaar word nie en waar ruwe individualisme
neig om aan die orde van die dag te wees.
* *frontier society* n.
A society marked by the rapid expansion of
territorial borders and consequently a society in
which governmental authority is not readily
recognised or accepted and where rugged
individualism tends to rule the roost.

voorpuntparty n.
Die party wat die leidende posisie in enige
beweging of veld beklee. In die kommunistiese
teorie word 'n kommunistiese party as die
voorpuntparty beskou omdat Leninistiese doktrine
vereis dat die party die proletariaat (werkende klas)
na die vervulling van die samelewing se
rewolusionêre en kommunistiese bestemming lei en
rig.
* *vanguard party* n.
The party occupying the leading position in any
movement or field. In communist theory a
communist party is regarded as the vanguard party
since Leninist doctrine requires it to lead and guide
the proletariat (working class) towards the
fulfilment of the revolutionary and communist
destiny of society.

voorradeskip → **bevoorradingskip**

voorsittende beampte n. <verkiesingsterm>.
'n Verkiesingsbeampte belas met die koördinering
van en toesig oor die stemming by 'n stemburo ten
einde vrye en regverdige uitslae te verseker.
* *presiding officer* n. <electoral term>.
An electoral official charged with coordinating and
supervising the voting at a polling station in order
to ensure free and fair results.

voorspring v.
Om vroegtydig teen 'n dreigende handeling deur 'n
ander staat of mag op te tree ten einde daardie staat
of mag te verhoed om sy doel te bereik.

V

V

* *pre-empt* v.
To act in advance of an imminent action by another
state or force in order to prevent that state or force
from achieving its purpose.

voorspringaanval n.
'n Aanval wat geloods word op grond van
onweerlegbare getuienis dat 'n vyandelike aanval
op hande is.
* *pre-emptive attack* n.
An attack initiated on the basis of incontrovertible
evidence that an enemy attack is imminent.

voorspringoperasie n.
'n Operasie wat van stapel gestuur word op grond
van onweerlegbare getuienis dat 'n vyandelike
aanval op hande is.
* *pre-emptive operation* n.
An operation launched on the basis of
incontrovertible evidence that an enemy attack is
imminent.

voorspringslaanaanval n.
'n Slaanaanval wat geloods word op grond van
onweerlegbare getuienis dat 'n vyandelike aanval
op hande is.
* *pre-emptive strike* n.
A strike initiated on the basis of incontrovertible
evidence that an enemy attack is imminent.

Voortrekker n. <kyk ook grensboer; trekboer>.
'n Lid van verskeie georganiseerde groepe
Hollandssprekende persone wat vanaf 1836 per wa
vanuit die oostelike gedeelte van die Kaapkolonie
die binneland ingetrek het ten einde buite die
grense van Britse bewind te leef.
* *Voortrekker* n. <see also border farmer;
  trekboer>.
A member of one of numerous organised groups of
Dutch-speaking people who migrated by wagon
from the eastern part of the Cape Colony into the
interior from 1836 onwards, in order to live beyond
the boundaries of British rule.

vooruitskouing n.
Die voorspelling van 'n gebeurtenis deur die
gebruik van kovariënde veranderlikes as
sleutelindikatore van die gebeurtenis, bv die
uitbeelding van 'n toekomstige politieke
risikogebeurtenis.
* *forecast* n.
The prediction of an event by using covariate
variables as key indicators of the event, eg
imagining a future political risk event.

vorm van bewind → **owerheidsvorm**

vorm van die uitvoerende gesag
→ **regeringsvorm**

vors n. <vr. vorstin>.
Die opperheerser in 'n monargie.
* *sovereign* n.
The supreme ruler in a monarchy

vorstehuis → **koningshuis**

vorstelik adj. (koninklik).
Met verwysing na 'n monarg, of gepas vir 'n
monarg.

* *regal* adj. (royal).
With reference to a monarch, or befitting a
monarch.

vorstelike dinastie → **monargale dinastie**

vorsteprins n.
In sommige monargieë die titel van die kroonprins.
* *prince royal* n.
In some monarchies the title of the crown prince.

vorsteprinses n.
Die oudste dogter van 'n Britse monarg. Die titel
word nie altyd toegeken nie.
* *princess royal* n.
The eldest daughter of a British monarch. The title
is not always conferred.

vraagstuk n. (kwessie).
'n Probleemaangeleentheid wat opgelos moet word.
* *issue* n.
A difficult matter that requires resolution.

vredebewaarder n.
'n Militêre of burgerlike persoon wat die
implementering van ooreenkomste wat deur die
oorlogvoerende partye bereik is, moniteer en
daarmee behulpsaam is.
* *peacekeeper* n.
A military or civilian person monitoring and
assisting with the implementation of agreements
reached between belligerent parties.

vredebewaring n. <kyk ook vredesafdwinging>.
Monitering en hulp met die implementering van
ooreenkomste wat tussen die strydende partye
bereik is, deur die gebruik van militêre en
burgerlike personeel met die toestemming van die
botsende partye.
* *peacekeeping* n. <see also peace
  enforcement>.
Monitoring, and assisting with the implementation
of, agreements reached between belligerent parties,
using military and civilian personnel with the
consent of the parties in conflict.

vredebewaringsoperasies n.
Aktiwiteite om die implementering van
ooreenkomste wat tussen die strydende partye
bereik is te moniteer en met die implementering
daarvan te help deur die gebruik van militêre en
burgerlike personeel met die toestemming van die
botsende partye. Dit behels nie die gebruik van
geweld deur die vredebewaarders nie, behalwe ter
selfverdediging.
* *peacekeeping operations* n.
Activities to monitor and assist with the
implementation of agreements reached between
belligerent parties using military and civilian
personnel with the consent of the parties in conflict.
It does not involve the use of force by the
peacekeepers except in self-defence.

vredebewaringsvermoë n.
Die mate waartoe 'n staat of internasionale
instelling in staat is om die implementering van
ooreenkomste wat tussen die strydende partye
bereik is te moniteer en met die implementering
daarvan behulpsaam te wees.

♦ *peacekeeping capacity* n.
The extent to which a state or international institution is capable of monitoring and assisting with the implementation of agreements reached between belligerent parties.

vredebou n.
Die identifisering en ondersteuning van maatreëls en strukture wat ontwerp is om vrede te bevorder en vertroue op te bou, asook die vergemakliking van wisselwerking tussen voormalige vyande ten einde 'n terugval na gewelddadige konflik te voorkom.
♦ *peace building* n.
The identification and support of measures and structures designed to promote peace and build trust, as well as facilitating interaction between former enemies in order to prevent a relapse into violent conflict.

vredemaak → **vredemaking**

vredemakers n.
Persone of instellings wat betrokke is in prosesse wat daarop gemik is om vyandige partye met vreedsame middele tot 'n onderhandelde ooreenkoms te bring.
♦ *peacemakers* n.
Persons or institutions involved in processes aimed at bringing hostile parties to a negotiated agreement through peaceful means.

vredemaking n. (vredemaak).
'n Hoofsaaklik diplomatieke proses bedoel om vyandige partye met vreedsame middele tot 'n onderhandelde ooreenkoms te bring.
♦ *peacemaking* n.
A mainly diplomatic process aimed at bringing hostile parties to a negotiated agreement through peaceful means.

vredesafdwinging n. <kyk ook vredebewaring>.
Die dreigement of aanwending van militêre mag om strydende partye tot die nakoming van internasionale resolusies te verplig en om vrede te handhaaf in omstandighede wat breedweg vir die internasionale gemeenskap aanvaarbaar is.
♦ *peace enforcement* n. <see also peacekeeping>.
The threat or application of military force to compel the conflicting parties to comply with international resolutions and to maintain peace under conditions broadly acceptable to the international community.

vredesakkoord n.
Algemene instemming tussen strydende partye om hulle geskille sonder verdere geweld te besleg.
♦ *peace accord* n.
General consensus between belligerent parties to settle their differences without further violence.

vredesamesprekinge n.
Samesprekings tussen die strydende partye en die internasionale gemeenskap ten einde vrede te bewerkstellig.
♦ *peace talks* n.
Discussions involving the conflicting parties and the international community in order to build peace.

vredesberaad n.
'n Vergadering van regeringshoofde of ander hooggeplaaste verteenwoordigers om die beëindiging van gewelddadige konflik tussen strydende partye te bespreek.
♦ *peace summit* n.
A meeting between heads of government or other high-ranking representatives to discuss the termination of violent conflict between belligerent parties.

vredesbeweging n.
'n Betreklike groot groep persone wat georganiseer is om die niegewelddadige beslegting van konflik na te streef.
♦ *peace movement* n.
A relatively large group of persons organised to pursue the nonviolent settlement of conflict

vredesbreuk n.
1. Die kriminele oortreding wat die openbare orde deur rumoerige gedrag skend. 2. Strydlustige optrede deur een of meer moondhede in stryd met die gedrag wat vereis word om die niegewelddadige voer van internasionale betrekkinge te handhaaf.
♦ *breach of the peace* n.
1. The criminal offence of disrupting the public order through rowdy behaviour. 2. Belligerent action by one or more powers in contravention of behaviour required to maintain the nonviolent conduct of international relations.

vredesending n.
'n Generiese term wat politieke en diplomatieke aktiwiteite omvat wat die voorkoming, bestuur en oplossing van konflik ten doel het, met die militêre as 'n ondergeskikte element van die proses. Die konsep sluit voorkomingsdiplomasie, vredemaking, vredebewaring, vredesafdwinging en vredebou in.
♦ *peacekeeping mission* n.
A generic term encompassing political and diplomatic activities aimed at preventing, managing and resolving conflict, with the military as a subordinate element of the process. The concept includes preventive diplomacy, peacemaking, peacekeeping, peace enforcement and peace building.

Vredes- en Veiligheidsraad n.
'n Instelling van die Afrika-unie wat hom met konflikoplossing besig hou, 'n gemeenskaplike veiligheidsbeleid nastreef en aan aangeleenthede van gemeenskaplike veiligheidsbelang soos burgeroorlog, terrorisme en die beskikking van landmyne aandag gee.
♦ *Peace and Security Council* n.
An institution of the African Union that deals with the resolution of conflict, strives towards a common security policy and addresses matters of common security concern such as civil war, terrorism and the disposal of land mines.

vredesherstelling n.
Optrede om die beslegting van konflik op niegewelddadige maniere te hervestig.
♦ *peace restoration* n.
Actions to re-establish conflict resolution through nonviolent means.

V

vredesinisiatief n.

Die eerste stappe van 'n plan om 'n einde te maak aan geweld in die oplossing van 'n geskil tussen strydende partye.

• *peace initiative* n.

The first steps of a plan to achieve an end to violence in resolving a dispute between belligerent parties.

vredeskorps n.

'n Groep vrywilligers wat opgelei is om op opvoedkundige en ontwikkelingsprojekte in potensiële konflikgebiede te werk.

• *peace corps* n.

A group of volunteers trained to work on educational and development projects in areas of potential conflict.

vredesmag n.

'n Mag wat gewoonlik internasionaal van aard is en daarmee belas is om die vrede te bewaar en verdere gevegte tussen vyandiggesinde state of gemeenskappe te voorkom.

• *peace force* n. (peacekeeping force).

A force, usually of an international nature, charged with preserving the peace and preventing further fighting between hostile states or communities.

vredesooreenkoms n. <kyk ook vredesverdrag>.

'n Formele uiteensetting van reëlings waartoe strydende partye ingestem het om vyandelikhede te beëindig.

• *peace agreement* n. <see also peace treaty>.

A formal enunciation of arrangements consented to by belligerent parties to end hostilities.

vredesoperasies n.

Aktiwiteite wat bedoel is om instemming onder strydende partye teweeg te bring om hulle konflik op niegewelddadige maniere te besleg.

• *peace operations* n.

Activities intended to achieve agreement between belligerent parties to resolve their conflict by nonviolent means.

vredesplan n.

'n Stel samehangende voorstelle met die doel om 'n volgehoue einde aan vyandelikhede tussen strydendes teweeg te bring.

• *peace plan* n.

A set of coherent proposals for achieving a sustained end to hostilities between belligerents.

vredesproses n.

'n Reeks verbandhoudende aksies wat daarop gemik is om vyandelikhede tussen botsende state of gemeenskappe uit te skakel.

• *peace process* n.

A series of related actions aimed at eliminating hostilities between states or communities in conflict.

vredesteunoperasies n.

Alle militêre aktiwiteite ter ondersteuning van 'n vredesending. Dit dek vredebewarings- en vredesafdwingingsoperasies asook die ondersteuning van hoofsaaklik politieke aktiwiteite soos voorkomingsdiplomasie, vredemaking en vredebou.

• *peace support operations* n.

All military activities in support of a peace mission. It covers peacekeeping and peace enforcement operations as well as the support of predominantly political activities such as preventive diplomacy, peacemaking and peace building.

vredesveldtog n.

'n Reeks verwante en beplande aksies met die doel om 'n staking van vyandelikhede binne 'n bepaalde tyd en gebied te bewerkstellig.

• *peace campaign* n.

A series of related and planned actions aimed at achieving a cessation of hostilities in a given time and area.

vredesverdrag n. <kyk ook vredesooreenkoms>.

'n Formele ooreenkoms tussen state en/of oorlogvoerende faksies om vyandelikhede te beëindig.

• *peace treaty* n. <see also peace agreement>.

A formal agreement between states and/or warring factions to end hostilities.

vreedsame betoging n.

'n Niegewelddadige openbare vertoning van steun vir of teen een of ander twissaak.

• *peaceful demonstration* n.

A nonviolent public display of support for or against some matter at issue.

vreedsame naasbestaan n.

'n Stilswyende ooreenkoms tussen twee of meer state wat fundamenteel van mekaar verskil of in konflik met mekaar is, veral in die Koue Oorlog, dat hulle nie oorlog sal maak of sal oorgaan tot gewelddadige konflikbeslegting nie.

• *peaceful coexistence* n.

A tacit agreement between two or more states that are in fundamental disagreement or conflict, particularly during the Cold War, that they will not go to war or resort to violent conflict resolution.

vreedsame oorgang n. <kyk ook vreedsame verandering>.

'n Proses van omskakeling van een toestand of bedeling na 'n ander met behulp van niegewelddadige middele.

• *peaceful transition* n. <see also peaceful change>.

A process of converting from one condition or dispensation to another by nonviolent means.

vreedsame skikking n.

Onderlinge instemming na onderhandeling om 'n geskil sonder toevlug tot geweld te besleg.

• *peaceful settlement* n.

Mutual agreement after negotiation to resolve a dispute without resorting to violence.

vreedsame verandering n. <kyk ook vreedsame oorgang>.

Beweging van een toestand of bedeling na 'n ander met behulp van niegewelddadige middele.

• *peaceful change* n. <see also peaceful transition>.

Movement from one condition or dispensation to another by nonviolent means.

vriendskaplike vuur n.
Vuur wat per abuis op eie of geallieerde magte neergebring word.
+ **friendly fire** n.
Fire inadvertently brought to bear on own or allied forces.

vrouebevryding n.
'n Radikale beweging wat agiteer vir die wegdoen van houdings en praktyke wat vrouens as ondergeskik aan mans behandel.
+ **women's liberation** n.
A radical movement that agitates for the removal of attitudes and practices that treat women as being inferior to men.

vrouemoord n.
Die doodmaak van vroue.
+ **femicide** n.
The killing of women.

vryburger n.
1. 'n Burger van 'n feodale dorp, burg of politie.
2. 'n Persoon wat nie gebonde is aan 'n eed van getrouheid aan 'n feodale lord nie.
+ **freeman** n.
1. A citizen of a feudal town, borough or polity.
2. A person not bound by an oath of allegiance to a feudal lord.

vryburger n.
'n Amptenaar van die Verenigde Oos-Indiese Kompanjie wat van sy werkskontrak vrygestel is sodat hy as onafhanklike boer en handelaar noodsaaklike voorraad aan die Kompanjie kon verskaf. Die vryburgers was die eerste werklike blanke nedersetters aan die Kaap.
+ **freeburgher** n. <literally: free citizen>.
An official of the Dutch East India Company at the Cape, who was released from his Company contract enabling him to work as an independent farmer and trader in order to provide much needed supplies to the company. The free burghers were the first true white colonists at the Cape.

vrye en regverdige verkiesing n.
'n Legitieme proses om politieke keuse sonder onbehoorlike beïnvloeding, intimidasie of geweld uit te oefen, en die akkurate en eerlike aanbieding van die uitslae.
+ **free and fair election** n.
A legitimate process of exercising political choice without undue influence, intimidation or violence, and the accurate and truthful representation of the results.

Vrye Franse n. <Die Vrye Franse Magte>.
'n Militêre organisasie wat in Junie 1940 deur Generaal Charles de Gaulle op die been gebring is om ná die Frans-Duitse wapenstilstand van buite Frankryk af teen die Spilmoondhede voort te veg.
+ **Free French** n. <The Free French Forces>.
A military organisation formed by General Charles de Gaulle in June 1940 to continue to fight from abroad against the Axis powers after the Franco-German armistice.

vrye mark n.
Die ekonomiese beginsel van onbelemmerde markmededinging en beperkte regeringsinmenging in ekonomiese besluite.
+ **free market** n.
The economic principle of unfettered market competition and limited government interference in economic decisions.

vrye onderneming n.
'n Vorm van private ekonomiese aktiwiteit met minimale inmenging van die owerheid.
+ **free enterprise** n.
A form of private economic activity with minimal interference from government.

vrye verkiesing n.
'n Verkiesing waarin geen dwang op die kieserskorps uitgeoefen is nie — nóg deur die owerheid nóg deur die burgerlike samelewing.
+ **free election** n.
An election in which no coercion was exercised on the electorate, either by the government or by civil society.

vryhandel n.
Die onderling heilsame uitruiling van goedere en dienste tussen state, sonder beperkings soos tariewe en kwotas.
+ **free trade** n.
The mutually beneficial exchange of goods and services between states, without restrictions such as tariffs and quotas.

vryheid n.
Die toestand om nie aan arbitrêre beheer onderworpe te wees nie; die genieting van persoonlike onafhanklikheid, handelingsvryheid en selfbeskikkingsreg.
+ **freedom** n.
The state of being exempt from arbitrary control; enjoying personal liberty, liberty of action and the right to self-determination.

V

vryheidsbeweging n. <kyk ook bevrydingsbeweging>.
Aktiviste wat georganiseer is om kollektief op te tree ten einde werklike of waargenome gedwongenhede in die samelewing te verwyder en om vryhede wat verwerf is te onderhou en versterk.
+ **freedom movement** n. <see also liberation movement>.
Activists organised to act collectively in order to remove real or perceived constraints in society and to maintain and strengthen achieved freedoms.

Vryheidsmanifes n.
'n Dokument oor menseregte in Suid-Afrika; in 1955 deur die ANC aanvaar.
+ **Freedom Charter** n.
A document pertaining to human rights in South Africa; adopted by the ANC in 1955.

vryheidsoorlog n. (onafhanklikheidsoorlog).
'n Oorlog wat geveg word om vryheid van politieke beheer deur 'n ander staat te verkry of om 'n staat se soewereiniteit in die aangesig van aggressie te handhaaf, bv die VSA se oorlog teen Brittanje gedurende 1775–1783.

* *war of independence* n. (independence war
<rare>)
A war fought to achieve freedom from political
control by another state or to maintain a state's
sovereignty in the face of aggression, eg the USA's
war against Britain during 1775–1783.

vryheidsvegter n.
'n Persoon wat veg teen wat hy/sy as 'n
onderdrukkende en/of nielegitieme regering beskou,
as deel van 'n stryd om bevryding.
* *freedom fighter* n.
A person fighting against what he/she considers to
be an oppressive and/or illegitimate government, as
part of a struggle for liberation.

vryheid van aanbidding n.
(aanbiddingsvryheid).
Die reg om volgens individuele gelowe te aanbid,
sonder inmenging van die staat.
* *freedom of worship* n.
The right to worship according to individual beliefs
without interference from the state.

vryheid van assosiasie n.
Die reg om sonder beperking verhoudings met
mense en instellings van eie voorkeur en keuse te
vorm.
* *freedom of association* n.
The right to form relationships with people and
institutions of one's own preference and choice.

vryheid van optrede → **handelingsvryheid**

vryheid van spraak n. (spraakvryheid).
Die reg om menings en oortuigings sonder
onbehoorlike beperkings deur die staat uit te spreek.
* *freedom of speech* n.
The right to express opinions and beliefs without
undue restraints by the state.

vrypag n. <kyk ook huurbesit>.
'n Vorm van vaste-eiendomsbesit waarin die eienaar
'n formele titel op die eiendom hou, dws die
eiendom word nie gehuur nie, maar onder 'n
owerheidserkende benoeming of titel besit.
* *freehold* n. <see also leasehold>.
A form of fixed-property ownership in which the
owner has a formal title to the property, ie the
property is not leased but held under a
governmentally recognised designation or title.

vryspreek v.
Om 'n persoon van 'n misdaadbeskuldiging te
onthef.
* *acquit* v.
To discharge a person from a criminal accusation.

vrystad n.
'n Stad wat deur 'n internasionale instelling
geadministreer word, bv Memel en Danzig (in
Pools Gdansk) na die Eerste Wêreldoorlog.
* *free city* n.
A city administered by an international institution,
eg Memel and modern day Gdansk after World War
I.

VSA Geheime Diens n.
'n Vertakking van die VSA se Departement

Tuislandveiligheid belas met die beskerming van
die president en ander hooggeplaaste openbare
persone asook met die bekamping van
geldvervalsing. Tot 1 Maart 2003 was dit 'n
vertakking van die VSA se Tesouriedepartement.
* *United States Secret Service* n.
A branch of the USA Department of Homeland
Security charged with protecting the president and
other high ranking public figures as well as with
countering counterfeiting. Until 1 March 2003 it
was a branch of the USA Treasury Department.

vuurstaking → **skietstilstand**

vuurvreters en vredemakers n.
Vuurvreters word meesal gebruik om politici en
individue te beskryf wat 'n hardgebakte benadering
voorstaan om politieke konflik op te los. Dit kan
gewelddadige massaoptrede, gewapende stryd of
konvensionele militêre mag insluit. Die term
vredemakers verwys na diegene wat glo dat die
gebruik van dwang onvanpas is. Hulle staan eerder
niegewelddadige protes, diplomasie en 'n
vreedsame konflikoplossing voor.
* *hawks and doves* n.
Hawks is most often used to describe politicians
and individuals who favour a hardline approach to
the resolution of political conflict. This could
include violent mass action, armed struggle or
conventional military force. The term doves refers
to those who believe that the use of force is
uncalled for. They tend to favour nonviolent protest,
diplomacy and a peaceful resolution to a conflict.

VVW → **verre vroeëwaarskuwing**

vyandheuler n.
'n Persoon wat gewillig is om teen die belang van
sy/haar eie staat met die vyand saam te werk, veral
in besette gebied.
* *collaborator* n.
A person who is willing to cooperate with the
enemy against the interests of his/her own state,
especially in occupied territory.

vyandiggesindheid → **antagonisme**

vyfde kolonne n.
'n Heimlike groep wat vir die vyand werk binne 'n
staat wat in 'n oorlog betrokke is.
* *fifth column* n.
A clandestine group working for the enemy within
a country at war.

vyfde mag n. <kyk ook vierde stand>.
Die staatsdiens as werklike mag in die staat.
* *fifth force* n. <see also fourth estate>.
The public service as real power in the state.

Vyfde Republiek n.
Die Franse staat onder die grondwet wat in 1958
gedurende die bewind van Generaal Charles de
Gaulle aanvaar is.
* *Fifth Republic* n.
The French state under the constitution adopted in
1958 under the rule of General Charles de Gaulle.

V

Ww

waagpolitiek n.
In die politiek is dit die kuns om groot risiko's te waag, selfs tot die randjie van oorlog, ten einde die vasbeslotenheid van 'n teenstander te toets met die hoop dat die teenstander sal toegee.
* **brinkmanship** n.
In politics, the art of taking big risks, even to the verge of war, to test the resolve of the adversary in the hope that the adversary will back down.

waardasie n.
Die bepaling van die geldwaarde van eiendom.
* **valuation** n.
The determination of the monetary worth of property.

waardasierol n.
Die amptelike lys van eiendomme met hulle getakseerde waarde; deur die plaaslike regering gebruik om onder andere belasting te bepaal.
* **valuation roll** n.
The official list of properties with their assessed financial worth, used in local government inter alia to determine taxation.

waargenome bedreiging n.
Die bedreiging soos dit in die gedagtegang van 'n instelling opgemerk word, nie soos dit objektief bestaan nie.
* **perceived threat** n.
The threat as it is discerned in the mind of an institution, not as it exists objectively.

waargenome mag n. (gepersipieerde mag).
Mag soos dit in die gedagtes van 'n waarnemer opgemerk word, nie soos dit objektief bestaan nie.
* **perceived power** n.
Power as it is discerned in the mind of an observer, not as it exists objectively.

waarnemende regeringshoof n.
'n Persoon wat tydelik met die verantwoordelikheid belas word om die uitvoerende owerheid van 'n staat te lei tot tyd en wyl 'n permanente posbekleër aangewys word of die pos hervat.
* **acting head of government** n.
A person temporarily charged with the responsibility of leading the executive of a state until such time as a permanent incumbent is appointed or resumes office.

waarnemende staatshoof n.
'n Persoon wat tydelik 'n staat verteenwoordig totdat 'n permanente ampsbekleder aangestel word of die permanente amptenaar weer sy/haar ampspligte hervat.
* **acting head of state** n.
A person temporarily charged to represent a state until such time as a permanent incumbent is appointed or the present permanent incumbent resumes office.

wanbesteding n. <openbare finansies>.
Die onreëlmatige uitgee van geld, vir 'n doel anders as waarvoor daar magtiging gegee is.
* **misappropriation** n. <public finance>.
The unauthorised spending of money, for purposes other than its intended use.

wanbestuur n.
Die onbehoorlike administrasie van 'n gegewe taak.
* **mismanagement** n.
The improper administration of a given task.

wandelgangbeïnvloeding → **invloedwerwing**

waninformasie n. <kyk ook disinformasie>.
Foutiewe informasie, waar die foute nie doelbewus aangebring word nie.
* **misinformation** n. <see also disinformation>.
Faulty information, where the faults are not deliberately inserted.

wanorde n.
'n Openbare steurnis wat uit die afwesigheid van effektiewe openbare orde spruit.
* **disorder** n.
A public disturbance resulting from the absence of effective public order.

wantrouedebat n.
'n Bespreking in 'n vergadering, soos die Britse Laerhuis, oor 'n voorstel wat dit betwyfel dat die bestaande uitvoerende gesag meerderheidsteun geniet.
* **debate of no confidence** n.
A deliberation in an assembly, such as the British House of Commons, on a motion questioning whether the executive of the day has majority support.

wapenbeheer n.
Doelbewuste reëling(s) tussen state wat beperkings op wapens en wapenstelsels plaas ten opsigte van tipe, aantal, en ontplooiing ten einde die waarskynlikheid van oorlog te verminder.
* **arms control** n.
Deliberate arrangement(s) between states that impose limitations on weapons and weapon systems regarding type, numbers, and deployment in order to reduce the probability of war.

wapenbeperking n.
Tussenstaatlike ooreenkoms wat ten doel het om kwalitatiewe en/of kwantitatiewe beperkings op bepaalde wapentuig te plaas, bv Samesprekings oor die Beperkings van Strategiese Wapens (SBSW).
* **arms limitation** n.
Agreement between states aimed at imposing qualitative and/or quantitative limitations on certain armaments, eg Strategic Arms Limitations Talks (SALT).

wapenbroer → **kameraad**

wapendwang n.
Die dwing van 'n teenstander dmv die dreigement of aanwending van wapengeweld.
+ *force of arms* n.
The coercing of an opponent through the threat or application of armed force.

wapenopslagplek → **wapenwegsteekplek**

wapenspiraal n.
Die verskynsel in 'n wapenwedloop waardeur elke kant sy magspeile verhoog in reaksie op 'n verhoging deur sy opponent.
+ *arms spiral* n.
The phenomenon in an arms race whereby each side increases its force levels in reaction to an increase by its opponent.

wapenstilstand n. <kyk ook skietstilstand>.
Die opskorting van vyandelikhede deur 'n ooreenkoms tussen oorlogvoerende partye in afwagting van 'n moontlike vredesooreenkoms.
+ *armistice* n. <see also cease-fire>.
The suspension of hostilities through an agreement between belligerent parties in anticipation of a possible peace agreement.

wapenverbod n.
Die opskorting van die verskaffing van wapentuig aan 'n staat of state.
+ *arms embargo* n.
The suspension of the supply of armaments to a state or states.

wapenwegsteekplek n. (wapenopslagplek <af te keur>).
'n Plek waar wapens in die geheim weggebêre word, normaalweg vir onwettige gebruik.
+ *arms cache* n.
A place where arms are secretly stored, normally for illegal use.

waragent n. <kyk ook misleidingsagent>.
'n Agent wat deur 'n inligtingsdiens gebruik word om die inligtingsdiens of teeninligtingsdiens van 'n ander staat te verwar eerder as om informasie te bekom.
+ *confusion agent* n. <see also deception agent> (agent of confusion).
An agent used by an intelligence service to confuse the intelligence or counterintelligence service of another state rather than to obtain information.

Washington-konsensus n.
'n Stel ekonomiese beleidsvoorskrifte as 'n standaard hervormingspakket, aanvanklik vir skuldbeswaarde ontwikkelende state maar later uitgebrei na alle ontwikkelende state, wat deur instellings soos die Internasionale Monetêre Fonds en die Wêreldbank bevorder moet word.
+ *Washington consensus* n.
A set of economic policy prescriptions as a standard reform package, initially for debt-ridden developing countries but later extended to all developing

countries, to be promoted by institutions such as the International Monetary Fund and the World Bank.

wedersydse politieke bevoordeling n. <VSA>.
Die praktyk dat politici saamspan om mekaar met gunste te bevoordeel.
+ *log rolling* n. <USA>.
The practice of collusion between politicians involving favours for mutual gain.

wedersydse veto → **onderlinge veto**

weerhouding n.
Onthouding van deelname aan 'n stemming.
+ *abstention* n.
Refraining from participation in a vote.

weermag n. (gewapende magte).
Die militêre magte van 'n staat, bestaande uit land-, lug- en (waar toepaslik) vlootkomponente.
+ *armed forces* n.
The military forces of a state, comprising land, air and (where applicable) naval components.

weermag n. (verdedigingsmag).
'n Staat se amptelike militêre organisasie.
+ *defence force* n.
The official military organisation of a state.

weerstandbeweging n. (versetbeweging).
'n Gewoonlik koverte groep bestaande uit 'n gedeelte van die burgerlike bevolking van 'n staat, georganiseer om teen 'n wettige regering of besettingsmoondheid weerstand te bied.
+ *resistance movement* n.
A usually covert group comprising a portion of the civilian population of a state, organised to resist a legal government or an occupying power.

weerwraak n.
Straf toegepas vir onreg of kwaad.
+ *retribution* n.
Punishment inflicted for injury or wrongdoing.

wegblyaksie n. (wegblyery).
'n Soort staking wat deur werkers gebruik word om hulle ontevredenheid oor 'n aangeleentheid te kenne te gee, gewoonlik met werksomstandighede of lone te doen, waar hulle nie vir werk aanmeld nie totdat die strydpunt opgelos is.
+ *stayaway* n. (stayaway action).
A form of strike used by workers to express dissatisfaction with some matter, usually related to working conditions or wages, whereby workers do not report for work until the issue is resolved.

wegblyery → **wegblyaksie**

wegblygebied n. (moeilikheidsoekgebied).
'n Gebied wat deur misdadigers of insurgente beheer word en normale beweging in so 'n mate versper dat die polisie of gewapende magte dit slegs met geweld kan binnegaan.
+ *no-go area* n.
An area that is controlled by criminals or insurgents and bars normal movement to the extent that the police or armed forces can only enter it by force.

wegblykieser n.
'n Kieser wat, dikwels uit protes, nie opdaag om sy/haar stemreg uit te oefen nie al is hy/sy daarop geregtig.

W

♦ absentee voter n.
An elector who, often out of protest, does not turn up to exercise his/her vote when entitled to.

wegholoorwinning n.
Met 'n oorweldigende meerderheid wen.
♦ landslide victory n.
Winning by an overwhelming majority.

wegholstroom n.
'n Uittog van moedverloorders.
♦ chicken run n.
An exodus of faint-hearted people.

weierveilig n.
Positiewe beheermaatreëls om die ongemagtigde of toevallige afvuur van kernwapens te verhoed.
♦ fail-safe n.
Positive control procedures to prevent the unauthorised or accidental discharge of nuclear weapons.

welsynstaat n. (versorgingstaat).
'n Staat wat sogenaamde wieg-tot-die-grafbestaansbeveiliging aan die inwoners voorsien. Dit sluit vry skole, vry mediese dienste, vry of gesubsidieerde behuising en ouderdomspensioene in.
♦ welfare state n.
A state that provides so called cradle-to-the-grave social security to its inhabitants. This includes free schools, free medical services, free or subsidised housing and old age pensions.

welvaartverdeling n.
Die toedeling van die eienaarskap van bates tussen die lede van 'n politie.
♦ distribution of wealth n.
The apportionment of the ownership of assets amongst the members of a polity.

welvaartverspreiding n.
Die graad van hulpbronverspreiding in 'n gegewe samelewing, staat of politie.
♦ distribution of wealth n.
The extent of the spread of resources in a given society, state or polity.

wenner-neem-alles-beginsel n.
Die beginsel waarvolgens 'n party wat 'n verkiesing wen met ten minste 'n minimale meerderheid in die wetgewer 'n regering vorm en ander partye uit die regeerfunksie uitsluit, in teenstelling met koalisieregerings wat meer inklusief is.
♦ winner-takes-all principle n.
The principle according to which a party winning an election with at least a bare majority in the legislature forms a government and excludes other parties from governing, in contrast to coalition governments which are more inclusive.

wennersreg n. <Duits Siegerjustiz>.
Die toepassing deur 'n wenner van regsreëls wat sy eie magte bevoordeel en magte van 'n voormalige vyand benadeel. Kritici meen wennersreg gebruik dubbele maatstawwe. Een doel van die Internasionele Strafhof wat in 2003 gevestig is, was om onpartydige beregting in konflikte te verseker.
♦ victor's justice n. <German Siegerjustiz>.
The application by a victor of rules of justice that benefit its own forces and are to the detriment of the forces of a former enemy. Critics are of the opinion that victor's justice uses double standards. One aim of the International Criminal Court that was set up in 2003, was to ensure impartial justice in conflicts.

wêreldomvattend → **globaal**

wêreldomvattende ekonomie → **globale ekonomie**

Wêreldoorlog II → **Tweede Wêreldoorlog**

wêreldreisigerpolitiek n.
Pogings om mag en invloed in internasionale betrekkinge te vergroot deur middel van gereelde amptelike reise na vreemde state deur regeringsverteenwoordigers.
♦ globetrotting politics n.
Attempts to increase power and influence in international relations by means of regular official trips to foreign states by government representatives.

wêreldwye oorlog teen terreur → **lang oorlog**

wêreldwye oorlog teen terrorisme → **lang oorlog**

werkerisme n.
1. Steun vir die regte van werkers. 2. Oorheersing deur die werkende klasse. 3. 'n Politieke, sosiale of ekonomiese stelsel wat sulke oorheersing moontlik maak.
♦ workerism n.
1. Support for workers' rights. 2. Dominance of the working classes. 3. A political, social, or economic system that favours such dominance.

werkgroep n.
'n Groep persone wat gewoonlik verskeie kundigheidsterreine verteenwoordig en wat aangestel is om 'n bepaalde probleem te ondersoek, daaroor verslag te doen en dit op te los.
♦ working group n.
A group of persons, usually representing several areas of expertise, appointed to investigate, report on and solve a particular problem.

W

werkkomitee n.
'n Groep persone wat 'n hoër gesag verteenwoordig en wat aangestel is om uitvoerende aangeleenthede te koördineer asook om die hoër gesag oor sake wat op sy funksie betrekking het, te adviseer.
♦ working committee n.
A group of persons representing a higher authority, appointed to coordinate executive activities and advise the higher authority on matters pertinent to its function.

werklike staatshoof n. <kyk ook nominale staatshoof; seremoniële staatshoof>.
Die persoon aan die hoof van die staat wat met werklike en omvangryke politieke mag beklee word, wat gewoonlik seremoniële pligte insluit, bv die president van die VSA.
♦ actual head of state n. <see also ceremonial head of state; nominal head of state>.
The person at the helm of the state entrusted with the exercise of real and extensive political power, usually including ceremonial duties, eg the president of the USA.

werkloosheidskoers n.
In die breër betekenis, die getal werklose persone geskik vir werk, in verhouding tot die totale getal persone in die arbeidsmark, uitgedruk as 'n persentasie.
♦ *unemployment rate* n.
In the broader sense, the number of unemployed persons eligible for work in relation to the total number of persons in the work force, expressed as a percentage.

werkplekverteenwoordiger n. (vloerleier).
'n Werker wat deur medevakbondlede verkies word om hulle in handelinge met die bestuur te verteenwoordig.
♦ *shop steward* n.
A worker elected by fellow trade union members to represent them in dealings with the management.

werkprotes n.
'n Aksie waarin werkers sonder betaling aanhou werk om teen voorgestelde afdankings of sluiting van die werkplek beswaar te maak. 'n Welbekende voorbeeld is die werkprotes by Harco Steel in Australië in 1971.
♦ *work-in* n.
An action in which workers carry on working, without pay, to protest against proposed dismissals or closure of the workplace. A well known example is the work-in at Harco Steel in Australia in 1971.

werkreservering n.
Die beperking van sekere indiensnemingskategorieë tot bepaalde rasse- of etniese groepe.
♦ *job reservation* n.
Restricting certain categories of employment to specific racial or ethnic groups.

werkreservering n.
Bepaling dat sekere tipes werk slegs aan sekere kategorieë persone, bv rasse- of etniese groepe in die apartheidstelsel, aangebied moet word.
♦ *work reservation* n.
Stipulating that certain types of employment must be offered only to certain categories of persons, eg racial or ethnic groups in the apartheid system.

werksaamhede van die parlement n.
Dit wat die parlement gedurende enige sitting van 'n bepaalde dag moet doen; die dag-tot-dagbesprekings en besluite van die parlement.
♦ *business of parliament* n.
That which parliament has to do during any sitting of a particular day; the day-to-day discussions and decisions by parliament.

werkskepping n.
Beleid en praktyk wat daarop gemik is om indiensneming te verhoog, bv programme vir openbare werke.
♦ *job creation* n.
Policies and practices aimed at increasing employment, eg public works programmes.

Weste n. <die Weste>, <kyk ook die Ooste>.
Die ontwikkelde en veral niekommunistiese state wat in die westelike gedeelte van die wêreld geleë is.

♦ *West* n. <the West>, <see also the East>
The developed and particularly noncommunist states that are situated in the western part of the world.

Westminster-stelsel n.
'n Regeringstelsel gebaseer op die Britse parlementêre stelsel. Die naam word ontleen aan die Paleis van Westminster, die setel van die VK se parlement.
♦ *Westminster system* n.
A system of government based on the British parliamentary system. The name is derived from the Palace of Westminster, the seat of the UK parliament.

wet → **statuut**

wetgewende gesag n.
Daardie owerheidsvertakking wat belas is met die maak van gesaghebbende en afdwingbare reëls (wette) vir 'n samelewing.
♦ *legislative authority* n.
That branch of government which is charged with the making of authoritative and enforceable rules (laws) for a society.

wetgewende gesag → **wetgewer**

wetgewende vergadering n.
Die naam van 'n verkose laerhuis in die tweekamerparlement van sommige state, soos die Bahamas, of die naam van die eenkamerparlement op provinsiale vlak in sekere state, soos sommige Kanadese provinsies.
♦ *house of assembly* n.
The name of an elected lower house in the bicameral parliament of some states, such as the Bahamas, or the name of the unicameral parliament on provincial level of certain states, such as some Canadian provinces.

wetgewer n. (wetgewende gesag <af te keur>).
'n Georganiseerde instelling met die bevoegdheid om wette vir 'n politieke eenheid te maak.
♦ *legislature* n.
An organised institution empowered to make laws for a political unit.

wetgewing teen diskriminasie n. (antidiskriminasiewetgewing).
Regsmaatreëls wat deur 'n staat neergelê word om gelykberegtiging vir alle burgers ongeag gender, etnisiteit, geloof of kultuur te verseker.
♦ *antidiscrimination legislation* n.
Legal measures imposed by a state to ensure equity for all citizens, regardless of gender, ethnicity, religion or culture.

wetlike instelling → **statutêre instelling**

wetlikheid → **legaliteit**

Wet op Groei en Geleenthede vir Afrika n. (WGGA).
VSA-wetgewing wat Afrikastate toelaat om goedere en produkte na die VSA uit te voer sonder om VSA-invoerbelasting te betaal.

W

* *African Growth and Opportunities Act* n. (AGOA).

USA legislation that allows African states to export goods and produce to the USA without having to pay USA import duties.

wetsontwerp n.

'n Konsep van voorgestelde wetgewing wat vir goedkeuring aan 'n wetgewer voorgelê word.

* *bill* n.

A draft of proposed legislation submitted for approval to a legislature.

wetsontwerp aanneem v. (wetsontwerp aanvaar).

Om 'n wetsontwerp formeel ingevolge die grondwet goed te keur.

* *adopt a bill* v. (enact a bill, pass a bill).

To formally approve a bill in accordance with the constitution.

wetsontwerp aanvaar → **wetsontwerp aanneem**

wet van die parlement n.

'n Besluit van 'n wetgewende vergadering wat in wetgewing gepromulgeer word en op die hele samelewing afdwingbaar is.

* *act of parliament* n.

A decision of a legislative assembly promulgated into law and enforcable on the whole of society.

WGGA → **Wet op Groei en Geleenthede vir Afrika**

wigte en teenwigte n. (kontrole en balans).

Die teorie dat die uitoefening van politieke mag deur institusionele meganismes soos die skeiding van die wetgewende, uitvoerende en regsprekende gesagsvertakkings beheer behoort te word en die gepaardgaande praktyk.

* *checks and balances* n.

The theory that the exercise of political power should be controlled by institutional mechanisms such as the separation of the legislative, executive and judicial branches of authority and the related practice.

wil n.

Die verstandelike vermoë waardeur 'n nasie optrede kies of daaroor besluit, bv die wil van die volk.

* *will* n.

The mental faculty by which a nation chooses or decides on action, eg the will of the people.

wisselagent n. <kyk ook dubbelagent>.

'n Agent in die gelyktydige en onafhanklike diens van twee of meer inligtingsdienste.

* *dual agent* n. <see also double agent>.

An agent in the simultaneous and independent employ of two or more intelligence services.

Withuis n.

Die ampswoning van die president van die VSA, en by wyse van uitbreiding die presidensiële staf. Die term Withuis word ook simbolies gebruik om na die President se beleid te verwys.

* *White House* n.

The official residence of the president of the USA, and by extension the presidential staff. The term

White House also is used symbolically to refer to the President's policy.

wit propaganda n. <kyk ook swart propaganda; grys propaganda>.

'n Algemene vorm van propaganda waarvan die bron openlik bekend gemaak word.

* *white propaganda* n. <see also black propaganda; grey propaganda>.

A common form of propaganda of which the source is openly stated.

witskrif n.

'n Dokument wat die finale voorstelle met betrekking tot regeringsbeleid of wetgewing uiteensit, gebaseer op die samesprekings en oorlegpleging wat op die tersaaklike groenskrif gevolg het.

* *white paper* n.

A document setting out the final proposals for government policy or legislation, based on the discussion and consultation following the relevant green paper.

wittes onder dekking → **kokosneut**

witvlug n.

Wanneer witmense bepaalde stedelike gebiede verlaat soos en wanneer swart mense in die gebied in trek, gewoonlik in swart-wit rasverdeelde stedelike omgewings.

* *white flight* n.

When whites leave particular urban areas as and when black people start moving in, occurs in black-white racially divided urban environments.

WOD → **kokosneut**

WO I → **Eerste Wêreldoorlog**

WO II → **Tweede Wêreldoorlog**

Women's Defence of the Constitution League → **Black Sash**

woonbuurt → **residensiële gebied**

woonbuurt n.

'n Woongebied in die konteks van stadsbeplanning.

* *township* n.

A residential neighbourhood in town planning context.

woongebied → **residensiële gebied**

woonreg n. (verblyfreg).

Die reg om op 'n plek te woon en nie net tydelik daar te wees nie.

* *right to residence* n.

The right to live in a given place as opposed to being there temporarily.

woonregte n.

Regte waarop die eienaar of bewoner van 'n residensiële eiendom aanspraak kan maak.

* *residential rights* n.

Rights that the owner or occupier of a residential property is entitled to.

wraak n.

Optrede om deur vergelding te vergoed vir waargenome onreg of skade, of die resultaat van sodanige optrede.

W

◆ *revenge* n.
The action of redressing perceived wrongs or injury through retaliation, or the result of such action.

wraakhandeling n. <kyk ook vergelding; retorsie>.
Die reaksie om 'n andersins ongeoorloofde middel te gebruik ten einde 'n onwettige handeling deur 'n teenstander te straf. Dit kan slegs gebeur ten tyde van gewapende konflik omdat wraakhandelinge nie teen burgerlikes of burgerlike eiendom gebruik mag word nie.
◆ *reprisal* n. <see also retaliation; retorsion>.
The reaction to use an otherwise unlawful means to punish an illegal act by an adversary. This can only be within the context of armed conflict since reprisals may not be used against civilians and civilian property.

wrywingsgebied n.
'n Politieke domein waarin rolspelers in spanning of konflik met mekaar verkeer.
◆ *area of friction* n.
A political domain in which actors are in tension or conflict with one another.

wurgpunt n.
'n Deurgang waarlangs militêre magte en strategiese voorrade deur geografiese en infrastruktuurbeperkings verplig word om te beweeg; dit vertraag nie net die bewegings nie maar maak hulle ook kwesbaar.
◆ *choke point* n.
A passage along which military forces and strategic supplies are compelled to move due to geographic or infrastructure limitations; it not only slows such movements but also renders them vulnerable.

W

wyk n.
In plaaslike regering, 'n geografiese verdeling van 'n stad of dorp vir administratiewe en verteenwoordigingsdoeleindes.

◆ *ward* n.
In local government, a geographic division of a city or town for administrative and representative purposes.

wykskandidaat n.
'n Persoon wat poog om tot die raad van 'n plaaslike owerheid verkies te word, óf namens 'n party óf as onafhanklike lid.
◆ *ward candidate* n.
A person attempting to be elected to the council of a local authority, either on behalf of a party or as an independent member.

wykskomitee n.
'n Verteenwoordigende groep persone uit 'n wyk wat deur 'n plaaslike owerheid geskep is om skakeling tussen die owerheid en inwoners van die wyk te verskaf.
◆ *ward committee* n.
A representative group of persons from a ward, created by a local authority to provide liaison between the authority and the residents of the ward.

wyksverteenwoordiger n.
'n Persoon wat verkies of aangestel is om namens die wyk op te tree.
◆ *ward representative* n.
A person elected or appointed to act on behalf of the ward.

wysiging n. (amendement).
'n Byvoeging, verandering of verbetering van 'n mosie of 'n dokument.
◆ *amendment* n.
An addition, alteration, or improvement to a motion, or a document.

wysigingswetsontwerp n.
Voorgenome wetgewing wat 'n wet, grondwet of regulasie wysig of iets daaraan toevoeg.
◆ *amendment bill* n.
Proposed legislation altering or adding to a law, constitution or regulation.

Y y

ysbreekgesprekke → **voorgesprekke**

ystergordyn n.
Die selfopgelegde isolering van die voormalige kommunistiese Oosblokstate.

♦ *iron curtain* n.
The self-imposed isolation of the former communist East Bloc states.

www.ingramcontent.com/pod-product-compliance
Lightning Source LLC
Chambersburg PA
CBHW080547270326
41929CB00019B/3225